教育部人文社会科学重点研究基地重大项目
"211工程"重点学科建设项目
湖北省学术著作出版专项资金资助项目

湖北方言研究丛书
顾问：邢福义　张振兴
主编：汪国胜

荆州方言研究

王群生　王彩豫／著

华中师范大学出版社

序　言

　　汉语方言研究，意义重大。可以帮助我们追溯古代语音、语汇和语法之源流，更好地了解古代汉语，释读经典，研究中国文化，认识汉民族的发展；可以帮助我们全面了解"整体汉语"，有效地促进现代汉语共同语的发展，推进华语的全球化传播，加强全球华人的相互团结和寻根意识，提高华语在国际交往中的精确性和表述力。

　　湖北省有多种方言，包括西南官话、江淮官话、赣方言等，情况复杂多样，而且有相当大的代表性。多年来，学者们十分关注湖北方言。《湖北方言调查报告》，应是系统性很强的关于湖北方言的第一部重要著作。1936年，赵元任、丁声树、杨时逢、吴宗济等几位先生调查了当时湖北省的71个市县中的64个市县，于1948年由商务印书馆出版了《湖北方言调查报告》。序言中，作者们希望此书"成为方言调查报告的一个模型"，表达了老一辈著名语言学家对发展湖北方言研究的期盼。

　　湖北省智者众多，人才辈出。多位学者，从不同范围、不同角度，对湖北方言研究的推进作出了令人瞩目的贡献。在以往的研究基础上，由汪国胜教授领头，组织编写一套大型的"湖北方言研究丛书"，有二三十部。这是一个浩瀚的工程，将使湖北方言研究进入一个新的阶段。

　　这套丛书，由张振兴先生和我担任顾问。由于我比振兴先生大几岁，他一定要我来写序言。所知甚少，不敢多言。借用苏轼诗句，为这篇短序作结："山鸣谷应，风起水涌。"

邢福义
2014年9月16日

前　言

　　湖北地处我国中部，处于汉语南北方言（官话和非官话）的交汇过渡地带，语言状况相当复杂。根据目前学界关于汉语方言的分区，湖北境内分布有赣语（鄂东南）和属于官话系统的江淮官话（鄂东北）及西南官话（其他地区）。就境内的赣语来说，相邻市县之间有的难以通话，可见内部差异之大。研究湖北方言，无论是对方言史、汉语史和语言（方言）接触问题的研究，还是对湖北地域文化的开发，和谐语言生活的建构，都有着重要的意义。

　　1936年，赵元任等先生全面调查了湖北方言，并于1948年出版了划时代的不朽之作《湖北方言调查报告》；同时，赵先生还重点调查了湖北钟祥方言，于1939年出版了方言重点调查的样本《钟祥方言记》，为我们留下了宝贵的方言史料。时隔70多年，湖北方言发生了哪些变化？赵先生当年的调查，重点是在语音，湖北方言在词汇、语法方面具有哪些特点？随着普通话的推广，特别是改革开放以来，人际交往的频繁，语言生活的活跃，给方言带来了怎样的影响？这些既是语言学关注的问题，也是社会学研究的课题。尤其是经济快速发展的城镇区域，方言面貌也在快速变化，有的甚至处于濒危状态。记录方言事实，抢救方言资源，已经成为语言学界的当务之急。20世纪90年代以来，湖北的语言学者就拟对湖北方言展开全面深入的调查和研究，特别是周边省份方言调查研究成果的不断推出，更增添了我们的使命感和紧迫感。但限于人力和财力等方面条件，工作难以推进，直到2007年才开始启动。2007年12月1日，华中师范大学"语言与语言教育研究中心"召开"湖北方言研究"项目会议，正式提出研究计划，并邀请张振兴先生到会讲学，就方言调查研究的有关问题提出具体要求。我们的设想是，通过调查研究，弄清湖北语情。力求做到两个结合：一是"点""面"结合，以"点"见"面"，通过重点方言的调查，反映当今湖北方言的基本面貌；二是"语""文"结合，以"语"观"文"，透过方言现象，发掘方言背后的文化内涵，展示地方文化的自然生态。项目的实施拟分两个阶段。第一阶段：方言重点调查；第二阶段：综合比较研究。先期启动第一阶段工程，计划选择20~30个市县方言点，进行全面深入的调查，形成系列成果"湖北方言研究丛书"。

为了便于第二阶段的比较研究，"丛书"在内容和体例上做了统一的规定，并制定了详细的内容大纲和体例规范。特别是语法方面，要求具有相对的系统性，既能显示方言语法的基本格局，又能突出方言语法的主要特点。当然，统一是相对的，在保证基本内容的前提下，作者可以根据各地方言的实际情况做出适当的变通。比如，"方言的现代发展"要求写成一章，但如果觉得可写内容不多，难以成章，也可放在"导言"部分来叙述。全部书稿，哪怕是后记，要求风格统一，力求朴实，体现良好的学风和文品，反映湖北语言学者一贯坚持的崇实主张。

项目的实施和"丛书"的出版得到了多方面的大力支持。邢福义先生和张振兴先生作为顾问，身体力行，自始至终关心项目和"丛书"的进展，给予具体全面的指导。邢先生还亲自为"丛书"作序，表明对本项工作的高度重视和积极回应。张先生认真审读了每一部书稿，提出了非常详细的修改意见。项目由华中师范大学"语言与语言教育研究中心"组织实施，武汉大学、华中科技大学、中南民族大学等湖北高校的一批方言学者参与合作，得到教育部人文社会科学重点研究基地重大项目和"211工程"重点学科建设项目的资助。"丛书"被列入华中师范大学出版社重点图书出版计划，并得到湖北省学术著作出版专项资金的资助。出版社社领导为"丛书"的出版花费了不少心血。对于各方面的支持，我们在此表示衷心的感谢。"丛书"力求客观反映方言事实，揭示方言特点，期望成为一部有价值的作品，能够得到学界的关注和肯定，但能否真正实现这一目标，还有待实践的检验。我们期盼着读者的批评和建议。

汪国胜
2014年10月6日

目　　录

第一章　导言 ……………………………………………………………… 1
　一、荆州概说 …………………………………………………………… 1
　　（一）人口地理 ……………………………………………………… 1
　　（二）历史沿革 ……………………………………………………… 1
　　（三）行政区划 ……………………………………………………… 2
　二、荆州方言 …………………………………………………………… 3
　　（一）荆州方言的形成 ……………………………………………… 3
　　（二）荆州方言的分布 ……………………………………………… 5
　　（三）荆州方言的内部差异 ………………………………………… 8
　三、关于荆州方言的研究 ……………………………………………… 11
　　（一）《湖北方言调查报告》 ……………………………………… 11
　　（二）《湖北方言概况》 …………………………………………… 12
　　（三）其他文献 ……………………………………………………… 12
　四、记音符号 …………………………………………………………… 16
　　（一）辅音 …………………………………………………………… 16
　　（二）元音 …………………………………………………………… 16
　　（三）声调 …………………………………………………………… 17
　五、发音合作人 ………………………………………………………… 17
　　（一）主要发音合作人 ……………………………………………… 17
　　（二）其他发音合作人 ……………………………………………… 18
　　（三）调查过程 ……………………………………………………… 18

第二章　荆州方言语音 ………………………………………………… 20
　一、语音系统 …………………………………………………………… 20
　　（一）声韵调分析 …………………………………………………… 20

  （二）声韵调配合关系 …………………………………… 25
  （三）音变 ………………………………………………… 36
 二、语音特点 …………………………………………………… 43
  （一）音系特点 …………………………………………… 43
  （二）文白异读 …………………………………………… 46
  （三）颤音 ………………………………………………… 53
 三、同音字汇 …………………………………………………… 57
  （一）同音字汇的收字 …………………………………… 57
  （二）同音字汇的排列 …………………………………… 58
  （三）有关体例的说明 …………………………………… 58
  （四）同音字表 …………………………………………… 58
 四、荆州音系与北京音系的比较 ……………………………… 76
  （一）声母比较 …………………………………………… 76
  （二）韵母比较 …………………………………………… 79
  （三）声调比较 …………………………………………… 83
 五、荆州音系与中古音系的比较 ……………………………… 83
  （一）声母比较 …………………………………………… 83
  （二）韵母比较 …………………………………………… 92
  （三）声调比较 …………………………………………… 104
 六、荆州方言的归属 …………………………………………… 104
  （一）荆州方言与周边方言的比较 ……………………… 104
  （二）荆州方言所应归属的方言片 ……………………… 108
 七、荆州城的东边腔 …………………………………………… 109
  （一）民国初期的东边腔 ………………………………… 109
  （二）民国后期的东边腔 ………………………………… 112
  （三）荆州东边腔的形成 ………………………………… 112
  （四）荆州东边腔的性质 ………………………………… 113

第三章　荆州方言词汇 …………………………………………… 115
 一、概述 ………………………………………………………… 115
  （一）词汇特点 …………………………………………… 115
  （二）特殊词汇 …………………………………………… 123

（三）词汇探源 ………………………………………………… 133
二、分类词表 …………………………………………………………… 155
　　（一）天文 ……………………………………………………… 156
　　（二）地理 ……………………………………………………… 158
　　（三）时令、时间 ……………………………………………… 161
　　（四）农业 ……………………………………………………… 164
　　（五）植物 ……………………………………………………… 166
　　（六）动物 ……………………………………………………… 172
　　（七）房舍 ……………………………………………………… 178
　　（八）器具、用品 ……………………………………………… 180
　　（九）称谓 ……………………………………………………… 186
　　（十）亲属 ……………………………………………………… 190
　　（十一）身体 …………………………………………………… 192
　　（十二）疾病、医疗 …………………………………………… 196
　　（十三）衣服、穿戴 …………………………………………… 201
　　（十四）饮食 …………………………………………………… 204
　　（十五）红白大事 ……………………………………………… 212
　　（十六）生活、生产 …………………………………………… 218
　　（十七）讼事 …………………………………………………… 222
　　（十八）交际 …………………………………………………… 223
　　（十九）商业、交通 …………………………………………… 225
　　（二十）文化教育 ……………………………………………… 229
　　（二十一）文体活动 …………………………………………… 232
　　（二十二）动作 ………………………………………………… 236
　　（二十三）位置 ………………………………………………… 249
　　（二十四）代词 ………………………………………………… 251
　　（二十五）形容词 ……………………………………………… 252
　　（二十六）介词 ………………………………………………… 261
　　（二十七）副词 ………………………………………………… 261
　　（二十八）数量词 ……………………………………………… 263
　　（二十九）附加成分 …………………………………………… 265

　　　　（三十）固定短语 ………………………………………… 265
第四章　荆州方言语法 ………………………………………… 277
　一、重叠 ………………………………………………………… 277
　　（一）名词类 …………………………………………………… 277
　　（二）动词类 …………………………………………………… 279
　　（三）形容词类 ………………………………………………… 283
　二、语缀 ………………………………………………………… 288
　　（一）前缀 ……………………………………………………… 288
　　（二）中缀 ……………………………………………………… 289
　　（三）后缀 ……………………………………………………… 289
　三、方所 ………………………………………………………… 303
　　（一）常见的方位词语 ………………………………………… 303
　　（二）常用的方位词语 ………………………………………… 303
　四、数量 ………………………………………………………… 305
　　（一）序数 ……………………………………………………… 305
　　（二）概数 ……………………………………………………… 306
　　（三）表示"少"和"多"的数量词 …………………………… 307
　　（四）特色数量词 ……………………………………………… 310
　五、指代 ………………………………………………………… 312
　　（一）人称代词 ………………………………………………… 312
　　（二）指示代词 ………………………………………………… 315
　　（三）疑问代词 ………………………………………………… 317
　六、程度 ………………………………………………………… 322
　　（一）程度副词 ………………………………………………… 322
　　（二）非程度副词表示程度 …………………………………… 338
　七、介引 ………………………………………………………… 341
　　（一）常用介词 ………………………………………………… 342
　　（二）"把"作介词 …………………………………………… 348
　　（三）几个比较特别的介词 …………………………………… 350
　八、关联 ………………………………………………………… 352
　九、体貌 ………………………………………………………… 355

（一）哒 ·· 355

　　（二）倒[1] ·· 357

　　（三）起 ·· 362

　　（四）在 ·· 364

十、语气 ·· 365

　　（一）哒 ·· 365

　　（二）吵 ·· 366

　　（三）得、的 ·· 367

　　（四）嗼 ·· 369

　　（五）在 ·· 369

　　（六）着 ·· 370

　　（七）了 ·· 370

　　（八）呢（嘞） ·· 371

　　（九）哩 ·· 372

　　（十）吧 ·· 372

　　（十一）啊 ·· 373

十一、"把"字句 ·· 373

　　（一）用作动词的"把" ·· 374

　　（二）"把"和"八" ·· 374

　　（三）由"把"到"给" ·· 375

十二、被动句 ··· 377

　　（一）与普通话用法相同的被动句 ····································· 377

　　（二）具有荆州话特色的被动句 ·· 377

　　（三）意合被动句 ··· 378

　　（四）使用"被、给"的被动句 ··· 379

十三、双宾句 ··· 379

　　（一）"给、把"类双宾句 ·· 379

　　（二）"欠"类双宾句 ··· 383

　　（三）"称呼"类双宾句 ··· 384

十四、"得"字句 ··· 384

　　（一）形容词"得" ·· 384

（二）动词"得" …………………………………………… 385
　　（三）构词成分"得" ………………………………………… 386
十五、比较句 …………………………………………………… 390
　　（一）差比比较句 …………………………………………… 390
　　（二）平比比较句 …………………………………………… 392
　　（三）"比较级"句 ………………………………………… 393
十六、祈使句 …………………………………………………… 394
　　（一）吵 …………………………………………………… 394
　　（二）着 …………………………………………………… 395
　　（三）算哒 ………………………………………………… 396
　　（四）"把"构成的祈使句 ………………………………… 396
　　（五）其他类 ……………………………………………… 397
十七、疑问句 …………………………………………………… 397
　　（一）特指句 ……………………………………………… 397
　　（二）是非句 ……………………………………………… 399
　　（三）选择句 ……………………………………………… 399
　　（四）正反句 ……………………………………………… 400
十八、否定句 …………………………………………………… 401
　　（一）"没、没有、没得"构成否定句 …………………… 401
　　（二）用"别"的否定句 …………………………………… 406
　　（三）用"未必、不消、只不、不得"的否定句 ………… 407
　　（四）用"无奈何、奈不何"的否定句 …………………… 408
　　（五）用"不听见、不看见、见不得"的否定句 ………… 410
　　（六）用"找不到、不晓得"的否定句 …………………… 411
十九、述补结构 ………………………………………………… 413
　　（一）可能补语 …………………………………………… 414
　　（二）结果补语 …………………………………………… 416
　　（三）程度补语 …………………………………………… 419
　　（四）情状补语 …………………………………………… 420
　　（五）数量补语 …………………………………………… 421
　　（六）趋向补语 …………………………………………… 422

  （七）"得"字直接作补语 …… 422
  （八）"不过"补语句 …… 423
 二十、语法例句 …… 428

第五章　荆州方言的现代发展 …… 457
 一、语音的发展 …… 457
  （一）上声调的变化 …… 457
  （二）异读词读音的变化 …… 458
  （三）入声字的发展趋势 …… 458
  （四）声母变化的统计 …… 460
 二、词汇的发展 …… 462
  （一）词义、词形的变化 …… 462
  （二）常用词使用频度的变化 …… 464
  （三）词汇发展的趋势 …… 464
  （四）历史词语的"回潮"现象 …… 466
 三、语法的发展 …… 466
  （一）常用语气词的变化 …… 466
  （二）否定副词"莫"的消失 …… 467

第六章　荆州方言语料记音 …… 469
 一、传说　故事 …… 469
 二、歌谣　情歌 …… 474
 三、谚语　歇后语 …… 477

附录 …… 479
 一、荆州市在湖北省的地理位置 …… 479
 二、荆州市行政区划图 …… 480
 三、清代荆州城示意图 …… 480
 四、荆州话"莫"字例句 …… 481
 五、中古荆州方言高域假声示意图 …… 482
 六、古城文化 …… 483
 七、民俗文化 …… 484
  （一）年节 …… 484
  （二）婚丧礼俗 …… 486

(三) 饮食 …………………………………………… 487
(四) 民居 …………………………………………… 488
(五) 民间文化艺术 ………………………………… 488
主要参考文献 ………………………………………… 490
后记 ………………………………………………… 497

第一章 导 言

一、荆州概说

(一) 人口地理

荆州市地处江汉平原西端，以荆州城为坐标，位于东经 111°54′—112°19′，北纬 30°6′—30°39′，东至湖北省省会武汉市 216 公里，西距宜昌市 90 公里，北望荆门市 80 公里，南接江陵（郝穴镇）53 公里，西南到松滋新江口约 65 公里。荆州市属地级市，现辖荆州区、沙市区两区及江陵、松滋、公安、石首、监利、洪湖六县市。荆州市面积 14104 平方公里，人口约 640 万。荆州市市区面积 59 平方公里，常住人口 110 余万。

(二) 历史沿革

荆州为上古九州（青、杨、冀、兖、豫、雍、荆、徐、幽）之一，传为大禹治水时所定，以境内荆山得名。"荆"与"楚"异词同义，楚国原名"荆"，楚成王时改为"楚"。春秋战国时期，楚在荆州纪南城（郢都）一带立国 411 年（前 689 年—前 278 年）。"纵横五千里，带甲百万兵"的楚国为春秋"五霸"之一，是雄踞我国南方的泱泱大国。

秦始皇统一六国后，置南郡，设江陵县，为南郡治所；江陵城、荆州城，一城两名自此而始。西汉初年，封临江王于此地，其后有东晋安帝、南齐和帝、梁元帝、后梁、隋末梁王、唐代荆南国等在此建都。

公元前 202 年，汉高帝设南郡（治所江陵），领十八县。南北朝后，荆州辖地逐渐缩小，名称也有变化。如隋的江陵总管府、荆州大总管府，唐的荆州大总管府、荆州大都督府、荆南节度使，宋的荆南府，元的上路总管府、中兴路，明至清末的荆州府等。

1. 荆州城

荆州城的城郭，在战国末年形成，汉代已有城墙。蜀将关羽、吴太守朱然，东晋桓温、梁元帝、南平王高季兴等，都曾对荆州城进行修整。北宋末年，城毁，南宋淳熙年间，重修城墙，淳祐十年筑城壕。元初，忽必烈下令拆除荆州城。元末，朱元璋称吴王时，派员依旧基重建荆州城。明末，张献忠率义军攻占荆州城，将城墙拆毁多半。

清顺治年间，依明代城基重新修筑荆州城，重新命名六座城门：东门曰寅宾门，东南门（小东门）曰公安门，西门曰安澜门，南门曰南纪门，大北门曰拱极门，小北门曰远安门；并在城中设一道隔墙，将荆州城分作东、西两城，满（蒙）族人驻东城（满城），汉族人居西城（汉城），始有满、汉两城之说，直至公元1912年，城中隔墙才被拆除。

荆州城现存的砖城为明末清初建筑，整座城呈不规则长方形，东西长3.75公里，南北宽1.2公里，城垣周长10.5公里；城内面积4.5平方公里。1970年后，经国务院批准，城垣上先后新开3座城门（新东门、新南门、新北门），现共有9座城门。城墙上人可通行，城下有内环道，砖城外有外环道与护城河。

荆州城自明末清初最后一次修复以来，已有350年历史，是长江中游地域唯一一座保存完好的古城垣，为我国首批公布的二十四座历史文化名城之一。

2. 沙市（区）

春秋时期沙市始名江津，延至东汉。三国时的江津，初属吴国江陵，晋属新郡江陵，南北朝时先后属于宋之南郡江陵县、梁之江陵总督府江陵县等，隋属江陵县，唐属江陵县，始称"沙市"。其后，沙市作为江陵县属地一直延续至新中国成立。1949年7月始，沙市更名为沙市市，为湖北省省辖市，1955年又归属荆州地区行政专员公署，1979年复为湖北省省辖市。

3. 江陵县

历史上，荆州城、沙市（区）一直处于江陵县的地界内。1998年新设的江陵县，仅限于沙市区东南部原江陵县一带。

（三）行政区划

1994年荆州地区与沙市市合并为湖北省荆沙市，辖荆州、沙市、江陵

3个区，及松滋、公安、监利、石首、洪湖五县市。1998年，荆沙市更名为荆州市。荆州市辖荆州区、沙市区2个市辖区，1个经济开发区及江陵、公安、监利3个县，代管松滋、石首、洪湖3个县级市。荆州市政府设在沙市区的江津路；江陵县政府设在郝穴镇。荆州市市区限于荆州城区及原沙市市区的范围内。

1. 荆州区

荆州区辖3个街道、7个镇、1个省级经济开发区，共有36个居委会、119个村委会，人口约57万。

2. 沙市区

沙市区辖6个街道、4个镇、1个乡，共有87个居委会、91个村委会，人口约55万。

3. 江陵县

江陵县瞎7个镇（郝穴、资市、滩桥、熊河、白马寺、普济、沙岗），2个乡，13个社区居委会，203个村委会（辖区内还有湖北省江北监狱、三湖农场、六合院农场）。

荆州市市区（荆州城，原沙市市区）的区划范围见本书末"附录二、荆州市行政区划图"。

二、荆州方言

（一）荆州方言的形成

荆州市处于美丽富饶的江汉平原腹地，有灿烂辉煌的楚文化的滋润和深厚的三国文化底蕴。荆州方言在湖北境内自成体系，且独树一帜。荆州方言的形成与以下几个因素有重要关系。

1. 古荆州的影响

晋代何充说："荆州轻重，则举国安危。"[①] 古荆州在我国历史上具有重要地位和深远影响。周秦时代，楚在江陵纪南城立国四百余年；从南齐到五代十国，先后有14位王在江陵建都。值得注意的是，古荆州与今荆州

---

① 王群生：《湖北荆沙方言》，武汉大学出版社，1994年版，第12—19页。

的历史延续性,行政区划的继承性和稳定性,使得以荆州城一带为中心的江汉平原这块沃土成为孕育荆州方言的温床,并在荆州方言的形成中起着决定性作用。可以说,荆州方言是在古荆州的政治、经济背景下,在楚文化的滋润熏陶中,千百年来由古代荆州方言自然继承、演化的必然结果。

2. 独特的地理位置

荆州市的地理位置独特,北部的荆门方言、钟祥方言,东边的潜江方言,带有明显的中原官话特征,如,阴平调上扬,有翘舌音 tʂ、tʂʻ、ʂ,这些都是中原官话影响的结果。而荆州市南部的公安、监利与湖南省接界,又受到湘方言直接或间接的影响。这种特殊的地理位置,使荆州方言具有南北方言兼收并蓄的特点。

3. 人口的迁徙、流动

经洛阳、襄阳至江陵的古官道是我国历史上重要的南北大通道,北上、南下、入川,荆州都是必经之地。荆州方言的形成,与古、今人口的迁徙和流动等有密切关系。如,东晋咸康三年(337年),豫州安丰郡松滋县(今安徽霍山县)流民"南迁避寇",于今松滋市境内侨立松滋县。唐安史之乱以后,北方人大批涌入"荆南"井邑。"自至德后,中原多故,襄(阳)邓(州)百姓,两京衣冠,尽投江湘,故荆南井邑,(人口)十倍其初。"荆州地域,居三楚要害,自古就是兵家必争之地。又"元未红巾,沙市道杀掠,无孑遗"。"明崇祯十五年……城中……是夕,火光如昼……百年生聚,尽于斯矣。"① 这些都会对这一带语言带来多方面的影响。

4. "江西填湖北"

湖北素有"江西填湖北"之说。其实从宋、元起,就有大批江西人迁入江汉平原一带,荆州及周边方言无疑会受到江西移民的影响。例如监利方言中古"透、定"两母字("他、讨,夺、稻"等)今多读作喉擦音 [h],荆门方言中古全浊声母字("鼻、第、字"等)多读送气音等现象就是明证。

5. "汉、满"语言的接触

清代,荆州城为京都之外的军事重镇,仅荆州城内,满(蒙)旗人最多时达两万余人。当时的荆州城内筑有隔离墙,"汉、满"两族人分居"汉

---

① 王群生:《湖北荆沙方言》,武汉大学出版社,1994年版,第7—12页。

城"(西城)、"满城"(东城),隔离墙的两个内城门朝启晚闭。但语言交际肯定存在,且必然会受到对方的影响。

综上所述,荆州方言的形成,和古今荆州的历史地位,荆州地域行政区划的延续性、稳定性,荆州地域特殊的地理位置,语言的接触和融合等都有密切的关系。

(二) 荆州方言的分布

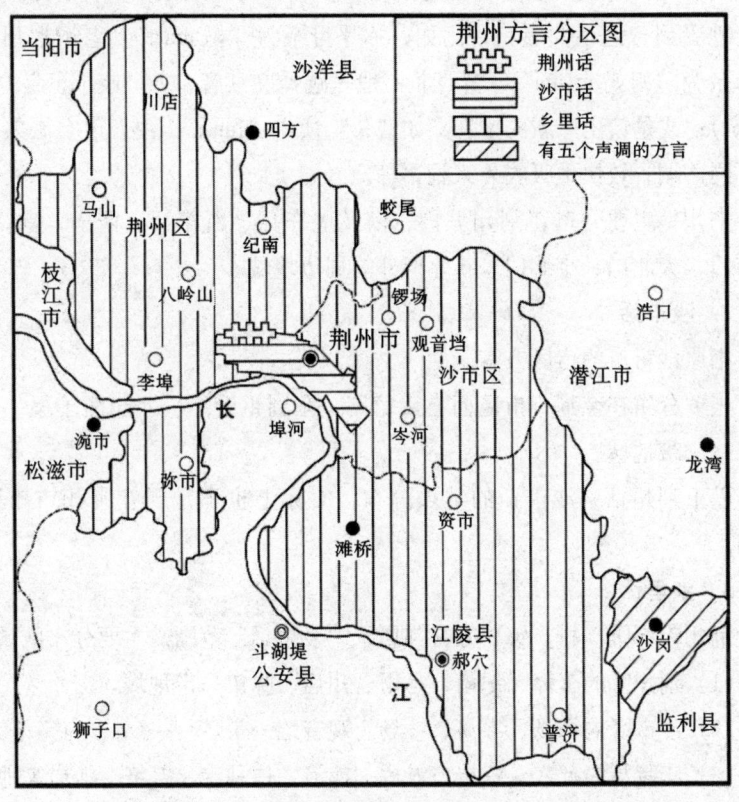

荆州方言分区图

近四十年来,荆州城、沙市市、江陵县行政区划多次变更,但是变来变去,今荆州城、沙市区、江陵县都还是在原江陵县的地界上。就荆州地域方言而言,荆州市民间大体认同"荆州话"(或称"城里话")、"沙市话"、"乡里话"的说法。这三种方言地域相连、同根同源,声调(腔调)非常接近,可以统称作"荆州方言"(见"荆州方言分区图")。

1. 荆州话

"荆州话"主要是指荆州城内的方言。荆州话有老派和新派的区分。现今五十岁及以上年龄、土生土长的荆州城人所说的荆州话,可视作老派荆州话,其交际语言基本保持着荆州话语音、词汇、语法的本来面目。本书描写的荆州方言,主要是指老派荆州话,代表点是荆州城内。

现今二三十岁的年轻荆州城人所说的荆州话,可以看作新派荆州话,代表着荆州方言发展的方向,特点是较多地受到外地方言,特别是直接或间接地受到普通话的影响,比如,称呼母亲为"妈ma˧"(老派荆州话称呼母亲为"姆妈m̩·ma")。异读词一般是选择文读音,如"咬 iau˩"(不读"au˩");或是读出些新的字音,如"荣"读作"luŋ˩",古入声字派入荆州话不同声调,较快地吸收外来词语等。

荆州话主要分布在荆州城内,以及老东门、新东门、西门、老南门、新南门、大北门、小北门、新北门外的周边地域。

2. 沙市话

指原沙市市的市区方言。

主要分布在今荆州市区西自武德路,东到钢管厂,北起西干渠,南至临江路一带地域。

以上荆州话、沙市话的地域分布,实际上也正是现在荆州市市区的范围。

3. 乡里话

荆州市郊区(村、镇)方言都属于"乡里话"范围。主要分布区域是:

(1) 荆州区的李埠、纪南、马山、川店、弥市一带地域。

(2) 沙市区的杨场、岑河、锣场、观音垱一带。

(3) 江陵县的郝穴、资市、滩桥、熊河、白马寺、普济、沙岗等地。

(4) 潜江市的龙湾司(新中国成立前属江陵县,后划入潜江县[①])。

(5) 荆门市的砖桥、四方、蛟尾。

(6) 松滋市境内。

松滋方言依《中国语言地图集》,划归为西南官话的常鹤片。但就我们 2008 年—2012 年在松滋境内 16 个方言点所做的调查看,松滋方言也应属

---

① 今潜江市。

于荆州方言的范畴。下表是松滋方言的地域分布：

松滋方言地域分布表

	涉及的地域	人口（万）
松滋河片 （无入声）	新江口、老城、陈店、沙道观、八宝镇、涴市	38.14
南海片 （过渡带）	南海磨盘洲、南海剑锋村、八宝渔场、刘家场、王家桥、斯家场	23.06
洈水片 （有入声）	洈水、南海张家坪、南海拉家渡、街河市、纸厂河、万家乡、杨林市、（黄林桥）*	23.80

* 松滋西部的黄林桥一带方言比较特殊，另当别论。

松滋方言从北到南可分作三个片。松滋河一带方言声调系统跟荆州方言非常接近，南海片是入声隐现的过渡地带，洈水片有高域入声调，但这三个片共性特征很明显：

A. 从声调系统看，这三个片一致性强，洈水片除了多一个高域入声调外，其他四个声调与另两片基本相同①。

B. 声母、韵母系统几无区别。

C. 词汇系统（以 200 个常用词汇为参照对象）也是高度一致。

这样看来，松滋方言三个片的声母、韵母系统及词汇系统几无区别，仅仅是声调系统略有差异的方言，因而，松滋方言应归属于荆州方言范畴，不宜划归西南官话的常鹤片。

荆州方言的上述分布，也可以视作荆州方言的三个层面，即如果把"荆州话"作为荆州方言的代表，荆州话→沙市话→乡里话，存在亲疏远近的关系。

需要指出的是，荆州话、沙市话都只有"阴平、阳平、上声、去声"四个声调，古入声派入阳平。"乡里话"的绝大多数地域也是四个声调，入声也是派入阳平，只有江陵县的沙岗一带受监利方言（属赣方言区）的影响，比较特殊，还有入声调类，这也是荆州方言中唯一有五个声调的地方。但沙岗一带方言仍属于荆州方言，因为它的"阴平、阳平、上声、去声"调类、调值与周边的荆州乡里话相近，只是多了一个入声调，而且去声调

---

① 王彩豫：《湖北松滋方言的假声》，《语言研究》2013 年第 4 期。

也不像比邻的监利方言那样分作阴去声和阳去声。

(三) 荆州方言的内部差异

1. 荆州话与沙市话的比较

20世纪七十年代初,荆州话与沙市话的差异还比较明显。当时两地状况是,荆州城虽然是荆州行署和江陵县政府所在地,但只是一个城关镇,人口不足两万。沙市属荆州行署管辖,人口约16万人,轻工业比较发达,是城市,因而沙市人很有点瞧不起荆州城人。20世纪80年代始,改革开放的大潮迅速拉近了两地人心理上的距离。1993年我们在写《湖北荆沙方言》时,荆州话与沙市话差别已经不大。而就我们2008年—2012年所做的两地方言调查看,荆州城的张和雄先生、马文英女士与沙市的成芬女士的讲话,及他们认读的《方言调查字表》、《方言词汇调查表》的发音看,三位合作人的发音基本趋于一致,主要差异仅存于以下几点:

(1) 上声调的差异

A. 荆州话与沙市话的阴平˦、阳平˨˩、去声˥是一致的,唯有上声调有区别。荆州话的单字上声调读作˨˩˨调值,沙市话的单字上声调读作˦调值,都比较稳定。

B. 荆州话与沙市话词尾、句末上声调的差异,可以视作荆州话、沙市话区分的一把重要标尺:荆州话词尾、句末的上声调字一般读˨˩˨调值,而沙市话一般都会读作˦调值。以下是荆州话、沙市话词尾上声调的比较:

荆州话、沙市话词尾上声调比较表

例词	荆州话	沙市话
搬巧/春卷	pan˦ tɕʰiau˨˩˨ / tsʰuen˨˩˨ tɕyen˦	pan˦ tɕʰiau˦ / tsʰuen˨˩˨ tɕyen˦
玩痞/牛奶	uan˨˩ pʰi˨˩˨ / iəu˨˩ lai˨˩˨	uan˨˩ pʰi˦ / iəu˨˩ lai˦
鬼扯/软饼	kuei˨˩˨ tsʰɤ˨˩˨ / luan˨˩˨ pin˨˩˨	kuei˦ tsʰɤ˦ / luan˦ pin˦
送礼/糯米	suŋ˥ li˨˩˨ / luo˥ mi˨˩˨	suŋ˥ li˦ / luo˥ mi˦

(2) 后鼻音韵母的差异

荆州话、沙市话的后鼻音韵尾都比较少,但荆州话中 an、ian、uan 三个韵母的韵尾——如"张、长、涨、江、娘、量、王、汪"的 n 韵尾,还是让人感觉有不到位的 ŋ 韵尾的存在,而沙市话的上述字则明确地读作 n 韵尾。例如:

卖汤圆子的，	maiꜛ tʼanꜛ yɛnɣ ·tʂɿ ·ti，
挑进巷子里来，	tʼiauꜛ tɕinꜛ xanꜛ ·tʂɿ ·li laiɣ，
多把滴尕一点儿糖，	tuoꜛ paꜛ ·ti ·ka tʼanɣ，
少把滴尕汤，	sauɣ paꜛ ·ti ·ka tʼanꜛ，
把我姆妈妈喫的。	paꜛ uoɣ m̩ɣ ma tɕʼiɣ ·ti。

以上一段荆州俗语是20世纪70年代在荆州、沙市一带十分流行的顺口溜，也是荆州、沙市一带民众对沙市话后鼻音韵母缺失的一种戏谑、自嘲的生动概括。

（3）声母、韵母的其他差异

这里也列出一二：

荆州话、沙市话声母韵母差异举例

	恤	鲜	什么	（蛮）像	（告）诉
荆州话	ɕyɛɣ	ɕiɛnꜛ	么事 moɣ ʂɿꜛ	ɕianꜛ	kauꜛ suꜛ
沙市话	ɕiɣ	ɕyɛnꜛ	么子 moɣ tsɿꜛ	tɕʼianꜛ	kauꜛ ɕinꜛ

（4）"了、哒"的读音的不同

新派荆州话、沙市话中语气词"了、哒"，在语流中的读音有比较明显的差异。例如：

A. 荆州话"了、哒"的读音：

①我写了个假条。 uoꜛ ɕiɣ ·la ·kuo tɕiaꜛ tʼiauɣ。

②身上湿沮了。 sənꜛ sanꜛ ʂɿꜛ tɕʼyɜꜛ ·la。

③不来就算了。 puɣ laiɣ tɕiəuꜛ suanꜛ ·la。

④吃了算了。 tɕʼiɣ ·la suanꜛ ·la。

⑤吃了算数。 tɕʼiɣ ·ta suanꜛ suꜛ。

B. 沙市话"了、哒"的读音：

①我写哒个假条。 uoꜛ ɕiɣ ·ta ·kuo tɕiaꜛ tʼiauɣ。

②身上湿沮哒。 sənꜛ sanꜛ ʂɿꜛ tɕʼyɜꜛ ·ta。

③不来就算哒。 puɣ laiɣ tɕiəuꜛ suanꜛ ·ta。

④吃哒算哒。 tɕʼiɣ ·ta suanꜛ ·la。

这里列出"了 ·la""哒 ·ta"读音的差异只反映新派荆州话、沙市话的差异，且只是相比较而言的，实际上，即便是新派城里话，"了"也有读作

"哒"的，如例A⑤。而老派城里话一般都选择读"哒"。从某种意义上说，荆州话的发展比沙市话要快一些（当然，这是就历史发展而言的）。

（5）两地方言的词汇也不完全一致

这里也列出几例：

例词		刷牙	肮脏	等一下	游泳	骂人	当中
荆州话	侧巴子* tsʻɤˇ ·pa tsʅ	刷牙 suaˉ ˪ai	肮脏 anˉ tsanˉ	等下下 tənˇ ·xa ·xa	打鼓泗 taˇ kuˇ ˪uei,ˀ	骂人 maˉ lənˇ	当中 tanˉ tsuŋˉ
沙市话	侧拉子 tsʻɤˇ ·la tsʅ	洗口 ɕiˇ kʻəuˇ	醒䞗 ou ou.tsˇ	等下儿 tənˇ ·xa ·ɯ	游泳 iouˇ ynˇ	嚇人 tɕyaˇ lənˇ	中间 tsuŋˉ kanˉ

* "侧巴子"普通话无对应词，词义通常是指"女子、儿童有意卖弄、显摆"。

2. 荆州话与"乡里话"的比较

（1）声调的比较

荆州方言虽然在方言腔调上趋于一致，但在不同地域仍有一定的差异，以下是不同地域声调的差异：

	阴平	阳平	上声	去声	入声
荆州城	˥	˩	˨˩˦	˥˩	˩
沙市区	˥	˩	˥	˥˩	˩
荆州区川店	˥	˩	˨˩˦	˥˩	
荆州区纪南	˥	˩	˨˩˦	˥˩	
荆州区弥市	˥	˩	˥/˨˩˦	˥˩	
松滋新江口	˥	˩	˥	˥˩	
江陵滩桥	˥	˩	˨˩˦	˥˩	
江陵郝穴	˥	˩	˨˩˦	˥˩	
江陵沙岗	˥	˩	˨˩˦	˥˩	˩
观音垱	˥	˩	˨˩˦	˥˩	
潜江龙湾司	˥	˩	˨˩˦	˥	˩

由上表可知，荆州市郊区及江陵县多数地域方言，声调及腔调跟荆州话比较接近，但江陵县的沙岗一带有入声调，因而腔调与荆州方言略显不同。

(2) 翘舌音的区别

荆州方言一般都是翘舌音 tʂ、tʂʻ、ʂ 混入平舌音 ts、tsʻ、s，只有沙市区靠近湖北潜江市的观音垱、丫角及荆州区接近荆门市的川店一带才有翘舌音 tʂ、tʂʻ、ʂ 出现。

(3) 声母 z 的差异

荆州话中读作 z 声母的，只有"日、肉、授"几个字，荆州方言的乡里话中，z 声母的字较多，甚至出现了翘舌音 ʐ。例如：

A. 滩桥江陵县：日 zɿ↙、热 zɤ↙、饶 zau↙、肉 zu↙、人 zən↙、如 zu↙、染 zan↙、惹 zɤ↙、软 zuan↙。

B. 纪南荆州区：日 zɿ↙、热 zɤ↙、饶 zau↙、肉 zu↙、人 zən↙、如 zu↙、染 zan↙、惹 zɤ↙、软 zuan↙、荣 zuŋ↙/yn↙。

C. 川店荆州区：日 ʐɿ↙、热 ʐɤ↙、饶 ʐau↙、肉 ʐu↙、人 ʐən↙、如 ʐu↙、染 ʐan↙、惹 ɣɤ↙、软 ʐuan↙、荣 ʐuŋ↙。

(4) 助词"倒·tau/·təu"的读音

荆州话与乡里话在"倒"的读音方面差异明显。例如，"你给我站倒、跪倒、看倒、箍倒、扶倒、歪倒、就倒、跩蹲倒"等词语中的"倒"，新派荆州话，以及从外地迁入的荆州人，或是文化程度较高的荆州城人，一般都读作"·tau"；老派荆州话"倒"读作"·təu"。但荆州方言中的乡里话，一般都是读作"·təu"。这也是荆州话和乡里话的重要区别之一。

(5) 颤音 r 的有无

荆州人把颤音 r 叫作"弹舌音"。荆州话、沙市话里都没有颤音 r，但荆州方言中的乡里话——川店、马山、纪南、李埠、丫角、观音垱、锣场、岑河、滩桥和松滋的浣市等地普遍存在颤音现象。如：桌子 tsuo↙r、鞋子 xai↙r、腿子 tʻuei↙r、瓜子 kua↙r。

三、关于荆州方言的研究

(一)《湖北方言调查报告》

赵元任等先生早年出版的《湖北方言调查报告》是湖北方言研究的经典历史性文献，涉及荆州方言的诸多问题，有重要的参考价值。但对荆州方言研究而言有两个不足之处：

1.《湖北方言调查报告》是以当时属江陵县的龙湾司代表湖北江陵音（荆州城是原江陵县政府所在地），龙湾司在今荆州城东南约 40 公里处（现已划归湖北省潜江市），龙湾司方言与荆州话还存在一定的差异。

2. 荆州市与松滋市比邻，《湖北方言调查报告》中的松滋调查点，是松滋南部的杨林市。杨林市是有"高八度入声（假声）"的地方，严格意义上讲，这一带倒是能够反映松滋方言的特点，这也是（过去和现在一直）把松滋方言划入西南官话"常（德）鹤（峰）"片的主要依据。但松滋北部、中部方言以"新江口""老城"为代表，人口约占全县（市）65% 以上，方言腔调与南部地域的杨林市差距较大，倒是与荆州城区方言非常接近。由于以"新江口""老城"为主体的松滋中部、北部方言与荆州方言在声调方面有着"顺沿式的演变关系"，我们认为，松滋方言对荆州方言的研究有重要意义①。

（二）《湖北方言概况》

詹伯慧、刘兴策等先生 1960 年撰写的《湖北方言概况》（油印本），涉及荆州方言"荆州话""沙市话"的诸多问题，也是研究荆州方言的重要文献。

（三）其他文献（截至 2015 年 5 月）

截至 2015 年 5 月，涉及荆州方言研究的主要文献如下：

1994 年出版的《湖北荆沙方言》（王群生著）一书，是研究湖北江汉平原"大荆州"方言的专著。该著作历经十载，是作者在发表了近 20 篇关于荆州方言研究论文的基础上完成的。该著作的重心是湖北江汉平原 13 县市"连体成片"方言的比较研究，其价值在于填补了荆州方言专题研究的空白②。

另有芜崧先生《湖北江陵方言》（2008 年版）、《荆楚方言语法研究》（2012 年版）两部著作面世，前者主要是关于湖北江陵（滩桥）方言的研究，后者主要是关于湖北江汉平原语法的探索。

近三十年来，荆州方言的研究有了迅猛的发展，发表了不少有较高质量的研究论文，涉及荆州方言的各个方面，有些关于荆州方言研究的论文

---

① 王彩豫：《湖北松滋方言的假声》，《语言研究》2013 年第 4 期。
② 20 世纪 50 年代—80 年代，湖北江汉平原江陵、沙市、荆门、天门等 13 县市均归荆州行署管辖，湖北江汉平原至今仍有"大荆州（指江汉平原 13 县市）""小荆州（指荆州城或荆州市）"说法。

达到了较高水平。主要有：

1. 王群生《湖北有颤音 r》，《南昌师专学报》1985 第 1 期
2. 王群生《谈荆州话里的"AA 声"》，《荆州师专学报》1985 年第 3 期
3. 王群生《说"掰"》，《普通话》1986 年第 2 期
4. 王群生《湖北方言的颤音》，《语言研究》1987 年第 2 期
5. 王群生《荆沙方言与普通话声调的对应关系》，《普通话》1988 年第 1—2 期合刊
6. 王群生《湖北中部地区方言分区的商榷》，《荆州师专学报》1988 年第 1 期
7. 王群生《潜江方言说略》，《荆州师专学报》1989 年第 4 期
8. 王群生、芜崧《江陵方言的"破"字句》，《荆州师专学报》1991 年第 3 期
9. 王群生《荆沙方言的语法特点》，《荆州师专学报》1992 年第 1 期
10. 王群生《荆州城的东边腔》，《语言研究》1992 年第 2 期
11. 王群生《荆州东边腔语音的历史变迁》，《双语双方言（二）》，香港彩虹出版社 1992 年版
12. 王群生《江陵方言的本字》，《荆州古今》1992 年第 3 期
13. 王群生《谈〈楚辞〉中的浪浪》，《荆州师专学报》1992 年第 1 期
14. 王群生《释"乌兔"》，《黄冈师专学报》1993 年第 1 期
15. 王群生《江陵方言古语词举隅》，《荆州师专学报》1993 年第 1 期
16. 王群生《荆沙方言的"不过"补语句》，《中国语文》1993 年第 2 期
17. 王群生《〈楚辞〉中的荆沙方言词》，《荆州师专学报》1993 年第 3 期
18. 王群生《荆沙方言的"褒贬义"同词现象》，《语言学通讯》1993 年第 3 期
19. 王群生《〈楚辞〉中的荆沙方言例略》，《武汉大学学报》1993 年第 4 期
20. 王群生《荆沙方言中的两种特殊语音现象》，《荆州师专学报》1994 年第 1 期
21. 王群生《汉语腔调探析》，《荆州师专学报》1996 年第 3 期

22. 王群生《荆州方言述略》,《荆州地区志》,红旗出版社1996年版

23. 王群生《普通话测试不应忽视方言语法的影响》,《荆州师专学报》1997第3期

24. 吴良远《荆楚方言词语杂解释》,《荆州师专学报》1997年第6期

25. 吴良远《荆楚方言多义字例释》,《荆州师专学报》1998年第3期

25. 王群生《湖北双方言临界带入声消失的轨迹》,《湖北大学学报》1999年第4期

27. 芜崧《"好A子句式"》,《荆门职业学院学报》2000年第5期

28. 邓蕙《湖北公安话的"倒"和"起"》,《中山大学研究生学刊》2000年第2期

29. 王志芳《松滋方言的入声》,《江汉大学学报》2001年第1期

30. 芜崧《古籍中的荆楚方言词语》,《荆门职业技术学院学报》2003年第1期

31. 王志芳《松滋方言的轻声》,《江汉大学学报》2004年第2期

32. 芜崧《古籍中的荆楚方言单音节词》,《沙洋师专学报》2005年第1期

33. 王群生《五彩斑斓的荆州方言》,《荆州民俗文化》,长江文艺出版社2005年11月版

34. 朱冠明《湖北公安方言的几个语法现象》,《方言》2005年第3期

35. 芜崧《湖北老江陵话的语音特点》,《长江大学学报》2007年第3期

36. 王宏佳《江汉平原微母字重唇音》,《咸宁学院学报》2007年27卷第2期

37. 芜崧《荆楚方言古语词选释》,《沙洋师专学报》2008年第1期

38. 黄晓南《浅议荆州方言的演变》,《安徽文学》2008年第11期

39. 芜崧《第三批荆楚方言词语选释》,《荆门职业技术学院学报》2009年第1期

40. 芜崧《荆楚民歌中常见的句法格式》,《长江大学学报》2009年第5期

41. 芜崧《扬雄〈方言〉中的荆楚方言词汇释》,《荆楚理工学院学报》2009年第10期

42. 芜崧《〈楚辞〉中的江陵方言词选释》,《文艺新观察》2009年

特刊

43. 王彩豫《湖北方言 AAB 式词语探索》,《华中人文论丛》2010 年第 1 期

44. 芜崧《荆楚方言中的词缀》,《荆楚理工学院学报》2010 年第 3 期

45. 马丽《沙市方言音韵研究》,湖北大学硕士学位论文 2010 年（网络版）

46. 芜崧《荆楚方言词汇的特点》,《荆楚理工学院学报》2011 年第 1 期

47. 芜崧《荆楚方言中动词和形容词的三种复用格式》,《长江大学学报》2011 年第 7 期

48. 王宏佳《江汉平原方音的几个特点》,《方言》2011 年第 3 期

49. 芜崧《荆楚方言中的拷贝式格式》,《荆楚理工学院学报》2011 年第 10 期

50. 王彩豫《湖北松滋方言音系及入声演变的途径》,《语言研究集刊》2011 年第 10 期

51. 芜崧《荆楚方言的疑问系统》,《荆楚理工学院学报》2011 年第 12 期

52. 王彩豫 Likelihood Ratio-based Forensic Voice Comparison with Cantonese/i/F-pattern and tonal F0. 第 14 届澳洲语音科学及技术国际会议论文集 2012, 悉尼

53. 王彩豫 The falsetto tones of the tialects in Hubei Province. 第六届国际韵律大会论文集 2012, 上海

54. 马敏《湖北荆州方言声韵调特点》,《长江大学学报》2013 年第 5 期

55. 马敏《荆州方言动态助词"哒""倒""起"的相关研究》,华中师范大学硕士论文 2013 年（网络版）

56. 王彩豫《湖北松滋方言的假声》,《语言研究》2013 年第 4 期

57. 萧红《湖北荆沙方言中的否定句与反复问句》,《长江学术》2014 年第 2 期

58. 王彩豫、朱晓农《监利张先村赣语的二域十声系统》,《方言》2015 年第 2 期

四、记音符号

本书中的语音描写采用国际音标记音,行文中一般不加括号直接用国际音标标出。声调调值采用线条符号,凡与国际音标实际音值有差异的,则用文字加以说明。

(一)辅音

本书采用和使用过的辅音符号如下表所示:

辅音符号表

		双唇	唇齿	舌尖前	舌尖后	舌面前	舌根
塞	不送气	p		t			k
	送气	pʻ		tʻ			kʻ
塞擦	不送气			ts	tʂ	tɕ	
	送气			tsʻ	tʂʻ	tɕʻ	
鼻		m		n			ŋ
边				l			
擦	清		f	s	ʂ	ɕ	x
	浊			z	ʐ		ɣ

(二)元音

本书采用的单元音符号如下图所示。

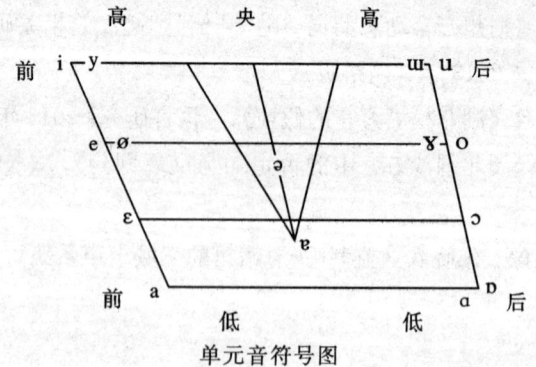

单元音符号图

(三) 声调

1. 声调调值的表示方法

本书的声调记音采用五度标调法，调值用线条调型符号标出。文中说明一般用数字表示，数字 1、2、3、4、5 分别代表音高的"低、半低、中、半高、高"。

2. 声调符号标示例示

声调符号放在音标的右面，连读的音节间留出间隔，如：方言 fan˧ iɛn˩。轻声音节则在音节前加圆点，如：儿子 ɯ˧ ·tsʅ、不见哒 pu˩ tɕiɛn˧ ·ta。

荆州方言中颤音的标示方法是"r"紧跟在前一音节之后，如：鞋子 xai˩ r。

3. 本书中使用的声调调型符号与数字符号的对应关系

声调调型符号与数字符号对应表

	本调							变调			
数字	55	213	42	35	13	44	214	51	213/21	42/44	42/33	213/13
调型	˥	˨˩˧	˦˨	˧˥	˩˧	˦	˨˩˦	˥˩	˨˩˧/˨˩	˦˨/˦	˦˨/˧	˨˩˧/˩˧

五、发音合作人

（一）主要发音合作人

1. 张和雄，男，1954 年 2 月生，高中文化，长江大学后勤职工。其父 15 岁即在荆州城生活，张和雄在荆州城出生，自幼在荆州城内生活至今，无外地生活、工作经历，荆州话纯正，不会说别的方言。

2. 马文英，女，1957 年 5 月生，高中文化，荆州工商银行职工，家住荆州城内，上推三代均为荆州城人。无外地生活经历，荆州话纯正，不会说别的方言。

3. 成芬，女，1952 年 3 月生，初中文化，沙市市政公司职工，无外地生活、工作经历，现居荆州城内，沙市话纯正，也熟悉荆州话，能区分荆州话、沙市话的差异。

以上三位为主要调查对象。

4. 龙陵钟，女，1962年2月生，大专文化，荆州区弥市人，湖北天力纺织公司职员。1981年始在荆州城生活至今，熟悉荆州话，能区分荆州话与弥市话的差异。

5. 王彩豫，女，1976年12月生，哲学博士，大学教师，自幼在荆州城生活，能说荆州话，算作新、老派过渡段的荆州城人①。

6. 刘润润，女，1976年2月生，文学硕士，大学教师，沙市人，现居荆州城内，成芬女士之女。沙市话纯正，算作新、老派过渡段的荆州（沙市）城人。

7. 陈志莲，女，1990年9月生，本科毕业，公司职员，荆州城人，现居荆州城内，荆州话标准。

（二）其他发音合作人

为使我们的研究更加客观，我们也调查了一些年轻人，以观察新、老派荆州人语言的差异，弥补调查可能存在的不足。主要有：

范伊伊　女　18岁　湖北省荆州市沙市区梅台巷
张文杰　男　18岁　湖北省荆州市江陵县滩桥镇五三村
李荆沙　男　18岁　湖北省荆州市沙市区关沮乡合心村
李梦娟　女　18岁　湖北省荆州市江陵县沙岗益家超市
周君健　男　18岁　湖北省荆州市荆州区川店镇丫子桥村
刘妙荷　女　18岁　湖北省荆州市荆州区纪南镇九店村
魏思静　女　18岁　湖北省宜昌市西陵区胜利三路
王忆舟　女　18岁　湖北省宜昌市夷陵区香烟寺村

范伊伊等八位调查对象均为2012年武昌理工学院刚入校的新生。对荆州市的六位同学，重点调查其出生地的语音系统；宜昌的两位同学分属宜昌市区两个不同的方言点（声调有差异），调查目的是弄清楚宜昌话与荆州话、武汉话语音系统的异同点。

（三）调查过程

王彩豫是土生土长的荆州城人，王群生自1972年即在荆州城生活。

---

① 王彩豫师从朱晓农教授，在香港科技大学硕、博连读，专攻音法学和实验语言学，在《荆州方言研究》写作中发挥了重要作用。

2008年3月开始着手进行荆州方言调查,张和雄先生为荆州话主要调查对象,成芬女士(沙市话)、马文英女士(荆州话)为调查的参照、比较对象。所有调查均现场记音并录制了音档。2010年—2012年,为核查调查材料的准确性,笔者又对张和雄先生做了一些补充调查。2015年又请张和雄先生和成芬女士对本书语音、词汇、语法存疑的问题进行了核实和订正。

第二章　荆州方言语音

一、语音系统

（一）声韵调分析

1. 声母

荆州话的声母有20个（包括零声母）。

p	pʻ	m	f
t	tʻ	l	
ts	tsʻ	s	z
tɕ	tɕʻ	ɕ	
k	kʻ	x	ɣ
ȥ			
∅			

声母说明：

（1）荆州话 n、l 混淆严重。北京话 n、l 声母的绝大部分字及一部分 r 声母，荆州话都读作 l，只有极少数字读作 n 声母，但 n、l 并不区别语义，属于无条件音位变体，我们把 n、l 统一处理作 l。l 只能充当声母，从 l 的读音看，有的带有轻微的鼻音色彩，不够单纯。鼻辅音 n 不作声母，可以充当辅音韵尾，如"安 an˥"，还可以自成音节（参看"韵母说明"部分）。

（2）荆州话 tʂ、tʂʻ、ʂ 全部混入 ts、tsʻ、s，只出现 ts、tsʻ、s 一组平舌音声母。ts、tsʻ、s 的发音与北京话相当。

（3）荆州话有 ȥ 声母，主要出现在"日、肉、授"三个字中。另外，20世纪70年代，荆州城内老派荆州话"肉"字读作"ʐu˥"，现在"ʐu˥"的读音已经消失。

(4)"耳、饵、伢、惹"四个字前有轻微的浊擦音"ɣ",四个字的读音接近"耳 ɣɤˇ、饵 ɣɤˇ、伢 ɣaˇ、惹 ɣɤˇ"。

声母举例：

p	巴 pa˥	白 pɤˇ	鼻 pi˩	跛 po˧	败 pai˥
pʻ	潘 pʻan˥	贫 pʻin˩	泼 pʻo˩	痞 pʻi˧	怕 pʻa˥
m	妈 ma˥	蛮 man˩	莫 mo˩	美 mei˧	面 miɛn˥
f	风 fəŋ˥	凡 fan˩	福 fu˩	匪 fei˧	奋 fen˥
t	丹 tan˥	夺 tuo˩	敌 ti˩	短 tuan˧	到 tau˥
tʻ	天 tʻiɛn˥	唐 tʻan˩	同 tʻuŋ˩	腿 tʻuei˧	替 tʻi˥
l	拈 liɛn˥	南 lan˩	兰 lan˩	领 lin˧	让 lan˥
ts	张 tsan˥	宅 tsai˩	哲 tsɤ˩	主 tsu˧	郑 tsən˥
tsʻ	参 tsʻan˥	曹 tsʻau˩	彻 tsʻɤ˩	丑 tsʻou˧	糙 tsʻau˥
s	沙 sa˥	神 sən˩	谁 suei˩	伞 san˧	胜 sən˥
z	日 zɿ˩	肉 zu˩	挼 zua˩		
tɕ	骄 tɕiau˥	节 tɕiɛ˩	局 tɕy˩	讲 tɕian˧	驾 tɕia˥
tɕʻ	青 tɕʻin˥	穷 tɕʻyŋ˩	雀 tɕʻyo˩	巧 tɕʻiau˧	欠 tɕʻiɛn˥
ɕ	先 ɕiɛn˥	行 ɕin˩	蓄 ɕiəu˩	小 ɕiau˧	橡 ɕian˥
k	高 kau˥	国 kuo˩	谷 ku˩	解 kai˧	告 kau˥
kʻ	开 kʻai˥	魁 kʻuei˩	苦 kʻu˧	去 kʻɯ˧	跪 kʻuei˥
x	烘 xuŋ˥	寒 xan˩	吓 xɤ˧	火 xuo˧	巷 xan˥
ø	音 in˥	儿 ɯ˩	五 u˧	袄 au˧	硬 ən˥
ɣ	耳 ɣɤ˧	饵 ɣɤ˧	伢 ɣa˩		
z̩	肉 zu˩				

2. 韵母

荆州话韵母有 36 个（包括自成音节的 n、m）。

ɿ	i	u	y
a	ia	ua	
	iɛ		yɛ
ɤ			
o	uo		yo
ai		uai	

ei　　　　　uei

au　　iau

əu　　iəu

an　　iɛn　　uan　　yɛn

ian

ən　　in　　uən　　yn

əŋ　　iŋ　　　　　yŋ

ɯ

n　　m

韵母说明：

(1) o、uo、ɤ 的发音

荆州话 o、uo、ɤ 多有混淆。有些著述把荆州话的"o、uo"归为"o"，不妥。本书把荆州话的 o、uo 分作两个韵母处理，因为跟北京话比较，荆州话有些 uo 是基本到位的，u 韵头很清晰，如"果、国"；有些 uo 的 u 韵头较弱，但并非不存在，听觉上至少还有从 u 到 o 的变化过程，如"夺 tuo˧、捉 tsuo˧"跟"婆 po˧、磨 mo˧"中"o"的发音有明显区别。不过，荆州话 o、uo、ɤ 与北京话对应的字有些韵母相同（未标音的字），有些韵母不同（标音的字）。可见下表：

荆州话 o、uo、ɤ 例字表①

	例　字
o	魔磨莫漠模膜馍末婆沫寞抹｜暮｜波玻菠跛｜破 po˧ 摸 mo˧
uo	作捉左说所国过多躲夺舵拖脱罗落裸络诺那糯错搓蓑｜饿 uo˧、俄 uo˧、歌 kuo˧、课 kuo˧、可 kuo˧、鸽 kuo˧、合 xuo˧、喝 xuo˧、河 xuo˧、贺 xuo˧、恶 uo˧、初 tsʻuo˧、角 kuo˧
ɤ	得德特热则彻测侧革核册客射色惹泽择设蛇舌｜北 pɤ˧、黑 xɤ˧、拆 tsʻɤ˧、宅 tsɤ˧、百 pɤ˧、白 pɤ˧、脉 mɤ˧、伯 pɤ˧、拍 pʻɤ˧、窄 tsɤ˧、吓 xɤ˧、燋不焦；脆 kɤ˧、搭 kʻɤ˧、倜 kʻɤ˧、陌 mɤ˧、魄 pɤ˧

---

① "破、摸"两个字"o"的发音动程较长，唇还有紧、松的变化，接近"uo"的读音。其余标音的字，与普通话读音相比，有明显差异。

(2) 韵母 au、iau、ian 的音值

au、iau 两个韵母中的"a",实际音值应为"ɑ";多数 ian 韵母里的"a",发音也比较靠后。这三个韵母中的"a",本书都记作"a"。

(3) 韵母 iɛn 的音值

荆州话"甜、减、陷、间"韵母的读音,马文英和张和雄都读作"iɛn",但"检、边、验、盐、厌、店、言、欠、眼、衔",马文英的发音接近 ien,张和雄的发音接近 iɛn,本书中统一标作"iɛn"。

(4) 韵母 ian 的音值

本书把荆州话"娘、将、墙、详"等字的韵母记作"ian"。从听觉上看,荆州话"娘、将、墙、详"的韵腹接近 ɑ,一部分字韵尾有向 ŋ 尾发展的明显倾向,主要是宕摄开口三等字。例如:

A. 泥来,宕开三:酿亮辆谅娘凉量粮梁两

B. 精心从邪,宕开三:将浆蒋奖枪抢墙相箱厢湘襄镶想详样象像橡酱匠相

C. 见,宕开三:僵疆姜

D. 影,宕开三:央秧殃

E. 喻四,宕开三:羊洋杨阳养痒样

F. 晓,宕开三:向

(5) "脚、雀、药"等字韵母 yo

荆州话的上述字,韵头更接近圆唇音 y,尤其是"药"这样的零声母字,本书记作"yo"。

(6) 韵母 əŋ

北京话的 əŋ 韵母,在荆州话中分作三类:

A. 读 əŋ,仅限于声母 f 后,如:"风、封、峰、疯、冯"等。

B. 读 ən,如:"邓、蒸、成、更、硬"等。

C. 读 uŋ,主要是帮组的曾开一"朋、崩",梗开二"孟、猛、迸、棚、萌",梗开三"盟",通合一"篷、蓬、蒙",通合三"梦"等字,这几个字的"u"比"东、工"的"uŋ"开口度略大一些。

(7) "儿"的读音

荆州话中至今还没有"ɚ"韵母。荆州话的"儿、二、而、尔、贰、饵、耳"读作"ɯ","耳"的读音与"二、而、尔、贰、饵"略显不同,ɯ 前有

较轻的浊擦音 ɣ，读音接近 ɣɤ。

（8）荆州话还有 m、n 两个辅音可以自成音节，分别记作"m̩、n̩"。其使用限于以下情况：

A. 老派荆州话的"姆妈妈妈"中的"姆 m̩"发音时，双唇闭合，鼻腔同时送气，拖音较长，自成音节，唇开时即发出轻声的"妈 ·ma"。

B. "哪搞怎么搞"中的"哪"两读：laˇ / n̩ˇ，n̩ˇ 拖音较长。

C. "恁家"词义相当于"您"，读音为 n̩˧ ·ka；乡里话有"郎家您"的记载，读音接近 laŋ˧ ·ka。

韵母举例：

ɿ	资 tsɿ˥	词 tsʰɿˇ	实 sɿˇ	耻 tsʰɿˇ	是 sɿˇ
i	滴 ti˥	急 tɕiˇ	尼 liˇ	起 tɕʰiˇ	戏 ɕiˇ
u	租 tsu˥	绿 luˇ	肉 luˇ	苦 kʰuˇ	助 tsuˇ
y	迂 y˥	徐 ɕyˇ	菊 tɕyˇ	吕 lyˇ	序 tɕy˥
a	家 ka˥	杀 saˇ	爬 pʰaˇ	马 maˇ	骂 maˇ
ia	佳 tɕia˥	牙 iaˇ	瞎 ɕiaˇ	俩 liaˇ	夏 ɕiaˇ
ua	瓜 ua˥	夸 kʰuaˇ	挼 zuaˇ	胯 kʰuaˇ	挂 kuaˇ
iɛ	爹 tiɛ˥	孽 iɛˇ	杰 tɕiɛˇ	写 ɕiɛˇ	夜 iɛˇ
yɛ	哕 yɛ˥	靴 ɕyɛˇ	茄 tɕʰyɛˇ	拐 yɛˇ	倔 tɕyɛ˥
o	玻 po˥	婆 pʰoˇ	莫 moˇ	跛 poˇ	暮 moˇ
ɤ	车 tsʰɤ˥	白 pɤˇ	色 sɤˇ	者 tsɤˇ	设 sɤ˥
uo	多 tuo˥	罗 luoˇ	何 xuoˇ	可 kʰuoˇ	饿 uo˥
yo	脚 tɕyo˥	确 tɕʰyoˇ	学 ɕyoˇ	略 lyoˇ	药 yoˇ
ai	该 kai˥	来 laiˇ	呆 aiˇ	海 xaiˇ	戒 kai˥
uai	跩 tsuai˥	怀 xuaiˇ	傀 kʰuaiˇ	拐 kuaiˇ	外 uai˥
ei	悲 pei˥	陪 pʰeiˇ	贼 tseiˇ	美 meiˇ	对 tei˥
uei	堆 tuei˥	回 xueiˇ	水 sueiˇ	鬼 kueiˇ	锐 luei˥
au	猫 mau˥	桃 tʰauˇ	老 lauˇ	早 tsauˇ	告 kau˥
iau	叼 tiau˥	撩 liauˇ	挠 lauˇ	斠 tʰiauˇ	笑 ɕiau˥
əu	收 səu˥	敨 tʰəuˇ	柔 ləuˇ	丑 tsʰəuˇ	受 səuˇ
iəu	究 tɕiəu˥	牛 iəuˇ	蓄 ɕiəuˇ	扭 liəuˇ	就 tɕiəu˥
an	班 pan˥	蛮 manˇ	烦 fanˇ	党 tanˇ	抗 kʰan˥

ian	江 tɕian˥	良 lian˨˩˧	娘 lian˨˩˧	抢 tɕʻianˇ	相 ɕian˧˥
uan	关 uan˥	玩 uan˨˩˧	黄 xuan˨˩˧	广 kuanˇ	忘 uan˧˥
yɛn	掀 ɕyɛn˥	权 tɕʻyɛn˨˩˧	园 yɛn˨˩˧	远 yɛnˇ	怨 yɛn˧˥
iɛn	天 tʻiɛn˥	连 liɛn˨˩˧	前 tɕʻiɛn˨˩˧	拣 tɕiɛnˇ	片 pʻiɛn˧˥
in	荆 tɕin˥	林 lin˨˩˧	情 tɕʻin˨˩˧	敏 minˇ	病 pin˧˥
ən	坑 kʻən˥	疼 tʻən˨˩˧	能 lən˨˩˧	等 tənˇ	硬 ən˧˥
uən	温 uən˥	魂 xuən˨˩˧	横 xuən˨˩˧	捆 kʻuənˇ	混 xuən˧˥
yn	军 tɕyn˥	群 tɕʻyn˨˩˧	琼 tɕʻyn˨˩˧	顷 tɕʻynˇ	韵 yn˧˥
əŋ	风 fəŋ˥	封 fəŋ˥	冯 fəŋ˨˩˧	讽 fəŋˇ	凤 fəŋ˧˥
uŋ	翁 uŋ˥	红 xuŋ˨˩˧	拱 kuŋˇ	孔 kʻuŋˇ	动 tuŋ˧˥
	崩 puŋ˥	朋 pʻuŋ˨˩˧	盟 muŋ˨˩˧	篷 pʻuŋ˨˩˧	梦 muŋ˧˥
yŋ	兄 ɕyŋ˥	穷 tɕʻyŋ˨˩˧	荣 yŋ˨˩˧	勇 yŋˇ	用 yŋ˧˥
ɯ	儿 ɯ˨˩˧	而 ɯ˨˩˧	二 ɯ˧˥	日 ɯ˨˩˧	去 kɯ˧˥

3. 声调

荆州话有 4 个声调（轻声除外）。

声调举例：

阴平˥	刚 kan˥	知 tʂʅ˥	安 an˥	聋 luŋ˥	包 pau˥
阳平˨˩˧	穷 tɕʻyŋ˨˩˧	陈 tsʻən˨˩˧	寒 xan˨˩˧	捉 tsuo˨˩˧	黑 xɤ˨˩˧
上声ˇ	古 kuˇ	走 tsəuˇ	比 piˇ	展 tsanˇ	蜀 suˇ
去声˧˥	盖 kai˧˥	抗 kʻaŋ˧˥	害 xai˧˥	岸 an˧˥	聽 tʻin˧˥[①]

声调说明：

荆州话四个声调的调类、调值为：阴平 55，阳平 213，上声 42，去声 35，入声派入阳平。

(二) 声韵调配合关系

1. 声韵调配合简表

荆州话共 20 个（包括零声母）声母，按发音部位分作 10 组，36 韵母（包括自成音节的 n、m），按开口呼、齐齿呼、合口呼、撮口呼归作 4 类，4 个声调。以下是荆州话声韵调配合关系简表。

[①] "聽"，只用在"找不到聽 tʻin˧˥"，打牌"聽和 tʻin˧˥ xu˨˩˧"一类词语中，并非是"听"的繁体字。

荆州话声韵调配合关系简表

	开口呼		齐齿呼	合口呼	撮口呼
	ɿ	其他	i	u	y
p p' m		巴	比	步	
f		发		夫	
t t'		答	低	读	
l		那	李	鹿	吕
tɕ tɕ' ɕ			基		橘
ts ts' s	资	杂		足	
z	日			挼	
ʐ				肉	
k k' x		高		估	
ɣ		耳			
ø		儿	衣	屋	鱼

"声韵调配合关系简表"只表示声韵调粗略的搭配关系。大体情况是：

p、p'、m 拼开口呼、齐齿呼，合口呼限于 u、uŋ(少数字)，不拼撮口呼。

f 拼开口呼，合口呼限于 u，不拼齐齿呼、撮口呼。

t、t' 拼开口呼、齐齿呼、合口呼，不拼撮口呼。

l 可拼开口呼、齐齿呼、合口呼、撮口呼。

tɕ、tɕ'、ɕ 拼齐齿呼、撮口呼，不拼开口呼、合口呼。

ts、ts'、s 拼开口呼、合口呼，不拼齐齿呼、撮口呼。

z 只与开口呼、合口呼的个别韵母拼合。

ʐ 只有一个与 u 相拼的"肉 ʐu"字，该声母今在荆州话中已经消失。

k、k'、x 拼开口呼、合口呼，不拼齐齿呼、撮口呼。

ø 可拼开口呼、齐齿呼、合口呼、撮口呼。

以上配合关系中表示可以搭配的字，不表示具体的声母、韵母、声调都可以搭配，此外还有一些例外情况或特殊的音节，我们在下面的"荆州方言单字音节表"中再作解释。

2. 荆州话声韵调配合表

本节介绍荆州话单字音节声韵调配合情况。

(1) 单字音节表说明

这里列出单字音节表，可以比较全面地展示出荆州话声、韵、调配合的全部音节。

　　A. 声韵调能搭配的则有汉字，空白的地方表示声韵调不能配合。

　　B. 表中圆圈数码符号，表示有音无字，表下用□替代；暂时不好确定、用同音替代的字，加［ ］。这两类字都做简单解释。

　　C. 一些比较特殊的字或古语字，用黑体字表示，并在表下作扼要说明。

　　D. 异读词（白读音下加单横线，文读音下加双横线），分别在相应的字表中列出。

(2) 单字音节表声韵调排列顺序

　　A. 音节表先按照韵母依次排列，排列顺序是：

ɿ、i、u、y、a、ia、ua、iɛ、yɛ、o、ɤ、uo、yo、ai、uai、ei、uei、au、iau、ne、iəu、an、iɛn、uan、yɛn、ian、in、ən、uən、yn、əŋ、uŋ、yŋ、ɯ。

　　B. 同韵母的字按照声母顺序排列，声母的顺序是：

p、pʻ、m、f、t、tʻ、l、tɕ、tɕʻ、ɕ、ts、tsʻ、s、z、ẓ、k、kʻ、x、ɤ、ø。

　　C. 声母、韵母相同的，再按声调顺序排列，声调的顺序是：

阴平˧、阳平˧˩、上声˥˩、去声˧˥。

以下是荆州话声韵调配合单字音节表：

荆州方言单字音节表之一

	ɿ				i				u				y			
	阴平˧	阳平˧˩	上声˥˩	去声˧˥	阴平˧	阳平˧˩	上声˥˩	去声˧˥	阴平˧	阳平˧˩	上声˥˩	去声˧˥	阴平˧	阳平˧˩	上声˥˩	去声˧˥
p					屄	鼻	比	箅	不		补	步				
pʻ					批	皮	痞	屁	**潽**	**匍**	普	铺				
m					咪	迷	米	觅	姆	木	母	**暮**				
f									夫	袱	斧	富				

续表

	ɿ				i				u				y			
	阴平ˉ	阳平ˊ	上声ˇ	去声ˋ	阴平ˉ	阳平ˊ	上声ˇ	去声ˋ	阴平ˉ	阳平ˊ	上声ˇ	去声ˋ	阴平ˉ	阳平ˊ	上声ˇ	去声ˋ
t					低	敌	底	弟	都	独	堵	度				
tʻ					梯	堤	体	替	秃	徒	土	兔				
l					妮	漓	你	丽		卢	鲁	怒		驴	女	滤
ts	滋	汁	纸	志					朱	粥	组	住				
tsʻ	摘	辞	耻	刺					粗	促	噪	醋				
s	思	时	死	是					苏	熟	署	素				
z		日								(肉)						
ʐ										(肉)						
tɕ					鸡	级	挤	季					居	局	举	距
tɕʻ					期	奇	起	气					毁	渠	取	趣
ɕ					稀	袭	喜	戏					虚	徐	许	序
k									箍	谷	股	固				
kʻ									枯	哭	苦	裤				
x									评	鞭	虎	冱				
ø					衣	益	椅	忆	乌	屋	捂	菇	迂	鱼	雨	遇

潜 puˊ/luˊ 溢出。

匍 puˊ 趴着。

暮 moˋ/muˋ 文/白读。

都 tuˉ/təuˉ两读。

粥 tsəuˉ/tsuˉ 文/白读。

摘 tsʻɿˉ 伸出手脚。

(肉) zuˋ 该读音在荆州城内已经消失，但在荆州方言的乡里话中仍然存在，如荆州区纪南的九店。读作 zuˋ 为荆州话（城里话）常用音，本书标音一般标作 zuˋ。"肉"读作 luˋ，在沙市话中常见，但荆州城里也有该音出现。

毁 tɕʻyˉ 黑。《集韵·术韵》："～，黑也。"

箍 kuˉ 桶箍；搂抱。

菇 uˉ ①瓜。②草的枝蔓。《说文解字》："细草丛生也。"

荆州方言单字音节表之二

	a				ia				ua				iɛ			
	阴平 ˥	阳平 ˦	上声 ˨	去声 ˥	阴平 ˥	阳平 ˦	上声 ˨	去声 ˥	阴平 ˥	阳平 ˦	上声 ˨	去声 ˥	阴平 ˥	阳平 ˦	上声 ˨	去声 ˥
p	巴	拔	把	罢									憋	别	瘪	[别]
pʻ	趴	爬		怕		□¹							氕		撇	
m	妈	麻	马	骂									哶		篾	
f	发		罚	法												
t	搭		跢	打 大									爹		跌	
tʻ		她	泹			[奓]									铁	
l	拉	辣	哪	那	□²		俩							捏	咧	这
ts	杂	杂	拃	炸					抓		爪					
tsʻ	权	擦	[岔]	詑						欻	蹫					
s	沙	鍛	洒	馺						刷	耍					
z											揳					
ʐ																
tɕ					加	夹	假	价					节		姐	借
tɕʻ					拤	恰	洽						切	切	且	窃
ɕ					虾	霞		下					些	邪	写	谢
k	家	胳	[搁]	[架]					瓜	刮	寡	挂				
kʻ	尕	拤	卡	跨					夸	誇	胯	跨				
x	哈¹	哈²	哈³	哈⁴					花	华		话				
ɣ		伢														
∅	阿	牙	哑		丫	牙	哑	亚	娲	挖	瓦	哇	捓	孽	野	夜

□¹ pʻia˨ 淡而无味：淡～～。

氕 pʻiɛ˨ 差。又读作 pʻiɛ˦。

[奓] tʻia˦ 奓拉下来。"tʻia" 疑为 "奓 ta" 的转音。

□² lia˦ 用在"～侉"一词中，含"不卫生"或"拖沓"义。

[岔] tsʻa˦ 宽敞：～位置；放开吃：～着肚子吃。

欻 tsua˦ 手有残疾。

蹫 tsʻua˦ 淋雨。

馺 sa˦ 急速跑状。

[搁] ka˦ 放，放着。

[架] ka˦ 开始：～事。

尕 ·ka/kʻa 滴～，指小、少。

哈¹ xa˦ ①笑哈哈。②捞，拿。③劳作。

哈² xa˦ 乱抓，乱捞：乱～一通。

哈³ xa˨ 傻。

哈⁴ xa˦ 全；都。

荆州方言单字音节表之三

	yɛ				o				ɤ				uo			
	阴平 ˥	阳平 ˩	上声 ˨	去声 ˥	阴平 ˥	阳平 ˩	上声 ˨	去声 ˥	阴平 ˥	阳平 ˩	上声 ˨	去声 ˥	阴平 ˥	阳平 ˩	上声 ˨	去声 ˥
p					菠	薄	跛	簸	掰	白						
pʻ					剖	婆	颇	破		拍						
m					摸	魔	抹	磨		麦						
f									[否]							
t										德	得		多		躲	舵
tʻ										特	惹		拖		脱	妥
l		虐								热			诺	罗	啰	那
ts						啧	贼	者	这				桌		左	作
tsʻ						车	择	扯	侧				搓	撮		错
s						奢	色	舍	社				说		所	硕
z																
ʐ																
tɕ	躩	决		倔												
tɕʻ			茄													
ɕ	靴	㕛														
k						洛	革	给	个	哥		搁	喎	过		
kʻ						搭	客	疴		搕		扩	可	课		
x						喝	黑			攉		河	伙	贺		
ɤ								耳								
∅		哕	月	拐						额				鹅	我	饿

掰 pɤ˥ / pai˥ 两读。

[否] fɤ˥ 差的；次的。

得 tɤ˨ 显摆，卖弄：~不过。

贼 tsei˩ 一般作名词时用 / tsɤ˩、tsuei˩ 荆州话作形容词用。

躩 tɕyɛ˥ 走路带劲儿样。

洛 kɤ˥ 冰冷。《集韵》："冰谓之~泽。"

喎 kuo˩ 啰嗦又说不清楚。

搕 kʻuo˥ 敲击。《玉篇·手部》："~，打也。"

攉 xuo˩ 捉；抓住。

哕 yɛ˩ 食物、气体窝在胃里难受。

拐 yɛ˥ 弯曲；折断。

荆州方言单字音节表之四

	yo				ai				uai				ei			
	阴平 ˥	阳平 ˧	上声 ˦˨	去声 ˥˩	阴平 ˥	阳平 ˧	上声 ˦˨	去声 ˥˩	阴平 ˥	阳平 ˧	上声 ˦˨	去声 ˥˩	阴平 ˥	阳平 ˧	上声 ˦˨	去声 ˥˩
p					**掰**		摆	拜					背			**闭**
pʻ						牌		派					披	培		佩
m						埋	买	卖					**霉**	**霉**	美	妹
f													飞	肥	匪	废
t					呆	歹		袋					**堆**		**撑**	对
tʻ					胎	台	**奤**	太					推		腿	退
l		略				**赖** 来	奶	奈					勒	**擂**	磊	内
ts					灾		宰	在	**跩**				**贼**			
tsʻ					猜	[柴]	彩	菜	**搋**							
s					腮	挨		赛	摔		[甩]	帅				
z																
ʐ																
tɕ		脚														
tɕʻ		雀														
ɕ		学														
k					阶		改	界	乖		拐	怪				**给**
kʻ					开		楷	慨			傀	快				
x						**鞋**	海	害		怀		坏				
ø		药			哀	**呆**	矮	爱	歪		**崴**	外				

掰 pai˥ ①用手分开。②捉弄。

撑 tei˦˨ / tuei˦˨ 排斥；诋毁。《集韵·贿韵》"～，排也。"

奤 tai˦˨ 笨拙。《字汇补》："同歹切。"赵元任等《钟祥方记》："……称北方人叫～于。"《方言·卷三》作"儓"。

赖 lai˥ / lai˧ ①差的。②赖皮。

擂 lei˧ 捶打。

跩 suai˥ 蹲。

贼 tsei˥ 又 tsʻɤ˧ /tsueiʔ˧˥。

[柴] tsʻai˧ 嘴笨；不善言辞。

搋 tsʻuai˥ / tsʻai˥ 两读。

给 kei˦˨ / kɤʔ˥ 文/白读。

呆 ai˧ 不灵活。

荆州方言单字音节表之五

	uei				au				iau				əu			
	阴平 ˥	阳平 ˧	上声 ˨	去声 ˥	阴平 ˥	阳平 ˧	上声 ˨	去声 ˥	阴平 ˥	阳平 ˧	上声 ˨	去声 ˥	阴平 ˥	阳平 ˧	上声 ˨	去声 ˥
p					包	雹	宝	抱	标		表					
p'					抛	袍	跑	炮	飘	嫖	漂	票				
m					猫	毛	卯	帽	瞄	描	秒	庙		谋	某	<u>茂</u>
f														浮		否
t	<u>堆</u>		**撑**	对	刀		捣	道	雕		屌	吊	<u>菟</u>		抖	豆
t'	<u>推</u>		腿	<u>退</u>	涛	逃	讨	套	挑	条	调	跳	偷	投	**敨**	透
l				锐	**捞**	劳	脑	闹		撩	鸟	尿			揉	搂	陋
ts	追	贼	嘴	最	遭		早	燥					**粥**		轴	走	奏
ts'	摧	锤		翠	超	曹	草	糙					抽	愁	丑	臭
s	虽	随	水	税	骚	苕	嫂	臊					**馊**			手	瘦
z																
ʐ																
tɕ									交	嚼	<u>剿</u>	嚼				
tɕ'									敲	桥	巧	俏				
ɕ									萧	淆	小	笑				
k	龟		鬼	贵	高		搞	告					沟		狗	够
k'	亏	魁	**跪**		**敲**		烤	靠					**眍**		口	扣
x	灰	回	毁	慧	**薅**	豪	好	浩					**瞈**		猴	吼	厚
ø	煨	维	伟	魏	嗷	熬	咬	傲	妖	遥	<u>咬</u>	耀	欧		藕	怄

茂 mau˥ / məu˥ 文/白读。

撑 tuei˨ / tei˨ 文/白读。

敨 təu˨ 抖开。《集韵·厚韵》："展也。"

捞 lau˥ 捉（住）：强盗一下就被～到哒。

粥 tsəu˥ / tsu˥ 文/白读。

馊 səu˥ 食物变质，发酸。《玉篇·食部》："～，饭坏也。"

剿 tɕiau˨ 狡猾。《方言·卷二》："～，狯也，秦晋之间曰狯，楚谓之剿。"

跪 kuei˥ / k'uei˥ 文/白读。

眍 k'əu˥ 眼窝深。《广韵》："乌侯切。～，深目也。"

瞈 xəu˥ 贪财。

荆州方言单字音节表之六

	iəu 阴平	iəu 阳平	iəu 上声	iəu 去声	an 阴平	an 阳平	an 上声	an 去声	iɛn 阴平	iɛn 阳平	iɛn 上声	iɛn 去声	uan 阴平	uan 阳平	uan 上声	uan 去声
p					帮			拌 办	鞭		扁	变				
pʻ						胖 盘	髈	胖	偏			骗				
m				谬	糒	忙	满	慢		棉	免	面				
f					翻	房	反	放								
t	丢				丹		党	荡	颠		点	电	端		短	断
tʻ					汤	糖	毯	叹	天	甜	舔			团		
l		溜 流	扭	拗		浪 郎	㴿	烂	拈	年	脸	练		峦	暖	乱
ts					赃		展	葬					专		转	撞
tsʻ					仓	藏	产	灿					蹿	船	闯	串
s					桑		伞	散					酸		爽	算
z																
ʐ																
tɕ		鬏	酒	就					尖		拣	塞				
tɕʻ	秋	球							千	前	浅	欠				
ɕ		修	蓄	朽 绣					鲜	贤	显	现				
k					刚			敢 干					关		管	逛
kʻ					糠		扛	砍 抗					宽	狂	㑩	况
x					憨	寒	喊	巷					欢	皇	谎	换
ø	优	牛	有	右	安	昂	眼	案	烟	言	演	雁	汪	王	晚	万

拌 pan˅ 摔；丢弃。

胖 pʻan˧ 大；胀。

髈 pʻan˅ 猪后腿接近躯体的位置。

糒 man˧ 粥表面的凝固层。《广韵》："莫奔切。~，粥凝。"

㴿 lan˅ 盐、酒精刺激伤口的刺痛感。

塞 tɕiɛn˧ 爱动；手脚不停。《方言·卷六》："姡，扰也。人不静曰姡，秦晋曰~。"

蓄 ɕiəu˅ / ɕy˅ 两读。

㑩 kuan˅ 从上往下戴。《广韵》："载器也。"

牛 liəu˧ / nuei˧ 两读。

荆州方言单字音节表之七

	yɛn				ian				in				ən			
	阴平 ˥	阳平 ˧˥	上声 ˦˩	去声 ˥˧	阴平 ˥	阳平 ˧˥	上声 ˦˩	去声 ˥˧	阴平 ˥	阳平 ˧˥	上声 ˦˩	去声 ˥˧	阴平 ˥	阳平 ˧˥	上声 ˦˩	去声 ˥˧
p			瞔		宾		饼	病					贲		本	笨
pʻ					拼	瓶	品	聘					喷	盆	捧	碰
m						民	敏	命						闷	门	闷
f													分	坟	粉	粪
t							□		钉		顶	定	灯		等	盾
tʻ									听	停	挺	聽	吞	疼[腾]		
l			孃	娘	两	亮			拎	陵	领	赁	扔	睖	冷	嫩
ts													僧		怎	赠
tsʻ													皴	层	抌	秤
s													森	绳	槮	剩
z																
ʐ																
tɕ	娟		卷	圈	姜		讲	犟	今		井	静				
tɕʻ	圈	泉	犬	劝	像	强	抢	呛	清	琴	请	庆				
ɕ	鲜	悬	选	眩	香	详	想	向	新	形	醒	杳				
k															哽	更
kʻ													坑		肯	
x													哼	横	狠	恨
ø	冤	圆	远	愿	怏	阳	痒	样	音	营	影	印	恩			硬

瞔 piɛn˥˧ 一目失明。

□ tian˥˧ 用物掷人。

聽 tʻin˥ 打麻将～和。

睖 lən˥˧ 直视。《广韵·蒸韵》："睖瞪直视。"

皴 tsʻən˥ 因受冻、风吹而使皮肤粗糙或裂开。

抌 tsʻən˦˩ 压制。

像 ɕian˥ | ɕian˥ / tɕian 文/白读。

哽 kən˥˧ 读书不连贯。

荆州方言单字音节表之八

	uən				yn				əŋ				uŋ			
	阴平 ┐	阳平 ˪	上声 ˬ	去声 ˥	阴平 ┐	阳平 ˪	上声 ˬ	去声 ˥	阴平 ┐	阳平 ˪	上声 ˬ	去声 ˥	阴平 ┐	阳平 ˪	上声 ˬ	去声 ˥
p													崩			迸
p'													烹	**鬅**	捧	碰
m													蒙	萌	猛	梦
f									风	逢	讽	凤				
t	吨			炖									东	**桐**	懂	动
t'		臀											通	桐	捅	痛
l	抡	轮		嫩									**聋**	笼	拢	**弄**
ts	尊		准										宗		总	众
ts'	**村**	**唇**	蠢	寸									聪	从	宠	铳
s	**孙**	**唇**	损	顺									松		怂	宋
z																
tɕ					军			菌								
tɕ'					倾	群		顷								
ɕ					熏	寻		训								
k			滚	棍									工		**拱**	共
k'	坤		捆	困									**空**		孔	控
x	荤	魂	**混¹**	**混²**									烘	红		哄
ø	温	文	稳	问	晕	云		孕					翁			**齆**

uŋ 崩鬅蒙萌梦猛的韵母。也有人读作 ən。

鬅 p'uŋ˪（自然的）蓬松；散乱。

桐 tuŋ˪ 从上往下捣。

聋 luŋ┐ 耳失聪：～子。

弄 luŋ˪ / luŋ┐ 两读。

唇 tsʰuən˪ / ɕyn˪ 文/白两读。

拱 kuŋˬ（镔），钻；顶。

空 kʰuŋˬ / kʰuŋ┐ 两读。

混¹ xuən˪ 搞～哒。

混² xuən┐ 小～～。

齆 uŋ┐ 鼻塞。

荆州方言单字音节表之九

	阴平 ˥	yŋ 阳平 ˧˥	上声 ˨˩˧	去声 ˥˩	阴平 ˥	阳平 ˧˥	上声 ˨˩˧	去声 ˥˩	阴平 ˥	阳平 ˧˥	上声 ˨˩˧	去声 ˥˩	阴平 ˥	ɯ 阳平 ˧˥	上声 ˨˩˧	去声 ˥˩
p p' m f																
t t' l																
ts ts' s z																
tɕ tɕ' ɕ		□ 穷 兄	炯 倾 熊													
k k' x																去
ø	庸	云	允	用										儿		二

□ tɕyŋ˧˥ 带劲的样子。　　　　　　云 yn˧˥ / yŋ˧˥ 文/白两读。

（三）音变

荆州话的音变现象比较丰富，这里主要探讨几种主要音变现象：

1. 两字组连读变调

荆州话有阴平˥、阳平˧˥、上声˨˩˧、去声˥˩四个声调，现用 A、B、C、D 四个字母依次表示四个声调，然后按不同调类的两字搭配，共有 AA、AB、AC、AD、BA、BB、BC、BD、CA、CB、CC、CD、DA、DB、DC、DD 十六种组合形式。考虑到两字搭配可能会有不同结构关系等因素对连读变调产生的影响，在十六种组合中，也考虑了动宾、偏正等关系的配置。以下是荆州话两字组声调连读变调的分析。

(1) 前字变调，后字不变调

AA.	阴平＋阴平	搬罾渔具 pan˦ tsən˥	浇花 tɕiau˦ xua˥
AA.	阴平＋阴平	煨汤 uei˦ t'aŋ˥	姑爹 ku˦ tie˥
AD.	阴平＋去声	拈菜夹菜 liɛn˦ ts'ai˥	开会 kai˦ xuei˥
AD.	阴平＋去声	修路 ɕiəu˦ lu˥	婚宴 xuən˦ iɛn˥
BA.	阳平＋阴平	逼光聚光 pi˦˦ kuaŋ˥	发飙 fa˦˦ piau˥
BA.	阳平＋阴平	鱼糕 y˦˦ kau˥	立春 li˦˦ ts'uən˥
BC.	阳平＋上声	玩水 uan˦˦ suei˩	淋雨 lin˦˦ y˩
BC.	阳平＋上声	淘米 t'au˦˦ mi˩	结火 tɕiɛ˦˦ xuo˩
BD.	阳平＋去声	择菜 tsɤ˦˦ ts'ai˥	吃饭 tɕ'i˦˦ fan˥
BD.	阳平＋去声	辞嫁 ts'ɿ˦˦ tɕia˥	迷路 mi˦˦ lu˥
CA.	上声＋阴平	长包 tsaŋ˦ pau˥	藕粘 əu˦ tsan˥
CA.	上声＋阴平	酒杯 tɕiəu˦ pei˥	打汤 ta˦ t'aŋ˥
CB¹①.	上声＋阳平	起盘起疙瘩 tɕ'i˦ p'an˧	赶集 kan˦ tɕi˧
CB².	上声＋阳平	板栗 pan˦ li˧	粉条 fən˦ t'iau˧
CD.	上声＋去声	炒菜 ts'au˦ ts'ai˥	口臭 k'əu˦ ts'əu˥
CD.	上声＋去声	打破 ta˦ p'o˥	拼命 pan˦ min˥
DA.	去声＋阴平	中风 tsuŋ˦ fəŋ˥	垫单床单 tiɛn˦ tan˥
DA.	去声＋阴平	裤裆 k'u˦ taŋ˥	豆筋 təu˦ tɕin˥
DB.	去声＋阳平	下棋 ɕia˦ tɕ'i˧	坐船 tsuo˦ tsuan˧
DB.	去声＋阳平	聽和打牌语 tin˦ xu˧	赚钱 tsuan˦ tɕ'iɛn˧
DC.	去声＋上声	送礼 suŋ˦ li˩	下雨 ɕia˦ y˩
DC.	去声＋上声	渡口 tu˦ k'əu˩	课本 k'ɤ˦ pən˩

(2) 前字不变调，后字变调

AB.	阴平＋阳平	伤人 saŋ˥ lən˦˦	汤圆 t'aŋ˥ yɐn˦˦
AB.	阴平＋阳平	幔袍 man˥ p'au˦˦	粗壳 ts'u˥ k'ɤ˦˦

---

① CB¹的前字上声调可以变调，也可以不变调；CB²的前字上声调一般需要变调。

AD.	阴平＋去声	沙市 sa˧ ʂ˧˩	幔裤 man˧ kua˧˩
AD.	阴平＋去声	渣货垃圾 tsa˧ xuo˧˩	衣架 i˧ tɕia˧˩
DB.	去声＋阳平	旱田 xan˧˩ tʰiɛn˧˩	抱裙童用 pau˧˩ tɕʰyn˧˩
DB.	去声＋阳平	雁鹅大雁 iɛn˧˩ uo˧˩	扣肉 kʰəu˧˩ lu˧˩
DD.	去声＋去声	现饭 ɕiɛn˧˩ fan˧˩	大病 ta˧˩ pin˧˩
DD.	去声＋去声	苋菜 xan˧˩ tsʰai˧˩	垫絮 tiɛn˧˩ ɕy˧˩

(3) 前字变调，后字也变调

| BB. | 阳平＋阳平 | 煳人烫人 xu˧˩ lən˧˩ | 脱轸脱干系 tʰuo˧˩ xu˧˩ |
| BB. | 阳平＋阳平 | 搁脚死了 kuo˧˩ tɕyo˧˩ | 厨房 tsʰu˧˩ fan˧˩ |

(4) 前字不变调，后字也不变调

AC.	阴平＋上声	搬巧 pan˧ tɕʰiau˨	爹口张口 tsa˧ kʰəu˨
AC.	阴平＋上声	街舞 kai˧ u˨	抽纸 tsʰəu˧ tʂ˨
CC.	上声＋上声	讲古讲故事 tɕian˨ ku˨	捡嘴 tɕiɛn˨ tsuei˨
CC.	上声＋上声	打转 ta˨ tsuan˨	雨伞 y˨ san˨
DA.	去声＋阴平	豆浆 təu˧˩ tɕian˧	夜宵 iɛ˧˩ ɕiau˧
DC.	去声＋上声	放手 fan˧˩ səu˨	过早 kuo˧˩ tsau˨

(5) 两字组连读变调的特点

A. 阴平的变调

阴平的变调较少。阴平在阴平前由˧变作˦值，阴平在去声前由˧变作˦值，变化不大，但在荆州话里却是常见的变调，目的是突出后面语素的意义。

B. 阳平是个降升调，不够稳定，易发生变调

a. 阳平在阴平后，变作低降调，调值是˧˩。

b. 阳平在去声前也变作低降调，调值也是˧˩。

荆州话阳平的变调，跟处于词末的地位有关，因为处于词末的语素一般会有轻化、弱化的趋势。

C. 上声调的变调

荆州话两字组连读时，位于前一音节的上声调，一般会变读作"˦"调值，也有少数字不变调，但处于后一音节或末尾音节的上声调，则会保持"˨"调值（或略有轻化倾向）。

D. 去声调很少发生变调现象

(6) 两字组发生连读变调的规律①

荆州话两字组连读，共出现"˧, ˨, ˩"三个变调调值。

A. 荆州话两字组的连读音变，主要取决于声调的调类、调型，一般都不受两字组词语的词性及结构形式的影响。但 DD 类结构关系不同的词语，音变的结果又和词语的结构有一定的关系。如 DD 的"下饭、犯罪"是动宾式，˧＋˧的调值变成了˧＋˧，而偏正式的 DD"瓮臭、苋菜"同是˧＋˧，却变作˧＋˧。

B. 荆州话两字组连读发生的变调现象，主要体现在调型变化方面，调型的变化，又引起了声调调值的变化。两字组声调连读发生变调的主因，是要体现声调连读时的错落和抑扬的变化，使口语表达更加简便、顺畅，表意更加明确。如 AA 组合的阴平＋阴平（˧＋˧）的"荆州"一词，其前字由˧变读作˨，后字不变，使两个原本同是高平调的˧调值变作前低后高，略显错落。BA 组合、BC 组合、BD 组合，改阳平调的降升为简便的升调或降调，口语上显得简洁，也更能体现荆州话抑扬有致的特色。而前后两个音节都发生变调的 BB 组合（˨＋˨→˧＋˨）、CB 组合（˩＋˨→˩＋˨）、AB 组合（˧＋˨→˧＋˨）、DB 组合（˧＋˨→˧＋˨）中，后字的阳平调˨，减掉上扬的"3度"，直接改作低降调˨值，则是在调型简化中，平添了流畅自然和抑扬的变化。这和 AA 组合、BA 组合等发生的变调现象一样，这些细微的变化看起来不起眼，却能使荆州方言腔调明显区别于声调调类调值相同、相近的其他方言（如武汉、宜昌方言等），正是这些细微的区别特征，形成了荆州话独有的腔调的特色。

C. 声调调型引起的调值变化，也体现了"因地制宜"的特点。像前字发生变调的 CA 组合（上声＋阴平˩＋˧→˧＋˧），如"酒杯"，"酒"变作˧调值，是因为荆州方言的沙市话和乡里话中，上声调本来就有读作˧调值的客观存在，且荆州城话中，一些上声字也有单念读作˧调的先例，而后字"杯"要体现声调错落的特点，也只能保持˧调值了。CB 组合、CD 组合中前字都变作˧调值，同样是这个道理。

D. 汉语语音的特色之一是有声调及声调的抑扬变化。荆州话中 AC

---

① 本部分显示了荆州话三个变调调值。除本部分和后面"荆州方言的归属"外，其他地方的记音均只标本调调值，不标变调调值。

组、CC 组、DA 组、DC 组，本来就能很好地体现汉语声调抑扬顿挫的特点，不发生连读变调，不仅在情理之中，同时也可以起到稳定荆州话腔调基本面貌的作用。

2. "子"缀音变

荆州话、沙市话子缀丰富，但没有颤音现象。荆州方言的乡里话不但子缀丰富，而且这些子缀词，如"狗子 kəu˧ ·tsʅ、帽子 mau˧ ·tsʅ、棍子 kuən˧ ·tsʅ"等，一般都能变读作颤音（弹舌音），可以视为荆州方言的"子缀"音变现象（后有专述）。

3. 轻声

荆州话的轻声音节与普通话相比，有异有同。这里粗略地列出一些轻声词语类型（涉及词汇、语法的相关问题，放在相关章节阐述）。

（1）词缀

鞋子 xai˧ ·tsʅ｜块子 k'uai˧ ·tsʅ｜疙瘩子 kɤ˧ ·ta ·tsʅ｜米子 mi˧ ·tsʅ

伢儿 ŋa˧ ·ɯ／伢子家 ɣa˧ ·tsʅ ·ka｜我您家 uo˧ ·lən ·ka①

抛头 p'au˧ ·t'əu｜旺头 uan˧ ·t'əu｜用场 yŋ˧ ·ts'an｜说场 suo˧ ·ts'an

嘴巴 tsuei˧ ·pa｜够包 ɣuə˧ ·pau｜造孽巴煞 tsau˧ iɛ˧ ·pa ·sa

（2）语气词

哒·ta、呢 ·lɛ／·lɤ、了 ·lɤ／·la、吧 ·pa、的 ·tə／·ti、吵 ·sa、啦 ·la、啊 ·a、呀 ·ia、的啦 ·tɤ ·la、哇 ·ua、咃 ·ɜ／·iɛ、在 ·tsai。

A. 哒 ·ta

一夜之间就把胡子急白哒。（《江陵故事集》）

i˧ iɛ˧ tsʅ˧ tɕiɛn˧ tɕiəu˧ pa˧ xu˧ tsʅ˧ tɕi˧ pɤ˧ ·ta。

B. 呢 ·lɤ

你是有名的大师傅，还找我作么子呢。（《江陵故事集》）

li˧ sʅ˧ iəu˧ min˧ ·ti ta˧ sʅ˧ ·fu，xai˧ tsau˧ uo˧ tsəu˧ mo˧ tsʅ˧ ·lɤ。

C. 了 ·la／·ta

两个石匠也累死了。（《江陵故事集》）

lian˧ kuo˧ sʅ˧ tɕian˧ iɛ˧ lei˧ sʅ˧ ·la／·ta。

---

① "我您家"为谦词，在长辈前说"我"时用。这里的"我"，本调为上声，变调之后实际调值为"˧"。

D. 吧 ·pa

这下该说话算数了吧？（《江陵故事集》）

liɛ↑ xa↑ kai↑ suo↓ xua↓ suan↑ su↑ ·la ·pa？

E. 的 ·ti / ·tə

伍子胥当年逃出纪南城，就是从这庙里经过的。（《江陵故事集》）

u↓ tsɿ↑ ɕy↓ tan↑ liɛn↑ tʻau↑ tsʻu↑ tɕi↑ lan↓ tsʻən↑, tɕiəu↑ sɿ↑ tsʻuŋ↑ liɛ↑ miau↑ ·li tɕin↑ kuo↑ ·ti。

F. 啊 ·a

真是做哒一件好事，但不知桥修的牢不牢啊！（《江陵故事集》）

tsən↑ sɿ↑ tsəu↑ ·ta i↓ tɕiɛn↑ xau↓ sɿ↑, tan↑ pu↓ tsɿ↑ tɕʻiau↓ ɕiəu↑ ·ti lau↓ ·pu lau↓ ·a！

G. 呀 ·ia

这兵书叫我如何舍得丢呀！（《江陵故事集》）

liɛ↑ pin↑ su↑ tɕiau↑ uo↓ lu↓ xou↓ sʏ↓ tʏ↑ tiəu↑ ·ia！

H. 咑 ·ɛ

苕咑，反转过来赶吵！（《江陵故事集》）

sau↓ ·ɛ / ·ua，fan↓ tsuan↓ kuo↑ lai↓ kan↓ ·sa！

I. 哇 ·ua

你是个苕哇，跟他赛打对着打吵①！

li↓ sɿ↑ kuo↑ sau↓ ·ua，kən↑ tʻa↑ sai↑ ta↓ sa↑！

J. 吵 ·sa / ·la

又没得旁人看到，怕么子吵②！

iəu↑ mei↑ / mu↑ tʏ↑ pʻaŋ↑ lən↑ kʻan↑ tau↑，pʻa↑ mo↓ tsɿ↑ ·sa / ·la！

K. 哩 ·li

我们大王看上了你，要接你进宫去哩！（《江陵故事集》）

uo↓ ·mən ta↑ uan↓ kʻan↑ san↑ ·la li↓, iau↑ tɕiɛ↓ li↓ tɕin↑ kuŋ↑ kʻu↑ ·li！

L. 了呢 ·lʏ / ·la ·lʏ

宝贝到哪里去了呢？（《江陵故事集》）

pau↓ pei↑ tau↑ la↓ li↑ kʻu↑ ·la ·lʏ？

---

① 例句 I 的"吵"只能读 sa↑，不能读 la↑。

② 例句 J 的"吵"，可读 sa↑，也可读 la↑。例句 I 与例句 J 中"吵"的读音不同，跟荆州话的音变规律有关。

M. 的啦 ·tə ·la

我们两个一死，人就要绝种的啦！（《江陵故事集》）

uo˨ mən lian˧ kuo˧ ɕi˥ʔ sʅ˨, lən˨ tɕiəu˧ ruai tɕye˨ tsuŋ˧ ·tə la!

N. 在 ·tsai

我也不晓得是哪么搞起在 我也不知道是在怎么搞。

uo˨ iɛ˨ ·pu ɕiau˥ ·tʅ sʅ˨ la˧ ·mo kau˨ tɕʰi˨ ·tsai。

（3）助词

把得 pa˨ ·tʅ、搞得 kau˧ ·tʅ｜站倒 tsan˧ tau / təu、阴倒 in˧ tau / təu

哪么搞起在 la˧ ·mo kau˨ ·tɕʰi ·tsai｜不慌着 不要着急 pu˨ xuan˧ ·tsuo

（4）叠音或是重叠的词语

馍馍 mo˨ ·mo｜伯伯 po˨ ·po｜屄屄屎 pa˨ ·pa、pa˧ ·pa｜毛毛胎儿；婴儿 mau˨ ·mau

爬爬爬虫 pʰa˨ ·pʰa｜恨恨声 xən˧ ·xən ·sən

（5）习惯上的轻声词语

糍粑 tsʅ˥ʔ ·pa｜麻木 载客三轮车 ma˨ ·mu

龌龊脏 uo˨ ·tsʰuo｜撩撇 简便 liau˨ ·pʰiɛ｜灵干 很干净、清爽 lin˨ ·ka

消停 平静；舒适 ɕiau˧ ·tʰin｜圆泛 yɛn˨ ·fan｜招呼 照料，小心 tsau˧ ·xu[①]

4. 其他音变

（1）同词变调

"同词变调"是荆州话的常见音变形式，是指同一个词语，改变声调音高（调值）后紧随原词语出现，语义也会发生一定的变化，多出现在"表示不满"的语句中。例如：

①甲：你快不说哒，他气得车身就走哒！

li˨ kʰuai˧ pu˨ suo˧ ta, tʰa˨ tɕʰi˨ ·tʅ tsʅ˥ʔ ·sən tɕiəu˧ tsəu˨ ta!

乙：走哒走哒，怕么子啦！

tsəu˨ ta tsəu˨ ta, pʰa˧ mo˨ tsʅ˧ ·la / ·sa!

②甲：伢儿就要来哒，你快去接下子。

a˨ ɯ tɕiəu˧ iau˧ lai˨ ·ta, li˨ kʰuai˧ kʰɯ˨ tɕiɛ˨ ·xa ·tsʅ。

乙：来哒来哒，慌个么子啦。

lai˨ ·ta lai˨ ·ta, xuan˧ kɤ mo˨ tsʅ˧ ·la。

[①] 荆州民间多写作"照护"。

(2) 减音音变现象

荆州话语流中同义词语减音的现象很常见，但一般不会改变语调和语义，属于同义句减音现象。例如：

①你想哪么搞你想怎么样啊？

li˨ ɕian˨ la˨ ·mo kau˨？

——哪么 la˨˧ ·mo 搞？

②你想哪搞？

li˨ ɕian˨ la˨ kau˨？

——哪 la˨ 搞？

例②已经减去了"么 ·mo"。

③你想哪搞？

li˨ ɕian˨ n̩˧ kau˨？

"哪"变作长而重且自成音节的鼻辅音"n̩"是独立的音节——舌尖抵住上齿龈，气流从鼻腔通过，舌尖并不打开，然后直接发短音的"搞 kau˨"。

以上例①、例②、例③中"哪么"的减音音变的过程是：la˨ ·mo→la˨ → n̩。

二、语音特点

(一) 音系特点

1. 声母的特点

(1) 荆州话来母字都读作"l"，n 母字一般都混入来母读作"l"，很少有例外。

(2) 荆州话翘舌音 tʂ、tʂʻ、ʂ 都混入平舌音 ts、tsʻ、s，一般只出现平舌音。但是，属于荆州方言乡里话的荆州区川店（靠近荆门市）及沙市区的观音垱（靠近湖北潜江市）一带，则是平舌音 ts、tsʻ、s 混入翘舌音，而且一般只出现 tʂ、tʂʻ、ʂ 一组声母，翘舌音发 ts、tsʻ、s 音时，舌尖也没有达到北京话 tʂ、tʂʻ、ʂ 的高度，比较特殊。特别是"一般只出现平舌音 tʂ、tʂʻ、ʂ"这种现象比较罕见，成因待查。

此外荆州话中有 z 声母，仅见"肉、日"等几个字，但荆州方言的乡里话中，z 声母出现较多。

(3) 荆州方言的绝大多数地域 x、f 不混，仅见荆州城外的纪南高台村、郢城有 x、f 相混现象，规律是：f 在开口呼韵母前读作"x"，如：饭 xuan˧、扶 xu˧、飞 xuei˧、肥 xuei˧；x 在合口呼韵母前读作 f，如：换 fan˧、回 fei˧、昏 fən˧、花 fa˧。

(4) 中古日母字与北京话读音有很大不同：

A. 与"假、效、流、咸、深、山、臻"等摄开口三等字，"遇、山、臻"等摄合口三等字拼合时，读作"l"声母。例如：惹 lγ˧、绕 lau˧、柔 ləu˧、染 lan˧、热 lγ˧、如 lu˧、乳 lu˧、软 luan˧等。

B. 通摄合口三等字"肉"读作"lu˧/zu˧"，但"绒、戎"都读作"yŋ˧"。

C. 止摄（支、脂、之）开口三等字读作零声母字"ɯ"。例如：儿 ɯ˧、耳 ɯ˧、二 ɯ˧等。

(5) 荆州话不分尖、团音，中古精组和见组，在今细音前面，一律都读作"tɕ、tɕ'、ɕ"。例如：将 tɕian˧（精）= 姜 tɕian˧（见组），枪 tɕ'ian（精）= 羌 tɕ'ian（见组），相 ɕian˧（精）= 香 ɕian˧（见组）。

2. 韵母的特点

(1) "ŋ"尾多并入"n"尾，后鼻音韵母少是荆州话韵母的一个显著特点：

A. in、iŋ 合流，只出现"n"尾，臻开三（真）、臻开三（殷）、梗开二（耕）、梗开三（庚）、梗开三（清）、梗开四（青）、梗合三（清）、梗合四（青）、曾开三（蒸）这些韵摄的字合并，"宾、贫、斤、劲、茎、幸、兵、丙、饼、并、瓶、萍、顷、营、萤、凝、兴"等字的韵母都读作"in"，无一例外。

B. əŋ 韵母绝大多数混入 ən 韵母，曾开一（登）、曾开三（蒸）、梗开二（庚）、梗开二（耕）、梗开三（清）与深开三（侵）、臻开一（痕）、臻开三（真）、臻合一（魂）、臻合三（文）合并，都读作"ən"。例如，"登、等、征、蒸、烹、彭、橙、争、贞、逞、沉、岑、跟、根、奔、喷、珍、镇、分、奋"的韵母都读作"ən"。

C. aŋ 并入 an，宕开一（唐）帮汤、宕开三（阳）良章、宕合三（阳）

方纺放、江开二（江）邦胖，与咸开一（覃）耽探（谈）担毯甘暂、咸开二（咸）站斩衫、咸开三（盐）占染（凡）凡等韵摄的字都读作"an"。

(2) 荆州话严格意义的后鼻音韵母比北京话少得多，仅限于以下几种：

A. 韵母 əŋ：通合一（东）、通合三（东）、通合三（钟）这三个韵摄的字韵母为 əŋ。例如：奉、讽、凤、峰、锋。

B. 韵母 yŋ：梗合三（庚）（清）、梗合四（迥）、通合三（东）（钟）、臻合三（谆）（文）的字读作"yŋ"。例如：兄、荣、琼、迥、戎、绒、穷、熊、茸、冗、胸、凶、雍、拥、匀、允、云、勋。

C. 韵母 uŋ：梗开二（梗）、梗开三（庚）、通合一（东）（冬）、通合三（东）、遇合三（钟）韵摄的字韵母为 uŋ。例如：孟、盟、篷、蒙、冬、统、农、梦、隆、浓、龙。曾开一（登）、梗开二（梗）、梗开三（庚）、通合一（东）、通合三（送）的"朋、猛、萌、盟、梦、蓬"等字中"u"的开口略大一些。

(3) 其他方面：

A. 见、晓组蟹摄（皆、佳）二等字韵母白读音作"ai"。例如：皆 kai˧、界 kai˧、械 kai˧ 机械、崖 ai˨、鞋 xai˨。

B. 部分帮组蟹摄三、四等字白读音作"ei"。例如：蔽、闭~气、币、毙、谜。

C. 部分见、晓组咸摄、山摄、江摄开口二等字无 i 介音。例如：夹、掐、咸、陷、甲、嵌、衔、艰~难或辛苦、间、眼洞、苋~菜、雁、瞎~巴子、豇~豆、项、巷。

D. 日母通摄东韵合口三等字"绒戎"，日母、喻母通摄钟韵合口三等字"茸、冗、容、镕"，及匣母喻母梗摄合口三等庚韵的"荣"，晓、喻母臻摄文韵的"熏、勋、云"都读作 yŋ，这也是荆州话韵母的特点之一。

E. 荆州话没有 ɚ 韵母，止开三支、脂、之韵的日母字"儿、尔、二、耳"都读作 ɯ。因而，荆州话也没有儿化韵母。这一点和武汉话是一样的。

3. 声调的特点

(1) 中古平声调字，清声母字归入荆州话阴平调，如"专、低、飞"；次浊字和全浊字都归入阳平调，前者如"娘、麻、鹅"，后者如"穷、才、茶"，非常齐整，只有极少数字属例外。如次浊字"聋"归入阴平调。

(2) 中古上声字，清声母字和次浊母字归入荆州话上声调，前者如

"草、纸、手"，后者如"染、马、我"。中古全浊上声字归入荆州话去声调。

（3）中古去声调字，不论清声母、浊声母，都归入荆州话去声调。如"怪、唱、变、问、浪、怒、第、自、住"。

（4）中古入声调字，不论声母清浊，几乎全部归入荆州话阳平调，只有"只、挖"等字归入荆州话阴平调，"蜀"归入上声调，"度、倔"等字归入去声调。

（二）文白异读

荆州话的异读现象比较丰富，它可以让我们从另一个角度了解荆州话语音的一些特点。荆州话的异读音，涉及声母、韵母、声调的音变问题，有书面语与口语的差异问题，有的关涉古今语音的演变，有的涉及荆州音、沙市音、乡里音问题，还有些异读现象是多种原因造成的。这里列举荆州话主要的异读现象，对于这些异读音的构成类型未作严格意义的划分；有些异读词语稍作了一些粗略的分析。

1. 常见的"文／白"异读

昨日 tsuo˧ ·ɯ / tsʰou˩ʅ ·ɯ | ɯ ɹou˩ʅ ·ɯ

今日 tɕin˧ ·ɯ / tɕi˩ ·ɯ

明日 min˧ ·ɯ / mʌɣ˩ ·ɯ

前天 tɕʰien˩ tʰien˧ / tɕʰai˩ʅ ɹai˧ ·ɯ

云 yn˩ / yŋ˩ | in˩ 荆州城外、沙市区、荆州区、江陵县也有读作"yŋ˩"的

撞 tsuan˧ / tsʰuan˧

纯 tsʰuən˩ / suən˩ 纯洁；单纯

唇 tsʰuən˩ / ɕyn˩ 但在"唇膏"中一般都读"tsʰuən˩"

跪 kuei˧ / kʰuei˧

牛 liəu˩ / ɹuei˩

角 ɕyo˩ / kuo˩

穴 ɕye˩ / ɕie˩ 说某个穴位时读 ɕye˩，其他一般读 ɕie˩

恤 ɕy˩ / ɕye˩ | ɕie˩ 口语中"恤"读 ɕy˩ 很少用，后两个音用得较多

贼 tsei˩ / tsʅ˩ | tsuei˩ 文读音作名词，口语中很少出现；白读音作形容词，如"他蛮贼"（指"机灵"等）

叫花子 tɕiau˧ ɹux˩ tsʅ / kau˧ ɹux˩ ·tsʅ

瞎 ɕiaɹ / xaɹ 瞎巴子 xaɹ·paɹ·tsɿ

跨 kʰuaɹ / kʰaɹ

杏子 xinɹ·tsɿ / xənɹ·tsɿ

鲜 ɕiɛnɹ / ɕyenɹ

像 ɕianɹ / tɕʰianɹ

闭 piɹ / peiɹ

2. 受普通话影响形成的"普通话／方言"异读

A. 这 tsɤɹ / liɛɹ。

B. 那 laɹ / luoɹ。

C. 对 tueiɹ / teiɹ。

D. 做 tsuoɹ / tsəuɹ。

荆州话中"做 tsəuɹ"的读音，老派荆州话用得多。例如：

做事 tsəuɹ sɿɹ 干活；干工作｜做生活 tsəuɹ sənɹ xouɹ 干活（属旧词语）｜超市做活动 tsʰuɹ sɿɹ tsəuɹ xuoɹ tuŋɹ｜做法事 tsəuɹ faɹ sɿɹ 一种迷信活动。

上述语句中的"做"，新派荆州话一般都读作"tsuoɹ"，明显是受到普通话"tsuo"的影响。普通话中"作、做"易混，荆州话中好区分，因为"作"只能读作"tsuoɹ"，不会把作文读作"tsəuɹ uənɹ"。

E. 吃 tɕʰiɹ / tsʰɿɹ 荆州本地音读"tɕʰiɹ"。例如：吃饭 tɕʰiɹ fanɹ｜吃面 tɕʰiɹ miɛnɹ｜吃东西 tɕʰiɹ tuŋɹ ɕiɹ，现在也有读"tsʰɿɹ"的了。

F. 僧 sənɹ / tsənɹ 唐僧

G. 屡 lyʋ / leiʋ 屡屡得手 lyʋ lyʋ tɤʋ səuʋ / 屡教不改 leiʋ tɕiauɹ puʋ kaiʋ。

H. 搅屎棍子 tɕiauʋ sɿʋ kuənɹ·tsɿ / kauʋ sɿʋ kuənɹ·tsɿ。

3. 受江汉平原东部方言影响形成的异读

A. 毒 tuʋ / təuʋ 有毒

B. 度 tuɹ / təuɹ 劳累过度

C. 赌 tuʋ / təuʋ 打牌赌博

D. 粗 tsʰuɹ / tsʰəuɹ

E. 肚 tuɹ / təuʋ 肚子疼

4. 今、古音造成的异读

（1）假、咸、山，开口二等字的文／白异读

A. 家 tɕiaㄱ / kaㄱ 家庭 tɕiaㄱ t'inㄱ｜家家户户 tɕiaㄱ tɕiaㄱ xuㄱ xuㄱ｜家公 kaㄱ kuŋㄱ 外公｜家家 kaㄱ kaㄱ 外婆｜伢子家 aˇ ·tsʅ ·ka 小孩子。

B. 夹 tɕiaˇ / kaˇ 夹脚 tɕiaˇ tɕyoˇ 鞋小夹脚；事情很棘手，使人左右为难｜夹肢窝 kaˇ ·tsʅ uoˇ / ㄱ 腋窝。

C. 甲 tɕiaˇ / ka 甲等 tɕiaˇ tənˇ｜甲乙丙 tɕiaˇ iˇ pinˇ｜指甲壳子 tsʅˇ ·ka k'uoˇ tsʅ 老派荆州话用"ka"。

D. 掐 tɕ'iaˇ / k'aˇ（两读）掐死。

E. 瞎 ɕiaˇ / xaˇ 瞎巴子 瞎子。

F. 哑 iaˇ / aˇ（两读）哑巴｜哑口。

G. 牙 iaˇ / aˇ 拔牙 paˇ iaˇ｜牙齿 aˇ tsʅˇ 新派读作"iaˇ"，老派读作"aˇ"。

H. 狭 ɕiaˇ / ka "狭"的白读音用得极少，仅在"使促狭 sʅˇ ts'uˇ ·ka 暗中搞鬼、使坏"中出现。

I. 咸 ɕienˇ / xanˇ（新派 / 老派）菜太咸哒。

J. 涎 ɕienˇ / xanˇ 涎水直滴的。

K. 苋 ɕienㄱ / xanㄱ 苋菜。

L. 眼 iɛnˇ / anˇ 眼睛不好｜在门上打个眼洞。

M. 淹 iɛnㄱ / anㄱ 麦子都淹死哒。

N. 雁 iɛnˇ / anㄱ 雁鹅。

(2) 山开二等部分字的异读

A. 间 tɕienㄱ / kanㄱ / kanˇ

a. 文读音：

时间不早哒。sʅˇ tɕienˇ puˇ tsauˇ ·ta。

时间换空间。sʅˇ tɕienˇ xuanㄱ k'uŋㄱ tɕienㄱ。

晚间新闻联播。uanˇ tɕienㄱ ɕinㄱ uənˇ lienˇ poㄱ。

b. 白读音：

正月间 tsənㄱ yɛˇ ·kan｜三个房间 sanㄱ kuoㄱ fanˇ kanㄱ

以上文、白读音的区分，和新派、老派也有关系，一般来说，老派荆州话多用"kanㄱ"音，甚至"时间""从中间走"中也可以读作"kanㄱ"。但新派荆州人也可以把所有的"间"都读作"tɕienㄱ"。

c. 借用作量词的读法：

新派荆州话：前面一间 tɕienㄱ｜后面一间 tɕienㄱ

老派荆州话：前面一间 kanㄱ｜后面一间 kanㄱ

d. 动词"间 kanㄱ"的读法：

荆州话另有"间 kanㄱ"的读音。"间 kanㄱ"作动词用："把客厅间 kanㄱ 成两小间"。这里的"间成"只能读作"kanㄱ tsʰənㄱ"；与此相关的"间墙_{房间的隔墙}也读作"间 kanㄱ tɕʰianˌ"。

B. "艰"的文白异读

a. 文读音 tɕienㄱ。例如：

①这是一个艰巨的政治任务。

tsʌㄱ sʌㄱ iˌ kuoㄱ tɕienㄱ tɕyㄱ ·ti tsənㄱ tsʌㄱ lənㄱ uㄱ。

②保持艰苦朴素的生活作风。

pauˌ tsʰʌㄱ tɕienㄱ kʰuˌ pʰuˌ suㄱ ·ti sənㄱ xuoㄱ tsuoㄱ fəŋㄱ。

b. 白读音 kanㄱ。例如：

③伢子家不晓得艰难辛苦。

yaˌ tsʌ ·ka puˌ ɕiauˌ tʌ kanㄱ lanˌ nixˌ kʰuˌ。

④一家人日子过得蛮艰难。

iˌ tɕiaㄱ lənˌ ɹʌ tsʌ kuoㄱ ·ti manˌ kanㄱ lanˌ。

从"艰"的文、白异读音使用的社会层面看，年轻的荆州人甚至不知道"艰"的白读音，只有老派荆州人才会用白读音。但在"艰苦卓绝、艰苦朴素"一类时代新词语中，老派荆州话一般也会选择"tɕienㄱ"的读音，可能因为这些词语是后起的政治新词语的原因。

C. "拣"的文白异读

a. 文读音 tɕienˌ。例如：

挑挑拣拣 tʰiauㄱ tʰiauㄱ tɕienˌ ·tɕien

拣旧 tɕienˌ tɕiəuㄱ _{穿别人用过的衣物}

拣别个不要的衣服穿_{即拣旧}。

tɕienˌ pieˌ ·kɤ puˌ iauㄱ ·ti iㄱ ·fu tsʰuanㄱ。

b. 白读音 kanˌ：

荆州话中"拣 kanˌ"的白读音用得非常少，只有一种被误读、误写的常用说法。例如：

①橘子赶黄的摘_{摘橘子都是挑黄色、成熟的才摘}。

tɕyˌ ·tsʌ kanˌ xuanˌ ·ti ɹʌˌ。

②菜赶好的吃吃饭时，菜都是选好吃的才吃。

ts'ai˧ kan˩ xau˩ ·ti tɕ'i˩。

③衣服赶贵的买到商店买衣服时，都是专挑选价格贵的才买。

i˧ ·fu kan˩ kuei˧ ·ti mai˩。

④东西赶值钱的拿。

tuŋ˧ ·ɕi kan˩ tsʅ˩ tɕ'iɛn˩ ·ti la˩。

⑤家务活赶轻省的做家务活都是选轻松的事才去做。

tsia˧ u˧ xou˩ kan˩ tɕ'in˧ ·sən ·ti tsəu˩。

上述例子中的"赶"，本字应当是"拣"，《广韵》："古限切。"《广雅·释诂》："择也。"今天荆州话"拣"读作"kan˩"的白读音，是保留了"拣"的中古音的读法，这和荆州话"间简 kan｜街解戒阶 kai"白读音读作开口呼是同性质的。上面句子中的"赶"应写作"拣"，是挑选东西的意思，不应该把这些"赶"看作介词。但荆州市民间一般把这类句子中的"拣"写作"赶"，读作"kan˩"，就算作"入乡随俗"吧。

5. "元""丸"的读音

荆州人以"元 yen˩"作"丸 uan˩"。例如：

鱼元子 y˩ yen˩ ·tsʅ｜肉元子 lu˩ yen˩ ·tsʅ

米元子 mi˩ yen˩ ·tsʅ｜豆腐元子 təu˩ ·fu yɛn˩ ·tsʅ

这些"元子"实应为"丸子 uan˩"。"丸"，中古音是"山摄合一平桓匣母"字，弹丸义。北方人只有"丸子、肉丸子、绿豆丸子、四喜丸子"等，并无"元子"之说。不过，荆州话里的"药元子"一般还是读作"uan˩"，偶有读作"yen˩"的。荆州话中的"药元子"就是"药丸"，可以指中药球状药丸，也可以指西药片状圆形的药丸。

6. "肉"的读音

荆州话的"肉"有三种读音，均为白读音：

(1)"肉"读作"lu˩"

沙市话"肉"读作"lu˩"符合中古日母字在荆州话中读"l"的一般规律，同类的字还有"热 lʅ、惹 lʅ、如 lu、人 lən、染 lan、软 luan"等。

(2)"肉"读作"zu˩"

"肉"，荆州城里话也有读作 lu˩，但更常见的是读作 zu˩。荆州话中没有翘舌的 ʐ 声母，只有 ts、ts'、s 一组音，而中古音中"精 ts、清 ts'、从 dz、心 s、邪 z"同属精组字，s、z 发音部位相同，区别在于清、浊有别，"肉"读作"zuɹ"，有类化音变的条件，但沙市话没有"zuɹ"的读音。

（3）"肉"读作"ʐuɹ"

荆州话一般是没有 ʐ 声母的，ʐ 的读音可能是荆州满族人"肉"读作"ʐəuv"在荆州话中的沉积。"肉"读作"ʐuɹ"，20 世纪 70 年代在荆州城里还可以听到，现今已经不复存在了。不过，靠近荆门的川店、靠近潜江的观音垱有"肉 ʐuɹ"的读法，因为那些地方有翘舌音 tʂ、tʂʻ、ʂ。

7. "荣"的读音

今荆州话"荣"一般都读作"yŋɹ"。但上世纪七十年代沙市话"荣"有读作"ynɹ"的。如："你做这种事蛮光荣！"今荆州城、沙市区年青一代，"荣"的读音有一定发展，新派荆州话有把"荣"读作"luŋɹ"的。

8. "日"的读音

（1）"日"读作"ʐʅɹ"

新派荆州话"日"一般读作"ʐʅɹ"。例如：

星期日 ɕinㄱ tɕʻiㄱ ʐʅɹ｜过日子 kuoㄱ ʐʅɹ ·tsʅ

年、月、日 lienɹ、yɛɹ、ʐʅɹ

（2）"日"读作"ɯɹ"

老派荆州话多把"日"读作"ɯɹ"。例如：

星期日 ɕinㄱ tɕʻiㄱ ɯɹ｜日本人 ɯɹ·pən lənɹ

年、月、日 lienɹ、yɛɹ、ɯɹ

今日是你的生日，喝几杯吧！

tɕiㄱ ɯɹ tsʅㄱ liɹ ·ti sənㄱ ɯɹ, xuoㄱ tɕiɹ peiㄱ ·pa！

"日"的这两种读音，没有严格的界限。不过，荆州话的詈语如"狗日的""我日的"中，一般多读作"ʐʅɹ"，读"ɯɹ"的少见。

9. "六"的读音

荆州话的"六"有 ləuɹ 和 luɹ 两个读音。张和雄先生认为，荆州城里"六"读作"ləuɹ"，而荆州城外则读作"luɹ"。据我们的调查，荆州城周边方言确实是读"六"为"luɹ"，沙市话也读作"luɹ"。

关于城里话"六"读作"ləuɹ"的原因，似和清代满族人"东边腔"的影响有直接关系。

1911 年辛亥革命时期，据传荆州城汉族人往往拿"六"的读音作为判断是否为满族人的重要标准：荆州满族人、蒙古族人读"六"为"liəu˨"，荆州汉族人读"六"为"lu˨"。依据今荆州城内"六"一般读作"ləu˨"，荆州城周边及沙市话读"六"为"lu˨"的语言事实，不难发现，荆州话"六 lu˨"的读音与满族人"六 liəu˨"的读音确有某种历史渊源。荆州城里话"六 ləu"的韵母与满族人"六 liəu"的韵母非常接近，而荆州城周边及沙市话至今依旧读"六"为"lu"，可以推断，荆州话读"六"为"lu˨"才是荆州话"六"的本地音，荆州城里话"六"读作"ləu"，明显是受到了荆州城满族人读"六"为"liəu"的直接影响，致使荆州城里话的"六"，由本土的"lu"逐步读成了接近满族人"liəu"读音的"ləu"。

此外，从语音演变规律看，荆州满族人所持的"荆州东边腔"，是北京语音系统，"六"读作"liəu"，代表的是语音变化较快的近代语音系统（或者是现代语音系统）；荆州城外及沙市话把"六"读作"lu˨"，代表的是语音发展滞后的中古音语音系统。《广韵》："六，数也，力竹切。"照反切音推断，中古音"六"，属来母、屋韵、入声字，读作"liuk"，塞音入声尾"k"脱落后读作"lu"，仍停滞在中古音阶段。推想当年，荆州城分东、西两城而居的满、汉两族人，东城的满族人是毫不动摇的"六 liəu"，荆州城外是满口的"六 lu"，荆州西城的汉族人逐步改"六 lu"作"六 ləu"，这也是荆州汉族人在交际语言方面顺应时代之潮流的一种表现。当然，这种变化肯定是在潜移默化中实现的。

10. 跩 tsuai˥ / 蹲 tuən˥

荆州话把"蹲"读作"tsuai˥"，写作"跩"。《说文解字》："蹲，踞也，从足，尊声。"《广韵·魂韵》："蹲，坐也。"其实"蹲"就是"跩"的本字，读音则是古今音的不同。今中原官话（郑州、开封等地）有"跍蹲 ku˨·tuən""跍跩 ku˨·tʂuai"说法，荆州市所辖的石首市也有"跍"存在。"跍""跩""蹲""跍蹲""跍跩"词义完全相同，都是"蹲"的意思。中原官话（如"郑州方言"）"跍蹲"和"跍跩"同义而词形、读音有区别，是古今音并存造成的，也刚好印证了荆州话的"跩"实际上就是"蹲"。

荆州话今天仍就把"蹲"读作"跩 tsuai˥"，《江陵歌谣集》有"姑娘生的乖，门前屋后有人跩（蹲在那里）"句，用的是"蹲"的现代读音。近四十多年来，荆州市的人口数量和人口结构成分都发生了巨大变化，而且普通话对荆州话的影响也越来越大，但时至今日，新派、老派荆州话把"蹲"

读作"tuən˧"的仍鲜有所见,"跩 tsuai˧"仍然是荆州话的主流说法。

(三) 颤音

《湖北方言调查报告》和《湖北方言概况》都没有论及荆州方言的颤音问题。现今的荆州话和沙市话也没有颤音,但荆州的乡里话普遍存在丰富的颤音,而且颇具特色。

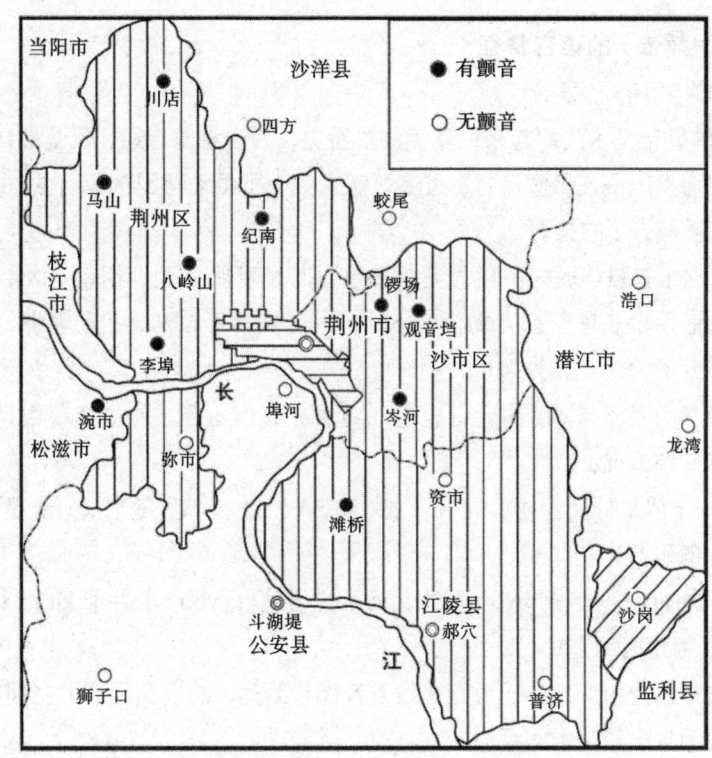

荆州方言颤音分布区域示意图

1. 带颤音 r 词语举例

(1) 第一音节是单韵母

猪子 tsu˧r│麦子 mɤˇr│么子_{代词} moˇr/moˇr│兔子 tʰu˧r│(荆州区纪南)

猪子 tʂu˧r│袜子 uaˇr│痞子 pʰiˇr│戏子 ɕi˩˩(沙市区观音垱)

(2) 第一音节是复韵母

瓜子_{非子缀词} kua˧r│桃子 tʰau˧r│斗子 təu˧r│猫子 mau˧r(荆州区纪南)

猫子 mau˥r｜猴子 xəux˩r｜月子 yɛy˥r｜位子 uei˥r（沙市区观音垱）

（3）第一音节是鼻韵母

干子 白豆腐干 kan˥r｜镜子 tɕʻin˥r｜蚊子 uən˩r｜棚子 pʻuŋ˩r（荆州区纪南）

憨子 xan˥r｜闷子 内向人 mən˥r｜桶子 tʻuŋ˥r｜领子 lin˩r（沙市区观音垱）

2. 颤音 r 的语音特征

（1）颤音 r 的发音

r 的发音是舌尖翘起来，气流冲击舌尖，舌尖忽塞忽通，反复开闭，连续进行而发出一连串颤动音。发音时，舌尖上下摆动范围在 ɿ、ʅ 之间。

（2）颤音 r 的强弱

颤音 r 有强与弱的不同。发强颤音 r 时，舌肌松弛，摆动自然，能连续摆动而发出长颤音。发弱颤音 r 时，舌尖摆动不自然，舌肌紧张，舌的摆动只几下，甚至成为闪音。

颤音的强弱与 r 前的元音也有一定关系，但不受 r 前边音节声调的影响，有三种情况：

A. r 前是低元音或后元音，如"a、A、u、o、ɤ"等时，r 音都较强、较长。例如：

儿子 ɯ˩r｜麦子 mɤy˩r｜瞎子 xax˩r｜雀子 tɕʻyo˩r｜谷子 ku˩r｜瓜子 kua˥r（荆州区纪南）

这是因为由低元音、后元音的发音部位到达 r 的发音区间，空间较大，舌尖摆动也比较自由的缘故。

B. r 前是前、高元音 i、y 时，r 发音较短，舌尖上下一般只摆几下。这是由于 i、y 发音时舌位（特别是舌尖）较高，且靠前，舌尖距上齿龈较近，不利于舌尖的摆动，而且，这时，r 与前边音节之间，有较明显停顿。例如：

梨子 li˩r｜锯子 tɕy˥r｜妹子 mei˥r｜腿子 tʻei˩r（荆州区纪南）

被子 pei˩r｜驴子 ly˥r｜鸡子 tɕi˥r｜女子 ly˩r（沙市区观音垱）

C. r 前是 n 尾时，r 音最短，且常常仅颤几下或一下。这是因为，发 n 时，舌尖靠近上齿龈，再发 r，舌尖几乎没有什么活动余地了，因而 n 后面的 r，发音困难。在颤音很强的钟祥话中，n 后的 r 也很弱。例如：

金子 ₌tɕin r｜银子 ₌in r｜工资 ₌kuŋ r｜滚子 ˇkuən r｜獾子 ₌xuan r｜裙子 ₌tɕʻyn r

有人认为后鼻音 ŋ 也如 n 一样，其后的 r 很弱。但据我们的调查，ŋ 后的 r，比 n 后的 r 要强得多。因为发 ŋ 时舌根抬起来，舌尖势必后缩，发 r 并不困难。以下例子都发长颤音：

棚子 ₌pʻŋ r｜疯子 ₌fəŋ r｜桶子 ˇtʻuŋ r｜琼芝 ₌tɕʻyŋ r (非颤音词)｜弓子 ₌kuŋ r｜框子 ₌tɕʻiaŋ˥ r。

3．颤音 r 与"子"缀的关系

以下以荆州区纪南镇为例：

(1) 在多数情况下，颤音 r 的作用与"子"缀无异。我们在做调查时，有一定文化的人都能明确指出：弹舌音（即颤音 r）跟名词后边的"子"作用一样。"子"与 r 仅是文、白异读的区别，文化程度高的人，文、白音都读"子"，文化程度不太高的人，文读为"子"，白读为"r"。文化水平较低，或没有什么文化的人，只会读作颤音"r"。

(2) 有些处于词尾的非"子"缀音节，或发音接近"子"的音节也可以变读成"r"。如前面举出的：

十字街街名 sɿ˅ r kai˥｜组织上 tsu˅ r ·san｜么子 mo˅ r˥｜瓜子 kua˥ r。

在荆州市郊以及荆门等地，少数量词，如"一些子 i˅ ɕie˥ r、一下子 i˅ xa˥ r"中的"子"，也读作"r"。

(3) 有的带"子"的名词，借用为量词后，"子"读作"r"。例如：

(搞哒)一裤子 i˅ kʻu˥ r (泥巴)｜(堆哒)一屋子 i˅ u˥ r (书)｜(提哒)一桶子 i˅ tʻuŋ˥ r (鱼)｜(背哒)一袋子 i˅ ta˥ r (米)。

(4) 本来不是轻声词尾的"子"也可读"r"，而且还是长颤音。

瓜子 kua˥ r｜孝子 ɕiau˥ r｜母子 mu˥ r｜月母子 yɛ˅ mu˥ r｜败子 pai˥ r。

(5) 疑问代词"什么"，在荆州区有"么子 mo˅ r tsɿ / mo˅ tsɿ、么事 mo˅ sɿ、什么子 sɿ˅ r ·ma tsɿ / tsɿ˅ r ·ma tsɿ"等多种说法，在颤音区内，这些词的末一音节都可读作颤音"r"。

4．ts、tʂ 的分布跟颤音 r 的关系

我们发现，所有有颤音 r 的地方都在 ts、tʂ 不分的平舌区或翘舌区里，ts、tʂ 对立的地方都没有颤音 r。这说明颤音 r 的出现跟 ts、tʂ 的分布有密切关系。下面几点成为 r 出现的必要条件。

A. ts组音与tʂ组音混淆，不对立；对立的地域不会出现颤音。

B. 只有ts组音的平舌区和只有tʂ组音的翘舌区相互渗透、交叉或相邻。

C. 荆州地域的独特之处在于，荆州话、沙市话没有翘舌音，tʂ、tʂ'、ʂ混入ts、tsʻ、s，只出现ts、tsʻ、s。而沙市区观音垱一带则是ts、tsʻ、s混入tʂ、tʂʻ、ʂ，只出现tʂ、tʂʻ、ʂ。而从荆州话与比邻的荆门话的比较看，荆门北部只出现tʂ、tʂʻ、ʂ一组音①。

D. 荆州话、沙市话的"子"缀读作"·tsɿ"，观音垱的子缀读作"·tʂʅ"。

5. 颤音r的产生

（1）有丰富的"子"缀词

荆州方言"子"缀词丰富，别的方言不是"子"缀的词，荆州颤音区多读作"子"缀。例如：

a. 荆州区纪南

羊子 iaŋ˩ ·tsɿ｜狗子 kəu˥ ·tsɿ｜猪子 tsu˧ ·tsɿ｜鸽子 kuo˩ ·tsɿ

猫子 mau˩ ·tsɿ｜鸭巴子 ia˧·pa ·tsɿ｜八哥子 pa˩ ·kuo ·tsɿ｜尖子 tɕien˧ ·tsɿ

b. 沙市区观音垱

渣子 tʂa˧ ·tʂʅ｜狗子 kəu˥ ·tʂʅ｜袋子 tai˩ ·tʂʅ｜桌子 tʂuo˩ ·tʂʅ

枣子 tʂa˥ ·tʂʅ｜篓子 ləu˥ ·tʂʅ｜雀子 tɕyo˩ ·tʂʅ｜憨子 xan˩ ·tʂʅ

（2）ts/tʂ两组音的混淆

我们认为，只说ts组音的人与只说tʂ组音的人频繁交往，互相影响，双方的舌头难以适应这种频繁交替的变化，从而出现了舌尖高低上下摆动的可能。现今荆州市荆州区与荆门市北端接界的荆州区川店一带，"么子"一词有mo˥ tsɿ˧、mo˥ tʂʅ˧、mo˥ r三种说法出现，很生动地体现了当年人们在ts、tʂ混杂局面前"举舌不定"，因而向颤音r转化的情势。

（3）"子"缀的频繁选择

"子"缀在平舌区读"tsɿ"，在翘舌区读"tʂʅ"，两组音交叉处，上述状况本身就令人困扰。而"子"缀又读作轻声，一般说来，口语词后一音节如果是轻声，其声母又是塞音或塞擦音，极易被弱化，声母浊化，韵母类化或脱落，如北京话语流中"好的"中的"的"，往往变成d，"哥哥"中

---

① 王群生：《湖北方言的颤音》，《语言研究》1987年第2期，第121页。

的后一个"哥",变成 g①。所以,轻声的"子"缀,也完全有可能同样弱化成浊声母而成为无韵母的 r,这是符合语流音变的规律的。因而,轻声"子"缀的频繁出现显然使它首当其冲,成为最有可能变成颤音 r 的对象。

(4) 颤音的形成

颤音的形成有特定的语音环境,只要存在这样一个环境,颤音就可能产生。因而,在汉语方言中,除湖北江汉平原,及其他一些县市以外,河南偃师县也有颤音,山东的烟台和另外几个县市同样有颤音的存在,也就不足为奇了。

(5) 社会心理因素

荆州颤音的产生,也不排除社会心理因素所起的作用。比如,湖北钟祥的小孩,刚搬进荆州城里生活,说话时满口的颤音 r,这说明他习惯于发 r,也喜欢 r 这个颤音。但时间一长,很受人歧视,他再也不发颤音 r 了。由此可以推断颤音 r 形成之初,一个"奇妙"的颤动音,是具有一定的吸引力的,或存在当时还是很时髦的读音的可能性。

(6) 荆州颤音产生的年代

王力先生认为,ʅ 出现在声母 tʂ、tʂʻ、ʂ 之后,是十二世纪以后的事,十五世纪后,实现了知、庄、章三组声母向 tʂ、tʂʻ、ʂ 的演变,并且把韵母 i 举到同部位的 ʂ 上来②。他的主要依据是《中原音韵》。如果王力先生的结论可信,那么翘舌的 tʂ 组音由中原地域传入钟祥、荆门一带,还有一个过程,不会早于十五世纪,颤音 r 的出现,应是十六世纪的事了③。

三、同音字汇

(一) 同音字汇的收字

字汇收入的字,包括《方言调查字表》在荆州方言里出现的字,也包括荆州方言口语中的常用字,有一些是《方言调查字表》中未出现的字。

---

① 刘伶:《语言学概论》,北京师范大学出版社,1984 年版,第 91 页。
② 王力:《汉语史稿》,中华书局,1980 年版,第 208、116、164 页。
③ 王群生:《湖北方言的颤音》,《语言研究》1987 年第 2 期,第 117 页。

(二) 同音字汇的排列

先按韵母分类，同韵的字按声母顺序排列，声韵相同的按声调顺序排列。

A. 韵母排列的顺序是：

ı、i、u、y、a、ia、ua、iɛ、yɛ、o、ɤ、uo、yo、ai、uai、ei、uei、au、iau、əu、iəu、an、iɛn、uan、yɛn、ian、in、ən、uən、yn、əŋ、uŋ、yŋ、m

B. 同韵母的字，再按声母顺序排列。声母的顺序是：

p、pʻ、m、f、t、tʻ、l、ts、tsʻ、s、z、ʑ、tɕ、tɕʻ、ɕ、k、kʻ、x、ɣ、ø

C. 声母、韵母相同的字，再按声调顺序排列。声调的顺序是：

阴平˥ | 阳平˧ | 上声˨˩ | 去声˥˩

(三) 有关体例的说明

1. 暂时无法写出的字，用"□"表示。例如：□iɛ˨˩ 鱼鳃—动—动。

2. 有音无字，或暂时无法确定的字，用 [ ] 括起来。

3. 字下有双线"="的表示文读音，字下加单线"—"的表示白读音。轻声音节前加"."表示。多音的字，用小字"又"表示不同的读音，如：ts˥ 只 又 ts˨˩，在后面韵母里列出时，不再用"又"表示不同读音，如：ts˨˩ 只。多义字用"/"分隔。如：ta˨˩ 搭搭车/搭(统)毛，刘海儿。

4. 需要说明的字，用小号字作扼要解释。

5. 本字再次出现时，用"～"替代。

(四) 同音字表

ı

		tsʻ˥˩	志痔翅～膀，又tsʻ˥
ts˥	资姿咨滋 [兹] ～胶：橡皮擦 辎訾古字，表疑问：搞么～，俗写作"么子" 只又ts˨˩ 吱不～声 知蜘知支枝肢栀～子 花脂之芝	tsʻ˥	摘伸，如：伸脚伸脚疵痴嗤呲吱
		tsʻ˧	雌剚开剥鱼的专用动词瓷糍～粑，本字"餈"慈磁辞词祠厕迟驰池秩饬持尺赤
		tsʻ˨˩	此耻齿
ts˧	汁侄质稙直值殖植织职掷帜执质置只	tsʻ˥˩	次刺赐翅斥
		s˥	厮撕斯私司丝思施师狮尸诗
ts˨˩	紫姊子梓纸旨指沚止趾	s˧	十时实食石视鲥失室蚀识式饰豉豆～适湿
ts˥˩	自字至滞室制智致雉痔置治		

sๅ˥	死豕矢屎使史驶	li˩	厘狸~猫离漓空出水梨犁黎篱
sๅ˩	四肆似祀巳寺嗣世誓势逝是氏士仕示柿事市恃试侍释嗜~好	li˨	力粒立历栗笠隶倪尼泥匿逆李里理鲤礼你
zๅ˩	日过~子，又ɯ˩	li˩	利痢例厉励丽美~荔~枝吏
	i	tɕi˥	髻饥肌基机讥饥鸡~公 / ~头米（芡实）
pi˥	屄女阴		
pi˨	鼻逼必壁璧毕碧弼笔辟复~滗挡住渣滓或泡着的东西，使液体倒出	tɕi˨	迹级脊绩击激及急积极屐木~集缉辑疾吉即鲫籍藉几茶~，又tɕi˩ 寂棘又tɕy˩
pi˥	比彼	tɕi˥	已挤济几~个
pi˩	蔽敝弊币毙陛闭俾避婢臂篦	tɕi˩	祭际计继系~鞋带，又ɕi˩ 剂技妓寄冀纪记忌既
p'i˥	批砒披	tɕ'i˩	魃占~头：占便宜妻欺期凄
p'i˨	皮疲脾琵枇劈匹啤僻	tɕ'i˨	吃民间文学作品中或写作"喫"漆戚七旗其棋祁鳍奇骑齐脐岐
p'i˥	丕鄙痞耍赖，本字"媲"	tɕ'i˥	启起岂企
p'i˩	屁	tɕi˩	气汽砌契弃器
mi˩	咪	ɕi˥	西栖犀溪奚熙兮曦希稀
mi˨	迷谜縻~烂，又mei˨ 弥~市，地名靡密蜜泌分~汨觅秘幂	ɕi˨	惜吸析昔锡膝悉息熄媳夕习袭席
mi˥	米	ɕi˥	洗喜玺
mi˩	觅	ɕi˩	细系戏
ti˥	低滴~汆：小，又ti˨	i˥	医衣依伊
ti˨	嫡笛迪敌狄籴滴一~水的~确，又·ti / ·tə，助词，语气词嘀~咄	i˨	夷姨饴疑乙宜仪移谊抑壹易译逸异毅翼亦肄~业益疫役
ti˥	底抵邸	i˥	已以蚁倚椅尾二~子：阴阳人，又uei˥ 矣
ti˩	帝地弟第递蒂	i˩	忆亿艺意义议
t'i˥	梯		u
t'i˨	堤题提蹄啼踢剔~除	pu˥	箅一~娄
t'i˥	体	pu˨	不
t'i˩	替涕鼻~剃屉~子：抽屉	pu˥	补捕
li˥	妮		

puˊ	部布怖步埠	tsuˊ	猪租诸蛛株珠朱珠
pʻuˊ	铺~盖，又 puˊ 匍~倒睡：趴着睡，又 puˇ 潽䴛煮沸的汤水，冒气，溢出状	tsuˇ	卒族足逐竹烛筑箸粥祝堃~东西，鼻子~哒
pʻuˇ	菩脯仆葡匍扑	tsuˇ	祖组阻煮主拄
pʻuˋ	普谱蒲~公英圃	tsuˋ	著助柱驻注住蛀铸
pʻuˋ	铺店~	tsʻuˊ	粗初
muˊ	姆~妈，又 muˋ 没	tsʻuˇ	出除锄厨雏畜触促猝族
muˇ	木穆牧目沐	tsʻuˇ	噈呵斥储褚楚礎柱下石础处又 tsʻuˋ 杵捣
muˇ	母拇姆保~亩	tsʻuˋ	醋处~所
muˊ	慕墓募幕暮~色苍茫	suˊ	梳又 suoˋ 疏蔬书舒枢输殊淑苏酥
fuˊ	夫肤趺芙敷烰~炭	suˋ	缩赎黍肃夙述术束熟续宿俗速粟
fuˋ	浮俘符扶福幅蝠服伏袱手~子：手巾妇复腹缚	suˇ	数~一~蜀属暑鼠署薯
fuˇ	府腑俯甫脯斧抚釜腐辅	suˊ	素数~学树诉塑恕成竖漱
fuˊ	父付赋傅赴讣附覆负阜富副	zuˋ	肉又 luˋ，zuˋ
tuˊ	肚腹部，又 tuˊ 都郢~又 tɘuˊ 督杜树~子	kuˊ	姑孤箍~桶，搂抱，又 kʻuˊ 估 [钴]~子：小锅类
tuˋ	独读牍犊䁖半开的水，又 tuənˊ 𡱁蜜蜂类昆虫的臀部	kuˇ	骨谷
tuˇ	堵赌睹肚猪~子，又 tuˊ，tuˊ	kuˇ	古牯公牛，也指阉过的公牛估股鼓
tuˊ	肚杜度渡镀妒	kuˊ	故固锢雇顾
tʻuˊ	突秃	kʻuˊ	枯干~窟箍酷
tʻuˋ	图途徒	kʻuˇ	哭
tʻuˇ	土吐~涎水，又 tʻuˊ	kʻuˇ	苦
tʻuˊ	兔吐	kʻuˊ	库裤
luˋ	卢庐绿肉又 zuˋ 陆六辱鹿陆芦又 .lu 䘵禄录绿~色漉捞，控水奴入如	xuˊ	呼乎評欺骗㦸~斗摡用手打
		xuˋ	鞃脱不了~忽胡湖弧狐葫和~牌壶
luˇ	乳汝鲁唇努		
luˊ	露鹭怒路璐	xuˇ	虎浒

xu˧	户互冱凝固，~气护瓠~瓜	y˧	御驭誉预豫遇寓芋喻愈郁玉欲育域
u˧	乌污坞巫诬焐使暖和		a
u˩	屋吴蜈吾梧无勿物领淹没，头纳水中	pa˧	巴~家：老想着家和家人，又~上：贴上芭~蕾疤打~子扒粑溚~~
u˩	五伍午武舞鹉捂	pa˩	拔八
u˧	误悟务雾戊恶可~菝瓜~子	pa˩	把给，~得，~守；又 pa˧/pa˧ 靶
	y	pa˧	霸坝爸把~子罢
ly˩	驴率效~律	·pa	吧
ly˩	女屡~次，又 lei˩ 吕铝侣旅褛褴~	pʼa˧	啪脾矮~~奄［泡］一~尿
ly˧	虑滤	pʼa˩	爬琶耙~犁
tɕy˧	车~马炮居拘驹掬棘刺人狙	pʼa˧	怕
tɕy˩	菊橘局锔~匠	ma˧	妈｜妈~虎子抹去掉，又 ma˩
tɕy˩	举矩榉	ma˩	麻抹抹布
tɕy˧	聚据锯~木头，又 kɯ˧ 巨拒俱句具惧剧	ma˩	马｜马~云，副虹隔层层摆放蚂~蟥码~头，又~子：面条的膜子蚂~眼子：蚂蚁
tɕʼy˧	蛆呴耳语觑眯着眼看焌热水、火，~手趋区小~曲弯~，又 tɕʼy˩ 驱駆~黑	ma˧	骂
tɕʼy˩	渠瞿衢龋屈曲歌~	·ma	蟆癞蛤~妈姆~
tɕʼy˩	取娶	fa˩	乏伐筏罚发~现法~律
tɕʼy˧	趣去来~，又 kʼɯ˧（但"去皮"只读 tɕʼy˧）祛~寒	·fa	发头~法办~
		ta˧	搭~台子
ɕy˧	虚墟嘘须需胥	ta˩	答搭~车统~毛：刘海儿达沓交合，又 tʼa˩，ta˩
ɕy˩	徐蓄储~畜恤丅~衫，又 ɕye˩	ta˩	打击~/~水（禽类交合）
ɕy˩	许	ta˧	大
ɕy˧	绪絮序叙续婿	·ta	哒瘩疙~子：面疙瘩
y˧	迂~腐淤	tʼa˧	他它
y˩	鱼渔余予愚虞娱于盂榆愉渝裕狱浴	tʼa˩	踏省交合潜热水烫塌拓榻塔溻~汗：汗水浸湿衣服
y˩	语雨宇禹羽	la˧	拉啦

la˨	腊蜡拉辣拿娜纳	xa˧	哈 副词，都，全，屋里~是人
la˩	喇 ~叭哪	ɣa˧	伢 小孩儿
la˧	那捺	a˧	阿
tsa˧	蔗甘~渣~货爹裂开哆张口	a˨	牙~齿
tsa˧	杂扎闸铡砸炸~油条，又tsa˧	a˨	哑~巴
tsa˨	拃一~鲊酢~胡椒眨~眼		ia
tsa˨	诈炸 爆~榨乍	pʰia˨	□淡而无味，淡~~
tsʰa˧	差叉~鸡佬（偷鸡贼）	tʰia˨	[奆]头奆拉状，~肩膀（肩头向下）/怕担责
tsʰa˨	擦察插搽查茶茬	lia˧	□~挎：脏，拖遢
tsʰa˨	[岔]~位置：无遮拦的/放开，不受约束，如"岔开吃"	lia˨	俩嗲撒娇，~声~气
tsʰa˧	岔~路口汊邀约权叉	tɕia˧	家佳加痂枷茄嘉
sa˧	沙纱杉~树，又san˧痧犎母牛	tɕia˨	夹~生甲胛
sa˨	杀刹煞閂门开一条缝靸~鞋：无后绑的鞋跐踩着鞋后帮	tɕia˨	假贾
sa˨	洒撒傻洒	tɕia˧	假放~架驾嫁价架
sa˧	厦偏~子，又ɕia˧驭快速跑萨	tɕʰia˧	掐□~进来：插队，又tɕʰia˨
·sa	哆语气词，又la	tɕʰia˧	洽恰
ka˧	家~公，~婆，又tɕia˧尕滴~：小，少，又kʰa˧枷~椅	ɕia˧	虾
ka˨	夹~生饭，又tɕia˧胳~肢窝	ɕia˨	辖匣狭峡暇瞎
ka˨	[搁]放下，放进	ɕia˧	下又xa˧夏
ka˧	[架]~事：开始	ia˧	鸦丫脚~子押
kʰa˧	尕滴~咖	ia˨	涯牙芽衙压鸭又ia˧（受普通话影响的读音）
kʰa˨	掐	ia˨	雅哑
kʰa˨	卡~片：卡白	ia˧	轧亚
kʰa˨	跨胯		ua
xa˧	哈~菜吃下	tsua˧	抓
xa˨	哈抓，弄，乱~一通瞎~巴子：瞎子	tsua˨	爪
		tsʰua˨	欻~子：手有残疾蹅淋雨
xa˨	哈傻气，~里~气：傻里傻气	sua˧	刷
		sua˨	耍
		zua˨	挼用手搓揉

kua˥	瓜	tɕiɛ˩	揭节截结洁杰劫接
kua˩	刮	tɕiɛ˧	姐
kua˧	寡剐	tɕiɛ˥	借
kua˥	挂卦褂	tɕʻiɛ˩	切
kʻua˥	夸	tɕʻiɛ˥	切<u>前</u>~日
kʻua˧	侉<u>胯</u>腿挎衣服大~~ 垮汗流状	tɕʻiɛ˧	且
kʻua˥	<u>跨</u>	tɕʻiɛ˥	怯妾窃
xua˥	花哗划~开一个口子, 又xua˧	ɕiɛ˥	些
xua˩	划~算华中~铧犁~猾狡~滑	ɕiɛ˧	歇蝎邪斜谐协
xua˥	化华~山桦话画	ɕiɛ˧	写
ua˥	蛙洼	ɕiɛ˥	卸谢泄泻
ua˩	袜娃挖	iɛ˥	椰
ua˧	瓦红~哇呕吐状挊ua˧《类篇》：乌瓦切. 臼	iɛ˩	耶爷噎叶页业孽造~
		iɛ˧	也野冶~炼咄/又ɛ˧
ua˥	瓦~匠	iɛ˥	夜
	iɛ		**yɤ**
piɛ˥	憋鳖别~过来：强制性地让孩子改变某种习惯	lyɤ˧	略掠虐
		tɕyɤ˥	噘蹶
piɛ˩	别分~	tɕyɤ˩	爵嚼骂人觉决诀厥懑掘橛绝倔 又tɕyɤ˥
piɛ˧	瘪不圆的	tɕyɤ˧	沮
piɛ˥	别唱~腔	tɕyɤ˥	濯湿~哒
pʻiɛ˥	撇瞥	tɕʻyɤ˧	茄~子缺
pʻiɛ˧	□折断, 又piɛ˥ 尚差, 学习蛮~	ɕyɤ˥	靴
miɛ˥	咩	ɕyɤ˧	血雪穴~位/郝穴ɕiɛ˧地名（江陵县城关镇）恤
miɛ˧	蔑篾~席, ~皮灭		
tiɛ˥	爹	yɤ˥	哕食物、气停在胃里难受
tiɛ˩	跌蝶碟趺迭	yɤ˧	悦阅月越曰粤岳
tʻiɛ˥	贴铁帖	yɤ˧	扔折成
liɛ˩	捏聂猎劣列烈		**o**
liɛ˧	咧	po˥	波菠玻剥
liɛ˥/tsɤ˥	这	po˩	薄帛檗博泊

po˩	跛~子（瘸子） 簸~箕簸动词	·tsʻuo	龊龌~
pʻo˩	坡剖	tsʻuo˩	错措
pʻo˩	婆蔢拍泼~辣迫	suo˥	蓑梭嗦啰~
pʻo˥	颇	suo˩	索缩
pʻo˩	破	suo˩	所锁
mo˩	摸手~/动作慢，蛮~	kuo˥	歌哥
mo˥	魔磨~刀莫漠膜摩馍寞末沫模摹	kuo˩	各阁佮搁鸽疙割格合~，又kʏ˩ 隔国郭锅角~落，又ɕyo˩，一~钱葛
mo˩	抹又ma˩		
mo˩	暮~气磨石~募~捐幕~布	kuo˩	果啯啰嗦，纠结
·mo	么又m̩, mo˩	kuo˥	过个
fo˩	佛	kʻuo˥	科搕打，~他几下
	uo	kʻuo˩	渴磕搕敲击
tuo˥	多掇	kʻuo˩	可
tuo˩	夺铎踱	kʻuo˩	课壳
tuo˩	朵躲	xuo˥	核欂~皮豁攉捉住，拉住喝~酒，又xuo˩
tuo˩	舵惰		
·tuo	嚉嘀~	xuo˩	河何涸或禾活和又xu˩ 盒合又 xʏ˩郝~穴：江陵县城关镇鹤
tʻuo˥	拖脱讬嫷艳美		
tʻuo˩	驼驮	xuo˩	火伙
tʻuo˩	妥椭𣎴自然垂落状	xuo˩	贺货祸获
tʻuo˩	唾	uo˥	窝倭萵~苣
luo˩	挪罗啰锣箩骡乐落烙骆洛酪	uo˩	恶蛮~，又u˥，厌~轭额~头屙拉屎鹅俄鄂厄娥龌~龌硪~石：打夯的石头类，打~挞又
luo˩	裸		
luo˩	那诺糯~米		
tsuo˩	浞用手搓揉桌捉镯捉拙着~火，又·tsuo，不慌~	tsua˩	握
		uo˩	我
tsuo˩	左佐	uo˥	饿沃卧
tsuo˥	座作做坐		
tsʻuo˩	搓［撮］~一顿：吃一顿		Y
tsʻuo˩	撮挫戳	pʏ˥	掰~开，又pai˥
		pʏ˩	柏白百北伯

pʻɤ˩	魄迫拍	kɤ˥	个
mɤ˩	麦墨脉默陌	kʻɤ˥	搭用手抓紧
fɤ˥	[否]差的，学习蛮~	kʻɤ˥	咳客克刻骺~膝包：膝盖
tɤ˩	得~到 / 蛮~人德	kʻɤ˩	可珂疴
tɤ˩	得得意状，显摆	xɤ˩	黑吓摘得~死人赫合核
·ɤ	得 语气词 的 语气词，音近 ·tə，又 ·ti①	ɣɤ˩	惹又 lɤ˩ 耳
tʻɤ˩	特	ɤ˩	额金~厄~运恶~心鹅
·lɤ	嘞呢有时音近 ·ɜl		yo
lɤ˩	勒肋~骨热乐快~	lyo˩	略掠
lɤ˩	惹又 ɣɤ˩	tɕyo˩	脚觉角一~钱
tsɤ˩	[贼]显摆，卖弄，~不过喷	tʻyo˩	雀鹊却确
tsɤ˩	泽则责仄哲择窄摘浙摘折遮宅贼又 tsei˩ / tsuei˩	ɕyo˩	削学嗦吸
		yo˩	约药钥跃乐音~ 又 lɤ˩ 虐疟
tsɤ˩	者	·yo	哟
tsɤ˥	这		ai
tsʻɤ˥	车	pai˩	掰振
tsʻɤ˩	策册厕测择澈撤彻拆侧转身，又 tsʻɤ˩	pai˩	摆
		pai˥	拜稗草似稻者败
tsʻɤ˩	扯	pʻai˩	排牌
tsʻɤ˩	侧卖弄，轻浮	pʻai˥	派
sɤ˩	奢赊佘	mai˩	埋
sɤ˩	折~人：丢人色塞蛇摄舌虱	mai˩	买
sɤ˩	舍~得	mai˥	卖迈
sɤ˩	设射社设舍宿~摄赦麝~香	tai˥	呆
kɤ˥	格跑 / 钻进 / 钻研 / 拉琴 / 锯木 哥洛冰凉锯	tai˥	歹
		tai˥	待怠殆戴贷代袋带大~夫
kɤ˩	隔革疙~瘩子格锯, ~树, ~胡琴 / 及格葛又 kuo˩	tʻai˩	胎
		tʻai˩	台台抬
kɤ˩	濮焦脆食品变软嗝给	tʻai˩	奋

---

① 为作区分，本书中语气词"得"记作 ·tɤ, "的"记作 ·tɤ 或 ·ti, "的啦"中记作 ·tə。

tʻai˦	态太又 tai˥ 泰	tsʻuai˦	揣猜
lai˦	赖差的；赖皮	suai˦	衰摔
lai˥	来	suai˥	[甩]
lai˥	乃奶	suai˦	帅疝
lai˦	耐奈赖癞	kuai˦	乖
tsai˦	灾栽斋	kuai˥	拐[诖]错/~子/倒~子
tsai˥	宰载又 tsai˦	kuai˦	怪
tsai˦	在再载~人债寨	kʻuai˥	傀~偏块一~钱/~头大：体格粗壮/~子：面片
tsʻai˦	猜钗差出~拆		
tsʻai˥	才财裁豺柴火~/嘴笨	kʻuai˦	快筷剑桧会~计块
tsʻai˥	彩采踩	xuai˥	怀槐淮坏差的踝
tsʻai˦	菜蔡	xuai˦	坏
sai˦	鳃腮又 sɤ˥ 筛	uai˦	歪
sai˥	㥒毫不在乎,毫无反应,如:~都不~	uai˥	崴
		uai˦	外
sai˦	赛晒		ei
kai˦	该皆街阶	pei˦	悲碑卑背~包，又 pei˦ 杯
kai˥	改解~决	pei˦	被焙背~诵辈倍币团~气：休克，又 pi˦ 贝备
kai˦	概溉盖丐介界芥疥戒械钙		
kʻai˦	开	pʻei˦	披胚坯
kʻai˥	揩凯楷	pʻei˥	培赔陪
kʻai˦	概溉钙盖慨	pʻei˦	沛配佩
xai˥	孩鞋还~有	mei˦	霉没又 mei˥/mu˦
xai˥	海	mei˥	媚眉楣枚媒煤霉没梅谜
xai˦	害	mei˥	每美
ai˦	哀埃挨~一个：挨一下脸表亲热	mei˦	寐妹昧
ai˥	呆不灵活捱拖延时间挨~打	fei˦	非飞妃
ai˥	蔼矮	fei˥	肥
ai˦	爱艾隘暧	fei˥	匪翡
	uai	fei˦	痱费废肺吠
tsuai˦	跩荆州话"蹲"作~	tei˦	堆

tei˅	撑堵住，顶住，又 tuei˅	kuei˅	轨癸鬼诡
tei˧	对队碓	kuei˧	桂贵柜跪鳜
t'ei˧	推	k'uei˧	盔窥亏
t'ei˩	腿	k'uei˩	魁奎逵葵
t'ei˩	退蜕	k'uei˧	溃愧跪
lei˧	屡又 luei˧ 勒	xuei˧	恢灰挥辉徽
lei˩	雷擂	xuei˩	回茴
lei˅	儡垒累积~，又 lei˧ 磊	xuei˅	悔毁
lei˧	累泪类内	xuei˧	秽会绘贿汇晦惠慧讳
tsei˅	贼又 tsuei˅, tsʅ˅	uei˩	煨微威微伟
kei˅	给	uei˩	桅为作~，又 uei˧ 维惟唯违围危
uei			
tuei˧	堆	uei˅	伪萎委餧尾又 i˅ 伟苇纬
tuei˧	兑碓对	uei˧	卫位为味魏畏慰胃谓尉
t'uei˧	推	**au**	
t'uei˩	腿	pau˧	包胞褒
t'uei˧	退蜕	pau˩	雹冰~
luei˧	芮锐瑞	pau˅	饱宝堡保
tsuei˧	锥追	pau˧	豹爆报鲍抱龅~牙齿暴苞孵雏保狂躁
tsuei˩	贼		
tsuei˅	嘴	p'au˧	抛泡虚大，~货，又 p'au˧
tsuei˧	罪最缀点~赘醉坠	p'au˩	袍刨
ts'uei˧	催崔吹炊摧	p'au˅	跑
ts'uei˩	槌锤垂	p'au˧	泡~茶炮大~/一~个（十个）
ts'uei˧	脆翠	mau˧	猫冒蛮~：易发火，又 mau˧
suei˧	虽	mau˩	矛茅锚毛锚
suei˩	随髓谁遂	mau˩	卯时辰，~时揹扶抱
suei˅	水	mau˧	茂贸貌冒~烟帽
suei˧	税碎岁睡粹穗隧	tau˧	刀叨
		tau˅	导倒又 tau˧，~车祷岛捣
kuei˧	圭闺规龟归	tau˧	盗道稻到倒

˙tau	倒助词，又 ˙təu	xauˉ	浩好爱~耗号~码
tʻauˉ	涛滔掏	auˉ	熬
tʻauˇ	桃逃淘陶	auˇ	熬敖
tʻauˇ	讨	auˇ	袄咬
tʻauˉ	套	auˉ	懊奥傲骄~/~起哒
lauˉ	捞捉住；用手抓，拿唠		**iau**
lauˇ	劳牢痨重症，又指肺结核病 挠饶唠	piauˉ	标膘彪[嘌]液体喷射状猋奔跑
lauˇ	老佬扰脑恼绕	piauˇ	表婊
lauˇ	闹涝瘩毒药	pʻiauˉ	飘漂又 pʻiauˉ~亮，pʻiauˇ~白粉
tsauˉ	昭招遭糟朝又 tsʻauˉ	pʻiauˇ	瓢嫖
tsauˇ	沼早蚤澡找	pʻiauˇ	漂~白
tsauˉ	照诏皂造罩燥噪躁	pʻiauˉ	票漂~亮
tsʻauˉ	操超抄	miauˉ	喵瞄~一下：看一下
tsʻauˇ	曹槽[漕]胃里不舒服，心里蛮~朝潮	miauˇ	苗描瞄
		miauˇ	渺秒藐
tsʻauˇ	草吵炒	miauˉ	庙妙
tsʻauˉ	糙伢半~子	tiauˉ	刁叼貂雕凋
sauˉ	烧梢骚像尿的气味，胡乱来，~货	tiauˇ	屌（鸟）~里~气
sauˇ	韶芍勺苕红~/~傻	tiauˉ	钓吊掉调~查，声~铫~子（锅具）
sauˇ	少多~嫂扫~地	tʻiauˉ	挑
sauˉ	少~年绍扫~帚臊邵潲猪~水	tʻiauˇ	调~和；~皮条~款/发针
kauˉ	高膏篙羔糕	tʻiauˇ	斢~头：转向/~换挑
kauˇ	稿犒搞	tʻiauˇ	跳[调]~故：故意
kauˉ	告叫~花子：要饭的	liauˇ	聊辽疗瞭燎疗撩挑逗嫽
kʻauˉ	敲	liauˇ	鸟了
kʻauˇ	考烤	liauˉ	尿料镣
kʻauˉ	靠	tɕiauˉ	交郊浇骄娇焦蕉椒教~书，又 tɕiauˉ
xauˉ	蒿薅~草		
xauˇ	豪壕毫	tɕiauˉ	嚼~嘴
xauˇ	好又 xauˉ		

tɕiau˩	剿狡猾缴侥矫剿绞饺狡铰搅	tsəu˩	周舟州洲邹掫粥
tɕ'iau˩	叫轿教~育校~对较酵窖觉睡~嚞	tsəu˥	帚肘轴
		tsəu˥	走
tɕ'iau˥	锹悄敲	tsəu˩	咒皱绉骤纣昼宙奏塞住，瓶塞
tɕ'iau˥	乔姓~/~子：情人，小三类侨桥荞憔	tş'əu˥	抽搊打~合
		tş'əu˩	仇酬瞅愁绸稠筹
tɕiau˥	巧	tş'əu˥	丑
tɕ'iau˥	鞘俏翘~气窍峭	tş'əu˩	臭凑
ɕiau˩	萧箫嚣消宵霄硝销	səu˩	收搜飕馊叟
ɕiau˥	涓	səu˥	手首守
ɕiau˥	晓小	səu˩	兽寿授售受瘦嗽
ɕiau˩	笑孝效校	kəu˩	勾钩沟
iau˩	妖邀腰要~求幺小，~二三	kəu˥	狗苟
iau˥	尧摇谣窑姚肴	kəu˩	够构购
iau˥	舀杳咬	k'əu˩	抠眍眼窝凹
iau˩	耀鹞要重~	k'əu˥	口
əu		k'əu˩	扣寇
məu˩	谋	xəu˩	齁睺贪婪响哮喘
məu˥	亩某	xəu˩	侯喉猴瘊
məu˩	茂	xəu˥	吼
fəu˩	浮	xəu˩	后厚候
fəu˥	否~定/又 fv˩ 差的	əu˩	欧瓯殴
təu˩	都兜	əu˥	偶藕偶
təu˥	斗抖陡	əu˩	怄~气沤~麻
təu˩	豆逗斗捯安装，~在一起	iəu	
t'əu˩	偷	miəu˩	谬
t'əu˩	头投敨展开，~一下	tiəu˩	丢
t'əu˩	透	liəu˩	溜遛
ləu˩	揉楼娄六	liəu˩	流刘留硫琉榴生
ləu˥	搂篓	liəu˥	柳纽扭
ləu˩	漏陋	liəu˩	拗

tɕiəuˇ	纠究鸠阄鬏~~辫	tanˇ	胆短党挡档
tɕiəu˩	灸九久韭酒	tan˩	担淡诞旦弹蛋荡宕
tɕiəu˩	臼舅咎救旧柩就又 tɕiəu˥	t'an˥	贪坍滩摊瘫汤
tɕ'iəu˥	丘秋	t'an˩	谈痰檀坛弹堂棠螳唐糖塘
tɕ'iəuˇ	就	t'anˇ	毯坦躺
t'iəu˩	求球仇囚泅	t'an˩	炭叹烫
ɕiəu˥	休修羞	lan˥	浪~~声，又 lan˩
ɕiəu˩	蓄存着，留着，把胡子~起来	lan˩	南男滥蓝篮难困~兰拦栏囊瓤郎廊狼然燃
ɕiəuˇ	朽		
ɕiəu˩	嗅秀宿又 suˤ 锈绣	lanˇ	览揽榄缆染冉懒嚷壤漤磺酒、盐刺激的疼痛
iəu˥	幽优悠		
iəu˩	牛尤邮由油游犹	lan˩	滥难灾~烂乱让浪波~
iəuˇ	有友酉莠	tsan˥	簪沾粘瞻张章樟脏彰獐
iəu˩	诱又右佑柚鼬釉幼	tsan˩	斩盏长成~涨掌展
	an	tsan˩	暂站蘸占颤赞绽栈战葬丈仗杖帐胀膨~/吃多了蛮~人障脏藏~族
pan˥	斑班颁扳般搬帮邦梆		
panˇ	板版舨~命拌丢弃榜绑		
pan˩	扮瓣办伴拌搅~半谤傍棒	ts'an˥	参餐仓苍昌
p'an˥	攀潘胖胀，~头鱼	ts'an˩	蚕惨惭谗馋残蝉禅藏~宝长~短肠偿
p'an˩	盘滂螃旁庞		
p'anˇ	搒轻碰髂猪腿靠近身体的部位	ts'anˇ	铲产场厂
p'an˩	盼绊判叛姘打皮~：通奸蚌胖	ts'an˩	灿颤畅唱倡
man˥	螨幔糊粥表面的凝固层	san˥	三衫杉珊山删膻搧桑磉搡丧~事，又 san˩
man˩	蛮瞒忙芒茫		
manˇ	满莽蟒	sanˇ	陕闪散又 san˩ 伞裳赏晌饷
man˩	慢漫	san˩	散分~扇善膳单上尚丧~失
fan˥	帆藩翻番疲反胃状方芳	kan˥	甘柑泔艰~难辛苦，又 tɕien˥ 尴肝竿冈刚纲钢豇间——~房，又 tɕien˩
fan˩	凡烦妨房防		
fanˇ	反返纺仿彷访	kanˇ	感敢橄赶拣港岗干
fan˩	范犯泛贩饭放	kan˩	干间隔墙，或作动词
tan˥	丹单当裆	k'an˥	堪龛勘看~守，又 k'an˩ 康糠慷

	粯~鸡子嗷啄	tʰiɛn˩	腆舔涊鼻垢
kʰan˩	扛~枪 /~肩：脖子前倾	liɛn˥	拈
kʰan˥	坎砍	liɛn˩	镰莲怜连联廉黏鲶年唓啰~：啰嗦
kʰan˥	看~见抗炕		
xan˥	酣鼾憨夯［酣］面条、米粉浸水发胀，变粗大状	liɛn˥	殓碾撵脸敛
xan˩	含函咸~淡衔寒韩行航杭纾粗针稀缝	liɛn˩	念练炼楝恋~爱
		tɕiɛn˥	肩坚涧铜煎奸监鉴尖小气歼兼艰间空~
xan˥	喊罕		
xan˩	撼憾杆秆旱汉汗焊翰巷项苋~菜	tɕiɛn˥	剪检减简裥柬拣捡
an˥	庵埯安鞍揞放骯	tɕiɛn˩	见箭件键建健腱溅贱践钱谏剑渐舰间~距骞~爬佬
an˩	昂		
an˥	眼小洞	tɕʰiɛn˥	牵千迁签铅谦
an˩	暗岸按案雁	tɕʰiɛn˩	前遣虔钳
	iɛn	tɕʰiɛn˥	浅
piɛn˥	边蝙鞭鳊~鱼	tɕʰiɛn˩	歉欠欠债/羡慕芡~实
piɛn˥	贬扁匾	ɕiɛn˥	先掀仙鲜
piɛn˩	变汴便辩辫遍	ɕiɛn˩	贤弦嫌咸涎衔闲
pʰiɛn˥	篇偏	ɕiəɛn˥	显癣险
pʰiɛn˩	便~宜	ɕiɛn˩	现县线羡宪献限苋~菜陷馅
pʰiɛn˩	片骗蹁放~：撒泼	iɛn˥	烟焉淹阉腌腤
miɛn˩	眠棉绵	iɛn˩	延筵沿言颜炎盐阎严研
miɛn˩	沔~水，即汉水、汉江勉免	iɛn˥	演眼掩
miɛn˩	面	iɛn˩	砚燕谚堰雁晏厌焰验酽彦
tiɛn˥	掂颠巅		uan
tiɛn˥	点	tuan˥	端
tiɛn˩	店电殿奠佃垫	tuan˥	短[1]
tʰiən˥	添天	tuan˩	段锻缎椴断
tʰiɛn˩	甜田填		

[1] 荆州城内"短"读"tan˥"，荆州城外、沙市区读"tuan˥"。

tʻuanˋ	团~员/~子	uanˋ	皖碗腕晚挽枉往网
luanˊ	鸾峦	uan˧	万忘妄望旺
luanˇ	暖软卵		yɛn
luan˧	乱	tɕyɛn˥	捐绢娟
tsuan˥	专砖庄装	tɕyɛnˇ	卷
tsuanˇ	转又tsuan˥	tɕyɛn˧	倦眷卷圈猪~
tsuan˧	撰篡状壮撞转赚	tɕʻyɛn˥	圈圆~
tsʻuan˥	川穿佥窗疮蹿~瞌睡	tɕʻyɛnˋ	全泉权醛
tsʻuanˊ	传船床	tɕʻyɛnˇ	犬
tsʻuanˇ	喘闯	tɕʻyɛn˧	劝券
tsʻuan˧	串篡窜撞创	ɕyɛn˥	鲜楦宣掀喧①
suan˥	闩酸双霜孀	ɕyɛnˋ	玄悬旋周~
suanˇ	爽	ɕyɛnˇ	选
suan˧	涮算蒜	ɕyɛn˧	眩拃~鸡公
kuan˥	关官棺观冠掐~秤：偷秤光胱	yɛn˥	箢~箕渊鸳冤
kuanˇ	管馆广	yɛnˋ	原圆园元员袁猿缘媛苑
kuan˧	观道~，开元~冠~军贯惯灌罐逛珖发出光亮	yɛnˇ	远
kʻuan˥	宽髋匡筐	yɛn˧	愿院怨垸环形防水堤
kʻuanˊ	狂		ian
kʻuanˇ	款㩆~到头上撅用肘关节处提东西	pianˋ	瞟一目失明
kʻuan˧	况旷矿	tian˥	□挪人
xuan˥	獾欢荒慌	lianˊ	嬢娘像个~~：女人样，又lianˋ
xuanˋ	还环焕桓黄惶蝗皇凰簧磺蟥	lianˋ	娘梁凉量良
xuanˇ	缓谎幌	lianˇ	两
xuan˧	唤鲩换涣宦幻患晃	lian˧	亮靓谅靓晾辆酿
uan˥	弯湾豌剜汪泪~~嗟喊叫	tɕian˥	江姜疆僵将~军豇
uanˊ	顽玩完丸王	tɕianˇ	讲蒋奖桨

① "喧、冤、苑"三字"yɛn"的韵腹"ɛ"，读音接近"e或ə"。"垸"字两读：沙市的"红垸小区"读"yɛn˥"，但荆州江边的（环状围堤）"垸子"读"yɛn˥ ·tsɿ"。

tɕian˧	降又 ɕian˨ 酱将~官匠强礓台阶犟	t'in˧	艇挺
tɕ'ian˧	腔枪像	t'in˧	聽搞不到~,(打麻将)~和
tɕ'ian˨	强墙	lin˧	拎
tɕ'ian˧	抢	lin˨	邻临鳞磷林淋琳翎凛灵陵零铃
tɕ'ian˧	呛	lin˨	檩领岭
ɕian˧	相互~香乡箱襄厢	lin˧	赁吝另令宁
ɕian˨	降投~详祥	tɕin˧	今金襟津巾斤筋精晶京惊鲸荆茎经睛兢
ɕian˧	享响想		
ɕian˧	项向象像橡相坐着或站着,慢慢地看着	tɕin˧	锦紧仅谨井景警
		tɕin˧	劲干~禁浸尽进晋近静靖净颈竟境敬竞镜径
ian˧	央秧殃怏病~~		
ian˨	羊洋烊杨阳扬疡	tɕ'in˧	亲钦侵顷倾青清蜻轻卿
ian˧	仰养痒	tɕ'in˨	勤芹秦琴禽擒情晴擎
ian˧	样餕腻,反胃状	tɕ'in˧	寝请
	in	tɕ'in˧	沁庆
pin˧	斌鬓彬濒宾殡槟兵冰	ɕin˧	心芯新鑫辛欣星腥
pin˧	饼柄丙秉邴	ɕin˨	形型刑行~走
pin˧	并病	ɕin˧	醒省
p'in˧	拼	ɕin˧	信性姓幸杏
p'in˨	贫频姘平坪评瓶屏	in˧	音荫因姻殷英莺婴鹦樱缨莹
p'in˧	品	in˨	霓吟淫银寅迎盈赢营茔坟~茔
p'in˧	聘	in˨	尹饮引隐颖影
min˨	民铭名鸣明铭	in˧	印映硬隐称量,~米
min˧	皿闽悯敏抿		ən
min˧	命	pən˧	奔锛贲
tin˧	丁钉疔盯	pən˧	本
tin˧	顶鼎	pən˧	笨坌掺,搅拌
tin˧	锭订定	p'ən˧	喷烹膨
t'in˧	听汀听	p'ən˨	盆彭
t'in˨	亭停廷庭蜓	p'ən˨	捧

p'ən˧	碰		牲笙甥升僧
mən˧	闷	sən˧	神绳
mən˩	门	sən˥	省沈审婶损榫
fən˧	分芬纷	sən˧	慎肾甚渗圣盛兴~剩胜
fən˩	焚坟攒~坨子：拳头击打	kən˧	跟根耕庚羹更变~，又 kən˧
fən˥	粉	kən˥	埂耿哽吞咽困难；朗读不流畅颈
fən˧	粪奋份愤忿喷		梗整又 tsən˥，整理
tən˧	灯登蹲又 tuən˧, tsuai˧	kən˧	更~加
tən˥	等	k'ən˧	坑
tən˧	扽用两手把绳子拉直瞪凳镫邓钝顿盾	k'ən˧	肯啃咳嗽严重/咬，~骨头恳垦
t'ən˧	吞	xən˧	亨哼
t'ən˩	腾誊藤疼	xən˩	痕横又 xuən˩，扯~皮衡恒
t'ən˥	[腾]颠簸，蛮~人	xən˥	很狠
lən˧	扔	xən˧	恨杏
lən˩	仁能睖瞪着眼直视能论轮伦仍楞人	ən˥	[扔]
lən˥	忍冷	ən˩	恩
lən˧	嫩闰润韧刃认壬任纴论	ən˧	硬
tsən˧	曾姓增真榛臻珍针斟征贞侦争筝睁蒸尊憎僧甑炊具罾捕鱼工具		uən
		tuən˧	敦墩蹲吨
tsən˥	怎诊疹枕整	tuən˧	沌钝炖盾顿遁
tsən˧	振阵镇震正政郑证症赠	t'uən˩	屯豚臀囤
ts'ən˧	称参~差皴脸~了抻村	luən˧	抡
ts'ən˩	辰晨臣沉~重，又 ts'ən˧，~浆陈尘岑存曾~经层澄成城诚盛~满呈程逞橙丞乘承	luən˩	仑伦沦轮
		luən˧	论闰嫩润又 lən˧
		tsuən˧	尊撙遵肫
		tsuən˥	准
ts'ən˥	拯黥沉淀的溃垢抌用手往下按	ts'uən˧	村椿春
ts'ən˧	蹭秤趁衬	ts'uən˩	存唇纯莼醇
sən˧	孙身申伸娠深参人~森声生	ts'uən˥	忖蠢
		ts'uən˧	寸

suən˥	孙	fəŋ˩	缝逢冯
suən˩	唇	fəŋ˧	讽
suən˧	损笋	fəŋ˥	凤奉
suən˥	顺舜		uŋ
kuən˧	滚绲~边	puŋ˥	崩［绷］苍蝇碰、爬过的
kuən˥	棍	puŋ˧	迸
k'uən˩	昆坤	p'uŋ˥	烹
k'uən˧	捆	p'uŋ˩	篷蓬棚朋髼蓬松
k'uən˥	困睏	p'uŋ˧	捧
xuən˥	昏婚荤	p'uŋ˥	碰
xuən˩	魂馄浑横~不讲理	muŋ˩	蒙~人，又 muŋ˧，朦~~，又 muŋ˧
xuən˧	混相~	muŋ˧	懵萌蒙盟
xuən˥	混~日子	mŋ˧	猛蠓
uən˥	温瘟	muŋ˥	梦孟
uən˩	文纹蚊闻	tuŋ˥	冬东
uən˧	稳吻刎	tuŋ˩	捅用棍子朝下捣
uən˥	问	tuŋ˧	董懂
	yn	tuŋ˥	动洞冻栋
tɕyn˥	菌均钧匀军君	t'uŋ˥	通
tɕ'yn˥	倾顷	t'uŋ˩	童瞳同铜桐
tɕyn˧	俊郡菌	t'uŋ˧	统桶捅筒
tɕ'yn˩	裙群权琼	t'uŋ˥	痛
ɕyn˥	熏	luŋ˥	弄又 luŋ˧ 隆轰~聋~子
ɕyn˩	荀旬循荀唇寻	luŋ˩	龙陇戎绒隆笼农浓侬醲
ɕyn˧	训殉逊迅	luŋ˧	垄拢
yn˥	晕	luŋ˥	弄
yn˩	云	tsuŋ˥	钟盅踪终中钟忠衷宗综鬃
yn·	熨韵运孕	tsuŋ˧	种~子，又 tsuŋ˥ 肿总
	əŋ	tsuŋ˥	种~田纵众重仲中~标
fəŋ˥	风枫丰封疯峰锋蜂烽	ts'uŋ˥	聪匆忽葱囱春充冲~锋，又

	tsʰuŋ˧		yŋ
tsʰuŋ˧	从丛虫崇重~复	tɕyŋ˩	□带劲的样子，走路~~声
tsʰuŋ˩	宠	tɕyŋ˥	窘炯迥
tsʰuŋ˧	铳冲	tɕʰyŋ˧	穷琼
suŋ˧	松嵩	tɕʰyŋ˧	倾
suŋ˥	怂耸悚	ɕyŋ˧	胸凶兄勋
suŋ˩	诵颂送宋	ɕyŋ˩	熊雄
kuŋ˧	恭供~给，又 kuŋ˧弓躬宫公蚣 工功攻	yŋ˧	雍壅庸
		yŋ˩	荣融容蓉镕茸绒戎匀寻琼云①
kuŋ˥	拱~手/钻巩汞		
kuŋ˩	供~销社共贡	yŋ˥	允永泳咏甬涌勇冗迥拥②
kʰuŋ˧	空天~，又 kʰuŋ˧	yŋ˩	用佣~人
kʰuŋ˥	恐孔		ɯ
kʰuŋ˩	控空~闲	kʰɯ˧	去
xuŋ˧	烘轰	ɯ˥	而儿
xuŋ˩	红洪鸿虹宏弘	ɯ˧	尔/耳饵（后两字有轻微浊擦音，读音 ɣɣ˥）
xuŋ˥	哄		
uŋ˧	翁	ɯ˧	二贰日又 zɿ˩
uŋ˧	瓮蕹~菜：竹叶菜齉~鼻子	·ɯ	儿伢~

四、荆州音系与北京音系的比较

（一）声母比较

1. 声母比较简表

荆州话声母 20 个（包括零声母）与北京话声母 22 个（包括零声母）的对比列表如下：

---

① "yŋ" 的后鼻音韵尾比较弱，特别是 "穷兄胸" 等。"琼" 有 "tɕʰyŋ˧/tɕʰyn˧" 两读，可能受到沙市话的影响。
② "冗茸" 音近 yoŋ。

荆州话、北京话声母比较简表

	荆州话					北京话			
双唇音	p	pʻ	m	f		p	pʻ	m	f
舌尖中音	t	tʻ	l			t	tʻ	n	l
舌尖前音	ts	tsʻ	s	z		ts	tsʻ	s	
舌尖后音			ʐ			tʂ	tʂʻ	ʂ	ʐ
舌面音	tɕ	tɕʻ	ɕ			tɕ	tɕʻ	ɕ	
舌根音	k	kʻ	x	ɣ		k	kʻ	x	
零声母	∅					∅			

荆州话声母与北京话声母相比较：

（1）双唇音 p、pʻ、m、f 基本是一致的，关涉的字略有差异。

（2）舌尖中音 t、tʻ 相当；n、l，荆州话 n 混入 l，比北京话少一个声母 n，不过，两地 l 声母关涉的具体的字，有很大出入。

（3）荆州话中只出现 ts、tsʻ、s 一组音，北京话中的 tʂ、tʂʻ、ʂ，荆州话都混入 ts、tsʻ、s 中。另外，北京话有"ʐ"声母，荆州话只出现一个字"肉 zuˀ"；荆州话比北京话多一个 z 声母，但仅限于个别字。

（4）舌面音、舌根音差距不大，但在搭配的韵母方面有一些不同。

2. 声母比较字表

这里列出一些例字，可以大致反映荆州话声母与北京话声母的对应关系。

荆州话、北京话声母对应关系表

荆州话	北京话	例　字
p	p	波霸布贝拜蔽碑白板比宝菢坌八鞭变般本不邦驳北屄百并怖玻
pʻ	pʻ	破耙批配屁泡票品姘攀篇撇泼喷胖烹妍
	p	鄙 piˀ 遍 pʻianˀ
m	m	磨麻码暮埋米妹弥毛猫秒亩谋抹棉面蛮末民莫麦蒙忙
f	f	费肺凡乏反翻凤讽福擤
	pʻ	喷 fənˀ
t	t	蹲盾多情都堵赌肚杜度渡呆戴带贷低帝弟递堆对碓队兑地裯到倒道稻盗导刁雕钓调~盒掉兜斗豆丢耽答担呆
	t	堤 tiˀ
tʻ	tʻ	拖他驮驼妥吐兔徒途图台奤态太梯体替涕剃屉题提推退滔掏讨套桃淘涛挑调~解跳偷敨~开贪探踏潭

续表

荆州话	北京话	例 字
l	l	啰骡骆裸胴庐路鲁驴吕缕来赖例犁雷累离利里吏泪老燎楼流溇~人 蓝览滥腊林檩兰懒辣连烈列裂卵劣临邻栗论轮率效~律 狼朗浪落骆络乐良凉粮两亮略掠冷楞勒陵菱力领令零灵铃历笼聋拢鹿绿六隆陆龙垄
	n	糯拿奴怒女乃耐奶泥你脑闹挠尿鸟妞男钠黏聂难碾撵年捻怜莲练链廉暖嫩诺娘酿能匿宁齉弄农脓浓
	ʐ	惹如乳儒饶扰柔肉 luɹ 染人人辱然燃热锐人忍润闰让瓤若瑞
ts	ts	坐祖组足作做阻灾再紫资滋子字淬嘴醉遭早灶造走奏杂赞钻攒尊卒葬作藏西~曾姓~增则贼僧 tsənɹ 赜鬃总最
	tʂ	占褶蛰惊~枕执汁绽盏铡展缠哲战颤折打~转传~记专珍镇阵侄臻真针枕诊振震质肫~鸡准张涨长生~丈仗庄章掌壮着衣~障酌桌卓撞浊捉胀征植直蒸窄织宅争郑正支中竹逐终众祝粥
	tʂʻ	翅 tʂʅɹ
tsʻ	ts	族tsʻuɹ
	tsʻ	粗醋错雌此瓷糍磁翠操草凑参~加蚕餐残灿擦伞皴村寸猝存唇~膏仓错藏躲~曾~经侧厕策册聪葱催
	tʂʻ	茶差叉岔车扯除初楚锄处厨豺差柴池迟痴持吹垂齿炒超抽绸掇愁丑臭插搀沉铲察蝉撤彻传递川穿船趁陈尘衬晨臣椿春蠢出纯长肠疮创床昌厂常偿窗橙称乘承撑拆呈尺赤城铳
s	s	嗦簑唆苏素塑所鳃赛洒斯私死四司思寺随遂骚扫嗽馊三涩散伞撒酸算蒜瑟孙损榫丧桑索僧 sənɹ 塞色送速宋松嵩肃碎
	ɕ	厦 saɹ 续 suɹ
	ʂ	是师屎视嗜士事使诗时市衰帅睡水稍烧少瘦漱收手兽受寿杉衫陕摄涉渗湿十拾珊深甚山杀删疝善扇舌设膳说神失室肾率~领顺术霜爽商伤裳上双剩食胜升生牲省释射声盛石叔熟淑
z	ʐ	日 zʅɹ 肉 zuɹ 揉 zuaɹ
ʐ	ʐ	肉 ʐuɹ
tɕ	tɕ	俊加痂家假架驾价居车棋举锯巨聚拘句具惧佳祭挤际济鸡记寄技妓忌几机既基纪记交教较骄轿浇叫揪酒纠九救舅旧减舰捡剑劫兼今金禁急涧煎件杰建揭坚见结绝卷倔决

续表

荆州话	北京话	例　字
tɕʻ	tɕʻ	茄麴齫焌<u>去</u>渠蛆趋娶取趣区妻砌齐契企奇骑欺起其旗气祈巧荞桥窍秋囚丘球钳欠怯侵钦琴浅全拳权
	tʂʻ	吃tɕʻiɿ
ɕ	ɕ	荀巡迅殉恤靴虾下~_去夏虚许絮徐序谐西洗细婿携孝淆校器肖修羞秀袖休朽胁心寻吸涎鲜掀歇显贤现宣旋雪县
	tʂʻ	唇ɕynʌ
k	k	哥个过果瓜寡刮姑孤箍古牯故股顾该改概盖<u>械</u>乖怪拐挂鳜闺桂规诡跪龟轨柜归鬼贵高膏稿告搞勾狗够感鸽甘敢干赶割官观鳏关刮跟
	tɕ	家搅窖夹皆解界街届戒阶介甲指~间拣 kanʌ 艰
	ɕ	狭使促~ sʅʌ tsʻuɿ rʅʌ 械 kaiˈ
kʻ	kʻ	可科棵窠课搭跨枯苦裤开凯慨会~计盔魁块愧葵快考靠抠眍寇磕看款阔
	tɕʻ	去kʻuʌ 敲 kʻauˈ 掐 kʻaʌ
	k	跪 kʻueiˈ
x	x	荷河何贺火伙货和祸花化华铧划呼虎浒戽胡湖壶户互护海孩亥害怀坏话画慧惠挥蒿薅好号候骺后含撼憨喊鼾寒汉喝欢缓换活还很狠
	ɕ	鞋蟹闲咸吓下~械鞋瞎衔闲苋
ɣ	∅	耳饵
	∅	吘
∅		ʌɜi 孽 iə ai ʌuei 牛

* 以上表中例字标音，均为荆州话读音。

(二) 韵母比较

1. 两地韵母的对应关系

北京话有39个韵母，荆州话有34个韵母，韵母数量差距较大。这里只对两地方言韵母的对应关系作粗略比较：

荆州话、北京话韵母对应关系表

荆州话	北京话	例字（例字标音为荆州话读音）
ɿ	ɿ	资兹姿呰姊紫子词瓷辞糍次雌此刺赐字四斯司丝思寺
	ʅ	知支脂之汁置掷执蛰值痴吃池尺迟翅齿指志是时师石
i	i	逼鼻笔币比批皮匹屁米密第提题你李记及其气奇西戏洗
ɯ	ɚ	儿而尔二贰洱／耳饵
	y	去
u	u	部补布不扑谱菩匍匐暮幕墓母夫符父副都读毒土努路猪
	ei	mu˨ 没
y	y	女吕驴居局举区曲许序绪需玉与雨鱼语遇羽域
a	a	巴八霸拔爬扒怕马妈骂发罚大打他塌拿娜拉腊杂尕小
	ia	ka 家夹甲，a 伢牙哑，kʰa 掐，xa 瞎下
ia	ia	家夹伢牙哑掐瞎甲下价架假恰吓丫衙压亚俩鸦鸭夏霞侠辖
ua	ua	瓜刮寡夸跨胯花话画化瓦挂抓刷
iɛ	iɛ	别鳖灭篾跌铁聂劣列杰节捷姐野，iɛ˨ 蘖，kai 皆介届界街解戒阶
	ɤ	liɛ˨ 这
yɛ	yɛ	月靴雪决绝掘倔靴越
	iɛ	tɕyɛ˨ 茄
o	o	博播玻薄泼婆破摸么莫沫磨
	u	mo˨ 暮，幕
uo	uo	过扩或啯啰嗦活火多夺托砣罗螺裸洛作坐错蓑锁桌或货祸龌卧
	au	凿
uo	ɤ	搁阁恶课哥各歌科河何贺
	a	luo˨ 那
	iau	kuo˨ 角
yo	iau	药钥脚角
	yɛ	确学略掠雀却虐疟跃鹊

续表

荆州话	北京话	例字（例字标音为荆州话读音）
ɣ	ɣ	色热舌车蛇社射设客咳则泽择格侧厕测革特勒德者折浙扯
	ei	北黑
	ai	麦白拆宅脉摘百伯拍
	ia	xɣ˩ 吓
ai	ai	ai˩ 呆，盖该开来海
	ie	kai 解街介皆阶界届，xai 鞋蟹
uai	uai	率帅拐怪块会计坏怀淮歪外
ei	ei	被杯坯倍配陪佩每没妹眉美霉内雷擂累辈备臂
	i	闭批蔽币毙谜
	uei	对碓推腿退队
uei	uei	贵睡跪规催崔最碎盔辉灰回汇愧兑会脆岁缀赘税鳜为卫，luei 锐
au	au	包报饱泡抛袍跑炮毛冒桃烧早
	iau	kau 搅跤茭，kʼau˩ 敲，au˩ 咬 lau 落角~
iau	iau	条调撩聊叫咬
əu	əu	斗丑口收
	u	səu˩ 叔
	uo	tsəu˩ 做作
	au	茂
uəi	iəu	iəu˩ 牛，流优秋
	y	ɕiəu˩ 蓄
an	an	拌胆谈三山蛮短
	aŋ	脏仓桑张章仗昌肠场商尚党糖刚抗航旁方胖尝
	ien	闲 xan˩ 咸 xan˩ 陷 xan˩ 苋 xan˩ 雁 an˩ 艰 an˩ 眼 an˩ 闲
	iaŋ	xan˩ 项巷
ian	iaŋ	江良娘墙香
uan	uan	酸关乱换断
	uaŋ	光广逛旷眶况狂黄慌皇装庄壮窗创闯双霜爽忘汪望网

续表

荆州话	北京话	例字（例字标音为荆州话读音）
yɛn	yɛn	权园原娟旋
	iɛn	ɕyɛn˧ 鲜掀
iɛn	iɛn	变边辨扁遍便天见片面棉免沔点典垫鲇年念连联脸廉建见栋肩千欠
in	in	紧亲信林因
	iŋ	精经轻星灵英映影赢平瓶屏病定顶听停宁陵灵青杏星性型竟荆
ən	ən	恩狠根肯垦跟根
	əŋ	冷撑生羹梗更坑耿梗哼衡疼邓能曾郑程生橙争蒸正城秤彭烹胜，lən 仍扔，kən˧ 整
	iŋ	ən˧ 硬
uən	uən	温魂坤准春蠢顺
	əŋ	xuən˧ 横
yn	yn	ɕyn 迅熏，yn 韵晕，群军韵孕训
	uen	ɕyn˧ 唇
	yŋ	琼
əŋ	əŋ	风疯讽封峰丰凤冯
uŋ	uŋ	东红中共弄童工孔宗聪从通东重肿翁嗡瓮壅崩迸朋膨蓬蒙槽
yŋ	yŋ	兄穷熊胸凶用拥冗永琼勋云迥
	uŋ	荣融戎容茸
	yn	匀允

2. 荆州话与北京话韵母对应关系的分析

（1）北京话有、荆州话没有的韵母：ɿ、e、iaŋ、iŋ、uaŋ、ɚ。

（2）荆州话有、北京话没有的韵母：ɯ、yo。

（3）北京话有 ən、əŋ 两个韵母，荆州话的 əŋ 韵母一般只出现在声母 f 后，其余的北京话中读 əŋ 的韵母，荆州话都读作"ən"。

（4）荆州话中有些字的韵母读音与北京话相比，比较特殊。例如"云、勋"两字读作"yŋ˧ / yn˧、ɕyŋ˧"。

（三）声调比较

1. 北京话、荆州话声调的对应关系

北京话、荆州话调类、调值对应关系

	阴平调	阳平调	上声调	去声调	（中古音入声字）		
北京话	山黑˥	明(白)˧˥	水(雪)˨˩˦	秀(月)˥˩	黑˥	白˧˥	雪˨˩˦	月˥˩
荆州话	山˥	明(黑白雪月)˧˥	水˨˩˦	秀˥	黑˧˥	白˧˥	雪˧˥	月˧˥

2. 北京话、荆州话声调的对应规律

（1）北京话和荆州话都有阴平、阳平、上声、去声四个声调，没有入声调类。

（2）北京话、荆州话中古音入声字的分派不同，北京话中古入声字分别派进阴平、阳平、上声、去声四个调类，例如"黑、白、雪、月"等，而荆州方言中古入声字则主要派进阳平调。

五、荆州音系与中古音系的比较

荆州方言音系与中古音系的比较，可以让我们看到从中古音到现代荆州方言语音，两者的声母、韵母、声调之间有哪些对应的关系，有些什么样的演变规律。

（一）声母比较

1. 荆州话与中古音声母的对应关系

这里根据《方言调查字表》归纳的中古音系，粗略地概括了荆州话与中古音声母的对应关系。表里中古音声母字右边的音标，是荆州话声母今读音。

荆州话声母与中古音声母的对应关系

系	组	清			浊			
		全清	次清	清擦	全浊		次浊	浊擦
					平	仄		
帮系	帮组	帮 p	滂 pʻ		并 pʻ	并 p	明 m	
	非组	非 f	敷 f		奉 f		微 ∅	

续表

系	组		清			浊			
			全清	次清	清擦	全浊		次浊	浊擦
						平	仄		
端系	端组		端 t	透 tʻ		定 tʻ	定 t		
	泥组							泥 l（娘）	
								来 l	
	精组	洪	精 ts	清 tsʻ	心 s	从 tsʻ	从 ts		邪 s
		细	精 tɕ	清 tɕʻ	心 ɕ	从 tɕʻ	从 tɕ		邪 ɕ
知系	知组		知 ts	彻 tsʻ		澄 tsʻ	澄 ts		
	庄组（照二）		庄 ts	初 tsʻ	生 s	崇 tsʻ	崇 ts		
	章组（照三）		章 ts	昌 tsʻ	书 s	船 tsʻ	船 s		禅 tsʻ
	日组							日 l/z/ø	
见晓系	见晓组	洪	见 k	溪 kʻ	晓 x	群 kʻ	群 k	疑 ø	匣 x
		细	见 tɕ	溪 tɕʻ	晓 ɕ	群 tɕʻ	群 tɕ		匣 ɕ
	影组		影 ø					云 ø 以 ø	

*表中记作"ø"的均为零声母。

2. 荆州话声母与中古音声母的对应规律

帮母：p 波巴拜背褒报表班别边钵宾笔帮北百

　　例外：pʻ 谱鄙痹迫庇绊遍~地｜m 秘

滂母：pʻ 坡普批配屁泡漂撇拼胖喷

　　例外：p 玻怖扳｜f 喷

并母：pʻ 婆培皮袍便~宜盆旁

　　　p 步埠蔽币备菢办笨棒鲍

　　例外：pʻ 佩叛仆

明母：m 魔马暮模买妹毛庙庙

　　例外：u 戊

非母：f 夫废富法分方风福
敷母：f 敷肺副泛芬芳丰
　　　例外：捧 pʰənˇ
奉母：f 符肥凡乏烦罚坟房凤
微母：ø 微忘袜晚
端母：t 多睹刀低堆斗答担端得丁东
　　　例外：堤 tʰiˇ
透母：tʰ 他妥土台太体腿套挑透踏添汤铁听
　　　例外：贷 taiˉ
定母：tʰ 驼途苔抬题逃条头谈甜檀田团堂停同
　　　t 舵杜度待弟道掉豆淡叠诞电断荡定洞
　　　例外：突 tʰuˇ 特 tʰɤˇ
泥母：l 那糯奴努女奈泥内尼你脑尿扭
　　　例外：虐 youˋ 牛 iəuˋ
来母：l 罗裸芦鲁吕癞犁累梨李老料柳
精母：ts 左祖做灾再最紫资兹嘴醉遭早躁走赞钻尊脏
　　　tɕ 姐际济焦剿揪酒尖接煎剪荐节津进俊将精
　　　例外：雀 tɕʰyoˋ
清母：tsʰ 粗搓寸采催此草糙擦村仓佘村仓聪
　　　tɕʰ 且蛆取妻俏秋签千切亲七皴枪鹊清
从母：ts 坐在载最自字皂杂昨贼
　　　tsʰ 财才疵瓷磁曹蚕惭存藏
　　　例外：蹲 tuənˉ
　　　tɕ 聚就集辑践截绝尽匠静
　　　tɕʰ 齐钱前全泉秦墙情
心母：s 蓑锁苏素腮赛碎斯私虽骚三伞孙丧送
　　　例外：赐 tsʰʅˋ 僧 tsənˉ 玺徙 ɕiˇ
　　　ɕ 些写卸絮需西洗婿消宵小修鲜雪新荀湘熄性
　　　例外：岁 sueiˉ 榫 sənˉ
邪母：s 似寺嗣随遂隧松颂续俗
　　　例外：tsʰʅˊ 辞词祠

ɕ 邪斜谢徐序袖寻习袭涎旋旬巡像席

例外：囚泅 tɕʰiəu˩

庄母：ts 诈榨炸阻债抓邹皱斩眨盏庄捉争责

例外：侧 tsʻɤ˩ / tsʻɤ˥

初母：tsʻ 权叉岔初楚础差抄吵搊插察疮测策

崇母：ts 乍助寨炸铡状镯

ts' 茬锄柴巢愁床崇

例外：s 士仕柿事

生母：s 沙纱洒厦傻梳所数晒师狮史帅涮馊森山杀栓率爽色生省节~

例外：产 tsʻan˩

知母：ts 猪著株驻缀知智追罩昼站展哲转珍张桌中

例外：爹 tiɛ˥

彻母：tsʻ 痴耻超丑撤趁椿畜~生宠

例外：侦 tsən˥

澄母：ts 柱住滞稚治坠赵召宙阵泽逐丈

tsʻ 茶除厨池迟持锤潮稠肠沉缠陈橙程

例外：瞪 tən˥

章母：ts 遮诸朱主制支只之止志照州占针汁浙专真质准章证祝种

昌母：tsʻ 车扯处齿吹丑臭川串春出昌厂唱称尺充

例外：枢 suŋ˩ 触 tsuɹ

船母：tsʻ 船乘

例外：盾 tuən˥

s 蛇舌神实唇顺术剩射

书母：s 赊舍书舒鼠税世屎诗水烧手闪沈设说身胜叔

例外：翅 tsʅ˥ / tsʻʅ˥ 春 tsʻuŋ˥

禅母：ts 植殖

tsʻ 垂仇蝉晨臣纯常城

s 社薯树誓是视时市睡邵豉涉十上石淑

日母：l 惹如儒乳扰绕柔揉染冉任入然热软人忍认刃润让壤若弱仍扔肉辱锐

lau˩ / au˩ 饶

yŋ 戎绒茸融容溶冗荣蓉

zu 肉（lu˩/zu˩/ʐu˩）

ʐ̩ 日（m̩˩/ʐ̩˩）

m̩ 儿尔而二饵

见母：k 哥个过果瓜寡孤牯顾该概｜家~公夹皆阶介界届戒街解艰~难
尴甲｜乖挂鳜桂规鬼搞搅沟甘干割跟观官关岗各光郭国更革工
弓供

kʻ 会~计愧括昆扛矿

tɕ 家加（夹）假居举锯句佳鸡计寄饥基己几交教觉骄浇纠久九
（甲）检今急谏肩见斤均君僵脚江讲荆颈经菊

溪母：kʻ 科棵颗课搭夸跨枯苦裤去开慨楷傀块快考烤靠抠眍扣盔魁亏
窥掐嵌渴宽坤困康抗旷匡肯空苦恐

例外：恢

tɕʻ 区驱启契企器弃欺起杞岂气敲巧恰欠谦牵劝犬缺屈腔确卿庆
轻吃（喫）

群母：k 柜共

kʻ 跪迯

tɕ 巨具惧技妓轿舅旧俭及件杰键倦掘近菌极竞剧局

tɕʻ 茄~子渠奇桥祁其旗乔求钳琴禽虔拳勤群强

疑母：uo 我鹅俄饿卧｜ia 牙芽衙~门雅｜ɣɤ 伢（牙 aɹ）｜ua 瓦｜u 吴梧
五午｜y 鱼语御虞愚｜ai 呆艾碍挨｜i 艺宜仪蚁谊义毅疑｜uei 桅
危魏｜uai 外｜au 熬傲咬｜iau 尧｜əu 藕偶｜iəu 牛｜an 雁岸眼｜
iɛn 验严（眼）颜言研｜iɛ 业孽｜in 吟｜uan 玩｜yɛn 元原愿｜yɛ
月｜in 银｜yɛ 虐｜yo 岳乐｜ən 硬

晓母：x 荷火伙货吓花化呼虎犷虚许海灰悔麾毁辉薨好吼憨喊鼾汉喝
瞎欢换昏忽豁荒霍黑亨轰烘

例外：吁 yɹ 歪 uaiɹ 况 kʻuaŋɹ

ɕ 靴虾牺戏喜希孝嚣晓休朽险危胁（吸）（瞎）轩献歇显喧血欣
熏训香响向兴畜胸凶

匣母：x 河何贺和祸下华划胡户互护孩回汇会怀坏画话惠豪毫浩侯猴
后厚含撼憾合酣寒旱汗横宏｜鞋蟹咸陷衔闲苋｜缓换活幻滑还

患痕很魂混核行航鹤黄晃项恒弘或杏核荣红洪

例外：械 kai˧ 解 kai˧ 汞 kuŋ˧

ɕ 霞（下）夏兮系淆效校峡狭匣嫌协辖贤现悬县穴降学行幸形｜鞋蟹咸陷衔闲苋项

例外：洽 tɕʰia˧ 舰 tɕiən˧ 完丸皖 uan

影母：u 窝蛙洼乌污恶ɛ~煨委威畏豌腕挖弯温汪翁沃｜i 鸦丫哑亚倚椅医衣妖要幺优淹厌音阴饮揖央应亿鹦益｜a 哑哀埃爱挨矮懊袄暗安按燕肮｜y 于迂渊因印郁拥 ø 欧怄

例外：秽 xuei˧

云母：y 于雨羽芋｜u 卫为围伟胃｜i 尤有又炎焉｜y 圆员院园远越粤云运｜u 王往旺｜y 域荣永融

例外：熊 ɕyŋ˧ 雄 ɕyŋ˧

以母：i 爷也野夜｜y 余与预榆裕誉｜i 移姨易肄已以异｜u 维唯

3. 荆州话声母的来源

荆州话声母的来源，见下表所示。该表在列举荆州话声母的来源时，对一些来源比较复杂的、能显示荆州话特色的声母，则作较为详细的描写，并用黑体字标出。

荆州话声母的来源

荆州话	中古音	例字	例外字
p	帮母（古平声、仄声）	跛疤，摆布	pʰ 谱
	并母（古仄声）	部菢	
pʰ	滂母（古平声、仄声）	颇潘，票泼	p 玻怖
	并母（古平声）	贫盆	
m	明母	魔马妹毛	u˧ 戊
f	非母	夫废富法分方风福	
	敷母	敷肺副泛芬芳丰	pʰən˧ 捧
	奉母（古平声）	符肥凡乏烦罚坟房凤	
t	端母	得丁东	tʰ˧ 堤
	定母（古仄声）	荡定洞	tʰ˧ 突 tʰ˧ 特

续表

荆州话	中古音		例字	例外字
t'	透母		汤听铁	tai˧ 贷
	定母（古平声）		堂停同	
l	来母		李老柳	yo˧ 虐 luei˧ 牛
	泥母		那你扭	
	日母	麻开三马；遇合三鱼、虞	惹；如儒乳	
		效开三小、笑；流开三尤	扰绕；柔揉	
		咸开三盐；深开三侵	染冉；任入	
		山开、合三仙薛；臻开三真	然热软；人忍认刃	
		宕开三阳药；曾开三	润让壤若弱；仍扔	
		通合三屋、烛	肉辱	
ts	精母（洪音）		佐最醉	
	从母（古仄声，今洪音）		杂在	tsʻuai˧ 造
	庄母；崇母（仄声）；知母		争盏；助状；猪转罩	
	澄母（仄声）；章母；禅母（职韵）		赵郑；枝准；植殖	
ts'	清母（洪音）；从母（古平声，今洪音）		粗聪寸草；才藏	tuən˧ / tsuai˧ 蹲
	邪母（古平声之韵）		辞词祠	
	初母		叉初岔楚	
	崇母（古平声）		查锄	
	彻母		痴褚彻趁	tsən˧ 侦
	昌母		川唱齿臭	su˧ 枢
	澄母（古平声）		茶除	
	船母（古平声山合三仙、臻合三谆等）		船；唇；乘	
	禅母（古平声）		仇酬；蝉臣晨纯常承	
s	心母（今洪音）		苏素斯送	tsən˧ 僧
	邪母（今洪音）		寺遂隧松	
	崇母（古仄声）		士仕柿事	

续表

荆州话	中古音	例字	例外字
s	生母	厦溮馊色	tsʻanˇ产
	船母（古仄声）	蛇射示舌（唇）顺术	tuənˈ盾（臻合三准）
	书母	身叔水胜	tsʅˈ / tsʻʅˈ翅 tsʻuŋˈ春
	禅母（古仄声）	薯殊誓邵十上石淑	
z	日母	日肉	
tɕ	精母（今细音）	姐际济焦搅	tɕʻyoˇ雀
	从母（古仄声，今细音）	就绝尽匠	
	见母（今细音）	寄交举君家锯	
	群母（古仄声，今细音）	技旧局倦	
tɕʻ	清母（今洪音）	粗村采草	
	从母（古平声，今细音）	财瓷层存	
	溪母（今细音）	巧喫缺屈去	
	群母（古平声，今细音）	桥求拳渠	
ɕ	心母（今细音）	写辛需雪玺徙	
	邪母（今细音）	谢袭徐巡	tɕʻueiˇ囚泗
	晓母（今细音）	向兴喧胸	
	匣母（今细音）	峡现学悬	
k	见母（今洪音）	歌过瓜姑该乖鳜规归高沟感甘	kʻueiˇ愧（止合三至）
	见母（今洪音）	kai皆阶介界芥尬菜届戒解街；kaˈ家；kɤˈ锯	tɕyˈ / kɤˈ锯两读
	山开二山；效开二；咸开二咸、洽、衔；江开二江、觉	kanˈ间艰~难；kauˇ搅；ka甲；kaˇ尴夹；kanˈ豇~豆；kouˇ角~落	
	群母（古仄声，今洪音）	柜共	
kʻ	溪母（今洪音）	可科夸开楷魁亏考宽；kɯˈ去	xueiˈ恢灰（蟹合一）
	群母（古平声，今洪音）	跪逵葵狂	

续表

荆州话	中古音		例字	例外字
x	晓母（今洪音）		火吓花呼吸；xaɹ瞎	uai˨ 歪佳（蟹合二）
	匣母（今洪音）		河划鞋蟹溃咸陷馅衔苋项巷	uan˨ 丸 kai˨ 械
∅	微母		u 微忘袜晚	
	日母	效开三宵	au 饶	
		遇合三东，遇合三锺	yŋ 戎绒锺	
		止开三，支脂之	ɯ 儿尔而二而/饵	
	疑母	（今洪音）	a 伢牙；ai 呆艾挨；au 熬咬；an 雁岸；əu 藕偶；ən 硬；uo 我鹅饿；ua 瓦；u 梧五午；uei 桅危魏；uai 外；uan 玩	
		（今细音）	i 艺宜仪；ia 牙芽衙；iau 尧咬；iəu 牛；iɛn 验严眼；ie 业孽；in 吟；in 银 y 鱼语御；yɛn 元原愿；ye 月；ye 虐；yo 岳乐	
	影母	（今洪音）	a 阿；ai 哀埃爱蔼挨矮；au 懊；an 安按庵暗；ən 恩；əu 欧怄 u 乌屋；ua 蛙挖；uan 豌弯；uo 窝恶；uei 煨威；uən 温稳；uŋ 翁瓮	
		（今细音）	i 倚椅医；ia 鸭压鸦哑；iau 妖要幺；iəu 优幽幼；iɛn 淹厌腌烟燕；ian 央；in 音因印殷应莺鹦英影映 y 于郁；yɛn 冤怨；yo 约；yn 熨；yŋ 拥	
	云母	（今洪音）	uan 王往旺；uei 卫为位围伟谓	
		（今细音）	iəu 尤邮有又；iɛn 焉；xyŋ 熊雄 y 于雨宇芋域；yɛn 员圆院园；ye 越粤；yŋ 云；yn 运韵永；yŋ 荣	
	以母	（今洪音）	uei 维唯	
		（今细音）	i 移姨肄以易逸易；ie 爷也页叶夜；iɛn 盐焰沿演；in 寅引蝇营盈；iau 摇姚；ian 羊洋杨阳；iəu 由游柚诱 y 余愉裕育欲浴勇；yŋ 匀允融容蓉用；yo 药钥；ye 悦阅；yɛn 缘	luei 锐 tɕyɛn 捐

（二）韵母比较

1. 荆州话韵母与中古音韵母音值的比较

这里按照广韵系统列出中古音的"摄、呼、等、韵"部，及平声（不分阴阳）、上声、去声、入声四个调类，调类下是平声、上声、去声、入声韵母字。中古音平声、上声、去声韵母的音值是一致的。"中古音"下标记的是这三个声调韵母的音值，"荆州音"下标记的是今荆州方言韵母的音值①。"入声韵母的音值比较"一栏的"中古音"下标记的是中古音入声调韵母的音值，由于荆州话入声字一般都归入阳平调，所以"荆州音"下标记的是派入阳平调后韵母的实际音值。表中的中古音韵母的音值及荆州音韵母的音值，均用严式国际音标标出（荆州音韵母音值仅有三处变化，用页下注加以说明）②。外加圆括号的，是荆州话中一般不出现的中古音韵母字。荆州话有不同读音的韵母，用"/"表示其韵母的差异，前面是常用读音。

荆州话韵母与中古音韵母的音值比较

摄	呼	等	韵部	平声、上声、去声韵母的音值比较					入声韵母的音值比较		
				平	上	去	中古音	荆州音	入	中古音	荆州音
果	开	一	歌	歌	哿	个		uo			
		三	戈	戈			j	uo			
	合	一	戈	戈	果	过	u	uo			
		三	戈	戈			ju	uo			
假	开	二	麻	麻	马	祃	a	a			
		三	麻	麻	马	祃	ja	a			
	合	二	麻	麻	马	祃	wa	a			
遇	合	一	模	模	姥	暮	uo	o / u			
		三₁	鱼	鱼	语	御	jwo	y			
		三₂	虞	虞	麌	遇	ju	y			

---

① 这里列出的中古音韵母系统表，主要参照应雨田先生《湖南安乡方言》列表，详见本书末"主要参考文献"。

② 表中荆州音韵母的标音，只有三个韵母音值与本书《荆州方言韵母表》的宽式记音不同，宽/严对照是：au / ɑu，iau / iɑu，ia / iA。

续表

摄	呼	等	韵部	平声、上声、去声韵母的音值比较					入声韵母的音值比较		
				平	上	去	中古音	荆州音	入	中古音	荆州音
蟹	开	一₁	咍	咍	海	代	ɑi	ai			
		一₂	泰			泰	ɑi	ai			
		二₁	皆	皆	骇	怪	ai	uai			
		二₂	佳	佳	蟹	卦	ai	ai			
		二₃	夬			夬	æi	①			
		三₁	祭			祭	jæi	i			
		三₂	废			废	jɐi	ei			
		四	齐	齐	荠	霁	iei	i			
	合	一₁	灰	灰	贿	队	uɑi	uei			
		一₂	泰			泰	uɑi	ai			
		二₁	皆	皆		怪	wai	uai			
		二₂	佳	佳	蟹	卦	wai	ai			
		二₃	夬				wæi				
		三₁	祭			祭	jwæi	i			
		三₂	废			废	jwɐi	ei			
		四	齐	齐		霁	jwei	i			
止	开	三₁	支	支	纸	寘	ie	ʅ			
		三₂	脂	脂	旨	至	ji	ʅ			
		三₃	之	之	止	志	jə	ʅ			
		三₄	微	微	尾	未	jəi	uei			
	合	三₁	支	支	纸	寘	jwe	ʅ			
		三₂	脂	脂	旨	志	jwi	ʅ			
		三₃	微	微	尾	未	jwəi	uei			
效	开	一	豪	豪	皓	号	au	au			
		二	肴	肴	巧	效	au	iau			
		三	宵	宵	小	笑	jɛu	iau			
		四	萧	萧	筱	啸	ieu	iau			
流	开	一	侯	侯	厚	候	əu	iou			
		三₁	尤	尤	有	宥	jəu	iou			
		三₂	幽	幽	黝	幼	jieu	iou			

---

① 蟹摄"夬"字荆州话不用。

续表

摄	呼	等	韵部	平声、上声、去声韵母的音值比较					入声韵母的音值比较		
				平	上	去	中古音	荆州音	入	中古音	荆州音
咸	开	一₁	覃	覃	感	勘	am	an	合	ɑp	uo
		一₂	谈	谈	敢	阚	am	an	盍	ɑp	ɤ
		二₁	咸	咸		陷	am	iɛn	洽	ap	ia
		二₂	衔	衔	槛	鉴	am	iɛn	狎	ap	ia
		三₁	盐	盐		艳	jæm	iɛn	叶	jæp	iɛ
		三₂	严	严	俨	酽	jɐm	iɛn	业	jɐp	iɛ
		四	添	添	忝		iem	iɛn	帖	iep	iɛ
	合	三	凡	凡	范	梵	jwem	an	乏	jwp	a
深	开	三	侵	侵	寝	沁	jəm	in	缉	jəp	i
山	开	一₁	寒	寒	旱	翰	an	an	(曷)	at	
		二₁	山	山	产	裥	æn	an	(黠)	æt	
		二₂	删	删	潸	谏	an	an	(辖)	at	
		三₁	仙	仙		线	jen	iɛn	薛	jɛt	yɐ
		三₂	元	元		愿	jɐn	yɛn	月	jɐt	yɐ
		四	先	先	铣	霰	ien	iɛn	(屑)	ien	
	合	一₁	桓	桓	缓	换	uan	uan	末	uat	o
		二₁	山	山	(裥)		wæn	an	(黠)	wæt	
		二₂	删	删	潸	谏	wan	iɛn	(辖)	wat	
		三₁	仙	仙		线	jwen	iɛn	薛	jwet	yɐ
		三₂	元	元	阮	愿	jwan	yɛn	月	jwet	yɐ
		四	先	先	铣	霰	jwen	iɛn	(屑)	jwet	yo
臻	开	一	痕	痕	很	恨	ən	ən			
		三₁	真(臻)	真(臻)	轸	震	jen	ən	质	jet	ɿ
		三₂	殷	殷	隐	焮	jən		迄	jət	i
	合	一	魂	魂	混	慁	uən	uən	没	uət	u / ei
		三₁	谆	谆	准	稕	juen	uən	术	juet	u
		三₂	文	文	吻	问	juen	uən	物	juet	u
宕	开	一	唐	唐	荡	宕	ɑŋ	an	铎	uak	uo
		三	阳	阳	养	漾	jaŋ	ian	药	jwak	yo
	合	一	唐	唐	荡	宕	uɑŋ	an	铎	uak	uo
		三	阳	阳	养	漾	jwaŋ	ian	药	juak	yo
江	开	二	江	江	讲	降	ŋ	ian	觉	k	yo

续表

摄	呼	等	韵部	平声、上声、去声韵母的音值比较					入声韵母的音值比较		
				平	上	去	中古音	荆州音	入	中古音	荆州音
曾	开	一	登	登	等	嶝	əŋ	ən	德	ək	ɤ
		三	蒸	蒸	拯	证	jəŋ	ən	职	jək	ʅ
	合	一	登	登			uəŋ	ən	德	uək	ɤ
		三							职	jwək	ʅ
梗	开	二₁	庚	庚	梗	映	ɐŋ	in	陌	ɐk	o
		二₂	耕	耕	耿	诤	æŋ	ən	麦	æk	ɤ
		三₁	庚	庚	梗	映	jɐŋ	in	陌	jɐk	o
		三₂	清	清	静	劲	jɛ	in	昔	jɛk	i
		四	青	青	迥	径		in	锡	iek	i
	合	二₁	庚	庚	梗	映	wɐŋ	ən	陌	wak	o
		二₂	耕	耕	耿	诤	wæŋ	ən	麦	wæk	ɤ
		三₁	庚	庚	梗	映	jwɐŋ	ən	昔	ɛk	i
		三₂	清	清	静	迥	jwɛ	in		jwɛk	i
		四	青	青			wen		锡	iwek	i
通	合	一₁	东	东	董	送	uŋ	uŋ	屋	uk	u
		一₂	冬	冬		宋	uoŋ	uŋ	沃	uok	uo
		三₁	冬	东		送	juŋ	uŋ	屋	juk	u
		三₂	钟	钟	肿	用	jwoŋ	uŋ	烛	jwok	u

2. 荆州话韵母与中古音韵母的比较

这里用作比较的中古音韵母系统，主要参照《方言调查字表》所列广韵系统，选字也限于该表。比较时，先标出荆州话韵母，再列出中古音韵摄，然后举出若干例字，大体可以说明荆州话韵母与中古音韵母的对应规律，也可以看到荆州话韵母来自中古音何种韵摄及开合等情况。例字按照中古音声母的组别，并用单竖线 | 分隔开，双竖线 ‖ 后为例外字，文白读用下加双、单线表示。

荆州话韵母　　中古音韵摄　　　　　　　例　字

(1) ʅ　　蟹卅二（祭）滞制世逝
　　　　止开三（支）紫雌此刺疵斯赐 | 知池 | 支栀纸傂施翅匙是豉
　　　　止开三（脂）资次瓷自私死四 | 致迟雉稚师 | 脂指至 | 尸屎视

止开三（之）兹子慈字司词祀寺｜置痴持治士事史｜之止志齿诗始时市试侍

深开三（缉）蛰惊~执汁湿十

臻开三（质）侄秩质实失室｜日‖瑟

曾开三（职）直织食式殖

梗开三（昔）掷｜支炙赤释石

(2) i 蟹开三（祭）蔽币例际｜艺

蟹开四（齐）闭批米｜低帝梯替提第泥丽｜挤妻齐西细｜鸡计溪兮系‖婿 ɕy˧

深开三（缉）立｜集袭｜急泣及吸揖

臻开三（质）笔匹密｜栗｜七疾悉｜吉一乙逸

止开三（支）皮脾避离荔｜寄奇技蚁宜谊牺戏依移易

止开三（脂）尼梨｜饥几弃鳍姨肄

止开三（之）你狸李吏｜基己欺起其忌疑拟喜医意以异

止开三（微）几机既岂气祈毅希衣

臻开三（迄）乞讫

梗开三（陌）碧屐戟逆

梗开四（锡）劈壁滴踢敌历｜绩戚锡｜喫吃

(3) u 遇合一（模）补布铺普怖都~城堵妒土涂杜度奴卢鲁路｜租祖粗苏素｜孤古固枯苦库吴五误呼虎冴胡户戽乌恶可~‖模 mo˧ 暮 mo˧ 做 tsəu˧ 措 tsʰou˧｜rou˩,zʰ

遇合三（鱼）庐｜猪著褚除箸阻初楚锄助疏诸处书鼠庶薯｜如‖梳 suo˧ 所 suo˧˨

遇合三（虞）夫斧付俘抚赴扶父无舞务｜诛拄厨数朱铸枢输戍｜儒乳

臻合一（没）不突｜卒猝｜骨窟忽

通合一（屋）扑仆瀑木秃毒读鹿｜族速｜谷哭斛屋

通合一（沃）笃毒｜酷‖沃 uo˧

通合三（屋）福复服伏目｜六陆｜肃宿｜竹畜逐祝缩｜粥熟肉‖叔 səu˩

通合三（烛）绿录｜足促俗｜烛触赎束蜀｜辱‖粟续 su˩

(4) a　　　假开二（麻）巴疤把霸爸怕爬耙麻马骂｜拿｜茶炸叉查岔乍
　　　　　　　　　　　沙洒厦偏~子｜家 kaㄱ~公
　　　　　咸开二（咸）杉~树｜尬尴~
　　　　　咸开二（洽）眨插闸炸｜夹 kaɻ｜掐 kʻaɻ
　　　　　咸开二（狎）甲指~
　　　　　山开二（黠）八拔抹｜札察杀｜轧
　　　　　山开二（辖）铡

(5) ia　　假开二（麻）家加假价牙雅衙虾霞下夏鸦哑亚‖吓 xɤɻ｜下 xa
　　　　　　　　　　　牙 aɻ 伢 yaɻ 哑 aɻ
　　　　　咸开二（洽）恰掐峡洽‖夹 kaɻ
　　　　　咸开二（狎）匣鸭压‖甲 kaɻ
　　　　　山开二（辖）辖‖瞎 xaɻ ~巴子

(6) ua　　假合二（麻）瓜刮跨花划娃瓦洼‖跨 kʻaㄱ
　　　　　蟹合二（佳）挂画蛙话

(7) ɤ　　　曾开一（德）北墨｜得德特｜勒｜则贼塞｜刻克黑
　　　　　曾开三（职）色侧测
　　　　　梗开二（陌）百柏伯拍魄白｜拆泽择窄｜客额吓蛮~人
　　　　　梗开二（麦）麦脉｜摘责策册｜革隔核｜扼
　　　　　山开三（薛）哲撤彻辙舌社折~断｜浙热
　　　　　假开三（麻）遮者车扯蛇射舍社｜惹‖蔗 tsaㄱ
　　　　　咸开三（叶）折摄涉

(8) o　　　果合一（戈）波菠玻跛簸坡婆颇破魔｜暮~气磨摩馍摸莫么
　　　　　山合一（末）钵拨末抹幕
　　　　　宕开一（铎）博薄
　　　　　江开二（觉）剥驳
　　　　　咸开一（曷）磕
　　　　　曾开一（德）默

(9) uo　　果开　（歌）多拖驮舵｜挪那｜罗锣｜罗左搓｜歌哥个可
　　　　　　　　　　　鹅俄我饿｜河何贺‖他 tʻaㄱ 大 taㄱ
　　　　　果合一（戈）朵妥惰唾垛｜啰糯骡螺裸｜坐座梭蓑锁｜锅过
　　　　　　　　　　　果科棵课卧｜和~气禾火和~面祸窝

宕开一（铎）托铎｜诺落络洛乐~趣｜作错昨索｜各搁鄂鹤恶凿

宕开三（药）着衣~酌｜弱若

咸开一（合）鸽喝合盒

山合一（末）脱夺｜撮｜括阔豁活~泼

山合三（薛）拙说

宕合一（铎）郭霍

梗开二（陌）格

梗合二（麦）获

遇合一（沃）沃恶

遇合三（鱼）初~中

遇合三（语）所

山开一（曷）割葛渴喝

曾合一（德）国或惑

江开二（觉）桌啄戳浊捉镯朔｜握龌~龊｜角拖拙作

(10) yo 宕开三（药）略掠｜爵雀鹊削｜脚却｜约药钥跃疟虐

江开二（觉）觉角一~钱学确岳乐音~

(11) ai 蟹开一（咍）戴台奋态待代｜乃奈｜灾宰再猜彩才在腮赛｜该改概开凯慨呆蛮~碍海孩亥哀爱

蟹开一（泰）带太泰奈癞｜蔡｜盖艾害蔼

蟹开二（皆）拜排埋霾｜斋豺｜皆阶介界疥届戒楷械谐｜挨

蟹开二（佳）摆派罢牌稗买卖｜奶｜债钗差出~｜柴晒｜街解鞋蟹矮隘

蟹开二（夬）败迈｜寨

梗开二（麦）掰

山合二（山）还

(12) uai 止合三（纸）揣

止合三（脂）衰摔帅

臻合一（魂）蹲 tsuai˥

蟹合二（皆）乖怪怀歪槐坏

蟹合二（佳）㧅挂歪

		蟹合二（夬）快筷
		蟹合一（灰）会~计块外
(13)	ei	蟹合一（灰）杯辈背胚配陪倍佩梅煤每妹｜堆对推腿队｜雷内累
		蟹开四（齐）闭~气
		蟹合一（泰）蜕兑
		蟹合三（废）废肺吠
		止开三（支）碑被卑披
		止开三（脂）悲备眉美媚寐
		止合三（支）累
		止合三（脂）垒类泪
		止合三（微）非飞匪痱妃费肥翡
(14)	uei	蟹合一（泰）最会
		蟹合一（灰）盔恢桅灰贿晦回汇煨催罪碎
		蟹合三（祭）脆岁｜缀赘税｜鳜阄桂奎慧惠｜秽卫锐
		止合三（支）嘴髓随｜吹炊垂睡瑞｜规诡亏窥跪危毁委为
		止合三（脂）醉翠虽粹隧｜锥水｜龟轨愧遂葵柜｜维唯位追锤坠鬼‖谁 sueɿ
		止合三（微）微尾未味｜归鬼贵魏挥徽讳｜威慰伟违畏汇
(15)	au	豪开一（豪）褒保宝报袍抱苞毛冒｜刀叨岛到掏桃道盗｜劳捞老涝｜脑恼｜遭早躁操草糙曹造骚扫｜高稿告烤靠熬鳌蒿薅好耗号｜浩懊
		效开二（肴）包爆泡炮跑茅卯貌｜挠闹｜罩抄吵巢捎潲｜搅咬 auɿ 敲 kʻauɿ
		效开三（宵）朝今~超朝~向赵召｜招照烧少绍｜饶扰绕
(16)	əu	流开一（侯）某亩茂贸兜斗偷敨头逗投｜搂楼漏｜走奏凑｜勾狗口扣吼侯后厚｜欧呕殴偶‖漱 suɿ
		流开三（尤）否浮谋｜肘抽绸筹宙皱愁馊瘦周舟州咒丑臭收手仇受售｜柔揉‖fuɿ 富副妇复负‖矛 mauɿ
(17)	iəu	流开三（尤）纽扭流刘留柳溜｜揪酒秋就羞修秀囚袖｜纠久九救丘求舅旧牛｜休朽｜忧尤有又由游诱柚

流开三（幽）丢｜纠｜幽幼

(18) an 咸开一（覃）耽贪潭探｜南男纳溇｜参惨蚕｜感堪坎含撼憾｜庵暗｜岸汉翰

咸开一（谈）担胆毯｜蓝览滥｜惭暂三｜甘敢憨喊

咸开二（咸）站斩馋｜咸~味‖杉saㄱ/sanㄱ

咸开三（盐）粘｜瞻占陕｜染

咸和三（凡）泛凡范犯

山开一（寒）丹单摊弹诞｜餐残散伞｜干肝看罕鼾寒旱｜安｜旦炭但难烂散~开赞灿案

山开二（山）扮盼办｜绽盏铲山｜艰~难眼~洞｜苋~菜

山开二（删）班版攀蛮慢｜删｜奸涧‖疝suaiㄱ

山开二（谏）雁anㄱ

山开三（仙）涎｜展｜扇战颤膳蝉善｜然燃

山合一（桓）般半潘判盘伴馒满漫

山合三（元）藩反贩翻烦饭

宕开一（唐）帮榜谤滂忙莽｜当党汤唐宕｜囊郎浪｜脏仓藏桑磉丧｜岗刚康抗昂航肮

宕开三（阳）张长生~肠丈章掌昌厂商赏常｜帐畅壤障状创唱障上｜让

江开二（江）邦绑胖胖庞蚌｜缸项巷

(19) ən 深开三（侵）沉参岑森渗｜针枕深甚｜任

臻开一（痕）吞｜跟根垦恳痕很恨恩

臻开三（真）珍镇趁阵陈榛瑧衬真诊神身辰肾｜人忍

臻合一（魂）奔喷门闷｜敦屯｜嫩论｜村孙蹲损‖尊

臻合三（文）分奋焚愤

曾开一（登）登等腾能｜曾赠｜肯恒

曾开三（蒸）征蒸拯证称~呼｜乘剩升胜｜扔仍

梗开二（庚）冷｜撑生省｜更坑硬亨杏｜彭

梗开二（耕）橙争｜耕耿

梗开三（清）贞逞郑｜正声圣成

(20) əŋ 通合三（东）风枫丰疯讽凤

　　　　　　通合三（钟）峰锋逢蜂缝奉俸封
(21) iɛn　咸开二（衔）监鉴衔舰
　　　　　　咸开三（盐）欠严腌
　　　　　　咸开四（添）掂点店添甜｜念｜兼嫌
　　　　　　山开二（山）艰~巨间时~眼闲限~制苋‖艰 kanㄱ 间 kanㄱ 眼 anˇ 闲 xanˇ 苋 xanㄱ
　　　　　　山开二（删）奸谏涧颜雁‖雁 anㄱ
　　　　　　山开三（仙）编变篇骗便棉面｜碾连｜煎溅迁钱践仙线｜乾件延谚演‖涎 xanˇ
　　　　　　山开三（元）建言献堰‖轩 ɕyɛnㄱ 掀 ɕyɛnㄱ
　　　　　　山开四（先）边扁辫面｜颠典天田电｜年莲练｜蔫千前先｜肩见牵研砚显贤现烟燕
(22) ian　宕开三（阳）娘量两｜将枪相橡｜僵疆姜强｜香乡响
　　　　　　宕开三（漾）亮｜匠｜向
　　　　　　江开二（江）江讲降下~‖扛豇项
(23) in　　臻开三（真）宾贫敏｜邻吝｜津尽进亲新信｜巾紧银仅｜因印引
　　　　　　臻开三（殷）斤劲勤近欣｜殷隐
　　　　　　梗开二（耕）茎幸樱莺
　　　　　　梗开三（庚）兵丙平病鸣命｜京荆景竟庆鲸竞迎｜英影映
　　　　　　梗开三（清）饼并彬名｜精井清请情静性｜颈轻｜婴盈赢
　　　　　　梗开四（青）瓶萍铭｜丁顶订听亭停挺定｜宁灵｜青星醒｜经形刑
　　　　　　梗合三（清）顷营颖
　　　　　　梗合四（青）萤
　　　　　　曾开三（蒸）凝兴应鹰冰陵菱
(24) iɛ　　假开三（麻）姐借且些写泄斜谢｜爷也野夜
　　　　　　蟹开一 皆谐‖kai 阶械介界芥届诫戒
　　　　　　蟹开二（佳）懈解姓‖解 kaiˇ 鞋 xaiˇ 蟹 xaiˇ
　　　　　　咸开三（叶）聂镊｜接妾捷｜叶页
　　　　　　咸开三（业）劫怯业胁

　　　　　　咸开四（帖）跌帖叠蝶碟｜协
　　　　　　山开三（薛）别鳖灭｜列烈｜泄｜杰孽
　　　　　　山开三（月）揭歇蝎
　　　　　　山开四（屑）憋撇篾｜铁｜捏｜节切截｜结洁
(25) iau　效开二（肴）交教狡搅校较觉睡~敲巧咬孝看效
　　　　　　效开三（宵）标表飘票嫖苗秒庙妙｜燎疗｜焦悄剿消宵小笑｜
　　　　　　　　　　　　 骄桥轿｜嚣｜妖要摇姚耀
　　　　　　效开四（萧）刁钓挑跳条掉｜尿聊撩了料｜萧｜浇缴叫窍尧
　　　　　　　　　　　　 晓｜幺老~
(26) uan　山合一（桓）端断团段｜暖乱卵窜酸算官管贯宽款欢唤焕桓
　　　　　　　　　　　　 完丸（yɛnɹ）缓换豌碗腕
　　　　　　山合二（山）鳏幻顽
　　　　　　山合二（删）篡栓涮关惯还环患宦弯
　　　　　　山合三（仙）转传篆专船川串软
　　　　　　山合三（元）晚万
　　　　　　宕合一（唐）光广旷荒黄皇晃汪
　　　　　　宕合三（阳）逛匡眶狂况枉王往旺
　　　　　　江开二（江）撞窗双
(27) uən　臻合一（魂）昆滚棍坤捆困昏婚魂浑混｜温稳
　　　　　　臻合三（谆）肫准春蠢唇顺舜
　　　　　　臻合三（文）文蚊闻吻问
(28) y　　遇合三（鱼）女驴虑｜蛆絮徐序绪｜居举据渠巨鱼语御虚许｜
　　　　　　　　　　　　 于余与誉
　　　　　　遇合三（虞）缕屡｜趋取趣续｜聚须｜拘区句｜愚遇吁｜迂
　　　　　　　　　　　　 娱于雨羽榆裕
　　　　　　臻合三（术）律率｜皴恤｜橘
　　　　　　臻合三（物）屈
　　　　　　曾合三（职）域
　　　　　　梗开三（陌）剧
　　　　　　通合三（屋）菊麴畜~牧蓄‖iəu 郁育
　　　　　　通合三（烛）锔曲局欲玉狱｜欲浴

(29) yɛ　山合三（薛）劣｜绝雪｜悦阅
　　　　山合三（月）厥月掘｜曰越粤
　　　　山合四（屑）决诀缺穴
(30) yn　臻合三（谆）俊荀迅旬巡循殉｜均钧｜菌
　　　　臻合三（文）君｜军群裙郡熏训熨韵运晕
　　　　梗合三（清）倾
(31) yen　山合三（仙）卷圈娟拳权倦｜员院缘捐
　　　　山合三（元）掀鲜劝券元原愿喧｜冤怨袁园援远
　　　　山合四（先）犬渊
(32) yŋ　梗合三（庚）兄荣永泳咏
　　　　梗合三（清）琼
　　　　梗合四（迥）迥
　　　　通合三（东）戎绒｜穷熊雄融
　　　　通合三（钟）茸冗｜胸凶｜雍痈拥荣蓉镕庸甬勇涌用
　　　　臻合三（谆）匀允
　　　　臻合三（文）云勋
(33) uŋ　通合一（东）东懂通捅同童动洞｜笼聋洞拢弄｜总聪送｜公工贡空烘红翁
　　　　通合一（冬）冬统｜农
　　　　通合三（东）隆｜嵩｜中虫终充｜弓宫
　　　　遇合三（钟）浓龙｜从松颂｜宠重钟种冲春｜恭供巩恐共
　　　　曾开一（登）崩朋
　　　　梗开二（铮）迸
　　　　梗开二（梗）猛孟
　　　　梗开二（耕）萌
　　　　梗开二（庚）盟
　　　　通合一（东）篷蓬蒙懵
　　　　通合三（送）梦
(34) ɯ　止开三（支）儿尔
　　　　止开三（脂）二贰
　　　　止开三（之）而｜耳饵
　　　　遇合三（御）去 kʻɯ˥

（三）声调比较

荆州话声调与中古音声调对应关系比较明确，也比较简单。

通过荆州话声调与中古音声调对应关系简表，我们大体可以知道中古音声调与荆州话声调的对应关系。

中古音声调与荆州话声调对应关系表

中古声调	古声母清浊		荆州话声调			
			阴平˥	阳平˧˥	上声˨˩	去声˥˧
平声	清		专低飞伤花			
	浊	次浊		娘麻鹅人云		
		全浊		穷才茶唐池		
上声	清				草纸手丑海	
	浊	次浊			染马我老有	
		全浊				近是坐抱社
去声	清					抗唱怕怪送
	浊					问岸让怒望
入声	清		只挖喝屑拉 挖削憋	急黑郭足竹 百北甲铁祝		
	浊		拉	入六麦月药 白毒局俗达	蜀	倔曝射涉获剧度续 欲玉溺育

六、荆州方言的归属

（一）荆州方言与周边方言的比较

《中国语言地图集》把湖北荆州市（江陵县）方言划归西南官话成渝片（湖北境内主要有恩施、巴东、秭归、宜昌、宜都、荆州等地）有失偏颇。本书的第二作者王彩豫在荆州城出生、长大，后在武汉生活了十多年；第一作者王群生在荆州城生活了四十年，在武汉生活了十多年，并几次到宜昌实地调查，从直觉的腔调上可以感觉到，荆州话的语音系统更接近西南官话武（汉）天（门）片的武汉话，而与西南官话成渝片——湖北境内的宜昌话、恩施话差距很大。

荆州市位于湖北江汉平原西端，武汉市位于江汉平原东端，两地相距200公里。荆州再向西行至宜昌，两地间是一段丘陵地带，直线距离约为90公里；宜昌位于丘陵地带末端，踞入川的西陵峡峡口处。20世纪70年代以前，荆州到宜昌主要是靠长江水路，陆路交通很不便利，需先北上30公里到荆门十里铺，再向西南行到达宜昌，或是由荆州直接向西南行，绕道枝江等方可到达宜昌，为的是绕开那段无法直行的丘陵地段。

这里把荆州、武汉、宜昌三地方言作一个粗略比较：

1. 声调的比较

方言的差异主要体现在语音方面，而声调（腔调）则是最显著、最基本的区别特征。

(1) 三地方言调类、调值的比较

	调类、调值				
荆州话	阴平 ┐	阳平 ↗	上声 ↘	去声 ┐	（入声派入阳平）↗
武汉话	阴平 ┐	阳平 ↗	上声 ↘	去声 ┐	（入声派入阳平）↗
宜昌话	阴平 ┐	阳平 ↗	上声 ↘	去声 ┐	（入声派入阳平）↗

荆州、武汉、宜昌三地虽然都是"平分阴阳，入派阳平"，但荆州话、武汉话声调的调值、调类、调型完全一致，这两地的声调系统自然非常接近，与宜昌话声调系统则有明显的差异。这主要表现在荆州话、武汉话与宜昌话阳平调调值、调型的不同：荆州话、武汉话的阳平调是降升调，调值为↗；宜昌话阳平调是低升调，调值为↗。荆州话、武汉话、宜昌话都是"入派阳平"，致使三地方言阳平字数量巨大。

(2) 三地方言连读变调的差异

荆州话、武汉话的阳平调是降升调↗，降升调在语流中最容易发生连读变调。事实是，荆州话、武汉话的连读变调主要是由阳平调和上声调引起的，关涉阴平、阳平、上声、去声四个调类，有"阳平+阴平、阳平+阳平、阳平+上声、阳平+去声"等基本的变调形式，变调的调值都是↗和↗，加上上声调的变调↗，情况比较复杂。而宜昌话只有上声调发生变调，变调调值是↗。这就使荆州话、武汉话声调系统与宜昌话更加拉开了距离①。

以下是以武汉话为基准，对武汉话、荆州话、宜昌话两字组连读变调所作的比较：

武汉话、荆州话、宜昌话两字组连读变调比较表

A	前字变调	例词	武汉话	荆州话	宜昌话
01	阴平＋阴平	秋天	tɕʻiəu˥ ＋ tʻien˥ → tɕʻiəu˦ ＋ tʻien˥	tɕʻiəu˥ ＋ tʻien˥ → tɕʻiəu˦ ＋ tʻien˥	tɕʻiəu˥ ＋ tʻien˥ → tɕʻiəu˦ ＋ tʻien˥
02	阳平＋阴平	客厅	kʻɤ˦ tʻin˥ → kʻɤ˨ ＋ tʻin˥	kʻɤ˦ tʻin˥ → kʻɤ˨ ＋ tʻin˥	kʻɤ˦ ＋ tʻin˥ → kʻɤ˨ ＋ tʻin˥
03	阳平＋上声	淘米	tʻau˦ mi˥ → tʻau˨ ＋ mi˥	tʻau˦ mi˥ → tʻau˨ ＋ mi˥	tʻau˦ ＋ mi˥ → tʻau˨ ＋ mi˥
04	阳平＋去声	鱼刺	y˦ tsʻɿ˥ → y˨ ＋ tsʻɿ˥	y˦ tsʻɿ˥ → y˨ ＋ tsʻɿ˥	y˦ ＋ tsʻɿ˥ → y˨ ＋ tsʻɿ˥
05	上声＋去声	走路	tsəu˥ ＋ lu˥ → tsəu˦ ＋ lu˥	tsəu˥ lu˥ → tsəu˦ ＋ lu˥	tsəu˥ lu˥ → tsəu˦ ＋ lu˥
B	后字变调	例词	武汉话	荆州话	宜昌话
06	阴平＋阳平	金鱼	tɕin˥ ＋ y˦ → tɕin˥ ＋ y˨	tɕin˥ ＋ y˦ → tɕin˥ ＋ y˨	tɕin˥ ＋ y˦ → tɕin˥ ＋ y˨
07	去声＋阳平	拜年	pai˥ ＋ lien˦ → pai˥ ＋ lien˨	pai˥ ＋ lien˦ → pai˥ ＋ lien˨	pai˥ ＋ lien˦ → pai˥ ＋ lien˨
C	前、后变调	例词	武汉话	荆州话	宜昌话
08	阳平＋阳平	皮鞋	pʻi˦ ＋ xai˦ → pʻi˨ ＋ xai˨	pʻi˦ ＋ xai˦ → pʻi˨ ＋ xai˨	pʻi˦ ＋ xai˦ → pʻi˨ ＋ xai˨
09	上声＋阴平	酒杯	tɕiəu˥ ＋ pei˥ → tɕiəu˦ ＋ pei˥	tɕiəu˥ ＋ pei˥ → tɕiəu˦ ＋ pei˥	tɕiəu˥ ＋ pei˥ → tɕiəu˦ ＋ pei˥
10	上声＋阳平	板栗	pan˥ ＋ li˦ → pan˦ ＋ li˨	pan˥ ＋ li˦ → pan˦ ＋ li˨	pan˥ ＋ li˦ → pan˦ ＋ li˨

表中的"A前字变调，B后字变调，C前、后（字）变调"三类共10种音变格式，选自熊一民《武汉方言两字组连读变调》一文②。这10种

---

① 荆州、武汉、宜昌三地方言文献，主要参考王群生《湖北荆沙方言》、朱建颂《武汉方言研究》、刘兴策《宜昌方言研究》、熊一民《武汉方言两字组连读变调》。详见本书末"主要参考文献"。

② 熊一民：《武汉方言两字组连读变调》，《武汉教育学院学报》第17卷第1期，1998年2月版。

变调格式涵盖了武汉话两字组连读的所有变调形式。例词也出自上文，每个例词均代表一种连读变调类型。武汉话、荆州话、宜昌话三地方言两字组连读变调的比较结果是：

A. 荆州话与武汉话两字组声调连读，从 01—07 共 7 类，不仅本调的调值、调类相同，变调的调值也是完全一致的。只有"前、后两字都变调"的 08 类，前字变调，武汉话是˧˥调值（低升调），荆州话变调调值是˧˩（低降调），但后字调值、调型都相同。另外，09、10 两类变调，两地调值略有差异，但属于同调型的调值差异。结论是：武汉话、荆州话两字组本调调值、调类完全一致，连读变调的共性特征非常高，因而武汉话、荆州话的腔调非常相似。

B. 荆州话与宜昌话相比，由于宜昌话阳平调调值是˧˥，属于低升调型，荆州话阳平调调值是˧˥，属于降升调型，差别很突出，而阳平字又有入声字的归入，数量变得巨大，加上宜昌话只有上声调才会发生变调，调值都是˧（荆州话有˧、˩、˧ 3 个变调），这又和荆州话拉大了距离。事实是，就我们依武汉话列出的 10 种变调格式来看，其中 8 种格式差别明显，只有 05 号、08 号 2 种格式算比较接近。无疑，荆州话与宜昌话的腔调确实有较大的差异。

2. 声母、韵母的比较

这里列出的是荆州、武汉、宜昌三地声母、韵母的主要差异（见下表）：

		荆州话	武汉话	宜昌话
声母	ʐ̩	无	无	日热如人让绒瑞
韵母	ər	无	无	而耳饵二尔贰儿
儿化词		无	无	洞洞儿、格格儿、尖尖儿、块块儿、字儿

由上表可见，荆州话、武汉话与宜昌话声母，特别是韵母的差异明显：

（1）宜昌话中有声母 ʐ̩，如"日若弱柔"，荆州话、武汉话里都没有声母 ʐ̩。

（2）宜昌话中有 ər 韵母，如"二儿耳尔而贰饵"，荆州话、武汉话中没有 ər 韵母，"二儿耳尔而贰饵"都读作"ɯ"。

（3）宜昌话中儿化词语非常丰富，如"雨点儿、雪了儿、时候儿、明儿"。荆州话、武汉话中至今也没有儿化词语。

就语音系统而言，荆州话与宜昌话、宜都话划归西南官话成渝片不合适。

3. 荆州话、武汉话语音的趋同性

（1）荆州和武汉分别地处江汉平原的西、东两端（中间隔着潜江、仙桃、汉川三县市），但从古至今同属湖北江汉平原。

（2）从社会历史发展来看，清代以前，荆州作为我国南方重镇，政治、军事、经济地位始终高于武昌、汉口。明代始，汉口的经济逐渐发展起来；清代，武昌成为湖广总督府所在地。至此，武昌（汉口）才逐步取代了荆州作为我国南方重镇的地位。

（3）历史上，荆州（沙市）和汉口都是长江的重要码头，清代同为列强的通商口岸（沙市素有"小汉口"之称）。陆路交通上，荆州是我国南方重镇，李白"朝辞白帝彩云间，千里江陵一日还"与杜甫"即从巴峡穿巫峡，便下襄阳向洛阳"中的江陵（荆州）—襄阳—洛阳古官道，是我国陆路南北交通的主要通道，对荆州方言的形成具有重要意义。清末京汉铁路以及1958年长江大桥的建成，无疑对武汉方言的阔步推进具有重要作用（实际上，直至20世纪60年代，汉口话与武昌话还有距离，汉口话带有明显的黄陂腔）。就北方方言的影响而言，两地起步虽有先后，但对荆州、武汉两地方言的趋同性发展的意义不言而喻。而且，一个不争的事实是，湖北省境内在声调（腔调）方面，荆州话、沙市话与武汉话（特别是武昌话），无疑是最为接近的[①]。

（二）荆州方言所应归属的方言片

从语音比较，特别是声调系统的比较来看，宜昌话（腔调）明显地带有（四）川味儿，与荆州话、武汉话差距较大。我们的两位宜昌调查对象——魏思静、王忆舟在跟荆州城、沙市区同学的语言交流、接触中认为，"宜昌口音跟荆州话差距很大"。而荆州籍的六位调查对象范伊伊、李荆沙、张文杰等一致认为，"荆州话跟武汉话蛮像，跟宜昌话差距很大，尤其是听不惯宜昌话满嘴跑的'儿化词'"。另据关序华先生回忆：1963年刚进武汉大学读书时，班里首次开会，他一讲话，班上的武汉同学马上就把他认作"武汉老乡"了[②]。

[①] "腔调是声调连读形成的整体性语音特征。"参看邢福义：《普通话培训测试指要》，华中师范大学出版社，2013年版，第444页。

[②] 本节的主要调查对象，详见第一章"导言"的"发音合作人"中的"其他发音合作人"部分。另，关序华先生是湖北荆州城里人，详见本书第二章"荆州方言语音"的"荆州城的东边腔"部分。

就此，我们认为，荆州方言不应当归属西南官话的成渝片，而应当划归西南官话的武天片。

七、荆州城的东边腔

荆州城在清朝两百六十余年间，汉族人与满、蒙古族人分汉城（西城）、满城（东城）而居，汉城、满城中间有间墙分隔，两边的交际用语差别显著。荆州城的东边腔是指荆州城满、蒙古族人使用的交际语言，西边腔则是指荆州城西城内汉族人的交际用语。近百年来，西边腔基本上保持不变，而东边腔则在政治、经济的剧烈震荡中，在短时期内发生了巨大的变化①。

（一）民国初期的东边腔

以发音人 A 为代表的七八十岁的老人，他们的话反映的应该是民国初期即早期东边腔的面貌，我们就以 A 的发音来看这一时期东边腔的特征。

1. 荆州东边腔声调的特点

民国初期的东边腔，主要特征就是"京荆混合调"。下表是声调比较表：

表一

	阴平	阳平	上声	去声	入声			
	高	堂	走	放	割	杂	百	六
北京话	˥	˧	˨˩	˥˩	˥	˧	˨˩	˥˩
民国初期东边腔	˥	˧	˧/˨˩	˧	˥	˧	˧	˧
荆州话	˥	˨˩	˧/˨˩	˧	˨˩	˨˩	˨˩	˨˩

由上表可见，民国初期荆州东边腔的声调是一种奇特的组合。阴平调值与北京话、荆州话都相同，不存在变调的问题。阳平调值与北京话相同，上声调值则与荆州话一致，其去声调值 34② 与荆州话调型一样，而音高略有差异。东边腔也没有入声调，在古入声字的分派上，东边腔与北京话一

---

① 该文是与荆州方言研究密切相关的一篇旧文，原作刊载于《语言研究》（武汉）1992 年第 2 期。收入本书时完全保持发表时原样。

② 原文如此。——作者注

样，也是入派三声。这样，就构成了一种"京、荆参半"的混合调。值得一提的是，东边腔的阴平和上声调值相近，分别为˧、˧；阳平和去声相近，分别为˩、˩。乍一听，似只有两个调值，这让荆州当地人听来十分古怪和刺耳。有趣的是，A 日常说的东边腔，上声读˧/˨，跟荆州话相同，但在仿读满洲话的句子"快点走！"时，"走"字声调却读作˨。

2. 荆州东边腔的声母和韵母

人称荆州旗人的语言是"北音而南腔"，所谓"音"，指的应该是声母、韵母[①]。

荆州话与北京话声母的最大区别包括荆州有 l 无 n；中古音二等见系许多字的声母，北京音读"tɕ、tɕʻ、ɕ"（齐齿呼），而荆州话读"k、kʻ、x"（开口呼）；荆州话没有 tʂ、tʂʻ、ʂ、ʐ，且 ts、tsʻ、s 舌位偏高、偏前，听起来比较刺耳。荆州东边腔是 n≠l，n、l 有区别，与北京话同，此外有 tʂ、tʂʻ、ʂ、ʐ。详见下表：

表二

	难 女 李	阶 去	咸	主 从 虫 苏 声	日 肉 如
北京话	n n l	tɕ tɕʻ	ɕ	tʂ tʂʻ tʂʻ s ʂ	ʐ ʐ ʐ
东边腔	n n l	tɕ tɕʻ	ɕ	tʂ tʂʻ tʂʻ s ʂ	ʐ ʐ ʐ
荆州话	l l l	k kʻ	x	ts tsʻ tsʻ s ʂ	ɯ l l

据我们用《方言调查字表》三千多字调查的结果，在 A 的口语中，90% 以上字的声母和北京话相同，只有少数字和荆州话相同。下表是北京话、东边腔、荆州话韵母比较表。

表三

	支	知	耳	过	河	北	绿	介	党	良	灵	星	横	荣	琼
北京话	ɿ	ʅ	ɚ	uo	ɣ	ei	y	iɛ	aŋ	iaŋ	iŋ	əŋ	uŋ	yŋ	
东边腔	ɿ	ʅ	ɚ	uo	ɣ	ei	y	iɛ	aŋ	iaŋ	iŋ	əŋ	uŋ	yŋ	
荆州话	ɿ	ɿ	ɯ	uo	uo	ɣ	u	ai	an	ian	in	in	uən	yn	yn

---

① 清光绪六年《荆州府志》卷八记载：清康熙二十二年，满洲八旗兵驻守荆州有一万五千余人，荆州城东城内约有六千人（带家属）。清代进驻荆州城的旗人，多为满族旗人，也有蒙古族旗人，还有一些是"汉旗人"，"汉旗人"可能就是林焘先生所说的原本属于北京地区的汉族人，后来世代居住在东北地区，成为"旗汉人"。关序华先生也认为，清代荆州东城内确有一部分旗人是"汉旗人"。

荆州方言中的韵母与北京话差别较大，但现今六十五岁以上的满族人，对上述字的发音与北京话大致相同，只有少数字的韵母发生了变化。

3. 荆州东边腔的词汇和语法

(1) 儿化词

东边腔中的儿化词十分丰富，如：今儿个、明儿个、开门儿、后院儿、台阶儿、盆儿、棍儿、玩意儿、有趣儿、歇会儿、快点儿、慢点儿、上哪儿、蒜子儿、花椒面儿，发音特点与北京话一致。与此相反，荆州话中没有儿化词，也不会发儿化音，只有少数词带"儿"字，如：儿子、姑儿家、等下儿。但这些"儿"字均自成音节，并且其读音是 ɯ 而不是 ɚ，也不可能构成儿化韵母。

(2) 表四是三种方言一些词汇的比较

表四

北京话	东边腔	荆州话	北京话	东边腔	荆州话
刚才	刚才	才将	想	想	欠
谁	谁	哪个	给	给	把
怎么	怎么	哪搞	知道	知道	晓得
大腿	大腿	胯子	吃	吃	喫
耳道	耳道	耳洞	扶	扶	挦 mau˧
膝盖	膝盖	匍膝包	睡觉	睡觉	睡瞌睡
瘌子	瘌子	跛子	脏	脏	腌臜
炕	炕	铺	拌	拌	拌
布衫儿	布衫儿	幔褂	苍蝇	苍蝇	饭蚊子
口袋	口袋	荷包	蚊子	蚊子	夜蚊子
蚕豆	蚕豆	豌豆	鸡娃儿	鸡娃子	鸡伢子
面	面	灰面	狗	狗	狗子
去	去	去 kɯ	八哥儿	八哥儿	八哥子

以上这些常用词，东边腔也和北京话几乎完全一致，而和荆州话明显有别，但一部分最常用的词和荆州话完全一致，或基本相同。例如：哪个 na˩ ko˧ 谁、去 k'ɯ˧、街 kai˧、下儿 i˩ xa˧ ɯ、那么 na˩ mo˧ 怎么、灰面 uei˧ miɛn˧ 面粉、糍粑 tsʰ˩ pa˩、包面 pau˧ miɛn˧。

A、B 认为以上例词的前五个词为满洲话说法（显然是长期受荆州话影响所致），而后三个词是"满、汉通用"的（实际上也是荆州方言词汇）。

此外还有"胯子、脑壳、袱子、把给、像 tɕʻiaŋ、蚊子苍蝇、蚊子的统称"等，也和荆州话相同。

(3) 语法形式

下面是东边腔和荆州话的比较，可以看出二者在语法方面的区别。东边腔例句是 A 提供的。

荆州东边腔   **荆州城里话**

你上哪儿去？   你去哪里去嘞？

你歇一下儿。   你歇下子着。

这点儿事犯得着吗？   这滴尕事不值得。

我真的不知道。   我真的知不道／不晓得。

把书给我看一下。   把本书我看下 [xa] 子。

值得注意的是，A 还十分肯定地说："你去 [kʻɯ] 哪儿去 [kʻɯ] 嘞"、"你先歇一下儿 [xar]"也是满族人的常用说法。实际上，这两句话在语音和语法上都有荆州话的特点，A 却不能分辨。

（二）民国后期的东边腔

出生在大约 1930 年—1945 年，现在 45 岁至 65 岁左右（指调查时年龄）的满族人，他们说的东边腔声调调值和荆州话相同，少数人如发音人 D 在读入声字时，有不整齐的入派三声的现象。45 岁至 55 岁的满族人和荆州汉人一样，古入声字一律派入阳平，ts、tʂ 不分，但 ts 组字音有北京音痕迹，不如荆州人发 ts 那么刺耳；tʂ 组字音，舌位略高于 ts 组。n 尾大体上与 ŋ 尾不混。n 与 l 大体能分开。无儿化韵，发 ɯ 比荆州人舌位低，但没达到 ɣ 的位置。这些因素构成了"满洲话尾子"。这个尾子，50 岁左右的人与 60 岁左右的人差距较大，G 对这个"尾子"十分敏感。

现今 45 岁以下的满族人后代，已能说一口标准的荆州话，也就是说，已经不说东边腔了。

（三）荆州东边腔的形成

据调查，清康熙年间，清军（满洲旗人）驻防荆州，在荆州城里筑起一道贯通全城南北的城墙，将荆州城分隔成西城和东城两部分，汉人居西城，满、蒙古族旗人则居东城。这就形成了语言封闭的条件。

满、汉两族各操已语，亦互不交往，这使旗人语言完整地保留了二百多年之久，并与西城的荆州话形成鲜明的对照。但是，1911年的辛亥革命推翻了清政府，荆州旗人的政治、经济生活骤然间发生了重大的转折。失去政治依托和经济靠山的满族人，一下子变成了生活痛苦不堪的贫民。荆州东、西城的界线被打破，一部分旗人被赶出荆州城，流落他乡。留在荆州的旗人为了活命，或做小生意，或拉人力车，或专以拆屋卖料为生。

旗人为生存而挣扎，言语的不同成为与汉人交往的一个障碍，从而促使旗人话向荆州话急速靠拢，很快形成了独特的东边腔。辛亥革命爆发16年之后，当时一位叫于曙恋的地理教师曾撰写《沙市》一文，专门描述过荆州满族人在民国前期的语言状况："留荆满人之言语，北音而南腔，即北京话与荆州语混成了一种特别音，男女老幼，无不如此，闻其音即知其为旗人也。"[1]

（四）荆州东边腔的性质

东边腔是一种混合型的方言，在语感上，好像是带方言口音的普通话。不过，和带方言腔调的普通话不同的是，东边腔中的荆州方言成分是后学的，而同普通话相同的成分则是原有的，是无师自通的，说东边腔的人一辈子都操这种腔调而无甚变化。

据发音人A自述，他是瓜尔佳氏的后代，清帝退位后，改姓关（"瓜"之谐音），远祖在今东北沈阳附近的瓜尔佳城。其远祖自清军入关后进驻荆州城，在荆州城已历十数代。

A自称能仿读"满洲语"，其实他读出的和他平时说的东边腔相比，只是更多地贴近北京话，而跟真正的通古斯满语毫不相关；他也完全不知通古斯满语是什么样儿，只听到过少数满语词汇如"古柴达"（小军官）、"希拉哈发"（见习官）等，因其"三爷爷在武昌阵亡"，亲戚中有人当过这些"小官儿"，故印象特别深。

荆州城的东边腔，其底层语言在语音、词汇、语法方面都和现代北京话基本一致。由于特殊的政治背景和封闭的地理环境，二百多年间，这种语言基本上没有什么变化，它应该能反映清初时期进驻荆州的旗人的语言，是一种和现代北京话十分相近并有密切关系的汉语方言。林焘先生在《北京官话溯源》一文中描述进驻北京的清军时曾指出："这些旗汉人（重点号

---

[1] 原载《东方杂志》1926年第23卷第七号。

为笔者所加）中的大多数原来都是世代居住东北的汉旗人，他们所说的汉语方言就成为八旗的通用语言，在清军攻占北京后……这种方言又随清军再一次回到它的故乡'北京'。"[①] 二百多年间，这种方言在荆州城东城形成了一个大体封闭的方言岛，而在辛亥革命时期新的历史条件下，又变化成一种特殊的混合方言——荆州城的东边腔。

本文的调查对象（与文中代码相对应，年龄为 1989 年调查时年龄）：

  A. 关德刚，男，满族，82 岁，相当于高小文化，小商，荆州城人。

  B. 陈同柱，男，蒙古族，72 岁，文盲，务农，荆州城人。

  C. 关序华，男，满族，46 岁，关德刚之子，大学教师，荆州城人。

  D. 关春明，男，满族，60 岁，大学文化，干部，荆州城人。

  E. 白崇礼，男，蒙古族，50 岁，大学文化，干部，荆州城人。

  F. 赵翼，女，母亲为满族，29 岁，大专文化，图书馆工作人员，荆州城人。

  G. 张仁寿，男，汉族，60 岁，小学文化，科长，熟悉荆州城方言及荆州东边腔，荆州城人。

[①] 参看《中国语文》1987 年第 3 期，第 166 页。

第三章 荆州方言词汇

一、概述

荆州市地处我国南北方言的过渡地段，由于楚文化的历史背景和特殊的地理位置，与普通话相比，荆州方言形成了自己的体系和风格。

（一）词汇特点

1. 词音的特点

（1）读 ɯ 的儿读音节

伢儿 ɣaɹ·ɯ 小孩儿。

男伢儿 lanɣɹ ɣaɹ·ɯ 男孩儿。

耳朵 ɯɹ tuŋ˥

姑儿家 kuɹ·ɯ·ka 闺女；姑娘。

以上词语中的"儿、耳、二"都读作 ɯ，因而，荆州方言中也没有普通话那样的儿化词语。

（2）特殊读音的词语

有些词语用普通话声母、韵母、声调无法拼读出来。

a. 瞲 pianɹ 一目失明。

b. 跩 tsuai˥ 蹲：姑娘生得乖又乖，屋前屋后有人～①。（《荆州歌谣集》）

c. [蹅] 雨 ts'uaɹ yɹ 淋雨。

d. □子 ts'uaɹ·tsɿ 手有残疾的人。

e. □ t'iaɹ 软软地耷拉下来。

f. □ iɛɹ 鱼的腮一～一～的鱼鳃一动一动的。

---

① 例句中的"～"表示代替本条目。后同。

2. 词形的特点

(1) 词形完全不同

荆州话有些词汇的词形与普通话完全不同。例如：

马云 maˇ yŋˇ 虹：～拦东，有雨不凶。（荆州民谚）

罩子 tsauˉ ·tsʅ 蚊帐（也有写作"照子"的）。

螺丝拐 louˇ ʅ̩ kuaiˇ 肘关节。

筲箕鼓 sauˉ ·tɕi kuˇ 血吸虫病：～，～，人人一副大肚皮。（《江陵歌谣集》）

爆耳风 pauˉ ɯˇ fəŋˉ 腮腺炎。

箍 kuˉ 搂：两个～得蛮紧搂得很紧。

蹿瞌睡 tsʻuanˉ kʻouˇ ·suei 打盹。

解交 kaiˇ tɕiauˉ 劝架。

掉底子 tiauˉ tiˇ ·tsʅ 出洋相。

(2) 部分语素不同

望板 uanˉ panˇ 天花板。

现饭 ɕiɛnˉ fanˇ 剩饭。

幔裤 manˉ kʻuˉ 罩裤。

占香赢 tsanˉ ɕianˇ ·in 占便宜。

不服周 puˇ fuˇ tsəuˉ 不服气。

车身 tsʻʅˇ sənˉ 转身。

出挺 tsʻuˇ tʻinˇ 出丑；使之出丑。

精肉 tɕinˉ luˇ 瘦肉。

(3) 语素换位

鸡公 tɕiˉ kuŋˉ 公鸡。

鸡母 tɕiˉ muˇ 母鸡。

(4) 特殊词形

以下词语形式比较独特：

a. 呼呼声 xuˉ ·xu ·sən｜栽栽声 tsaiˉ ·tsai ·sən｜倒倒声 tauˇ ·tau ·sən

b. 黑黢哒 xɤˉ ·tɕʻʅˊ ·ta｜光溜哒 kuanˉ liəuˉ ·ta｜热乎哒 lɤˇ ·xu ·ta

c. 雪子子雪粒 ɕyɛˇ ·tsʅ ·tsʅ｜沙子子沙粒 saˉ ·tsʅ ·tsʅ｜枪子子枪子儿 tɕʻianˉ ·tsʅ ·tsʅ

d. 婆婆子 pʻoˇ ·pʻo ·tsɿ 老太婆或戏指老婆 | 颗颗子 kʻouㄱ ·kʻuo ·tsɿ | 须须子 ɕyㄱ ·ɕy ·tsɿ | 根根子 kənㄱ kən ·tsɿ

e. 我您家 uoˇ ŋ̩ ·ka 您 | 你您家 liˇ ŋ̩ ·ka 您 | 他您家 tʻaㄱ ŋ̩ ·ka 您 | 您家们 lənㄱ ·ka ·mən 您 这几个词语属于表示谦恭类词语。(详见后文"分类词表")①

(5) 词缀范围扩大

荆州话词缀有的普通话中也有，但范围比普通话要宽泛得多。例如：

a. 猪子 tsuㄱ ·tsɿ 猪 | 腿子 tʻueiˇ ·tsɿ 腿 | 桶子 tʻuŋˇ ·tsɿ 桶 | 手袱子 souˇ ·fu ·tsɿ 手绢

b. 响包 xəuㄱ pauㄱ 哮喘病人 | 撒尿包 saˇ liauㄱ pauㄱ | 受气包 souㄱ tɕʻiㄱ pauㄱ

c. 蹇爬佬 tɕienㄱ ·pʻa lauˇ 调皮捣蛋或喜欢故意找碴儿的人 | 讨米佬 tʻauˇ miˇ lauˇ 叫花子 | 赌博佬 tuˇ poˇ ·lauˇ

d. 望头 uanㄱ ·tʻəu 盼头 | 堆头 tueiㄱ ·tʻəu 物体堆成一堆的体积，例如菜、水果等拢成的堆 | 由头 iəuˇ ·tʻəu 强词夺理的理由

3. 词义的差异

有些词语在其他方言，尤其是北方方言中一般是不出现的，词义比较特别。例如：

a. [酣] xanㄱ 煮好的面条、米粉吸收了汤水后胀得又粗又大。

b. 胖 pʻanㄱ 有虚大、胀等词义。例如：～头鱼我国北方地区误写作"胖头鱼"。"胖"不光有虚大、膨胀之义，还有被渲染的状态感。例如：～腥气在空气中扩散、蔓延的腥气。

c. 标致 piauㄱ tsɿㄱ 一般指女子漂亮，但荆州话中也可以指男子漂亮。例如：有个小和尚，人长得～，还蛮有才……(《荆州故事集》)

d. 狗 kouˇ 结实；健壮。我国北方地区夸孩子长得健壮，常用"虎头虎脑"来夸赞。荆州方言说孩子长得结实，常用"狗头狗脑"。例如：上学的伢儿慢些走，硪打夯歌祝你像长～。(《荆州歌谣集》)

e. 持横 tsʻɿˇ xuənˇ 蛮不讲理；逞凶。

f. 赛打 saiㄱ taˇ 对着打，你打我一下，我打你一下，动作频繁，又互不相让。

---

① "我您家，你您家，他您家，您家们"中的首字的实际音值，均读作平调 ㄱ。

g. 好死 xau˅ sʅ˥ 让别人轻易得了便宜。例如：斜眉斜眼解奴衣，奴是闺婚未婚的女子～你。（《江陵歌谣集》）

h. 讲枯狠 tɕian˅ kʻu˥ xən˅ 也叫"讲干狠"，嘴上讲狠，并没有什么实力，或者并没有什么实际行动。只说一些凶狂的话，以强势压人。

i. 扯横皮 tsʻɤ˅ xuən˥ pʻi˩ 不讲道理，胡搅蛮缠。

j. 化生子 xua˥ sən˥ tsʅ˥ 也作"化身子"，指年幼夭折（不会长大成人）的孩子，带有很浓的迷信色彩。

4. 细腻的同义词

(1) 名词

垃圾 la˥·tɕi、渣滓（子）tsa˥·tsʅ、渣货 tsa˥ xuo˥

"垃圾"属普通话词汇，现在用得越来越普遍。荆州话的"渣滓、渣货"词义与垃圾同义，"渣滓"是不可回收的垃圾，"渣货"指可回收利用、可卖钱的废品，如书本、废报纸等。

(2) 代词

什么：么子 mo˩ tsʅ˥、么事 mo˥ sʅ˥、舍个 suŋ˅ kuo˥、舍子 suŋ˅ tsʅ˥、么候 mo˩ xəu˅、什么子 sən˥·ma·tsʅ / ·sʅ·ma·tsʅ

以上表疑问的代词在荆州话中通用。"什么"是普通话词汇，其余是荆州方言词汇，带有地方色彩。荆州城区"么子、么事"通用，"舍个、舍子、么候、什么子"主要在乡里话中使用，而且现在用的人越来越少，逐渐要进入历史词语行列了。

(3) 动词

A. 烹饪类词语

煮 tsu˅、熬 au˩、煨 uei˥、炖 tuən˅、煲 pau˅、烘 xuŋ˥

以上词语作为烹饪方法，都和"水、火"有关。"煮、熬、煨、炖"四个词语的词义、用法与普通话词义相当。三十多年前，这些词语在城里话、沙市话中使用较多，但用法比较单一，例如：煮面（条）、煨汤、熬药、炖鸡，改革开放后，又出现了"煲"。

"烘"和"煮"的词义大体相当，但"烘"在荆州方言中用得最广，也最具有荆州地方特色。"烘"就是用大火煮，似乎一切食材都可以烘，例如：烘肉、烘萝卜、烘大骨头、烘白菜、烘藕、烘汤、烘稀饭、烘面条，甚至还可以"烘饭（米饭）"。直至20世纪80年代始，城乡人民生活水平显著提高，加上饮食结构的变化，使"煮、熬、煨、炖、煲"各显特色，因此，即便是在乡镇地域，简单的"烘"也已经风光不再。

B."扶、抱"类词语

扶 fuˇ、抱 pauˊ、搂 ləuˇ、箍 kuˊ、揖 mauˇ、挌 kʻɤˊ

这几个动词都有"扶、抱"的意思。"扶、抱、搂"三个词与普通话通用，"箍"、"揖"、"挌"则是荆州方言词。"箍"与"搂"词义大体相当，"箍"是环状地搂抱，如，"两个人箍倒搂抱着"。"揖"，是半搂半扶义，如，爬山坡的时候，"你揖倒我，我揖倒他"。"挌"是多义词，在"抱"的意义上，主要指"用手抓紧"。如，"把伢儿挌紧滴尕抱紧，强调手部动作，不要掉到地下去哒"。

(4) 与"热"有关的词语

热 lɤˇ、烫 tʻanˊ、煳 xuˇ、烤 kʻauˇ、炕 kʻanˊ、漕 tʻaˇ、袭 ɕiˇ

以上几个词在荆州话中共存，语义有细微差别。作为与普通话通用的词，热（蛮热）、烫（蛮烫）在荆州方言中是泛指的，其他五个词则有细致分工，具有荆州地方特色。"煳、烤、炕"一般指直接接近火源的"热"，"漕"更多的是指与热水、浸泡了热水的布巾类有关的"热"，"袭"是指热源通过炙热的空气"烤人"。例如：

A. 热 lɤˇ 屋里很有滴尕 ｜ 天气太～很哒。

B. 烫 tʻanˊ 萝卜汤蛮～ ｜ 锅盖～人不过。

C. 煳 xuˇ 饼子才出锅，～人不过。

D. 烤 kʻauˇ 炭火太烧大哒，～人不过 ｜ ～面包均指明火的热。

E. 炕 kanˊ ～糍粑小火慢炕。

F. 漕 tʻaˇ 主要指与水有关的热：洗脚水蛮～人水热 ｜ 袱子蛮～人毛巾浸泡过热水的 ｜ ～米粑粑。

G. 袭 ɕiˇ 大街上，柏油路面～人不过通过空气传导的热。

(5) 语言成品类

A. 讲狠话 tɕianˇ xɤnˇ xuaˇ ｜ 讲枯狠 tɕianˇ kʻuˊ xənˇ

"讲狠话"是讲过头的话，或是讲凶狠的话。"讲枯狠"也是讲狠话，但内心是虚的，表面上叫喊得很凶，有外强中干之嫌。

B. 讲盘子 tɕianˇ pʻanˇ ·tsɿ ｜ 翘盘子 tɕʻiauˊ pʻanˇ ·tsɿ

"讲盘子"是同等条件下，做事、办事前先讲条件，提出要求。

"翘盘子"是有前因的，或是在没有前因的情况下，甲方（强者）觉得乙方（弱者）本不应该或根本不会讲条件的，现在却讲起了条件。如：过去他求我，现在他却翘起盘子来哒。

C. 占便宜 tsan˥ pʰien˥ ·i｜占香嬴 tsan˥ ɕian˥ ·in｜占魃头 tsan˥ tɕʰyˀ ·təu

这三个词语都有占便宜义，"占香嬴、占魃头"是荆州方言词汇。（详见"外来词"一节）

D. 搞不上腔 kauˬ puˬ sanˤ tɕʰianˤ｜搞不到聽 kauˬ puˬ tauˬ tʰinˤ ／摸不到聽 mo˥ puˬ tauˬ tʰinˤ

这三个词语都有做事搞不到点子上义。"搞不上腔"多作评价语，带有轻蔑义，指人做事、办事水平低，不可能把事情搞好。"搞不到聽、摸不到聽"主要是指人做事搞不到点子上，不能抓住关键问题。

5. 丰富的多义词

（1）出众 tsʰuˬ tsuŋˤ ①超出一般：相貌～。②言语行为大方得体：这个学生伢蛮～嘞，那大的场面，一滴尕也不怯生一点儿也不怯场。

（2）夹生 tɕiaˬ sənˤ ①夹生饭，半生不熟的饭。②事情办得进退两难：事情搞～哒。③不通情理、软硬不吃的人和行为：这个人很有滴尕～。

（3）呆 aiˬ ①不灵活：这个人办事蛮～。②拖延；磨蹭。与普通话的"捱"相当：尽～个么子哟。③固定的：就靠几个～工资，日子过得紧紧巴巴的。

（4）搭 kʰɤˤ ①抱：把伢儿～紧滴尕。②抓；揽：大权小权都～在手里。③抠得紧：衣服穿得蛮光鲜穿得漂亮，吃的会～死过于节省。

（5）狠 xənˬ ①凶狠。②有板眼；行带贬义色彩：她蛮～嘞，七搞八搞，硬是把事情办成哒。③呵斥：他～我么。

（6）讲狠 tɕianˬ xənˬ ①说大话；说过头话。②说蛮横、凶狠的话：你是哪路凶神，到这里来～？（《江陵故事集》）

（7）安置 anˤ tsʅˤ ①招呼，照料：整天～你吃、～你喝。②安排；处置：店老板都是要盘问一番后再～房间。（《江陵故事集》）

（8）冷清 lənˬ tɕʰinˤ ①冷：身上蛮～。②不热闹：伢儿一走，屋里蛮～。

（9）水 sueiˬ ①差的；低水平的：～货｜这个人蛮～。②讥讽别人水平低：你～别个做么子哟？③事情办不成：我看这件事～了。

（10）評 xuˤ ①骗；哄：捏着鼻子～眼睛，十年读个寡白丁。（《荆州歌谣集》）②笼络；巴结：他把几个头头～得好好的。

(11) 堲 tsu˩ ①阻塞：鼻子～倒哒。②塞（进去）。拉关系时送东西，作"～东西"。③用拳头往身上捅，叫"～坨子"。

(12) 端直 tuan˥ tsʅ˩ 古语词，出自《楚辞》"苟余心之端直兮"句。本义为"正直"，今荆州话用其引申义。①（常用义）直；直的：去荆州新南门可以～直着走。②专门；特意：一不是嬲的姓张的，二不是嬲的姓刘的，～嬲的放牛的。（《江陵歌谣集》）

6. 词义的变化

(1) 词义扩大

蚊子 uən˩ ·tsʅ ①苍蝇。②蚊子。

茶 ts'a˩ ①冷开水。②茶叶水。

胡椒 xu˩ tɕiau˥ ①胡椒（粉）。②辣椒。

冰糖 pin˥ t'an˩ ①晶体状的糖。②硬的水果糖。

高粱 kau˥ ·lian ①红高粱。②甘蔗。

吃亏 tɕ'i˩ k'uei˥ ①身体受苦受累或精神、利益受损：完成这项任务，他吃了大亏。②客套话：这件事把您家～哒。

(2) 词义缩小

饭 fan˥ "饭"在普通话中是泛指的，两个馒头一碗粥是饭，一碗面条也是饭。荆州话里只有米饭才是饭，其他如面条、稀饭、馒头、包子，这些都不算正经的"饭"，吃的时候必须说清楚。

蛋 tan˥ 荆州方言中一般指鸡蛋，如：蛋汤、蛋炒饭。

(3) 词义转移

哪么 la˩ ·mo 荆州方言中词义为"怎么"。"你要哪么搞"即"你要怎么搞"。在荆州地域，即便是平时说普通话的人，一般也都是这么用的。

豌豆 uan˥ təu˥ 在荆州方言中指"蚕豆"。荆州话的"豌豆酱"，实为"蚕豆酱"。

杨树 ian˩ su˩ 指的是河边的垂柳，而柳树则是指的一种叫枫杨的树。

烘 xuŋ˥ 普通话和北方方言的意思是"烤"，如"烘篮"（竹制，放火上，把衣物搁在上面烘烤干），带烘干功能的洗衣机，食品加工的烘干机等。荆州地域，"烘"在20世纪80年代以前，主要作"煮"讲，是最基本的烹饪方法之一，无论城市乡村，用得很广，一般的饭菜类都可以烘。

7. 词语构成的特点

荆州话词语构成的方法，颇有地方特色。

(1) 取义的角度

普通话的"白"主要有"白色""道白（说）"等义，造词时多取"白（色）"义，如，"银白、月白、灰白、花白、斑白、惨白"，取"道白（说）"义的不多。荆州方言取"道白（说）"义居多，且多是普通话中没有或很少使用的。例如：

日白 zๅ˧ pɤ˥ 聊天｜日白佬 zๅ˧ pɤ˥ lau˥ 喜欢吹牛、说大话又不负责任的人｜日白鬼 zๅ˧ pɤ˥ kuei˥ 喜欢吹牛、说大话又不负责任的人｜戳白佬 tsʻou˧ pɤ˥ lau˥ 喜欢说大话、谎话的人｜戳白鬼 tsʻou˧ pɤ˥ kuei˥ 爱说大话、谎话的人｜说白 suo˧ pɤ˥ 闲聊｜讲白 tɕiaŋ˥ pɤ˥ 闲聊｜夸白 kʻua˧ pɤ˥ 闲聊｜扯白 tsʻɤ˥ pɤ˥ 说谎话、假话

(2) 选取直观的形象

荆州话不少词语的构成，不是着眼于事物的性质，更多地是从事物的直观形象入手的。例如：

甕菜 uŋ˧ tsʻai˧ 竹叶菜，据说来自日本（东瀛），甕载以归，故名"甕菜"。

倒大腿 tau˧ ta˧ tʻuei˧ 丝虫病，小腿比大腿粗，即橡皮腿。

爆耳疯 pau˧ ɯ˥ fəŋ˧ 腮腺炎。

烂巴饭 lan˧ pa˧ fan˧ 煮得很烂、很软的米饭，适合老人、小孩子吃。

夹生饭 tɕia˧ sən˧ fan˧ 上稀下煳中间生，半生不熟的米饭。

鸡脑壳 tɕi˧ lau˥ ·kʻuo 类似北方的面疙瘩。

包面 pau˧ miɛn˧ 面皮包馅，类似北方的馄饨。

提把壶 tʻi˥ pa˧ xu˥ 有把子的大陶壶。

这类现象，在荆州方言的惯用语、成语中也有体现。例如：

背家伙 pei˥ tɕia˧ ·xuo 挨打。

嚼舌头 tɕiau˥ sɤ˥ ·tʻou 议论；说长道短、议论等。

塞东西 tsu˧ tuŋ˧ ·ɕi "塞东西"，行贿式的送礼。

炒现饭 tsʻau˥ ɕiɛn˥ fan˧ 照原样去做，毫无改进。

黑汗水流 xɤ˥ xan˥ suei˥ liəu˥ 劳作辛苦而汗流浃背。

肿脸泡腮 tsuŋ˧ liɛn˧ pʻau˧ sai˧ 脸面虚肿的样子。

提锅上灶 tʻi˥ kuo˧ san˥ tsau˥ 条件都已事先具备，轻车熟路，根本不用费力就可着手进行。很顺手；也指经验丰富。

(3) 添加限定性语素

通过添加限定性语素构成同类词语。例如：

a. 袱子 fuˇ ·tsʅ

手袱子 səuˇ fuˇ ·tsʅ 手绢。

洗脸袱子 ɕiˇ lienˇ fuˇ ·tsʅ 洗脸毛巾。

洗脚袱子 ɕiˇ tɕyoˑ fuˇ ·tsʅ

洗碗袱子 ɕiˇ uanˇ fuˇ ·tsʅ

抹澡袱子 maˇ tsauˇ fuˇ ·tsʅ

枕头袱子 tsənˇ ·tɛu fuˇ ·tsʅ 枕巾。

灶台袱子 tsauˑ tʻaiˇ fuˇ ·tsʅ 厨房用抹布。

b. 蚊子 uənˇ ·tsʅ

饭蚊子 fanˑ uənˇ ·tsʅ 喜欢在餐桌上盘旋的一种小黑苍蝇。

蛆蚊 tɕʻyˑ uənˇ 厕所常见，红头、身上发绿荧光的苍蝇等。

夜蚊子 ieˑ uənˇ ·tsʅ 喜欢晚上出来叮人的蚊子。

麻蚊子 maˇ uənˇ ·tsʅ 身上有黑点、叮人比较厉害的一种蚊子。

c. 元子 yɛnˇ ·tsʅ 即北方的丸子。

肉元子 luˑ yɛnˇ ·tsʅ

鱼元子 yˇ yɛnˇ ·tsʅ

漂汤元子 pʻiauˑ tʻanˇ yɛnˇ ·tsʅ

佘汤元子 tsʻuanˑ tʻanˇ yɛnˇ ·tsʅ

珍珠元子 tsənˑ tsuˇ yɛnˇ ·tsʅ 丸子外面裹上用水浸泡过的米粒，蒸熟后米粒似珍珠状。

蓑衣元子 suoˑ / suoˑ iˑ yɛnˇ ·tsʅ

豆腐元子 təuˑ fu yɛnˇ ·tsʅ

米元子 miˇ yɛnˇ ·tsʅ 用水浸泡过的大米，打成浆后制成的元子，煮熟，放作料后食用。

藕元子 əuˇ yɛnˇ ·tsʅ

（二）特殊词汇

1. "爹"类女性称谓词

荆州话的称谓词很有地方特色，特别是"爹、伯、爷"类男性称谓词，往往用来称呼女性，或既可以称呼男性，也可以称呼女性。

在荆州市区，"爹"的称谓颇有江南民俗文化特征，孩子们总是把自己母亲的表姐（未婚）、表弟、表妹，不分男女，一概以"爹"相称，形如"×爹、××爹"，或按年龄大小依次称为"大爹、二爹、三爹"等。荆州人也常把自己父亲、母亲的哥哥、姐姐、弟弟、妹妹按顺序称作"大爹、二爹、三爹、幺爹或幺爷"。而在邻里交往中，孩子们总是把与自己父母同辈、年龄略大的夫妇添上姓，分别称作"王伯伯、李伯伯"等。这种叫法至今仍在沿用。

荆州话中用男性称谓词称呼女性的现象，反映了我国南方历史文化的特色，因为与荆州市毗邻的湖南境内就是：爸爸是爸，妈妈是爸，祖父叫爹，祖母也叫爹。分别男女的办法只有加大、细（即小），爸爸是大爸，妈妈是细爸。以此类推，哥哥当然是哥，姐姐也叫哥哥，弟弟叫老弟，妹妹也叫老弟。由于湖南、湖北古属楚地，荆州话的"爹"类女性称谓词似和楚文化有某种关联。我们在调查中也注意到，荆州地域用"爹"类称谓词称呼的女子大都是未婚的。一般说来，女子在结婚前多被以男性称谓称呼，也许是因为未婚女子以"妈、姨"相称似乎不雅。至于婚后，有的会改成姨妈、姑妈等称谓，有的仍然不改"爹、爷"原称谓，也只是习惯性沿用罢了。

2. 褒贬义同词

荆州话中有些多义词既有褒义的义项，还有贬义的义项，这种贬褒义同词方式，是荆州话的一种特殊语言现象。

(1) 常用词汇

A. 狠 xən˅

"狠"的本义是"凶狠、狠毒"，另有褒义义项"能干，有本事"。例如：

①她的心好狠凶狠哪！

tʰaˀ ˑti ɕin˧ xau˅ xən˅ ˑia！

②他才将狠呵斥我嗯！

tʰaˀ tsai˅ tɕian˧ xən˅ uo˅ ˑmo！

③莫讲狠逞强……世上没有长命人。（《荆州歌谣集》）

mo˅ tɕian˧ xən˅ …… sʅ˧ san˧ mei˧ ɥei tsʰan˧ min˧ lən˅。

④那个人真狠行，有板眼，一下子就把强盗捞到了。

luo˧ ˑkuo ˑnei tsən˧ xən˅，iˑ xa˅ tsʅ˧ tɕiəu˅ paˀ tɕʰian˧ tau˅ lau˧ ˑta。

⑤……螺山街上猫子狠厉害得很……（《江陵故事集》）

…… luo˧ san˧ kai˧ san˧ mau˧ tsʅ˅ xən˅ xə˅ ……

以上例④、例⑤带褒义。

B. 贼 tsuei˩ / tsei˩ / tsɤ˩

"贼"的贬义义项是"圆滑；会见风使舵"。褒义义项是"机灵；灵活"。例如：

①老张几贼圆滑，不得罪人呀，人家一上午不做声。

lau˩ tsan˧ tɕi˩ tsei˩ / tsɤ˩ ia, lən˩ ka i˩ san˩ u pu˩ tsəu˧ sən˧.

②这个小伢儿几贼机灵呀，侧身就跑哒！

liɛ˧ ·kuo ɕiau˩ a˩ ɯ˩ tɕi˩ tsei˩ ia, ts'ɤ˩ sən˧ tɕiəu˩ p'au˩ ·ta!

C. 泡 p'au˧

"泡"的词义是"物不实，不实在"，是中性的。在荆州话中，"泡"的基本义是"说话没有分寸，糊涂，没有头脑"。"泡"的褒义义项一般是指别人的物品好。例如：

①女儿骂娘老泡皮，这话哪是你说的！（《荆州歌谣集》）

ly˩ ɯ ma˧ lian˧ lau˩ p'au˧ ·p'i, liɛ˧ xua˧ la˩ ʂʅ li˩ suo˧ ·ti!

②他是个泡货，你不跟他计较。

t'a˧ ʂʅ kuo˧ p'au˧ xuo˩, li˩ pu kən˧ t'a˧ tɕi˧ tɕiau.

例①、例②的"泡皮、泡货"以及"老泡"都是指说话没有分寸，有点儿"二百五"的人。

③他穿的裤子好泡漂亮啊！

t'a˧ ts'uan˧ ·ti k'u˧ ·tsʅ xau˩ p'au˧ ·a!

④他的帽子好泡好看，漂亮呀！

t'a˧ ·ti mau˧ ·tsʅ xau˩ p'au˧ ·ia!

例③、例④是指别人的东西好。不过，荆州话中似乎没有出现过用"泡"进行自夸的现象，这可能跟"泡"本不表示什么好事有关系。

D. 油 iəu˩

湖北其他方言中也用。贬义义项，如：油里油气｜油子游手好闲，带点流气的人。但在荆州话中，"油"也可指人的动作、行为的某一方面好，如技术熟练，水平高等。例如：

①他这个人就是那样，油里油气不稳重，油滑的。

t'a˧ tsʅ˧ ·kuo lən˧ tɕiəu˧ ʂʅ la˩ iani˧, iəu˩ ·li iəu˩ tɕ'i˧ ·ti.

②他打球好油_{动作自如，技术娴熟}哇！

tʼa˧ ta˥ tɕʰuei˥ xau˥ iəu˧ ·a！

③他讲课好油_{生动，熟练}哇！

ta˧ tɕian˧ kʰuo˧ xau˥ iəu˧ ·a！

E. 恶躁 uo˥ tsau˧

"恶躁"的贬义义项为"脾气暴躁；动作蛮横"；其褒义义项为"行；厉害"，一般指某种动作、行为厉害，或技术水平高等。例如：

①他的脾气蛮恶躁_{粗暴}。

tʼa˧ ·tə pʰi˩ ʰtɕʰi man˥ uo˥ tsau˧。

②这个人打球蛮恶躁_{厉害}，技术水平高嘞，几个人都罩不住他。

lie˧ ·kuo lən˥ ta˥ tɕʰiəu˥ man˥ uo˥ tsau˧ ·ɜɹ, tɕi˩ kuo˧ lən˥ nei˧ tsau˧ pu˧ tsu˧ tʼa。

F. 乖 kuai˧

"乖"的贬义义项是"处事圆滑；老于世故"；褒义义项是"孩子懂事、乖巧，或是指人长得很干净、漂亮"。例如：

①人家小刘几乖呀，领导一来，马上来了个九十度大转弯。

lən˥ ·ka ɕiau˩ liəu˥ tɕi˩ kuai˧ ·ia, lin˥ tau˥ i˩ lai˥, ma˥ san˧ lai˥ ·tə ·kuo tɕiəu˩ ·sɹ tu˧ ta˧ tsuan˥ uan˧。

②这伢嘴巴子蛮甜，是个乖伢儿。

lie˧ a˥ tsuei˩ ·pa tsɹ man˥ tʼiɛn˥, sɹ˧ kuo˧ kuai˧ ɣa˥ ·ɹ。

③姑娘长得乖又乖，门前屋后有人跩。（《荆州歌谣集》）

ku˧ ·lian tsan˥ ·tɤ kuai˧ iəu˧ kuai˧, mən˥ tɕʰian˥ u xəu˥ iəu˩ lən tsuai˧。

G. ［傲］au˧

褒义指很有板眼，很行；其贬义义项指难缠，鬼板眼多等。例如：

①他蛮傲_{行，有板眼嘞}，才来哒两年就提干哒。

tʼa˧ man˥ au˧ ·lɜ, tsʰai˥ lai˥ ·ta lian˥ liɛn˥ tɕiəu˧ tʼi˥ kan˧ ·ta。

②莫小看她，她上面有人，可是个傲_{不好惹，有板眼}角。

mo˥ ɕiau˩ kʰan˩ tʼa, tʼa˧ san˧ miɛn˥ iəu˩ lən, kʰo˥ sɹ˧ ·kuo au˧ kuo˧。

H. 累赘 luei˩ tsuei˧

"累赘"一词指"包袱；负担"，但荆州话中也常用于指人"行；有板眼"。例如：

①人都半边瘫哒,还不是个累赘包袱!

lən˦ ·təu pan˦ piɛn˧ tʻan˧ ·ta, xai˩ pu˦ sɿ˧ ·kuo luei˩ tsuei˧!

②他做这号事蛮累赘很行嘞!

tʻa˧ tsəu˦ lie˧ xau˦ sɿ˧ man˦ luei˩ tsuei˧ ·lɛ!

例①的例子出现较少。

(2) "九头鸟"

"天上九头鸟,地上湖北佬。""九头鸟"也属于褒贬义同词系列。就我们查阅的文献看,"九头鸟"是"不祥之物",从来都是"狡诈,工于心计"的同义词。"九头鸟"的起源大体有两种说法:

其一,明朝永乐年间,有九个湖北籍监察御史"明察秋毫,严惩贪官",落下"天上九头鸟,地上湖北佬"之骂名。

其二,一说"九头鸟"就是用来攻击明万历首辅张居正的。张居正是湖北荆州人,这位"工于谋国,拙于谋生"的"宰相之杰",当年为维护皇权,大刀阔斧地进行改革,成效显著,但因其采用各种手段打击对手,着实得罪了不少人,落下了"九头鸟"的骂名。

"九头鸟"一词传至今天,至少在荆州人口语中似乎并不带有任何引以为荣的光环。然而自20世纪80年代始,在改革的大潮中,"九头鸟"一词似乎浴火重生,正在硬性地向褒义方向挺进,一边倒的赞誉之辞比比皆是——"九头鸟"就是"精明的体现,智慧的化身"。比如,武汉的江夏有壮观的"九头鸟"街景塑像;据说北京以"九头鸟"命名的湖北公司、酒店就有数十家。

(3) 褒贬义同词现象的性质

A. 褒贬义同词是一种特殊的多义现象。褒贬义同词的几个义项既是对立的,但又是和谐相容的。一般说来,同一个词的褒贬义义项,是指不同人或事物的某一方面的性质和行为,因而不会造成误解或歧义等问题。即便是描写同一对象,但表述的是同一对象的不同性质的几方面,因而也不会产生矛盾。而且,在使用这些特殊多义词时,发话人的主观意识与被表述对象的性质、行为本身都有密切的关系。如,你看到一个小孩懂事,自然会用"伢子蛮乖"(褒义);而看到一个人十分圆滑、世故,说"这个人几乖呀"(带讽刺意味),肯定是贬义的。

B. 前文列出的几个词,"狠,贼"的贬义义项在先,褒义义项是后起的,但都有一定的历史渊源,它们在"荆州民间文学作品"中有所反映。

"油、泡、恶躁"三词的褒义义项是新起的,只在男性青年中流行,似乎和青年人追求新异有关。

C. 除"乖"一词外,其余的特殊多义词,就主流和本质看,都属于贬义词之列,因为其贬义义项用得最频繁,而其褒义义项本质上还带有贬义色彩。比如说"这才是个狠人",虽然主要说他"能干",但也含有"不好惹"的意味;当说"这个小伢(小孩)几贼"时,也带有"鬼点子多,狡黠"之意;当说"这个人球打得几油呀"时,一方面主要夸他"技术好",但也不无"有点油气,不庄重"的意思。

D. 荆州话中褒贬义同词的词语,如"油、泡、贼、恶躁"等还有一个特点,那就是其褒义义项一般是指别人某方面比较好,用以自夸的似乎不曾出现。比如,没有自夸"我的课讲得蛮油","我的衣服蛮泡"的人。这也给我们一种提示:荆州话中的这类词语,本质上是贬义的,其褒义义项无法彻底隐去原有的贬义色彩,这也正是这类词语一般不会用以自夸的重要原因之一。

E. "九头鸟"的转身有待观察。词义的演化趋向与人们的思维方式有密切关系,但并不取决于人们的主观意识和主观能动性。从词义演变的角度看,"九头鸟"的华丽转身现象似乎为我们勾勒出了褒贬义同词现象发展演化的轨迹:无论是褒义在先,还是贬义在先,或是中性在先,在它们演化出既对立又相融的褒义或贬义义项时,不仅有一个反向的演化的过程,同时也和社会发展的价值取向以及人们的思维方式密切相关。但是,这种褒贬义同词词语能否最终华丽转身还有待进一步观察和接受社会实践的检验。

3. 外来词

荆州话的外来词语是比较常见的。比如,荆州城里把"辣椒"叫作"胡椒(红胡椒、绿胡椒)",这"胡椒"的说法似是外来的。又如荆州城有"哈喇子 xa˥ ·la tsʅ,哈喇味 xa˥ ·la uei˥"的说法。荆州地域每年腊月间有做腊肉、腊鱼,灌香肠的习俗(现在依然如此,只是出于腌制品对身体有危害的原因,不如过去做得那么多了),腊肉、腊鱼、香肠存放到第二年的四五月间,存放得不好,上面会冒出液态的"涎水",俗称作"哈喇子",其怪异的气味称作"哈喇味"。"哈喇"的说法,明显地带有"异族"特征。

荆州城自古就是我国南方重镇,也是荆州方言的核心地域,而清朝

260余年间,"满、汉"两族同处荆州城里,虽然隔墙而治,但毕竟同居一城,不可能在语言上毫无交流,也不可能在方言语汇上留下空白。清代满(蒙古)族旗人入驻荆州,带进的是早已在我国东北地区普及的北京地区方言。如今,在北京、荆州两地方言中都出现的一些词汇,如果中原官话地区(西安、郑州、开封等),或是我国南方地区基本不出现,大体就可以视为是由外地传进来的,有些也可能就是满族人的北京方言词语在荆州话里的遗留[①]。这里略说几例,以供参考。

(1) 锅牙子 kuoˉ iaˇ ·tsʅ

荆州市地处湖北江汉平原,乃鱼米之乡,米饭是主食,荆州城和沙市居民也有吃面条的,农村有吃粑粑(多为米制品)类的,但直到20世纪80年代,除机关、学校食堂等有馒头一类面食外,餐馆、一般人家食用面食的还是比较少见(至少在20世纪80年代以前普遍如此),荆州地域甚至有"面食吃不饱"、"面食不经饿(吃面食不耐饿)"的说法。

荆州城的锅牙子用面粉制作,满族人称作"饽饽",长圆形状,类似北方的烧饼。锅牙子的制作方法,主要是在炉膛内烤制而成,这种食品应是满族人带进来的。

(2) 块子 kʻuaiˇ ·tsʅ

荆州城的块子即我国北方地区所说的面片儿。把面和好,切(剪)成小面片,像下面条一样煮食。20世纪70年代,荆州城里还可以经常见到这种面食,荆州城民主街与便河交叉的十字路口就有一家卖块子的小餐馆。这种面食的叫法,荆州城和沙市还有区别,沙市叫"片汤",荆州城叫"块子"[②]。

(3) 血肠子 ɕieˉ tsʻanˇ ·tsʅ

血肠子是把猪血灌进猪肠里,煮熟后切成片,加少许调料,连汤食用。另有一种"糯米灌肠",类似北京的粉肠。20世纪70年代以前荆州城里还能见到这些食品。据年纪较大的满族人称,这两种食品20世纪在北京城里还能见到,现在在我国东北地区仍有血肠子一类食品,网上可以买到。荆

---

① 参看本书第二章"荆州城的东边腔"部分。

② "块"的调值标作˧,实际读音为˥。沙市话的"块",明确读作˥(44),实际音值接近˥(55)。

州城满族人开办的"聚珍园(饭店)"门上有"辽沈无双味,荆楚第一家"对联,表明辽宁、沈阳一带是满族人的根,血肠子、糯米灌肠应为满族人带进荆州城的外来食品。

(4) 不好 puˑ xauˑ

荆州城及周边地域关于"生病"的事,一般有"不好、病哒、生病哒、蛮快 manˑ ianˉ 浑身无力,不带劲儿的样子、不中神 puˑ tsuŋˉ sənˑ、蛮不中神"等多种说法。20 世纪 80 年代我们在调查荆州方言词汇时,满族人关老先生明确地说"不好"是满族人的说法。

(5) 雁鹅 iɛnˉ uoˑ

荆州人一般把"大雁"称作"雁",读作"anˉ",荆州童谣有"雁,雁,排个人字把我看"句。荆州满族人把"大雁"称作"雁鹅",满族人关老先生也认为"雁鹅"是满族人的说法。"雁鹅"如果用荆州话读作"anˉ uoˑ",比较拗口。

以下几个词语也是外来词语,但不一定是满族人带进荆州城的:

(6) 把缸子 paˉ / paˉ kanˉ ·tsʅ

"把缸子"即为带把子的搪瓷茶缸。20 世纪 80 年代以前,荆州城里很流行该词语,也常见这种"把缸子"。今北京话仍有"把缸"的说法。荆州话子缀丰富,"把缸子"应为北京方言和荆州方言结合所致。荆州话另有本地的"盏子"(小杯子)、"杯子"的说法,而中原官话中有"茶缸"一词,但无"把缸、把缸子、杯子"之说。此外,荆州城的"把缸子"专指搪瓷制作的带把子的茶杯(北京也是如此),瓷、陶瓷、玻璃、木头、竹子做的有把子的茶杯,是不会叫作"把缸子"的。

(7) 占香赢(因) tsanˉ ɕianˉ ·in

北京话和荆州话中都有"占香赢"的说法,意思是占便宜,主要是指在年龄、辈分等方面占便宜。如:"我跟你爸爸一命的(年龄一样大),你喊我大哥,想占我的香赢啊。"(董树人《新编北京方言词典》写作"占相迎"[①];朱建颂《武汉方言词典》作"占相因")中原官话中(西安、洛阳、郑州、开封等地)无此说法。荆州话中另有"占魁头"一词,词义也是"占便宜",是个很古老的词语,与"占香赢"分工略有不同。"占魁头"主

---

① 董树人:《新编北京方言词典》,商务印书馆,2010 年版,第 10 页。

要是在"斤两、尺寸"具体的物质方面占便宜。"占魌头"可能更古老一些,"魌头"是驱瘟疫的鬼头面具,它的历史至少可以追溯到我国汉代。

(8) 二尾子 ɯˉ iˇ ·tsʅ

荆州话中把不男不女的两性人称作"二椅子",正确的写法应为"二尾子",沙市话中用得较多。荆州方言中没有"尾"作"iˇ"的读法。北京话中今仍有"二尾子"(两性人)说法,与荆州话的"二椅子"音近、形义相同。

(9) 幔袍 manˉ pʻauˇ、幔褂 manˉ kuaˉ、幔裤 manˉ kʻuˉ

"幔袍"类似棉制的长袍,"幔褂、幔裤"即罩衣、罩裤。幔袍、幔褂、幔裤这些词语,20世纪70年代荆州城里非常流行,甚至于还能看到"幔袍"这种衣物。现今的荆州城中,"幔袍"已经绝迹,"幔褂、幔裤"这些词语已经逐步被"罩衣、罩裤"或更新的词语所取代。

4. 古语词

荆州话中的古语词非常丰富,这和古代楚国悠久的历史,庞大的政治、经济、文化体系关系密切。荆州话中的古语词也和荆州方言的同义词、多义词一样,是古代楚国历史文化的积累和沉淀。这里列出一些词义比较特别、世代相传、且至今还活跃在荆州群众口语中,或在荆州民间文学作品中出现频度较高的古语词。

(1) 黕 tsʻənˇ

液体沉淀的渍垢。荆州话有"黕子"说法,指液体中的渍垢。"黕",《集韵》:"都感切。"《说文解字》:"滓垢也。"《楚辞·九辩》:"窃不自料而愿忠乎,或黕而污之。"钱大昕认为"古无舌头舌上之分,知、彻、澄三母以今音读之,与照、穿、床无别……""黕"属古端母字,古音为 tan[①],唐作藩《上古音手册》:"黕,端母,侵韵,上声调。"荆州话"黕"今读作 tsʻən,符合古今语音演变之规律。

(2) 泡 pʻauˉ

《方言·卷二》:"泡,盛也,江淮之间曰泡。"郭璞注:"泡,肥胀貌。"梁同书《直语补正》:"凡物虚大谓之泡。"荆州方言中有"泡货、老泡、泡皮、泡里泡气"等词语。如:"喊我的情叵回来吃火烧,看我的火烧泡不泡。"(《荆州歌谣集》)

---

① 袁梅:《楚辞词典》,山东教育出版社,2000年版,第38页。

(3) 嘌 piau˥

液体喷射状：塑料管漏了，水直嘌的。《说文解字》："嘌，疾也。"《尔雅·释言》："疾，壮也。"郭璞注："壮，谓速也。"《管子·度地》："夫水之性，以高走下则疾。"

(4) 訤 ts'a˥

邀约。《集韵》："楚嫁切。"《广雅·三》："訤，拿也。"《说文解字》："拿，牵引也。"约人同行谓之"訤"。如：今晚我訤你去看电影。

(5) 摛 ts'ɿ˥

伸出。《说文解字》："摛，舒也。从手，离声。"如：摛手摛脚｜把手摛出来。

(6) 剚 ts'ɿ˩

专指开剥生鱼。荆州话把杀鱼开剥肚子叫作"剚鱼"。打鳞、抠鳃，各有说法，不能用"剚"。《说文解字》："剚，楚人谓治鱼也。""治"，《集韵》："澄之切。理也。""剚、治"同义。

(7) 訏 xu˥

哄；骗；忽悠。《康熙字典·言部》引《博雅》："訏，欺也。"如：你訏别个搞么子吵。荆州俗语："捏倒鼻子訏眼睛，十年读个寡白丁。"谓自己骗自己，到头来受害的还是自己。

(8) 蛮 man˩

本字为"曼"。《楚辞·离骚》"路漫漫其修远兮"。《说文解字》："曼，引也。"《广韵·愿韵》："曼，长也。"章太炎《新方言》引《毛诗·鲁颂传》曰："曼，长也，淮西吴越谓甚曰曼，音如蛮……"荆州方言中的"蛮"，主要意思是"甚"，即为"很"。"蛮"（曼）在荆州方言中用得极广、极普遍。如："蛮多、蛮好、蛮长"，"……伤好后，留下块疤，蛮刺眼"。（《荆州故事集》）

有些古语词一般不单用，而是出现在荆州常用语汇中。例如：

(9) 打仰尘 ta˧ iaŋ˧ ts'ən˩

荆州地域每逢春节前有"打仰尘"的习俗。《楚辞·招魂》中有"朱尘筵些"句，"尘"为"承尘"之省略，"承尘"即天花板，荆州作"望板"。荆州方言的"打仰尘"一般指打扫"望板"，但并无"打望板"之说。"打仰尘"似和"打承尘"有一定关联①。

(10) 带摘食 tai˧ tsɤ˩ sɿ˩

荆州有"带择食"习俗，即酒宴后，（女子）将"鱼块、鱼丸子、扣肉等"汤水之外的菜肴各带几块回去，让家人品尝。"带摘食"也作"吃择食"。"摘、择"荆州话都读作 tsɤ˩。范寅《越谚》卷下："扻，执宴会之物不食而包归。"荆州的"带择食、带摘食"的"择、摘"，本字应为"扻"，音 tɕiɐ˩。"择 tsɤ˩、摘 tsɤ˩"与"扻 tɕiɐ˩"音近义同。

(11) 没得聽 mei˧ tɤ˩ tʰin˧

荆州人说所办的某事没有端倪，或是说根本就不行了、完全没有指望了等，常说"没得聽、没得聽音"；说某人能力差、办事不行，则常用"搞不到聽、摸不到聽"等；说某事完全搞不成，则说"没得聽哒"。"聽"是指的什么呢?《周礼·地官·大司徒》："正岁，令于教官曰：各共尔职，修乃事，以聽王命。"贾公彦疏："聽，待也。"这样看来，"没得聽、没得聽音"的"聽"，就是"等待"（着的那个重要的关键的东西）。

"摸不到聽"的意思就是没抓住关键问题，没抓到点子上。荆州话中"摸不到聽"的"聽"，与打麻将的"聽和 tʰin˧ xu˩"的"聽"应是同一个字。"聽和 tʰin˧ xu˩"是打麻将时已经具备了"聽 xu˩"的条件，就等待关键的那几张牌（之一），摸不到关键的那一张牌，就像办事没能抓住关键问题一样，等于白干了，岂不就是"摸不到聽"?

(12) 温暾子水 uən˧ tu˩ / ʔu˩ / tʰuən˧ tsɿ˧ suei˩

"暾"，即初升的太阳，不冷也不热。《楚辞·九歌·东郡》："暾将出兮东方，照吾槛兮扶桑。"荆州有"温暾子水"的说法，专指半开不开的水，或称作"阴阳水"。据说这种水人喝了会不舒服，容易生病。

(三) 词汇探源

1. 黄昏 xuan˩ ·xuən

在普通话和汉语方言中，"黄昏"一般是指"日暮"时分，即傍晚，这是"黄昏"的本义，也是"黄昏"的基本义。《说文》曰："黄，地之色也。"又说："昏，日冥也。"

两千多年前的《楚辞》中已经出现了"黄昏"一词。如："昔君与我诚言兮，曰黄昏以为期。"（《九章·抽思》）"曰黄昏以为期兮，羌中道而改

---

① 袁梅：《楚辞词典》，山东教育出版社，2000 年版，第 25 页。

路!"(《离骚》)这里的"黄昏"用的是"黄昏"的比喻义,指"人之暮年"。而"黄昏"的本义、基本义(傍晚)和比喻义(人之暮年)并没有在曾是古楚国腹地的荆州地域得到沿用——今湖北江汉平原一带所说的"黄昏"是表示"糊涂"等意思,这个词义,在汉语方言中可以说是独树一帜的。

(1)"黄昏"类词语举例

A. 黄昏

①小伙子栽到水里……就搞黄昏了。(《荆州故事集》)

ɕiau˧˩ xuo˧˩ tsɿ˩ tsai˧ tau˩ suei˧˩ ·li …… tɕiəu˧ kau˩ xuaŋ˧ xuən ·ta.

②大麦没黄小麦黄,黄昏老子黄昏娘。(《荆州歌谣集》)

ta˩ mʌ˧ mei˧˩ xuaŋ˧ ɕiau˧˩ mʌ˧ xuaŋ˧, xuaŋ˧ ·neux lau˩ ·tsɿ xuaŋ˧ ·xuən liaŋ˧.

③女儿说娘老黄昏,洗脸端来米汤盆。(《荆州歌谣集》)

ly˧˩ m˩ suo˧ liaŋ˩ lau˧˩ xuaŋ˧ ·xuən, ɕi˧˩ lien˧ tuan˩ lai˧ mi˧˩ t'aŋ˩ p'ən˧˩·yi

B. 二黄 ɯ˩ xuaŋ˧

"二黄"含义丰富,与"黄昏"词义相近,但"糊涂"的程度重于"黄昏",与普通话的"二百五、半吊子"相仿,有"糊涂、不明事理、不懂道理"等意思。例如:

①哥哥,莫做二黄事哩,世上哪有兄妹成亲的?(《江陵故事集》)

kuo˧ kuo˩, mo˩ tsəu˩ ɯ˩ xuaŋ˧ sɿ˩ ·li, sɿ˩ san˧ la˧ iəu˧˩ ɕyŋ˧ mei˩ tsʰə˧ n˧˩ tɕʰin˧ ·ti?

这里的"二黄"指糊涂、不明事理等。

②这个人很有滴尔二黄糊涂、傻气、不懂道理。

lie˩ kuo˩ lən˧ xən˧˩ iəu˧˩ ·ti ·ka ɯ˩ xuaŋ˧.

③十个女人九个黄。(《荆州歌谣集》)

sɿ˩ kuo˩ ly˧˩ ·lən tɕiəu˧˩ kuo˩ xuaŋ˧.

这里的"黄",可以看作"二黄"的缩略,指糊涂、不明事理、不讲道理。

C. 二黄八调 ɯ˩ xuaŋ˧ pa˩ tiau˩

"二黄八调"也有"糊涂"等意思,它与"二黄"的差异在于指人说话不照理、不着调、不靠谱等。例如:

①他这个人就是那样,二黄八调的。

t'a˩ lie˩ ·kuo ·lən tɕiəu˩ sɿ˩ la˩ iaŋ˩, ɯ˩ xuaŋ˧ pa˩ tiau˩ ·ti.

(2)"黄昏"的调查①

"黄昏"类词语口语及文献调查统计表

		黄昏		二黄		二黄八调	
		口语	文献	口语	文献	口语	文献
中心地域	荆州城	●	●	●	●	●	●
	江陵	●	●	●	●	●	●
	松滋	●		●		●	
	当阳	●		●		●	●
密集地域	宜都	●	●	●		●	
	荆门	●		●		●	
	潜江	●	●	●		●	
	公安	●		●		●	
	枝江	●		●		●	
过渡地域	宜昌*	(●)		(●)		(●)	
	仙桃	●	●	●	●		
	天门	●	●	(●)	●		
	钟祥	●	●	●			
	远安	●	●				
	监利	●	●				
	石首	●	●				
	汉川	●	●				
	华容(湖南)	●	(●)				
	京山	●					
	洪湖	●					
	秭归	○	(●)	○	○	○	(●)
外围	宜城	○	○	○	○	○	○
	武汉	○	○	○	○	○	○
	安乡(湖南)	○	○	○	○	○	○
	常德(湖南)	○	○	○	○	○	○

*宜昌调查6人,3人说有,3人说无;《宜昌方言研究》收词2300多条,但未收入任何一个"黄昏"类词语。天门口语的"二黄"、石首口语的"黄昏"也有争议。

① "黄昏"类词语共调查100余人,各地的主要联系人是:荆州(张和雄),武汉(汤秉钧、胡建明),潜江(文世敏),天门(王才宏),仙桃(丁水平、刘彩蓉),咸宁(尤翠云),宜昌、秭归、枝江(肖劲松),宜都、当阳(杨崇君),钟祥、荆门、宜城、京山(李德龙),洪湖(孙庭艳),汉川、孝感(陈连生)等。县志的文献资料,主要由王燕女士从"中国知网"下载整理及从武昌理工学院图书馆获取。此外,湖北各地的30多位普通话测试员协助进行电话采访。

A. 调查分口语调查和文献查询。主要调查"黄昏"及"二黄、二黄八调"三个词语。

B. 口语调查先从已知的荆州、江陵开始,范围逐步向周边扩大,直到无"黄昏"类词语的县市为止。共计调查 24 个方言点,对象是年龄 55 岁左右的当地人,每地 3 至 6 人,共调查 140 余人。

C. 文献查询:根据口语调查的线索,查阅 24 个方言点文献、相关县市的"地方志·方言篇"、"方言志"及有关县市方言和方言词汇研究的专著等。

D. 调查方式:直接采访/电话采访/传递调查表。主要通过湖北省普通话测试员 QQ 群,请相关地域的普通话测试员代为调查或推荐调查对象。

E. 调查结论:

a. 统计分析

上表是根据 140 余人的口语调查和 24 个方言点的文献查阅进行统计的结果。黑点表示有,白点表示无,带括号的表示有争议。

b. 调查分析及结论

根据"黄昏"类词语调查统计结果,可以将湖北江汉平原地域划分为四个层面:

①中心地域:口语和文献中都存在"黄昏、二黄、二黄八调"三个词语。1994 年版的《湖北荆沙方言》13 个县市平均收词 70 多个,荆州(沙市)收入了"黄昏、二黄、二黄八调"。2009 年版的《湖北江陵方言》也收录了这三个词语。

②密集地域:口语里存在"黄昏、二黄、二黄八调"三个词语,但文献中没有出现"二黄八调"。《宜都方言研究》收集宜都方言词汇 3200 多个,未收入"二黄八调"。

③过渡地域:"黄昏"类词语逐步减少。湖北的秭归共调查 6 人,均未出现"黄昏"类词语,但互联网上有秭归人讨论"二黄八调"问题;《秭归县志》方言篇中出现过一例"二黄"。就此看来,秭归只能属于"黄昏"类词语分布的强弩之末了。

④外围地域:湖北宜城、武汉两地口语调查和《宜城县·志方言篇》及《武汉方言词典》中均未出现"黄昏"类词语;《湖南安乡方言》作为方言调查的专著,未收入"黄昏"类词语。

根据上述调查,我们大体可以确认,荆州(沙市)、江陵(松滋、当阳)一带应是"黄昏"(糊涂义)的发源地。

2. 浪浪 lan˧/ lan˥·lan

屈原《离骚》中有"揽茹蕙以掩涕兮，沾余襟之浪浪"句。"浪浪"一词，汉代王逸解释为"流貌"，即流泪的样子。其后历代至今，各类辞书，《楚辞》注家沿用此说。

(1)"浪浪"：流泪

浪浪，流也。(《广雅》)

浪浪，流也。(《集韵》)

浪浪，流也。(《类篇》)

浪浪，泪流貌。(《中华大字典》)

依此，《楚辞》注家把"沾余襟之浪浪"几乎都如出一辙地解释为：泪水滚滚，沾湿我的衣裳。例如：

心悲泣下，沾濡我衣。(洪兴祖《楚辞补注》)

我的眼泪滚滚地沾湿了我的衣裳。(黄寿祺《楚辞今译》)

浪浪不止的泪珠，沾我衣襟。(袁梅《屈原赋译注》)

(2)"浪浪"：衣衫"飘飘荡荡"的样子

我们认为，诸家把"浪浪"释为"流貌"，把"沾余襟之浪浪"译为"热泪沾湿我的衣裳"，其实是一种误解，并以讹传讹，延续至今。

A. "泪水滚滚"与屈原的形象相悖

屈原以其高洁的品格和"虽九死其犹未悔"的斗争精神而为后世所敬仰。他虽身处逆境，有伤感，但绝不会"泪水滚滚，流泪不止"。宋代朱熹虽把"浪浪"释为"流貌"，但他也注意到了"泪水滚滚"不符合屈原不屈不挠的性格。他说："言心悲而泣下，而就取木雯香草以掩，不以悲故失仁义之别也。"我们也可以查看屈原的所有"画像"——屈原的这些形象个个都是"峨冠博带，昂首傲视"的样子。因而，把"浪浪"释为"流貌"，用以说明"泪水滚滚，流泪不止"的解释是偏离了句子的本义的。

B. "浪浪"是"襟"的修饰性后置定语

在"揽茹蕙以掩涕兮，沾余襟之浪浪"句中，"浪浪"不是修饰泪水的，而应当是描写衣衫褴褛之形状的，也就是说"浪浪"是"飘飘荡荡破烂衣衫"的样子，"沾余襟之浪浪"应释为"泪水沾湿我破烂飘荡的衣衫"。《离骚》中同类句式还有：

矫菌桂以纫蕙兮，索胡绳之𥵜𥵜。

高余冠之岌岌兮，长余佩之陆离。

扬云霓之晻蔼兮，鸣玉鸾之啾啾。

以上各例句中，"之"后与"浪浪"同位的"𥵜𥵜、陆离、啾啾"等词，皆是对"之"前名词性中心语的形容描写，共同构成偏正词组作宾语，"之"是后置定语的标记。实际上，"之"加在修饰性定语之前，一起置于名词性中心语之后，是《楚辞》语序的一个带普遍性的重要特色。《楚辞》中的联绵词，特别是叠音词，在修饰名词性中心语时，一般都加"之"，并放在名词性中心语之后。再看几例：

去白日之昭昭兮，袭长夜之悠悠。（《九辨》）

终长夜之曼曼兮，掩此哀而不去。（《九章》）

怀芬香而挟蕙兮，佩江离之斐斐。（《九叹》）

驾八龙之婉婉兮，载云旗之委蛇。（《远游》）

由以上例子不难看出："沾余襟之浪浪"，即为"沾余浪浪之襟"。因此，"浪浪"是用以形容"襟"的，而不是描写泪水的，"滚滚泪水，沾湿我衣"显然是一种误解。同类的句子还有三国曹植的《洛神赋》：

抗罗袂以掩涕兮，泪流襟之浪浪。

该句显然是套用了屈原的"沾余襟之浪浪"。无疑，"沾余襟之浪浪"也好，"泪流襟之浪浪"也罢，"浪浪"都是"襟"的后置定语，此两句的本义都应是"泪水沾湿我（破破烂烂）飘飘荡荡的衣衫"。

C. "浪浪"音、义的活化石

屈原被逐出国门，"被发行吟泽畔，颜色憔悴，形容枯槁"，生活必然十分艰难。在我们看来，"浪浪"用以描写屈原"衣不蔽体的样子"，倒是十分恰当的。有趣的是，在现代湖南、湖北方言中，"浪浪"恰有用以描写衣、物形状的例子。今荆州监利的汴河、上车、朱河一带，亦称"揉皱的纸"为"浪浪声"，把细弱的树枝条、竹子飘忽摇荡的样子也称为"浪浪"。湖北荆州市公安歌谣中，有"浪荡"的说法，其意义与"浪浪"接近："身上穿的浪荡片，屁股露在裤外边。"

关于"浪"的读音，宋人洪兴祖称"浪，音郎"，读平声。《集韵》释"浪"："唐韵，郎字纽。"清人蒋骥也认为"浪"读平声。而这个读音，和今天江汉平原一带"浪浪"的读音及指"物不实"的意义相吻合。例如：

①那个人穿的衣服浪浪声！

la˧ ·kuo ·lən tsʰuan˧ ·ti i˧ ·fu lan˧ ·lan ·sən!

②衣料蛮否，浪浪声嘸！

i˧ liau˧ man˧ fʏ˧, lan˧ ·lan ·sən ·mo!

③这种纸蛮尚，浪浪声！

liɛ˧ tsuŋ˧ tsʏ˧ man˧ pʰiɣ˧, lan˧ ·lan ·sən!

以上例子中的"浪浪"是指衣服、衣料、纸张太单薄，飘飘乎乎的。诸如此类，似是《离骚》中"浪浪"一词音、义的活化石。由此看来，《离骚》中"沾余襟之浪浪"解释为"泪水沾湿我飘飘荡荡、破烂不堪的衣衫"是否更为确切些呢？

3. 奈何 lai˧ xuo˩

"奈何"在普通话和多数汉语方言中是个文言词，词义是"怎么、如何"，但在荆州方言中，"奈何"则是人们口语中的常用词。"奈何"一词源远流长，关于它的书面记载，至少可以追溯到二千五百年以前。就我们查阅的古代文献《左传》、《道德经》、《论语》、《楚辞》、《庄子》五部著述来看，《左传》、《论语》、《孟子》中都没有出现过"奈何"一词，而老子的《道德经》和《楚辞》、《庄子》中却使用了"奈何"一词：

民不畏死，奈何以死惧之。(《老子·道德经》)

奈何万乘之主而以身轻天下？(《老子·道德经》)

愁人兮奈何！愿若今兮无亏。(《楚辞·九歌·大司命》)

专思君兮不可化，君不知兮其奈何。(《楚辞·九辩》)

吾辞受趣舍，我终奈何？(《庄子·秋水》)

左丘明（前556—前451）所著《左传》堪称宏文巨著，孔子（前551—前479）和孟子（前372—前289）的《论语》、《孟子》是春秋战国时期我国北方华夏雅言的代表作，像这样三部重要典籍中都没有使用"奈何"一词，不是一种巧合，而是让我们大体可以确认，从春秋末期直至战国中期，我国北方地区可能还没有出现"奈何"一词①。然而，左丘明、孔子、老子（前571—前471）是同时代的人，老子的《道德经》中使用了"奈何"一词；约两百多年后的孟子、屈原（前340—前278）大体也是同时代

---

① 《左传》中的词汇，引自杨伯峻《春秋左传词典》，中华书局，1985年版。

的人,《孟子》中没有出现"奈何",而《楚辞》中却使用了"奈何"。《道德经》和《楚辞》这两部经典著作中都出现"奈何"一词,也不是历史的巧合,应当视为古代楚方言词汇在这些作品中的自然流露。

让人们感兴趣的是,左丘明、孔子、孟子都是春秋战国时期的鲁国人,由于"居楚而楚,居越而越,居夏而夏",他们的雅言著作不会不受到母语的影响。老子生活在春秋晚期,家乡是"楚国苦县厉乡",依司马迁的说法,楚国苦县厉乡曲仁里属于"西楚"地域。有的学者认为"老子在楚方言区内生活那么久……是一位操楚语的思想家……"[①] 宋玉是楚国郢都(今荆州区纪南乡)人;屈原的出生地,一说为今湖北秭归县(距今荆州市西约一百公里),一说为楚国纪南城(今荆州区纪南乡),但屈原是"帝高阳之苗裔",为贵族世家子弟,即便出生于秭归乡间,其一生应主要是在楚国纪南城(今荆州市荆州区纪南乡一带)度过的。这样,他们的著述《道德经》、《楚辞》无疑会受到楚方言的影响。从"奈何"在现代汉语普通话和各地方言的分布看,普通话中少见"奈何",似乎只沿用了"无可奈何"这个成语,北方方言中"奈何"一词也鲜有出现。这就使得直到今天,口语交际中仍然还在使用"奈何"一词的湖北江汉平原一带方言,尤其是荆州方言就显得引人注目了:两千五百多年来,古代楚方言的"奈何"一词,不仅在今天的荆州话中沿用,还演化出了否定词语"奈不何"("受不了"、"对付不了"),并有"奈他不何、奈不何他"等多种用法,使用频度比"奈何"、"奈得何"还要高得多,这事实上就是一种创新性的继承和沿用。《左传》、《论语》中出现过"奈何"的异形同义词。如《左传襄公二十三年》:"陈文子见崔武子曰:'将如君何?'"《论语·子罕》:"匡人其如予何?"这里的"如何"即"奈何"。这也说明春秋末期到战国初期,华夏雅言中确实还没有出现楚国的"奈何"一词。

(1)"奈何、奈不何"举例

A. 荆州市民间文学作品中的"奈何、奈不何"

①为奴的看了不好说,心里急得无奈何_{不知如何应对}。(《江陵歌谣集》)
ueiˬ luˬ ·ti kʼanˬ ·la puˬ xauˬ suoˬ, xinˬ ·li tɕiˬ ʮ uˬ laiˬ xouˬ。

[①] 李水海:《老子道德经"楚语考论"》,陕西人民教育出版社,1990年版,第218页。

②菩萨被锁得无奈何,晚上就托梦给先生。(《江陵故事集》)

pʻuˊ saˋ peiˋ suoˇ ti˧ ruˊ laiˊ xouˊ, uanˊ sanˋ tɕieuˇ tʻuoˊ muŋˊ kɤˇ ɕieŋˊ sən。

③土地菩萨疼得无奈何,就把这事给张居正的先生报了……(《江陵故事集》)

tʻuˇ tiˋ pʻuˊ saˋ tʻənˊ tɤˊ ruˊ laiˊ xouˊ, tɕieuˇ paˊ tsɿˊ sɿˋ kɤˇ tsanˋ tɕyˊ tsənˋ tiˊ ɕieŋˊ sən pauˋ ta……

④天气有点热,奴家奈不何受不了,天亮还要做生活。(《江陵歌谣集》)

tʻienˋ tɕʻiˊ iəuˇ tienˇ lɤˋ, luˊ tɕiaˋ laiˊ puˊ xouˊ, tʻienˋ lianˊ xaiˊ iauˋ tsəuˋ sənˋ xouˊ。

⑤强盗还有一把銎,那哑巴奈不何喊。(《江陵歌谣集》)

tɕʻianˊ tau xaiˊ iəuˇ iˊ pa tsanˋ, laˋ aˇ paˊ laiˊ puˊ xouˊ xanˇ。

⑥我奈不何做重事,只好给人家收拾衣服和钱财。(《江陵故事集》)

ouˇ laiˊ puˊ xouˊ tsəuˋ tsuŋˋ sɿˋ, tsɿˇ xauˇ kɤˇ lənˊ ka səuˋ sɿˊ iˋ fu xuoˊ tɕʻienˊ tsʻaiˊ。

⑦亲家交给我,我又无奈何。(《江陵歌谣集》)

tɕʻinˋ tɕiaˋ tɕiauˋ kɤˇ ouˇ, ouˇ iəuˋ uˊ laiˊ xouˊ。

B. 荆州城里话中的"奈何、奈不何"

①他块头蛮大,我奈不何对付不了他。

tʻaˋ kʻuaiˋ tʻəuˊ manˊ taˋ, ouˇ laiˊ puˊ xouˊ tʻa。

②他蛮狠凶狠,我奈他不何对付不了他。

tʻaˋ manˊ xənˇ, ouˇ laiˊ tʻaˋ puˊ xouˊ。

③拖板车这活太累哒,我奈不何承受不了。

tʻuoˋ panˇ tsʻɤˋ tsɿˋ xouˊ tʻaiˋ leiˋ ta, ouˇ laiˊ puˊ xouˊ。

④他坐在那里无焦奈何焦虑,又很无奈。

tʻaˋ tsuoˋ tsaiˋ laˋ liˇ uˊ tɕiauˋ laiˊ xouˊ。

⑤他坐在屋里无计奈何无可奈何。

tʻaˋ tsuoˋ tsaiˋ uˊ liˇ uˊ tɕiˋ laiˊ xouˊ。

(2) "奈何"是楚方言词汇

我们查阅了《汉语方言大辞典》、《汉语方言常用词词典》、《北京口语词典》、《四川方言词典》、《武汉方言词典》、《湖北荆沙方言》、《湖北江陵方言》、《宜昌方言研究》、《宜都方言研究》、《长沙方言词典》、《湖南安乡方言》、《南昌方言词典》、《杭州方言词典》等现代文献。"奈何"主要在湖北武汉、荆州、宜昌、宜都、鄂西、四川川东、江西南昌、湖南安乡等地使用；"奈不何"只在荆州、宜昌在荆州城西九十公里处等地出现。不难看出其中最明显的规律：凡是出现"奈何"一词的地方，在春秋战国时期，原本都隶属于楚国的疆域之内，四川川东一带方言中（今重庆东部）出现的"奈何"应是明末清初"湖广填四川"所致。此外，吴方言区的海宁、嘉兴等地也有与荆州"奈何"义同、形近、音近的"奈赫 xo"，这应与今苏州、杭州一带曾为楚国辖地有关。值得注意的是，今荆州方言中不仅存有活跃的古今相传，词形、词义与《老子》、《离骚》中完全相同的"奈何"，更有"奈不何、奈他不何、奈不何他、无计奈何、无焦奈何、奈得何、奈不何"这些在词形、语义、用法方面还有一定变化的词语实例，就此，我们可大体做出以下几点结论：

  A. 春秋战国时期，楚国"纵横五千里，带甲百万兵"，曾经是多次逐鹿中原的南方大国。由于地理位置处于荆蛮之地，楚方言是在政治、经济、文化相对封闭的条件下形成的地域性方言。尽管楚方言的词汇（包括语音）系统是相对独立发展的，但仍处于华夏雅言语法的基本框架之下，它无疑是华夏雅言的一种地方变体。华夏雅言虽然是强势语言，但在语言交际中，南北方言词汇的交流、相互补充也是必然的，"奈何"一词就是楚方言词汇进入华夏雅言的实例之一。

  B. 就我们的观察，今天的"奈何"一词主要出现在汉语书面语中，普遍使用的似乎只有"无可奈何"这个成语，出现在我国北方地区方言中的，仅限于"我很无奈"等极少数语句。另外，"奈何"至今不仅依旧活跃在荆州、宜昌、宜都一带群众的口语中，而且词义和用法还有一定的发展。我们不能武断地说"奈何"起源于古代荆州地域、源自古代楚方言，但从左丘明、孔子、老子、屈原、孟子生活的年代及其著作中关于"奈何"的使用情况来看，我们可以推断，春秋战国时期的"奈何"一词应当源自楚方言，特别是今湖北江汉平原一带；我们还可以肯定地说，只有荆州方言从词形、词义甚至包括词音（无大的变化）三个方面对"奈何"这个古语词做了最好的继承和创新性的发展。

C."奈何"的"文言词"、"书面语"、"方言词"地位的成因。古代楚国交际口语中出现"奈何"很早，至少不会晚于公元前570年（老子的出生年代），而与老子同时代的左丘明、孔子的《左传》、《论语》以及稍晚一些的《孟子》中并未使用"奈何"一词，可以认定，"奈何"作为有一定表现力的楚国方言词语，被北方华夏雅言所吸纳，最早也是孟子之后的事了。

老子居住的西楚苦县（今安徽境内）与屈原、宋玉生活的楚国纪南城相去甚远，两地都有"奈何"一词，说明"奈何"在楚国是人们的口语常用词。春秋战国时期，楚国是唯一可与中原诸国抗衡的南方泱泱大国，华夏雅言也不可能不受到楚方言的影响，但不可能直接影响中原诸国的民众口语，像"奈何"这样的"南蛮鴃舌"词语进入华夏雅言，主要还是通过书面语进行的。就中原诸国而言，这类词语一般只会少量地出现在书面语中，所以，直到汉代及以后，如《史记》等，"奈何"一词的使用才有一定的发展，但也主要是出现在文人墨客的著述，如唐宋诗文、明清白话小说等中，仍未成为北方民众的口语词汇。这也是时至今日，"奈何"一词在北方方言区人们口语中很少出现，只能是个古语词和书面语词语的关键所在。《汉语方言大辞典》、《汉语方言常用词词典》中"奈何、奈不何"以方言词身份出现，无疑是正确的。

起源于古代楚方言的"奈何"，现在仍然活跃在我国南方湖北、湖南、江西、安徽等（古代属于楚国）地域的方言中，而且有一定的发展（如"奈不何"使用更多等），这是古今相通、自然传承的结果。今天的吴方言中也有"奈何"一词出现，可以看作春秋战国时代，楚国、吴国交往中"奈何"为吴方言吸纳的结果[①]。以荆州方言为例，《道德经》、《离骚》中"奈何"一词沿用至今，词形依旧，词义、用法基本一致，读音变化也不大。"奈何"在我国中原地域古今演变的过程大体是：

奈何：上古音 nat ɣa（拟测音）→中古音 nat ɣa→近代音 nat xo→现代音 nai xɤ[②]

[①] 娄关炎：《"奈何"考》，《吴语研究：第七集》，上海教育出版社。丁声树：《古今字音对照手册》，中华书局，1981年版。

[②] 唐作藩：《上古音手册》，江苏人民出版社，1982年版。孙涛伟：《古今音对照字汇》，张家口师专（油印本），1981年版。

依中原地域"奈何"一词古今音的变化规律，比照今荆州方言"奈何"的读音 lai˧ ˌxuo˧（荆州话 n 混入 l），可以说，从古到今，"奈何"一词语音的变化不大。"奈"是个古入声字，从中古音到近代音还有入声韵尾 t，现代音失去了塞音尾，变作与今荆州方言完全相同的 lai / nai；"何"从中古音到现代音，荆州方言跟北方方言的读音一致，也就是说，荆州方言"何"的读音跟中原地域近代音基本一致。由此看来，从古到今，古代楚国的"奈何"词形、词义一致，语音符合汉语字音演化的一般规律，无大的变化，这恐怕也是古代楚国方言词"奈何"两千多年来能自然传承至今，仍然能够活跃在荆州群众口语中的重要因素之一。

4. 妈虎子 ma˧ ·xu ·tsʅ

"妈虎子"是荆州话中用来吓唬小孩子的"鬼怪"。晚上孩子哭闹，大人便说："妈虎子来了！"孩子就吓得不敢哭了。"妈虎子"也是个外来词。

（1）"妈虎子"缘起

A. 颜师古《隋遗录·上》："(隋炀帝)命云屯将军麻叔谋（麻祜），浚黄河入汴堤，使胜巨舰。叔谋衔命，甚酷……至今儿啼，闻人言'麻胡来'即止……"李匡乂《资暇集·卷下》也有记载："……隋将军麻祜性酷虐，炀帝令开汴河。威棱既盛，至稚童望风而畏，互相恐吓曰：'麻祜来。'稚童语不正，转'祜'为'胡'。"

B. 《太平广记》卷二六七引张鷟《朝野佥载》："后赵石勒将麻秋者，太原胡人也……有儿啼，母辄恐之'麻胡来'，啼声绝。至今以为故事。"

C. 清代满族有"妈呼（狐）"一词，有"怪兽"、"鬼脸"两个意思。《辽宁风物志》记载的东北民谣有："悠悠扎（'扎'是'着啊'的合音），巴布扎（'巴布'是满语哄孩子睡觉的声音），狼来啦，虎来啦，马虎子跳墙过来啦。"[①]

D. 北京话中"妈虎子"是用来吓唬小孩子的"红眼大鼻子"怪物。如：别哭了，老妈虎子在外头呢！北京童谣《杨树叶儿》："杨树叶儿哗啦啦，小孩儿睡觉找妈妈。乖乖宝贝儿你睡吧，妈虎子来了我打他。"

E. 北京话、安徽（安庆）话中的"妈虎"——用左右手扒住外眼角和嘴角做鬼脸，也是吓唬小孩子的。

[①] 马思周：《满汉合造"妈虎子"》，《吉林师范学院学报》1998 年第 4 期，第 18 页。

F. 相貌丑陋、凶残，令人感到恐怖的"麻脸面具"。

G. 拍花子的，用使人迷糊的药拐小孩的人：妈虎子来了（旧时用来吓唬孩子的用语）①。

用"麻胡子"恐吓小孩，在我国已有一千多年的历史，其流传地域很广，各地写法也不尽一致，有"麻胡子、麻呼子、妈虎子、妈虎儿、妈猴子、妈胡子、蚂虎子、马虎子、大摸胡子"等多种。

就上述七种来看，A、B两项更可信；但从传播角度来看，C、D两项更值得重视。因为辽宁的歌谣《悠悠扎》和北京的《杨树叶儿》既然能成为歌谣，说明它们在北京和我国东北地区有相当的群众基础。

(2) 荆州"妈虎子"的来源

荆州的"妈虎子"与北京的"妈虎子"形、音、义吻合，荆州话中的"妈虎子"由清代进驻荆州城的满、蒙古族旗人带来的可能性比较大。

A. "妈虎子"主要出现在我国北方地区特别是我国东北和北京地区，笔者之一在陕西西安出生，五岁迁至河南开封，十岁又转至河南郑州，这些地域均未出现过"妈虎子"类词语。长江流域及江南各地，就现有资料来看，只有安庆、武汉两地出现过"妈虎子"。由于武汉和安庆的"妈虎子"与荆州的"妈虎子"音、义并不十分吻合，"妈虎子"由长江逆水而上的可能性也不大。因而"麻虎子"的来源也只能向我国更北的地域寻求了。

B. 鲁迅1926年所作的《朝花夕拾·〈二十四孝图〉》曾指出："北京现在常用'马虎子'这一句话来恐吓孩子们。或者说，那就是《开河记》上所载的，给隋炀帝开河，蒸死小儿的麻叔谋；正确地写起来，须是'麻胡子'。那么，这麻叔谋乃是胡人了。"② 这个说法应当是可信的，至少说明两点：

a. "麻胡子"源于"麻叔谋"或"麻秋"。

b. 北京方言的"妈胡子"非常流行。

北京歌谣《杨树叶儿》"杨树叶儿哗啦啦，小孩儿睡觉找妈妈。乖乖宝贝儿你睡吧，妈虎子来了我打他"的存在，也可以为鲁迅关于"麻胡子"及与北京地区有密切关系的说法提供一个有力的佐证。因为一首歌谣的产

---

① 朱建颂：《武汉方言辞典》，江苏教育出版社，1995年版，第59页。
② 鲁迅：《鲁迅全集：第二卷》，人民文学出版社，2005年版，第258页。

生和流行,必须有相当的群众基础,还要有较长的孕育、传播形成过程。

迄今为止,同类的关于"妈虎子、麻胡子"的歌谣,只在辽宁和北京出现过。而荆州的"妈虎子"音义与北京话相吻合。从东北、北京的民谣,到来自东北、北京满、蒙古族清军进驻荆州城的这段历史来看,荆州的"妈虎子"源于东北、北京——由清代满、蒙古族旗人带入荆州的说法似乎是可以站得住脚的。

5. 莫 moɹ

"莫"在荆州话中是个典型的方言词,"莫"的用法大体相当于普通话中的"不要",主要出现在谓词性词语前用作否定副词,使用频度远不如否定词"不"高。现在的荆州城区,即便是老派荆州人,也几乎不再使用"莫"了,但三十多年前,至少在荆州城区及周边村镇——乡里话中,"莫"还是很活跃的。我们不妨看一下 20 世纪 80 年代《江陵歌谣集》、《江陵故事集》,这两本民间文学作品集约 46 万字,其中否定副词"莫"的使用,与别的词语相比较,应当说出现频度是相当高的①。

"莫"在荆州话中的基本义相当于"不要",主要是用来否定已然——已经或正在发生的事物或动作行为,与"不"主要是否定未然事物的语义区别明显。

(1) 通用词"不"

A. 古代汉语中的"不"

先秦文学作品中"不"作为否定副词的用法已经非常普遍。例如:

鱼不可脱于水,国之利器,不可以示人。(《道德经》)

学而时习之,不亦乐乎?(《论语》)

荃不揆余之中情兮。(《楚辞·离骚》)

君不知兮可奈何。(《楚辞·九辩》)

以上例句中的"不"和今天普通话、荆州话中"不"的用法基本相同,词义是"没有、不肯、不无、不会、不能"等,主要是否定未然——没有发生或将要发生的动作、行为。

B. 荆州话中的"不"

荆州话中的"不",主要是继承了古代汉语中"不"的"没有、不肯、

---

① 参看本书"附录四、荆州话'莫'字例句"。

不无、不会、不能"义。例如：

①卞和再三解释，楚王都不听没有听，也不肯听。(《江陵故事集》)

pien˧ xuo˩ tsai˧ san˩ kai˩ ·s̩, ts'u˩ uan˩ tou˧ pu˩ t'in˧。

②那些呼吸鸦片的人再也不敢了。(《江陵故事集》)

la˧ ɕie˩ xu˩ ɕi˩ ia˩ p'ien˧ ti lən˩ tsai˩ iɛ˩ pu˩ kan˩ ·la。

③不好过河，和尚就不能来没有来了。(《江陵故事集》)

pu˩ xau˩ kuo˧ xuo˩, xuo˩ ·san tɕiou˩ pu˩ lən˩ lai˩ ·la。

(2) 荆州话中"莫"与"不"的比较

荆州话中"莫、不"这两个否定词都存在，"不"使用频度很高，"莫"用得很少（故而很多荆州人认为"莫"字源于武汉方言），这两个共存的否定词，语义和用法有一定的区别：

A. "莫"与"不"色彩义的差异

"莫"具有荆州地方色彩，"不"没有地方色彩。例如：

①莫说一件事，就是十件事也依你。(《江陵歌谣集》)

mo˩ suo˩ i˩ tɕien˧ s̩˧, tɕiəu˩ s̩˧ ɿ˩ tɕien˧ s̩˧ iɛ˩ i˧ li˩。

②莫把花椒当胡椒辣椒，莫把檀香当柴烧，莫把神仙看真了。(《江陵歌谣集》)

mo˩ pa˩ xua˧ tɕiau˧ tan˩ xu˩ ·tɕiau, mo˩ pa˩ t'an˩ ɕian˧ tan˩ ts'ai˩ sau˧, mo˩ pa˩ sən˩ ɕien k'an˩ tsən˩ ·ta。

③关公不肯让地盘。(《江陵歌谣集》)

kuan˧ kuŋ˧ pu˩ k'ən˩ lan˩ ti˩ p'an˩。

④一道金光，刺得人睁不开眼。(《江陵歌谣集》)

i˩ t'au˧ tɕin˧ kuan˧, ts'˧ ɿ˩ tʏ lən˩ tsən˧ ·pu k'ai˧ iɛn˩。

B. "莫"与"不"理性义的区别

"莫"与"不"在理性义方面差异明显。例如：

①棉花瓜子一团绒，穷人莫嫌自己穷。(《江陵歌谣集》)

mien˩ ·xua kua˧ ts̩˩ i˩ t'uan˩ luŋ˩, tɕ'yŋ˩ lən˩ mo˩ ɕien˩ ts̩˧ ·tɕi tɕ'uŋ˩。

②四劝我的夫，莫要吃洋烟。(《江陵歌谣集》)

s̩˧ tɕ'yen˧ uo˩ ·ti fu˧, mo˩ iau˧ tɕ'i˩ ian˩ iɛn˧。

③告诉大王，我不爱吃飞禽。(《江陵故事集》)

kau˧ su˩ ta˧ uan˩, uo˩ pu˩ ai˧ tɕ'i˩ fei˧ tɕ'in˩。

④双方杀了七天七夜,还是不分输赢。(《江陵故事集》)

suaŋ˧ faŋ˧ sa˩ ta˩ tɕʰi˩ tʰiɛŋ˧ tɕʰi˧ iɛ˩, xai˩ sʅ˧ pu˩ fən˧ su˧ in˩。

由以上例子可知,"莫"否定的是已然的事物。"莫嫌穷"是"不要嫌穷"(可能已经嫌了穷)。"莫吃洋烟"是"不要"吸洋烟(可能已经吸了洋烟),"莫"的语义相当于"不要"。而"不"是否定未然的事物,"不爱吃"、"不分输赢"都是没有发生的事物,这些"不"都是"没有、不想"的意思。

C. "莫"与"不"用法的不同

a. "莫"主要构成祈使句,"不"一般只构成否定句。例如:

①哥哥,莫做_{不要做}二黄事哩!(《江陵歌谣集》)

kuo˧ kuo˧, mo˩ tsuo˩ ɯ˧ xuaŋ˩ ʅ˧ ˙lɛ!

②都莫争_{不要争},这羊是我杀的。(《江陵故事集》)

təu˧ mo˩ tsən˧, liɛ˧ iaŋ˩ ʅ˧ vo˩ sa˩ ˙ti。

以上是"莫"构成的祈使句。以下两句是"不"构成的否定句:

③天上无云不下雨_{不会下雨},地上无媒不成双_{不能成双}。(《江陵歌谣集》)

tʰiɛŋ˧ ˙saŋ˩ u˩ yŋ˧ pu˩ ɕia˧ yɣ, ti˧ saŋ˩ u˩ mei˩ pu˩ tsʰəŋ˧ suaŋ˧。

④一家人死活不答应_{不肯答应}。(《江陵故事集》)

i˩ tɕia˧ lən˩ sʅ˩ xuo˩ pu˩ ta˩ in˧。

b. "不"可以构成正反句,"莫"不能构成正反句。例如:

⑤你到底答不答应?√

li˩ tau˧ ti˩ ta˩ in˧ ˙pu ta˩ in˧?

⑥你们吃不吃飞禽?√

li˩ ˙men tɕʰi˩ ˙pu tɕʰi˩ fei˧ tɕin˩?

⑦你到底答莫答应?×

⑧你们到底吃莫吃飞禽?×

(3)"不"在荆州话中词义的发展

普通话中用在动词、形容词(或谓词性短语)前作否定副词的"不",词义主要是"没有,不肯"等,否定的主要是未然的动作、行为,这和荆州话否定副词"不"的传统用法是一致的。如,"一家人死活不答应"是"没有答应,不肯答应"。荆州话里作否定副词的"不",除了与普通话用法相同,用以否定未然的动作、行为外,词义和用法还有一定的发展,即可以用于祈使句中,否定已经发生或正在发生——已然的动作、行为。

A. "不"的传统用法

"不"的传统用法是否定未然的动作行为。再举几例：

①坑人的事，他从来不干没有干过。

kʰənɹ lənɹ ·ti sʅɹ, tʰaɹ tsʰuŋɹ laiɹ puɹ kanɹ。

②见老三不作声没有吱声……（《江陵故事集》）

tɕienɹ lauɹ sanɹ puɹ tsəuɹ sənɹ……

③从此，南门的那头不见没有了。（《江陵故事集》）

tsʰuŋɹ tsʰʅɤ, lanɹ mənɹ ·ti luoɹ ·t'əu puɹ tɕienɹ ·ta。

④你还不不肯答应，无非是想钱吧！（《江陵故事集》）

liɤ xaiɹ puɹ taɹ inɹ, uɹ feiɹ sʅɹ ɕianɤ tɕienɤ ·pa！

⑤双方杀了七天七夜，还是不分输赢没有分出。（《江陵故事集》）

suanɹ fanɹ saɹ ·ta tɕʰiɹ tʰianɹ tɕʰiɹ iɛɹ, xaiɹ sʅɹ puɹ fənɹ suɹ inɹ。

⑥夫人，你怎么不梳妆没有梳妆呢？（《江陵故事集》）

fuɹ ·lən, liɤ tsənɤ ·mo puɹ suɹ tsuanɹ ·lɛ？

⑦河水涨了，不不能好过河。（《江陵故事集》）

xuoɹ sueiɤ tsanɤ ·la, puɹ xauɤ kuoɹ xuoɹ。

⑧县太爷不不肯信就亲自来到这一方查访。（《江陵故事集》）

ɕienɹ tʰaiɹ iɛɹ puɹ ɕinɹ tɕʰuɹ tɕʰinɹ tsʅɹ laiɹ tauɹ tsʅɤ iɹ fanɹ tsʰaɹ fanɤ。

以上例句的"不"，否定的都是没有发生过——未然的事物。

B. "不"的词义的发展

荆州方言的"不"，词义有新的发展（以下简作"不要"用法）。例如：

①你不慌吵已经慌了，不要再慌了。

liɤ puɹ xuanɹ ·sa。

②我晓得，你不说哒已经在说，不要继续说了。

uoɤ ɕiauɤ ·tɤ, liɤ puɹ suoɹ ·ta。

③你不吼他已经在吼，不要再吼他，他也蛮遭孽。

liɤ puɹ xəuɤ tʰaɹ, tʰaɹ iɛɹ manɹ tsauɹ iɛɹ。

④你不扯远哒已经扯远了，不要再说远的了，还是谈谈现实的问题。

liɤ puɹ tsʰʅɤ yɛnɤ ·ta, xaiɹ sʅɹ tʰanɹ tʰanɹ ɕienɹ sʅɹ ·ti uənɹ tʰiɹ。

⑤闭上嘴，你不说好吧已经在说，不要再说！

piɹ sanɹ tsueiɤ, liɤ puɹ suoɹ xauɤ ·pa！

⑥你不吃不要吃、莫吃这碗菜，你吃那碗菜。

liɿ˨ puɿ˨ tɕʰiɿ˨ tsɤ˧ ·iəʔ, liɿ˨ tɕʰiɿ˨ luo˧ uan˨ tsʰai˧。

⑦你只不跟我屋里说只不要跟我家里说，随你哪么搞都行。

liɿ˨ tsɿ˧ puɿ˨ kən˧ uo˧ uɿ˧ li˧ suo˧, suei˨ liɿ˨ la˧ ·mo kau˨ təu˧ ɕin˧。

⑧财主心疼柴火，只好叫他不煮饭了煮过饭，不要继续煮了。(《江陵故事集》)

tsʰai˨ tsu˧ ɕin˧ nɤʔ˧ tsʰaɿ˨ ·ou˧, tsɿ˧ xau˨ tɕiau˧ tʰaʔ puɿ˨ tsuɿ˨ fan˧ ·la。

以上例句中的"不"，词义相当于"不要"，用法大体与荆州话的"莫"相当，否定的是已然的动作、行为。"不"的这种"不要"义用法，在普通话中是极少出现的，但在荆州话中已有相当的使用频度。

(4) 荆州话中"不"的传统用法与"不要"义用法的异同

A. 两者都是由"不"构成的否定句，但"不要"必须用于祈使句。

B. "不"在传统用法中否定的主要是未然的动作、行为。荆州话"不"在"不要"用法中否定的是已然的动作、行为。

C. 传统用法中，"不"的词义主要是"没有，不能，不肯，不会"等。"不"在"不要"用法中的词义，主要是"不要或不用"，大体相当于荆州话中的"莫"。

D. 普通话的否定词"不"，绝少有荆州话的"不要"用法，但荆州话中的"不要"用法和普通话中的同形句子是可以相通的。荆州话中"不要"用法的"不"，只要加一个"要"，就成了普通话语句了。例如：

荆州话	普通话
我晓得，你不说哒！	我知道了，你不要说了！
uo˧ ɕiau˨ ·tɤ, liɿ˨ puɿ˨ suo˧ ·ta!	uo˧ tsɿ˧ tau˨ ·la, niɿ˨ puɿ˨ iau˨ ʂuo˧ ·la!
你再不提这事哒！	你再不要提这件事了！
liɿ˨ tsai˧ puɿ˨ tʰiɿ˨ liɤ˧ sɿ˧ ·ta!	niɿ˨ tsai˧ puɿ˨ iau˨ tʰiɿ˨ tʂɤ˧ tɕiɛn˨ ʂɿ˧ ·la!

以上，普通话例句加"要"字和不加"要"字，从语法和语用角度看，有质的区别。普通话如果用"不"否定已然的动作、行为，一般都要使用"不要"，否则就可能不是普通话语句，或说是成了表义不明确的句子了。《现代汉语词典》也明确指出："不"表达"不用，不要"义，"限用于某些客套话"——"不谢丨不送丨不客气"几个词语。而《现代汉语词典》列出的"不"类341个例词中，还真有6个例词的用法接近于荆州话"不"的"不要"用法："不做声"、"不置可否"、"不在乎"、"不用"、"不以为

然"、"不吝"①。

(5) 荆州话"不"的"不要"义的产生

A. 否定副词"不"、"莫"在古汉语中的共性特征

"不"和"莫"都是古老的否定词。以《楚辞》为例，《楚辞》中作否定副词的"不"出现290余次，"莫"出现20余次。但"不"是古代汉语的通用词汇，"莫"应是楚方言词汇。如左丘明（公元前502—公元前422，今山东肥城人）所著的《左氏春秋》中尚未出现"莫"一词，但与左氏几乎同时代的老子（公元前571—前471，楚国苦县人）的《道德经》，则出现了较多数量的"莫"，如"罪莫大于可欲，祸莫大于不知足，咎莫大于欲得"。这些"莫"的词义与"不"相仿，都是"不要，不可"义，这大体可以说明我国春秋时期北方方言与楚方言的差异，及"不，莫"在语义、用法方面存在的共性特征。值得一提的是，"不"作为否定副词，从古到今，词义和用法基本上保持一致，即用以否定"没有发生或即将发生的事情"，语义是"没有，不肯"等。而"莫"的早期的语义和用法尽管和"不"基本是一致的，但后来（可专门进行探讨）却逐步分道扬镳了，至少在荆州话中，"莫"已经不再用于否定未然的事物，转而专用于否定已然的事物，语义也由"没有，不肯"等转移到单一的"不要"义一边。不过，"莫"的这种转移也是有历史根源的。在汉代及后世的文学作品中，"莫"作为否定副词的"不要，不用"义已经产生，用来否定已经发生和正在发生的事物。例如：

①君有急病见一面，莫多饮酒_{不要多喝酒}。（《三国志·魏书·方技传》）

②请君莫奏前朝曲_{不要演奏前朝曲}，听唱新翻杨柳枝。（《刘禹锡集·杨柳枝词》）

至于为什么湖北江汉平原，尤其是荆州话中"莫"只有"不要"义，尚需另作探讨。

B. "不"的"不要"义的出现促成"莫"的消失

前文已论及，"不"在古代汉语中是我国南方方言、北方方言通用的否定副词，主要用于否定未然的动作、行为。"莫"主要流行于我国南方湖

---

① 中国社会科学院语言研究所词典编辑室：《现代汉语词典（第7版）》，商务印书馆，2016年版，第105—114页。

北、湖南等属于古代楚国的地域。"莫"在荆州话（及湖北江汉平原地域）中的语义相当于"不要"，用于否定已然的动作、行为。随着时间的推移，就湖北荆州地域而言，"莫"的使用越来越少（年轻人几乎不用了），但"莫"作为否定副词所要否定的未然的各类客观事物还是存在的，这就需要由其他词语承担，而势头依旧强劲的"不"，则是最合适的词选。现实情况是，强劲的"不"在荆州方言中已经兼有了"莫"的"不要"义，也可以用来否定已然的动作、行为，并已经取代了"莫"的位置，从而导致否定副词"莫"在荆州话中的渐至消失。

6. AAB 词语

AAB 词语是荆州话中形、音、义比较独特的形容词，有很强的表现力，使用频度也很高。例如：

①呼呼声 xu˧·xu·sən｜咚咚声 tuŋ˧·tuŋ·sən｜嗡嗡声 uŋ˧·uŋ·sən（拟声词）

②倒倒声 tau˅·tau·sən｜扭扭声 lieu˅·lieu·sən｜抖抖声 təu˅·təu·sən（动词）

③犟犟声 tɕian˧·tɕian·sən｜慌慌声 xuan˧·xuan·sən｜歪歪声 uai˧·uai·sən（形容词）

AAB 词语是重叠或叠音的"AA"加"声"构成，重心在 AA，前 A 重读，后 A 和"声"轻读。"呼呼声、咚咚声"带有被渲染的情状。如，"他累了，睡得呼呼声"。但我们仍可以感受到"呼呼"声音的存在。"抖抖声、倒倒声"没有声音，是不断抖动的样子，"慌慌声、歪歪声"也不存在什么声音，只表示某种情态。

(1) AA 的词类特征

A. 拟声词充当 AA

①哗哗声 xua˧·xua·sən｜叽叽声 tɕi˧·tɕi·sən｜哼哼声 xən˧·xən·sən

②咯咯声 ky˧·ky·sən｜呜呜声 u˧·u·sən｜呼呼声 xu˧·xu·sən

③煮得潽潽声 tsu˅·tʰy·pʰy·sən｜疼得哼哼声 tʰuei˅·ty·xən·xən·sən

拟声词是荆州话中充当 AA 的最基本成分，几乎不受什么限制，也就是说，只要是拟声词，都可以充当 AA 进入 AAB 词语。这一点在湖北各地的研究论文中也得到验证，如李崇兴先生关于宜都 AAB 词语的文章，搜集了"咯咯、喳喳、哈哈、统统、铛铛、嘣嘣、啪啪、咚咚"等共 24 个，几乎列出了宜都话中常见的叠音或重叠的拟声词语。我们也发现，所有探讨湖北江汉平原 AAB 词语的文章所搜集的 AAB 词语，拟声词充当 AA 最常见，而且一般都有形、义完全相同的词语，如"哗哗、叽叽"等。这些给我们的启示是：AAB 词语的产生和拟声词语似乎有着必然的内在联系。但由于拟声词数量有限，拟声词构成的 AAB 词语扩展空间有限，数量不及动词。

拟声词充当 AA，使原本单纯的"声音"带有一定的夸张性色彩，但拟声词构成的 AAB 词语无论如何也不会脱离其拟声的原始特征。

B. 动词充当 AA

①滚滚声 kuən˧˩ ·kuən ·sən｜晃晃声 xuan˧˥ ·xuan ·sən｜抖抖声 təu˧˩ ·təu ·sən

②闪闪声 san˧˩ ·san ·sən｜翻翻声 fan˧˥ ·fan ·sən｜扭扭声 liəu˧˩ ·liəu ·sən

③财主气得火冒冒声……（《江陵故事集》）

tsʼai˧˥ tsu˧˩ tɕʼi˧˥ ·tɤ xuo˧˩ mau˧˥ ·mau ·sən……

④土地公公吓得抖抖声……（《江陵故事集》）

tʼu˧˩ ti˧˥ kuŋ˧˥ kuŋ˧˥ xʌ˧˩ ·tɤ təu˧˩ ·təu ·sən……

单音节动词重叠单充当 AA，使 AAB 词语带有夸张性情状特征，也使 AAB 词语具有了较大的扩张空间。

进入 AA 的单音节动词一般应为具有动作的持续性、反复性。如，"他气得恨恨声"，"他疼得滚滚声"，"气、疼"有持续性、反复性，不会"气、疼"一下即止。

单音节动词重叠充当 AA 虽然受到一定的条件限制，但由于动词本身数量较大，因而，在荆州话的 AAB 词语中，其数量仍然是最多的，也是最活跃的。

C. 形容词充当 AA

①挎挎声 kʼua˧˩ ·kʼua ·sən 衣服大，不得体

②他穿着一件旧幔褂，侉侉声罩衣宽大，很不得体。

tʼa˧˥ tsʼuan˧˥ ·tsuo i˧˩ iɛn˧˥ tɕiəu˧˥ man˧˥ kua˧˥, kʼua˧˩ ·kʼua ·sən。

③溮溮声 tɕʼin˧˩ ·tɕʼin ·sən 因冷而发抖的样子

④美丽冻人，冷得溮溮声冷得收缩发抖的样子。

mei˧˩ li˧˥ tuŋ˧˥ ·lən, lən˧˩ ·tɤ tɕʼin˧˩ ·tɕʼin ·sən。

由于形容词本身一般具有情状特征，故形容词充当 AA 的数量不多。

(2) AAB 词语的语音形式

荆州方言"AAB"的前"A"读本调,也是重音所在,口语中还常常拖成长腔,以增强"AAB"的情状色彩,后 A 和 B 则读作轻声,声音的弱化特征比较明显。例如:

①风刮得呼呼声。

fəŋ˧ kua˨˩ ·tɤ xu˧ xu ·sən。

"呼呼声"的语音形式是:阴平·轻声·轻声。

②她疼得喊喊声。

tʰa˧ tʰən˧ ·tɤ xan˨ xan ·sən。

"喊喊声"的语音形式是:上声·轻声·轻声。

③他在那里犟犟声。

tʰa˧ tsai˨˩ luo˨ ·li tɕian˨˩ tɕian ·sən。

"犟犟声"的语音形式是:去声·轻声·轻声。

(3) AAB 词语中"B"的字形、读音和字义

荆州话的 AAB 词语的"B",在众多讨论湖北江汉平原 AAB 词语的著述中,有 AA 神、AA 甚、AA 生、AA 声等,有的学者为省事,干脆写作 AA sen、AA ʂən。但透过表象看本质,至少荆州话的 AAB 词语的"B",就是声音的"声"。因为所有的语法现象,追根求源都无法脱离最初的语音形式和语法意义。在诸多探讨"AA 声"的著述中,最突出的共性特征是各地都可以列出大量拟声词作 AA 的 AAB 声,原始的"B",实际上就是各种实实在在的声音。例如:"哗哗声(水声)、叽叽声(叫声)、汪汪声(哭声)、咚咚声(敲门声)、呜呜声(哭声)、呵呵声(笑声)、啪啪声(拍门声,拍打声)。"

上述的 AA 就是用来修饰各种不同的声音的,如:哗哗的声音、叽叽的声音、汪汪的声音、咚咚的声音等。由于用拟声词 AA 修饰后的声音比单纯的声音更具有表现力,久而久之,AAB 词语的重心转向表情状的修饰成分 AA,而单音节的 A 重叠后,词义的重心又逐渐转向前 A (这完全符合汉语叠音或重叠的词语演变的普遍规律,如爸爸、妈妈、看看、想想,后一音节词义的弱化),由于后 A 和 B 的词义逐步虚化,从而导致了语音的轻化。但是无论如何,在拟声词充当 AA 的 AAB 中,这种"声音"的感觉不会完全消失。事实是,直到今天,在"哗哗声、叽叽声、汪汪声、咚

咚声"的词义中，"声"的感觉依然存在。而 AAB 词义重心转移的最终结果是，AAB 词语中的"声"完全虚化——不再表示"声音"，只用来表示附加的意义，已经纯乎是一个词缀、一个词类标记了。

应当指出的是，不少学者把"声"写作"神、甚、sen"等，实际上因为湖北江汉平原地域大都缺少后鼻音韵尾 ŋ，比如，武汉、京山、鄂南地域，AAB 都可写作"AA 神、AA 甚、AA sen"等。如果抛开地域方言所限，从探源的角度出发，"B"的写法就会有不同的选择。比如，湖北房县、谷城、宜城动词重叠的后缀可能读如"生"或接近声"ʂəŋ"，汪平先生就是写作"眼睛翻翻生的"[①]。而《江陵故事集》中仅有的两例 AAB 词语"财主气得火冒冒声"，"土地公公吓得抖抖声"，是在荆州话原本就缺少后鼻音韵尾前提下出现的，应当是"B"的本音的真实体现。

二、分类词表

分类词表说明：

1. 本词表共收录荆州方言常用词汇约 4700 个。

2. 词表中的词汇大体按照词义分作三十类，每一类又分作若干小类。分类主要考虑了词汇意义，也兼顾考虑了词性问题，但不是严格意义的词类划分，有些词义相近或相关的词汇也归并在了一起。词表的第三十类是荆州方言中有比较稳定的词形，口语中也比较常用，类似惯用语、成语的语言成品，这些固定短语在词表里大体按照音序，只做了粗略的分类排列。

3. 每个词条先写出汉字，再用国际音标标音。汉字与音标、音节与音节之间，均空出半格。一个音节有几个读音的，用"/"分割开。字音一般按本音注出，但有些音变比较明显的音节则按实际读音标出。

4. 有音无字的，尽量用同音字替代，外加"[ ]"，以示区别。无同音字的，用"□"替代。轻声音节前加"·"，后面不加调号。

5. 与普通话词形、词义相同，读音不同的，不做解释。较难理解的词

---

① 汪平：《湖北省西南官话的重叠式》，《方言》1987 年第 1 期，第 25 页。

汇，后面有扼要解释，必要时举例；有词源、出处的，扼要列出。多义词的不同义项用圆形序号①②依次列出。例句中用"～"替代当前词条。同义词空一格列出。释文转行时空出两格。以下是词表行文格式举例：

  马霓 ma˧˩ in˧˩ 泛指彩虹。"霓"主要指副虹，有紫色、白色不等。彩虹出现时，"霓"位于主虹外侧。《楚辞·哀时命》："虹霓纷其朝霞兮，夕淫淫而淋雨。"《说文解字》："霓，屈虹，青赤或白色，阴气也，从雨霓声。"如：～拦东，有雨不凶。（荆州民谚）

  马云 ma˧˩ yŋ˧˩

  马兰 ma˧˩ lan˧˩

  赛马霓 sai˨˩ ma˧˩ in˧˩

  6. 分类词表目录：

（一）天文；（二）地理；（三）时令、时间；（四）农业；（五）植物；（六）动物；（七）房舍；（八）器具、用品；（九）称谓；（十）亲属；（十一）身体；（十二）疾病、医疗；（十三）衣服、穿戴；（十四）饮食；（十五）红白大事；（十六）生活、生产；（十七）讼事；（十八）交际；（十九）商业、交通；（二十）文化教育；（二十一）文体活动；（二十二）动作；（二十三）位置；（二十四）代词；（二十五）形容词；（二十六）介词；（二十七）副词；（二十八）数量词；（二十九）附加成分；（三十）固定短语。

（一）天文

1. 日、月、星

日头 ɯ˧˩ ·tɤu 太阳。

日蚀 ɯ˧˩ sʅ˧˩

阳光 ian˧˩ kuan˧˩

荫位置 in˧˩ uei˧˩ ·tsʅ 阴凉处。

月亮 yɛ˧˩ ·lian

月亮地 yɛ˧˩ ·lian ti˧˩ 月亮照到的地方。

狗吃月 kəu˨˩ tɕi˧˩ yɛ˧˩ 月蚀。

月亮长毛 yɛ˧˩ ·lian tsan˧˩ mau˧˩ 月晕。如：～长毛，大水淹桥。（荆州民谚）

太阳长毛 tʰai˨˩ ian˧˩ tsan˧˩ mau˧˩ 日晕。

星星 ɕin˧˩ ɕin˧˩

北斗星 pɤ˧˩ tɤu˨˩ ɕin˧˩

启明星 tɕʰi˨˩ min˧˩ ɕin˧˩

天河 tʰien˧˩ xou˧˩ 银河。

扫把星 sau˨˩ pa˨˩ ɕin˧˩ 流星；扫帚星。

2. 风、云、雷、雨

风 fəŋ˧˩

大风 taㄱ fəŋㄱ
狂风 kʻuanˋ fəŋㄱ
台风 tʻaiˋ fəŋㄱ
小风 ɕiauˇ fəŋㄱ
旋涡风 ɕyenˋ uoㄱ fəŋㄱ
顺风 suənㄱ fəŋㄱ
刮风 kuaˋ fəŋㄱ
陡风 təuˇ fəŋㄱ　逆行的急风。
风住了 fəŋㄱ tsuㄱ ·la / ·ta　风停了。
云 yŋˋ
乌云 uㄱ yŋˋ
马尾云 maˇ ueiˋ yŋˋ
鱼鳞斑 yˋ linˋ panㄱ　鱼鳞状的云。
霞 ɕiaˋ
晚霞 uanˇ ɕiaˋ
鱼肚霞 yˋ tuˋ ɕiaˋ　早霞。
雷 leiˋ
打雷 taˇ leiˋ
炸雷 tsaㄱ leiˋ
雷打了 / 哒 leiˋ taˇ ·la / ·ta
雷打慌哒 leiˋ taˇ xuanㄱ ·ta　因着急而惊慌失措。
扯闪 tsʻɤˇ sanˇ　闪电。
金勾子闪 tɕinㄱ kəuㄱ tsʅ sanˇ　强闪电。
下雨 ɕiaㄱ yˋ
掉点 tiauㄱ tienˇ　零星雨滴。
小雨 ɕiauˇ yˋ
麻风雨 maˋ fəŋㄱ yˋ　蒙蒙细雨。
　　麻纷雨 maˋ fənㄱ yˋ
　　麻麻雨 maˋ ·ma yˋ
　　麻喷子雨 maˋ fənㄱ ·tsʅ yˋ
　　麻晃子雨 maˋ xuanㄱ ·tsʅ yˋ
毛毛雨 mauˋ ·uam yˋ
磨刀雨 moˋ tauㄱ yˋ　间断的小雨：你不给我～，我不让你晒龙衣。(《江陵故事集》)
连阴雨 lienˋ inㄱ yˋ
梅雨 meiˋ yˋ　"入梅"季节的连阴小雨。
跑暴 pʻauˇ pauㄱ　陡降的大阵雨。
流霆暴 liəuˋ tʻinˋ pauㄱ　大暴雨。
　流淋暴 liəuˋ linˋ pauㄱ
雷阵雨 leiˋ tsənㄱ yˋ
[欻]雨 tsʻuaˋ yˋ　淋雨。
打湿哒 taˇ sʅˋ ·ta　淋湿了。
雨停了 / 哒 yˋ tʻinˋ ·la / ·ta
马霓 maˇ inˋ　泛指彩虹。"霓"主要指副虹，有紫色、白色不等。彩虹出现时，"霓"位于主虹外侧。《楚辞·哀时命》："虹霓纷其朝霞兮，夕淫淫而淋雨。"《说文解字》："霓，屈虹，青赤或白色，阴气也，从雨霓声。"如：～拦东，有雨不凶。(荆州民谚)
马云 maˇ yŋˋ
马兰 maˇ lanˋ
赛马霓 saiㄱ maˇ inˋ

3. 冰、雪、霜、露

冰 pinㄱ (有后鼻音倾向)
结凌 tɕiɛˋ linˋ　结冰。
上凌 sanㄱ linˋ

凌勾子 lin˨ kəu˥ ·tsʅ 冰挂，挂在屋檐下的冰凌。

凌杠子 lin˨ kan˥ ·tsʅ

凌片子 lin˨ pʻien˥ ·tsʅ 冰的碎片。

牛皮凌 iəu˨ pʻi˨ lin˨ 巴着地面的冰。

化凌 xua˥ lin˨

冰雹 pin˥ pau˨

雪 ɕye˨

下雪 ɕia˥ ɕye˨

化雪 xua˥ ɕye˨

鹅毛团 uo˨ mau˨ tʻuan˨ 鹅毛大雪。

雪子子 ɕye˨ ·tsʅ ·tsʅ 冰粒状的雪。

露水 lu˥ suei˨

下露 ɕia˥ lu˥

霜 suan˥

打霜 ta˨ suan˥ 下霜。

罩子 tsau˥ ·tsʅ ①大雾。如：清早起来～大，不知哪方是姐家。(《荆州歌谣集》)②蚊帐。

下罩子 ɕia˥ tsau˥ ·tsʅ 起浓雾。

4．气候

天道 tʻien˥ tau˥ 天气。如：今天～不好嘞。

晴天 tɕʻin˨ tʻien˥

阴天 in˥ tʻien˥

大热天 ta˥ lʏ˨ tʻien˥

闷热天 mən˥ lʏ˨ tʻien˥

天蛮热 tʻien˥ man˨ lʏ˨

天蛮冷 tʻien˥ man˨ lən˨

倒春寒 tau˥ tsʻuən˥ xan˨ 春暖后陡然变冷。如：不怕三九冷，就怕～。(《江陵故事集》)

天干 tʻien˥ kan˥ 天旱。

淹哒 an˥ ·ta 涝了。

(二) 地理

1．地

平地 pin˨ ti˥

坡地 pʻo˥ ti˥

旱田 xan˨ tʻien˨

水田 suei˨ tʻien˨

沙田 sa˥ tʻien˨

田埂子 tʻien˨ kən˨ ·tsʅ 田垅。

园子 yen˨ ·tsʅ 菜园子；农家小菜地。

荒坝 xuan˥ pa˥ 荒野的平地。

[岔] 位置 tsʻa˨ / tsʻa˥ uei˥ ·tsʅ 无遮拦的空旷地。

2．山

山 san˥

山坡 san˥ pʻo˥

山头 san˥ tʻəu˨

八岭山 pa˨ lin˨ san˥ 原名"八宝山"，在荆州城外西北约10公里处。

3．江、河、湖、海、水

河 xuo˨

便河 pien˥ xuo˨ 荆州城和沙市各有一条便河（下和），河名均与古楚国"和氏璧"有关。荆州城的便河早就消失了，仅存"有河不流水"的地名。沙市的便河20世纪70年代尚可通航，止于今沙隆达广场处，今仅存地名。

大河 taˀ xuoˇ 在荆州地域，老派荆州话的"大河"指长江。

沮漳河 tɕyˀ tsanˀ xuoˇ

河里 xuoˇ ·li 掉～哒。

江边 tɕianˀ piɛnˀ 荆州城原本是在长江边的，老南门外早年曾有码头。

江滩 tɕianˀ tʻanˀ 指江边陆地。

渠 tɕʻyˇ 人工河。沙市地域有"东干渠、西干渠"。

小水沟 ɕiauˇ sueiˇ kəuˀ

长湖 tsʻanˇ xuˇ 在荆州城外东北部地域。

北湖 pɤˀ xuˇ 在荆州城内西北处。

潭 tʻanˇ 面积大、水很深的水坑。如荆州城的玄宫潭。

水坑 sueiˇ kʻənˀ

水塘 sueiˇ tʻanˇ

岸边 anˀ piɛnˀ

堤 tʻiˇ

堤梗子 tʻiˇ kənˇ ·tsʅ 不太大的堤。

荆江大堤 tɕinˀ tɕianˀ taˀ tʻiˇ 位于长江北岸，至监利，长约180公里。

坝 paˀ

洲 tsəuˀ 江河中陆地。

垸 yɛnˇ / yaˇ 江、河地带修建的环状防洪堤，内多为农田和居民点。

清水 tɕʻinˀ sueiˇ

浑水 xuənˇ sueiˇ

雨水 yˇ sueiˇ

涨水 tsanˇ sueiˇ

桃花水 tʻauˇ xuaˀ sueiˇ 春季的洪水。如：一天，长江发了～，荆玉驾船去打鱼……（《江陵故事集》）

洪水 xuŋˇ sueiˇ

洪峰 xuŋˇ fəŋˀ

分洪闸 fenˀ xuŋˇ tsaˇ

管涌 kuanˇ yŋˇ 堤内附近地面的"冒水"现象。

溃堤 kʻueiˀ tʻiˇ

地震 tiˀ tsənˀ

冷水 lənˇ sueiˇ 生水。

滚水 kuanˇ sueiˇ 开水。

热水 lɤˇ sueiˇ 指烧热的水。

温嘟/暾子水 uənˀ tuˀ / tuenˀ ·tsʅ sueiˇ 半温不开的水，喝了容易生病。"暾"，初升的太阳，不热不凉。《楚辞·九歌·东君》："暾将出兮东方，照我槛兮扶桑。"

阴阳水 inˀ ianˇ sueiˇ

泉水 tɕʻyɛnˇ sueiˇ

4. 石沙、土块、矿物

石头 sʅˇ ·tʻəu

大石头 taˀ sʅˇ ·tʻəu

石子 sʅˇ tsʅˇ

石板 sɿ˨ pan˧

石条 sɿ˨ tʻiau˨

鹅卵鼓子 uo˨ luan˨ ku˧ ·tsɿ 鹅卵石。

垡子 fa˨ ·tsɿ 耕田翻起的土块。"垡"，《集韵》："垡，耕起土也。房月切。"

沙土 sa˥ tʻu˨ ①含沙很多的土。②沙子。

沙子子 sa˥ ·tsɿ ·tsɿ 沙粒。

仰尘 ian˨ tsʻən˨ 指屋内天花板上的灰尘。

泥 li˨

烂泥 lan˥ li˨

泥巴 li˨ ·pa

泥巴坨 li˨ ·pa tʻuo˨ 球状的泥巴。

骚泥巴 sau˥ li˨ ·pa 很肮脏的泥巴。

煤 mei˨

蜂窝煤 fəŋ˥ uo˥ mei˨

洋油 ian˨ iəu˨ 煤油。

汽油 tɕʻi˥ iəu˨

石灰 sɿ˨ xuei˥

灰膏 xuei˥ kau˥ 石灰水的沉淀。

洋灰 ian˨ xuei˥ 水泥。

吸铁石 ɕi˨ tʻie˥ sɿ˨ 磁石。

5. 城乡处所

荆州城 tɕin˥ tsəu˥ tsʻən˨ 今荆州城为明末城基，清代建筑，东西长3.75公里，南北宽1.2公里，城内面积约4.5平方公里。

纪南城 tɕi˥ lan˨ tsʻən˨ 又名"纪郢"，为楚国故都，位于荆州城北约7公里处，现仅存遗址。

界城 kai˥ tsʻən˨ 清代荆州城内南北走向的"隔墙"（参看本书附录五）。

城里 tsʻən˨ ·li 荆州地域专指荆州城内。

乡里 ɕian˥ ·li 农村。荆州城人、沙市人把周边（乡镇、农村）地域都视为"乡里"。

市 sɿ˥ 一般指集镇。如荆州城东门外的"草市"。如：乡不如～，～不如城。（《荆州歌谣集》）

进城 tɕin˥ tsʻən˨ 在荆州地域，"进城"专指进荆州城。到沙市去，不能算"进城"。

城外 tsʻən˨ uai˥ 指荆州城外。

瓮城 uŋ˥ tsʻən˨ 依附于荆州城城门，并与城墙连为一体的半环形防御城墙。

城河 tsʻən˨ xou˨ 环荆州城有护城河，荆州城东门外称"马河"，传因"关公洗马"得名。

城门 tsʻən˨ mən˨ 荆州城现有九座城门：老城门六座——大北门（拱极门）、小北门（远安门）、南门（南纪门）、东门（寅宾门）、西门（安澜门）、公安门（德胜门），这六座城门都带瓮城；三座新城门——新东门、新南门、新北门。

城砖 tsʻən˨ tsuan˥ 荆州城的城墙

砖，20 世纪 70 年代前多被盗挖做墙基，或砌院墙用。

场 tsʻanˇ 指乡间小集镇，今多作地名。如：新～｜杨～。

台 tʻaiˇ 地势较高处形成的小村落。如：夏家～｜胡家～。

家乡 tɕiaˉ ɕianˉ 故乡。

集 tɕiˇ 集市。

街道 kaiˉ tauˉ

巷子 xanˉ ·tsʅ 胡同。

巷巷子 xanˉ ·xan ·tsʅ 小胡同。

路 luˉ

大路 taˉ luˉ

小路 ɕiauˇ luˉ

石子路 sʅˉ tsʅˇ luˉ

石条（板）路 sʅˉ tʻiauˉ (panˇ) luˉ

柏油路 pɤˇ iəuˉ luˉ

水泥路 sueiˇ liˉ luˉ

省道 sənˇ tauˉ

国道 kuoˉ tauˉ

高速公路 kauˉ suˉ kuŋˉ luˉ

（三）时令、时间

1. 季节

春天 tsʻuənˉ tʻienˉ

夏天 ɕiaˉ tʻienˉ

　热天 lɤˇ tʻienˉ

伏天 fuˉ tʻienˉ

入伏 luˉ fuˉ

初伏 tsʻuˉ fuˉ 头伏。

中伏 tsuŋˉ fuˉ 二伏。

末伏 moˉ fuˉ 三伏。

三伏带一秋 sanˉ fuˉ taiˉ iˇ tɕʻiəuˉ 三伏末有了凉意，就要立秋了。

秋天 tɕʻiəuˉ tʻienˉ

冬至 tuŋˉ tsʅˉ

冬天 tuŋˉ tʻienˉ

腊月 laˉ yɤˇ

立春 liˉ tsʻuənˉ

立夏 liˉ ɕiaˉ

雨水 yˇ sueiˇ

惊蛰 tɕinˉ ·tsʅ / tsʅˉ

春分 tsʻuənˉ fənˉ

秋分 tɕʻieiˉ fənˉ

清明 tɕʻinˉ minˉ

历书 liˉ suˉ

老皇历 lauˇ xuanˉ liˇ

阴历 inˉ liˇ 农历。

阳历 ianˉ liˇ 公历。

2. 节日

小年 ɕiauˇ lienˉ 腊月二十四。

除夕 tsʻuˉ ɕiˉ

吃团年饭 tɕʻiˉ tʻuanˉ lienˉ fanˉ 传统是除夕晚上全家团圆吃团年饭，现在除夕中午吃团年饭也常见。

年夜饭 lienˉ iɛˉ fanˉ

过年 kuoˉ lienˉ

　春节 tsʻuənˉ tɕieˇ

　正月初一 tsənˉ yɤˇ tsʻuˉ / tsʻuoˉ iˉ

拜年 pai˧ liɛn˨

团拜 tʻuan˨ pai˧

人生节 lən˨ sən˧ tɕiɛ˨ 每年的正
月初七。

元宵节 yen˨ ɕiau˨ tɕiɛ˨ 正月十
五。也叫"上元节"。

寒食节 xan˨ sʅ˨ tɕiɛ˨ 清明前
一天。

清明节 tɕʻin˧ min˨ tɕiɛ˨ 农历三
月，有扫墓、踏青习俗。

端午节 tuan˧ u˩ tɕiɛ˨ 农历五月
初五。

七夕 tɕʻi˨ ɕi˩ 农历七月初七的
晚上。

中秋节 tsuŋ˧ tɕʻiuei˧ tɕiɛ˨ 农历八
月十五。

重阳节 tsʻuŋ˧ ian˨ tɕiɛ˨ 农历九月
初九。

3. 年

今年 tɕin˧ liɛn˨

往年 uan˩ liɛn˨ 去年。

明年 min˨ liɛn˨

前年 tɕʻien˨ liɛn˨

上前年 san˧ tɕʻien˨ liɛn˨ 大前年。

后年 xəu˧ liɛn˨

外后年 uai˧ xəu˧ liɛn˨ 大后年。

每年 mei˩ liɛn˨ 年年。

年初 liɛn˨ tsʻu˧ / ɾou˧ (城里话、沙
市话说法不同)

年中 liɛn˨ tsuŋ˧

年底 liɛn˨ ti˩

年尾 liɛn˨ uei˩

上半年 san˧ pan˧ liɛn˨

下半年 ɕia˧ pan˧ liɛn˨

整年 kən˩ liɛn˨ 一整年。

开年 kʻai˧ liɛn˨

闰年 lən˧ liɛn˨

4. 月

正月间 tsən˧ yɛ˩ ·kan

冬月间 tuŋ˧ yɛ˩ ·kan

腊月间 la˨ yɛ˩ ·kan 阴历十二月。

闰月 lən˧ yɛ˩

月初 yɛ˩ tsʻu˧ / tsʻou˧ (城里话、沙市
话说法有别)

月头 yɛ˩ tʻəu˨

月半 yɛ˩ pan˧

月底 yɛ˩ ti˩

一个月 i˨ kuo˧ yɛ˩

前个月 tɕʻien˨ kuo˧ yɛ˩

上个月 san˧ kuo˧ yɛ˩

这个月 tsɤ˧ / liɛ˧ kuo˧ yɛ˩

下个月 ɕia˧ kuo˧ yɛ˩

每月 mei˩ yɛ˩

上旬 san˧ ɕyn˨

中旬 tsuŋ˧ ɕyn˨

下旬 ɕia˧ ɕyn˨

5. 日、时

今日 tɕi˧ / tɕin˧ ɯ 今天。

昨日 tsuo˧ / tsʻou˧ ɯ 昨天。

明日 mɤ˨ / min˨ ɯ 明天。

后日 xəu˧ ɯ 后天。

外后 uai˧ xəu˧ 大后天。

往日 uan˩ ɯ 先前。

现在 ɕien˧ tsai˧

当今 tan˧ tɕin˧

前日 tɕʰai˧˥ / tɕʰiɛn˧˥ ɯ˥ 前天。

大前日 ta˧ tɕʰai˧˥ / tɕʰiɛn˧˥ ɯ˥

前些日子 tɕʰiɛn˧˥ ɕiɛ˥ ɯ˥ tsɿ˥ 前些天。

星期日 ɕin˧ tɕʰi˧ ɯ˥ / zɿ˧˥ 星期天。

一星期 i˥ ɕin˧ tɕʰi˧

整日 kən˥ ɯ˥ 一整天。

每日 mei˥ ɯ˥ 每天；天天。

二天 ɯ˧ tʰiɛn˧ 第二天。

十几天 sɿ˧˥ tɕi˥ tʰiɛn˧ 十多天。

上午 san˧ u˥

午前 u˥ tɕʰiɛn˧˥

下午 ɕia˧ u˥

半天 pan˧ tʰiɛn˧

大半天 ta˧ pan˧ tʰiɛn˧

转中 tsuan˥ tsuŋ˧ 多指过了中午或夜里12点时。

麻麻亮 ma˧˥ ma˥ lian˧ 天刚亮时分。

清晨 tɕʰin˧ tsʰən˧˥ / sən˧˥ 早晨。

清晨八早 tɕʰin˧ tsʰən˧˥ / sən˧˥ pa˥ tsau˥ 天刚亮，时间还很早。

乌漆八早 u˧ tɕʰi˥ pa˥ tsau˥

乌早八早 u˧ tsau˥ pa˥ tsau˥ ①天刚亮，时间还很早。如：～的，你爬起来搞么子？②多有赶时间的意思。如：十点钟开会，他～就赶起来哒（比如八点就来了）。

整夜 kən˥ iɛ˧

一天到黑 i˥ tʰi˧˥ tau˧ xɤ˥ 一天到晚。

日里白里 ɯ˥ li˥ pɤ˧˥ li˥ 白天黑夜（忙）。

日里夜里 ɯ˥ li˥ iɛ˧ li˥

挨黑 ai˧ xɤ˥ 傍晚。

煞黑 sa˥ xɤ˥ 如：天将～，双方就动手。（《江陵歌谣集》）

擦黑 tsʰa˧ xɤ˥

6. 其他时间概念

过下 kuo˧ xa˧ / xa˧ 过一会儿。

过下下 kuo˧ xa ·xa （稍）过一下。

过下着 kuo˧ ·xa ·tsuo 等一下。

等下子 tən˥ ·xa ·tsɿ 等一下。

等下儿 tən˥ xa ·ɯ

等一下下 tən˥ ·i xa˧ xa˧ / ·xa ·xa 等一下（强调时间很短）。

先日 ɕiɛn˧ ɯ˥ 先前；往日。

才将 tsʰai˥ tɕian˥ 刚才。

才至 tsʰai˥ ·tsɿ 刚才（现在用得较少）。

先个 ɕiɛn˧ ·kuo 才将；刚才。

将将 tɕian˧ tɕian˧ ①刚才。②刚够，刚可以。

[阵咱] tsən˧ ·tsan 现在。

过后 kuo˧ xəu˧ 事过以后。

日后 ɯ˥ xəu˧ 今后。

原先 yɛn˥ ɕiɛn˧ 过去。

落后 luo˧ xəu˧ ①后来。②落在后头了。

末了 moɤ liauʋ 后来；最后。
日子 ɯʋ/zʅʋ ·tsʅ ①指日期。②过日子。
间 kanˉ 隔；过一段时间。如：他的问题，～一段时间再说吧！
后来 xəuˉ laiʋ 指过去某一时间之后的时间。
从今以后 tsʰuŋʋ tɕinˉ iʋ xəuˉ 将来。
从此以后 tsʰuŋʋ tsʰʅʋ iʋ xəuˉ 不拘过去将来，从今开始。

（四）农业

1. 农事

春耕 tsʰuənˉ kənˉ
夏收 ɕiaʋ səuˉ
早秋 tsauʋ tɕʰiəuˉ
晚秋 uanʋ tɕʰiəuˉ
秋收 tɕʰiəuˉ səuˉ
松土 suŋˉ tʰuʋ
施肥 sʅˉ feiʋ 用化肥或粪肥。
上粪 sanˉ fənˉ 指用粪肥等。
粪坑 fənˉ kʰənˉ
[浼]肥 uoʋ feiʋ 沤粪。
积肥 tɕiʋ feiʋ
捡粪 tɕienʋ fənˉ
粪肥 fənˉ feiʋ
鸡粪 tɕiˉ fenˉ
鸭粪 iaʋ fənˉ
猪粪 tsuˉ fənˉ
绿肥 luʋ feiʋ 20世纪七八十年代，绿肥主要有红花草籽、兰花草籽，九十年代有种蚕豆作绿肥的，现在基本上不种绿肥，主要施用化肥了。
化肥 xuaˉ feiʋ

尿素 liauˉ suˉ
过磷酸钙 kuoˉ linʋ suanˉ kaiˉ
碳酸氢铵 tʰanˉ suanˉ tɕʰinˉ anˉ
氯化钾 luʋ xuaʋ tɕiaʋ
下种 ɕiaˉ tsuŋʋ
下秧 ɕiaˉ ianˉ
浇水 tɕiauˉ sueiʋ
灌水 kuanˉ sueiʋ 使水入地。
秧马（子）ianˉ maʋ (·tsʅ) 专供扯秧坐的凳子。
扯秧 tsʰɤʋ ianˉ
绾秧 xuanʋ ianˉ 拔起秧苗扎成束。
秧把子 ianˉ paˉ ·tsʅ 扎成束的秧苗。
扎秧草 tsaʋ ianˉ tsʰauʋ 用来绾秧的草。
秧架子 ianˉ tɕiaˉ ·tsʅ 用来挑秧的工具。
分秧 fənˉ ianˉ
挑秧 tʰiauˉ ianˉ
栽秧 tsaiˉ ianˉ
插秧 tsʰaʋ ianˉ 专指栽水稻秧。
提水 tʰiʋ sueiʋ 从井里或河里取水。
水井 sueiʋ tɕinˉ

机井 tɕi˧ tɕin˩ 灌溉用，与潜水泵配套。
枯井 kʻu˧ tɕin˩ 干枯的井。
排水 pʻai˩ suei˩
车水 tsʻɤ˧ suei˩
薅草 xau˧ tsʻau˩ 用薅锄除去杂草。
扯草 tsʻɤ˩ tsʻau˩ 用手拔除杂草。
腰子 iau˧ ·tsɿ 稻草、麦秆做的捆稻谷、麦捆的绳子。《说文解字》："约，缠束也。"古音"约"如"要"。《释名·释形体》："要，约也。"
割谷 kuo˧ ku˩ 割稻子。
捡棉花 tɕien˩ miɛn˩ ·xua 摘棉花。
收麦子 sʌu˧ mɤ˩ ·tsɿ
晒谷 sai˧ ku˩
场院 tsʻan˧ yɛn˧
打硪 ta˩ uo˩ 即打夯。"硪"，《说文解字》："硪，石也。从石我声。"如：~儿郎莫打野，各人招乎各人脚。(《荆州歌谣集》)
打场 ta˩ tsʻan˩

2. 农具

潜水泵 tɕʻai˩ suei pən˧
水桶 suei˩ tʻuŋ˩ 汲水用的木桶。
井绳子 tɕin˩ sən˧ ·tsɿ
水车 suei˩ tsʻɤ˧
犁 li˩
犁头 li˩ tʻəu˧
犁身 li˩ sən˧
犁耙 li˩ pʻa˩
犁铧 li˩ xua˩
耙子 pʻa˩ ·tsɿ
罐头 kuan˧ tʻəu˧
囤 tʻun˩ 存放粮食的器具。
石滚 sɿ˩ kuən˩ 圆柱形，用来轧谷物、平场地。
石磨 sɿ˩ mo˧
磨盘 mo˧ pʻan˩
磨把子 mo˧ pa˩ ·tsɿ
磨心 mo˧ ɕʻin˧ 磨扇中心的铁轴处。如：两块磨子……将将刚刚~对~。(《江陵故事集》)
筛子 sai˧ ·tsɿ
簸箕 po˧ ·tɕi 竹编，盛粮晒物用。
撮箕 tsʻuo˩ ·tɕi 撮稻谷、垃圾用的工具。
筦箕 yɛn˧ ·tɕi 竹编，多用于挑土。"鞔"，取泥之器。《说文解字》："鞔，量物之器……"俗作"筦"。
箩筐 luo˩ kʻuan˧ 竹编，多用作挑物。
连枷 liɛn˩ tɕia˧ 打谷用。
粉碎机 fən˩ suei˩ tɕi˧
脱粒机 tʻuo˩ li˩ tɕi˧ 使米粒跟谷壳分离的农具。
风鼓子 fəŋ˧ ku˩ ·tsɿ 使稻谷与尘土等分离的木制风机。
舂兑 tsuŋ˧ tei˩
牛车 iəu˩ tsʻɤ˧
马车 ma˩ tsʻɤ˧
手扶子 səu˩ fu˩ ·tsɿ 即手扶拖拉

机。犁田，或作短途交通工具。

钉耙 tin˧ pʻa˨

洋镐 ian˨ kau˨　刨硬地用，一头尖形，一头扁小。

挖锄 tsʻua˨ tsʻu˨　挖土用锄。

薅锄 xau˧ tsʻu˨　除草用锄。

铡刀 tsa˨ tau˧

镰刀 lien˨ tau˧

砍刀 kʻan˨ tau˧　①用来砍柴、劈柴的刀。②厨房砍骨的刀。

木枚 mu˨ tsʻa˧　挑、扠谷捆用。

　　扬枚 ian˨ tsʻa˧

戽斗 xu˧ təu˨　水田、船上用来排水的用具。《广韵》："戽，侯古切。""戽斗，舟中渫水器也。"贯林《宿深村》："黄昏见客合家喜，月下取鱼戽水塘。"

木锹 mu˨ ɕien˧

铁锹 tie˨ tɕʻiau˧

扁担 pien˨ tan˧

椣（冲）担 tsʻuŋ˧ tan˧　挑谷用两头尖的扁担，一般为铁头。"椣"，《广韵》："仓红切。尖头担也。"

钎担 tɕʻien˧ tan˧

（五）植物

1. 农作物

粮食 lian˨ ·sŋ

大麦 ta˧ my˨

小麦 ɕiau˨ my˨

荞麦 tɕʻiau˨ my˨

麦茬 my˨ tsʻa˧

麦芒 my˨ man˨

粟米 ɕiəu˨ mi˨　小米。

玉米 y˧ mi˨

　　苞谷 pau˧ ku˨

　　玉苞 y˧ pau˧

高粱 kau˧ lian˨　除本义外，也可指甘蔗。

甘蔗 kan˧ tsa˧　有本地甘蔗和广东甘蔗的区别。

稻 tau˧　谷；水稻。

稻谷 tau˧ ku˨　水稻的泛称。

早谷 tsau˨ ku˨　早稻。

中谷 tsuŋ˧ ku˨　中稻。

晚谷 uan˨ ku˨

　　晚稻 uan˨ tau˧

糯谷 luo˧ ku˨　糯米谷；有黏性的稻谷。

单季稻 tan˧ tɕi˧ tau˧

双季稻 suan˧ tɕi˧ tau˧

米 mi˨　大米。

稗子 pai˧ ·tsŋ　草之似稻者。《说文解字》："稗，禾别也。"段注："谓禾类而别于禾也。"

瘪谷 pie˨ ku˨　籽粒不饱满的稻谷。

本地米 pən˨ ti˧ mi˨

糯米 luo˧ mi˨　北方称"江米"。

梗稻米 kən˧˩ tau˥ mi˥ 生长期较长，带一点黏性，口感好。

粘米 tsan˥ mi˥ 非糯米的稻米，统称粘米。不带黏性，生长期较短，口感不如梗稻米。

糙米 tsʰau˥ mi˥ ①成色、口感差的米。②陈谷米。③粗打的米。

陈谷米 tsʰən˧˩ ku˧˩ mi˧˩

新米 ɕin˥ mi˥ 刚收的稻谷碾的米。

[渥] 米 uo˥ mi˥ 受潮的或打湿过的稻谷，打出的米多呈黄白色。

糙子 tsʰau˥ ·tsɿ 未舂干净的谷粒。

棉花 miɛn˧˩ xua˥

棉花桃 miɛn˧˩ xua˧˩ tʰu˥

棉籽油 miɛn˧˩ tsɿ˥ iəu˥ 棉籽轧的油（现已基本淘汰）。

麻秆 ma˧˩ kan˥

苎麻 tsu˥ ma˧˩

芝麻 tsɿ˥ ma˧˩

向日葵 ɕian˧˩ ɯ˧˩ kʰuei˧˩

葵花子 kʰuei˧˩ xua˥ tsɿ˥

苕 sau˧˩ ①红薯。②傻。如：乌龟对伏羲说："～啊，反转过来追吵！"（《江陵故事集》）

南瓜苕 lan˧˩ kua˥ sau˧˩ 一种块头比一般的红薯大，蒸熟后肉是黄色有点像南瓜的苕，甜性较差。

梗子 kən˧˩ ·tsɿ 泛指作物的茎。

土豆 tʰu˧˩ təu˥ 马铃薯。

洋芋 ian˧˩ y˥

芋头 y˥ ·tʰəu

香芋 ɕian˥ y˥ 根茎很大的一种芋，常用来烧菜。

山药 san˥ yo˥ 外来的有"铁棍山药"等。

茶树菇 tsʰaˀ˥ su˥ ku˥

杏鲍菇 ɕin˥ pau˥ ku˥

金针菇 tɕin˥ tsən˥ ku˥

松菌 suŋ˥ tɕyn˥ 雨后松树林的湿地上常见的一种菌。

冬菌 tuŋ˥ tɕyn˥ 四季皆有，味道尤佳。

2. 豆类、菜蔬

大豆 ta˥ təu˥ 黄豆，圆球形，多来自外地。

小黄豆 ɕiau˧˩ xuan˧˩ təu˥ 长圆形的黄豆，本地产。

绿豆 lu˧˩ təu˥

豌豆 uan˥ təu˥ 蚕豆。

末豌豆 mo˧˩ uan˥ təu˥ 豌豆。

絮豌子 ɕy˥ uan˥ ·tsɿ

赤豆 tsʰɿ˥ təu˥ 紫红色的小豆子。

饭豆子 fan˥ təu˥ ·tsɿ 豆科，蒸饭时放在里面的一种小豆子。

峨眉豆 uo˧˩ mei˧˩/mi˧˩ təu˥ 即扁豆，豆荚似半月，有淡紫色、绿色、青白色三种。《本草纲目·谷·稨豆》："'稨'本作'扁'，荚形扁也。沿篱蔓延也。峨眉，像豆脊白路之形。"

豆豇子 təu˥ kan˥ ·tsɿ 豆角的一种，即菜豆角，约尺把长。黄侃

《蕲春语》："以豆在茎上两两对垂，如帆叶之张也。今通语皆曰豇豆。"依黄氏描写的"豇豆"，即为荆州的"豆豇子"。

豆挂子 touㄧ kuaㄧ ·tsʅ

白豆豇子 pyˇ touㄧ kanㄧ ·tsʅ

红豆豇子 xuŋㄧ touㄧ kanㄧ ·tsʅ

四季豆 sʅㄧ tɕiㄧ touㄧ　较短。

五季豆 uˇ tɕiㄧ touㄧ　（现已消失）

刀豆 tauㄧ touㄧ　形宽大，青绿色。

茄子 tɕʻyeˇ ·tsʅ　形状有长形和球形两种，分紫色和青绿色两种颜色。

瓜蓛子 kuaㄧ uㄧ ·tsʅ　瓜的藤蔓。常用的词语还有"草蓛子"等。"蓛"，《说文解字》："细草丛生也。"

蒂巴子 tiㄧ ·pa ·tsʅ　瓜果与茎连接处。

黄瓜 xuanˇ kuaㄧ

稍瓜（烧瓜）sauㄧ kuaㄧ　菜瓜。油瓜，种类很多，一般指菜瓜，主要用来作蔬菜、作酱菜用。

丝瓜 sʅㄧ kuaㄧ

苦瓜 kʻuˇ kuaㄧ

南瓜 lanˇ kuaㄧ　有圆形和长圆形两种。

冬瓜 tuŋㄧ kuaㄧ

葫芦 xuˇ ·lu

西葫芦 ɕiㄧ xuˇ ·lu　长圆形，一头粗，一头细，炒食。

瓠瓜 xuˇ kuaㄧ　瓠子。

大葱 taㄧ tsʻuŋㄧ　现在常见的是山东大葱。

香葱 ɕianㄧ tsʻuŋㄧ　小葱，炒菜时作为作料。

葱叶 tsʻuŋㄧ ieˇ

菱角 linˇ kouㄧ　嫩的，可以炒食作为菜。老的，可以作为零食。

皮球 pʻiˇ tɕiəuㄧ　荸荠。

皮［确］pʻiˇ tɕyoㄧ

茭包 kauㄧ pauㄧ　北方作"茭白"。

茭巴 kauㄧ paㄧ

莴苣 uoㄧ tɕyㄧ　莴笋。

生菜 sənㄧ tsʻaiㄧ　形似嫩的莴苣叶，脆嫩，多用作凉拌菜。

藜蒿 liˇ xauㄧ

茼蒿 tʻuŋㄧ xauˇ

耳子 ɯˇ ·tsʅ　一般指黑木耳。

黑木耳 xɤˇ muㄧ ɯˇ

白木耳 pyˇ muㄧ ɯˇ　即银耳。

地米菜 tiㄧ miˇ tsʻaiㄧ　即荠菜，长小白花。荆州习俗：三月三，煮鸡蛋，必放地米菜，据说可以防病。

地茧皮 tiㄧ tɕienˇ pʻiˇ　也称"地卷皮"。春夏季雨后生长在地面上的一种菌类。雨天湿地上长出，形似嫩薄的木耳，炒食。李实《蜀语》："……夏月，天雨，生山中石骨土上，名地菌皮。"

马齿苋 maˇ tsʻʅˇ xanˇ　即北方的马

食菜。

洋葱 iaṋ˩ tsʻuŋ˥

大蒜 ta˥ suan˥ （比较粗大的）蒜苗，可作调料，也可拌香肠、腊肉、鳝鱼丝等炒食。

蒜薹 suan˥ tai˩

蒜头 suan˥ təu˩

　蒜砣 suan˥ tʻuo˩

蒜瓣 suan˥ pan˩

独蒜 tu˩ suan˥ 不分瓣的大蒜头。

枯蒜 kʻu˩ suan˥ 干的蒜头。"枯"，《说文解字》："槀也。"

蒜泥 suan˥ li˩

藠头 tɕiau˩ tʻəu˩ 形似蒜，常作腌菜用。

韭菜 tɕiəu˩ tsʻai˩

韭黄 tɕiəu˩ xuaṋ˩

苋菜 xaṋ˥ tsʻai˩

红苋菜 xuŋ˩ xaṋ˥ tsʻai˩

绿苋菜 lu˩ xaṋ˥ tsʻai˩

西红柿 ɕi˥ xuŋ˩ sʅ˥ 番茄。本地的汁多肉嫩；外地来的多为反季节的，很硬。

生姜 səṋ˩ tɕian˥

胡椒 xu˩ tɕiau˥ ①辣椒。②指调味的胡椒（粒、粉）。

辣椒粉 la˩ tɕiau˥ fəṋ˩

红胡椒 xuŋ˩ xu˩ tɕiau˥ 红辣椒。

青胡椒 tɕʻin˥ xu˩ tɕiau˥ 绿辣椒。

灯笼椒 təŋ˥ luŋ˩ tɕiau˥

尖辣椒 tɕien˥ la˩ tɕiau˥

朝天椒 tsʻau˩ tʻien˥ tɕiau˥

彩椒 tsʻai˩ tɕiau˥ 一般为外地产。

荷花 xuo˩ xua˥ ①花名。②指莲藕这种植物。

藕 əu˩ 莲的地下茎，北方作莲藕。

莲蓬 lien˩ pʻoŋ˩

莲子 lien˩ ·tsʅ 莲蓬中的籽粒。

藕肠子 əu˩ tsʻan˩ ·tsʅ 莲藕的嫩茎，可炒食。

藕带 əu˩ tai˥

藕簪 əu˩ tsan˥ 藕肠子出水连嫩叶的一段。荆州城内也称作藕肠子。如：十个指头像～。（《江陵歌谣集》）

鸡头 tɕi˥ tʻəu˩ 芡实，形似荷花，北方作粉芡的原料。《方言·卷三》："䓈，芡，鸡头也……南楚江湘谓间之鸡头……或谓之乌头。"如：湖边大姐不用愁，采完菱角采～。（《荆州歌谣集》）

鸡头包 tɕi˥ tʻəu˩ pan˥ 芡实的果实，形状似鸡的头。

鸡头包梗子 tɕi˥ tʻəu˩ pau˥ kəṋ˩ ·tsʅ 芡实的嫩茎，比藕肠子粗大，剥掉外皮做菜用，可炒食，是荆州常见的一种菜。

鸡头包米 tɕi˥ tʻəu˩ pau˥ mi˩ 芡实的鸡头包里的籽粒，也叫"鸡头米"。

苕梗子 sau˩ kəṋ˩ ·tsʅ 红薯叶的嫩梗，可炒食。

苕尖子 sau˨˩ tɕiɛn˧ ·tsɿ   红薯的嫩叶、嫩梗，可炒食。

苕巅子 sau˨˩ tiɛn˧ ·tsɿ

大白菜 ta˧ pɣ˨˩ tsʻai˧

小白菜 ɕiau˨˩ pɣ˨˩ tsʻai˧

菠菜 po˧ tsʻai˧

球白 tɕʻiəu˨˩ pɣ˨˩   北方称"卷心菜"。

包菜 pau˧ tsʻai˧

雪里红 ɕyɛ˥ ·lɿ xuŋ˨˩

芹菜 tɕʻin˨˩ tsʻai˧

野芹菜 iɛ˥ tɕʻin˨˩ tsʻai˧

花菜 xua˧ tsʻai˧

香菜 ɕian˧ tsʻai˧   即北方的盐碎菜。

臭菜 tsʻəu˧ tsʻai˧

萝卜 luo˨˩ ·pu

萝卜缨子 luo˨˩ ·pu in˧ ·tsɿ

萝卜干 luo˨˩ ·pu kan˧

白萝卜 pɣ˨˩ luo˨˩ ·pu

胡萝卜 xu˨˩ luo˨˩ ·pu

紫皮萝卜 tsɿ˥ pʻi˨˩ luo˨˩ ·pu   球状，皮呈紫红色，里雪白。

萝卜泡（抛）哒 luo˨˩ ·pu pʻau˧ ·ta   萝卜糠了。

菜蕻子 tsʻai˧ xuŋ˧ ·tsɿ   菜薹。黄侃《蕲春语》："……凡菜抽心，曰起蕻……武昌语，曰起台。"

红菜薹 xuŋ˨˩ tsʻai˧ tai˨˩

白菜薹 pɣ˨˩ tsʻai˧ tai˨˩

油白菜 iəu˨˩ pɣ˨˩ tsʻai˧   叶较长，墨绿色的一种白菜。

油菜 iəu˨˩ tsʻai˧   籽粒可榨成菜籽油，根叶可沤肥用。

油菜花 iəu˨˩ tsʻai˧ xua˧

油菜籽 iəu˨˩ tsʻai˧ tsɿ˥

黄花菜 xuaŋ˨˩ xua˨˩ tsʻai˧   金针菜。

白花菜 pɣ˨˩ xua˨˩ tsʻai˧

蕹菜 uŋ˧ tsʻai˧   据称源自东瀛，瓮载以归，故名"蕹菜"。

竹叶菜 tsu˨˩ iɜ˥ tsʻai˧

空心菜 kʻuŋ˧ ɕin˧ tsʻai˧

3. 树木

树 su˧

树林 su˧ lin˨˩

树苗 su˧ miau˨˩

树干 su˧ kan˧

树巅子 su˧ tiɛn˧ ·tsɿ   树梢。

树根 su˧ kən˧

树杜子 su˧ tu˧ ·tsɿ   树的根部。

树叶 su˧ iɜ˥

树丫子 su˧ ia˧ ·tsɿ

树枝 su˧ tsɿ˧

种树 tsuŋ˧ su˧

砍树 kʻan˥ su˧

樟树 tsan˧ su˧

松树 suŋ˧ su˧

松针 suŋ˧ tsən˧

松香 suŋ˧ ɕian˧

杉树 sa˧ su˧   树冠不大，小细叶，树干挺拔，即北方的"杉树"。

杉篙子 sa˧ kau˧ ·tsɿ   杉树干儿。

核桃树 xɣ˥ tʻau˨˩ su˧

桑树 san꜓ su꜓

桑果子 san꜓ kuo꜆ ·tsʅ 桑葚。

桑叶 san꜓ iɛ꜋

桂花树 kuei꜓ xua꜓ su꜓

石榴树 sʅ꜋ lieu꜋ su꜓

槐树 xuai꜋ su꜓

榆树 y꜋ su꜓

杨树 ian꜋ su꜓ 柳树。

柳树 lieu꜆ su꜓ ①小叶杨。②枫杨。

河柳 xuo꜆ lieu꜋ 垂柳。

橘子树 tɕy꜋ ·tsʅ su꜓

银杏树 in꜋ ɕin꜓ su꜓ 白果树。

白果 pɤ꜋ kuo꜆ 银杏树的果实。

冬青树 tuŋ꜓ tɕin꜓ su꜓

女贞子 ly꜆ tsən꜓ ·tsʅ ①树名，凌冬不凋。②果实可入药。

梧桐树 u꜋ t'uŋ꜋ su꜓

桐籽 t'uŋ꜋ tsʅ꜆

苦楝树 k'u꜆ lien꜓ su꜓ 楝树。

春笋 ts'uən꜓ suən꜆

冬笋 tuŋ꜓ suən꜆

笋衣 suən꜆ i꜋

笋干 suən꜆ kan꜓

斑竹 pan꜓ tsu꜋

紫竹 tsʅ꜆ tsu꜋

竹篙子 tsu꜋ kau꜓ ·tsʅ 竹棍儿；竹竿儿。

竹叶 tsu꜋ iɛ꜋

篾皮 mie꜋ p'i꜋ 竹子的表皮。

篾青 mie꜋ tɕ'in꜓

篾黄 mie꜋ xuan꜋

4. 瓜果

水果 suei꜆ kuo꜆

干果 kan꜓ kuo꜆

桃子 t'au꜋ ·tsʅ

杏子 ɕin꜓ / xɛn꜓ ·tsʅ

麦李子 mɤ꜋ li꜋ ·tsʅ 李子。

苹果 p'in꜋ kuo꜆

枣子 tsau꜆ ·tsʅ

梨子 li꜋ ·tsʅ

枇杷 p'i꜋ p'a꜋

石榴 sʅ꜋ ·lieu

柚子 ieu꜓ ·tsʅ

橘子 tɕy꜋ ·tsʅ 白居易诗："江陵橘似珠。"

金钱橘 tɕin꜓ tɕ'iɛn꜋ tɕy꜋ 多盆栽，橘子小而圆，主要供观赏。

柑子 kan꜓ ·tsʅ 圆形，皮比橘子的皮结实，不宜剥落。

橙子 tsʼən꜋ ·tsʅ

脐橙 tɕ'i꜋ ts'ən꜋ 与蒂巴相接处带有"肚脐"的一种橙子。

板栗 pan꜆ li꜋

西瓜 ɕi꜓ kua꜓

瓜子 kua꜓ tsʅ꜆ ("子"音有轻化倾向，乡里话可读作颤音)

瓜瓢 kua꜓ lan꜋

香瓜 ɕian꜓ kua꜓ 甜瓜。

八方瓜 pa꜋ fan꜓ kua꜓ 一种有棱的瓜，不太甜，现已被淘汰。

花生 xua꜓ sən꜓

花生米 xua꜓ sən꜓ mi꜆

花生皮 xua˧ ˥sən˧ pʻi˩
花生壳 xua˧ ˥sən˧ kʻou˩

5. 花草

桂花 kuei˥ xua˧
菊花 tɕy˩ xua˧
梅花 mei˩ xua˧
凤仙花 fəŋ˧ ɕiɛn˧ xua˧
荷花 xuo˩ xua˧
荷叶 xuo˩ iɛ˩
睡莲 suei˥ liɛn˩
莲蓬 liɛn˩ pʻuŋ˩
水仙花 suei˥ ɕiɛn˧ xua˧
金银花 tɕin˧ i˩ xua˧
朱顶红 tsu˧ tin˥ xuŋ˩
蒲公英 pʻu˩ kuŋ˧ in˧
君子兰 tɕyn˧ ·tsɿ lan˩
兰花 lan˩ xua˧
月季花 yɛ˩ tɕi˧ xua˧
玫瑰花 mei˩ kuei˧ xua˧　有家养的品种；也有野生的品种，叫蔷薇花。

迎春花 in˩ tsʻuən˧ xua˧
栀子花 tsɿ˧ ·tsɿ xua˧
绊根草 pʻan˧ kən˧ tsʻau˥
回头青 xuei˩ tʻəu˩ tɕʻin˧
牵牛花 tɕʻiɛn˧ liəu˩ xua˧　喇叭花。
杜鹃花 tu˧ tɕyɛn˧ xua˧
万年青 uan˧ liɛn˩ tɕʻin˧
滴水观音 ti˩ suei˥ kuan˧ in˧
仙人掌 ɕiɛn˧ ɻən˩ tsaŋ˥
仙人球 ɕiɛn˧ ɻən˩ tɕʻiəu˩
吊兰 tiau˧ lan˩
金边吊兰 tɕin˧ piɛn˧ tiau˧ lan˩
花蕾 xua˧ lei˥
花瓣 xua˧ pan˧
花蕊 xua˧ luei˥
花卉 xua˧ xuei˧
芦苇 lu˩ uei˥
芦花 lu˩ xua˧
回头青 xuei˩ tʻəu˩ tɕʻin˧
车前草 tsʻɤ˧ tɕʻiɛn˩ tsʻau˥
青蒿 tɕʻin˧ xau˧

（六）动物

1. 畜、禽

牲口 sən˧ kʻəu˥
公马 kuŋ˧ ma˥
母马 mu˥ ma˥
黄牛 xuaŋ˩ iəu˩
水牛 suei˥ iəu˩
牛犊 iəu˩ tu˩

牯牛 ku˥ iəu˩　公牛。
犐牛 sa˧ iəu˩　母牛。
犍牛 tɕiɛn˧ iəu˩　阉过的公牛。
驴子 ly˩ ·tsɿ
公驴 kuŋ˧ ly˩
母驴 mu˥ ly˩
　草驴 tsʻau˥ ly˩

骡子 luo↗ ·tsʅ

马骡 ma↘ luo↗　驴父马母。

驴骡 ly↘ luo↗　驴母马父。

羊子 ian↘ ·tsʅ　羊。

绵羊 miɛn↘ ian↘

山羊 san˥ ian↘

羊羔 ian↘ kau˥

狗子 kəu↘ ·tsʅ　狗。

土狗子 tʻu↘ kəu↘ ·tsʅ　本地狗。

草狗子 tsʻau↘ kəu↘ ·tsʅ　母狗。

小狗子 ɕiau↘ kəu↘ ·tsʅ

公狗子 kuŋ˥ kəu↘ ·tsʅ

牙狗 ia↘ kəu↘

母狗子 mu↘ kəu↘ ·tsʅ

打连 ta↘ liɛn↘　狗交配。

哈巴狗 xa˥ pa˥ kəu↘

公猫 kuŋ˥ mau˥

母猫 mu↘ mau˥

波斯猫 pʻo˥ sʅ˥ mau˥

脚猪 tɕyo↘ tsu˥　公猪。

种猪 tsuŋ↘ tsu˥

母猪 mu↘ tsu˥

牙猪 ia↘ tsu˥　小公猪。

奶尖子 lai↘ tɕiɛn˥ ·tsʅ　小母猪。

肉猪 lu↘ tsu˥

仦子 tsau˥ ·tsʅ　半大的猪。

猪崽 tsu˥ tsai↘

劁猪 tɕiau˥ tsu˥　割掉母猪的卵巢。

赶圈 kan↘ tɕʻyɛn˥　猪交配。

搭脚 ta↗ / tʻa↗ tɕyo↗　畜类交配。如：有户人家的母猪和脚猪正在～。(《江陵故事集》)

沓脚 ta↗ / ta↗ tɕyo↗

兔子 tʻu↗ ·tsʅ

鸡子 tɕi˥ ·tsʅ

鸡伢儿 tɕi˥ a↘ ɯ　鸡崽。

鸡母 tɕi˥ mu↘　母鸡。

鸡公 tɕi˥ kuŋ˥　公鸡。如：娘娘想吃～蛋，你给我找一个来。(《江陵故事集》)

鸡蛋 tɕi˥ tan˥

下蛋 ɕia˥ tan˥

菢儿 pau˥ ɯ　禽类孵卵。

菢窝 pau˥ uo˥　母鸡菢空窝。

菢鸡母 pau˥ tɕi˥ mu↘　孵蛋的母鸡。"菢"，《集韵》："薄报切。鸟孵卵。"《方言·卷八》："北燕、朝鲜、洌水之间谓伏鸡曰抱其卵。"《广韵》："孵，芳无切。""孵"为帮母，古为重唇音，今读作"菢"，是古音之遗留。

菢鸡伢儿 pau˥ tɕi˥ a↘ ɯ　孵小鸡。

寡鸡蛋 kua↘ tɕi˥ tan˥　不能孵出鸡娃儿的鸡蛋。如：菢鸡母舍不得～。(《荆州歌谣集》)

土鸡子 tʻu↘ tɕi˥ ·tsʅ　农家散养的鸡。

豥鸡子 kʻan˥ tɕi˥ ·tsʅ　20世纪70年代，人们把鸡场人工孵养的鸡称为"豥鸡子"。"豥"，《广韵》："古冈切。豥狼，身长。"

㨃公鸡 ɕyen˧ kuŋ˧ tɕi˧ 阉过的公鸡，也指不能生育的男人。"㨃"，《广韵》："取也。"《方言·卷一》："……卫鲁杨徐荆衡之郊曰㨃。"如：她的男人是个～。(《江陵故事集》)

㨃鸡子 ɕyen˧ tɕi˧ ·tsʅ

翻毛鸡子 fan˧ mau˨ tɕi˧ ·tsʅ 羽毛尖倒卷的鸡。

嗽 kʰan˧ 禽类用嘴啄。《金元曲方言考》："音康，啄……"

鸡冠 tɕi˧ kuan˧

鸡爪 tɕi˧ tsua˨ ·tsʅ

鸭 ia˧ / ia˨

鸭公 ia˨ kuŋ˧ 公鸭。

鸭母 ia˨ mu˨ 母鸭。

鸭巴子 ia˨ pa˧ ·tsʅ 小鸭子。

憨鸭子 xan˧ ia˨ ·tsʅ 鸭形，个头比鸭子大的一种禽。武汉话叫 tʰuen˨。

野鸭子 iɛ˨ ia˨ ·tsʅ

蛋 tan˧ 一般指鸡蛋。

鸭蛋 ia˨ tan˧

红心皮蛋 xuŋ˧ ɕin˧ pʰi˨ tan˧ 据说饲料中有朱丹红所致。

盐蛋 iɛn˧ tan˧ 一般指腌制的鸭蛋。

皮蛋 pʰi˨ tan˧ 鸭蛋制成的"变蛋"。

鹅 uo˨

鹅巴子 uo˨ ·pa ·tsʅ 小鹅。

鸭划子 ia˨ xua˨ ·tsʅ 赶鸭子用的双体小船。

打水 ta˨ suei˨ 禽类交配。如：吃了早饭巴门站，一对金鸡～玩。(《江陵歌谣集》)

2、蛇、鸟、兽

蛇 sʅ˨

水蛇 suei˨ sʅ˨

金环蛇 tɕin˧ xuan˨ sʅ˨

青蛇标 tɕʰin˧ sʅ˨ piau˨

三根树 san˧ kən˧ su˨

土弓子 tʰu˨ kuŋ˧ ·tsʅ

雀子 tɕʰyo˧ ·tsʅ 体型较小的鸟儿的泛称。

鸦雀子 ia˧ ·tɕʰyo ·tsʅ ①较大体型鸟的泛称。②喜鹊。

喜鹊 ɕi˨ ·tɕʰyo

灰喜鹊 xuei˧ ɕi˨ tɕʰyo˨ 杨雀。

老鸹 lau˨ ua˧ 乌鸦。

麻雀子 ma˨ tɕʰyo˨ ·tsʅ 麻雀。

鸟窝 liau˨ uo˧

鸟蛋 liau˨ tan˧

燕子 iɛn˧ ·tsʅ

雁鹅 iɛn˧ uo˨ 大雁，满族人称作"雁鹅"。

雁 an˧

斑鸠 pan˧ tɕiəu˧

鸽子 kuo˧ ·tsʅ

鹌鹑 an˧ tsʰuən˨

布谷鸟 pu˧ ku˨ liau˨

啄木鸟 tsuo˨ mu˨ liau˨

猫头鹰 mau˧ t'əu˨ in˧
鹦鹉 in˧ u˨
八哥子 pa˨ ·kuo tsɿ 八哥儿。
鹤 xuo˨
老鹰 lau˨ in˧
白鹳 pʏ˨ kuan˧
白鹭 pʏ˨ lu˨
野鸡 iɛ˨ tɕi˧
野鸭 iɛ˨ ia˨
鸬鹚 lu˨ ·tsʿɿ 鱼鹰。
章鸡子 tsaŋ˧ tɕi˧ ·tsɿ 黑色、瘦小、形似鸡、胆子小的一种禽。如：～三辈把身藏，野鸡山间自为王。(《荆州歌谣集》)
檐老鼠子 iɛn˧ lau˨ su˨ ·tsɿ 蝙蝠。
猴子 xəu˨ ·tsɿ
狐狸 xu˨ ·li
狗獾 kəu˨ xuan˧
猪獾 tsu˧ xuan˧
野兔 iɛ˨ t'u˨
黄鼠狼子 xuaŋ˨ su˨ laŋ˨ / laŋ˧ ·tsɿ
老鼠子 lau˨ su˨ ·tsɿ 老鼠。
　　高大爹 kau˧ ta˧ tiɛ˧

3. 虫类

蚕 ts'an˨
蚕蛹 ts'an˨ yŋ˨
蚕沙 ts'an˨ sa˧ 蚕的屎。
蜘蛛 tsɿ˧ tsu˧
土狗子 t'u˨ kəu˨ ·tsɿ 即北方之"蝲蛄"。昆虫，土黄色，身体分前、后两部分，不善飞，会鸣叫，夏夜灯下常见。《方言·卷十一》："蛣诣……南楚谓之杜狗或谓之蛣蝼。"
土鳖 t'u˨ piɛ˧ 圆形昆虫，土褐色，形似鳖状。
曲蟮 tɕ'y˨ ·san 蚯蚓。
蜗牛 uo˧ ɳiəu˨
　　天螺 tiɛn˧ luo˨
鼻涕虫 pi˨ t'i˧ tsʿuŋ˧ 蜒蚰，一寸多长，灰色软体状，类似出壳的蜗牛，爬行后留下黏液轨迹。
蜈蚣 u˨ kuŋ˧
蝎子 ɕiɛ˨ ·tsɿ
壁老鼠 pi˧ lau˨ su˨ 壁虎。
爬爬子 p'a˨ ·p'a ·tsɿ 泛指地上爬的小虫子。
杨辣子 iaŋ˨ la˨ ·tsɿ 体型比蚕小，色浅灰白，身上有毛和黑点，皮肤接触有灼热刺疼感。
毛毛虫 mau˨ ·mau tsʿuŋ˧
毛乎拉子 mau˨ xu˧ la˧ ·tsɿ
青虫 tɕ'in˧ tsʿuŋ˧ 小拇指样粗，约两寸长，青绿色。
吊吊子 tiau˧ ·tiau ·tsɿ 一种裹在树叶中的小虫，拖着丝，从树上垂吊下来，悬在半空中。
西瓜虫 ɕi˧ kua˧ tsʿuŋ˧ 灰色，潮湿处常见，可卷成球状。
米虫 mi˨ tsʿuŋ˧ 米里的米色虫。
蚊子 uən˨ ·tsɿ 蚊子、苍蝇的统称。
夜蚊子 iɛ˨ uən˨ ·tsɿ 指叮人的蚊子。

麻蚊子 ma˨ uən˨ ·tsʅ 体小黑色，身上有麻点，躲在阴暗处，叮人厉害。

阴蚊子 in˥ uən˨ ·tsʅ

饭蚊子 fan˨ uən˨ ·tsʅ 餐桌上飞的黑头小苍蝇。

蛆蚊 tɕʻy˥ uən˨ 喜在厕所、垃圾堆上飞的苍蝇。

红头苍蝇 xuŋ˨ tʻəu˨ tsʻan˥ in˨ 体型较大，红头绿身发荧光。

牛蚊子 iəu˨ uən˨ ·tsʅ 牛虻。

萤火虫 in˨ xuo˨ tsʻuŋ˨

虱子 sɿ˨ ·tsʅ

臭虫 tsʻəu˨ tsʻuŋ˨

跳蚤 tʻiau˥ tsau˨ 虼蚤。

蛐蛐 tɕʻy˨ ·tɕʻy 蟋蟀。

抓木官 tsua˥ mu˨ kuan˥ / tsua˥ mi˨ kuan˥ 体小，形似蝈蝈。

蝉 tsʻan˨

知了 tsʅ˥ ·lieu

夜鸣子 iɛ˥ ɿʻu˥ ·tsʅ 比蝉的体型小，高、低声交替尖厉鸣叫（翼鸣）。

蜜蜂 mi˨ fəŋ˥

马蜂 ma˨ fəŋ˥

屎 tu˨ 蜜蜂等昆虫的臀，即屎子。《集韵》："《博雅》：'臀也。'俗作屎。"

蜂窝 fəŋ˥ uo˨

金麻木 tɕin˥ ma˨ ʻu˨ 金壳螂（北方也有叫"纺织娘"的）。

臭麻木 tsʻəu˥ ma˨ mu˨ 体小，形似金麻木，有怪臭味。

铁牯牛 tʻiɛ˥ ku˥ iəu˨ 天牛。须长、硬壳、身有白点、吸食树浆的一种昆虫。

蝴蝶 xu˨ tiɛ˨

蛾子 uo˨ ·tsʅ 灯蛾类昆虫的泛称。

蠓子 muŋ˨ ·tsʅ 泛指趋光性的小飞虫。

蜓蜓 tin˥ tin˥ 蜻蜓。

油乎拉子 iəu˨ xu˨ la˥ ·tsʅ 蟑螂。

灶鸡子 tsau˥ tɕi˥ ·tsʅ

蚂眼子 ma˨ iɛn˨ ·tsʅ 蚂蚁。

蚂蟥 ma˨ xuaŋ˨ 水蛭。

旱蚂蟥 xan˨ ma˨ xuaŋ˨ ①盘状，体表有青黄黏液，贴地蠕动。②湿地草丛中的水蛭，直立，叮人嗜血。

4. 鱼虾类

鱼 y˨

家鱼 tɕia˥ y˨ 养殖的鱼。

野鱼 iɛ˨ y˨ 江、河、湖中自然生长的鱼。

鱼秧子 y˨ iaŋ˥ ·tsʅ 鱼苗。

鲫鱼 tɕi˨ y˨

喜头 ɕi˨ tʻəu˨

鲶鱼 lien˨ y˨ 须长，嘴扁且阔，无鳞，体表有黏液，宜家养。

江鲶鱼 tɕian˥ lien˨ y˨ 生活在长江中，体青黄色。

江猪子 tɕian˥ tsu˥ ·tsʅ 江豚。

胖头 pʻan˥ ·tʻəu 鳙鱼。头大，主要的养殖鱼类，外地俗称"胖头鱼"。"胖"，胀、虚大。《广韵》："胀臭貌。匹绛切。"

鲢子 liɛn˧˩ ·tsʅ 主要的养殖鱼类，头小，有白鲢、花鲢的区别。

鳝鱼 san˧ y˧˩ 黄鳝常见，白鳝为灰白色，较少见。

鳊鱼 piɛn˧ y˧˩ 形似武昌鱼。

鲩鱼 xuan˧ y˧˩ 草鱼。

青鲩 tɕʰin˧ xuan˧

草鲩 tsʰau˧˩ xuan˧

鲤鱼 li˧˩ y˧˩

鲤拐子 li˧˩ kuai˧˩ ·tsʅ 小鲤鱼。

红拐子 xuŋ˧ kuai˧˩ ·tsʅ 一种红鲤鱼。

鳜鱼 kuei˧ y˧˩

鳟花鱼 tɕi˧ ·xua y˧˩

刁子 tiau˧ ·tsʅ 体扁长，在水表层穿行。

鱤鱼 kan˧˩ y˧˩ 体形圆长，一种凶猛的鱼。

翘嘴鲌 tɕʰiau˧ tsuei˧˩ pɤ˧˩ 也叫"翘嘴白"，吻部上翘，体扁刺多，味美。

黄鲴（鲇）鱼 xuan˧˩ ku˧ y˧˩ 鳍硬、尖利，无鳞，青黄色，有青黑斑的一种鱼，可发出"咕咕"的叫声。

娃娃鱼 ua˧ ua˧ y˧˩ 大鲵。

财鱼 tsʰai˧˩ y˧˩ 黑鱼，乌鱼。

才鱼 tsʰai˧˩ y˧˩

银鱼 in˧˩ y˧˩ 白小鱼。

金鱼 tɕin˧ y˧˩

泥鳅 li˧˩ tɕʰiəu˧

鱼鳞 y˧˩ lin˧

鱼刺 y˧˩ tsʰʅ˧

鱼肚 y˧˩ tu˧˩ 鱼鳔。

鱼鳃 y˧˩ sai˧

鱼子 y˧˩ tsʅ˧˩ 鱼的卵。

鱼苗 y˧˩ miau˧˩

钓鱼 tiau˧ y˧˩

鱼篓子 y˧˩ ləu˧˩ ·tsʅ

渔网 y˧˩ uan˧˩

麻罩子 ma˧˩ tsau˧ ·tsʅ 小型捕鱼工具。

丝网子 sʅ˧ uan˧˩ ·tsʅ 尼龙丝等编织的渔网。

迷魂阵 mi˧˩ xuən˧˩ tsən˧ 将竹竿在水中插成回旋状，挂渔网，鱼能进却出不来，是一种已经禁用的捕鱼工具。

扳罾子 pan˧ tsən˧ ·tsʅ "罾"是古老的大型捕鱼工具：渔网用十字架竹篙撑起来，吊在杠杆上，支在岸边，先沉入水中，再扳起来，故称"扳罾子"。《楚辞·九歌·湘夫人》："鸟何萃兮苹中，罾何为兮木上。"

赶罾子 kan˧˩ tsən˧ ·tsʅ 小型捕鱼工具。

排叉 pʰai˧˩ tsʰa˧ 手持的叉鱼工具。如：团鱼生得恶又恶，我用～

将它剐。(《江陵歌谣集》)
划子 xua˨ ˙tsʅ 小船。《广韵》："拨进船也。户花切。"
鸭划子 ia˨ xua˨ ˙tsʅ 水面赶鸭子用的一种双体小船。
虾子 ɕia˥ ˙tsʅ 虾。
河虾 xou˨ ɕia˥
虾皮 ɕia˥ pʻi˨
虾米 ɕia˥ ˙mi
乌龟 u˥ kuei˥
  乌鸡 u˥ tɕi˥
脚鱼 tɕyo˨ y˨ 鳖。
  团鱼 tʻuan˨ y˨
  甲鱼 tɕia˨ y˨
脚鱼枪 tɕyo˨ y˨ tɕʻian˥ 专门捉脚鱼的工具，类似钓鱼的海竿，看到鳖，把钩子甩过去，猛一拉。

鳖裙 pie˥ tɕyn˨ 鳖盖边缘的部分。
螃虾 pʻan˨ ɕia˥ 荆州作"小龙虾"。
螃蟹 pʻan˨ ˙xai
蛤蟆 kʻɤ˨ ˙ma 青蛙。
  青蛤蟆 tɕʻin˥ kʻɤ˨ ˙ma
  田鸡 tʻien˨ tɕi˥
蛤蟆林子 kʻɤ˨ ma lin˨ ˙tsʅ 蝌蚪。
癞蛤蟆 lai˥ kʻɤ˨ ˙ma 蟾蜍。
牛蛙 iəu˨ ua˥
螺蛳 luo˨ ˙sʅ
蚌壳 pan˨ kʻou˥
鱼塘 y˨ tʻan˨
翻塘 fan˥ tʻan˨ 因缺氧等原因，鱼塘里的鱼漂浮到水面张口吸气(严重的可导致大面积死亡的)现象。
干塘 kan˥ tʻan˨ 指把鱼塘的水抽干(捉鱼)。

(七) 房舍

1. 房子

屋 u˨ 房子。
起屋 tɕʻi˨ u˨ 建房；做房子。
下脚 ɕiɛ˥ tɕyo˨ 打地基。
堂屋 tʻan˨ u˨ 相对偏房居中一间。
厢房 ɕian˥ fan˨
偏厦子 pʻiɛn˥ sa˥ ˙tsʅ 荆州地域把沿山墙搭建的坡状小屋叫"偏厦子"。"厦"，《广韵》："胡雅切，厦屋。"《说文新附》："厦，大屋也。"

拖屋 tʻuo˥ u˨ 接屋檐建的小房子。
吊楼子 tiau˥ ləu˨ ˙tsʅ 用木桩架在水面上的小屋。
院墙 yɛn˥ tɕʻian˨
平房 pʻin˨ fan˨
瓦屋 ua˨ u˨ 瓦房。
草屋 tsʻau˨ u˨
窝棚 uo˥ pʻuŋ˨
八大间 pa˨ ta˥ kan˥ 荆州城内屋舍格局一般是(两进)前后四合院，故称"八大间"。

毛坯房 mau˩ pʻei˥ fan˩　未装修的房子。
砖混结构 tsuan˥ xuən˩ tɕie˥ kəu˥
框架结构 kʻuan˥ tɕia˥ tɕie˥ kəu˥
板式结构 pan˩ sʅ˥ tɕie˥ kəu˥
楼房 ləu˩ fan˩　20世纪70年代，荆州城街市上仅见今荆中路的江陵新华书店，聚珍园，花台处一旅社、一照相馆为二层楼房。
客厅 kʻɤ˩ tʻin˥
过道 kuo˥ tau˥
楼梯 ləu˩ tʻi˥
阳台 ian˩ tʻai˩
晒台 sai˥ tʻai˩　①可晒东西的地方（如农村房屋的屋顶）。②较宽的阳台。
卫生间 uei˥ sən˥ tɕiɛn˥　自20世纪80年代始，普通民宅中开始有小型、简单卫生间（可淋浴，便池兼作墩布池）。

2. 房屋结构

砖坯子 tsuan˥ pʻei˥ ·tsʅ　土坯。
砖 tsuan˥
青砖 tɕʻin˥ tsuan˥
红砖 xuŋ˩ tsuan˥
整砖 kən˩ tsuan˥
砖头 tsuan˥ ·tʻəu
半坨砖 pan˥ tʻuo˩ tsuan˥
　半头砖 pan˥ tʻəu˩ tsuan˥
瓦 ua˩

红瓦 xuŋ˩ ua˩
青瓦 tɕʻin˥ ua˩
子瓦 tsʅ˩ ua˩
脊瓦 tɕi˩ ua˩
扣瓦 kʻəu˥ ua˩
瓦片 ua˩ pʻiɛn˥　碎瓦。
屋脊 u˩ tɕi˩
山墙 san˥ tɕʻian˩
房顶 fan˩ tin˩　如：站在~上。
房檐 fan˩ iɛn˩
梁 lian˩
巴木 pa˥ mu˩　老式房屋的三角状木架子山墙。
屋基子 u˩ tɕi˩ ·tsʅ　房基。
榫头 sən˩ ·tʻəu
柱子 tsu˥ ·tsʅ　立柱。
磉墩子 san˥ tuən˥ ·tsʅ　屋舍立柱下的础石。"磉"，《广韵》："柱下石也。苏朗切。"
礎（础）tsʻu˩　屋舍立柱下的础石。"礎"与"磉"同义。"礎"，《广韵》："柱下石也。创举切。"
礓台槛子 tɕian˥ tʻai˩ kʻan˩ ·tsʅ　台阶。
门槛子 mən˩ kʻan˩ ·tsʅ
鼓壁 ku˩ pi˩　老式屋舍作隔墙的木板墙。
　鼓皮 ku˩ pʻi˩
　站板 tsan˥ pan˩
望板 uan˥ pan˩　天花板。
门框子 mən˩ kʻuan˥ ·tsʅ

正门 tsən˧ mən˧

后门 xəu˥ mən˧

侧门 tsʻɤ˦ mən˧

门后 mən˧ xəu˥

门栓 mən˧ suan˧

门扇 mən˧ san˧

[背告] pei˧ kau˧ 合页。

钥匙 yo˥ ·tsʅ

窗子 tsʻuan˧ ·tsʅ

窗台 tsʻuan˧ tʻai˧

窗齿子 tsʻuan˧ tsʻʅ˦ ·tsʅ

飘窗子 pʻiau˧ tsʻuan˧ ·tsʅ （新式）向外推出的窗户。

窗帘 tsʻuan˧ liɛn˧

落地窗 luo˥ ti˧ tsʻuan˧

落地窗帘 luo˥ ti˧ tsʻuan˧ liɛn˧

木门 mu˥ mən˧

走廊 tsəu˥ lan˧

过道 kuo˧ tau˧

楼道 ləu˧ tau˧

楼梯 ləu˧ tʻi˧

水泥地 suei˥ li˧ ti˧

实木地板 sʅ˥ mu˥ ti˧ pan˥

瓷砖地板 tsʻʅ˧ tsuan˧ ti˧ pan˥

大理石地板 ta˧ li˥ sʅ˦ ti˧ pan˥

复合地板 fu˥ xou˥ ti˧ pan˥

3. 其他设施

茅厕 mau˧ ·tsʅ 厕所。

磨坊 mo˧ fan˧

牛圈 iəu˧ tɕyen˧

猪圈 tsu˧ tɕyen˧

猪食槽 tsu˧ sʅ˧ tsʻau˧

羊圈 ian˧ tɕyen˧

狗窝 kəu˥ uo˧

鸡窝 tɕi˧ uo˧

鸡笼 tɕi˧ luŋ˧

鸡罩子 tɕi˧ tsau˧ ·tsʅ 竹子编的、关鸡子的器具。

（八）器具、用品

1. 卧室用具

高低床 kau˧ ti˧ tsʻuan˧ 上下两层的床。

车床 tsʻɤ˧ tsʻuan˧ 木制部件，由机器车成的床，有的三面有较矮栏杆，多涂暗红生漆。20世纪80年代以前很流行。

平头床 pʻin˧ tʻəu˧ tsʻuan˧ 一头高、一头平的床。

铺板 pʻu˧ pan˥ 床板。

绷子 puŋ˧ ·tsʅ 20 世纪 90 年代以前常见。四边木框、中间用棕绳拉成网状，夏天在上面铺凉席，冬天铺垫絮。

绷子床 puŋ˧ ·tsʅ tsʻuan˧ 用绷子作床板的床。

架子床 tɕia˧ ·tsʅ tsʻuan˧ 泛指车床、绷子床类。

踏板 tʻa˧ pan˥ 床前踏脚用。如：弟弟睡在花樑床，我只睡在～

上。(《江陵歌谣集》)

床头柜 tsʻuan˩ tʻəu˩ kuei˥

席梦思 ɕi˩ muŋ˥ sʅ˩

罩子 tsau˥ ·tsʅ　蚊帐。

尼龙蚊帐 li˩ luŋ˩ uən˩ tsan˥　20世纪70年代才兴起。

帷帐 uei˩ tsan˥　布制，因围床而得名。

帐钩子 tsan˥ kəu˥ ·tsʅ

帐檐子 tsan˥ iɛn˩ ·tsʅ

铺盖 pʻu˥ kai˥

被子 pei˥ ·tsʅ

被面 pei˥ miɛn˥

包单 pau˥ tan˥　被里。

垫单 tiɛn˥ tan˥　床单。

被套 pei˥ tʻau˥　可直接将网套、羊毛被胆等装进去。

垫絮 tiɛn˥ ɕy˥　垫在床单下的棉絮（网套状、无包布）。

盖絮 kai˥ ɕy˥　指被子里的棉絮或网套。

棉被 miɛn˩ pei˥

羊毛被 ian˩ mau˩ pei˥

驼毛被 tʻuo˩ mau˩ pei˥

丝绵被 sʅ˥ miɛn˩ pei˥

羽绒被 y˥ luŋ˩ pei˥　有鸭绒被、鹅绒被等，20世纪80年代以后才有鸭绒被出现，鹅绒被出现得更晚。

线毯 ɕiɛn˥ tʻan˥

腈纶毯子 tɕʻin˥ luən˩ tʻan˥ ·tsʅ

毛毯 mau˩ tʻan˥

篾席 miɛ˩ ɕi˩　竹制凉席。

草席 tsʻau˩ ɕi˩　龙须草编的凉席。

枕头 tsən˥ tʻəu˩

枕头套子 tsən˥ tʻəu˩ tʻau˥ ·tsʅ

枕芯 tsən˥ ɕin˥

枕头袱子 tsən˥ tʻəu˩ fu˩ ·tsʅ　枕巾。

床罩子 tsʻuan˩ tsau˥ ·tsʅ　盖在床上防灰尘的布单，20世纪70年代后流行。

梳妆台 su˥ tsuan˥ tʻai˩

镜子 tɕin˥ ·tsʅ

穿衣镜 tsʻuan˥ i˥ tɕin˥

衣架 i˥ tɕia˥　①立在地上挂衣帽用的架子。②晒衣架，或衣柜内挂衣服用的架子。

焐壶 u˥ xu˩　装热水后取暖用的器具。

热水袋 lʅ˩ suei˥ tai˥　灌热水取暖的橡胶（塑胶）袋。

暖气 luan˥ tɕʻi˥

暖气片 luan˥ tɕʻi˥ pʻiɛn˥

暖水瓶 luan˥ suei˥ pʻin˩

保温瓶 pau˩ uən˥ pʻin˩

保温杯 pau˩ uən˥ pei˥

围桶 uei˩ tʻuŋ˥　装粪便的木桶。

马桶 ma˩ tʻuŋ˥

夜壶 iɛ˥ xu˩　尿壶。

尿罐子 liau˥ kuan˥ ·tsʅ

抽水马桶 tsʻəu˥ suei˩ ma˩ tʻuŋ˥

坐便器 tsuo˧ piɛn˧ tɕʰi˧
火盆 xuo˩ pʰən˩ 烧炭取暖的盆子。
痰盂 tan˩ y˩
拖鞋 tʰuo˧ xai˩
淋浴 lin˩ y˧
浴罩 y˧ tsau˧ 20 世纪 70 年代流行。冬天，挂一个透明塑料罩子，人在里头洗澡。
喷头 pʰən˧ tʰəu˧
暖风机 luan˩ fəŋ˧ tɕi˧
脚盆 tɕyo˩ pʰən˩ 洗脚的小木盆。
澡盆 tsau˩ pʰən˩ 多指洗澡的大木盆。

2. 炊事用具

通条 tʰuŋ˧ tʰiau˧
钩子 kəu˧ ·tsɿ 煤炉子扒灰用。
火钳 xuo˩ tɕʰiɛn˩
火铲 xuo˩ tsʰan˩ 铲炉灰用。
把子 pa˩ ·tsɿ 稻草、柴棍等扎成的柴束，烧灶用。
锯末 tɕy˩ muo˩ 常作燃料用。
粗壳 tsʰu˧ kʰuo˩ / kʰγ˩ 稻谷脱粒剩下的谷壳，可作燃料用。
刨花 pʰau˩ xua˩
柴草垛 tsʰai˩ tsʰau˩ tuo˧
灶屋 tsau˩ fən˩ 厨房。
灶 tsau˧
柴灶 tsʰai˩ tsau˧ 烧柴、草的灶。
灶台 tsau˩ tʰai˩
煤炉子 mei˩ lu˩ ·tsɿ
发炉子 fa˧ lu˩ ·tsɿ

烰炭 fu˩ tʰan˩ 木柴未燃尽形成的炭块，可引火用。《本草纲目·火部·炭火》："烰炭火，宜烹、煎、焙……"
柴炭 tsʰai˩ tʰan˩ 窑制的木炭，多用作取暖。
火盆 xuo˩ pʰən˩ 铁制或陶瓷制，烧木炭取暖用。
拔火筒 pa˩ xuo˩ tʰuŋ˩ 喇叭状引火用具。
和煤 xuo˩ mei˩
煤粑粑 mei˩ pa˧ pa˧ 煤加少量土和匀做成圆饼状的煤块。
蜂窝煤 fuŋ˧ uo˧ mei˩ 粉状煤压制而成，圆柱状，中有许多通气孔，20 世纪七八十年代流行。
蜂窝煤炉 fəŋ˧ uo˧ mei˩ lu˩ 专门用来燃烧蜂窝煤的一种炉子。
煤油炉 mei˩ iəu˩ lu˩ 20 世纪 70 年代流行，燃烧煤油（气体）的小炉子。
煤气罐 mei˩ tɕʰi˧ kuan˧ 液化气坛子。
煤气灶 mei˩ tɕʰi˧ tsau˧
烟子 iɛn˧ ·tsɿ 一般指厨房中（燃料、炒菜）的烟（雾）。
油烟子 iəu˩ iɛn˧ ·tsɿ
排风扇 pʰai˩ fəŋ˧ san˧ 装墙上，直接把烟排到厨房外面的电动扇。
烟道 iɛn˧ tau˧ 厨房的排烟道。

抽油烟机 tsʻouˊ nuɹ nueiˊ iənɹ tɕiˋ
锅盖子 kuo˥ kai˥ ·tsɿ
锅铲子 kuo˥ tsʻanˇ ·tsɿ
水壶 sueiˇ xuˊ
炊壶 tsʻuei˥ xuˊ　烧水壶，一般是铝制、陶制品。
提把壶 tʻiˊ paˇ xuˊ　上方有较大提把的大陶壶（常用作凉水壶）。
瓶子 pʻinˊ ·tsɿ
奏子 tsəuˋ ·tsɿ　瓶塞。
瓶盖子 pʻinˊ kaiˋ ·tsɿ
菜刀 tsʻaiˋ tau˥
砍刀 kʻanˇ tau˥　砍骨头用的刀具。
砧板 tsən˥ panˇ　切菜用的小案板。"砧"，《新方言·释器》："今人谓切肉所藉木质为椹板。"陆德明《释文》："椹，本或作砧。"
案板 anˋ panˇ
桶子 tʻuŋˇ ·tsɿ　泛指一般的桶。
筲箕 sau˥ tɕi　常用作盛米饭、洗菜的竹器。"筲"，《字汇·竹部》："筲，饭器，俗谓筲箕。"
沙撮子 sa˥ tsʻouˊ ·tsɿ　小型筛子。
捞箕子 lauˊ tɕi ·tsɿ　漏勺类炊具。
饭甑子 fanˋ tsən˥ ·tsɿ　甑为古代陶制、青铜制蒸食炊具。《楚辞·哀郢》："甑垡枲于甑窐兮。"《广韵》："甑，《古史考》曰：'黄帝始作甑。'"今荆州的甑为圆桶状、无底的木质蒸具。

20世纪80年代以前，单位食堂、餐馆常见。
钴子 kuˇ ·tsɿ　小铝锅类炊具。
锑锅 tʻi˥ kuo˥
吊子 tiauˋ ·tsɿ　《方言·卷七》："佻，悬也……燕赵之郊悬物于台上谓之佻。"又"铫"，《集韵》："烧器。"荆州话作"吊子"，即吊着、支着烧的锅罐。
锅盖子 kuo˥ kaiˋ ·tsɿ
蒸锅 tsən˥ kuo˥
蒸笼 tsən˥ luŋˊ
砂锅 sa˥ kuo˥
钵子 poˊ ·tsɿ　小盆状陶制炊具。
炖钵子 tuənˋ poˊ ·tsɿ　一般指专用来炖菜的陶制炊具。
煨罐子 uei˥ kuanˋ ·tsɿ　一般指煨汤的罐子。
炒锅 tsʻauˇ kuo˥
锅铲 kuo˥ tsʻanˇ
平底锅 pʻinˊ tiˇ kuo˥
电饭煲 tiɛnˋ fanˋ pauˇ
高压锅 kau˥ iaˋ kuo˥
电压力锅 tiɛnˋ iaˋ liˊ kuo˥
水瓢 sueiˇ pʻiauˊ　水舀，舀水的用具，多由半个葫芦制成。
水缸 sueiˇ kaŋ
潲水缸 sauˋ sueiˇ kaŋ　收集刷锅水、刷碗水的缸。《玉篇·水部》："潲，臭汁也，潘也。"

抹碗袱子 maˇ uanˇ fuˇ ·tsʅ   洗碗布。

灶台袱子 tsauˇ tʻaiˇ fuˇ ·tsʅ   抹布。

3. 餐具

碗 uanˇ

金边碗 tɕinˉ pienˉ uanˇ

盖碗 kaiˉ uanˇ

碗杜子 uanˇ tuˉ ·tsʅ   ①碗底。②碗中剩下的一点儿饭。

锅杜子 kuoˉ tuˉ ·tsʅ   锅的底部，或锅里剩的一点饭。《方言·卷三》："杜，根也。"

碟子 tieˇ ·tsʅ   盘子。

杯子 peiˉ ·tsʅ   杯的泛称。

酒杯子 tɕiəuˇ peiˉ ·tsʅ

盏 tsanˇ ·tsʅ   小杯子。

把缸子 paˇ/paˉ kanˉ ·tsʅ   有把子的搪瓷茶杯。

瓢羹 pʻiauˇ kənˉ   瓷或金属的小勺子。

汤瓢 tʻanˉ pʻiauˇ   盛汤用的勺，稍大。

箸笼子 tsuˇ luŋˉ ·tsʅ   筷笼。"箸"，《广韵》："迟倨切。匙箸。"《说文解字》："饭欹也。"

筷子 kʻuaiˉ ·tsʅ

酒壶 tɕiəuˇ xuˇ

坛子 tʻanˇ ·tsʅ

罐子 kuanˉ ·tsʅ

4. 工匠用具

刨子 pʻauˇ ·tsʅ

斧子 fuˇ ·tsʅ

锛子 pənˉ ·tsʅ

格子 kɤˇ ·tsʅ   ①锯子。②抽屉类用具。

凿子 tsuoˇ ·tsʅ

尺 tsʻʅˇ ·tsʅ

卷尺 tɕyenˇ tsʻʅˉ

墨斗子 moˇ təuˇ ·tsʅ   木工打线工具。

巴钉 paˉ tinˉ   图钉。

钉子 tinˉ ·tsʅ

钳子 tɕʻienˇ ·tsʅ

老虎钳 lauˇ xuˇ tɕʻienˇ

起子 tɕʻiˇ ·tsʅ   螺丝刀。

锤子 tsʻueiˇ ·tsʅ   铁锤。

錾子 tsanˉ ·tsʅ   小凿子类。

镊子 lieˇ ·tsʅ

绳子 sənˇ ·tsʅ

灰斗子 xueiˉ təuˇ ·tsʅ

剃刀 tʻiˉ tauˉ

理发剪 liˇ faˇ tɕienˇ   推子。

吹风机 tsʻueiˉ fəŋˉ tɕiˉ

梳子 suoˉ ·tsʅ

理发椅 liˇ faˇ iˇ

绞边机 tɕiauˇ pienˉ tɕiˉ

剪子 tɕienˇ ·tsʅ

熨斗 ynˉ təuˇ

烙铁 luoˇ tʻieˇ

锉子 tsʻuoˇ ·tsʅ

针鼻子 tsənˉ piˇ ·tsʅ

滚子 kuənˇ ·tsʅ   轮子。

5. 其他生活类

洗脸水 ɕi˧ liɛn˧ suei˧
洗脸盆子 ɕi˧ liɛn˧ pʰən˧ ·tsʅ
脸盆架子 liɛn˧ pʰən˧ tɕia˥ ·tsʅ
抹澡盆子 ma˧ tsau˧ pʰən˧ ·tsʅ　洗澡用的一种较大的木盆。
香皂 ɕian˧ tsau˥
肥皂 fei˧ tsau˥
洗板 ɕi˧ pau˧　搓板。
洗衣粉 ɕi˧ i˧ fən˧
洗衣液 ɕi˧ i˧ iɛ˧
洗手液 ɕi˧ səu˧ iɛ˧
洗发膏 ɕi˧ fa˧ kau˥
护肤液 xu˥ fu˥ iɛ˧
香香 ɕian˥ ɕian˥　香脂类搽脸用品。
雪花膏 ɕyɛ˧ xua˥ kau˥　20世纪80年代以前的主要护肤用品。
口红 kʰəu˧ xuŋ˧
唇膏 tsʰuən˧ kau˥
生发油 sən˥ fa˧ iəu˧　头油。20世纪流行。
尿片子 liau˥ pʰiɛn˥ ·tsʅ　婴幼儿的尿布。
尿不湿 liau˥ pu˧ sʅ˥
湿巾 sʅ˥ tɕin˥
袱子 fu˧ ·tsʅ　泛指毛巾类。
手袱子 səu˧ fu˧ ·tsʅ　手绢。
鼻涕袱子 pi˧ liɛn˧ / ɕiɛn˧ fu˧ ·tsʅ
洗脸袱子 ɕi˧ liɛn˧ fu˧ ·tsʅ
洗脚袱子 ɕi˧ tɕyo˧ fu˧ ·tsʅ
抹澡袱子 ma˧ tsau˧ fu˧ ·tsʅ

手提包 səu˧ tʰi˧ pau˥
钱包 tɕʰiɛn˧ pau˥
指甲剪 tsʅ˧ ·ka / tɕia˧ tɕiɛn˧
蜡烛 la˧ tsu˥
煤油灯 mei˧ iəu˧ tən˥
汽灯 tɕʰi˥ tən˥
罩子灯 tsau˥ ·tsʅ tən˥　有玻璃罩的煤油灯，20世纪80年代以前流行。
灯罩子 tən˥ tsau˥ ·tsʅ　煤油灯上的玻璃罩子。
马灯 ma˧ tən˥
电石灯 tiɛn˥ sʅ˧ tən˥　商贩用的燃乙炔的灯。
灯笼 tən˥ luŋ˧
吊灯 tiau˥ tən˥
壁灯 pi˧ tən˥
台灯 tʰai˧ tən˥
望远镜 uan˥ yɛn˧ tɕin˥
墨镜 mo˧ tɕin˥
蛤蟆镜 kɤ˧ ·ma tɕin˥
顶箍子 tin˧ ku˥ ·tsʅ　顶针儿。
针鼻子 tsən˥ pi˧ ·tsʅ
针尖 tsən˥ tɕiɛn˥
穿针 tsʰuan˥ tsən˥
改锥 kai˧ tsuei˥　锥子。
钩针 kəu˥ tsən˥　打毛衣用针签。
搓板 tsʰuo˥ pan˧　洗衣板。
棒槌 pan˥ tsʰuei˧　洗衣时捶打用。
鸡毛掸子 tɕi˥ mau˧ tan˧ ·tsʅ
洗衣机 ɕi˧ i˧ tɕi˥

热水器 lɤ˨ suei˨ tɕʻi˧
自行车 tsɿ˧ ɕin˧ tsʻɤ˧
手表 səu˨ piau˨
缝纫机 fəŋ˨ lən˨ tɕi˧
收音机 səu˧ in˧ tɕi˧
三转一响 san˧ tsuan˧ i˨ ɕian˨
    20世纪80年代以前的流行词，自行车、手表、缝纫机、收音机的合称，也是年轻人结婚追求的一种标准。
粮票 lian˨ pʻiau˧
糖票 tʻan˨ pʻiau˧ 买白糖、红糖需凭配给的票证。
油票 iəu˨ pʻiau˧
布票 pu˨ pʻiau˧
肉票 lu˨ pʻiau˧
电影票 tiɛn˧ in˨ pʻiau˧
拖把 tʻuo˧ pa˨ 墩布。

扫把 sau˧ pa˨ ①竹子扎的大扫帚。②高粱穗、扫帚苗扎的小扫帚。
蛇皮袋子 sɤ˨ pʻi˨ tai˧ ·tsɿ 一种编织袋，也是麻袋的代用品。
渣子 tsa˧ ·tsɿ 垃圾。
渣货 tsa˧ xuo˨ 可回收的垃圾。
默子 tsʻən˨ ·tsɿ 液体沉淀的渍垢。如：水里有蛮多~。"默"，《集韵》："都感切。"《说文解字》："滓垢也。"《楚辞·九辩》："窃不自料而愿忠乎，或默点而污之。"
脚子 tɕyo˨ ·tsɿ ①剩余的渣子类的东西。②液体沉淀的渍垢。
脚脚子 tɕyo˨ tɕyo ·tsɿ
巴脚子 pa˧ tɕyo˨ ·tsɿ

（九）称谓

1. 一般称谓

男将 lan˨ tɕian˧ 已婚男子。
女将 ly˨ tɕian˧ 已婚女子。
小伢 ɕiau˨ a˨ 小孩儿。
伢子家 a˨ ·tsɿ ·ka 小孩子（与大人相区别）。
男伢儿 lan˨ a˨ ɯ 男孩子。
女伢儿 ly˨ a˨ ɯ 女孩子。
姑娘家 ku˧ lian˨ ·ka 未婚女性；女孩子。
齐刷女 tɕʻi˨ sua˧ ly˨ 未婚的女子。

姑儿家 ku˧ ɯ ·ka
闺婚女 kuei˧ xuən˨ ly˨
老头子 lau˨ tʻəu˨ ·tsɿ ①老年男性。②中老年妇女背称丈夫。③中青年人背称父亲。
老伙计 lau˨ xuo˨ ·tɕi 一般指老年男性。
老汉子 lau˨ xan˧ ·tsɿ
老巴子 lau˨ pa˧ ·tsɿ ①老年妇女；老太婆。②媳妇背称婆婆。③戏称别人的老婆。

婆婆子 p'o˩ ·p'o ·tsɿ 老年妇女；老太婆。

老枝子 lau˩ tsɿ˥ ·tsɿ 青年女子称大龄男子。

　老梗子 lau˩ kən˩ ·tsɿ

半伢子 pan˥ ts'au˩ ·tsɿ 半大的男孩儿。《广韵》："伢伢，小子。"如：～，吃死娘老子。(《荆州歌谣集》)

毛伢（糙）子 mau˩ ·tsau ·tsɿ 小青年，也有做事冒失义。

小区拉子 ɕiau˩ tɕ'y˥ la˩ ·tsɿ 小孩子。

矮子 ai˩ ·tsɿ

长子 ts'an˩ ·tsɿ

城里人 ts'ən˩ li˩ lən˩ 荆州城人。

乡里人 ɕian˥ li˩ lən˩ 农村人。

一家子 i˩ tɕia˥ ·tsɿ 同宗同姓的。

稀客 ɕi˥ k'ɤ˩ 贵客；招呼客人的敬语。

娇客 tɕiau˥ k'ɤ˩ 女婿。

老一发 lau˩ i˩ fa˩ 老一辈。

小一发 ɕiau˩ i˩ fa˩ 年龄小一些的群体，但不一定低一辈。

孤老 ku˥ lau˩ 无后代的老年独身男女。

倒插门 tau˥ ts'a˩ mən˩ 入赘。

老姑娘 lau˩ ku˥ lian˩ 未婚的大龄女。

母蛐蛐 mu˩ tɕ'y˥ ·tɕ'y 女性化的男子。

二尾子 ɯ˥ i˩ ·tsɿ 阴阳人。

撩干一人 liau˩ kan˥ i˩ lən˩ 单身。

寡妇 kua˩ ·fu

二婚 ɯ˥ xuən˥

私伢子 sɿ˥ a˩ ·tsɿ 私生子。

化生子 xua˥ ʂən˥ ·tsɿ 年幼夭折的孩子。

缺巴子 tɕ'ye˩ ·pa ·tsɿ 缺齿人。

落巴子 luo˩ ·pa ·tsɿ 最后生的孩子。

幺巴子 iau˥ ·pa ·tsɿ 最小的孩子。

暴发户 pau˩ fa˩ xu˥

小气鬼 ɕiau˩ ·tɕ'i kuei˩

流打鬼 liəu˩ ta˩ kuei˩ 混混。

败子 pai˥ tsɿ˩ 败家子。

痞子 p'i˩ ·tsɿ 无赖、赖皮；说话不算话、没脸皮的人。

拐子 kuai˩ ·tsɿ ①头儿。②兄长，老大。③骗子。

混混 xuən˩ ·xuən 无职业、整天混日子的小青年。

油子 iəu˩ ·tsɿ

老东 lau˩ tuŋ˥ 旧称日本人，鬼子兵。如：～，～，落水送终。(《江陵歌谣集》)

流氓 liəu˩ man˩

土匪 t'u˩ fei˩

抢犯 tɕ'ian˩ fan˥ 强盗，明目张胆进行抢劫的人。老派荆州话多用，现在很少用了。

强盗 tɕ'ian˩ ·tau 小偷。老派荆州人用语，现在很少用了。如：

正在这时，有个～来偷东西……（《江陵故事集》）

扒手 pʼaˇsəuˇ

戳巴佬 tsʼuoˋ.pa lauˇ

二黄 ɯˉxuanˇ "二百五"，糊涂蛋。如：你这～，为什么要给他磕头？（《荆州故事集》）

泡货 pʼauˉxouˇ 做事不靠谱，又喜欢说大话的人。

泡皮 pʼauˉ.pʼi 糊涂；说话做事比较不靠谱的人。如：女儿骂娘老～，这话哪是你说的。（《荆州歌谣集》）

檴皮 xuoˉ.pʼi ①枯树皮，没什么用处的边角余料。②比喻不中用的、没真本事的人。如：他是个～研究人员。

苕货 sauˇxouˉ 傻家伙。

苕坨 sauˇtʼouˉ

粉冬瓜 fənˇtuŋˉkuaˉ 孩子洗澡后抹粉样。

瓜溜苕 kuaˉ.lieu sauˇ 长得很体面却没什么能耐的人。

夹生苕 tɕiaˇsənˇsauˇ 软硬不吃、近乎不通情理的人。

妈虎子 maˉxuˇ.tsʅ 传说中的鬼怪，用以恐吓孩子。

野人嘎嘎 ieˇ.lən ka.ka 用以恐吓孩子的野人。

九头鸟 ɕiəuˇtʼəuˇliauˇ ①狡诈、喜欢玩弄手腕的人。②精明、

智慧、头脑灵活的人。

蹇爬佬 tɕienˉpʼaˇlauˇ ①小孩手脚不停，调皮捣蛋。②喜欢惹是非、不讨人喜欢的人。"蹇"，《方言·卷六》："蹇，妯，扰也，人不静曰妯，秦、晋曰蹇。"

叉鸡佬 tsʼaˉtɕiˉlauˇ 偷鸡的人。

赶酒佬 kanˇtɕiəuˇlauˇ 一般指别人家办喜宴时，赶去吃喝（乞讨）的人。

讨米佬 tʼauˇmiˇlauˇ 乞丐；叫花子。

叫花子 kauˉxuaˉ.tsʅ

日白佬 ɯˉpɤˇlauˇ 喜欢说谎话的人。

戳白佬 tsʼuoˋpɤˇlauˇ 说谎骗人的人。

调皮佬 tʼiauˇpʼiˇlauˇ 多指小孩调皮。

受气包 səuˋtɕʼiˉpauˉ 总是受气的人。

侧巴子 tsʼɤˉ/tsʼɤˋ.pa.tsʅ 一般指女性、儿童言行过分，在人前故意显示自己。《字汇·人部》："侧，不平也。"孔颖达疏："侧媚者，为僻侧之事，以求媚君。"

侧拉子 tsʼɤˋlaˉ.tsʅ 沙市话常用。

岔巴子 tsʼaˉ.pa.tsʅ 不太识相，也不太懂事，或别人交谈时喜欢插话的人。

迂夫子 yˉfuˉ.tsʅ 迂腐的人。

饿牢 uoˆ lauˇ　贪吃的人。像刚从牢房里放出来，几天没吃过东西一样，吃相很不雅观①。

精怪 tɕinˆ kuaiˆ　①妖怪。如：这头牛肯定是个～。(《江陵故事集》)②小孩儿特别聪明、机灵。如：这个伢儿真是个小～。

2. 职业称谓

执仪 tsʅˆ iˇ　类似主持人。

手艺人 səuˇ iˆ lənˇ

木匠 muˇ tɕianˆ

瓦匠 uaˆ tɕianˆ　砌墙、抹墙的人。

锡匠 ɕiˇ tɕianˆ

铜匠 tʻuŋˇ tɕianˆ

铁匠 tʻiɛˇ tɕianˆ

铜匠 tɕyˇ tɕianˆ

裁缝 tsaiˇ ·fəŋ　做衣服的人。

篾匠 miɛˇ tɕianˆ

箍匠 kuˆ tɕianˆ

理发匠 liˇ faˇ tɕianˆ　理发师傅。旧称"待招"。

　　理发师 liˇ faˇ sʅˆ

店长 tienˆ tsanˇ　(小)店的负责人。

磨刀师傅 moˆ tauˆ sʅˆ ·fu

杀猪佬 saˇ tsuˆ lauˇ

劁猪佬 tɕiauˆ tsuˆ lauˇ　阉猪的人。

捡渣货 tɕienˇ tsaˆ xouˆ ·ti　捡垃圾的人。

职工 tsʅˆ kuŋˆ

工作人员 kuŋˆ tsuoˇ lənˇ yɛnˇ

下岗工人 ɕiaˆ kanˇ kuŋˆ lənˇ

农民工 luŋˇ minˇ kuŋˆ

打工族 taˇ kuŋˆ tsuˇ

打工的 taˇ kuŋˆ ·ti

打短工 taˇ tuanˇ kuŋˆ

打零工 taˇ linˇ kuŋˆ

清洁工 tɕʻinˆ tɕiɛˇ kuŋˆ

保姆 pauˇ muˇ

月嫂 yɛˇ sauˇ

生意人 sənˆ iˆ lənˇ

做小生意 tsəuˆ ɕiauˇ sənˆ ·i ·ti

开公司的 kʻaiˆ kuŋˆ sʅˆ ·ti

×总 × tsuŋˇ　①董事长、总经理等。②员工恭维互称，如张总、李总等。

老板 lauˇ panˇ　①公司、店铺等的经营者。②对领导中"一把手"的称呼。

老板娘 lauˇ panˇ lianˇ　多指店铺、餐饮店的女老板，或是男老板的配偶。

企业家 tɕʻiˇ iɛˇ tɕiaˆ

司长 sʅˆ tsanˇ　对单位司机的恭维称呼。

业主 iɛˇ tsuˇ

---

①　荆州话说人吃相难看，常说"像个饿牢"，意思是"像才从牢房中刚放出来的人，饿得要死，特别贪吃的样子"。"牢"，《松滋县志·方言》："贪吃曰牢。"也有人认为，"饿牢"应写作"饿痨"。

保安 pau˩ an˥

伙计 xuo˩ tɕi˥

师傅 sʅ˥ ·fu ①徒弟的老师。②社会泛称。

大师傅 ta˥ sʅ˥ ·fu 厨师。

徒弟 tʼu˩ ti˥

学徒 ɕyo˩ tʼu˩

小贩 ɕiau˩ fan˥

摊贩 tʼan˥ fan˥

警察 tɕin˩ tsʼa˩

协警 ɕie˩ tɕin˩

城管 tsʼən˩ kuan˩

医生 i˥ sən˥

挑夫 tʼiau˥ fu˥

（十）亲属

1. 长辈

太爷爷 tʼai˥ ie˩ ·iɛ 曾祖父。也称"老爹"。

太奶奶 tʼai˥ lai˩ ·lai 曾祖母。

爹爹 tie˥ ·tie 爷爷，祖父。

婆婆 pʼo˩ ·pʼo ①祖母。②年纪大的女性。

家公 ka˥ kuŋ˥ / tɕia˥ kuŋ˥ 外祖父。或直呼"爷爷"。如：家家、～无银钱，舅爷舅舅、舅妈无银钱。（《江陵歌谣集》）

家家 ka˥ ·ka / tɕia˥ ·tɕia 外祖母。或直呼"奶奶"。

家奶奶 ka˥ ·lai ·lai

爹 tie˥ 老派荆州话称父为"爹"，或称"伯伯"。现在一般都称作"爸、爸爸"。

姆妈 m̩˥ ·ma 妈妈。老派荆州话称母为"姆妈"，小孩、年轻人一般都称作"妈、妈妈"。

爹老头子 tie˥ lau˩ ·tʼuei ·tsʅ 公公（媳妇背称，面称随夫）。

婆老巴子 pʼo˩ lau˩ pa˥ ·tsʅ 婆婆（媳妇背称）。

岳老头子 yo˩ lau˩ tʼuei˩ ·tsʅ 岳父（女婿背称）。

妈 ma˥ ①妈妈。②婆婆（媳妇面称）。

老娘 lau˩ lian˩ 婆婆（媳妇背称）。

×爹 × tie˥ ①孩子对父亲的未婚的哥哥、弟弟、姐姐、妹妹，按年龄顺序，呼作"大爹、二爹、三爹、四爹"等。在这些长辈结婚后，可以延续"爹"的称呼，也可以对父亲的哥哥称"伯伯、大伯、二伯"等，对父亲的弟弟称"叔叔"，对父亲的姐姐、妹妹称"姑妈、大姑妈、二姑妈"等。②孩子对母亲未婚的哥哥、弟弟、姐姐、妹妹，同样以"大爹、二爹、三爹"等相称，这种"爹"类的称呼，也扩展到母亲的表姐、表妹、表兄、表弟。在母亲的哥哥、弟弟、姐姐、妹妹结婚后，可以延续"大爹、二爹"的称呼，也可以改口称男性为"舅舅、大舅、二舅"等，称女性为"姨妈、大姨妈、二姨妈"等。以上这种称谓，现在大体还在延续。

大妈 taㄱ maㄱ　孩子称呼大伯、二伯的爱人为"大妈、二妈"等。

舅妈 tɕiəuㄱ maㄱ　孩子对舅舅的爱人的称呼。

姑爹 kuㄱ tiɛㄱ　孩子对姑妈的爱人的称呼。

姨爹 iㄥ tiɛㄱ　姨父。

幺爹 iauㄱ tiɛㄱ　最小的叔叔、姨妈。

幺幺 iauㄱ iauㄱ　最小的姨妈。

伯伯 poㄥ ·po　孩子对与父母平辈的熟人，不分男女，一般加姓，称作"姜伯伯、王伯伯"等。不过，受普通话影响，现在直呼"×叔叔、×阿姨"的也很常见。

2. 平辈

屋里的 uㄥ ·li ·ti　妻子（丈夫背称）。

小叔子 ɕiauㄥ səuㄥ ·tsʅ　夫之弟弟（妻子背称）。

舅老倌 tɕiəuㄱ lauㄥ kuanㄱ　内兄（背称）。

小舅老倌 ɕiauㄥ tɕiəuㄱ lauㄥ kuanㄱ　内弟（背称）。

姊妹 tsʅㄥ meiㄱ

哥哥 kuoㄱ kuoㄱ

嫂子 sauㄥ ·tsʅ

弟弟 tiㄱ ·ti

弟媳 tiㄱ ɕiㄥ

妯娌 tsuㄥ ·li　兄弟媳妇之间互为妯娌。《方言·卷十二》："筑娌，匹也。娌，耦也。"郭璞注："今关西兄弟妇相呼为妯娌。"

姐姐 tɕiɛㄥ ·tɕie

姐夫哥 tɕiɛㄥ ·fu kuoㄱ　姐夫。一般直呼"哥哥"。

妹妹 meiㄱ ·mei

妹夫 meiㄱ ·fu

堂兄弟 tanㄥ ɕyŋㄱ tiㄱ

堂兄 tanㄥ ɕyŋㄱ

表兄弟 piauㄥ ɕyŋㄱ tiㄱ

表兄 piauㄥ ɕyŋㄱ

表嫂 piauㄥ sauㄥ

表弟 piauㄥ tiㄱ

表姊妹 piauㄥ tsʅㄥ meiㄱ

表姐 piauㄥ tɕiɛㄥ

表妹 piauㄥ meiㄱ

3. 晚辈

子女 tsʅㄥ lyㄥ　儿子和女儿的总称。

伢子 yaㄥ ·tsʅ　小孩子。

伢子们 yaㄥ ·tsʅ ·mən　孩子们。

儿子 ɯㄥ ·tsʅ

大儿子 taㄱ ɯㄥ ·tsʅ

小儿子 ɕiauㄥ ɯㄥ ·tsʅ

幺儿子 iauㄱ ɯㄥ ·tsʅ

媳妇子 ɕiㄥ fu ·tsʅ　媳妇。

新姑娘 ɕinㄱ kuㄱ ·lian　新娘。

儿媳妇 ɯˌ ɕiˌ ·fu

姑娘 kuˉ ·lian 女儿。

幺姑娘 iauˉ kuˉ ·lian 最小的女儿。

女婿 lyˋ ɕyˉ

孙伢子 suənˉ yaˌ ·tsʅ 孙子。

孙子媳妇 suənˉ ·tsʅ ɕiˌ ·fu

孙姑娘 suənˉ kuˉ ·lian 孙女。

孙女婿 suənˉ lyˋ ɕyˉ

重孙子 tsʻuŋˌ suənˉ ·tsʅ

重孙女 tsʻuŋˌ suənˉ lyˋ

外孙子 uaiˉ suənˉ ·tsʅ

外孙女 uaiˉ suənˉ lyˋ

外甥 uaiˉ sənˌ 姐妹之子。

外甥女 uaiˉ sənˌ lyˋ

侄儿子 tsʅˌ ɯˌ tsʅ

侄姑娘 tsʅˌ kuˉ ·lian

内侄 leiˉ tsʅˌ

内侄女 leiˉ tsʅˌ lyˉ

4. 其他

连襟 lienˌ tɕinˉ

亲家 tɕʻinˉ tɕiaˉ

亲家母 tɕʻinˉ tɕiaˉ muˌ

亲戚 tɕʻinˉ ·tɕʻi

娘屋里 lianˌ uˌ li 娘家。

婆屋里 pʻoˌ uˌ li

婆家 pʻoˌ tɕiaˉ

男家 lanˌ tɕiaˉ 婚姻关系中的男方（从外人角度说）。

女家 lyˋ tɕiaˉ 婚姻关系中的女方（从外人角度说）。

（十一）身体

1. 五官

脸 lienˋ

气色 tɕʻiˉ sɤˋ ①面色；脸色。②不好的气味。如：胖～。

脸巴子 lienˋ ·pa ·tsʅ 脸。

麻麻脸 maˌ ·ma lienˋ 脸上有小麻子。

颧骨 tɕʻyenˌ kuˌ

酒窝子 tɕieuˇ uoˉ ·tsʅ

人中 lənˌ tsuŋˉ

腮帮子 saiˉ panˉ ·tsʅ 腮。

眼睛 iɛnˇ tɕinˉ

篾篾眼 mieˉ mieˉ iɛn 荆州话说人眼睛小。"篾"，《类篇》："目小也。弥耶切。"又《方言·卷二》："木细枝谓之杪，江淮陈楚间谓之篾。"

觑觑眼 tɕʻyˉ tɕʻyˉ ·iɛn 眼睛总是眯缝着看。

眼眶子 iɛnˇ kʻuanˉ ·tsʅ

眍眼睛 kʻəˉ uaiˌ tɕinˉ 眼窝凹陷。

眼珠子 iɛnˇ tsuˉ ·tsʅ

白眼珠子 pɤˌ iɛnˇ tsuˉ ·tsʅ

黑眼珠子 xɤˌ iɛnˇ tsuˉ ·tsʅ

眼水 iɛnˇ sueiˇ 眼泪。

眼雨 iɛnˇ yˇ

眼角 iɛnˇ kuoˌ

大眼角 taˉ iɛnˇ kuoˌ 靠近鼻根部

位的眼角。

眼圈 iɛnˇ tɕʻyen˥

眼皮子 iɛnˇ pʻiˇ ·tsʅ ①眼皮儿。②眼色。如：～蛮活。

单眼皮 tan˥ iɛnˇ pʻiˇ

双眼皮 suan˥ iɛnˇ pʻiˇ

眼屎屄屄 ianˇ sʅˇ paˇ ·pa 眼屎。

眼眨毛 yɛnˇ tsʻaˇ mauˇ 眼睫毛。

眉毛 meiˇ mauˇ

皱眉头 tsəuˉ meiˇ təuˇ

鼓眼泡 kuˇ iɛnˇ pʻau˥

横眼睛 xuənˇ iɛnˇ tɕin˥ 表示不满或予以警示。

蛮逼光 manˇ piˇ ·kuan 讥讽眼睛小的人眼睛不"漏光"。

鼻子 piˇ ·tsʅ

鼻渿 piˇ tʻiɛnˇ / liɛnˇ 鼻涕。"渿"，《广韵》："他典切。渿忍，垢浊也。"《字林》："渿，垢浊也。"

浓鼻涕 luŋˇ piˇ tʻi˥

鼻屄屄 piˇ paˇ ·pa 鼻垢；鼻屎。

鼻洞 piˇ tuŋ˥ 鼻孔。

鼻毛 piˇ mauˇ

鼻尖 piˇ tɕiɛn˥

鼻子蛮尖 piˇ ·tsʅ manˇ tɕiɛn˥ 嗅觉灵敏。

鼻梁 piˇ lianˇ

鼻翅子 piˇ tsʻʅ˥ ·tsʅ 鼻翼。

塌三根 tʻaˇ san˥ kən˥ 鼻子根低，塌鼻子样。

酒糟鼻子 tɕiəuˇ tsau˥ piˇ ·tsʅ

嘴巴 tsueiˇ pa˥ 指嘴本身。如：～蛮会说。

嘴巴子 tsueiˇ pa˥ ·tsʅ

撮瓢嘴 tsʻuoˇ pʻiauˇ tsueiˇ 下齿、下唇包上齿、上唇。

鲶鱼嘴 liɛnˇ yˇ tsueiˇ 嘴部阔而扁。

瘪瘪嘴 pieˇ ·pie tsueiˇ 嘴唇薄。

嘴唇 tsueiˇ suənˇ / tsuən ˇ

涎水 ɕiɛnˇ / xanˇ sueiˇ 口水。

流涎 liəuˇ ɕiɛnˇ 流口水。

玩涎水 uanˇ tɕiɛnˇ sueiˇ 婴幼儿吞吐口水玩。

唾沫星子 tʻuo˥ moˇ ɕin˥ ·tsʅ

舌头 sʅˇ ·təuˇ

舌苔 sʅˇ tʻai˥

夹舌子 tɕiaˇ sʅˇ ·tsʅ 说话舌位不正常。

牙齿 iaˇ / aˇ tsʻʅˇ

门牙 mənˇ iaˇ

大牙 ta˥ iaˇ

板牙 panˇ iaˇ

反［告］fanˇ kau˥ 下牙床包上牙床。

牙垢 iaˇ kəu˥

牙巴骨 iaˇ paˇ kuˇ 牙龈。

虫牙 tsʻuŋˇ iaˇ 龋齿。

耳洞眼 ɯˇ tuŋ˥ iɛnˇ

耳垂 ɯˇ tsʻueiˇ

耳屎屄屄 ɯˇ sʅˇ paˇ ·pa 耳屎。

聋 luŋ˧ 耳背。

聋子 luŋ˧ ·tsɿ

下巴壳子 ɕia˨ ·pa kʰʌ˨ ·tsɿ 下巴。

喉咙管子 xəu˨ ·luŋ kuan˨ ·tsɿ 喉咙，也指嗓子。

喉结 xəu˨ tɕie˨

胡子 xu˨ ·tsɿ

缺巴齿 tɕʰye˨ ·pa˧ tsʰɿ˧ 牙齿有空缺。

缺巴子 tɕʰye˨ ·pa˧ ·tsɿ

奶牙 lai˨ ia˨

身子骨 sən˧ ·tsɿ kuʌ˨ 身体。

身上 sən˧ ·san

条子 tʰiau˨ ·tsɿ 身材。

身个子 sən˧ kuo˨ ·tsɿ

[圪渍] ke˨ ·tsɿ 身上的渍垢。

脑壳 lau˨ kʰuo˨ 头；脑袋。如：那六个人想破～，也吟不出来。（《江陵故事集》）

谢顶 ɕie˧ tin˨ 秃顶。

护头 xu˧ tʰəu˨ ①总怕别人说自己秃顶。②小孩不肯理发。

额壳 uo˨ kʰuo˨ 前额；额头。

额角 uo˨ kuo˨ 鬓角骨处。

光脑壳 kuan˧ lau˨ kʰuo˨ 光头。

后脑壳 xəu˧ lau˨ kʰuo˨ 后脑勺。

抓脑壳 tsua˧ lau˨ kʰuo˨ 后脑勺大。

况脑壳 kʰuan˧ lau˨ kʰuo˨ 前额头大。

颈框子 tɕin˨ kʰuan˧ ·tsɿ 脖子。

后颈窝子 xəu˨ tɕin˧ uo˨ ·tsɿ 脖子的后窝处。

头发旋 tʰəu˧ ·fa ɕyen˧

单旋 tan˧ ɕyen˧

双旋 suan˧ ɕyen˧

头发 tʰəu˧ ·fa

风皮 fəŋ˧ ·pʰi 头屑。

少年白 sau˧ lien˨ pʌ˨ 少白头。

皴 tsʰən 因风吹或受冻，皮肤变粗糙。

掉头发 tiau˧ tʰəu˧ ·fa

鬓角 pin˧ kuo˨

辫子 pien˧ ·tsɿ

鬏鬏辫 tɕiəu˧ tɕiəu˧ pien˧ 小女孩儿编或直接扎的小辫子。"鬏"，《广韵》："束也，聚也。"正合荆州话的"扎、束"义。

统毛（搭毛）ta˨ mau˨ 刘海儿。"统"，《广韵》："都敢切。冕前垂也。"

2. 手、脚、胸、背

左手 tsuo˨ səu˨

右手 iəu˧ səu˨

手背 səu˨ pei˧

手板 səu˨ pan˨

手板心 səu˨ pan˨ ɕin˧ 手心。

手腕子 səu˨ uan˧ ·tsɿ

左撇子 tsuo˨ pʰie˨ ·tsɿ

指关节 tsɿ˨ kuan˧ tɕie˨

手指甲 səu˨ tsɿ˨ ·ka

大指甲 ta˧ tsɿ˨ ·ka 大拇指

中指甲 tsuŋ˧ tsɿ˨ ·ka 中指

小指甲 ɕiau˨ tsɿ˨ ·ka 小指头。

六个指甲 luɤ ·kuo tsʅɤ ·ka 六个指头。

指甲壳子 tsʅɤ ka kʰuoɤ ·tsʅ 指甲。

倒茧皮 tauɿ tɕiɛnɤ pʰiɿ 指甲盖边生的倒刺。

指纹 tsʅɤ uənɿ

朒 luoɿ 圆形的指纹。

簸箕 poɿ ·tɕi 簸箕形的指纹。

坨子 tʰuoɤ ·tsʅ 拳头。

脚 tɕyoɤ

赤脚 tsʰʅɤ tɕyoɤ

打赤脚 taɤ tsʰʅɤ tɕyoɤ 光脚。

脚背 tɕyoɤ peiɿ

脚板 tɕyoɤ panɤ

脚板心 tɕyoɤ panɤ ɕinɿ 脚心；脚弓处。

脚指甲壳 tɕyoɤ tsʅɤ kaɿ kʰouɿ 脚指甲。

脚尖 tɕyoɤ tɕiɛnɿ

脚趾头 tɕyoɤ tsʅɤ tʰəuɿ

脚拐子 tɕyoɤ kuaiɤ ·tsʅ 大脚趾连接脚背的关节。

脚丫子 tɕyoɤ iaɿ ·tsʅ 脚趾缝间。"丫"，《广韵》："像物开之形。"

脚跟 tɕyoɤ kənɿ

脚印 tɕyoɤ inɿ

跌脚 tiɛɤ tɕyoɤ 跺脚。如：急得直~。

踮脚 tiɛnɿ tɕyoɤ 脚尖着地，直立或走路。

螺丝拐 luoɿ sʅɿ kuaiɤ 踝骨。

腿子 tʰueiɤ ·tsʅ 腿。

胯 kʰuaɤ 大腿。"胯"，《广韵》："两股间也。"

胯巴 kʰaɿ pa 胯下。

胯子 kʰuaɤ ·tsʅ （整个）腿。

胯骨 kʰuaɤ kuɤ 大腿骨。

大胯子 taɿ kʰuaɤ ·tsʅ 大腿。

小胯子 ɕiauɤ kʰuaɤ ·tsʅ 小腿。

臁包肚子 liɛnɿ pauɿ tuɤ / tuɿ ·tsʅ 小腿肚。

骼膝包 kʰʅɤ ɕi pauɿ 膝盖。

骼膝头 kʰʅɤ ɕi tʰəuɿ

骼膝弯 kʰʅɤ ɕi uanɿ

屁股 pʰiɿ kuɤ

屁眼 pʰiɿ iɛnɤ 肛门。

屁股丫 pʰiɿ kuɤ iaɿ 屁股沟。

胸前 ɕyŋɿ tɕʰiɛnɿ 胸脯。

勒扎骨 lɤ ·tsa kuɤ 胸骨；肋巴骨。如：喊得巴心巴肝~。（《江陵歌谣集》）

肋巴骨 lɤ ·pa kuɤ

鸡胸 tɕiɿ ɕyŋɿ

膀子 panɤ ·tsʅ 肩膀。

倒拐子 tauɿ kuaiɤ ·tsʅ 胳膊肘。

耸肩膀 suŋɤ tɕiɛnɿ panɤ 两肩头向上。

溜肩膀 liəuɿ tɕiɛnɿ panɤ ①两肩头向下斜。②怕承担责任的人。

□肩膀 tʰiaɤ tɕiɛnɿ ·pan

扛肩 kʰanɿ tɕiɛnɿ 肩头向上，脖子向下。

肩胛骨 tɕiɛnɿ tɕiaɤ kuɤ

锁子骨 suoˇ / suoˉ ·tsʅ kuˇ　锁骨；
　　脖子下两边的骨骼。
胳肢窝 kaˇ ·tsʅ uoˉ　腋窝。
寒毛 xanˇ mauˇ　汗毛。
寒毛眼 xanˇ mauˇ iɛnˇ　毛孔。
鸡巴 tɕiˉ paˉ　男阴。
卵子 luanˇ ·tsʅ　卵蛋，指睾丸。
雀雀 tɕ'yoˇ ·tɕ'yo　男孩生殖器。
跑马 p'auˇ maˇ　遗精（同北方方
　　言说法）。
屄 piˉ　女阴。
好事 xauˇ sʅˉ　月经。
日 zʅˇ　交合（本字"肏"）。
心 ɕinˉ　心脏。
心口 ɕinˉ k'əuˇ　一般是指胃。
肚子 tuˉ / tuˉ ·tsʅ　一般读作 tuˉ ·tsʅ，
　　tuˉ ·tsʅ 的读音是受普通话影响
　　所致。
肚脐眼 tuˉ tɕ'iˇ iɛnˇ
腰心 iauˉ ɕinˉ
胳膊 kɤˇ ·po

背脊骨 peiˉ tɕiˇ kuˇ　脊梁骨。
尾脊骨 ueiˇ tɕiˇ kuˇ　脊梁骨末端。

3. 其他

痣 tsʅˉ
骨 kuˇ
筋 tɕinˉ
血 ɕyɛˇ
血管 ɕyɛˇ kuanˇ
脉 mɤˇ
五脏 uˇ tsanˉ
肝 kanˉ
肺 feiˉ
胆 tanˇ
脾 p'iˇ
胃 ueiˉ
肾 sənˉ
肠 ts'anˇ
大肠 taˉ ts'anˇ
小肠 ɕiauˇ ts'anˇ
盲肠 manˇ ts'anˇ
鸡痱子 tɕiˉ feiˉ ·tsʅ　鸡皮疙瘩。

（十二）疾病、医疗

1. 一般用语

不好 puˇ xauˇ　生病了。
小病 ɕiauˇ pinˉ
重病 tsuŋˉ pinˉ
不中神 puˇ tsuŋˉ sənˇ　身体不好；
　　生病了。
蛮不中神 manˇ puˇ tsuŋˉ sənˇ　病

得很严重。
不中神哒 puˇ tsuŋˉ sənˇ ·ta　快不
　　行了；要死了。
捱时间 aiˇ sʅˇ ɕienˉ　拖延时间。
　　如：他那个病，也就是～。
看病 k'anˉ pinˉ
挂号 kuaˉ xauˇ

量体温 lian˨ tʻi˦ uən˦
号脉 xau˨ mʌ˦
打针 ta˥ tsən˧
打吊针 ta˥ tiau˥ tsən˧
　输液 su˧ iɛ˦
病轻哒 pin˧ tɕʻin˧ ·ta
病好哒 pin˧ xau˥ ·ta
药铺子 yo˦ pʻu˧ ·tsɿ　中药店。
药店 yo˦ tien˧　一般指西药店。
药房 yo˦ fan˦　医院发药的地方。
开药方子 kʻai˧ yo˦ fan˧ ·tsɿ
吃中药 tɕʻi˦ tsuŋ˧ yo˦
西药 ɕi˧ yo˦
偏方 pʻien˧ fan˧
抓药 tsua˧ yo˦
买药 mai˥ yo˦
痨药 lau˦ yo˦　毒药。"痨",《方言·卷三》："凡饮酒敷药而毒,北燕、朝鲜之间谓之痨……"今荆州话仍称毒药为"痨药"。如：塘里下哒~,鱼死光哒。也常说孩子不肯吃饭谓"像吃痨药"。
药引子 yo˦ in˥ ·tsɿ
药罐子 yo˦ kuan˧ ·tsɿ
泼药 pʻo˦ yo˦　荆州有把中药渣泼在路上让路人踩的习俗,据说这样可以把病带走,病就好了。
煎药 tɕien˧ yo˦
熬药 au˦ yo˦
药膏 yo˦ kau˧
膏药 kau˧ yo˦

药粉子 yo˦ fən˥ ·tsɿ　药面。
药元子 yo˦ uan˦ ·tsɿ　西药片。
中药元子 tsuŋ˧ yo˦ yen˦ ·tsɿ　中药丸。
抹药 mo˥ yo˦　搽药。
上药 san˧ yo˦
打疤子 ta˥ pa˧ ·tsɿ　伤口打上带药的纱布、药棉。
发汗 fa˥ xan˧
消毒 ɕiau˧ tu˦
消肿 ɕiau˧ tsuŋ˥
消食 ɕiau˧ sɿ˦
扎针 tsa˥ tsən˧　针灸。
梅花针 mei˦ xua˧ tsən˧
拔火罐子 pa˦ xuo˥ kuan˧ ·tsɿ
理疗 li˥ liau˦
牵引 tɕʻien˧ in˥
吊颈子 tiau˧ tɕin˥ ·tsɿ

2. 内科

母猪疯 mu˥ tsʻu˧ fəŋ˧　癫痫。
惊风 tɕin˧ fəŋ˧　小儿惊厥。
抽风 tsʻəu˧ fəŋ˧
中风 tsuŋ˧ fəŋ˧
背气 pei˧ tɕʻi˧　休克。如：傥然遇着个背了气的……(《儿女英雄传·六》)
闭气 pei˧ tɕʻi˧
闭窍 pei˧ tɕʻiau˧
发烧 fa˥ sau˧
　打胡烧 ta˥ xu˦ sau˧
发高烧 fa˥ kau˧ sau˧

发低烧 fa˩ ti˧ sau˧
发冷 fa˩ lən˨
发［条］fa˩ tʰiau˨ 因受冻或受惊吓而打颤、发抖。如：老母一看到儿子的影子，都浑身～。(《江陵故事集》)
感冒 kan˨ mau˧
凉倒哒 liaŋ˨ ·tau ·ta 受凉了。
热倒哒 lγ˩ ·tau ·ta 受了暑热。
发痧 fa˩ sa˧ 中暑。
刮痧 kua˩ sa˧ 治疗中暑的一种方法。
［哨］kʰən˨ 咳嗽较重。如：感冒哒，～哒一夜。
呴 xue˧ 喉中喘气。《集韵》："呼侯切。喉中声也。"
作哇 tsuo˩ ua˨ 恶心，欲呕吐状。
作疢 tsuo˧ fan˧ 胃里难受，有食物翻起感。《集韵》："疢，心恶病。"
噦 ye˧ ①食物、一口气窝在胃里而难受。②有话窝在心里而不舒服等。"噦"，《广韵》："於月切。"《说文解字》："噦，气牾也。"
气管炎 tɕʰi˧ kuan˨ liɛn˨
口干 kəu˨ kan˧ 口渴。如：～喝露水，饿了吃北风。(《江陵歌谣集》)
上火 san˧ xuo˨ 内热。
口臭 kʰəu˨ tsʰəu˧

虫牙 tsʰuŋ˨ ia˧ 龋齿。
牙齿疼 ia˨ tsʰʅ˨ tʰən˨
牙齿烂哒 ia˨ tsʰʅ˨ lan˧ ·ta
结肠 tɕiɛ˨ tsʰan˨ 便秘。
结火 tɕiɛ˨ xuo˨
火气 xuo˨ tɕʰi˧ 内热，上火。
去火 tɕʰy˨ xuo˨
肚子疼 tu˧ ·tsʅ tʰən˨
胸口疼 ɕyŋ˧ kʰəu˨ tʰən˨ ①胃疼。②心脏疾病引发的疼痛。
赶脚 kan˨ tɕyo˨ 拉肚子。
拉稀 la˧ ɕi˧
打屁 ta˨ pʰi˧ 人体生理现象。
放屁 fan˧ pʰi˧ ①人体生理现象。②常作骂人的话。
头昏 tʰəu˨ xuən˧
头晕 tʰəu˨ yn˧
晕车 xuən˨ tsʰγ˧
晕船 xuən˨ tsʰuan˨
脑壳疼 lau˨ kʰuo˧ tʰən˨ ①（生病）头疼。②事情让人伤脑筋。
疝气 suan˧ tɕʰi˧ 阴囊肿大。
脱肛 tʰuo˨ kaŋ˧
子宫脱垂 tsʅ˨ kuŋ˧ tʰuo˨ tsʰuei˨
打脾寒 ta˨ pʰi˨ xan˨ 发疟疾。
打摆子 ta˨ pai˨ ·tsʅ
出麻疹 tsʰu˩ ma˨ tsən˨
出水痘 tsʰu˩ suei˨ təu˧
种痘 tsuŋ˧ təu˧
伤寒 san˧ xan˨
黄疸 xuan˨ tan˨

肝炎 kanㄱ iɛnㄥ
肺炎 feiㄱ iɛnㄥ
胃疼 ueiㄱ tʻənㄥ
　心口疼 ɕinㄱ kəuㄥ tʻənㄥ
筲箕鼓 sauㄱ ·tɕi kuㄥ　血吸虫病。
倒大腿 tauㄥ taㄱ tʻueiㄥ　丝虫病，小腿（肿得）比大腿还粗。
绞肠痧 tɕiauㄥ tsʻanㄥ saㄱ　盲肠炎。
痨病 lauㄥ pinㄱ　①中医指结核病。②长期不能确诊的内科重病。
齆鼻子 uŋㄱ piㄥ ·tsʅ　鼻子不通。《龙鑫手鉴·鼻部》："齆，鼻塞病也。"
鼻子塾了/哒 piㄥ ·tsʅ tsuㄥ ·la / ta　鼻子不通。

　3. 外科

拐 yɛㄥ　折；崴。如：把棍子～弯。｜脚～了一下。《新方言·释言》："今人谓以手折物为拐。"
溇 lanㄥ　碘酒、盐浸渍引起的刺激伤口的痛感。《集韵》："卢感切。盐渍果也。"
结壳子 tɕieㄥ kʻouㄥ ·tsʅ　结痂。
碰伤 pʻəŋㄱ sanㄱ
划个口子 xuaㄱ kuoㄱ kəuㄥ ·tsʅ
大出血 taㄱ tsʻuㄥ ɕieㄥ　常见的有胃部、妇女产后、手术后等严重出血。
淤血 yㄱ ɕieㄥ
解剖 kaiㄥ pʻoㄱ
红肿 xuŋㄥ tsuŋㄥ

青紫 tɕʻinㄱ tsʅㄥ
灌脓 kuanㄱ luŋㄥ　伤口、包块里有脓。
溃哒 kʻueiㄱ ·ta　脓疮破了。
暴耳风 pauㄱ ɯㄥ fəŋㄱ　腮腺炎。
长包 tsanㄥ pauㄱ　炎症形成较大的包块，一般是脓包，头上常见。
长疖子 tsanㄥ tɕieㄥ ·tsʅ　突起状小疮包。
长嘴子 tsanㄥ tsueiㄥ ·tsʅ　脸部、身上长出尖的突起状小肿包。
长盘 tsanㄥ pʻanㄥ　因蚊子叮或过敏，皮肤上长出块状的疙瘩。
　起盘 tɕʻiㄥ pʻanㄥ
痔疮 tsʅㄱ tsʻuanㄱ
坐板疮 tsuoㄱ panㄥ tsʻuanㄱ　长在臀部的疱疖类。
癣 ɕyɛnㄥ
痱子 feiㄱ ·tsʅ
汗斑 xanㄱ panㄱ
过敏 kuoㄱ minㄥ　环境、药物等引起的身上、脸上红肿，或是（成片）起包块、咳嗽、流鼻涕等。
瘊子 xəuㄥ ·tsʅ　①一般是手上长的小突起，内有肉刺。②身上的疣状突起。
雀斑 tɕʻyoㄱ panㄱ
粉刺 fenㄥ tsʅㄱ
体气 tʻiㄥ tɕʻiㄱ　狐臭。

狐臭 xu˧ tsʻəu˩

大脖子 ta˧ poˊ˩ tsɿ˙ 甲状腺肿大。

大麦风 ta˧ mγ˩ fəŋ˧ 麻风病。

风湿疙瘩 fəŋ˧ sɿ˩ kγˊ˩ ta˙ 荨麻疹。

公鸭嗓子 kuŋ˧ ia˧ saŋ˧ tsɿ˙ 嗓音沙哑。

近视眼 tɕin˩ sɿ˩ iɛn˩

远视眼 yɛn˩ sɿ˩ iɛn˩

睁眼瞎 tsəŋ˧ iɛn˩ ɕia˩ 青光眼。

老花眼 lau˩ xua˧ iɛn˩

错牙齿 tsʻuoˊ˩ ia˩ tsʻɿ˩ 牙齿长得很不整齐。

锉牙齿 tsʻuo˩ ia˩ tsʻɿ˩ 睡觉咬牙。

龅牙齿 pau˧ ia˩ tsʻɿ˩ 一般指虎牙，也可指门牙外翻。

4. 残疾等

瞎巴子 ɕia˩ pa˩ tsɿ˙ 瞎子。

结巴子 tɕiɛˊ˩ pa˩ tsɿ˙ 结巴舌。

豁巴子 xuo˩ pa˩ tsɿ˙ 豁唇。

病秧子 pin˧ iaŋ˩ tsɿ˙ 歪歪倒倒的、总是生病的人。

病壳子 pin˧ kʻuoˊ˩ tsɿ˙ 总是生病、身子骨单薄的人。

瘫子 tʻan˧ tsɿ˙ 腿有残疾、无法直立行走的人。

半边风 pan˧ piɛn˧ fəŋ˧ 身体一边中风瘫痪。

半边瘫 pan˧ piɛn˧ tʻan˧

瞇子 piɛŋ˩ tsɿ˙ 一目失明。《集韵》："无一目曰瞇。"

瞇瞇 piɛŋ˩ piɛŋ˙

一只瞇 i˩ tsɿ˩ piɛn˩

半边街 pan˧ piɛn˧ kai˧

响包 xuə˩ pau˧ 哮喘病人。《集韵》："呼侯切。喉中声也。"如：颈短胸高，不死成～。（《荆州谚语集》）

驼子 tʻou˩ tsɿ˙ 罗锅儿。

聋子 luŋ˧ tsɿ˙

哑子 ia˩ tsɿ˙ 哑巴。

哑巴 a˩ ·pa

跛子 poˊ˩ tsɿ˙ 瘸子。《说文解字》："跛，行不正也。""驷跛鳖而上山兮，固知其不能升。"（《楚辞·哀时令》）

蹒子 pai˧ tsɿ˙

排腿 pʻai˩ tʻuei˩ 罗圈腿。

[欻]子 tsʻua˩ tsɿ˙ 手有残疾的人。

憨头 xan˧ tʻəu˧ 比较蠢笨的人。如：你说老子是～，我说财主大笨蛋。（《江陵故事集》）

憨子 xan˧ tsɿ˙ 傻子。

憨包 xan˧ pau˧

邪子 ɕyɛ˩ tsɿ˙ 疯子；神经病患者。

痴子 tsʻɿ˩ tsɿ˙ 智障、痴痴呆呆的人，什么也不知道，程度比憨子严重。

痴呆子 tsʻɿ˩ tai˧ tsɿ˙

保保 pau˩ ·pau 精神不正常、行为反常的人。《集韵》："保，狂也。"如：保里保气。

痴巴佬 tsʻɿ˩ pa˧ lau˩ 出手无轻重

的人。
苕货 sau˧ xuo˥ 比较傻、笨的人。
    苕坨 sau˧ tʻuo˥
光脑壳 kuan˥ lau˧ ·kʻɤ ①秃子。
    ②光头。

二黄 ɯ˥ xuan˧ 指"二百五"一类，说话不着调，办事不靠谱的人。
    二黄坯子 ɯ˥ xuan˧ pʻei˥ ·tsɿ
癞子壳 lai˧ ·tsɿ kʻuo˥ 癞痢头。

（十三）衣服、穿戴

1. 服装

衣服 i˥ ·fu
制服 tsɿ˥ fu˧
中式装 tsuŋ˥ sɿ˥ tsuan˥
中山装 tsuŋ˥ san˥ tsuan˥
西服 ɕi˥ fu˧
领带 lin˧ tai˥
幔袍 man˥ pʻau˧ 一般指长棉袍。"幔"，盖、罩。《广韵》："莫丰切。覆也。"如：……投之烂泥污中，上～青布。(《海园闻见录·东南洋记》)
幔褂子 man˥ kua˧ ·tsɿ 罩衣。
幔裤子 man˥ kʻu˥ ·tsɿ 罩裤。
旗袍 tɕʻi˧ pʻau˧
棉衣 miɛn˧ i˥
棉袄 miɛn˧ au˧
滚身子 kuən˧ sən˥ ·tsɿ 短棉袄。
皮袄子 pʻi˧ au˧ ·tsɿ 皮袄。
皮袍 pʻi˧ pʻau˧
大衣 ta·˥ i˥
短大衣 tuan˧ ta˥ i˥
衬衣 tsʻən˥ i˥
领褂子 lin˧ kua˥ ·tsɿ 家庭自制的对襟衬衣。
衬褂子 tsʻən˥ kua˥ ·tsɿ 衬衣。
背褂子 pei˥ kua˥ ·tsɿ 一般指棉背心。
汗褂子 xan˧ kua˥ ·tsɿ 一般指布制无领背心。
坎肩 kʻan˧ tɕiɛn˥
衣襟 i˥ tɕin˥
对襟 tuei˥ tɕin˥
下摆 ɕia˧ pai˧
领子 lin˧ ·tsɿ
站领 tsan˥ lin˧ 立领。
圆领衫 yen˧ lin˧ san˥ 针织无领衫。
袖子 ɕiəu˥ ·tsɿ
袖笼子 ɕiəu˥ luŋ˥ ·tsɿ 袖套。
长袖 tsʻan˧ ɕiəu˥
短袖 tuan˧ ɕiəu˥
裙子 tɕyn˧ ·tsɿ
吊带裙 tiau˥ tai˥ tɕʻyn˧
直筒裙 tsɿ˧ tʻuŋ˧ tɕʻyn˧
裤子 kʻu˥ ·tsɿ
单裤 tan˥ kʻu˥
打单 ta˧ tan˥ 只穿单衣、单裤。
拣旧 tɕiɛn˧ ɕiəu 穿别人穿过的衣

服。如：弟弟拣哥哥的旧。

裤裆 kʻu˧ tan˧

短裤 tuan˅ kʻu˧ ①制服式，穿在外面的裤衩。②贴身穿的裤头。

衩裆裤 tsʻa˧ tan˧ kʻu˧ 开裆裤。

死裆裤 sʅ˅ tan˧ kʻu˧ 不开裆的裤子。

整裆裤 kən˅ tan˧ kʻu˧

裤腰 kʻu˧ iau˧

直筒裤 tsʅ˧ tʻuŋ˧ kʻu˧

牛仔裤 liəu˧ tsai˅ kʻu˧ 新引进词，"牛"读 liəu˧，不读 iəu˧。

成长裤 tsʻən˧ tsan˅ kʻu˧ 三岁左右孩子穿的裤子。

裤腰带子 kʻu˧ iau˧ tai˧ ·tsʅ 裤腰带。

裤腿子 kʻu˧ tuei˅ ·tsʅ

裤脚 kʻu˧ tɕyo˧

荷包 xuo˧ pau˧ ①衣服上的口袋。②装饰性的钱包类。

纽扣 liəu˅ kʻəu˧

扣襻子 kʻəu˧ pʻan˧ ·tsʅ 用布绳打的扣子。

扣眼 kʻəu˧ iɛn˅

泡泡纱 pʻau˧ ·pʻau sa˧

灯芯绒 tən˧ ɕin˧ luŋ˧

涤卡 ti˧ kʻa˅ 20世纪80年代属高档衣料。

的确良 ti˧ tɕʻyo˧ lian˧

秋裤 tɕʻiəu˧ kʻu˧ 传统的绒裤。

秋衣 tɕʻiəu˧ i˧ 传统的绒衣。

衬裤子 tsʻən˧ kʻu˧ ·tsʅ

蓑衣 suo˧ i˧ 农村传统雨具，用棕做的雨衣。

2. 鞋、帽

鞋子 xai˧ ·tsʅ 鞋。

拖鞋 tʻuo˧ xai˧

棉鞋 miɛn˧ xai˧

胶鞋 tɕiau˧ xai˧ 雨鞋。

套鞋 tʻau˧ xai˧

靸鞋 sa˧ xai˧ 荆州指无后帮的拖鞋类。"靸"，《说文解字》："靸，小儿履也。"

韝鞋 uŋ˧ xai˧ 棉鞋；棉靴。"韝"，《广韵》："吴人靴勒曰韝。"

木屐子 mu˧ tɕi˧ / tɕi˧ ·tsʅ 木制钉鞋，前端有布帮，桐油油过，雨天踏水用。"屐"，颜师古注："屐者，以木为之，而施两齿，所以践泥。"

布鞋 pu˧ xai˧

皮鞋 pʻi˧ xai˧

打脚 ta˅ tɕyo˧ 一般指不合脚的新鞋，穿着不舒服。

塑料凉鞋 suo˧ liau˧ lian˧ xai˧

解放鞋 kai˅ fan˧ xai˧ 黑色胶底，绿帆布帮军鞋，20世纪70年代很流行。

鞋底子 xai˧ ti˧ ·tsʅ

鞋带子 xai˧ tai˧ ·tsʅ

鞋拔子 xai˩ pa˩ ·tsʅ

鞋楦子 xai˩ ɕyen˥ ·tsʅ　做鞋定型用的木制模型。

发糕鞋 fa˩ kau˥ xai˩

坡跟鞋 pʻo˥ kən˥ xai˩

长筒靴 tsʻan˩ tʻuŋ˩ ɕye˥

袜子 ua˩ ·tsʅ

长袜 tsʻan˩ ua˩

短袜 tuan˩ ua˩

五指袜 u˩ tsʅ˩ ua˩　后起的、带有五个脚趾的袜子。

帽子 mau˥ ·tsʅ

帽檐子 mau˥ iɛn˩ ·tsʅ

皮帽 pʻi˩ mau˥

礼帽 li˩ mau˥

军帽 tɕyn˥ mau˥

草帽 tsʻau˩ mau˥

斗笠 təu˥ ·li　农村传统雨具,用竹篾、竹叶制作而成的尖尖形草帽。

3. 装饰品

首饰 səu˩ sʅ˥

镯子 tsuo˩ ·tsʅ

箍子 ku˥ ·tsʅ　戒指。

八方戒 pa˩ fan˥ kai˥

项链 xan˩ liɛn˥

手链 səu˩ liɛn˥

项圈 xan˩ tɕʻyɛn˥

百家锁 pʻ˩ tɕia˥ suo˩

胸针 ɕyŋ˥ tsən˥

簪子 tsan˥ ·tsʅ

耳环 ɯ˩ xuan˩

胭脂 iɛn˥ tsʅ˥

眉笔 mei˩ pi˩

粉 fən˩　脂粉。

痱子粉 fei˥ ·tsʅ fən˩

4. 其他穿戴

围裙 uei˩ tɕʻyn˩

涎兜子 ɕiɛn˩ təu˥ ·tsʅ　围嘴类,挂在脖子下用于接口水的婴幼儿用品。

抱裙 pau˥ tɕyn˩　婴幼儿（护腿、护臀）穿的桶状棉围裙。

尿片子 liau˥ pʻiɛn˥ ·tsʅ

尿不湿 liau˥ pu˩ sʅ˥

手笼子 səu˩ luŋ˩ ·tsʅ　手套。

围巾 uei˩ tɕin˥

头巾 tʻəu˩ tɕin˥

方巾 fan˥ tɕin˥　方形头巾。

包头袱子 pau˥ tʻəu˩ fu˩ ·tsʅ　过去中老年妇女缠在头上的长布巾,一般为青蓝色,老年男性头上少见。

手套 səu˩ tʻau˥

眼镜 iɛn˩ tɕin˥

老花镜 lau˩ xua˥ tɕin˥

雨伞 y˩ san˩　20 世纪 80 年代之前,常见的是竹把的（油）纸伞和（油）布伞。

遮阳伞 tsʅ˥ ian˩ san˩

（十四）饮食

1. 伙食

吃饭 tɕʰi˨ fan˧ 一般指大米饭。

喝早酒 xuo˨ tsau˨ tɕiəu˨ 早上喝点小酒，吃点小菜。

过早 kuo˧ tsau˨ 吃早餐。

过中 kuo˧ tsuŋ˧ 吃中饭。

晚餐 uan˨ tsʰan˧

宵夜 ɕiau˧ iɛ˧ 吃夜宵是荆州习俗，一般指晚上十点以后的非正式用餐。

零食 lin˨ sʅ˧

味大 uei˧ ta˧ 味重、较咸、作料多等。

点心 tiɛn˨ ɕin˧ 糕饼之类食品。

茶点 tsʰa˨ tiɛn˨

打牙祭 ta˨ ia˨ tɕi 荆州民俗，如"初一"、"十五"等时间家庭聚餐。到20世纪70年代，"打牙祭"已经成了群众偶尔加餐、改善生活的一种方式。现在生活水平提高了，"打牙祭"也就不存在了。

胀 tsan˧ ①过量地吃。如：死吃活～。②撑（得难受）。如：～气。

2. 米食

饭 fan˧ 米饭。

饭甑子 fan˧ tsən˧ ·tsʅ 桶状、木质、无底、立于锅上的蒸饭炊具，20世纪90年代以前，餐馆、单位食堂常用。"甑"是一种古老的蒸米饭炊具，初为陶制，继而为青铜制。《楚辞·九章·哀郢》："璋珪杂于甑窐兮。""甑窐"简称"甑"。

潽 pʰu˧ 锅、壶中气、水、汤沸腾冒出状，本字作"䰞"。"䰞"，《集韵》："蒲没切。"《说文解字》："吹釜溢也。"《汉语大字典》："稀饭沸腾溢出。"

剩饭 sən˧ fan˧ 吃剩下的米饭。

现饭 ɕiɛn˧ fan˧ 不是本次新做的饭。

糒子 man˧ ·tsʅ 米汤、煮开的牛奶表面的凝固层。"糒"，《广韵》："莫奔切，粥凝。"

夹生饭 tɕia˨ sən˧ fan˧ 上稀下糊、半生不熟的米饭。

烂巴饭 lan˧ pa˧ fan˧ 碎米做的幼儿吃的饭。

八宝饭 pa˨ pau˨ fan˧ 也作"散烩八宝"，用江米、红枣、莲米等八种食材加猪油、白糖蒸制而成，为荆州特色食品。如：来客不吃～，枉到荆州跑一转。（《江陵故事集》）

米糊 mi˨ xu˨ 细碎米做成的糊状食物。

洑汁酒 fu˨ ·tsʅ tɕiəu˨ 江米甜酒。

米酒 mi˨ tɕiəu˨

粽子 tsuŋ˧ ·tsʅ 用竹叶或苇叶包入

浸泡后的江米做成的粽子。荆州的粽子一般无馅。

粉 fən˅　米制的食品，似宽面条。现时有宽粉、细粉、圆粉等。

米粉 mi˅ fən˅

炒粉 tsʻau˅ fən˅　炒米粉。

汤粉 tʻan˧ fən˅　米粉入锅，水开即捞出，配调料等食用。

米泡 mi˅ pʻau˧　大米浸泡后蒸熟，晒干，炒制而成。

稀饭 ɕi˧ fan˧
　粥 tsəu˧ / tsu˅　粥

锅巴 kuo˧ pa˧　一般是指焖饭和用锅蒸饭时锅底焦黄部分。

锅巴饭 kuo˧ pa˧ fan˧　以锅巴为主的米饭。

锅巴粥 kuo˧ ·pa tsəu˧　用锅巴做的稀饭。

糯米 luo˧ mi˅　北方的江米。

阴米 in˧ mi˅　江米泡后蒸熟，晾干而成。

阴米粥 in˧ mi˅ tsəu˧　阴米煮的稀饭。

汤饭 tʻan˧ fan˧　（冬天常见）将剩米饭加水、加剩菜煮热吃。

馊饭 səu˧ fan˧　有酸臭味、变质的米饭。"馊"，《玉篇·食部》："馊，饭坏也。"

油盐饭 iəu˅ iɛn˅ fan˧　米饭加油盐炒食。

蛋炒饭 tan˧ tsʻau˅ fan˧　鸡蛋炒饭。

炒花饭 tsʻau˅ xua˧ fan˧　类似扬州炒饭。

年糕 liɛn˅ kau˧

吊浆 tiau˧ tɕian˧　糯米泡后磨成浆吊起来控水的过程。

餈浆 tsʻɿ˧ tɕian˧　①吊浆后的沉淀，即沉浆。②用布巾等吸水的过程：把浸泡后的糯米磨成浆，放进盆子，在上面平铺一些干布巾，吸收糯米浆里的水分。效果与吊浆相同。

沉浆 tsʻən˧ tɕian˧　吊浆后的沉淀，可做汤圆、糯米饺等。

粉子 fən˅ ·tsɿ　粮食一类研磨的粉状物。如：糯米～。

汤圆 tʻan˧ yɛn˅　大的包馅，也称元宵；小的不包馅（小汤圆），煮食。
　元宵 yɛn˅ ɕiau˧

汤圆粉子 tʻan˧ yɛn˅ fən˅ ·tsɿ　餈浆粉。

杵糍粑 tsʻu˅ tsʻɿ˅ ·pa　糯米泡后蒸熟，用木棒捣、砸成黏状体的过程。《说文解字》："餈（糍），稻饼也，从食，次声。"

糍粑 tsʻɿ˅ pa˧　①糯米泡后蒸熟，用木棒捣、砸成黏状体做成的厚饼，可以煎、炸、炕等方式食用。②糯米泡后蒸熟，加微量的盐，摊成较薄的饼，切成约两寸长的方块，油炸食用。

炕糍粑 kan˥ tsʻɿ˥ ·pa　小火把瓷浆粉（瓷浆）做成的糍粑炕熟，拌糖食用。

煎糍粑 tɕien˥ tsʻɿ˥ pa˩

炸糍粑 tsa˩ tsʻɿ˥ pa˩　咸味，糯米泡水蒸熟后切成方块，炸食。

糯米饺 luo˥ mi˩ tɕiau˩　瓷浆做成棒状，油炸后拌上炒熟的芝麻糯米粉等食用。

糯米鸡 luo˥ mi˩ tɕi˥

麻坨 ma˩ tʻou˩　瓷浆做成、外有芝麻、炸成空心球状的食品。

方糕 fan˥ kau˥　方形、蒸食的小点心。

顶顶糕 tin˩ tin˩ kau˥　类似方糕，在模具中蒸熟，顶出后食用。

奶糕 lai˩ kau˥　20世纪80年代婴幼儿食用的代奶品。

绿豆糕 lu˩ təu˥ kau˥

3. 面食

灰面 xuei˥ miɛn˥　（小麦）面粉。

面 miɛn˥　面条。如：买一碗~。

疙瘩子 kɤ˩ ·ta ·tsɿ　一种面食。打好的面糊，一点点下到滚水中，形成疙瘩状。

豆皮 təu˥ pʻi˩　大米加豆类（最好是绿豆，也可用蚕豆、黄豆等）泡透磨浆，摊成薄饼状，再切成宽面条状，可煮食，也可炒食。

豆丝 təu˥ ·sɿ

摊豆皮 tʻan˥ təu˥ pʻi˩

块子 kʻuai˩ / kʻuai˥ ·tsɿ　北方的面片儿。

酸辣面 suan˥ la˩ miɛn˥　20世纪流行，面条的味道就是醋、辣椒、酱油混合的酸辣味。

燃面 lan˩ miɛn˥　20世纪末才兴起的一种有肉末类"码子"的面条。

早堂面 tsau˩ tʻan˩ miɛn˥　后来才出现的一种荤汤面条。

早汤面 tsau˩ tʻan˩ miɛn˥

碱水面 tɕien˩ suei˩ miɛn˥　20世纪80年代以前比较流行，餐馆做面条时，放少量碱水，可增加韧性，改变口味。

锅块 kuo˥ kuai˩　一般是马蹄形，类似北方的烧饼，不过稍大一些。

锅牙子 kuo˥ ia˩ ·tsɿ　满族面品，似锅块，但做法不完全相同。

饺子 tɕiau˩ ·tsɿ

包面 pau˥ miɛn˥　类似北方的馄饨，不过是清汤馄饨，面皮里的肉馅儿也比较小。

老面 lau˩ miɛn˥　发酵用的面团。

发酵粉 fa˩ ɕiau˩ fən˥　具有发酵作用的添加剂。

馍馍 mo˩ ·mo　馒头。荆州市区只有双音节的"馍馍"，没有单音节词"馍"的说法。

馒头 manˋ ˑtʰou

机器馒头 tɕiˉ tɕʰiˉ manˋ ˑtʰou 机制馒头，20 世纪 80 年代一度流行，后来消失。

包子 pauˉ ˑtsʅ 包了馅的食品。如：菜～、肉～。江汉平原地域农村有把馒头叫包子的。

糖三角 tʰanˊ sanˉ kuoˋ 三角形的糖包。

粑粑 paˉ ˑpa 在锅里完成的一种半煎半蒸的食品。有米面做的，也有面粉做的。现在的大饭店里一般都有折成半月形、煎制成金黄色的米粑粑。

火烧粑粑 xuoˇ sauˉ paˉ ˑpa

汽水粑粑 tɕʰiˋ sueiˇ paˉ ˑpa

发糕 faˇ kauˉ 米面或小麦面蒸成的一种很蓬松的食品。

花卷 xuaˉ tɕyenˇ

饼子 pinˇ ˑtsʅ 饼类的泛称。

油货 iəuˊ xuoˋ 油饼、油条类油炸食品的泛称。

油果子 iəuˊ kuoˇ ˑtsʅ 油条。现在该名称基本消失。

油齿子 iəuˊ tsʰʅˋ ˑtsʅ 北方的油炸糖糕。

油墩子 iəuˊ tuənˉ ˑtsʅ 用发酵后的面团做成，圆形空心、寸把高的墩状油炸食品。

馓子 sanˇ ˑtsʅ 油炸的细条状面食。

油饼 iəuˊ pinˇ ①炸油饼。②煎制的面饼。

面窝 miɛnˋ uoˉ 米糊、面糊、豆糊加少许盐搅拌后倒进勺状模具，再放入油锅炸制，饼中有空洞，呈圆环形。

油香 iəuˊ xianˉ 饼状、有葱花的油炸面食。

软饼 luanˇ pinˇ 北方的（软）煎饼。一般是家里自制，面粉加水（有的加少许鸡蛋），放少许盐，打匀，用勺子倒入（有少量油的）热锅中，摊成薄饼状。

酥饺 suˉ tɕiauˇ

蛋糕 tanˉ kauˉ

生日蛋糕 sənˉ ɯˋ tanˉ kauˉ

月饼 yɛˋ pinˇ

麻花 maˋ xuaˉ

麻叶子 maˋ iɛˋ ˑtsʅ

翻饺 fanˉ tɕiauˇ

雪枣 ɕyɛˇ tsauˇ

蛋心圆 tanˉ ɕinˉ yenˋ 一种圆形扣子状小饼干。

锅贴饺子 kuoˉ tʰiɛˋ tɕiauˇ ˑtsʅ

豆腐脑 təuˋ ˑfu lauˇ 豆浆点成。与北方地区不同的是，煮熟加糖食用，北方地区是加咸卤吃。

4. 肉、蛋、鱼

精肉 tɕinˉ luˋ 瘦肉。

肉丁 luˋ tinˉ

肉片 luʌ pʻiɛn˧
肉丝 luʌ sʅ˧
肉末 luʌ mo˧
肉皮 luʌ pʻi˧
槽头肉 tsʻaʌ tʻuəʴ luʌ 猪脖子处的肉。
坐墩子 tsuo˧ tuən˧ ·tsʅ 猪的臀部。
筒子骨 tʻuŋ˧ ·tsʅ kuʌ
里脊肉 li˥ tɕi˧ luʌ
猪脚 tsu˧ tɕyo˥ 猪蹄。
猪蹄髈 tsu˧ tʻi˥ pʻaŋ˥ 猪腿靠近身体的部位。
赚头 tsuan˧ ·tʻəu 猪舌头。
　口条 kʻəu˥ tʻiau˧
顺风 suən˧ fuŋ˧ 猪耳朵。
下水 ɕia˧ suei˥ 猪内脏。
肠子 tsʻan˧ ·tsʅ 猪肠子。
大肠 ta˧ tsʻan˧ 猪大肠。
小肠 ɕiau˥ tsʻan˧ 猪小肠。
排骨 pʻai˧ kuʌ
猪血 tsu˧ ɕye˥
猪肝 tsu˧ kan˧
猪肚子 tsu˧ tu˥ ·tsʅ 猪的胃。
腰子 iau˥ ·tsʅ 猪腰子。
牛百叶 iəu˧ pɤ˥ iɛ˧
牛肚子 iəu˧ tu˥ ·tsʅ
牛蹄筋 iəu˧ tʻi˥ tɕin˧
鸡杂 tɕi˧ tsaʌ
鸡胗 tɕi˧ tsuən˧
鸡血 tɕi˧ ɕye˥
鸡蛋 tɕi˧ tan˧

皮蛋 pʻi˧ tan˧ 鸭蛋制作而成的变蛋。
盐蛋 iɛn˧ tan˧ 一般是在鸭蛋上裹咸泥巴等制成。
咸鸭蛋 xan˧ ia˧ tan˧
卤蛋 lu˥ tan˧
香肠 ɕian˧ tsʻan˧
灌香肠 kuan˧ ɕian˧ tsʻan˧ 腊月间，荆州有灌香肠、腌腊肉和腊鱼的习俗。
腊肉 la˧ luʌ
腊鱼 la˧ y˧
走油 tsəu˥ iəu˧ 腊肉等冒出油。
上涎 san˧ ɕiɛn˧ 腊肉、腊鱼等放置时间久了，表层泛起的黏液，是变质的表现，也作"起涎"。
哈喇子味 xa˧ ·la ·tsʅ uei˧ 腊肉、腊鱼等放置时间久了变质散发出的怪味。
鱼杂 y˧ tsaʌ
鱼头 y˧ ·tʻəu

5. 菜

荤菜 xuən˧ tsʻai˧ 有鱼、肉的菜。
小菜 ɕiau˥ tsʻai˧ ①青菜。②小事情。如：这事对他来说是～一碟。
下饭 ɕia˧ fan˧ 吃这种菜很开胃，可以吃更多的饭。如：这菜蛮～。
下饭菜 ɕia˧ fan˧ tsʻai˧ 菜的味道重（咸、辣），就着可以吃更多饭。

千张炒肉 tɕien˥ tsanˊ tsʻauˇ luˇ　荆州的传统菜，也是正席上的一道菜。

粉蒸肉 fənˇ tsən˥ luˇ

粉蒸排骨 fənˇ tsən˥ pʻaiˊ kuˇ

扣肉 kʻəu˥ luˇ

春卷 tsʻuən˥ tɕyenˇ　相传荆州的春卷始自唐代。用薄面皮包肉丁、芹菜等裹成卷状，用旺火炸成金黄色即成。

春卷皮子 tsʻuən˥ tɕyenˇ pʻiˊ ·tsɿ　揉好的面团，在烧热的鏊子上一蘸，就是一张春卷皮子。

炸鱼块 tsaˋ yˊ kʻuaiˇ　荆州正席上的一道菜。

糍粑鱼 tsʻɿˊ pa˥ yˊ　鱼块拌辣椒等作料腌一下，晒至半干后煎食。

  阳干鱼 ianˊ kan˥ yˊ

鳝鱼丝 san˥ yˊ sɿ

皮条鳝鱼 pʻiˊ tʻiauˊ sanˊ yˊ　荆州特色菜。活鳝鱼去骨，切成条状，拌糊，过三道不同温热油，勾糖、醋芡汁而成。

盘鳝 pʻanˊ san˥　小鳝鱼做成盘状，过油煎。

鱼糕 yˊ kau˥　荆州名菜，据传有两千多年的历史。鱼肉加猪肥肉一起剁碎，加少许白酒、苕粉、盐，搅拌后摊成大饼状，抹上打匀的鸡蛋，蒸熟。用时切好，摆盘中蒸熟，用炒制的金针菇、木耳等作码子。荆州有"无（鱼）糕不成席"的说法，指宴席上必须有鱼糕。

红烧鱼 xuŋˊ sau˥ yˊ

煎鱼 tɕien˥ yˊ

水煮财鱼 sueiˇ tsuˋ tsʻaiˊ yˊ　荆州的长湖、观音垱、丫角一带最为著名的特色菜。

鱼冻子 yˊ tuŋˋ ·tsɿ　煎鱼等冷却凝固成的胶状汤汁。

元子 yenˊ ·tsɿ　丸子。

炸元子 tsaˋ yenˊ ·tsɿ　炸肉丸子。

鱼元子 yˊ yenˊ ·tsɿ　鱼肉做的丸子。

肉元子 luˋ yenˊ ·tsɿ

氽汤元子 tsʻuan˥ tʻan˥ yenˊ ·tsɿ　滚汤中放入较小的生肉丸子。

蓑衣元子 suo˥ i˥ yenˊ ·tsɿ　肉丸子外面裹有泡过的江米，因蒸熟后似挂满珍珠得名。

  珍珠元子 tsən˥ tsu˥ yenˊ ·tsɿ

漂汤元子 pʻiauˋ tʻan˥ yenˊ ·tsɿ　鱼肉加水、加盐打抛，放入冷水，煮后丸子漂在汤面上。

藕元子 əuˇ yenˊ ·tsɿ　打碎的藕加少许苕粉做成的丸子。

豆腐元子 təuˋ ·fu yenˊ ·tsɿ

米元子 miˇ yenˊ ·tsɿ　米制品，小丸子状，质地似米豆腐，煮食。

汽水肉 tɕʻiˋ sueiˇ luˋ　猪肉剁碎，

加鸡蛋和少许盐，用力搅拌后，放碗中加水蒸食。

清炖莲子 tɕʻin˥ tuən˥ lien˩ tsɿ˩

打汤 ta˩ tʻan˥ 做汤。

烘汤 xuŋ˥ tʻan˥ 大火煮汤。

煨汤 uei˥ tʻan˥ 小火慢煮。

猪肝汤 tsu˥ kan˥ tʻan˥ 猪肝氽的汤。20世纪七八十年代流行。

肉片汤 lu˩ pʻien˥ tʻan˥ 瘦肉片氽的汤。20世纪七八十年代流行。

肉嘎嘎 lu˩ ·ka ·ka 幼儿称吃的肉为"肉嘎嘎"。

蛋 tan˥ 一般指鸡蛋。如：～炒饭｜～汤。

煎蛋 tɕien˥ tan˥

荷包蛋 xuo˩ pau˥ tan˥ 把鸡蛋敲开直接放入滚水中，嫩熟即盛出食用。

石滚蛋 sɿ˩ kuən˩ tan˥ 水煮的整鸡蛋。相传是古代楚国宋玉过生日时首创。

元宝蛋 yɛn˩ pau˩ tan˥

地米菜煮鸡蛋 ti˥ mi˩ tsʻai˥ tsu˩ tɕi˥ tan˥ 荆州习俗："三月三，～。"

炖蛋 tən˥ tan˥ 蒸蛋。鸡蛋加水和少许盐，充分搅拌，放碗中蒸食。

蛋羹 tan˥ kən˥

盐菜 iɛn˩ tsʻai˥ 腌制的叶子菜等。

鲊（酢）胡椒 tsa˩ xu˩ tɕiau˥ 荆州特色农家菜。剁好的辣椒加盐，拌上细米粒，发酵后炕熟食用。"鲊"，《广韵》："《释名》曰：'鲊，菹也，以盐米酿鱼以为菹。'侧下切。"

豆豉 təu˥ ·sɿ 煮过的黄豆（或蚕豆等）发酵后放盐等腌制而成。可作调料，也可作小菜食用。"豉"，《广韵》："是义切。盐豉。"

豆筋 təu˥ tɕin˥ 腐竹。

千张皮子 tɕʻiaŋ˥ tsan˥ pʻi˩ ·tsɿ 很薄的豆腐皮。

干子 kan˥ ·tsɿ 压制的白豆腐块。

魔芋 mo˩ y˩ 魔芋本是一种植物，魔芋打浆后，可制成近似凉粉的一种食品，质地较粗，韧性比凉粉强。20世纪80年代后流行。

水豆腐 suei˩ təu˥ ·fu 质地细腻的豆腐，需浸在水中。

米豆腐 mi˩ təu˥ ·fu 米制品，质地似凉粉，豆腐状，一般炒食或凉拌。

豆腐泡 təu˥ ·fu pʻau˥ 油炸豆腐块。

蓑衣干子 suo˥ i˥ kan˥ ·tsɿ 豆腐干，用刀划成网状，连而不断，油炸、卤后食用。

臭豆腐 tsʻəu˥ təu˥ ·fu 先让豆腐上霉，然后腌制，是无臭味的腐乳。跟我国北方和江浙一带所指的"闻着臭，吃着香"的"臭豆腐"有别。

臭干子 tsʻəu˥ kan˥ ·tsɿ

粉丝 fənˇ sʅˋ 一般是绿豆做的细
　　丝状粉条。
苕粉 sauˋ fənˇ 红薯粉条。
面筋 miɛnˋ tɕinˉ
凉粉 lianˋ fənˇ
藕粉 ˇəu fənˋ
笋子 suənˇ ·tsʅ
竹笋 tsuˋ suənˇ
霉干菜 meiˋ kanˉ tsʻaiˉ
素火腿 suˉ xouˇ tʻueiˇ 一种豆
　　制品。
蘑菇 moˋ kuˉ
海蜇 xaiˇ tsʅˋ 有蜇头、蜇皮，一
　　般凉拌食用。
海参 xaiˇ sənˉ
虾仁 ɕiaˉ lənˋ
虾皮 ɕiaˉ pʻiˋ
海带 xaiˇ taiˉ

6. 油盐作料

滋味 tsʅˉ ueiˉ 吃的味道。
荤油 xuənˉ iəuˋ
素油 suˉ iəuˋ
花生油 xuaˉ sənˉ iəuˋ
菜籽油 tsʻaiˉ tsʅˇ iəuˋ
棉籽油 miɛnˋ tsʅˇ iəuˋ 棉籽榨的
　　食用油（现在一般只用来配调
　　和油）。
麻油 maˋ iəuˋ 芝麻油。
调和油 tʻiauˋ xouˋ iəuˋ
盐 iɛnˋ
粗盐 tsʻuˉ iɛnˋ 海盐。

精盐 tɕinˉ iɛnˋ
酱油 tɕianˉ iəuˋ
芝麻酱 tsʅˉ maˋ tɕianˉ
甜面酱 tʻiɛnˋ miɛnˋ tɕianˉ
豌豆酱 uanˉ təuˉ tɕianˉ 蚕豆制成
　　的酱，荆州最常用的酱品。
黄豆酱 xuanˋ təuˉ tɕianˉ
辣酱 laˋ tɕianˉ
醋 tsʻuˉ
料酒 liauˉ tɕiəuˇ
红糖 xuŋˋ tʻanˋ ①中国传统的红糖
　　（黑糖）。②现今的黄砂糖。
黑糖 xɤˋ tʻanˋ
黄砂糖 xuanˋ saˉ tʻanˋ
白糖 pɤˋ tʻanˋ
冰糖 pinˉ tʻanˋ ①硬的水果糖。
　　②晶体状冰糖。
酥糖 suˉ tʻanˋ
麦芽糖 mɤˋ iaˋ tʻanˋ 也称"麻糖"。
芡粉 xuˉ fənˇ 淀粉；芡粉；生粉。
作料 tsuoˋ liauˉ
八角 paˋ kuoˋ
桂皮 kueiˉ pʻiˋ
花椒 xuaˉ tɕiauˉ
胡椒 xuˋ tɕiauˉ
白胡椒 pɤˋ xuˋ tɕiauˉ
黑胡椒 xɤˋ xuˋ tɕiauˉ
胡椒粉 xuˋ tɕiauˉ fənˇ
白胡椒粉 pɤˋ xuˋ tɕiauˉ fənˇ
黑胡椒粉 xɤˋ xuˋ tɕiauˉ fənˇ
原油豆豉 yɛnˋ iəuˋ təuˉ ·tsʅ

7. 烟、茶、酒

烟 iɛn˥

呼烟 xu˧ ɬiɛn˥ 吸烟。

烟叶子 iɛn˥ iɛi˥ ·tsʅ

烟油子 iɛn˥ ɬiəu˥ ·tsʅ

烟丝 iɛn˥ sʅ˥

香烟 ɕian˥ iɛn˥

过滤嘴烟 kuo˥ ly˥ tsuei˧ iɛn˥

旱烟 xan˥ iɛn˥

水烟袋 suei˧ iɛn˥ tai˥

旱烟袋 xan˥ iɛn˥ tai˥

烟盒 iɛn˥ xuo˧

烟灰 iɛn˥ xuei˥

白酒 pɤ˧ tɕiəu˧

黄酒 xuan˧ tɕiəu˧

米酒 mi˧ tɕiəu˧

茶叶 ts'a˧ iɛi˧

茶 ts'a˧ ①沏的茶水。②冷开水。

花茶 xua˥ ts'a˧

泡茶 p'au˧ ts'a˧ 沏茶。

喝茶 xuo˥ ts'a˧

倒茶 tau˥ ts'a˧

（十五）红白大事

这里列出的红白大事词条反映的荆州民俗，在20世纪70年代及80年代初还可以看到，现在社会生活已经发生了很大变化，不少词语已经不用或是成为历史了，不过由此我们也可以了解一些荆州地域过去婚丧习俗的特点。

1. 婚姻、生育

过门 kuo˥ mən˧

接媳妇 tɕiɛ˥ ɕia˧ ·fu

接新姑娘 tɕiɛ˥ ɕin˥ ku˥ ·lian

过喜事 kuo˥ ɕi˧ sʅ˥ 娶媳妇。如：有一年，他儿子~。（《江陵故事集》）

主持人 tsu˧ ts'ʅ˧ lən˧

证婚人 tsən˥ xuən˥ lən˧

伴郎 pan˥ lan˧

伴娘 pan˥ lian˧

介绍人 kai˥ sau˥ lən˧ 媒人。

婚宴 xuən˥ iɛn˥

说媳妇 suo˥ ɕia˧ ·fu 给男子介绍对象。

相亲 ɕian˥ tɕ'in˥

看家 k'an˥ tɕia˥ 结婚前双方家长走动。

访人家 fan˧ lən˧ ·ka 女方到男方家里看家庭情况。

当面 tan˥ miɛn˥ 男女相亲第一次见面。

拿八字 la˧ pa˥ tsʅ˥ 男方拿女方的生辰八字合对。

结亲家 tɕiɛ˧ tɕ'in˥ ·ka 双方长辈见面。

玩朋友 uan˧ p'uŋ˧ ·iəu 谈对象。

定庚 tin˥ kən˧ 订婚。

许日子 ɕy˧ ɯ˧ ·tsɿ   定结婚日。

犯月 fan˧ yɛ˥   婚嫁的月份与双方属相犯忌讳。

打发 ta˥ ·fa   订婚时男方须给女方的彩礼。

辞嫁 tsʰɿ˧ tɕia˧   姑娘出嫁时，表示舍不得走。

辞嫁饭 tsʰɿ˧ tɕia˧ fan˧   姑娘出嫁前被亲戚接去吃最后一顿未婚饭。

压箱钱 ia˥ ɕian˧ tɕien˧   娘家放在新娘陪嫁箱里的钱。

开脸 kʰai˧ lien˥   女方亲友用细线绞去新娘脸上的汗毛。

陪十姊妹 pʰei˥ sɿ˥ tsɿ˥ mei˧   女子出嫁日与九个未婚女子一起喝喜酒。

陪十弟兄 pʰei˥ sɿ˥ ti˧ ɕyŋ˧   男子结婚日与九个未婚男子一起喝喜酒。

新姑娘 ɕin˧ ku˧ ·lian   新娘。如：过去，～出嫁都兴坐花轿。(《江陵故事集》)

新郎 ɕin˧ lan˥

发亲 fa˥ tɕʰin˧   结婚日女方送新娘到男方家去。

发宽 fan˥ kʰuan˧   女方答应结婚时不刁难男方家。

起亲 tɕʰi˥ tɕʰin˧   男方到女方家接新娘。

投贴 tʰɤu˧ tʰie˥   迎亲队伍来到之前，先派一个人到女方家报到。

拦亲 lan˧ tɕʰin˧   女方送亲的人快到男方家时，男方派人将送亲的人拦下，送到婚礼现场之外的地方招待，以免女方家人直睹婚礼上哄闹的现场。"拦亲"的习俗应是起源于古楚国的"拦车马"。

到亲 tau˧ tɕʰin˧   送亲队伍将到男方家。

抢房 tɕʰian˥ fan˧   新娘快到新房时，送亲的人一齐跑进新房。

迎亲 in˧ tɕʰin˧   新娘到男方家门时，男方家吹喇叭等以示欢迎。

谢亲 ɕie˧ tɕʰin˧   送亲队伍到时，男方家吹喇叭迎接以表示感谢。

交亲 tɕiau˧ tɕʰin˧   到男方家后，送亲的人将新娘交予男方家。

支本先生 tsɿ˧ pən˥ ɕien˧ ·sən   结婚时管理整个局面的人。

典礼 tien˥ li˥   结婚仪式。

拜堂 pai˧ tʰan˥

开利事 kʰai˧ li˧ sɿ˥   新娘给倒茶及整理新房的人的红包。

端洗脸水 tuan˧ ɕi˥ lien˥ suei˥   男方让人端洗脸水给新娘，新娘洗完脸后要在毛巾上放钱。

喝茶 xuo˥ tsʰa˥   结婚当天，女方在男方家吃饭前，先吃点心、水果。

陪媒 pʰei˥ mei˥   结婚时，请媒人吃饭。

交亲婆 tɕiau˧ tɕʰin˧ pʰo˧ 男方家专门侍候新娘的人。

新房 ɕin˧ fan˨

入洞房 lu˨ tuŋ˧ fan˨

圆房 yɛn˨ fan˨ 结婚日男女正式同房。

闹房 lau˧ fan˨

听房 tʰin˧ fan˨ 晚上听新房动静。

吃茶 tɕʰi˧ tsʰa˨ 结婚第二天，新娘、新郎端茶点给长辈吃。

丢茶钱 tiəu˧ tsʰa˨ tɕʰiɛn˨ 婚礼的第二天，吃茶的亲友长辈给新娘、新郎红包钱。

喝交杯酒 xou˧ tɕiau˧ pei˧ tɕiəu˨ ①新郎、新娘交臂喝酒。②现今饭局上男女戏谑也常喝"交杯酒"。

回门 xuei˨ mən˨ 婚后第三日，新婚夫妻到女方家去。

送十道 suŋ˧ sʅ˨ tau˧ 女子出嫁后十天，父母去看女儿。

送中秋 suŋ˧ tsuŋ˧ tɕʰiəu˧ 中秋节，出嫁的女儿回娘家看望父母。

送端阳 suŋ˧ tuan˧ ian˨ ①端午节期间，父母给出嫁的女儿送东西。②恋爱中的男方送礼物给女方。

改嫁 kai˨ tɕia˧

二婚 ɚ˧ xuən˧ 女子再嫁。

倒插门 tau˧ tsʰa˨ mən˨ 入赘。

孕妇 yn˧ fu˨

大肚子 ta˧ tu˧ ·tsʅ

有了 iəu˨ ·ta 怀孕了。

怀身 xuai˨ sən˧

怀毛毛 xuai˨ mau˨ ·mau

怀伢儿 xuai˨ a˨ ɯ̯

生伢 sən˧ a˨

生伢儿 sən˧ a˨ ɯ̯

落月 luo˧ yɛ˨ 孕妇生下孩子。

发身 fa˨ sən˧ 孕妇马上要生了。如：天宝的二妈～哒……（《江陵故事集》）

发作 fa˨ tsuo˧

小产 ɕiau˨ tsʰan˨ 非人工的流产。

流产 liəu˨ tsʰan˨ 小产或人工流产。

刮毛毛 kua˨ mau˨ ·mau 人工流产。

刮伢儿 kua˨ a˨ ɯ̯

打胎 ta˨ tʰai˧

接生 tɕiɛ˧ sən˧

压血窝子 ia˧ ɕiɛ˧ uo˧ ·tsʅ 产妇生下孩子后急速补充营养。

开胎 kʰai˧ tʰai˧ 生第一个孩子。

胎盘 tʰai˧ pʰan˨

送祝米 suŋ˧ tsu˨ mi˨ 孩子出生后，娘家人送蛋、米等表示祝贺。

坐月子 tsuo˧ yɛ˨ ·tsʅ 产妇生孩子后至孩子满月前的一个月里调养身体。

月母子 yɛ˨ mu˨ ·tsʅ 坐月子期间的产妇。

洗三 ɕi˨ san˧

满月 man˨ yɛ˨

双胞胎 suan˥ pau˥ tʻai˥
遗腹子 i˩ fu˩ ·tsʅ
么巴子 iau˩ ·pa ·tsʅ 家里最后出生的孩子。
　落巴子 luo˩ ·pa ·tsʅ
奶伢儿 lai˩ ɑ˩ ɯ˩ 刚出生的婴儿。
妈子 ma˥ ·tsʅ ①乳房。②奶，乳汁。
妈妈 ma˥ ma˥ 乳房。
妈头子 ma˥ tʻəu˩ ·tsʅ 乳头。
吃妈子 tɕʻi˥ ma˥ ·tsʅ 吃奶。
喂妈子 uei˥ ma˥ ·tsʅ 喂奶。
奶瓶 lai˩ pʻin˩
奶嘴 lai˩ tsuei˩
摇窝 iau˩ uo˥ 木制、竹制的筐状摇床、吊床。
枷椅 tɕia˥/ka˩ i˩ 木制的幼儿专用椅。如：狗子坐～，不受抬举。（荆州歇后语）
学步车 ɕyo˩ pu˥ tsʻʅ˥
尿床 liau˥ tsʻuan˩
拉尿 la˥ liau˥
　屙尿 uo˥ liau˩
屙屁屁 uo˥ ·pa ·pa 拉屎，屙屎。
端屁屁 tuan˥ ·pa ·pa

2. 寿辰、丧葬

生日 sən˥ ɯ˩
过生 kuo˥ sən˩
做生日 tsəu˥ sən˥ ɯ˩
生日宴 sən˥ ɯ˩ iɛn˥
祝寿 tsu˥ səu˥ 祝贺寿辰。
做寿 tsəu˥/tsəu˥/tsu˥ səu˥ 举办一个祝寿的仪式。
寿星 səu˥ ɕin˥
寿面 səu˥ miɛn˥
陵园 lin˩ yɛn˩
墓地 mu˥ ti˥
墓碑 mu˥ pei˥
灵车 lin˩ tsʻɤ˥
殡仪馆 pin˥ i˩ kuan˩
办丧事 pan˥ saŋ˥ sʅ˥
哑口 ia˩ kʻəu˩ 病重或临死的人不能说话了。
落气 luo˩ tɕʻi˥ 临死咽气的那一刻。
烧落气纸 sau˥ luo˩ tɕʻi˥ tsʅ˩ 死者直系亲属在确认死者亡故之际，便置一瓦盆于灵床前，在盆中焚烧冥钞或纸钱，意为让亡魂"持币上路"。
搁脚 kuo˩ tɕyo˩ 死了，常带有贬义或负面情绪。
走哒 tsəu˩ ·ta
享福去哒 ɕiaŋ˥ fu˩ ·kʻɯ ·ta
安逸去哒 an˥ i˩ ·kʻɯ ·ta
去豁 kʻɯ˩ xuo˥ ①完事。②死了。
洗丧 ɕi˩ saŋ˥ 直系亲属打一盆清水，用白布帕给死者擦身，以"三袱子"为限，一把抹头脸，二把抹胸腹，三把抹脚腿，将白布帕浸水拧干三遭，称"三把"。
换衣 xuan˥ i˥ 给亡者换上干净的

衣、裤、鞋、袜。若是青壮年亡者上有父母者,其手臂上应戴黑纱。长者称"穿寿衣",其裤带用白棉线合股系扎,股数以其年龄而定。

停灵 tʰin˩ lin˩ 将亡者抬上灵床,并置于灵堂的白布帐幔之后。供桌上置烛台、香盆和死者遗像。时间为三日、五日或七日不等。

打丧鼓 taˇ san˥ kuˇ 请专门的民间艺人来击鼓演唱,20世纪80年代还可见到,后改为放哀乐。

做道场 tsuo˥ tau˥ tsʰan˩ 请和尚、道士做仪式,用以超度亡灵等。

做法事 tsuo˥ faˇ ʂʅ 请和尚、道士举行诵经仪式等。

灵堂 lin˩ tʰan˩

灵棚 lin˩ pʰuŋ

灵床 lin˩ tsʰuan˩

哭灵 kʰuˇ lin˩ 死者的直系亲属(多为女眷)边哭边诉说,多为叙述死者一生中所经磨难,语调凄切悲恸。

挂祭幛 kua˥ tɕi˥ tsan˥ 亲友前来吊唁,所送挽幛等多为布料类,须写好挽签悬挂于灵堂两侧。

带孝 tai˥ ɕiauˇ

孝子 ɕiauˇ tsʅˇ

孝孙子 ɕiauˇ suən˩·tsʅ

红孝 xuŋ˩ ɕiauˇ 孙子辈黑臂章上缝红布标记。

寿木 səu˥ mu˩ 棺材。
　木头 mu˩·tʰəu
　盒子 xuo˩·tsʅ

进材 tɕin˥ tsʰai˩ 入殓;将死者放入棺材中。

灵屋子 lin˩ u˩·tsʅ

守灵 səuˇ lin˩

出殡 tsʰuˇ pin˥ 送葬,即送亡者前往墓地,抬棺木上路之始。

烧灵 sau˥ lin˩ 烧(纸)灵屋子供死者阴间用。

摔老碗 suai˥ lauˇ uanˇ 我国北方的摔老盆。

抬重 tʰai˩ tsuŋ˥ 抬棺木。

坐棺 tsuoˇ kuan˥ 出殡时,孙子辈一人坐在棺材上。

压棺 iaˇ kuan˥ 孝子让抬棺人慢点走。

背牵 pei˥ tɕʰiɛn˥ 身背与棺材连在一起的白布前行,20世纪七八十年代还可见到。

火纸 xuoˇ tsʅˇ 给亡人烧的一种黄草纸。

撒纸钱 saˇ tsʅˇ tɕʰiɛn˩

路祭 luˇ tɕi˥ 灵车途经亲友门前或单位门前,亲友放鞭炮致意,灵车放鞭炮呼应致谢,孝子须叩谢。

放鞭 faŋˇ piɛn˥ 放鞭炮。

出城 tsʰuˇ tsʰəŋ˩ 旧习俗,送葬队伍出荆州城门时，孝子应向城门叩拜，然后方可出城门。

跑凶 pʼauˋ ɕyŋˊ 快到坟地时，抬棺人向前跑。

打井 taˋ tɕinˇ 为安葬死者而挖墓坑的过程。

下葬 ɕiaˊ tsanˊ 现时第三天下葬或火化。

下井 ɕiaˊ tɕinˇ 将棺材放入墓坑中。

回灵 xueiˋ linˋ 把灵牌护送回来。

设灵 sɤˊ linˋ 亡者落葬后，家中设灵位于厅堂左侧。

安灵 anˊ linˋ 把灵牌安放在灵堂中。

做五七 tsuoˊ uˇ tɕiˊ 人死后每七天举办一个悼念仪式，"头七"到"五七"共三十五天，而"五七"最重要，其仪式也特别隆重一些。此做法荆州市区现已基本消失。

除灵 tsʼuˋ linˋ 满三年后，将灵位焚化。现在一般不兴此俗。

吃豆腐席 tɕʼiˋ təuˊ ·fu ɕiˊ 吃丧饭，以素食为主，必有一碗猪血豆腐汤。现在该习俗已改变，多在饭店、宾馆设宴席答谢亲朋好友及其他帮过忙的人。

插青 tsʼaˋ tɕʼinˊ 清明在坟头插柳枝。

百日 pɤˋ ɚˋ 人死后第一百天。

满年 manˇ lienˋ 人死后一周年。

点灯 tienˇ tənˊ 除夕夜在亡人坟头点灯贺新年。

清明幡子 tɕʼinˊ minˋ fanˊ ·tsɿ 清明在坟头挂纸灯。

上坟 sanˊ fənˋ

自杀 tsɿˊ saˋ

投河 təuˋ xouˋ 自杀。旧时一般指跳长江。

上吊 sanˊ tiauˊ

吃挂面 tɕʼiˋ kuaˊ mienˊ

骨灰盒 kuˋ xueiˋ xouˋ

骨灰坛子 kuˋ xueiˋ tʼanˋ ·tsɿ

3. 迷信

老天爷 lauˇ tʼienˊ iɛˋ

灶王爷 tsauˊ uanˋ iɛˋ

菩萨 pʼuˋ ·sa

观世音 kuanˊ sɿˊ inˊ

土地庙 tʼuˇ tiˊ miauˊ

关帝庙 kuanˊ tiˊ miauˊ 在荆州城南门内。

铁女寺 tʼieˇ lyˇ sɿˊ 在荆州城内。

阎王 iɛnˋ uanˋ

无常鬼 uˋ tsʼanˋ kueiˇ

化生子 xuaˊ sənˊ ·tsɿ 带有迷信色彩，指夭折的孩子①。

撒禄米 saˇ luˋ miˇ 下葬时的仪式。落棺后，向墓穴中播撒五

---

① "化生"一词起源于佛学：凡化生者，不缺诸根支分，死亦不留其遗形，即顿生顿灭之人。荆州话中的"化生子"，义近"讨债鬼"，意为"不该生而生，生又半途而亡"的人。

谷杂粮。一说为"撒六米"，落
棺后向上、下、前、后、左、
右六个方向撒米（荆州话
"禄"/"六"同音）。两种说法
目标一致：逝者不受穷，后代
求富贵。

烧包袱 sau˧ pau˧ ·fu　亡人祭日当
天，后人在火纸上写亡人和后
人名字，烧掉送亡人用。

奈何桥 lai˧ xuo˩ tɕʻuai˩　人死后做
大斋时，摆两张方桌，中间搭
一块木板做成"桥"。据称人
在"桥"上走时，亡灵也同时
在"桥"上走过。如：我在阳
间把纸烧，二人同过～。（《江
陵歌谣集》）

佛龛 fo˩ kʻan˧

香案 ɕian˧ an˧
上供 san˧ kuŋ˧
烧香 sau˧ ɕian˧
烧纸 sau˧ tsɿ˩
求签 tɕʻuei˧ tɕʻien˧
许愿 ɕy˩ yɛn˧
打卦 ta˩ kua˧
念经 lien˧ tɕin˧
看风水 kʻan˧ fəŋ˧ suei˩
测字 tsʻɤ˩ tsɿ˩
算命 suan˧ min˧
算命先生 suan˧ min˧ ɕian˧ sən˧
看相的 kʻan˧ ɕian˧ ·ti
巫婆 u˧ pʻo˩
许愿 ɕy˩ yuɛn˧
还愿 xuan˩ yuɛn˧
看八字 kʻan˧ pa˩ ·tsɿ

（十六）生活、生产

1. 衣

穿衣服 tsʻuan˧ i˧ ·fu
脱衣服 tʻuo˩ i˧ ·fu
量衣服 lian˧ i˧ ·fu
做衣服 tsəu˧ i˧ ·fu
贴扁 tʻie˩ pien˩　做在衣服里子边
　　上的窄布条。
绲边 kuən˩ pien˧　在鞋口边上缝布
　　条等。
锁边 suo˩ pien˧　在布边上锁线。
绞边机 tɕiau˩ pien˧ tɕi˧
钉扣子 tin˧ kʻəu˧ ·tsɿ

盘扣子 pʻan˩ kʻəu˧ ·tsɿ　用布绳编成
　　的中式扣子。
绣花 ɕiəu˩ xua˧
打补丁 ta˩ pu˩ tin˧
　打补巴 ta˩ pu˩ pa˧
补巴衣服 pu˩ ·pa i˧ ·fu
洗一水 ɕi˩ i˩ suei˩　洗一遍。
晒衣服 sai˧ i˧ ·fu
敼衣服 tʻuei˩ i˧ ·fu　洗后的衣服在
　　清水中抖动，荡干净。"敼"，
　　《集韵》："展也。"如：把衣服
　　～一下。

泹 tsuo˩　只把衣物脏了的地方搓洗一下。如：把裤子脏了的地方～一下。"泹"，《说文解字》："士角切。小濡貌。"

清衣服 tɕʻin˥ i˥ ·fu　①敨衣服。②清理衣服。

晒衣服 sai˥ i˥ ·fu

熨衣服 yn˥ i˥ ·fu

胎起 tʻai˥ ·tɕʻi　从里面垫起来。

2. 食

烧火 sau˥ xuo˩　①烧灶。②做饭、菜。

做饭 tsuo˥ / tsəu˥ fan˥　做饭、菜。

淘米 tʻau˩ mi˩

焖饭 mən˥ fan˥　米淘后入锅，加适量的水盖好，大火煮后改文火，直至饭熟。

漓饭 li˩ fan˥　米淘后入锅，加水，大火煮至发胀后，倒进筲箕滤掉米汤，再倒进锅里微火蒸至米熟。"漓"，《集韵》："漓，渗漓，流儿。一曰水渗入地。"

发面 fa˩ miɛn˥

和面 xuo˩ miɛn˥

揉面 ləu˩ miɛn˥

擀面条 kan˩ miɛn˥ tʻiau˩

蒸馒头 tsən˥ man˩ ·nəu

煎粑粑 tɕiɛn˥ pa˥ ·pa

摊粑粑 tʻan˥ pa˥ ·pa

渣粑粑 tʻa˩ pa˥ ·pa　用热锅煎（蒸）制作而成的面食。

渣米粑 tʻa˩ mi˩ pa˥　用热锅煎（蒸）制作而成的米制品。

摊软饼 tʻan˥ luan˩ pin˩　北方的软煎饼。面粉中加水和少许盐和成稀面糊，用勺舀进热油锅里煎成薄饼状。

择菜 tsɤ˩ tsʻai˥

做菜 tsəu˥ / tsuo˥ tsʻai˥

煮 tsu˩

烘 xuŋ˥　用大火煮，荆州最常用的烹饪方法。《集韵》："烘，火干物。"如：～篮｜～烤｜～肉。

熬 au˩　小火长时间煮。如：～药｜～汤。

煨 uei˥　小火慢慢煮。如：～汤。

煎 tɕiɛn˥　小火，加少量的油，慢慢烧制。如：～鱼。

煲 pau˩　新起的烹饪方法。

饭好哒 fan˥ xau˩ ·ta　米饭熟了。

盛饭 tsʻən˥ fan˥

添饭 tʻiɛn˥ fan˥　①盛饭。②再添加一些饭。

赶饭 kan˩ fan˥　把米饭从一个碗、盘里拨到另外的碗、盘里。

赶菜 kan˩ tsʻai˥　把菜从一个碗、盘里拨到另外的碗、盘里。

拈菜 liɛn˥ tsʻai˥　夹菜。一般指请别人吃菜。

哈菜 xa˥ tsʻai˥　（请）吃菜。

夯汤 ua˩ tʻan˥　舀汤。

淘汤 tʻau˩ tʻan˥　米饭里加很多汤。

淘汁子 tʻauˇ tsʅ˦ ·tsʅ

喝早酒 xuo˦ tsauˇ tɕiəuˇ　晨起喝一点酒，吃一点小菜儿。

过早 kuo˦ tsauˇ　吃早饭。

吃中饭 tɕʻi˨ tsuŋ˦ fan˦

吃晚饭 tɕʻi˨ uanˇ fan˦

宵夜 ɕiau˦ iɛ˦　（非正餐）因工作、娱乐等至夜深，吃碗面、糕点或吃大排档等。

吃零食 tɕʻi˨ lin˦ sʅ˦

吃择食 tɕʻi˨ tsɤˇ sʅ˦　酒宴后带几样菜回去吃。

　带择食 tai˦ tsɤˇ sʅ˦

肉不烂 lu˨ pu˨ lan˦

咬不动 au˨ pu˨ tuŋ˦　嚼不烂。

哽倒了 kən˦ tauˇ ·la　噎住了。

蛮餀人 man˦ ian˦ ·lən　甜食、油腻食物吃多了使人发腻，不消化而难受。"餀"，《广韵》："於亮切。饱也。"

赶肉 kanˇ lu˨　因贪吃而急速增肥样。

哟咸 xəu˦ xan˨　咸得喉咙难受。

潲水 sau˦ sueiˇ　倒缸喂猪的刷锅水、洗碗水。《玉篇》："潲，臭汁也……"

馊 səu˦　①面条、米饭、馒头等变质了。②坏的。如：专门出一些~点子。《玉篇》："馊，饭坏也。"

溯气 sʅ˦ tɕʻi˦　面条、米饭、馒头等变质而产生的酸臭气味。

[溯] 臭 sʅ˦ tsʻəu˦　饭菜变质散发出的臭味。

潐 kɣˇ　原本焦、脆的食品受潮变软了。《康熙字典》："潐，焦之反义。"

[酣] xan˦　煮熟的面条、米粉等吸收汤、水后膨胀起来。如：面（条）~哒，快滴尕吃。

酷 kʻu˦　干的；熟的。《方言·卷七》："自河以北，赵魏之间……谷熟曰酷。"荆州有吃酷豌豆、酷黄豆的习惯，指将细豌豆、黄豆用火炒熟食用，正合"干、熟"义，而不是"枯豌豆、枯黄豆"。

淡□□ tan˦ pʻia˨ ·pʻia　汤、菜淡而无味。

饿哒 uo˦ ·ta

（饿得）慌慌声 xuan˦ xuan˦ ·sən　（饿得）心里发慌。

3. 住

起床 tɕʻiˇ tsʻuan˨

洗口 ɕiˇ kʻəuˇ　刷牙。

起去 tɕʻiˇ kʻɯ˦

赤巴条胯 tsʻʅˇ ·pa tʻiau˦ ·kua

蒲扇 pʻu˨ san˦

巴扇 pa˦ san˦

刮脸 kua˨ liɛnˇ

刮胡子 kua˨ xu˨ ·tsʅ

洗手 ɕiˇ səu˨

洗脸 ɕi˧˩ liɛn˧˩
漱口 su˥ kʰəu˧˩
梳 suo˥
梳头 suo˥ tʰəu˧˩
梳辫子 suo˥ piɛn˥ tʂʅ
盘头发 pʰan˧˩ tʰəu˧˩ ·fa
梳髻 suo˥ tɕi˧˩
指甲剪 tʂʅ˧˩ ka˥ tɕiɛn˧˩
耳挖子 ɯ˧˩ ua˥ ·tʂʅ 挖耳勺。
抹澡 ma˧˩ tsau˧˩ 擦澡。
拉尿 la˥ liau˥ 小便。
乘凉 tsʰən˧˩ lian˧˩
晒太阳 sai˥ tʰai˥ ian˧˩
烤火 kʰau˧˩ xuo˧˩
点灯 tiɛn˧˩ tən˥
熄灯 ɕi˧˩ tən˥
歇哈子 ɕiɛ˧˩ xa˧˩ ·tʂʅ 休息一会儿。
打哈欠 ta˧˩ xa˧˩ ·tɕʰiɛn
蹲瞌睡 tsʰuan˥ kʰou˥ ·suei 打盹儿。
睡瞌睡 suei˥ kʰou˥ ·suei 睡觉。
睡瞌瞌 suei˥ kʰuo˥ ·kʰuo 婴幼儿睡觉。
打赤膊 ta˧˩ tsʰʅ˧˩ po˥ 赤裸上身。
打条肚 ta˧˩ tʰiau˥ ·tu 赤裸下身。
　　打条挂 ta˧˩ tʰiau˥ ·kua / kʰua
打赤膊条挂 ta˧˩ tsʰʅ˧˩ po˥ tʰiau˥ ·kua
　　裸体；亦条条。
困了 kʰuən˥ ·la
睡着了 suei˥ tsuo˧˩ ·la / ta
睡不着 suei˥ pu˧˩ tsuo˧˩
睡午觉 suei˥ u˧˩ tɕiau˥

仰倒睡 ian˧˩ ·tau suei˥
侧倒睡 tsʰɤ˧˩ ·tau suei˥
匍倒睡 pʰu˧˩ ·tau suei˥ 趴着睡。
落枕 luo˥ tsən˧˩
做梦 tsuo˥ / tsəu˥ muŋ˥
说梦话 suo˥ muŋ˥ xua˥
发梦天 fa˧˩ muŋ˥ tʰiɛn˥
发梦境 fa˧˩ muŋ˥ tɕin˥

4. 劳作

搞事 kau˧˩ sʅ˥ 干活。
做事 tsuo˥ sʅ˥ 干活；工作。
[架]事 ka˥ sʅ˥ 开始干活。
[告]上去 kau˥ san˥ kʰɯ˥ 安（装）上去。
下地 ɕia˥ ti˥ （农村）去地里干活。
出工 tsʰu˧˩ kuŋ˥ 计划集体经济时代社员"应卯"去干活。如：~像背纤，收工像射箭。
收工 səu˥ kuŋ˥
工分 kuŋ˥ fen˥ 计划集体经济时代，将社员干的活折算成相应（数额）的分值。如：干一天记十个~。
记工 tɕi˥ kuŋ˥ 社员干完活，由记工员记载下来。
记工员 tɕi˥ kuŋ˥ yɛn˧˩ 负责记工分的人。
分红 fən˥ xuŋ˧˩ ①计划集体经济时代，年终社员按累计工分折算而分得的钱、粮等。②投资者分红利。

（十七）讼事

打官司 ta˅ kuan˥ sʅ˥

告状 kau˥ tsuan˥

原告 yen˩ kau˥

被告 pei˥ kau˥

状子 tsuan˥ ·tsʅ

证人 tsən˥ lən˩

人证 lən˩ tsən˥

物证 u˩ tsən˥

旁证 pʻan˩ tsən˥

三证俱全 san˥ tsən˥ tɕy˥ tɕʻyen˩

作伪证 tsuo˥ uei˩ tsən˥

刑事 ɕin˩ sʅ˥

民事 min˩ sʅ˥

家务事 tɕia˥ u˥ sʅ˥　家庭中的琐碎矛盾。如：清官难断～。

捞到哒 lau˥ tau˥ ·ta　捉住了；抓起来了。

捞起来哒 lau˥ tɕʻi˅ lai˩ ·ta　一般指被执法机关抓走了。

律师 ly˩ sʅ˥

逼供 pi˩ kuŋ˥

翻供 fan˥ kuŋ˥

不服 pu˩ fu˩

上诉 san˥ su˥

宣判 ɕyen˥ pʻan˥

供 kuŋ˥　～出同谋。

主犯 tsu˅ fan˥

同谋 tʻuŋ˩ məu˩

犯法 fan˥ fa˩

犯罪 fan˥ tsuei˥

口供 kʻəu˅ kuŋ˥

诬告 u˥ kau˥

毛窍 mau˩ tɕʻiau　①问题。如：我看这里还有什么～吧！②毛病。

保释 pau˅ sʅ˥

取保 tɕʻy˅ pau˩

逮捕 tai˅ pu˩

押解 ia˩ kai˅

囚车 tɕʻiəu˩ tsʻɤ˥

作风问题 tsuo˥ fəŋ˥ uən˥ ·tʻi　专指男女作风问题。

贪污 tʻan˥ u˥

行贿 ɕin˩ xuei˩

受贿 səu˥ xuei˩

罚款 fa˩ kʻuan˅

游街 iəu˩ kai˥

枪毙 tɕʻian˥ pi˩

手铐 səu˅ kʻau˥

脚镣 tɕyo˩ liau˩

绑起来 pan˅ tɕʻi˅ lai˩

坐牢 tsuo˥ lau˩

探监 tʻan˥ tɕien˥

立字据 li˩ tsʅ˥ tɕy˥

画押 xua˥ ia˩

执照 tsʅ˩ tsau˥

告示 kau˥ sʅ˥

布告 pu˥ kau˥

案卷 an˥ tɕyen˅

传票 tsʻuan˩ pʻiau˥

(十八) 交际

讲礼性 tɕianˇ liˇ ɕinˊ　讲礼节；讲信用。

送恭贺 suŋˊ kuŋˊ xouˇ　逢喜事送财礼等。

走人家 tsouˇ lənˊ ·ka　走亲戚。

赶人情 kanˇ lənˊ tɕʰinˊ　遇到红白喜事送钱物表示有感情、关系好。

还情 xuanˊ tɕʰinˊ　还人情。

凑份子 tsʰəuˊ fənˊ ·tsʅ　几个人合资赶人情等。

打平伙 taˇ pʰinˊ xouˇ　平摊资费。

难为（谓）您家 lanˊ ·uei lənˊ ·ka　客套话，即"麻烦您了"。"谓"，《说文解字》："于贵切。谓，报也。"难谓，难酬报也。如：～我的爹，～我的娘……到今也是白忙一场。（《荆州歌谣集》）

把您家吃亏 paˇ lənˊ / laŋˊ ·ka tɕʰi kʰueiˊ　客套话，即"让您受累了"。

吃闷亏 tɕʰiˊ mənˊ kʰueiˊ　吃哑巴亏。

得罪 tɤˇ tsueiˊ　①冒犯，触怒。②客套话，表示歉意。如：没照闲，多有～。

訍 tsʰaˊ　邀请；邀约。《集韵》："楚嫁切。"《广雅》："訍，拿也。"《说文解字》："拿，牵引也。"约人同行，有牵引义，故叫"訍"。如：今儿我～你去看电影。

接客 tɕieˊ kʰɤˊ　比较正式地请人吃饭。

下请帖 ɕiaˊ tɕʰinˊ tʰieˊ

待客 taiˊ kʰɤˊ

筛茶 saiˊ tsʰaˊ　（给客人）倒茶。

筛酒 saiˊ tɕiəuˇ　（给客人）倒酒。

　　斟酒 tsənˊ tɕiəuˇ

摆桌席 paiˇ tsuoˊ ɕiˊ　摆酒席。

流水席 liəuˊ sueiˇ ɕiˊ　一桌人满了就开席，吃完了再坐一桌，人满了再吃。

劝酒 tɕʰyɛnˊ tɕiəuˇ

上菜 sanˊ tsʰaiˊ　把菜（盘或碗）端出来摆上桌子。

不缠 puˊ tsʰanˊ　不理睬。

套近乎 tʰauˊ tɕinˊ ·xu　用老乡、校友关系等拉近情感距离。

抬庄 tʰaiˊ tsuanˊ　捧场；助力。如：你要多～，不要拆台。

佮不得 kuoˊ ·pu tɤˇ　相处不好；容不得（别人）。如：你就～他。"佮"，《说文解字》："合也。"

见不得 tɕienˊ puˇ tɤˇ　看不惯；看见了就不舒服。如：我蛮～他。

解交 kaiˇ tɕiauˊ　劝架。

侧 tsʅˊ / tsʅˇ　（多指女人或孩子）做作，故意卖弄、显摆自己。"侧"本指侧身。《楚辞·九章·

惜诵》："设张辟以娱君兮，愿侧身而无所。"引申为献媚、卖弄。《书·冏命》："慎简乃僚，无以巧言令色，便辟侧媚。"孔颖达疏："侧媚者，为僻侧之事，以求媚于君。"

侧侧声 tsʻɤ˧ ·tsʻɤ˧ ·sən 言行做作、故意卖弄的样子。

  侧得很 tsʻɤ˧ ·tɤ xən˨

  侧不过 tsʻɤ˧ pu˨ kuo˧

得 tɤ˨ / tɤ˧ 故意显摆、显示自己。如：～个么子哟！

得不过 tɤ˨ pu˨ kuo˧ 高兴、得意状，也有显摆义。

[佮孽] kuo˨ iɛ˨ 有隔阂；不团结。

称老子 tsʻən˧ lau˨ ·tsɿ 自称"老子"（指"我"）。

持横 tsʻɿ˨ xuən˨ 蛮横不讲理。

找歪 tsau˨ uai˧ （有意）找麻烦。

找你的歪 tsau˨ li˨ ·ti uai˧ 找你的麻烦。

讲狠 tɕian˨ xən˨ ①说过头的话。②讲凶狠的话。

抖狠 təu˨ xən˨ 讲狠时伴有（肢体）动作。

讲枯狠 tɕian˨ kʻu˧ xən˨ 讲非常凶狠的话，欲以强势、凶狠的话语压人（但内心未必是踏实的）。

搞恶哒 kau˨ uo˨ ·ta 搞翻了脸。

  搞翻哒 kau˨ fan˧ ·ta 闹翻了脸。

  搞杵哒 kau˨ tsʻu˨ ·ta 生气了；吵起来了。

抽腿 tsʻəu˧ tʻuei˨ （多指经济事务或纠纷）中途退出。

振别个 pai˧ piɛ˨ ·kuo 故意捉弄、糊弄别人。

使坏 sɿ˨ xuai˧ 使阴招，从中作梗。

蛮阴 man˨ in˧ 爱算计人，背后搞鬼。如：他这个人～。

阴倒搞 in˧ ·tau / ·təu kau˨ 当面不说，背后搞鬼。

算数 suan˧ su˧ 说话算话。

不算数 pu˨ suan˧ su˧ 说话不算话。

关系蛮梗 kuan˧ ·ɕi man˨ kən˨ 关系很硬。

死人子 sɿ˨ lən˨ ·tsɿ 像个死人；没用的人。

玩痞 uan˨ pʻi˨ 耍赖。

大样 ta˧ ian˧ 清高，傲慢。

小意 ɕiau˨ i˧ 谦和，殷勤。

搬巧 pan˧ tɕʻiau˨ ①故意卖弄自己。②有意刁难。

出挺 tsʻu˨ tʻin˨ 出丑。

出趟 tsʻu˨ tʻan˧ ①与众不同。②遇事敢于出头露面。

出众 tsʻu˨ tsuŋ˧ ①与众不同。②言语行为大方、得体。如：这个学生伢蛮～呦！

折人 sɤ˨ lən˨ 丢人。

犯不着 fan˧ ·pu tsuo˩ 没必要；值
　　不得。
不值得 pu˩ tsʅ˧ tɤ˩ 值不得；不
　　划算。
欺生 tɕ'i˧ sən˩
欺穷 tɕ'i˧ tɕ'yŋ˩
告饶 kau˩ lau˩ 求饶；认输。
打破 ta˩ p'o˩ 通过劝说等办法使
　　事情不能成功。如：他两个玩
　　朋友，一定要～。
夹生 tɕia˩ sən˧ ①半生不熟的米
　　饭。②软硬不吃、不通情理的
　　人。③事情搞得进退两难。
搞夹生哒 kau˩ tɕia˩ sən˧ ·ta 事情
　　搞得进退两难。
下地 ɕia˧ ti˧ 摆脱了，完事了。
下不了地 ɕia˧ pu˩ ·lau ti˧ 摆脱不
　　了，完不了事。
不得下地 pu˩ tɤ˩ ɕia˧ ti˧
嫽 liau˩ 挑逗。《广韵》："落萧切。
　　相嫽戏也。"如：我变鹰子叼
　　你的魂，看你～人不～人。

（十九）商业、交通

1. 经商行业

老字号 lau˩ tsʅ˧ xau˧
招牌 tsau˧ p'ai˩
广告 kuaŋ˩ kau˧
开铺子 k'ai˧ p'u˩ ·tsʅ
铺面 p'u˩ mien˧

（《江陵歌谣集》）
嫽蹇 liau˩ tɕien˧ 喜欢挑事；故意
　　惹是非。如：他蛮喜欢～。
鸡 tɕi˧ 妓女类。
婊子 piau˩ ·tsʅ 妓女。
暗娼 an˩ ts'aŋ˧ 私下卖淫的人。
乔子 tɕ'uai˩ ·tsʅ 情人。
玩乔子 uaŋ˩ tɕ'uai˩ ·tsʅ 搞情人。
舞乔子 u˩ tɕ'uai˩ ·tsʅ 有情人关系
　　的舞伴。
玩舞乔子 uaŋ˩ u˩ tɕ'uai˩ ·tsʅ
有一手 iəu˩ i˩ səu˩ 男女关系暧
　　昧。如：有人……使坏，说张居
　　正和娘娘～。（《江陵故事集》）
有一腿 iəu˩ i˩ t'uei˩
偷人 t'əu˧ lən˩ 多指女子偷情。
打豆腐 ta˩ təu˩ ·fu 通奸。
打皮绊 ta˩ p'i˩ ·p'an ①指沾亲带
　　故、关系密切者之间的不正当
　　性行为。②通奸。"绊"，《广
　　韵》："伤孕，音半。"《说文解
　　字》："绊，妇人污也。"

摆摊子 pai˩ t'an˧ ·tsʅ
做小生意 tsuei˩ ɕiau˩ sən˧ ·i
二道贩子 ɯ˧ tau˩ fan˧ ·tsʅ 改革开
　　放前的常用词。指买回货物、
　　商品等再转手卖出去的人。
照相馆 tsau˩ xiaŋ˩ kuan˩ 20世纪

70 年代荆州城内只有花台一家照相馆。

餐馆 tsʻanꜛ kuanꜜ 20 世纪 70 年代,荆州城内规模较大的餐饮店属"聚珍园",小餐馆有几家:"五四餐厅"(今荆州区政府向西 60 米处),老南门内一家,今屈原路原汽车站处一家,民主街有两三家。

烧腊店 sauꜛ laꜗ tienꜛ 20 世纪 70 年代,现荆中路军分区斜对面有一家,卖点卤菜,规模很小。

饭店 fanꜛ tienꜛ

旅店 lyꜜ tienꜛ

招待所 tsauꜛ taiꜛ suoꜜ 一般由政府或单位经营的旅店,如江陵中学旁的原"江陵县招待所"。

宾馆 pinꜛ kuanꜜ 荆州城内 20 世纪 80 年代才有了"荆州宾馆"等规模较大的宾馆。

下馆子 ɕiaꜛ kuanꜛ ·tsʅ 到餐馆、饭馆里吃饭。

百货公司 pɤꜗ xuoꜗ kuŋꜛ sʅꜛ 20 世纪 70 年代国营的百货商店,有(花台)江陵百货公司,后来(荆中路东端)有了荆州商场。

杂货店 tsaꜗ xuoꜗ tienꜛ

文具店 uənꜗ tɕyꜛ tienꜛ

茶馆 tsʻaꜗ kuanꜜ

服务员 fuꜗ uꜛ yenꜗ

布店 puꜛ tienꜛ

理发店 liꜜ faꜗ tienꜛ

刮胡子 kuaꜗ xuꜗ ·tsʅ 20 世纪理发店也给人刮胡子。

发廊 faꜗ lanꜗ 20 世纪 80 年代末出现,荆东路的几家比较有影响。

粮店 lianꜗ tienꜛ

菜场 tsʻaiꜛ tsʻanꜜ 20 世纪七八十年代,荆州城内约有三处:便河处,屈原路鼓楼处,西门菜场。

肉店 luꜗ tienꜛ

杀猪 saꜗ tsuꜛ

煤店 meiꜗ tienꜛ

送煤 suŋꜛ meiꜗ 20 世纪 70 年代,一般指送蜂窝煤或煤。

赶街 kanꜜ kaiꜛ 赶集。

排队 pʻaiꜗ tueiꜛ 计划经济时代,买肉、买米、买煤等都要排队等候。

2. 经营、交易

超市 tsʻauꜛ sʅꜛ

平价超市 pʻinꜗ tɕiaꜛ tsʻuaiꜛ sʅꜛ

专卖店 tsuanꜛ maiꜛ tienꜛ

开业 kʻaiꜛ ieꜗ

停业 tʻinꜗ ieꜗ

盘点 pʻanꜗ tienꜜ

柜台 kueiꜛ tʻaiꜗ

开价 kʻaiꜛ tɕiaꜛ

还价 xuanꜗ tɕiaꜛ

便宜 pʻienꜗ ·i

贵 kuei˦
水货 suei˥ xuo˦ 质量差的产品或
　　商品。
公道 kuŋ˦ tau˦
买卖好 mai˥ mai˦ xau˥
买卖清淡 mai˥ mai˦ tɕʻin˦ tan˦
紧俏 tɕin˥ tɕʻiau˦
滞销 tsʅ˦ ɕiau˦
工钱 kuŋ˦ tɕʻien˥
本钱 pən˥ tɕʻien˥
保本 pau˥ pən˥
赚钱 tsuan˦ tɕʻien˥
折本 sɤ˥ pən˥
利息 li˦ ɕi˥
运气好 yn˦ tɕʻi˦ xau˥
该 kai˦ 欠。如：～他三元钱。
差 tsʻa˦
押金 ia˥ tɕin˦
字据 tsʅ˦ tɕy˦
炒股 tsʻau˥ ku˥
开盘 kʻai˦ pʻan˥
收盘 sau˦ pan˥

3. 账目
收账 sau˦ tsan˦ 记收入的账。
出账 tsʻu˦ tsan˦ 记付出的账。
欠账 tɕʻien˦ tsan˦
欠条 tɕʻien˦ tʻiau˥
要账 iau˦ tsan˦
发票 fa˥ pʻiau˦
假发票 tɕia˥ fa˥ pʻiau˦
收据 səu˦ tɕy˦

打白条 ta˥ pɤ˥ tʻiau˥ 不付现金，
　　在白纸上记账签名。
存款 tsʻuən˥ kʻuan˥ 存下的钱。
整钱 kən˥ tɕʻien˥ 整数的钱，如十
　　元、百元的钱。
零钱 lin˥ tɕʻien˥
纸币 tsʅ˥ pi˦ 纸质钞票。
硬币 ən˦ pi˦ 金属币。
银分子 in˦ fən˦ ·tsʅ 民间把硬币叫
　　"银分子"。
一分钱 i˦ fən˦ tɕʻien˥
一角钱 i˦ tɕyo˥ tɕʻien˥
一块钱 i˦ kʻuai˦ tɕʻien˥
十块钱 sʅ˦ kʻuai˦ tɕʻien˥
一百块钱 i˦ pɤ˥ kʻuai˦ tɕʻien˥
一张票子 i˦ tsan˦ pʻiau˦ ·tsʅ
算盘 suan˦ ·pʻan
秤 tsʻən˦ 主要指有秤杆、秤锤的秤。
秤星子 tsʻən˦ ɕin˦ ·tsʅ
秤杆 tsʻən˦ kan˥
秤盘 tsʻən˦ pʻan˥
秤钩子 tsʻən˦ kəu˦ ·tsʅ
秤砣 tsʻən˦ tsʻuo˥ 秤锤。
秤毫 tsʻən˦ xau˥
台秤 tʻai˥ tsʻən˦
磅秤 pan˦ tsʻən˦
丢头 tiəu˦ ·tʻəu 蔬菜等需要丢掉的
　　（太老的、不能吃的）部分。
　　如：这种菜的～不多。
抛头 pʻau˦ ·tʻəu 卖家秤量时给买家
　　让出的尺寸（斤两）。

打滴尕抛头 ta˅ ·ti ·ka / kʻa˅ pʻau˧
·tʻəu

旺头 uan˧ ·tʻəu　把秤打高一点儿，给买家让利。

堆头 tuei˧ ·tʻəu　果蔬等拢成的堆：他的菜～很大，比较划算。

考秤 kʻau˅ tsʻən˧　顾客秤过东西后，再去找秤验证一下。

揢秤 kuan˧ tsʻən˧　偷秤，即在秤上搞鬼，短斤少两。"揢"，《说文解字》："揢，搯揢也，从手，官声。"《集韵》："揢，取也。"

抹掉 ma˧ tiau˅　称秤计算时，把零头去掉（让利）。

4. 交通

公路 kuŋ˧ lu˧

汽车 tɕʻi˧ tsʻɤ˧

小汽车 ɕiau˅ tɕʻi˧ tsʻɤ˧　小轿车。

北京吉普 pɤ˅ tɕin˧ tɕi˧ pʻu˅　绿帆布顶，上世纪六七十年代流行。

客车 kʻɤ˅ tsʻɤ˧

客运站 kʻɤ˅ yn˧ tsan˧

客运汽车 kʻɤ˅ yn˧ tɕʻi˧ tsʻɤ˧

班车 pan˧ tsʻɤ˧　定时发出的客运汽车。

搭车 ta˧ tsʻɤ˧

搭便车 ta˧ pien˅ tsʻɤ˧

长途汽车 tsan˧ tʻu˧ tɕʻi˧ tsʻɤ˧　一般指省际或路途较远的客运汽车。

货车 xuo˧ tsʻɤ˧　运输用车。如：解放牌～。

公共汽车 kuŋ˧ kuŋ˧ tɕʻi˧ tsʻɤ˧　现一般叫"公交车"。

的士 ti˧ sɿ˧　出租车，20 世纪 80 年代才兴起。

中巴车 tsuŋ˧ pa˧ tsʻɤ˧

搭一脚 ta˧ i˧ tɕyo˅　20 世纪 80 年代荆州、沙市间始有用作公共汽车的补充车辆的中巴车。乘客中途临时下车，请司机停车开门，称"搭一脚"。

带一脚 tai˧ ·i tɕyo˅

小汽车 ɕiau˅ tɕʻi˧ tsʻɤ˧　小轿车。

摩托车 muo˧ tʻuo˧ tsʻɤ˧

三轮车 san˧ luən˧ tsʻɤ˧　拉货用的三轮人力车。

麻木 ma˧ ·mu　20 世纪 80 年代兴起，上有车篷的人力载客的三轮车，后来又有摩托式的电麻木。"麻木"的说法，有说因其形状似麻木虫（金麻木、臭麻木）得名，有说因车主是"酒麻木"（喝得醉醺醺状）得名。

自行车 tsɿ˧ ɕin˧ tsʻɤ˧

马车 ma˅ tsʻɤ˧

车轴 tsʻɤ˧ tsəu˅

板车 pan˅ tsʻɤ˧　我国北方的架子车。20 世纪 80 年代以前的主要运输工具之一。

船 tsʻuan˧

帆船 fan˧ tsʻuan˧

桅杆 uei˧ kan˥
船舵 tsʻuan˧ tuo˨
桨 tɕian˥
篙 kau˨　撑船工具。
跳板 tʻiau˨ pan˥　上下船用。
划子 xua˧ ·tsʅ　小船。如：赶鸭子
　　的鸭～。
渔船 y˧ tsʻuan˧
渡船 tu˨ tsʻuan˧
轮船 luən˧ tsʻuan˧
拖船 tʻuo˨ tsʻuan˧　驳船。只装货
　　物、无动力的船。
摆渡船 pai˥ tu˨ tsʻuan˧

渡口 tu˨ kʻɤu˥
码头 ma˥ tɤu˧
铁路 tʻiɛ˧ lu˨
铁轨 tʻiɛ˧ kuei˥
火车 xuo˥ tsʻʅ˨　20 世纪 80 年代，
　　沙市有火车通荆门，只运货，
　　不载人。
火车站 xuo˥ tsʻʅ˨ tsan˨　荆州市有
　　沪渝线的"荆州站"，沙市有荆
　　门到沙市的"老火车站"。
动车 tuŋ˨ tsʻʅ˨
高铁 kau˨ tʻiɛ˧

（二十）文化教育

1. 学校

学校 ɕyo˧ ɕiau˨
上学 san˨ ɕyo˧
去学里 kʻɯ˨ ɕyo˧ ·li　去上学。
中专 tsuŋ˨ tsuan˨
中师 tsuŋ˨ sʅ˨
大学 ta˨ ɕyo˧
中考 tsuŋ˨ kʻau˥
高考 kau˨ kʻau˥
查分 tsʻa˧ fən˨
荆州中学 tɕin˨ tsəu˧ tsuŋ˨ ɕyo˧
荆州师专 tɕin˨ tsəu˧ sʅ˨ tsuan˨
长江大学 tsʻan˧ tɕian˨ ta˨ ɕyo˧
函授 xan˧ səu˨　不脱产，平时靠书
　　函往来教学，寒暑假时集中
　　面授。

干修班 kan˨ ɕiəu˨ pan˨　20 世纪
　　80 年代解决年轻干部学历的一
　　种教育形式。
夜大 iɛ˨ ta˨
电大 tiɛn˨ ta˨
自考 tsʅ˨ kʻau˥　自学考试，集中授
　　课或脱产、插班学习是其主要
　　的学习方式。
代考 tai˨ kʻau˥
作弊 tsuo˧ pi˨
夹带 ɕia˨ tai˨　作弊的一种形式。
　　考试时带抄写好的纸条、纸
　　片等。
放学 fan˨ ɕyo˧　下学（回家）。
幼儿园 iəu˨ ɯ˧ yɛn˧
托儿所 tʻuo˨ ɯ˧ suo˥

学前班 ɕyoɹ tɕʰiɛnɻ panɻ
托管班 tʰuoɹ kuanɻ panɻ
公办 kuŋɻ panɻ
民办 minɹ panɻ
教员 ɕiauɻ yɛnɹ 教师。
老师 lauɹ ʂɻɻ ①学校的教师。②社会泛称。
教书匠 tɕiauɻ ʂuɻ tɕianɻ 对教师的戏称。
教书先生 ɕiauɻ ʂuɻ ɕiɛnɻ sənɻ
把关教师 paɹ kuanɻ tɕiauɻ ʂɻɻ 教学水平高，对课程起把关作用的教师。
代课老师 taiɻ kuoɻ lauɹ ʂɻɻ
打通关 taɹ tʰuŋɻ kuanɻ 一般指（高校里）一门课各章节全能讲。
同学 tʰuŋɹ ɕyoɹ
学生 ɕyoɹ sənɻ
  学生伢 ɕyoɹ sənɻ aɹ
男生 lanɹ sənɻ
女生 lyɹ sənɻ
大学生 taɻ ɕyoɹ sənɻ
本科生 pənɹ kʰuoɻ sənɻ
专科生 tsuanɻ kʰuoɻ sənɻ
工农兵学员 kuŋɻ luŋɹ pinɻ ɕyoɹ yɛnɹ
学费 ɕyoɹ feiɻ
放假 fanɻ tɕiaɹ
打野 taɹ iɛɹ 注意力不集中。
旷课 kʰuanɻ kʰuoɻ

逃学 tʰauɹ ɕyoɹ
暑假 suɹ tɕiaɹ
寒假 xanɹ tɕiaɹ
春假 tsʰuənɻ tɕiaɹ 春季时，学校短暂放假（一般是组织春游）。
农忙假 luŋɹ manɹ tɕiaɹ

2. 教室、文具

教室 tɕiauɻ ʂɻɻ
上课 sanɻ kʰuoɻ
下课 ɕiaɻ kʰuoɻ
调课 tiauɻ kʰuoɻ
讲台 tɕianɹ tʰaiɹ
黑板 xɤɹ panɹ
粉笔 fənɹ piɹ
板擦 panɹ tsʰaɹ
点名 tiɛnɹ minɹ
笔记本 piɹ tɕiɻ pənɹ ①做记录的本子。②指笔记本电脑。
课本 kʰuoɻ pənɹ
圆规 yɛnɹ kueiɻ
三角板 sanɻ kuoɻ panɹ
作文本 tsuoɻ uənɹ pənɹ
大字本 taɻ tsɻɻ pənɹ
红模子 xuŋɹ moɹ tsɻ 影写本。
靛笔 tiɛnɻ piɹ 钢笔。
靛水 tiɛnɻ sueiɹ 钢笔用的墨水。
笔筒子 piɹ tʰuŋɻ tsɻ 笔帽。
墨笔 moɹ piɹ 毛笔。
砚台 iɛnɻ tʰaiɹ
研墨 iɛnɹ moɹ
墨盒 moɹ xoɹ

墨水 mo˩ suei˩　一般指钢笔用的墨水。

墨汁 mo˩ tsʅ˩　一般指毛笔用的墨水。

书包 su˩ pau˦

双肩包 suan˦ tɕien˦ pau˦　双肩背书包。

蘸笔 tsan˦ pi˩　蘸水笔。

圆珠笔 yen˩ tsu˦ pi˩

铅笔 tɕʻien˦ pi˩

自动铅笔 tsʅ˦ tuŋ˦ tɕʻien˦ pi˩

[兹]胶 tsʅ˦ tɕiau˦　橡皮擦。

卷笔刀 tɕyen˩ pi˩ tau˦　旋着削的铅笔刀。

涂改液 tʻu˩ kai˩ iɛ˦

修正带 ɕiəu˦ tsən˦ tai˦　（后起的）用粘贴方式修改错别字的"盘形"文具。

3. 读书识字

读书人 tu˩ su˦ lən˩

识字 sʅ˩ tsʅ˦

文盲 uən˩ man˩

读书 tu˩ su˦

打哽 ta˩ kən˦　读书或说话不连贯。《说文》："哽，语为舌所介也。"

温书 uən˦ su˦

背书 pei˦ su˦

默写 mo˩ ɕie˩

格得进去 kɤ˦ tɤ˩ tɕin˦ kʻɯ˩　①可以钻进去。②特指在学习上能沉下心，有毅力和钻研精神。

擂 lei˩　钻研。《玉篇·手部》："力堆切。研物也。"①学习（或工作）有钻研和吃苦精神。如：别个都去玩哒，他还在～（学习）。②带有强制性的催促。如：伢儿刚放学，不要再～哒。③打。如：几个人把他～哒一餐。

报考 pau˦ kʻau˩

考场 kʻau˩ tsʻan˩

入场 lu˩ tsʻan˩

座位 tsuo˦ uei˦

考号 kʻau˩ xau˦

考试 kʻau˩ sʅ˦

考卷 kʻau˩ tɕyen˦

满分 man˩ fən˦

零分 lin˩ fən˦

不及格 pu˩ tɕi˩ kuo˩

查分 tsa˩ fən˦

改分 kai˩ fən˦

排名 pʻai˩ min˩

头名 tʻəu˩ min˩

末名 mo˩ min˩

毕业 pi˩ iɛ˩

肄业 i˦ iɛ˩

文凭 uən˩ pʻin˩

假文凭 tɕia˩ uən˩ pʻin˩

4. 写字

大楷 ta˦ kʻai˩

小楷 ɕiau˩ kʻai˩

字帖 tsʅ˦ tʻiɛ˩

临帖 linˋ tʰieˋ
涂哒 tʰuˋ ·ta
写白字 ɕieˋ pɤˋ tsʅˊ
发倒笔 faˋ tauˊ piˋ　笔顺不对。
掉字 tiauˊ tsʅˊ
草稿 tsʰauˋ kauˋ
起稿子 tɕʰiˋ kauˋ ·tsʅ　打草稿。
誊清 tʰənˊ tɕʰinˊ
一点 iˋ tienˋ
一横 iˋ xuənˋ
一竖 iˋ suˋ
一撇 iˋ pʰieˋ
一捺 iˋ laˋ
一勾 iˋ kəuˊ
一挑 iˋ tʰiauˊ
一画 iˋ xuaˋ　也作"划"，一笔

一划。
偏旁 pʰienˊ pʰanˋ
单立人 tanˊ liˋ lənˋ
双立人 suanˊ liˋ lənˋ
弓长张 kuŋˊ tsʰanˋ tsanˊ
立早章 liˋ tsauˋ tsanˊ
耳东陈 ɯˋ tuŋˊ tsʰənˊ
禾旁程 xuoˋ pʰanˋ tsʰənˊ
翘角成 tɕʰiauˊ kuoˋ tsʰənˊ
宝盖头 pauˋ kaiˊ tʰəuˋ
秃宝盖 tʰuˊ pauˋ kaiˊ
竖心旁 suˋ ɕinˊ pʰanˋ
反犬旁 fanˋ tɕʰyanˋ pʰanˋ
单耳旁 tanˊ ɯˋ pʰanˋ
抱耳旁 pauˋ ɯˋ pʰanˋ
反文旁 fanˋ uənˋ pʰanˋ

（二十一）文体活动

1. 游戏、玩具

风筝 fəŋˊ tsʰənˊ
放风筝 fanˊ fəŋˊ tsʰənˊ
抓子 tsuaˊ ·tsʅ
打漂漂 taˋ pʰiauˊ pʰiauˊ　将瓦片使劲掷出，使其贴水面划过。
打撇撇 taˋ pieˋ ·pie
对角棋 tueiˊ kuoˋ tɕʰiˊ
打哇哇 taˋ uaˊ uaˊ　婴幼儿用手遮口，时遮时开发出间断的"哇哇"声。
打蹬蹬 taˋ tənˊ tənˊ　将婴幼儿置于手掌上站立的动作。

玩涎水 uanˋ xanˋ / ɕienˋ sueiˋ　婴幼儿玩口水。
走得得 tsəuˋ tɤˊ tɤˊ　幼儿学步，口称"走——得得"。
背驮驮 peiˊ tʰuoˊ ·tʰuo　将幼儿背在背上。
虫虫飞 tsʰuŋˋ tsʰuŋˋ feiˊ　婴幼儿两食指间断接触，又分开，口称"虫虫、虫虫——飞"。
猜中指 tsʰaiˊ tsuŋˊ tsʅˋ　一只手将另一只手的手指箍紧，尽量将另一只手的中指隐藏起来，让另一人猜哪个指头是中指的游戏。

娃娃书 ua˧ ua˧ su˨ 连环画，小人书。

过家家 kuo˧ tɕia˥ tɕia˥ 幼儿组成"家庭"玩耍的游戏，分别扮作爸爸、妈妈等。

打陀螺 ta˨ tʻuo˨ luo˨ 用鞭子抽打木陀螺。

躲猫猫 tuo˨ mau˥ mau˥ 捉迷藏。

　　躲蒙 tuo˨ muŋ˥

踢毽子 tʻi˥ tɕien˥ ·tsɿ

抓子子 tsua˥ ·tsɿ ·tsɿ 将小沙包或石子抛起来再用手接住。

跳房子 tʻiau˥ fan˨ ·tsɿ

翻绳 fan˥ sən˨ 两人轮换翻动手指头上的细绳，变出各种花样。

跳绳 tʻiau˥ sən˨

跳大绳 tʻiau˥ ta˥ sən˨ 两人甩绳，多人跳绳。

猜谜 tsʻuai˥ mi˨

猜谜字 tsʻuai˥ mi˨ tsɿ˥ 出谜语。

　　出谜字 tsʻu˨ mi˨ tsɿ˥

打牌 ta˨ pʻai˨ ①玩纸牌。②打麻将。

　　抹牌 ma˨ pʻai˨

赌博 tu˨ po˨

抹牌赌博 ma˨ pʻai˨ tu˨ po˨

麻将 ma˨ tɕian˥

打麻将 ta˨ ma˨ tɕian˥

　　修长城 ɕiou˥ tsʻan˨ tsʻən˨

打癞子 ta˨ lai˥ ·tsɿ 打麻将的一种类型，设定的"癞子"可以充当别的牌。

掷色子 tsɿ˥ sɤ˨ ·tsɿ

坐庄 tsuo˥ tsuan˥

下庄 ɕia˥ tsuan˥

换庄 xuən˥ tsuan˥

聽和 tʻin˥ xu˨ 打麻将时等来关键的牌便可"和"的时候。

和哒 xu˨ ·ta 打麻将时获胜。

诈和 tsa˥ xu˨

放铳 fan˥ tsʻuŋ˥ ①打鸟等，击发装了火药、铁砂的铳，一打一大片。②玩麻将牌，打出别人刚好可以"和"的一张牌。③说话冒失，打击一大片人。

打扑克牌 ta˨ pʻu˨ ·kʻɤ pʻai˨

斗地主 təu˥ ti˥ tsu˨

争上游 tsən˥ san˥ iəu˨

跑得快 pʻau˨ ·tɤ kʻuai˥

打拖拉机 ta˨ tʻuo˥ la˥ tɕi˥

调主 tiau˥ tsu˨ 打扑克牌的术语。

牌九 pʻai˨ tɕiəu˨

押宝 ia˨ pau˨

爆竹 pau˥ tsu˨

放鞭 fan˥ piɛn˥ 放（单个或成挂的）炮。

放花炮 fan˥ xua˥ pʻau˥

放烟火 fan˥ iɛn˥ xuo˨

2. 体育

下棋 ɕia˥ tɕʻi˨

围棋 uei˧ tɕʼi˩

下围棋 ɕia˥ uei˧ tɕʼi˩

黑子 xγ˥ tsɿ˩

白子 pγ˧ tsɿ˩

象棋 tɕʼian˥ tɕʼi˩

下象棋 ɕia˥ ɕian˥ tɕʼi˩

将 tɕian˧

帅 suai˧

士 sɿ˧

象 ɕian˧

相 ɕian˧

车 tɕy˧ / tsʼγ˧

马 ma˩

炮 pʼau˧

兵 pin˧

卒 tsu˩

出车 tsʼu˩ tɕy˧

拱卒 kuŋ˩ tsu˩

别腿（马）pie˥ tuei˩

连环马 lien˩ xuan˩ ma˩

当头炮 tan˧ tʼou˧ pʼau˧

上士 san˥ sɿ˧ 士走上去。

落士 luo˩ sɿ˧ 士走下来。

飞象 fei˧ ɕian˧

落象 luo˩ ɕian˧

将军 tɕian˧ tɕyn˧

和棋 xou˩ tɕʼi˩

拔河 pa˩ xou˩

打鼓 泅 ta˩ ku˩ tɕʼuei˩ 游泳

"泅",《广韵》："人浮水上。"

游泳 iəu˩ yŋ˩

到河里游泳 tau˥ xou˩ ·li iəu˩ yŋ˩

到长江里游泳。

扎迷拱 tsa˧ mi˩ kuŋ˩ 游泳时潜水。

踩水 tsʼai˩ suei˩

仰泳 ian˩ yŋ˩

蛙泳 ua˧ yŋ˩

自由泳 tsɿ˥ iəu˩ yŋ˩

打球 ta˩ tɕʼiəu˩

赛球 sai˥ tɕʼiəu˩

乒乓球 pin˧ pan˧ tɕʼiəu˩

篮球 lan˩ tɕʼiəu˩

排球 pʼai˩ tɕʼiəu˩

足球 tsu˩ tɕʼiəu˩

羽毛球 y˩ mau˩ tɕʼiəu˩

台球 tʼai˩ tɕʼiəu˩

跳远 tʼiau˥ yen˩

跳高 tʼiau˥ kau˧

长跑 tsʼaŋ˩ pʼau˩

短跑 tuan˩ pʼau˩

打转 ta˩ tsuan˧ 散步。

打转转 ta˩ tsuan˧ ·tsuan

3. 武术、舞蹈、唱歌

翻跟头 fan˧ kən˧ ·tʼou

打腰跟头 ta˩ iau˧ kən˧ ·tʼou

打翻叉 ta˩ fan˧ tsʼa˧ 侧手翻。如：乌龟～——四只脚。（荆州歇后语）

倒立 tau˧ li˩ 北方谓之"拿大顶"。

采莲船 tsʼai˩ lien˩ tsʼuan˩ 三人表演划船采莲，多人伴奏、伴唱的民间艺术表演形式。

狮子舞 sʅ˧ ·tsʅ u˧

跑旱船 pʻau˧ xan˧ tsʻuan˧

玩龙灯 uan˧ luŋ˧ tən˧　舞龙灯。如：草市的龙灯——越玩越转去哒。比喻越搞越差了。

踩高跷 tsʻai˨ kau˧ tɕʻiau˧

蚌壳精 pʻan˧ kʻuo˨ tɕin˧　女子扮蚌壳精，男的演渔翁，荆州流行的一种艺术表演形式。

对刀 tuei˧ tau˧

对枪 tuei˧ tɕʻian˧

打腰鼓 ta˨ iau˧ ku˨

耍流星锤 sua˨ liəu˧ ɕin˧ tsʻuei˧

跳舞 tʻiau˧ u˨

交谊舞 tɕiau˧ i˧ u˨

三步踩 san˧ pu˧ tsʻai˨

广场舞 kuan˨ tsʻan˧ u˨

小苹果 ɕiau˨ pʻin˧ kuo˨

歌厅 kuo˧ tʻin˧

江陵民歌 tɕian˧ lin˧ min˧ kuo˧　曲调独特，在湖北颇具影响，如《喇叭调》、《伙计调》等。

五句子 u˨ tɕy˧ ·tsʅ　荆州地区一种风格迥异的近似诗歌的歌唱形式，结构特色是"五句七言"，个别偶有八言的，五句即成一首，也可以一首首连接成篇；用韵灵活，可一、二句同韵，四、五句换韵，也可同韵到底等①。

4．戏剧电影

京剧 tɕin˧ tɕy˧

话剧 xua˧ tɕy˧

汉剧 xan˧ tɕy˧　剧种名。沙市曾有汉剧团。

楚剧 tsʻu˨ tɕy˧　剧种名。荆州城原人民剧院有楚剧团。

文工团 uən˧ kuŋ˧ tʻuan˧　20 世纪 80 年代前有荆州文工团。

荆州花鼓戏 tɕin˧ tsəu˧ xua˧ ku˨ ɕi˧　剧种名。流行于天门、仙桃一带的花鼓戏，一般称作"天沔花鼓"。

戏院 ɕi˧ yen˧

电影院 tien˧ in˨ yen˧

戏台 ɕi˧ tʻai˧

戏子 ɕi˧ ·tsʅ　唱戏的人；演员。
　演员 iɛn˨ yen˧

变魔术 pien˧ mo˧ su˧

讲古 tɕian˨ ku˨　讲故事。

小丑 ɕiau˨ tsʻəu˨

老生 lau˨ sən˧

小生 ɕiau˨ sən˧

武生 u˨ sən˧

旦角 tan˧ tɕyo˧

　刀马旦 tau˧ ma˨ tan˧

　老旦 lau˨ tan˧

---

① 荆州五句子，《唱不周全不怪我》："要我唱歌就唱歌，人小面子推不脱，石板栽花根不稳，黑板写字白字多，唱不周全不怪我。"（《江陵歌谣集》）

花旦 xua˧˥ tan˧˥
花脸 xua˧˥ liɛn˨˩

跑龙套的 pʻau˨˩ luŋ˨˩ tʻau˧˥ ·ti

(二十二）动作①

1. 人体动作

站倒 tsan˧˥ ·tau / ·təu 站着。

跶倒 ta˨˩ ·təu 摔倒。"跶"，《玉篇·足部》："跶，足跌也。"《一切经音义·卷十五》引《字书》："及地曰跶。"

跶跤子 ta˨˩ kau˧˥ ·tsʅ ①摔倒了。②犯了错误。

跌脚 tiɛ˨˩ tɕyo˨˩ 用脚跟踩脚。

打盘腿 ta˨˩ pʻan˨˩ tʻei˨˩ 盘腿坐着。

踮脚 tiɛn˧˥ tɕyo˨˩ 用脚尖蹬立，或用脚尖走路状。

起开 tɕʻi˨˩ kʻai˧˥ 走开。

赶起走 kan˨˩ tɕʻi˨˩ tsəu˨˩ 撵出去；轰出去。

弄起走 luŋ˧˥ tɕʻi˨˩ tsəu˨˩ ①赶走。②把东西弄走。

车身 tsʻɤ˧˥ sən˧˥ ①急速转身。②立刻；马上。

脸车过去 liɛn˨˩ tsʻɤ˧˥ kuo˧˥ kʻɯ˧˥ 把脸背过去。

车过身去 tsʻɤ˧˥ kuo˧˥ sən˧˥ kʻɯ˧˥ 背过身去。

挞倒脑壳 tsua˨˩ ·tau / ·təu lau˨˩ kʻou˨˩ 低着头。

旺倒脑壳 uan˨˩ ·təu lau˨˩ kʻou˨˩ 仰着头，抬起头。

抬头 tʻai˨˩ tʻəu˨˩

头旺起来 tʻəu˨˩ uan˨˩ tɕʻi˨˩ lai˨˩ 头仰起来。

摆脑壳 pai˨˩ lau˨˩ kʻou˨˩ 摇头。

看到哒 kʻan˧˥ ·tau / ·təu ·ta 看见了。

不见哒 pu˨˩ tɕiɛn˧˥ ·ta ①没有了。②找不到了。

闭眼 pi˧˥ iɛn˨˩

眼睛闭闭声 iɛn˨˩ tɕin˧˥ pi˧˥ ·pi ·sən 由于不满、紧张或恐怖，眼睛一闭一张的样子。

眨眼 tsa˨˩ iɛn˨˩

相 ɕian˧˥ 动作缓慢，坐着不动或慢慢地看（也有拖时间的意思）：尽~个么子哟！

瞄 miau˧˥ 不专注地看（一下）。

瞄倒 miau˧˥ ·tau / ·təu 专注地盯着看。有时也有"干瞪眼"的意思。

睖 lən˧˥ 用眼睛直视、瞪着，表示不满或予以制止。"睖"，《广韵》："丑升切。睖瞪，直视。"

---

① 此处列出的词语多表示动作、行为，但不一定是严格意义上的"动词"。

觑倒个眼睛 tɕʻy˧ ·təu kY˧ iɛn˅ ·tɕin　眯缝着眼（看）。

鼓眼睛 ku˅ iɛn˅ ·tɕin　瞪着眼，或眼睛一鼓一鼓，表示不满。也指"金鱼眼"。如：他是个～。

眼睛鼓鼓声 iɛn˅ ·tɕin ku˅ ·ku ·sən　眼睛一鼓一鼓，表示不满的样子。

流眼水 liəu˅ iɛn˅ suei˅　流眼泪。

擤 ɕin˅　捏着鼻子清理鼻涕的动作。

哽倒哒 kən˅ tau˅ / təu˅ ·ta　噎住了。"哽"，《抱朴子·外篇·任能》："故口不能容而强吞之者必哽。"

嗍 suo˅　吸吮。如：婴幼儿～妈子乳头｜幼儿～棒棒糖。

挨一个 ai˧ ·i kuo˧　脸贴脸，表示亲热。

动手 tuŋ˧ səu˅　①做事。②动手打人。

赛打 sai˧ ta˅　你打我，我打你，互不相让。

摘手 tsʻʅ˧ səu˅　①伸手。"摘"，《说文解字》："摘，舒也。从手，离声。"如：把手～出来。②动手劳作。如：下班到家，手都不～一下。

摘手摘脚 tsʻʅ˧ səu˅ tsʻʅ˧ tɕyo˅　（争执中）欲伸手动脚状。

摘手动脚 tsʻʅ˧ səu˅ tuŋ˧ tɕyo˅

放［骗］fan˧ pʻiɛn˧　北方话中的"撒泼"。

甩手 suai˅ səu˅

拍手 pʻY˧ səu˅

背倒手 pei˧ ·tau səu˅　背着手。

笼倒手 luŋ˧ ·tau səu˅　左右手互相揣进袖口。

拌 pan˅　丢弃；摔。《广韵》："弃也。"《方言·卷十》："楚人凡挥弃物，谓之拌。"如：抱起一块石头，就朝乌龟～去，一下就把乌龟～死哒。（《江陵故事集》）

抌 tsʻən˅　①用手往下面压。如：～住他的脖子。②压制，诋毁。如：你不要老是～别个。"抌"，上声调，古端母字，《广韵》："都感切。"《说文解字》："深击也。"《集韵》："楚谓搏曰抌。"古音 tan，今读 tsʻən˅，正合古无舌上音之今古语音演变规律。

埄 tsu˅　"埄"，《广韵》："侧六切。"《集韵》："塞也。"①阻塞。如：鼻子～哒。②塞进去。

埄东西 tsu˅ tuŋ˧ ·ɕi　行贿。

埄坨子 tsu˅ tʻou˅ ·tsʅ　用拳头往身上捅。

㨻 tsan˅　①移动；换位置。②掖进去。

搅 kau˅　扰乱。《说文解字》："搅，乱也。"

捂 u˩ 遮掩；掩盖。如：～盖子。

撑 tueɪ˩/teɪ˩ 《集韵》："撑，排也。"①同"抵"。如：把门～上。②阻拦。如：在半路上～（拦截）住他。③诋毁。如：你老～别个搞么子。

撑嘴 teɪ˩/tueɪ˩ tsueɪ˩ 还嘴；顶嘴。

攉 xou˥ 抓住；捉住。《广韵》："攉，手取也。"如：～到黄牛当马骑。(《荆州故事集》)

捞 lau˥ ①捉；弄来。《广韵》："捞，取也。"荆州话除"捞鱼"外，一般作"捉住，弄"讲。如：几个保安一下就把小偷～倒哒捉住了。②不正当手段获取。如：当个县官，～哒蛮多钱。

捞下子 lau˥ xa˥·tsʅ 修理一下。

搴 tɕien˩ 捡；拔取。俗作"捡"，本字作"搴"。如：～棉花。《说文解字》："搴，拔取也，南楚语。"如：《楚辞·离骚》："朝～陞之木兰兮，夕揽洲之宿莽。"

掐 kʼa˩ 用手指尖掐。

揞 an˥ 放；藏。《集韵》："方言摩灭也，荆楚曰揞。"《广雅·释诂》："揞，藏也。"如：把东西～好。

掰(扳) pai˥ ①用手分开。如：把饼子～开。②修理。如：在屋里～自行车。③捉弄。如：你不要～别个。

抠 kʼəu˥ 用指尖把里面的东西弄出来。本字"㧄"，《广韵》："恪侯切。剜里也。"

抠痒 kʼəu˩ ian˩ 挠痒。

挼 zua˩ 用手搓揉。如：把纸～成一团。《说文解字》："推也，一曰两手相切摩也。"

掴 kʼua˩ 用手掌打脸。《玉篇·手部》："掴，掌耳也。"如：～他几耳光。

㧅 xu˥ 用手抽打。如：～他几巴掌。《广雅》："㧅，击也。"《集韵》："呼骨切。去尘。"

刷 sua˩ (用巴掌)打。如：～他几下。

侧 tsʅ˩ 打：～起就是一耳光。《玉篇·手部》："侧，打也。"

捹 pʼaŋ˩ 轻轻地碰。《广韵》："薄庚切。"如：只是……把工兵排长贾雄～一下。(李劼人《大波》)

挡 tʼan˩ 遮挡。《集韵》："挡，摒也。"如：起开些，莫把我～倒哒。

撽起 kʼuan˩ tɕʼi˩ 用肘部把东西提起来。如：把提包～。《玉篇·手部》："撽，捉也。"

攒坨子 fən˩ kʼou˥·tsʅ 用拳头击打。"攒"，《集韵》："楚谓搏击曰攒。"如：～他几坨子打他几拳。

拌坨子 panˇ tʻouˇ ·tsʅ 抓阄儿。

挖 tsuaˇ 用脚踹。《集韵》："挖，击也。"如：狠狠～了他几脚。

搕 kʻouˇ 敲击。如：～他几下。"搕"，《玉篇·手部》："搕，打也。"《汉语大字典》："敲击。"如：～烟袋。

歘 kʻouˇ ①敲打。如：把枝叶～掉。②敲击。如：～他几下。《集韵》："苦果切。一曰击也。"又《广雅》："击也。"

挼 təuˊ 接起来。《广韵》："都管切。"①接榫头。如：～拢起来。②把文字或信息材料集中，理一理。如：～材料。

扽 tənˊ 用左、右手把绳子"猛"地一下拉直。《广韵》："都困切。"《广雅》："扽，引也。"

抻 tsʻənˊ 拉平展。《广韵》："抻物长也。"

浞 tsuoˊ 搓揉。《说文解字》："士角切。小濡貌。"如：用水把裤子脏了的地方～一下。

拣 kanˇ 选择；挑选。如：东西～好的拿，衣服～好的穿。

棘 tɕyˊ 扎；刺。如：席子蛮～人。"棘"，楚语词，《方言·卷十》："凡草木刺人……江湘之间谓之棘。"《楚辞九章·橘颂》："层枝剡棘，圆果……"王逸注：

"剡，利也；棘，橘枝，刺若棘也。"

捣 tauˇ 草木刺人。《广雅》："捣，刺也。"如：劣质羽绒被蛮～人。

捅 tuŋˇ 用棍子朝下戳：往桶里～几下。《新方言·释言》："福州谓自上掷下曰捅。"

杵 tsʻuˇ 用棍子捅、捣。如：用棍子～他几下。荆州有"杵糍粑"一说，《说文解字》："杵，舂杵也。"

箍倒 kuˊ ·tau / ·təu 用胳臂环状搂抱。"箍"，《广韵》："以篾束物，古胡切。"荆州话有两个意思：①用竹篾捆物。如：～桶。②搂抱。

扶倒 fuˇ ·tau / ·təu 扶着。

抱倒 pauˊ ·tau / ·təu 抱着。

搂倒 ləuˇ ·tau / ·təu 搂着。

揖倒 mauˇ ·tau / ·təu 搂着；扶着。"揖"，《集韵》："手扶之也。"如：你～他。

搿倒 kɤˊ ·tau / ·təu 用手把持；搂。"搿"，《集韵》："持也。"①搂。如：把伢儿～紧滴嘎。②以手握物。如：钱～得蛮紧。③提起来。如：这个篮子你能不能～得起？

沓 tʻaˇ / taˇ / taˇ 交合；交配。本字"遝"，俗作"沓"。《楚辞·天问》："天何所遝。"意为"天地的边沿在哪里交合"。《方言·卷三》:"遻,及也……"郭璞注:"今荆楚人皆云遻。""遻"主要指畜禽类交配,如牛马交配的"搭脚",禽类的"打水"。有时口语中也指人的行为,如:~脚就生哒几个伢。

日 zɿ↗/ɯ↘ 本字"肏",男性性行为。多作詈词,如:狗~的。|我~的。

匍倒 p'u↗·tau/·uəi↘·uəi 趴着

瞌睡来哒 k'uo↗ suei↗ lai↘·ta

哈倒腰 xa˥·tau/·uəi ɿuai↘·iəu 弓着腰。

跩 tsuai˥ 蹲。《说文解字》:"跩,踞也。从足,尊声。"如:姑娘生得乖又乖,屋前屋后有人~。(《荆州歌谣集》)

跛 po↘ 瘸:~子。《楚辞·哀郢》:"驷跛鳖而上山兮。"《说文解字》:"跛,行不正也。"

蹒 pai˥ 瘸。如:~子。

梗 kən↘ 使劲。《楚辞·九章·橘颂》:"淑离不淫,梗其有理也。"《方言·卷二》:"梗,爽猛也。"如:伢儿~哒(拉屎)半天,也没有~出来。

格 kɤ˥ 本义为"树枝"。《广韵》:"古落切。树枝。"《尔雅·释诂》:"至也。"又《释言》:"来也。"①锯。如:把树枝~断。②穿行。如:伢儿一~就不见

哒。③拉琴。如:~几下二胡。④钻。如:这个洞他可以~进去。⑤钻研精神。如:搞学习,他能~得进去。

拱(𧯦)kuŋ↘ ①用头往上、往前。②挤兑。如:你老~别个搞么子。

儣 k'uan↘ 从上往下戴。《广韵》:"载器也。"如:把这顶帽子~到他的头上。

流鼻涕 liəu↘ pi↘·ti t'iɛi↘ 流鼻涕。"涕",《广雅·释训》:"涕涊,垢浊也。"

打呵欠 ta↘ xuo˥·tɕ'iɛn

打喷嚏 ta↘ fən˥·t'i

打鼾 ta↘ xan˥

打嗝 ta↘ kɤ↘

打尿噤 ta↘ liau˥ tɕin˥ 拉尿时打激灵。

[㳅]k'ua↘ 汗水直滴、直往下流状。如:脸上的汗~~声。

汪 uan˥ 喊叫。本字"咉"。《方言·卷一》:"……凡大人小儿泣而不止谓之汪。"

嗥 xau↘ 拖长音大声喊叫。

趴命 pan↘ min˥ ①小孩拼命般地吵闹。如:几个伢儿是哪么在~啊。②鱼(动物)拼命地挣扎。《汉语大字典》:"用力挣扎。"如:你也要趴一下命呀!(沙汀《淘金记》)

噪命 ts'auˑ minˉ 小孩吵闹、乱来。如：你们几个哪么在～啊！"噪"，《说文解字》："扰也。从言，喿声。"《一切经音义》卷二十二引作："扰耳孔也。"

散架 sanˇ tɕiaˉ 本意是原有的结构解体了，常用来形容人累得身子都立不起来了。如：累得像要～了。

猋 piauˉ 迅捷地跑。《楚辞·九辩》："猋远举兮云中。"如：几个伢儿一～就不见哒。

趡 tɕyɛˉ 大步行走。《说文解字》："趡，大步也。"

趡趡声 tɕyɛˉ/tɕyɛˉ·tɕyɛ·sən 大步行走。如：老头子走路～。

駃 saˉ 急速跑状。《方言·卷十三》："駃，马驰也。"引申为迅疾。如：跑得～～声。

跋 saˇ 踩着鞋后跟走路。"跋"，《说文解字》："进足有所撷取也。"如：这双鞋子没过细，送给小郎～脚的。(《江陵歌谣集》)

解大手 kaiˇ taˉ səuˇ 屙屎。

屙屁屁 uoˉ paˇ·pa 屙屎，多用于儿童。"屙"，《玉篇·尸部》："屙，上厕也，乌何切。"

屙肚子 uoˉ tuˇ·tsɿ 拉稀。

跟手跟脚 kənˉ səuˇ kənˉ tɕyoˇ 孩子紧随、不离身。

胀气 tsanˉ tɕ'iˉ 吃得过饱，胃里胀气。

胀人 tsanˉ lənˉ 吃得过饱，胃里难受。

臜人 ts'auˉ·lən 胃里难受。如：生萝卜吃多了胃里咕噜响，蛮～。《广韵》："昨劳切。"《集韵》："臜，腹鸣。"

充人 ts'uŋˉ lənˉ 充能；本不行，偏要表现一下。

2. 一般动词

巴 paˉ 贴，粘。如：墙上～哒一张地图。

安置 anˉ tsɿˉ ①安排。②照料。

间 kanˉ 分隔。如：把一大间房子～成两间。

把 paˇ ①握持。②把守。③给。

把给 paˇ kɤˇ/keiˇ 给。

　把得 paˇ tɤˇ

犸 maˇ 逐层摆放。《集韵》："益也。"如：挑来的银子整整～了一条街。(《江陵故事集》)

胎起 t'aiˉ tɕ'iˇ 从里面垫起来。

过溜 kuoˉ liəuˉ 一个一个地(搞)。如：安检是一个一个～的，哪个也躲不脱。

[搁] kaˉ/kuoˇ 放。如：～滴尔盐。

搁倒 kaˉ/kuoˇ·tau 放。如：把书～桌子上｜把这个事～心上。

隔味 kɤˇ ueiˉ 有差距。如：科长跟副局长隔蛮大味嘞。

搞 kauˇ "搞"是荆州方言中的"万能词",有"做,干,弄"等多种语义。如:~事,~钱,~对象,~饭吃,~材料,~人,~鬼等。

搞得到 kauˇ ·tɤ tauˉ ①能弄到手。②做得了。如:这个题我~。

搞不到 kauˇ puˇ tauˉ ①不能弄到手。②不会做。如:这个题我~。

搞下地 kauˇ ɕiaˉ tiˉ 搞完。如:这个工程~,要千把万。

不得下地 puˇ tɤˇ tɕiaˉ tiˉ 不会完事(还会扯皮的)。

下得了地 tɕiaˉ tɤˇ liauˇ tiˉ 不会完事;不会结束。多用在问句中。如:这个事他~?

弄 luŋˉ / luŋˉ 搞;做。"弄"一般说来是个北方方言词汇。"弄"在荆州话中也属于常用词,语义接近于荆州话中的"搞",但使用频度不如"搞"高。如:关公就叫老百姓把芦席全~来。|肖代只好照样子~了一碗。(《江陵故事集》)

打 taˇ ①打人。②买。如:~票买票|~油。③某种动作。如:~放电影。

哈 xaˉ ①拿东西;捞东西。如:在屋里瞎~。②劳作。如:

(田间除草)~哒一遍,又~一遍。

蓄倒 ɕieuˉ / ɕyˇ ·tau ①留着。如:把胡子~,不要刮。②把东西积攒起来,存着。

收捡 səuˉ tɕienˉ 收拾;整理。

该 kaiˉ ①应该。②欠。如:把~别个的钱还他。

统 tʰuŋˇ 装(进去)。如:把钱~好。

揩 kʰaiˇ 擦拭。

浩水 xauˉ sueiˇ 蹚水。

逼光 piˇ kuanˉ 戏谑眼睛小、不(会多)漏光。

喝风 xuoˉ fəŋˉ 容易吸风(进来)。如:屋顶蛮~。|肩头没有盖好,蛮~。

[兹] tsɿˉ 擦拭。

兹掉 tsɿˉ tiauˉ 擦掉。

[窝] uoˉ 凹下去。如:铝锅盖~进去一块。

[掖] iɛˇ

閛 saˉ 张开。《集韵》:"閛,开也。"如:门~开一条缝。

夈 tsaˉ 开裂。《集韵》:"张也。"如:桌面~开一条缝。

哆 tsaˉ 张口。《广韵》:"哆,张口也。"如:翻塘鱼~嘴,要接天河水。(《荆州谚语集》)

捂 uˇ 蒙住,掩盖。如:~盖子。

炀 uꜛ　用被子等使身体、手脚等暖和起来。如：把脚～倒｜～壶。《集韵》："炀，煖也。"

挦 ɕyenˊ/ɕieinˊ　取；拔：～鸡毛。《广韵》："取也。"《方言·卷一》："……卫鲁杨徐荆衡之郊曰挦。"

出鬼 tsʻuˊ kueiˇ　邪门了；出问题了。如：越说越～。

戳拐 tsʻuoˇ kuaiˇ　①出问题。②捅出了问题。

出拐 tsuˊ kuaiˇ　出问题；出岔子。

搞拐哒 kauˇ kuaiˇ ·ta　搞出了问题。

吊起哒 tiauꜛ tɕʻiˇ ·ta　事情因故搁起来了。

挑起哒 tʻiauˇ tɕʻiˇ ·ta

盘 pʻanˊ　①整理。②搞。如：把工作～活了。③编织。如：～扣子。

摸 moꜛ　①用手触摸。②偷。如：把东西～起走哒。③动作慢，拖延。如：他这个人蛮～。④试探着。如：～起去，边问边走地来去。

斢头 tʻiauˇ tʻəuˊ　调转头。如：把车子～一个头。"斢"，本字"㸁"，"与人交易，更换原物"为"㸁"，《集韵》："㸁㸁，往来貌。"

斢换 tʻiauˇ xuanꜛ　换。如：把这两个人的位子～一下。

幔 manꜛ　盖；罩。如：～褂。《广韵》："莫丰切。覆也。"如：……投之烂泥污中，上～青布。(《海园闻见录·东南洋记》)

漉 luˇ　使水滴下。《玉篇·水部》："漉，竭也，涸也。"如：～水草。

隐 inꜛ　称量。《集韵》："平量。"如：把米～一下。

挖 uaˇ　舀。《类篇·手部》："乌瓦切。挖，手捉物。"如：～了一碗汤。

鬔 pʻuŋꜛ　蓬松起来。"鬔"，《广韵》："薄红切。鬔松，发乱貌。"如：洗头后，头发～起来哒。｜风一吹，灰尘都～起来哒。

起纵 tɕʻiˇ tsuŋꜛ　起褶皱。

荡 tʻanꜛ　砺石磨刀。《说文解字》："荡，涤器也。"

坌 pənꜛ　掺；拌。《说文解字》："房吻切。尘也。"段注："凡为细沙糁物若被物者，皆曰坌。"又《说文解字》："糁，以米和羹也。"如：娘方作女看的娇，猪肉炒饭～胡椒辣椒。(荆州民谣)

壅 uŋꜛ　一般指用土把东西堆进去。如：把红薯～到（热的）柴灰里。

䌷 xanˇ　大针脚粗缝。

惯肆 kuanꜛ ·sʅ　娇惯。

带兴 tai˧ ɕin˦ 连累。

留倒 liəu˩ tau˦ 留着。

做事 tsəu˧ / tsuo˧ sʅ˩ 干活；工作。

做生活 tsəu˧ sən˧ xuo˦ 劳作；干活。如：劝哥歇哈着，天亮还要~。(《江陵歌谣集》)

承肩 tsən˩ tɕien˧ 承担责任。

背家伙 pei˧ tɕia˧ ·xuo （一般指孩子）挨打。

拔两口 pa˩ lian˩ kʻəu˦ 吸两口（烟）。

擂肥 lei˩ fei˩ （青少年）采用恐吓、殴打等方式索要对方钱财。

敲死 tɕʻiau˧ ·sʅ 找死。

[崩] puŋ˧ 专指苍蝇爬过、碰过。如：蚊子苍蝇~过的东西吃不得。

整 tsən˩ ①整理东西。②整人。③整材料。后两项多与政治、经济问题有关。

捱 ai˩ ①拖延。如：他那个病，也就是~时间指不可能好了。②磨蹭也有拖延义。如：尽~个么子吵！《集韵》："宜佳切。拖延。"荆州话俗作"呆"。

弹 tʻuo˩ 下垂。如：垫单、床单~到地上哒。李实《蜀语》："下垂曰弹。"

脱鞍 tʻou˧ xu˦ 脱开（关系）。如：人口子怎么捉得住，爹妈晓得难~。(《江陵歌谣集》)

[冲] tsʻuŋ˧ ①气味扑面而来。如：蛮~人。②说话难听。

陷 ɕiəŋ˧ / xan˧ ①陷入；陷进。②腿或身体插在泥巴里无法摆脱。

过 kuo˧ ①动物下崽。②传染给别的动物或人。

过考 kuo˧ kʻəu˩ 都必须考，或一个接一个考。

过溜 kuo˧ liəu˧ 一个接着一个地（搞）。

搞过生 kau˩ kuo˧ sən˧ （事情）结束后；（事情）做完之后。如：把这个事~哒再说。

颔 u˩ 淹死。《说文解字》："颔，纳头水中也。"《广韵》："乌没切。"如：~死的有泥巴，吊死的有印子。(《荆州谚语集》)

嘌 piau˧ 液体喷射状。如：龙头坏啦，水直~的。《说文解字》："疾也。"《尔雅·释言》："疾，壮也。"郭璞注："壮，谓速也。"《管子·度地》："夫水之性，以高走下则疾。"

3. 心理动作

挨噘 ai˩ tɕye˧ 挨骂。

挨说 ai˩ suo˦ 受指责；受批评。

不记事 pu˩ tɕi˧ sʅ˧ 不吸取教训。

不醒世 pu˩ ɕin˩ sʅ˧ 不懂事。

不听见 pu˩ tʻin˧ ·tɕien ①没有听见。②不肯听。

不看见 pu˨ kʰan˥ ·tɕien ①没有看见。②不肯看。

巴望 pa˥ uan˥ 非常期待。

巴家 pa˥ tɕia˥ 总想着家里的事，家里的利益。

巴之不得 pa˥ tsɿ˥ pu˨ ·tɤ 巴不得。

憋气 piɛ˥ tɕʰi˥ 受委屈；窝气。

出奸 tsʰu˨ tɕien˥ 一般指孩子翻嘴、告状等。

点子高 tien˧ ·tsɿ kau˥ 运气好；气数旺。如：那天他～，躲过了一劫。

点子低 tien˧ ·tsɿ ti˥ 运气不好；气数不旺。

吓我 xɤ˥ uo˧ 吓我。

吓倒 xɤ˥ ·tau 吓着了。如：叫他大方点，不要搞～哒。(《江陵故事集》)

吓倒哒 xɤ˥ ·tau ·ta 吓到了。

吓不过 xɤ˨ pu˨ kuo˥ 很害怕。

吓死人 xɤ˥ sɿ˧ lən˧ (搞得)吓死人的。

吓死人的 xɤ˥ sɿ˧ lən˧ ·ti

吓得搣搣声 xɤ˥ ·tɤ sai˧ ·sai ·sən 吓得发抖。

諕 xu˥ 本字"諕"。《康熙字典·言部》引《博雅》："諕，欺也。"①欺骗。如：捏着鼻子～眼睛，十年读个寡白丁。(《荆州歌谣集》)②哄。如：他把几个头头～得好好的。

记恨 tɕi˥ xən˥ 把恨记在心里，总想着那件事。

恨不过 xən˥ pu˨ kuo˥ 非常恨。

恨得一头包 xən˥ ·tɤ i˨ tʰəu˥ pau˥ (夸张性说法) 非常憎恨。

记得 tɕi˥ ·tɤ ①记得。②认得；认识。

不记得 pu˨ tɕi˥ ·tɤ ①没记住。②不认得。

记不记得 tɕi˥ ·pu tɕi˥ ·tɤ ①记住没有。如：你还～上小学时的事情。②认不认得。如：四十年哒，你还～我？你是王老师，哪么不认得嘞！

记倒 tɕi˥ ·tau 记住。

记倒哒 tɕi˥ tau˧ ·ta 记住了。

忘记哒 uan˥ tɕi˥ ·ta

找不倒 tsau˧ pu˨ tau˧ 不知道。

找得倒 tsau˧ ·tɤ ·tau 知道。

晓得 ɕiau˧ ·tɤ 知道。

晓不得 ɕiau˧ ·pu ·tɤ ①知道不知道。②懂不懂。

不晓得 pu˨ ɕiau˧ ·tɤ 不知道。

搞到堂 kau˧ tau˥ tʰaŋ˥ 把每个环节都要做到位。

搞鬼 kau˧ kuei˧ ①背着做小动作，搞坏事。②搞也没用了，没有必要了。如：人都走光哒，还～。

打鬼 ta˧ kuei˧ 没必要。如：事情都搞过生哒，你还找他～。

卫护 uei˥ ·xu 偏袒；袒护。如：

公公并没有～我……(《江陵故事集》)

鬼做 kuei˨ tsuo˥/tsəu˥ 敷衍；假做。也有故意做给别人看的意思。

鬼搞 kuei˨ kau˨ ①胡乱做一下。②没必要这么做。如：莫在那里～。

歪搞 uai˥ kau˨ 不按正道运作。

落心 luo˨ ɕin˥ 事情有了结果而放心了。

傫（擂）lei˨ 多指自己努力，或催促别人抓紧搞学习。《集韵》："伦追切。劳心也。"如：学习～得很紧。

傫倒 lei˨ ·tau/·təu 监督，催促（搞学习、工作）。

督倒 tu˨ ·tau/·təu （守着）督促别人学习或做事。

冒火 mau˥ xuo˨ 很恼火。

怄气 əu˥ tɕʰi˥ 心里窝气。

怄死人 əu˥ sɿ˨ lən˥ 非常憋屈；气死人。

怄人不过 əu˥ lən˥ ·pu kuo˥

欠 tɕʰien˥ ①挂念；思念。如：绣花枕头铺满床，有了丈夫不～娘。(《江陵故事集》)②羡慕。如：这样打扮起来，哪个不～？《集韵》："欠，不足也。"《韵会》："欤，虚严切。"《方言》："青齐呼，意所好为欤。"林逋《杂兴诗》："散帙挥毫总不欤。今读如欠。"

欠不过 tɕʰien˥ pu˨ kuo˥ ①非常想念。②非常羡慕。

气不过 tɕʰi˥ ·pu kuo˥ 很生气。

翘气 tɕʰiau˨ tɕʰi˥ 多指孩子生气了，不理人。

厚脸 xəu˥ lien˨ 一般指孩子调皮、上脸。

识相 sɿ˨ xian˥ 观察(脸色、言语等)，很快知道自己该做什么。

算数 suan˥ su˨ 说话算话。

不算数 pu˨ suan˥ su˨ 说话不算话。

心蛮賕 xin˥ man˨ xəu˥ 贪财。《广韵》："胡遘切。"《字汇·贝部》："賕，贪财貌。"如：老大老二～……(《江陵故事集》)

悚 suŋ˨ 唆使；悚恿。如：她这么闹，都是婆婆～的。《方言·卷十》："食閻、悚恿，劝也。"

讨嫌 tʰau˨ ɕien˥ 讨厌。

讨人嫌 tʰau˨ lən˥ ɕien˥ 让人讨厌。如：扎起脚来怕女疼，一双大脚～。(《荆州歌谣集》)

讨死人嫌 tʰau˨ sɿ˨ lən˥ ɕien˥ 让人非常讨厌。

窝火 uo˥ xuo˨ 有气憋在心里。

恶心 uo˨ ɕin˥ 一般指对龌龊的事反感。

想下子 xian˨ ·xa ·tsɿ 想一下。

醒世 ɕin˨ sɿ˥ 懂事。

打野 taˇ ·iɛˇ 思想不集中。

有谱 iəuˇ p'uˇ 心里经过思量，有底；心里有了把握。

没谱 meiꜛ p'uˇ 没思考过，心里没底儿。

没得哈数 meiꜛ ·tɤ xaˇ /xaꜛ ·su /usꜛ （原本就不精明）做事心里完全没谱。如：他搞事蛮～。

阴倒 inꜛ ·tau / ·təu ①不出声，暗中把东西收藏起来。②背着（搞鬼）。

阴倒搞 inꜛ ·təu kauˇ 暗中搞鬼，整人、使坏等。

蛮阴得 manˇ inꜛ ·tɤ ①东西收起来总不作声。②事情放在心里不说出来等。

蛮坤得 manˇ k'uənꜛ ·tɤ 沉得住气，不露声色。

坤得住 k'uənꜛ ·tɤ tsuꜛ

搬巧 panꜛ tɕiauˇ 有意为难，推脱。

拿堂 laˇ t'anˇ

失错 sꜞꜛ ts'ouˇ 并非有意造成的失误。

使坏 sꜞˇ xuaiꜛ （背后）搞鬼，算计人。

使促掐 sꜞˇ ts'uˇ ·ka 使坏，暗中搞鬼。本义指使心眼、捉弄人。如：若论赌变化～捉弄人，我们三五个也不如师兄。（《西游记》第七十四回）

做得出来 tsuoꜛ /tsəuꜛ ·tɤ ts'uˇ laiˇ 拉得下脸，做出违背常情的事。如：为一套房子，把你哥哥告到法院，这事你也～。

做不出来 tsəuꜛ puˇ ts'uˇ laiˇ 不会（违背常情地）做出某事。如：这种事，他～。

招呼 tsauꜛ ·xu 注意；小心。

招呼滴尕 tsauꜛ ·xu ·ti ·ka 小心一点儿。

装麻 tsuanꜛ maˇ 故意装作什么都不知道。

奈得何 laiꜛ ·tɤ xouˇ 受得了；对付得了。

奈不何 laiꜛ ·pu xouˇ 受不了；对付不了。

背不住 peiꜛ ·pu tsuꜛ 承受不了。如：养三个伢，我～哒。

4. 语言动作

瘪嘴 pieˇ tsueiˇ ①表示不满。②孩子要哭时嘴巴拉长的动作。

呲都不呲 ts'꞊ꜛ ꜛ·təu ·pu ts'꞊ꜛ 不理会；不搭腔；不吱声。

[摋] 都不摋 saiˇ ·təu ·pu saiˇ 不买账；不搭理。"摋"，《玉篇·手部》："摋，振也，抬摋也。" 如：侧得～～声。

谈都不谈 t'anˇ ·təu ·pu t'anˇ 没必要谈了。

傲起哒 auꜛ tɕ'iˇ ·ta 事情中变，弄僵了。

翘气哒 tɕʻiauˇ tɕʻiˇ ·ta　多指小孩生气，故意不理人。

嘴巴长 tsueiˇ ·pa tsʻanˇ　传小话；讲闲话；议论是非。

讲白 tɕianˇ pɤˇ　谈天。

夸白 kʻuaˉ pɤˇ　（海阔天空地）闲聊。

戳白 tsʻouˊ pɤˇ　说大话；说谎话；说骗人的话。

鬼说 kueiˇ suoˇ　瞎说；乱说。

噘人 tɕyɛˉ lənˇ　骂人。

噍 tɕiauˊ　很会说，也很会争辩。如：他蛮会～嘞。

噍嘴 tɕiauˊ tsueiˇ　犟嘴。

噍蛆 tɕiauˊ tɕʻyˉ　捕风捉影地乱说。

噍舌头 tɕiauˊ sɤˊ ·nɛu　（喜欢）议论是非。

噍筋 tɕiauˊ tɕinˉ　扯是非；纠缠。

鬼噍 kueiˇ tɕiauˊ　无理狡辩。

歪噍 uaiˉ tɕiauˊ　争辩时专说些上不了正席的歪道理。

日白 ʅˊ pɤˇ　聊天。

日些泡白 ʅˊ ɕiɛˉ pʻauˊ pɤˇ　吹牛皮，说些不靠谱的大话。

扯白 tsʻɤˇ pɤˇ　说谎话。

扯皮 tsʻɤˇ pʻiˊ　①找理由纠缠。②论是非。如：现在不做个了断，今后他还会来～的。

扯横皮 tsʻɤˇ xuənˊ pʻiˊ　横不讲理，一味纠缠。

扯筋 tsʻɤˇ tɕinˉ　扯是非；纠缠。

扯皮拉筋 tsʻɤˇ pʻiˊ laˉ tɕinˉ　多指啰嗦、烦琐、纠缠不清（的事）。

扯谎 tsʻɤˇ xuanˇ　说谎话（来掩饰）。

鬼扯 kueiˇ tsʻɤˇ　瞎说；乱说。

歪扯 uaiˉ tsʻɤˇ　不照正理说话。

扯歪 tsʻɤˇ uaiˉ　说话不照理，故意找碴进行纠缠。

扯野棉花 tsʻɤˇ iɛˇ miɛnˊ xuaˉ　闲聊；也有故意岔开正题而扯其他的意思。如：今夜里冯宝心情好，乐得与邱得用～。（《张居正》）

啯 kuoˊ　啰嗦。《集韵》："啯啯语烦。"如：他～不清白啰啰嗦嗦，说不清楚。

啰里八嗦 luoˊ ·li paˉ suoˉ　啰里啰嗦。

啰嗹 luoˊ ·liɛn　指说话啰嗦。"嗹"，《广韵》："言语繁絮貌。"

啯啯嗹嗹 kuoˊ ·kuo liɛnˉ ·liɛn　小声、连续、啰嗦地说话。

嘀啜 tiˊ ·tuo　多指老年人唠唠叨叨，做事不利落。"嘀"，小声说话。"啜"，《广韵》："陟劣切。""啜，言多不止。"如：他才五十几岁，蛮～。"啜"今音应读 "tsuo"，荆州话今读"tuo"，疑为上古音之遗留。

噈 tsʻuˊ　呵斥。《广韵》："呵叱人也。"如：我狠狠地把他～哒一顿。

捡嘴 tɕienˇ tsueiˇ 事后说人不是。如：不是我～，你儿子结婚，你都不呲（说）一声！

骚骂 sauˉ maˊ 毫无顾忌地乱骂（丑话、脏话）。

发冒 faˇ mauˊ 发火；发脾气。"冒"，《说文解字》："……蒙而前行也。"段注："蒙者，覆也。引申之，有所干犯而不顾亦曰冒。"

搞冒哒 kauˇ mauˉ ·ta （由于某种原因、情势）所逼发起火来。如：你莫把他～。

发标（发飙）faˇ piauˉ 无所顾忌地发脾气。现时一般写作"发飙"。如：即如朝廷里做官的人，受了什么气，只是回来家里对着老婆孩子发发标……（《老残游记》）｜看客在戏台下喝倒彩，食客在膳堂里～。（鲁迅《集外集》）

恶住 uoˇ tsuˉ 以"恶"镇住"恶"。

告信 kauˉ ɕinˉ 告诉。

把信 paˇ ɕinˉ 送信；送消息。如：你哪么也不把个信他。

马起个脸 maˇ tɕ'iˇ ·kɤ lienˇ 拉下脸，脸相很难看。"马"，《说文》曰："怒也。武也。"

刳起个脸 k'uaˇ tɕ'iˇ ·kɤ lienˇ 拉下脸，脸相难看。

日弄 ɯˇ luŋˉ 捉弄；糊弄。如：楚惠王不晓得这是鲁班在～他。(《江陵故事集》)

怂 suŋˇ 怂恿。《方言·卷六》："……心中不欲而由旁人劝语，亦曰耸。"如：人怕唆使酒怕耸。（乾隆《江陵县志·风土物产》）

不作声 puˇ tsuoˉ sənˊ 不出声；不回答。

说咻咻话 suoˇ tɕ'yˉ tɕ'yˉ xuaˉ 耳语；接耳小声讲话，或小声议论。

听转 t'inˉ tsuanˉ 听懂了；理解了。如：宗师大人没～。（《江陵故事集》）

兴 xinˉ 实行；兴办。

不兴 puˇ xinˉ 不实行；不允许。

（二十三）位置

高头 kauˉ ·t'əu 上头（不具体的，宽泛的）。有时也指"领导"。

高边 kauˉ pienˉ 上面。

下面 ɕiaˉ ·mien

地下 tiˉ ·xa 如：当心！别掉～了。

地上 tiˉ ·san 如：～脏极了。

天上 tʰienㄱ ·san
山上 sanㄱ ·san
路上 luㄱ ·san
街上 kaiㄱ ·san
墙上 tɕʰianˋ ·san
门上 mənˋ ·san
桌上 tsuoˋ ·san
椅子上 iˇ ·tʂʅ ·san
里面 liˇ ·mien
外面 uaiㄱ ·mien
手里 səuˇ ·li
心里 ɕinㄱ ·li
野外 iɛˇ uaiㄱ
大门外 taㄱ mənˋ uaiㄱ
墙外 tɕʰianˋ uaiㄱ
窗户外头 tsʰuanㄱ ·xu uaiㄱ ·tʰəu
旁边 pʰanˋ pienㄱ
车上 tsʅㄱ ·san 如：～坐着人。
车外 tsʅㄱ uaiㄱ 如：～下着雪。
车前 tsʅㄱ tɕʰienˋ
车后 tsʅㄱ xəuㄱ
前边 tɕʰienˋ pienㄱ
后边 xəuˋ pienㄱ
山前 sanㄱ tɕʰienˋ
山后 sanㄱ xəuˋ
房后 fanˋ xəuˋ
背后 peiㄱ xəuˋ
以前 iˇ tɕʰienˋ
以后 iˇ xəuˋ
以上 iˇ sanㄱ
以下 iˇ ɕiaㄱ

东 tuŋㄱ
西 ɕiㄱ
南 lanˋ
北 pɤˋ
东南 tuŋㄱ lanˋ
东北 tuŋㄱ pɤˋ
西南 ɕiㄱ lanˋ
西北 ɕiㄱ pɤˋ
路边儿 luㄱ pienㄱ ɯ
床底下 tsʰuanˋ tiˇ ·xa
楼底下 ləuˋ tiˇ ·xa
脚底下 tɕyoˋ tiˇ ·xa
锅底 kuoㄱ tiˇ
缸底 kanㄱ tiˇ
附近 fuㄱ tɕinㄱ
跟前 kənㄱ tɕʰienˋ
么子位置 moˋ tsʅㄱ ueiㄱ ·tʂʅ 什么地方。
么子地方 moˋ tsʅㄱ tiㄱ fanㄱ
左边 tsuoˋ pienㄱ
右边 iəuㄱ pienㄱ
边下 pienㄱ ·xa 边上。
底下 tiˇ ·xa 下边。
开限 kʰaiㄱ ɕien 远一点儿的地方。
中间 tsuŋㄱ kanㄱ
档头 tanㄱ tʰəuˋ 端头位置。如：床的两～，各放一个床头柜。
往里走 uanˇ liˇ tsəuˇ
往外走 uanˇ uaiˇ tsəuˇ
往东走 uanˇ tuŋㄱ tsəuˇ
往西走 uanˇ ɕiㄱ tsəuˇ

往回走 uan˩ xuei˩ tsəu˩
往前走 uan˩ tɕʰiɛn˩ tsəu˩
端直走 tuan˧ tsʅ˧ tsəu˩　直着走。

角落 kuo˧ luo˩
角角落落 kuo˧ ·kuo luo˩ ·luo　每个角落。

(二十四) 代词

我 uo˩
你 li˩
他 tʰa˧
我们 uo˩ ·mən
你们 li˩ ·mən
他们 tʰa˧ ·mən
您家 (郎家) lən˩ ·ka　您 (敬辞),
　　荆州话、沙市话多用"您家
　　lən˩ ·ka", 乡里话有用"郎家
　　laŋ˩ ·ka" 的, 但后鼻音韵尾不
　　是很到位。如: 老爷, 您郎只
　　怕判重哒!《江陵故事集》
我您家 uo˩ lən˩ ·ka　敬辞。在长辈
　　或领导面前用"我您家", 既
　　表示自己的谦卑, 同时也表示
　　对对方的恭敬。
你您家 li˩ lən˩ ·ka
他您家 tʰa˧ lən˩ ·ka
您家们 lən˩ ·ka ·mən
他您们 tʰa˧ lən˩ ·mən
别个 piɛ˩ ·kγ　别人。
人家 lən˩ ·ka　别人。范围比"别
　　个"宽。
哪个 la˩ ·kuo　谁。如: 管他是～,
　　捞到～是～!《江陵故事集》
这个 tsʅ˧ / liɛ˧ ·kuo

那个 la˧ / luo˧ ·kuo
这些 tsʅ˧ / liɛ˧ ɕiɛ˧
　　这些子 liɛ˧ ɕiɛ˧ ·tsʅ
　　这些个 liɛ˧ ɕiɛ˧ ·kuo
这等 tsʅ˧ tən˩　这样的。如: 玉帝
　　见马和尚～不孝……《江陵
　　故事集》
那些 luo˧ ɕiɛ˧
　　那些子 luo˧ ɕiɛ˧ ·tsʅ
　　那些个 luo˧ ɕiɛ˧ ·kuo
哪些 la˩ ɕiɛ˧
这里 tsʅ˧ ·li
那里 la˧ ·li
哪里 la˩ ·li
这么 tsʅ˧ ·mo
那么 la˧ ·mo
哪么 la˧ / laŋ˩ ·mo　怎么。
哪么办 la˧ ·mo pan˧　怎么办?
么子 mo˩ ·tsʅ　什么。"子", 本字
　　"甞", 古代疑问词。《方言·
　　卷十》: "甞, 何也。荆之南鄙
　　谓何为曾, 或谓之甞。"如:
　　我凭手艺换饭吃, 为～个要工
　　钱?《江陵故事集》
么事 mo˩ ·sʅ　什么。
怂个 suŋ˩ ·kuo　什么。

么候 moˇ ·xəˇ　什么。如：老爷，您郎这是搞的～？（《江陵故事集》）

么窍 moˇ tɕ'iauˊ　（个中有）什么名堂，什么原因。

么 moˇ　什么，"么子、么事"的省略式。如：这姓刘的解了个交，天天来吃，像个～话！（《江陵故事集》）

么人 moˇ lənˇ　什么人。

么家伙 moˇ tɕiaˊ ·xuo　什么事；什么东西。

不哪么样 puˇ laˇ ·mo ianˊ　不怎么样。

哪么搞 laˇ ·mən / m̩ ·kau　怎么做。

哪搞 laˇ / lanˇ kauˇ　怎么做。

哪搞 laˇ kauˇ　怎么做。"哪"的读音省作独立、拖成长音的"-n̩"。

搞么候 kauˇ moˇ ·xəˇ　干什么。

搞么子 kauˇ moˇ tsɿˊ

搞么事 kauˇ moˇ sɿˊ

多 tuoˊ　～久｜～高｜～大｜～厚｜～重。

几多 tɕiˇ tuoˊ　多少。如：买马的人问他的马卖～钱。（《江陵故事集》）

我两个 uoˇ lianˇ kuoˊ　我们俩。如：～你我和你两个。

夫妻两个 fuˊ tɕ'iˊ lianˇ kuoˊ

母女两个 muˇ lyˇ lianˇ kuoˊ

爷儿两个 iɛˊ ɯ lianˇ kuoˊ　父亲和子（女）。

爷孙两个 iɛˊ suənˊ ·lianˊ kuoˊ

妯娌伙里 tsuˊ ·liˇ xuoˇ ·li　妯娌们。

弟兄伙里 tiˊ ɕyŋˊ xuoˇ ·li　弟兄们。

姊妹伙里 tsɿˊ meiˊ xuoˇ ·li

（二十五）形容词①

傲 auˊ　①行；有板眼（带贬义）。如：她蛮～嘞，两年就当了副科长。②傲气。

呆 aiˇ　①不灵活。②固定的。如：就靠几个～工资生活。

蛮呆 manˇ aiˇ　很不灵活；死板。如：这个人～。

呆不过 aiˇ ·pu kuoˊ　①不灵活，死板。②拖延不过几天。

蛮侧 manˇ ts'ɤˇ

嗲 liaˊ　女子、小孩撒娇、显摆的声音或动作。

发嗲 faˊ liaˇ

得 tɤˇ　得意状。

---

① 本节收入的词语，不一定是严格意义上的"形容词"概念，有些是从"义类"或相关角度收入的。有的词语前文已有释义的，这里一般不再解释词义。

得不过 tʏ↗ ·pu kuo↗　指得意的状态。

急不过 tɕi↘ ·pu kuo↗　很着急。

喜不过 ɕi↘ ·pu kuo↗　很高兴。

狠不过 xen↘ ·pu kuo↗　厉害得很。

恨不过 xen↗ ·pu kuo↗　非常恨。

累赘 lei↘ ·tsuei　①多余的负担。②行；厉害（带贬义）。

恶躁 uo↘ tsau↗　①暴躁。②厉害，蛮行（带贬义）。

安逸 an↗ ·i　①平静。如：伢儿日里夜里哭，闹得四邻不～。②舒适。如：日子过得蛮～。

遭孽 tsau↗ /tsau↗ iɛ↘　穷困；艰难；可怜。"孽"，《楚辞·天问》："革孽夏民。"如：全靠他这个十几岁的伢子打柴糊口，日子过得蛮～。（《江陵故事集》）

遭罪 tsɑ↗ ｢tsuei↗　遭受苦难。

背时 pei↗ sɿ↘　倒霉。

蛮悭 man↘ tɕiɛn↗　俗作"蛮尖"，小气；吝啬。"悭"，《广韵》："悭吝也。"

长 tsʻaŋ↘　①长；不短。如：衬衣袖子～了滴嘎。②高个子。如：张·子 | 杨～子。

大挎挎 ta↗ kʻua↘ kʻua↘　衣服宽大，不得体样。如：衣服穿得大挎挎的。"挎"，《广韵》："宽也，大也。胡化切。"

矮趴趴 ai↘ tou↗ tou↗　个子矮、不高样。如：姐儿生的～，挑担水桶下河坡。（《荆州歌谣集》）"趴"，《方言·卷十》："短也。"

稳趴趴 uen↘ tou↗ tou↗　①很稳，不摆动。如：柜子摆在哪里～的。②十拿九稳。如：他拿冠军是～的。

矮䠋䠋 ai↘ pʻa↗ pʻa↗　一般指房子矮。如：住的屋～的。《广韵》："䠋，短人立也。"《方言·卷十》："䠋，短也。"

不简单 pu↘ tɕien↘ kan↗ / tan↗　①有水平等。如：他这个人～。②不容易；比较复杂。如：把这大的东西放上去～。

不好过 pu↘ γau↘ kuo↗　无奈；难受。

无焦过 u↘ tɕiau↗ kuo↗　无奈而坐立不安的样子。

戽不抴 xu↗ pu↘ tsʻən↗　没办法收拾利落。如：东西没收捡，一天到黑～。"抴"，《广韵》："侯古切。"《广雅》："抴，抒也。"

充人 tsʻuŋ↗ lən↘　显示自己；出风头。

洛人 kʏ↗ ·nei　触之感到冰冷。如：被子蛮～人。《集韵》："冰为之洛泽"。

冰人 pin↗ ·lən　触摸感到冰冷。

嫌人 ɕien↘ ·lən　让人讨厌。

煳人 xuˇ ·neɬ 触之很烫。如：锅把子蛮～。

潸人 tʻaˇ ·neɬ 水或浸泡过热水的布巾烫人。《集韵》："……今河朔方言谓沸溢为潸。"如：水蛮潸。

[靭]人 ənˇ ·nəɬ 顶人；挺人。

挺人 tʻinˇ ·neɬ 如：草垫子蛮～挺出扎人。

烤人 kʻauˇ ·nəɬ 一般指明火让人感到难受。

烫人 tʻan˥ ·nəɬ 触摸热水、热东西感到难受。

袭人 ɕiˇ ·neɬ 通过热空气烤人。如：柏油路蛮～。

餕人 ian˥ ·neɬ 油性、甜食等吃多了胃里难受。如：糍粑吃多哒蛮～。"餕"，《广韵》："于亮切。饱也。"

噪人 tsʻau˥ ·neɬ 因嘈杂而让人烦躁。《说文解字》："噪，扰也。从言，喿声。"《广韵》："苏到切，去号心。"

吵人 tsauˇ ·lən

[腾]人 tən˥ ·neɬ 上下颠簸，令人难受。

掣起 tsʻɤ˥ ·tɕʻi 不正；歪斜状。

[闟]起 sa˥ ·tɕʻi

端直 tuan˥ tsʅ˥ 《楚辞·九章·涉江》："苟余心之端直兮。"本义为正直，引申为"直"。①直的。如：去荆州博物馆～走。②直接，专门。如：二不是撩的姓刘的，～嫽的放牛的。(《江陵歌谣集》)

硬 ən˥ ①坚硬。②强硬地；坚定地。如：让他吃饭，他～是不肯。

硬着 ən˥ tsou˥ 结实；厚重。

硬犟犟 ən˥ tɕian˥ tɕian˥ 硬硬的，粘连的。如：牛肉煮得～的。

拐（诖）kuaiˇ 本字"诖"。《说文解字》："诖，误也。"①坏点子多。如：矮子矮，一肚子～。(《荆州谚语集》)②糟糕；都怪那场雨下得～！(《荆州故事集》)③错误；问题。如：昭阳得了和氏璧……生怕出～。(《荆州故事集》)④老大。

蛮拐 manˇ kuaiˇ ①指人不好。如：这个人～。②指事情问题大。如：这个事搞得～。

拐哒 kuaiˇ ·ta 不好了；出问题了。

蛮冒 manˇ mau˥ 暴躁；易发火。如：他这个人～。"冒"，《广韵》："莫报切。"《说文解字》："冒，蒙而前也。"段注："蒙者，覆也。引申之，有所干犯而不顾亦曰冒。"

蛮行 manˇ ɕin˥ 有能力等。如：这个人～。

蛮仙 manˇ ɕien˥ 不着调；不懂

事；没礼貌。

蛮恶 manˊ uoˇ 很凶。

掉味 tiauˊ ueiˊ 出丑；掉底子。

过细 kuoˊ çiˊ ①很细心。②小心一点。如：路上～滴尕，莫跶倒哒。

高滑 kauˊ xuaˇ 圆滑；狡猾。

蹇爬 tçienˊ p'aˇ ①孩子喜欢动手动脚、调皮捣蛋。②喜欢撩是非、背地使坏等。如：他这个人很有滴尕～。

玩狡（剿）uanˇ tçiauˇ 搞狡猾事；搞鬼。

狠 xənˇ 《广韵》："很，很戾也，俗作狠。"①凶狠。②呵斥。如：才将他～我么。③行；有板眼。如：这坨泥巴，你能用斧头砍下来就算你～。（《江陵故事集》）

泡 p'auˊ ①虚大；不实；虚抛。如：喊我的情哥回来吃火烧，看我的火烧～不～。（《荆州歌谣集》）②相当于"二百五"。如：～货｜～皮。《方言·卷二》："泡，盛也，江淮之间曰泡。"郭璞注："泡，肥胀貌。"③指别人的东西好（带贬义）。

泡里泡气 p'auˊ ·li p'auˊ tç'iˊ 有点"二百五"，说话不着调，办事没分寸。

冱气 xuˊ tç'iˊ 傻；不精明。如：

他这个人很有滴尕～。"冱"，《广韵》："胡误切。寒凝也。"本义为凝固，如：～粉（芡粉）｜下～。引申为糊涂、不精明。

冱里冱气 xuˊ ·li xuˊ tç'iˊ 不精明；糊涂。

保 pauˊ 狂躁；精神不正常。《集韵》："狂也。"如：他是个～～。

保里保气 pauˊ ·li pauˊ tç'iˊ 精神不正常；傻里傻气。

憨 xanˊ 傻；笨。如：她就像个～头。

苕 sauˇ 本指红薯，引申为糊涂、傻里傻气。

苕里苕气 sauˇ ·li sauˇ tç'iˊ 不精明；傻。

哈里哈气 xaˊ ·li xaˇ ·tç'i / xaˊ ·li xaˊ ·tç'i 傻乎乎；大大咧咧。"哈"，《广韵》："五合切。"如：行者道："老儿，莫说～话，我们出家人不走回头路。"（《西游记》第二十回）

哈哈呼呼 xaˊ xaˇ xuˊ xuˊ 不精明、不认真，还有点傻里傻气。

黄昏 xuanˇ ·xuən 本义为傍晚时分，荆州方言引申作糊涂讲。如：小伙子栽到水里，喝了几口水，就搞～了。

黄里黄昏 xuanˇ ·li xuanˇ xuənˇ

糊里糊涂。

黄里稀糊 xuan˨ ˙li ɕi˥ xu˨　糊涂；不精明。

二黄 ɯ˥ xuan˨

二黄八调 ɯ˥ xuan˨ pa˨ tiau˨　糊涂；说话不着调。

二里二气 ɯ˥ ˙li ɯ˥ tɕ'i˥

二里八气 ɯ˥ ˙li pa˨ tɕ'i˥

二里八黄 ɯ˥ ˙li pa˨ xuan˨

二不伦吞 ɯ˥ ˙pu luən˨ ˙t'ən

蛮黄昏 man˨ xuan˨ ˙xuən　很糊涂。

乖 kuai˥　①孩子听话。②处事的好门道。如：教你学～。③长得好看。如：姑娘生来～又～，屋前屋后有人跶（蹲）。（《荆州歌谣集》）

丑 tsʻəu˥　①长得难看。②害羞。如：兄妹成亲，那不～死人哒。（《江陵故事集》）

怕丑 p'a˥ tsʻəu˥　害羞。

瓜溜 kua˥ ˙liəu　多指男孩长得漂亮、耐看。

刮气 kua˨ ˙tɕ'i　多指男性漂亮。

干净 kan˥ tɕin˥　①清洁。②漂亮。如：他见女的又聪明又～……（《江陵故事集》）

秀气 ɕiəu˥ ˙tɕ'i　文静、秀丽的样子。

清爽 tɕ'in˥ suan˥　利落、干净，形容人好看。

俏皮 tɕ'iau˥ p'i˥　人长得精致、可爱。

标致 piau˥ tsɿ˥　指男子或女子相貌好。如：有个小和尚，人长得～。（《荆州故事集》）｜把小姐养得真～，把小郎欠得害相思。（《荆州歌谣集》）

抻㜮 tsʻən˥ t'ou˥　①女子长得匀称、漂亮。如：姑娘长得蛮～。"㜮"，《方言·卷二》："娃，㜮，窕，艳美也……南楚之外曰㜮。"②干净、整齐。如：屋子里收得蛮～。

[块] k'uai˥　人的骨架大；壮实。如：人长得蛮～。

块巴 k'uai˥ ˙pa

夹脚 tɕia˥ tɕyo˥　事情办得进退两难、不好处理。

犟拐 tɕian˥ kuai˥　多指孩子不听话又执拗。

整 kən˥　整个。如：鸡蛋吃～的。

滚 kuən˥　①滚蛋。②水烫；水开了。如：～水。

干 kan˥　①稠。如：粥太～了。②口渴。如：口蛮～。

宽整 k'uan˥ ˙tsən　宽敞。

灵干 lin˨ kan˥　指人或物蛮清爽、干净的样子。如：屋里收捡得蛮～｜人长得满～。

灵醒 lin˨ ˙ɕin　干净；整齐。

灵光 lin˨ kuan˥　反应快；很灵活。

打眼 ta˥ iɛn˥　很显眼；很惹人注意。

打脚 taˇ tɕyoˊ 鞋不合脚；磨脚。

朱 tsuˉ 愚笨；迟钝。"朱"、"猪"同音。"朱"，愚笨、迟钝，俗作"猪"。《庄子·羹桑楚》："人谓我朱愚。"

[俩侉] liaˇ ·kʻua 不卫生，脏；也有"拖沓"义。如：这个人蛮～。

瀨汰 laiˇ tʻaiˊ

溜刷 liəuˊ suaˇ （做事）干净；利落。

溜巴 liəuˊ ·pa 能干；办事利落。

直巴 tsɿˇ ·pa 性格耿直；说话爽快。

利巴 liˇ ·pa ①利索；强干；强势。②厉害。

撩犟 liauˇ tɕiaŋˊ 做事泼辣，精明强干。

撩干 liauˇ kanˊ 办事麻利、干练。

暮气 moˊ tɕʻiˊ 没有朝气，呆头呆脑。"暮"，《广韵》："莫故切。日晚也。"《楚辞·离骚》："日忽忽其将暮。"荆州话中的"暮气"采用"暮"的引申义。

泼辣 poˇ ·la ①小孩不挑食。②孩子生病少，适应性强。③经济上很宽裕，因而花起钱来比较大方。

就筋 tɕiəuˊ tɕinˊ 认死理；不转弯；喜欢纠缠。

懒生 lanˇ ·sən 不情愿、懒得做。

机溜 tɕiˊ ·liəu 动作敏捷、机灵。

撩撇 liauˇ ·pʻiɛ 方便；简洁。

撇脱 pʻiɛˊ tʻouˊ 简单；爽直。如：素梅也低低道："～些，我要回去……"(《三刻拍案惊奇》)

麻利 maˇ ·li 动作敏捷；做事利索。

甩脱 suaiˇ ouˊ tʻuo 爽快，利落。

活便 xuoˇ piɛnˊ / ·piɛn 方便，灵活，可以自由支配。如：做个小生意，有几个～钱。

圆泛 yɛnˇ fanˊ 周到。

周全 tsəuˊ tɕyɛnˇ 全面；完整。如：黑板写字白字多，唱不～不怪我。（《江陵歌谣集》）

辣 laˇ ①辛辣。②火辣。如：把锅烧～滴尕。

辣得呵呵声 laˇ ·ti xuoˇ ·xuo ·sən 辣得直哈嘴。

伛热 əuˊ lɤˊ （天气）闷热。

温温热 uənˊ uənˊ lɤˊ 有一点儿温度；不冷（但也不太热）。

凉清 liaŋˇ ·tɕʻin 凉快；清凉。

冷清 lənˇ tɕʻinˉ ①不热闹。如：一到放假，学校里蛮～。②身上感到冷。

冰噶凉的 pinˉ ·ka liaŋˇ ·ti 冰凉的（适用范围较窄）。

鹿乱 luˇ luanˉ 不安静；嘈杂。

无聊 uˇ liauˇ ①闲得没意思；干得没意思。②言语、行为比较低级。如：他专门讲些子～的话。

流 liəuˇ 指语言、行为等不严肃、不正经。如：他说话蛮～。

流里流气 liəuˊ ˎli ˎueiˊ tɕʰiˇ 带有流氓习气的样子。

痞（婋）pʰiˇ 不讲信用；爱耍赖。

痞里痞气 pʰiˇ ˎli pʰiˇ tɕʰiˇ 多指行为、作风等不严肃，有点流，又有点赖。

没得来性 meiˊ tɤˇ laiˎ ˎɕin 没出息；学习、处事、办事都不行（不被看好）。如：他这个人蛮～的。

啎 pʰiɛˇ 差的；坏的。《集韵》："匹曳切。衣坏也。"《玉篇·啎部》："啎，坏也，败也。"荆州话取其引申义。如：字写得蛮～。

[否] fɤˇ 差的；次的（东西）。如：这块布料蛮～。

坏货 xuaiˎ xuoˇ 质量差的。如：买了一堆～产品。"坏货"一般不单用，偶有说"蛮坏货"的。

水 sueiˇ ①差的。如：这个手机质量太～了。②嘲讽。如：把他～哒一餐。③事情将成又未成。

着货 tsuoˎ ˎxuo ①装东西多。②结实。

胖 pʰanˇ 胀；虚大。如：～头鱼。《广韵》："匹绛切。胀臭貌。"

胖臭 pʰanˇ tsʰəuˇ （弥漫着）很强烈的臭味。

瓮臭 uŋˇ tsʰəuˇ 闷臭，如下水道里散发出的气味。

淡 tanˇ 不咸。

淡□□ tanˇ pʰiaˇ pʰiaˇ 多指汤、菜淡而无味。

轻省 tɕʰinˇ ˎsən 轻松；不费劲。

甜 tʰienˎ ①像糖或蜜的滋味，与"苦"相对。普通话另有"淡味"义，荆州话无此义。②乖巧；可爱。如：嘴巴子蛮～。

齐展 tɕʰiˎ tsanˇ 整齐。

齐刷 tɕʰiˎ suaˇ 齐整。

湿沮沮 sɻˇ tɕʰyˇ tɕʰyˇ / sɻˇ tɕʰyεˇ 湿漉漉；很湿的样子。如：屋里～的。"沮"，《广雅》："湿也。"

湿沮哒 sɻˇ tɕʰyˇ ˎta

儓 tʰaiˇ / tʰaiˇ 粗大、蠢笨的样子。《集韵》："钝劣貌。"《方言·卷三》："儓，农夫之丑称也。南楚凡骂庸贱谓之田儓。"

条烦 tʰiauˎ fanˇ 麻烦，乱。

凄惶 tɕʰiˇ ˎxuan 凄凉；悲伤。如：脚踏冰凌头顶霜，想起娘家好～。（《江陵歌谣集》）

小意 ɕiauˇ iˇ 对人很谦和；说话、做事很谦恭。

折人 sɤˎ lənˇ 丢人。

玩痞 uanˎ pʰiˇ 耍赖。

玩人 uanˎ lənˎ 很出风头。

淘力 tʰauˎ liˎ 指孩子调皮。

齷齪 uoˎ ˎtsʰuo ①不卫生的；肮脏

的。如：这些人不会打扮，从头到脚～得要命。(《江陵故事集》)②丑陋、卑劣；见不得人的。如：他净做些子～事。

窊 ua˥　眼睛凹得较深。

挞 tsuA˩　①后脑部突出。②用脚踹。

放穬 fan˥ kuan˥　放亮；发亮。如：桌子擦得～。

迅亮 ɕyn˥ lian˥　干净。如：衣服洗得蛮～。

消停 ɕiau˥ ·tʰin　①闲适；舒服。如：日子过得蛮～。②(事情)料理完了；结束了。如：事情办～了，我就过去。

消消停停 ɕiau˥ ɕiau˥ ·tʰin ·tʰin　轻轻松松、不慌不忙的。

不消停 pu˩ ɕiau˥ ·tʰin　还有问题，还在扯皮，不能平静下来。如：一天到黑～。

益 i˩　好，好处。如：篾穿豆腐受不住提，你看奴家有何～。(《江陵歌谣集》)

洋盘 ian˩ pʰan˩　办事不在行。

下法 ɕia˥ fa˩　下力气；很努力。

可得 kʰuo˥ tɤ　可以；还不错。如：日子也还过得～。(《江陵故事集》)

旨本 tsʅ˩ pən˩　本分；守规矩。

老道 lau˩ tau˥　老练。

仗势 tsan˥ sʅ˥　因有势力、权力，说话、做事很傲慢。

贼 tsuei˩ / tsʅ˩　①狡猾，不老实。如：～头～脑。②机灵；眼皮活；有心计(有时带贬义色彩)。如：他蛮～嘞。"tsuei˩ / tsʅ˩"这两个读音作形容词，老派荆州话多用。另有"tsei˩"的读音，指"小偷"，一般是讲新派荆州话的文化人或说普通话的人才用。

瘪 piɛ˩　不圆的；不饱满的。如：～砂锅｜肚子饿得～～的。(《江陵故事集》)

圆起起 yɛn˩ tɕiəu˥ tɕiəu˥　小而圆的样子。

软趴趴 luan˩ pʰa˥ pʰa˥　软的，不能膨胀起来状。如：馒头蒸得～的。

蛮筋拽 man˩ ɕin˥ tsuai˥　如和面时，反复揉，面有拉劲儿，面条、馒头等有嚼劲。

脏兮兮 tsan˥ ɕi˥ ɕi˥　多指有液体的东西脏。

潽潽声 pu˥ ·pu ·sən　汤、水沸腾时，汽、水、汤喷或冒出的样子。

躁躁声 tsau˥ ·tsau ·sən　非常烦躁、急躁的样子。"躁"，本义是干燥、燥热义①。

浪浪声 lan˥ ·lan ·sən　飘飘荡荡、破破烂烂的样子。"浪浪"，《楚辞·离骚》："沾余襟之浪浪。"如：这块（布）料子蛮尚差，～么！

挶挶声 kʻua˩ ·kʻua ·sən　衣服大而不得体的样子。如：衣服穿得～的。"挶"，《广韵》："胡化切。宽也，大也。"

轫轫声 ən˥ ·ne ·nes　阻碍车轮的一种情状。如：火车强行制动，车轮～。"轫"，《说文解字》："阻碍车轮之木。"《离骚》："朝发轫于苍梧兮，夕余至乎县圃。"

[垮垮]声 kʻua˩ ·kʻua ·sən　大颗粒的水或汗水直往下落的情状。如：脸上的汗～。

䮝䮝声 sa˥ ·sa ·sən　急速跑状。"䮝"，《方言·卷十三》："马驰也。"引申为迅疾。如：跑得～～声。

儌儌声 tɕʻin˥ ·tɕʻin ·sən　吓得发抖的样子。"儌"，《广韵》："畏也。"

瀙瀙声 tɕʻin˥ ·tɕʻin ·sən　冷得抖抖索索的样子。"瀙"，《集韵》："《博雅》：'寒也。'或从亲。"

振振声 tsən˥ ·tsən ·sən　很带劲的情状。"振"，《说文解字》："奋也。"

震震声 tsən˥ ·tsən ·sən　震动很大的样子。如：机器一开，屋里～。

蹎蹎声 tsʻuan˥ ·tsʻuan ·sən　①跟跟跄跄的样子。②打瞌睡时身体断续向前耸的样子。

热乎哒 lɤ˩ xu˥ ·ta　热的感觉。如：手～。

冷冰哒 lən˩ pin˥ ·ta　冰凉的。

光溜哒 kuan˥ liəu˥ ·ta　光光溜溜的。

香喷哒 ɕian˥ pʻən˥ ·ta　香喷喷。

肥嘟哒 fei˩ tu˥ ·ta　婴幼儿胖得可爱。

胖嘟哒 pʻan˥ tu˥ ·ta

绿莹哒 lu˩ in˩ ·ta　绿莹莹的样子。

圆溜哒 yɛn˩ liəu˥ ·ta　小而圆的样子。

圆纠哒 yɛn˩ ɕiəu˥ ·ta　小而圆的样子。

白晶哒 pɤ˩ tɕin˥ ·ta　白晶晶的样子。

黑黢哒 xɤ˩ tɕʻy˥ ·ta　（东西、光线）很黑的样子。

黢黑 tɕʻy˥ xɤ˩　①光线暗。如：屋里～。②黑的。如：脸上～。

---

① 《老子》："燥胜寒，静胜热，清正可以为天下正。"李水海：《老子"道德经"楚语考论》，山西人民教育出版社，1990年版，第41页。《老子》中华书局2006年版为"躁"："静胜躁，寒胜热。"

青 tɕʰin˥ ①青色。②黑色。
卡白 kʰa˥ pɤ˩ 病态的白。如：脸色～。
　白卡卡 pɤ˩ kʰa˥ kʰa˥
　卡白卡白 kʰa˥ pɤ˩ kʰa˥ pɤ˩
　白兹拉卡 pɤ˩ ·tsʅ la˩ kʰa˥
白卡哒 pɤ˩ kʰa˥ ·ta
红红色 xuŋ˩ xuŋ˩ sɤ˩ 淡红色。

（有时只是表示某种颜色比较浅，不太强调准确、具体的颜色。下同）
绿绿色 lu˩ lu˩ sɤ˩ 浅绿色。
灰灰色 xuei˥ xuei˥ sɤ˩ 浅灰色。
黄黄色 xuaŋ˩ ·xuan sɤ˩ 浅黄色。
淡淡色 tan˥ tan˥ sɤ˩ ①浅淡的颜色。②不太热情的脸色。

（二十六）介词

由 iəu˩
轧 ka˩ 用。如：～脚挞（用脚踹）。
等 tən˥ 让；任。如：～他搞去，翻不了船。
尽 tɕin˥ 让；被。如：～狗咬了一口。
把 pa˥ ①被。如：～狗咬了一口。②用在直接宾语前，宾语后面跟及物动词。如：～门关上。
对 tuei˥ 如：你～他好，他就～你好。
对倒 tuei˥ ·tau 如：他～我直笑。
到 ·tau 如：丢～水里。
在 tsai˥ 如：～哪里住呦？
从 tsʰuŋ˩ 如：～哪儿走？

照 tsau˥ 如：～这样做就好。
顺倒 suən˥ ·tau 如：～这条大路一直走。
朝 tsʰau˩ 如：～后头看看。
替 tʰi˥ 如：你～我写封信。
跟 kən˥ 如：～关羽背刀。
给 kɤ˩/kei˩ 如：～大家办事。
和 xou˩ 如：这个～那个一样。
向 ɕian˥ 如：～他打听一下。
问 uən˥ 如：～他借一本书。
凭 pʰin˩ 如：～手艺换饭吃。
管……叫 kuan˥……tɕiau˥ 有些地方管白薯叫山药。
拿……当 la˩……tan˥ 有些地方拿麦秸当柴烧。

（二十七）副词

呆地 ai˩ ·ti 当然地；无疑地。
不 pu˩ ①同普通话"不"。②不要，新生义。如：你～说哒。
不消 pu˩ ɕiau˥ 不必。

才将 tsʰai˩ tɕian˥
刚 kan˥ 不大不小。如：～合适。
将将 tɕian˥ tɕian˥ ①刚才。②刚好。如：～磨心对磨心。（《江

陵故事集》)

差滴尕 ts'aㄱ·ti·ka 差一点儿（就）。
　　希乎 ɕiㄱ xuㄱ
当倒 tanㄱ·təu 当着面。
背倒 peiㄥ·təu 背后；暗中。
得亏 tɤㄨ k'ueiㄱ 多亏。
　　得希 tɤㄨ·ɕi
调故 tiauㄥ kuㄱ 故意。
硬 ənㄱ 完全（是）。
硬是 ənㄱ sɿㄱ
光 kuanㄱ 全；一味地。如：~打个电话不行，还是要亲自去一趟。
寡 kuaㄥ 全是。
鬼 kueiㄥ
瞎 ɕiaㄥ
根本 kənㄱ pənㄥ
够 kəuㄱ 继续；延续。如：他这个病还~拖。
尽 tɕinㄥ ①不停地。②任。
好 xauㄥ
好生 xauㄥ sənㄱ
很 xənㄥ
哈 xaㄱ 全；全都。
活整 xuoㄥ kənㄥ 完全是。
横直 xuənㄥ tsɿㄱ 反正。
就倒 tɕiəuㄥ tauㄥ 凑着；顺手可以。
　　如：洗完澡，~把地拖下子。
蛮 manㄥ
莫 moㄥ
没 meiㄥ/meiㄥ/muㄱ
没有 meiㄥ/meiㄥ·uei/iəuㄥ
卯 mauㄥ

卯起 mauㄥ tɕ'iㄥ
确实 tɕ'yoㄥ sɿㄱ 的确；实在是。
骚 sauㄱ 失控样的；无节制地。
　　如：~骂 | ~搞。
太 t'aiㄱ 同普通话"太"。
[汰] t'ai 该读音用得较少，修饰的词语一般限于"好、拐"等。如：他对我~好。
些许 ɕiɛㄥ ɕyㄥ
未必 ueiㄥ piㄨ ①不一定。②难道。
恶奢 uoㄨ sɤㄱ 拼足力气地（做）。
[血非] ɕiɛㄥ feiㄱ ①非常。②讨厌。
现（旋）ɕienㄱ 马上。
先 ɕiɛnㄱ 如：你~走，我随后就来。
先个 ɕienㄱ·kuo 先前。
原先 yɛnㄥ ɕienㄱ 如：我~不知道，后来才听人说的。
几 tɕiㄥ 如：那个人~坏呀。
兴 ɕinㄱ
不兴 puㄥ ɕinㄱ
老 lauㄥ 总是。
一老 iㄨ lauㄥ 总是。如：他~是发酒疯，讨死人嫌。
三不知 sanㄱ puㄨ tsɿㄱ 偶尔；不定。如：他姆妈~也来一下。也作"三不知一"。原义为匆忙、冒失。《左传》："……今我三不知而入之，不亦难乎？"又《金瓶梅词话》："那西门庆三不知正进门，两个撞了个满怀。"明清小说中的"三不知"

意思是指突然、猛然。
阴倒 in˥ ·təu 暗中；背着面（做）。
明倒 min˩ ·təu
也许 ie˩ ɕy˩ 明天～要下雨。
只怕 tʂʅ˩ pʻa˩

直 tʂʅ˩ 一直不断地；反复地。如：
 他鬼～冒……（《江陵歌谣集》）
左已 tsuo˩ ·i 反正（已经是这样了）。
左不过 tsuo˩ ·pu kuo˥ 充其量；大
 不了。

（二十八）数量词

零 lin˩
尾子 uei˩ ·tʂʅ
一 i˩ / iau˩
二 m˥
三 san˥
四 sʅ˥
五 u˩
六 ləu˩ / lu˩
七 tɕʻi˩
八 pa˩
九 tɕiəu˩
十 sʅ˩
初一 tsʻuo˥ / tsʻu˥ i˩
初二 tsʻuo˥ / tsʻu˥ m˥
初三 tsʻuo˥ / tsʻu˥ san˥
初四 tsʻuo˥ / tsʻu˥ sʅ˥
初五 tsʻuo˥ / tsʻu˥ u˩
初六 tsʻuo˥ / tsʻu˥ lu˩
初七 tsʻuo˥ / tsʻu˥ tɕʻi˩
初八 tsʻuo˥ / tsʻu˥ pa˩
初九 tsʻuo˥ / tsʻu˥ tɕiəu˩
初十 tsʻuo˥ / tsʻu˥ sʅ˩
老大 lau˩ ta˥
老二 lau˩ m˥
老三 lau˩ san˥

老四 lau˩ sʅ˥
老五 lau˩ u˩
老六 lau˩ lu˩
老七 lau˩ tɕʻi˩
老八 lau˩ pa˩
老九 lau˩ tɕiəu˩
老十 lau˩ sʅ˩
老幺 lau˩ iau˥ 表示最小的。
几个 tɕi˩ kuo˥
几多 tɕi˩ tuo˥
好多个 xau˩ tuo˥ kuo˥
好几个 xau˩ tɕi˩ kuo˥
些 ɕie˥ / ɕie˩
些须（许）ɕie˥ ɕy˥ 少的，小的。
一些子 i˩ ɕie˥ ·tʂʅ 一些。
大一些 ta˥ i˩ ·ɕie
小一些 ɕiau˩ i˩ ·ɕie
好些个 xau˩ ɕie˩ kuo˥
一泡（脬）i˩ pʻau˥ 如：拉哒～尿。
一转 i˩ tsuan˥ 一圈。如：碗里～
 结锅巴。（《荆州歌谣集》）
餐 tsʻan˥ 次；顿。如：吃哒一～
 饭｜揎他一～揍他一顿。
顿 tuən˥ 如：～饭。
道 tau˥ 次；遍。如：二～贩子｜

转哒几~手。

滴尕 ti˥ ka˥ 表很少的量,即一点儿。

一滴尕 i˩ ti˥ ka˥

一尕儿 i˩ ka˥

一尕尕 i˩ ka˥ ka˥

一滴尕儿 i˩ ti˥ ka˥ ɯ

一哈儿 i˩ xa˥ ɯ 一会儿。如:您家等~。

一哈哈 i˩ xa˥ xa˩

一大哈 i˩ ta˥ xa˥ 很多。

把 pa˨ (表量)如:一~米｜一~椅子｜一~好手。

把 ·pa (表约数)

个把 kuo˥ ·pa (最好)一个(勉强是两个)。

个把两个 kuo˥ ·pa lian˨ kuo˥ 一两个。

百把个 pɤ˨ ·pa˨ kuo˥ 一百个左右。

百把来个 pɤ˨ ·pa˨ lai˨ kuo˥

千把个 tɕʰien˥ ·pa˨ kuo˥

万把块钱 uan˨ ·pa˨ kʰuai˨ tɕʰi˩

里把路 li˨ ·pa˨ lu˥ 一里路左右。

里把二里路 li˨ ·pa˨ ɯ˥ li˨ lu˥ 一两里路。

亩把二亩 mu˨ ·pa˨ ɯ˥ mu˨ 一两亩地。

半个 pan˥ kuo˥

一半 i˩ pan˥

拃 tsa˨ 《广韵》:"侧板切。"手掌展开,拇指端到中指端或小指端的距离。如:一~长｜一

~高｜~巴长。

脚 tɕyo˨ 借用的量词。如:挝(踹)他几~。

蔑 miɛn˨ 小竹片,借用作量词,表少。如:只有一~~哒。

一阙阙 i˩ tɕʰyə˨ tɕʰyə˥ 很少;一点儿。

一撵撵 i˩ tɕiəu˥ tɕiəu˥

一篾篾 i˩ miɛn˥ miɛn˥

几颗颗 tɕi˨ kʰou˥ kʰou˥

几根根 tɕi˨ kən˥ kən˥

几滴滴 tɕi˨ ti˥ ti˥

几丢丢 tɕi˨ tiəu˥ tiəu˥

一皮条 i˩ pʰi˩ tʰiau˩ 指一大串(人、物)。如:后面跟哒~的人。

一大哈 i˩ ta˥ xa˥ 很多。如:屋里来哒~的人。

一箣篓 i˩ pu˥ ·ləu (用手一扒)表示多。

一窝坨 i˩ uo˥ ·tʰuo (窝成)一堆。

一蔸 i˩ təu˥ 一棵。如:挖了一~白菜。

一兜 i˩ təu˥ 用小篓子、小提袋装的。

一独个 i˩ tu˩ kuo˥ 一个。

坨 tʰuo˩ 小圆球状,借用作量词。如:一~肉｜一~泥巴。

坨子 tʰuo˩ ·tsʐ 拳头,借用作量词。如:捅他几~。

碗 uan˨ 如:一~酒。

间 kan˥ 如:一~房子。

根 kən˧ 如：一~筋。
好多个 xau˨ tuo˧ kuo˧
炮 pʻau˧ 十个。如：一~个｜~把个十个左右。"炮"表数量，在荆州话中用得不多。
十来个 sʅ˧ lai˨ kuo˧ 十个左右。
十好几个 sʅ˧ xau˨ ɕi˨ kuo˧ 超过十的量。

一发 i˨ fa˨ ①一辈（但不一定是严格意义上的年龄代）。如：老~的都走哒，小~的都不认识。②一茬儿。
老一发 lau˧ i˨ fa˨
小一发 ɕiau˨ i˨ fa˨
一命的 i˨ min˧ ·ti 同庚；同年生的。

（二十九）附加成分

1. 前缀

第 ti˧ 如：~一｜~二。
初 tsʻuo˧ / tsʻu˧ 如：~一｜~二。
老 lau˨ 如：~师｜~刘。
头 tʻəu˧ 如：~一天｜~两天。

2. 中缀

里 ·li 如：泡~泡气｜哈~哈气。

3. 后缀

子 ·tsʅ 如：鞋~｜腿~（荆州的乡里话，子缀可变颤音词）。
头 ·tʻəu 如：搞~｜由~。
儿 ·ɯ 如：伢~｜男伢~。
家 ·ka 如：伢子~｜姑儿~（姑娘）。
伢 ·a 如：小~｜女~。

包 ·pau 如：受气~｜淘气~。
佬 lau˨ 如：杀猪~｜淘米~。
鬼 kuei˨ 如：吹牛~｜浪荡~。
人 lən˨ 如：养~｜捆~。
巴子 pa˧ ·tsʅ 如：鸭~｜嘴~。
不过 ·pu kuo˧ 如：烦~｜欠~。
声 ·sən 如：歪歪~｜呼呼~。
彻 tsʻɤ˨ 如：忙不~｜搞不~。
哒 ·ta 如：搞完~｜说拐~。
巴煞 pa˨ ·sa 如：可怜~｜造孽~。
流 liəu˨ 如：身上灰~｜浑身汗~。
伙 xuo˨ 如：兄弟~的｜姊妹~的。"伙"，《广韵》："胡果切。楚人云多也。"

（三十）固定短语①

1. 三字格短语

拌阴砖 pan˨ in˧ tsuan˧ 背后使坏、整人。如：怕日后张居正~。（《江陵故事集》）

---

① 此处列出荆州话中结构、语义都比较稳定的三字格、四字格短语等。前文已经出现过的，这里一般不再列入。

半吊子 panㄱ tiauㄱ ·tsʅ

二百五 ɯㄱ pɤˋ uˋ

半坨话 panㄱ tʻuoㄱ xuaㄱ 半头话；说一句，藏半句。

背冤枉 peiㄱ yɛnㄱ uanˋ 背负冤枉的名声。

别杠子 piɛㄱ kanㄱ ·tsʅ 对着干；固执己见。

不懂板 puˋ tuŋˋ panˋ 不懂个中规矩。

不对路 puˋ tueiㄱ luㄱ 不合辙；不合拍。

不照闲 puˋ tsauㄱ ɕiɛnˋ 没有照顾到；没有管。

不沾舷 puˋ tsanㄱ ɕiɛnˋ 没有挨边；没有一点关系。

不得闲 puˋ tɤˋ ɕiɛnˋ / xanˋ 没有空闲。如：君思我兮～。（《楚辞·九歌·山鬼》）｜隔壁幺姑来喊我，我今说是～。（《江陵故事集》）

不好过 puˋ xauˋ kuoㄱ ①无奈而不舒服。如：让他写作业，他在那里～。②难受。如：得罪了他，今后的日子怕～。

不服周 puˋ fuˋ tsəuㄱ 原指不肯臣服周朝，今指不服气、不服输。虽无典籍出处，但确实是对古代楚国历史事件的概括，它反映的是自西周中期至战国时期，泱泱楚国不肯臣服于周朝的史实。

不清白 puˋ tɕʻinㄱ pɤˋ ①不清楚。如：伏羲和女娲好喜欢，怕日后分～。（《江陵故事集》）②糊涂；不明事理。如：他这个人很有滴尕～。③不干净；历史、名誉、作风等有问题。如：这官员见长老不敢回话，料想婴儿肯定来得不清不白。（《江陵故事集》）

不感冒 puˋ kanㄱ mauˋ 不感兴趣。

不来哉 puˋ laiˋ tsaiㄱ 不来往。

不信邪 puˋ ɕinㄱ ɕiɛˋ 不惧邪门歪道；不顾及什么。如：胡说，我偏偏不信这个邪！（《江陵故事集》）

不怕鬼 puˋ pʻaˋ kueiˋ 不怕事；不怕歪门邪道。如：我也是个～的！

不清汤 puˋ tɕʻinㄱ tanˋ 糊涂；扯不清。

不上腔 puˋ sanㄱ tɕʻianㄱ 做事、说话不上路子。

不上贤 puˋ sanㄱ ɕiɛnˋ （多指女子）不懂道理；不通情理；爱惹是非。

不中用 puˋ tsuŋㄱ yŋˋ 没本事；没能耐。如：鸡子叫，狗子咬，～的东西回来了。（荆州歌谣）

不照把 puˋ tsauㄱ paˋ 说话、办事没分寸；不对路子。

不照买 puˋ tsauㄱ maiˋ 不理睬；不买账。

不得止 pu˨ tɤ˩ tsʅ˩ 不止这个
　　数字。
烂劈柴 lan˧ pʰi˩ ·tsʰai 没本事、不
　　中用的人。
吃冷饭 tɕʰi˩ lən˩ fan˧ ①男子未婚
　　同房。②跟别人犯同样的错误。
扯乱筋 tsʰɤ˩ luan˧ tɕin˧ 纠缠不
　　清；生出是非。
扯不清 tsʰɤ˩ ·pu tɕʰin˧ 无法说清
　　楚；无法理出头绪。
扯由头 tsʰɤ˩ iəu˩ tʰɤ˧ 无理；找理
　　由争辩。
扯起在 tsʰɤ˩ tɕʰi˩ tsai˩ 事情因故
　　还在扯皮过程中。
戳哒拐 tsʰuo˩ ·ta kuai˩ 事情办
　　砸了。
戳娄子 tsʰuo˩ ləu˩ ·tsʅ 惹出麻烦。
　　即北方话中的"捅娄子"。
撮不拢 tsʰou˩ ·pu luŋ˩ 指人拢不到
　　一起。
撮一顿 tsʰou˩ i˩ tuən˧ 几个人吃一
　　顿饭。
搓一顿 tsʰou˩ i˩ tuən˧ 揍（打）
　　一顿。
炒现饭 tsʰau˨ ɕien˧ fan˧ 毫无变化
　　地照原样做。
唱别腔 tsʰan˧ piɛ˧ tɕʰian˧ 故意反
　　着说、对着干。
出鬼哒 tsʰu˩ kuei˨ ·ta ①事情出了
　　问题。②多做评价语，用于对
　　人或事表示不满。
拆屋的 tsʰɤ˩ u˩ ·ti 摆架子。

倒扳桨 tau˧ pan˧ tɕian˧ 对着犟，
　　你让我往东，我偏往西。
打巴结 ta˨ pa˧ tɕiɛ˩ 巴结。
打商量 ta˨ san˧ ·lian 带点试探性
　　地商讨。
打不住 ta˨ pu˩ tsu˧ 不止；不够。
　　如：这好的布料，几十块钱
　　~吧。
打尿噱 ta˨ liau˧ tɕin˧ 拉尿时打
　　冷噱。
打闹台 ta˨ lau˧ tʰai˩ ①开场锣鼓，
　　以吸引观众。②喻凑凑热闹。
打脱离 ta˨ tʰuo˨ li˩ 离婚。
打圆场 ta˨ yɛn˩ tsʰan˩ 补救式地
　　调解。
　打圆说 ta˨ yɛn˩ suo˩
　打圆合 ta˨ yɛn˩ xou˩
打搊合 ta˨ tsʰəu˧ ·xuo 帮腔、打圆
　　场以促成其事。
打牙祭 ta˨ ia˩ tɕi˧ ①荆州民俗，
　　逢阴历初一、十五等家人聚
　　餐。②20 世纪 70 年代演变作
　　"聚餐"，即改善一次生活。
打醒鼾 ta˨ ɕin˨ xan˧ 故意装作不
　　知道。
打平伙 ta˨ pʰin˩ xuo˨ 合伙出资在
　　一起吃喝。
打仰尘 ta˨ ian˨ tsʰən˩ 打扫天
　　花板。
搭口话 ta˩ kʰəu˨ xua˧ 顺口应承的
　　话，并不会真心去办。
打哈哈 ta˨ xa˧ xa˧ 嘴里"啊、

啊"地敷衍应付，不置可否，也并不打算去做。

滴滴答 ti˧ ti˧ ta˨ ①啰嗦。②玩花招。

带意思 tai˧ i˨ ·sɿ ①自命清高，出风头。②很讲义气。

掉得大 tiau˧ ·tɤ ta˧ 出了事，问题大。

掉底子 tiau˧ ti˨ ·tsɿ 出洋相。

丢生哒 tiəu˧ sən˧ ·ta 某种技能等因长时间未使用而变得不熟练了。

定盘子 tin˨ p'an˨ ·tsɿ 做出决断。

调管子 tiau˧ kuan˨ ·tsɿ 开玩笑，敷衍。

顶枕头 tin˨ tsən˨ ·t'ɛu 打牌时以头顶枕头受罚。

㧻不拢 təu˧ pu˨ luŋ˨ ①（木器部件）合不到一起。②钱、物、账对不上。"㧻"，《集韵》："大透切，去侯定。"《汉语大字典》："接起。如：㧻拢，㧻榫头。"

箍不拢 ku˧ ·pu luŋ˨ 指不能把几个人团结在一起。

躲不脱 tuo˨ pu˨ t'uo˨ 躲不开；推不掉。

各是各 kɤ˨ sɿ˧ kɤ˨ 丁是丁，卯是卯，不扯在一起。

搞不彻 kau˨ pu˨ tsʻɤ˨ 来不及。

搞不赢 kau˨ pu˨ in˨ 打不过、说不过、斗不过（别人）等。

搞得拐 kau˨ ·tɤ kuai˨ （猛然）出现了严重问题，情况不妙。

搞居余 kau˨ tɕy˧ y˨ 把事情稳妥地做完。

搞熨帖 kau˨ yn˨ tiɛ˧ 把事情做得很到位、很稳妥。《说文解字》："熨，从上按下也……所以申缯也。"就是用火把"缯"熨平整。"帖"，《玉篇》："服也，静也。""熨帖"有"稳妥、妥当"义。

搞疲哒 kau˨ p'i˨ ta 搞来搞去，搞得不认真了。

搞苕事 kau˨ sau˨ sɿ˧ 并非本意地做了傻事。

搞路子 kau˨ lu˧ ·tsɿ （办事）拉关系、找门路。

搞别个 kau˨ piɛ˨ ·kuo 整人；挤对别人。

拱别个 kuŋ˨ piɛ˨ ·kuo 一般指暗中使坏，诋毁、挤对别人。

撑别个 tʻuei˨ / tei˨ piɛ˨ ·kuo 诋毁、挤对别人。

鬼打架 kuei˨ ta˨ tɕia˧ ①不讲信用、办事不牢靠的人。②评价不成名堂、不像话的人或事。

鬼大王 kuei˨ ta˧ uan˨ 指孩子脸上、身上脏。

鬼画符 kuei˨ xua˧ fu˨ 喻小孩学习不认真，字迹潦草。

光名堂 kuaŋ˥ miŋ˨ ·t'an （鬼）点子多。

名堂多 miŋ˨ t'an˦ tuo˥

光板眼 kuaŋ˥ pan˨ iɛn˨

板眼多 pan˨ iɛn˨ tuo˥

花板眼 xua˥ pan˨ iɛn˨ 跟别人不同的点子、做法（多为贬义）。

割尾巴 kuo˦ / kʏ˨ uei˨ ·pa 小孩子过十岁生日。

跟到和 kən˥ ·tau / ·təu xuo˨ 跟着别人做（凑热闹）。

孤老心 ku˥ lau˨ ɕin˥ 指孤独（无子女）的老人，凡事只想着自己，完全不考虑、顾及别人。

哈得开 xa˥ ·tʏ k'ai˥ 能把人玩转，把工作搞起来。

哈打糊 xa˥ ta˨ xu˨ 不精明；办事粗枝大叶。

黑哒天 xʏ˨ ta˦ t'iɛn˥ 不好收拾；情况严重，像天塌了一样。

好不过 xau˨ pu˨ kuo˥ 非常好。如：两个在一起～。

画乌龟 xua˨ u˥ kuei˥ 打牌受罚的一种形式。

喝黄汤 xuo˥ xuaŋ˨ t'aŋ˥ 指喝酒（后会乱说）。

开黄口 k'ai˥ xuaŋ˨ k'əu˨ 不负责地夸口；说大话。

开黄腔 k'ai˥ xuaŋ˨ tɕ'iaŋ˥ 多指酒后乱说。

见不得 tɕiɛn˥ pu˨ ·tʏ ①（怕）见了会被缠住。②看不惯，见了就不舒服。

见鬼佬 tɕiɛn˥ kuei˨ lau˨ 不讲信用、办事不牢靠的人。

急眼宝 tɕi˨ iɛn˨ pau˨ 做事无心眼。

急作宝 tɕi˨ tsuo˦ pau˨ 说着就来了事。如：说要拉尿，马上就屙哒一裤子，真是个～。

夹生货 tɕia˨ sən˥ xuo˥ 软硬不吃，不通情理的人。

夹舌子 tɕia˨ sʏ˨ ·tsʅ 说话咬字不清楚。

讲狠话 tɕiaŋ˨ xən˨ xua˥ ①说过头的话；说吹牛的话。②讲凶狠的话。

讲盘子 tɕiaŋ˨ p'an˨ ·tsʅ 办事之前先提要求、谈条件；讲价钱。如：倘若被他知道这个意思，他一定把环妹妹藏到乡下去，再～，那就受他的拿捏。(《老残游记》)

翘盘子 tɕ'iau˦ p'an˨ ·tsʅ 一般指在事情、工作、工程等进行中再讲条件，或故意出难题。

捡漏子 tɕiɛn˨ ləu˦ ·tsʅ 捡便宜。

去呵哒 k'ɯ˨ xuo˨ ·ta 死了，完了事。

闹喝子 lau˥ xuo˨ ·tsʅ ①做事不认真。②有意让人出洋相。

来行哒 lai˨ ɕin˨ ·ta 事情有转机，要成功了。

惹狐骚 lʏ˅ xu˅ ·sau　惹出麻烦，自讨苦吃。"狐骚"一词源自"打不到狐狸，惹一身狐骚"。

拈砣子 liɛn˧ t'ou˧ tsʅ　抓阄儿。

拌砣子 pan˅ t'ou˧ tsʅ

脑壳疼 lau˅ k'ou˅ t'ən˧　①生病而头疼。②事情让人伤脑筋。

没得法 mei˧ ·tʏ fa˅　无奈；没有办法（解决）。如：拿他~。

没得整 mei˧ ·tʏ tsən˅

没得用 mei˧ ·tʏ yŋ˧　①没出息；没本事。如：他这个人是狗肉上不了正席，蛮~。②不管用；说了、做了也解决不了问题。如：这个事，反映哒多次，~。

没名堂 mei˧ min˅ t'an˧　不成体统、不像样的人或事。

没得聽 mei˧ ·tʏ t'in˧　事情还没有端倪。

没得解 mei˧ ·tʏ tɕiɛ˅　两人好得不得了。

没得戏 mei˧ ·tʏ ɕi˧　没有前景；没有可能了。

没说起 mei˧ suo˅ tɕ'i˅　无从说起；距目标还差得很远。如：他哪里有儿子？媳妇子还~。

旋说起 ɕyɛn˅ suo˅ tɕ'i˅　随时都会发生。如：小两口吵架，~。"旋"，《汉语大字典》："临时，随时发生。"马致远《恬退》："酒旋沽，鱼新买，满眼云山画图开。"《史记·扁鹊仓公列传》："……则刺其足心三所，案之无出血，病旋已。"张守节《史记正义》："谓旋转之间，病则已止也。"

现说起 ɕiɛn˧ suo˅ tɕ'i˅

没来性 mei˧ lai˅ xin˧　没水平；没出息或看不到未来。

卯起哒 mau˅ tɕ'i˅ ·ta　豁出去；拼上了。

卯搞嘞 mau˅ kau˅ ɜɛ　（正在扯皮）还要继续纠缠下去。

蛮消停 man˅ ɕiau˧ t'in˧　悠闲；惬意。

蛮得人 man˅ ·tʏ nən˧　反话，不讨人喜欢。如：你~实际上不讨人喜欢。

怄气包 əu˧ tɕ'i˧ pau˧　常受别人气的人。

怄死人 əu˧ sʅ˅ nən˧　让人非常懊恼、生气。

胖气色 p'an˧ tɕ'i˧ sʏ˅　气味很难闻。如：屋里~。"胖"，胀、虚大。《广韵》："胀臭貌。匹绛切。"如：胖头鱼。

缺根筋 tɕ'yɛ˅ kən˧ tɕin˧　脑子不转弯；固执。

吃闷亏 tɕ'i˧ mən˧ k'uei˧　明里看不出，实际上吃了哑巴亏。

去豁哒 k'ɯ˧ xou˅ ·ta　死了；完了。

日打瞎 ɯ˧ ta˅ ɕia˅　不负责、不可信的人和事。

人来疯 lən˩ lai˩ fəŋ˧ 多指孩子在来客时故意调皮。

餿点子 səu˩ ˙tiɛn ˧tsʅ 坏的、低水平的主意。《玉篇·食部》："餿，饭坏也。"引申为"坏"。

餿主意 səu˧ ˙tsu ·i

苕搞的 sau˩ kau˩ ˙ti 乱搞一通。

死人子 sʅ˧ lən˩ ˙tsʅ 像个死人，指没有用的人。

少根筋 sau˩ kən˧ tɕin˧ 缺心眼儿。

讨人嫌 tʻau˩ lən˩ ɕiɛn˩ 让人感到讨厌。

弹舌音 tʻan˩ sʅ˩ in˧ 如：颤音为~。

歪歪倒 uai˧ uai˧ tau˩ 站立不稳，歪歪倒倒的。

弯管子 uan˧ kuan˩ ˙tsʅ 不地道的，也称"外马"。如：一口~普通话。

弯声气 uan˧ sən˧ ·tɕʻi 指与本地话不同的方言。

玩朋友 uan˧ pʻuŋ˩ ·iəu 谈对象。

玩得转 uan˩ ˙tɤ tsuan˧ 能把人调动起来，把工作搞起来。

无焦过 u˩ tɕiau˧ kuo˩ 焦躁又无可奈何的样子。

搞邪哒 kau˩ ɕiɛ˩ ·ta 搞得没有名堂。多用作评价语。

邪得很 ɕiɛ˩ ˙ɤ xən˧

邪完哒 ɕiɛ˩ uan˩ ·ta 搞得完全没有名堂。多用作评价语。

想不转 ɕian˩ pu˩ tsuan˧ 脑子不拐弯。

想转了 ɕian˩ tsuan˧ ·la 想通了。

想得穿 ɕian˩ ˙tɤ tsʻuan˧ 把过去和将来的事都看得很开（不再较真）。

想不穿 ɕian˩ pu˩ tsʻuan˧ 不能把事情看得很穿。

小过角 ɕiau˩ kuo˧ kuo˩ 细小的事。

下猪娃 ɕia˩ tsu˧ ua˩ 酒醉呕吐。

下汉口 ɕia˩ xan˧ kʻəu˩ 小孩夜里尿床。

晓不得 ɕiau˩ pu˩ tɤ˩ ①知道不知道。②懂不懂。

稀奇话 ɕi˧ ·tɕʻi xua˧ 没有依据、没有道理、不合情理的话。

冤枉话 yɛn˧ uan˩ xua˧ 冤枉人但又不能解决问题的话。

一根筋 i˩ kən˧ tɕin˧ 缺心眼；不转弯。

一把糟 i˩ pa˩ tsau˧ 一团糟。

运泡子 yn˧ pʻau˩ ·tsʅ 玩味，显摆；很做作。

钻桌子 tsuan˧ tsuo˩ ·tsʅ 20 世纪 70 年代流行，指打牌输了后钻桌子受罚。

做发事 tsuo˧ fa˧ sʅ˩ 做成了一笔好生意。

牙齿深 ia˩ tsʻʅ˩ sən˧ （受贿）很贪婪。

占香赢 tsan˧ ɕian˧ in˩ 在年龄、

辈分上占便宜。

占魌头 tsan˧ tɕʰiɤ tʰəu 一般指在物资、财物斤两上占便宜。"魌头",《说文解字》:"丑也,今逐疫有魌头。"传汉朝时,"魌头"是由米、面等做成用来驱疫的鬼怪类面具,捡回来可以吃,"占魌头"也就是占了便宜。

堼东西 tsuɤ tuŋ˧ ɕi 专指拉关系时送东西;行贿。

嘴巴长 tsuei˩ pa˧ tsʰan˩ 喜欢传话撩是非。

尖嘴婆 tɕien˧ tsuei˧ pʰoɤ (儿童用语)喻女孩子喜欢告状。

做笼子 tsuo˧ / tsəu˧ luŋ˧ tsɿ 设圈套让人钻。

撞猴子 tsuan˧ xɤu˧ tsɿ 设圈套讹诈、骗财。

撞倒鬼 tsʰuan˩ tau˩ kuei˩ (不期)遇到倒霉事。

装怪疯 tsuan˧ kuai˧ fəŋ˧ ①(出于某种心理)做作;故意显示自己。②故意出难题,唱别腔。

猪脑壳 tsu˧ lau˩ kʰoɤ 蠢笨;脑子不灵活。

2. 四字格短语

巴心巴肝 pa˧ ɕin˧ pa˧ kan˧ 从心里疼爱。

巴流水湿 pa˧ liəu˩ suei˩ sɿ 湿漉漉的样子。

巴之不得 pa˧ tsɿ pu˩ tɤ˩ 巴不得。

绊手绊脚 pan˧ səu˩ pan˧ tɕyo˩ 紧随身边,碍手碍脚。

巴嘎连嘎 pa˧ ka˧ lien˩ ka 粘着、连着的状态。

病病怏怏 pin˧ pin˧ ian˧ ian˧ 病怏怏,整天有气无力的样子。

病病疴疴 pin˧ pin˧ kʰɤ˧ kʰɤ˧ 体质差,总是在生病。

不成名堂 pu˩ tsʰən˧ min˩ tʰan 不成体统;不像样子。

没得名堂 mei˧ tɤ min˩ tʰan

侧头侧脑 tsʰɤ˧ tʰəu tsʰɤ˧ lau˩ 行为出格,肉麻地显示自己。

押押嫋嫋 tsʰən˧ tsʰən˧ tʰou˩ tʰou˩ ①人长得匀称、耐看。②事情办得很稳妥。③屋里收拾得干净、整齐。

痴的暮的 tsʰɿ˧ ti mo˩ ti 痴呆的样子。

撮吃撮喝 tsʰuo˧ tɕʰi˧ tsʰuo˩ xuo˩ 不请自来找着去白吃白喝。

嗤都不嗤 tsʰɿ˧ təu pu˩ tsʰɿ˧ ①不买账、不搭理(对方)。②话都不说一句;招呼都不打一个。

杵头杵脑 tsʰu˩ tʰəu tsʰu˩ lau˩ 说话无分寸,高一句、低一句,很冒失的样子。

戳是撩非 tsʰuo˩ sɿ˩ liau˩ fei˧ 拨弄是非。

大头大脑 ta˧ tʰəu˩ ta˧ lau˩ 傲慢、

爱理不理的样子。

等米下锅 tən˅ mi˅ ɕia˧ kuo˧ 急等着要用。

带劲流哒 tai˅ tɕin˧ liəu˧ ta˅ 非常带劲的样子。

嗲声嗲气 lia˅ sən˧ lia˅ tɕ'i˧ 指年轻女子做作、献媚讨好的语言行为。

脱不了鞅 t'uo˧ pu˅ liau˅ xu˅ 摆脱不了干系。如：这个事他插过手，我看他也～。"鞅"，《说文解字》："车轴缚也。""鞅"是古代车上位于轴与舆底两轸十字相交处钩连车轸（车厢下支撑车体的四面木框）与车轴的部件，因其形如伏在地上的兔子，又名伏兔，《释名·释车》"……伏兔，在轴上似也，又曰鞅，伏也，伏于轴上也。"

不得脱鞅 pu˅ tɤ˅ t'uo˧ xu˅

脱不得鞅 t'uo˧ pu˅ tɤ xu˅

脱得了鞅 t'uo˧ tɤ˅ liau˅ xu˅ 能摆脱得了干系。多用于自问自答句。如：他～？脱不了鞅吵！

不得下地 pu˅ tɤ˅ ɕia˅ ti˧ （事情）不会简单地结束。

下不了地 ɕia˅ pu˅ liau˅ ti˧ 下不了台，完不了事。

艰难辛苦 kan˧ lan˅ ɕin˧ k'u˅ 生活、劳作的艰辛、痛苦。

从打从容 ts'uŋ˧ ta˅ ts'uŋ˧ yŋ˧ 从从容容。

规打规矩 kuei˧ ta˅ kuei˧ tɕy˅ 规规矩矩。

鬼火直冒 kuei˅ xou˅ tsɿ˧ mau˧ 气急、十分恼火的样子。

怪头怪脑 kuai˅ t'əu kuai˅ lau˅ 言行古怪。

狗头狗脑 kəu˅ t'əu kəu˅ lau˅ 指孩子长得壮实、可爱。

啰不清白 kuo˅ pu tɕ'in˧ pɤ˅ ①啰嗦又说不清楚。②没办法跟人说清楚。

鬼汪鬼叫 kuei˅ uan˧ kuei˅ tɕiau˧ 怪声乱喊乱叫。

尖汪鬼叫 tɕiɛn˧ uan˧ kuei˅ tɕiau˧ 尖声怪叫。

搞不清汤 kau˅ pu˅ tɕ'in˧ t'an˧ 弄不清楚；摸不着头脑。如：弄得洪武～。（《江陵故事集》）

搞不到聽 kau˅ pu˅ tau˅ t'in˧ 抓不住关键问题。

摸不到聽 mo˧ pu˅ tau˅ t'in˧

哈不到聽 xa˧ pu˅ tau˅ t'in˧

搞不上腔 kau˅ pu˅ san˅ tɕ'ian˧ 办事搞不到点子上，也搞不出名堂。

搅屎棍子 kua˅ sɿ˅ kun˧ tsɿ 喜欢挑起是非，又总是纠缠不清的人。

吓人巴煞 xʏ˅ lən˅ pa sa 声响大，搞得吓死人的样子。

吓吓掖掖 xyˇ xyˇ iɛˇ iɛˇ （因恐惧）缩头缩脑、抖抖索索的样子。

黑漆门路 xyˇ tɕʻiˉ ˊʼ mənˊ luˊ 估摸不透的事。

黑汗水流 xyˇ xanˊ sueiˇ liəuˊ （因劳作、活动等弄得）脏兮兮、汗淋淋的样子。

黑汗八流 xyˇ xanˊ paˊ liəuˊ

黑黢麻拱 xyˇ tɕʻyˉ maˉ kuŋˇ 光线暗；黑漆漆的。如：屋里～的。

胡里麻里 xuˊ ·li maˊ ·li 胡乱地、不认真地随便做做。

胡里麻缠 xuˊ ·li maˊ ts'anˊ

胡搅蛮缠 xuˊ tɕiauˇ manˊ ts'anˊ 不讲道理，且无休止地纠缠。

灰头土脸 xueiˉ ·t'əu t'uˇ liɛnˇ ①满头满脸灰尘。②不光彩、灰溜溜的样子。

讲小伙子 tɕianˇ ɕiauˇ xuoˊ ·tsɿ （中老年人）已经不是小伙子了，穿戴还像小伙子，有"充能"之义。

假嘎马嘎 tɕiaˇ ·ka maˇ ·ka 装模作样地做一下。

假马假搞 tɕiaˇ maˇ tɕiaˇ kauˇ

就就巴巴 tɕiəuˉ tɕiəuˉ paˉ paˉ 勉强凑合。

[可可]巴巴 k'yˇ k'yˇ paˉ paˉ 说话、读书不熟练、不连贯。

鸡眉小眼 tɕiˉ meiˉ ɕiauˇ iɛnˇ 小眉小眼、不舒展的脸相。

系心系够 tɕiˉ ɕinˉ tɕiˉ kəuˇ 多指小孩老想着某事、某物。

讲咻咻话 tɕianˇ tɕʻyˉ tɕʻyˉ xuaˉ 贴近身耳语；小声议论。

咻咻拱拱 tɕʻyˉ tɕʻyˉ kuŋˇ kuŋˇ 脑袋轻轻攒动，交头接耳状。如：开会时不要在下面～。

犟头犟脑 tɕianˉ ·t'əu tɕianˉ lauˇ 犟嘴，不识说、不服气的样子。

霉头霉脑 meiˊ ·t'əu meiˉ lauˇ 情绪低落，很倒霉的样子。

两眼滴血 lianˇ iɛnˇ tiˉ ɕiɛˇ 因思念、心疼而极度难受。

啰里八嗦 luoˉ ·li paˊ suoˉ 啰啰嗦嗦。

昆腔昆板 k'uənˉ tɕianˉ k'uənˇ panˇ 慢条斯理；行动缓慢。

老实坨子 lauˇ ·sɿ t'ouˊ ·tsɿ 内向、很老实的人。

没得聽音 meiˉ tyˇ t'inˉ inˉ 没有端倪、没有期望的音信。

没得名堂 meiˉ tyˇ minˊ t'anˊ 没有什么希望；搞不出什么结果。

没得意思 meiˉ tyˇ iˉ ·tsɿ ɿˊ ·iˉ ①没什么意义、价值。②指人不地道。如：她这个人，蛮～得。

暮里暮气 moˉ ·li moˉ tɕʻiˉ 没有朝气；不振作的样子。如：整天～。"暮"，《楚辞·离骚》："日忽忽其将暮。"《广韵》："莫故切。日晚也。"本指黄昏时光，引申为没朝气。

胖臭祸天 pʻan˧ tsʻəu˧ xuo˧ tʻien˧ 臭气熏天。

勤扒苦做 tɕʻin˧ pa˧ kʻuˇ tsue˧ 吃苦；辛勤劳作。

清汤寡水 tɕʻin˧ tʻan˧ kuaˇ sueiˇ 汤里没油水，淡而无味。

稳稳踱踱 uənˇ uənˇ tuoˇ tuoˇ ①位置稳。②有把握。

七拱八拱 tɕʻiˇ kuŋˇ paˇ kuŋˇ ①不断地、多方面地去找关系。②不断地诋毁别人。

七搞八搞 tɕʻiˇ kauˇ paˇ kauˇ 不断地去找关系。

七说八说 tɕʻiˇ suo˧ paˇ suo˧ 不断地解释、诉说。

漼湿水流 tɕʻyeˇ ʂ˧ sueiˇ liəu˧ 多指满地水流的样子。

日白弹琴 ɯ pɤˇ tʻanˇ tɕʻin˧ ①闲聊。②吹牛。

大天十亮 sˌˇ tʻien˧ ta˧ lian˧ 天大亮了。

缩头缩脑 suoˇ tʻou˧ suoˇ lauˇ 举止促狭貌。

弯头罨脑 uan˧ tʻou˧ tɕian˧ lauˇ 不整齐，样子怪。

疏懒好吃 ʂu˧ lanˇ xauˇ tɕʻiˇ 好吃懒做。

搲都不搲 saiˇ təuˇ puˇ saiˇ 不理会、不买账的样子。

三不知一 san˧ puˇ tsˌ˧ iˇ 偶尔；有时。

死无烂用 sˌˇ uˇ lan˧ yŋˇ 没一点儿能耐。

讨好卖乖 tʻauˇ xauˇ mai˧ kuai˧ 说些逢迎的话；做些讨好的事。

提锅上灶 tʻi˧ kuo˧ san˧ tsau˧ 顺手就便。

讨死人嫌 tʻauˇ ·sˌ lən˧ ɕian˧ 让人非常讨厌。

无焦奈何 uˇ tɕiau˧ lai˧ xouˇ 焦躁、无可奈何的样子。

无计奈何 uˇ ɕi˧ lai˧ xouˇ 无奈；什么办法也没有。

乌眉罩眼 u˧ meiˇ tsau˧ ienˇ 不干净或不鲜亮，多用来形容衣物。

乌黢抹黑 u˧ tɕʻy˧ maˇ xɤˇ 光线很暗，黑乎乎的。

乌黢抹拱 u˧ tɕʻy˧ / tɕi˧ ma˧ kuˇ 黑乎乎的，形容脏。

污七八糟 u˧ tɕʻiˇ paˇ tsau˧ 又乱又脏。

无章打野 uˇ tsan˧ taˇ iɛˇ （说些）不着边际（的话）。

心疼肚疼 ɕin˧ tʻən˧ tuˇ tʻən˧ 因爱怜而心里非常难受。

瞎说八道 ɕiaˇ suo˧ paˇ tau˧ 胡说八道。

血糊朗汤 ɕyɛˇ xu˧ lan˧ tʻan˧ 血淋淋的样子。

油盐不进 iəuˇ ienˇ puˇ tɕin˧ 软硬不吃。

以歪就歪 iˇ uaiˉ tɕiəuˉ uaiˇ 破罐子破摔。

以疯作邪 iˇ fəŋˉ tsouˋ ɕieˇ 装疯作邪。

造孽巴煞 tsauˉ/tsauˋ ieˋ paˉ ·sa 非常可怜的样子。

作古正经 tsuoˋ kuˋ tsənˉ tɕinˉ 一本正经。

直把笼统 tsʅˋ ·pa luŋˋ t'uŋˇ 直爽；直来直去。

哆口政策 tsaˉ/tsaˋ kəuˋ tsənˉ ts'ɤˋ ①指一些政府官员水平低下，把自己摸脑壳随意说的话都当作政策、体制、法令来办。②政策多变、朝令夕改。

朱里朱气 tsuˉ ·li tsuˉ tɕiˉ 即猪里猪气，意为蠢头蠢脑。

肿脸泡腮 tsuŋˇ lienˋ p'auˉ saiˉ 面目虚肿。

坐冷板凳 tsuoˉ lənˇ panˋ tənˋ 受冷落，被晾在一边。

3. 其他短语

像个俫俫 tɕianˉ kuoˉ pauˉ ·pau 像个傻子，不能自我控制。

像个愚儿 tɕianˉ kuoˉ yˉ ɯ 像个低能儿、傻瓜。

找不到哈数 tsauˋ puˋ tauˉ xaˇ/xaˉ suˋ 完全不懂个中规矩。

狗眼看人低 kəuˋ iɛnˋ k'anˉ lənˋ tiˉ

阎王怕卯起 iɛnˉ uanˋ p'aˋ mauˇ tɕ'iˇ

肠子都会悔青哒 ts'anˋ ·tsʅ ·təuˉ xueiˉ xuɕˋ tɕ'inˉ ta 后悔极了。

看戏不怕台高 k'anˋ ɕiˋ puˋ p'aˋ t'aiˋ kauˉ 不关自己事，看着别人倒霉，自己在一边幸灾乐祸。

黄昏胆子大 xuanˋ ·xuen tanˋ ·tsʅ taˉ 指糊涂、头脑不清醒的人不怕事，喜欢蛮干。

礼多人不怪 liˇ tuoˉ lənˋ puˋ kuaiˋ

搞得带劲流哒！kauˋ ·tɤ taiˉ tɕinˉ liəuˋ ·ta 搞得非常带劲儿的样子。

神气流了的 sənˋ tɕ'iˋ ˇueiˋ ·la ti 十分自傲的样子。如：当了班长，～。

给老子邪完哒！keiˇ/kɤˇ lauˉ ·tsʅ ɕieˋ uanˋ ·ta 一般作评价语，表示强烈不满——搞得太不像话啦！

两眼一抹黑 lianˇ iɛnˋ iˇ raˉ xɤˇ 什么都不知道。

有嘴说别个，无嘴说自己 iəuˋ tsueiˇ suoˉ pieˋ ·kɤ, uˋ tsueiˇ suoˉ tsʅˉ tɕi

鲁班锯子郢人斧 luˋ panˉ tɕyˉ ·tsʅ inˋ lənˋ fuˋ 鲁班用锯，郢人使斧，形容功夫、技艺一流。

第四章 荆州方言语法

本章的荆州方言语法，以"湖北方言研究丛书"规定的条目为主线，但也不囿于这个框架，分作词法、句法及语法例句三部分，共二十一个内容点。

文中的例词、例句主要来自三个方面：一部分是作者在日常生活中的搜集和积累，另一部分来自几位主要调查对象，还有相当一部分来自江陵民间文学作品。选用江陵民间文学作品例词、例句的考虑是，这些民间文学作品有五十万字之多，成书于 20 世纪 80 年代，涉及荆州城、原江陵县地域社会生活的方方面面，较好地保留了荆州方言的语言风貌，特别是还具有量化统计的价值①。

一、重叠

荆州话词语的重叠形式、语义表达与普通话大体相同。这里重点阐述具有荆州特色的重叠形式②。

（一）名词类

1. 称谓词

哥哥 kuo˧ kuo˧ | 姐姐 tɕiɛˇ tɕiɛˇ | 弟弟 ti˧ ti˧ | 妹妹 mei˧ mei˧

爸爸 pa˧ pa˧ | 舅舅 tɕiəuˇ tɕiəuˇ | 叔叔 səu˩ səu˩

---

① 江陵县民间文学集成领导小组，江陵县文化馆编：《江陵县民间故事集》（简作《江陵故事集》）约 24 万字，中国歌谣集成湖北卷（内印）；《江陵县歌谣分册》（简作《江陵歌谣集》）约 26 万字，中国歌谣集成湖北卷（内印）。

② 本节主要谈词语的重叠形式，少数词语也涉及词语的叠音问题。

家家 ka˥ ka˥ 姥姥 ｜ 幺幺 iau˩ iau˩ 最小的姨 ｜ 爹爹 tiɛ˥ tiɛ˥ 爷爷
伯伯 pɤ˩ pɤ˩ ｜ 婆婆 p'o˩ p'o˩ ｜ 爷爷 iɛ˩ iɛ˥ ｜ 奶奶 lai˩ ·lai

以上词语从形式、语义表达上看，大体与普通话相同，但读音、语义又略有区别，其重叠的音节不读作轻声，一般都读作高平、半高平调。

荆州话中"哥、姐、弟、妹"重叠的形式在儿童用语里可以单独成词，但重叠形式则更常见，重叠后的第二音节多读半高平或高平调。例如：

①哥哥，这法子你想不出。（《江陵故事集》）

kuo˥ kuo˥, liɛ˩ fa˩ tsɿ li˩ ɕian˩ ·pu ts'u˩。

②妹妹、弟弟，你们先走吧！

mei˥ mei˥、ti˩ ti˩，li˩ ·mən ɕiɛn˩ tsəu˩ ·pa！

以上读音形式，与普通话的"重·轻"叠音形式略显不同。在成人称呼中，哥哥、姐姐的后一音节读轻音的少见，读轻音多是受到普通话的影响。此外，"姐"一般是单独成词，重叠形式的"姐姐"很少出现。

此外，单音节的"爹、婆、幺、家"等不单独成词，一般只有重叠形式。"爹爹"指爷爷或泛指老年男性；"婆婆"可指"公公、婆婆"中的"婆婆"，但一般指老年妇女；"幺幺"指小姨。

2. 人名

荆州话人名的重叠形式有亲切感，对孩子的称呼常用重叠形式。例如：

①辉辉 xuei˥ xuei˥ ｜ 霞霞 ɕia˩ ɕia˥ ｜ 浩浩 xau˥ xau˥ ｜ 蓁蓁 tsən˥ tsən˥ ｜ 凡凡 fan˩ fan˥ ｜ 韧韧 lən˩ lən˥ ①

以上对孩子的称呼，第二音节可读轻声音节，但读非轻声音节更常见。

②范伊伊 fan˩ i˥ i˥ ｜ 丁菁菁 tin˥ tɕin˥ tɕin˥ ｜ 郭婷婷 kuo˩ t'in˩ ·t'in

例②的人名，"伊伊、菁菁"属于重叠形式，第二音节一般都不读轻声；"婷婷"的后一音节一般读作轻声，读本调的比较少见。

3. 事物名称

（1）儿童用语。例如：

狗狗 kəu˩ kəu˩ ｜ 猫猫 mau˩ mau˥ ｜ 药药 yo˩ ·yo 儿童语

脚脚 tɕyo˩ ·tɕyo ｜ 手手 səu˩ səu˩ ｜ 果果 kuo˩ kuo˩

---

① 荆州话重叠式的人名，多用于孩子。第二音节为短平调，记作"˥"值，与轻声读法有别。

以上词语有小和可爱的意味。其他如：

果果水 kuoˇ kuoˇ sueiˇ 加了果汁的水｜肉嘎嘎 luˇ kaˇ ·ka 小孩子吃的肉

（2）重叠形式成词，出现在单音节、双音节语素或词语后作宾语等。例如：

粑粑 paˀ paˀ｜米粑粑 miˇ paˀ paˀ｜糠粑粑 kʰanˀ paˀ paˀ｜汽水粑粑 tɕʰiˀ sueiˇ paˀ paˀ 以上为偏正式｜渣粑粑 tsaˇ paˀ paˀ 制作粑粑，动宾式｜煎粑粑 tɕiɛnˀ paˀ paˀ 制作粑粑，动宾式

以上"粑粑"的第二音节多保持本调，一般不会构成叠音轻读的格式。

（3）叠音形式作词根，带子缀，一般有小或少的意思。例如：

巷巷子 xanˀ ·xan ·tsɿ 小巷子｜边边子 piɛnˀ piɛnˀ ·tsɿ 衣服的边

脚脚子 tɕyoˇ tɕyoˇ ·tsɿ 剩余的，少的｜须须子 tɕyˀ tɕyˀ ·tsɿ 小的根须

坨坨子 tʰuoˇ tʰuo ·tsɿ 小球球｜皮皮子 pʰiˇ pʰi ·tsɿ 表示小，少，薄

巅巅子 tiɛnˀ tiɛnˀ ·tsɿ 花草等的顶部｜尖尖子 tɕiɛnˀ tɕiɛnˀ ·tsɿ

（4）重叠形式作修饰成分。例如：

乖乖儿 kuaiˀ kuaiˀ ɯˇ 贬义，在别人面前表现出猥琐状，像个乖乖｜光光头 kuanˀ kuanˀ tʰəuˇ 光头｜棒棒糖 panˀ ·pan tʰanˇ｜顶顶糕 tinˇ tinˇ kauˀ 依制作特点命名的糕点

（二）动词类

荆州话动词的重叠形式、语义与普通话大体相当。如"看—看看看一下、想—想想"，重叠形式有"尝试、短暂"义，表示"V 一下量次少"等。双音节动词"学习—学习学习"、"讨论—讨论讨论"，重叠形式也表示"V 一下"，或是预设的量次反复等。

这里主要阐述荆州话与普通话动词相比较，在形式、语义或语音方面有差异的一些重叠形式。

1."A 都不 A"式

①他看都不看一眼。

taˀ kanˀ ·təu ·pu kʰanˀ iˇ iɛnˇ。

②我去找他，他见哒搵都不搵不买账；理都不理。

uoˇ kʰɯˀ tsauˇ tʰaˇ, tʰaˇ tɕiɛnˀ ta saiˇ ·iˇ saiˇ。

③他从大姨爹家里带东西回来，呲都不呲一声说都不说一声。

tʰaˀ tsʰuŋˇ taˀ iˇ tiɛˀ tɕiaˀ li taiˀ tuŋˀ ɕi xueiˇ laiˇ, tsʰɿˀ ·təu pu tsʰɿˀ iˇ sənˀ。

以上是单音节动词的一种重叠形式，多表示不满情绪。双音节词语也有此类重叠式，但用得较少。例如：

④讨都不讨论一下，就报上去哒。

tʻauˇ ·təu ·pu tʻauˇ ·luən iˇ xaˇ, tɕiəuˊ pauˊ sanˊ kʻɯˊ ·ta。

2. AABB 式

①不要在下面咻咻拱拱说小话，"开小会" 的情状。

puˇ iauˊ tsaiˋ ɕiaˇ mienˋ tɕʻiˊ tɕʻiˊ kuŋˇ kuŋˇ。

②一天到黑吼吼喊喊又喊又叫；喊喊叫叫，为么子？

iˇ tʻienˊ auˊ xɤˇ xɤˇ xanˇ xanˇ, ueiˊ ·mo tsɿˇ?

以上两词在荆州话里只有重叠形式，是重叠式动词作谓语。

3. 直A直A式

以下重叠式是荆州话单音节动词的一种生动形式，表示动作迅速、连续、不间断，具有一定的表现力。例如：

①他疼得直汪直汪的直喊直喊。

taˊ tʻɤˊ tɤˇ tsɿˇ uanˊ tsɿˇ uanˊ ·tə。

以上 "直汪直汪" 作补语。以下三例是作谓语：

②两个翅膀直扑直扑翅膀快速扇动状。

lianˇ kuoˊ tsʻɿˇ panˇ tsɿˇ pʻuˊ tsɿˇ pʻuˊ。

③一坐下来，他就直说直说的不停地说着。

iˇ tsuoˋ xiaˊ laiˇ, taˊ tɕiəuˊ tsɿˇ suoˊ tsɿˇ suo ·ti。

④改作业他总是直勾直勾的不加思索地打勾。

kaiˇ tsuoˋ iɛˇ tʻaˊ tsuŋˇ tsɿˇ kəuˊ tsɿˇ kəuˊ ·ti。

4. 直A直B式

此类重叠式是荆州话双音节词的一种错落式的重叠形式，声情并茂，格式比较独特。

(1) 互补式重叠。例如：

①一路上直汪直喊的。

iˇ luˊ ·san tsɿˇ uanˊ tsɿˇ xanˇ ·ti。

②一下车直焱直跑的跑得飞快。

iˇ ɕiaˋ tsʻɤˇ tsɿˇ piauˊ tsɿˇ pʻauˇ ·ti。

以上重叠式在句中充当谓语成分，两个近义的动词语义互相补充，有一定的形象感。

（2）"双动宾"重叠式。例如：

①起开些，不要绊手绊脚_{碍手碍脚}的。

tɕʰiˇ kaiˉ ɕieˉ，pʰuˇ iuaˉ pʰanˇ səuˇ pʰanˉ tɕyoˇ ·ti。

②一天到黑跟手跟脚_{跟在后面，总不离身}。

iˇ tʰienˉ tauˉ xɤˇ kənˉ səuˇ kənˉ tɕyoˇ ·ti，tsoŋˉ puˇ liˇ ʂʅˉ。

③挑七挑八_{挑来挑去，可指挑选东西或"找对象"事，你是挑花了眼}。

tʰiauˉ tɕʰiˇ tʰiauˉ paˇ，liˇ sʅˉ tʰiauˇ ʐuaˇ ·ta iɛnˇ。

以上三例比较典型，是单音节动词重叠，各带宾语，构成双动宾格式，在句中充当谓语。其他如：

④巴心巴肝地哭_{极其疼爱，或极其悲伤}。

paˉ ɕinˉ paˉ kanˉ ·ti kʰuˇ。

缩头缩脑_{胆怯，不大方的样子}。

suˇ ·tʰəu suˇ lauˇ tɤˇ ianˉ ·tsʅ。

系心系够_{总惦记着某事，某物}。

tɕiˉ ɕinˉ tɕiˉ kəuˉ。

5．ABCB 式

巴嘎连嘎 paˉ kaˉ liɛnˇ ·ka _{粘连状}

心疼肚疼 ɕinˉ tʰənˇ tuˉ tʰənˇ _{非常心疼，像心脉相连似的}

假嘎马嘎 tɕiaˇ kaˇ maˇ ·ka _{敷衍地假做一下}

以下是数字增进的 ABCB 式。该类词语义比较接近，自成一类，一般是指本来存在一些问题，或是本来没有什么希望，但是经过反复地解释、诉说，不断地进行争取（或是纠缠）等，一般可达到预期的目标。例如：

①他七拱八拱，还是把别个拱掉哒_{到处找关系、拱路子、挤对别人，最终达到了目的}。

tʰaˉ tɕʰiˇ kuŋˇ paˇ kuŋˇ，xaiˇ ·ʂʅ paˇ pieˇ ·kɤ kuŋˉ tiauˉ ·ta。

②七说八说_{找理由，不断地去诉说（可能会搞成功，也可能把事情办糟）}他还真把事情办成哒。

tɕʰiˇ suoˇ paˇ suoˇ taˉ xaiˇ tsənˉ paˇ sʅˉ tɕʰin panˉ tsʰənˇ ·ta。

③七搞八搞_{搞来搞去，终于把事情办成了／也可能把事情办糟}他还真把事情搞成了。

tɕʰiˇ kauˇ paˇ kauˇ，tʰaˉ xaiˇ tsənˉ paˇ sʅˉ ·tɕʰin kaoˇ tsʰənˇ ·ta。

④七戳八戳还是把别个戳掉了_{把别人弄掉了；把事情弄黄了。}

tɕʰiɹ tsʰuoɹ paɹ tsʰuoɹ xaiɹ tsʅ paɹ piɛɹ kɤ tsʰuoɹ tiauɹ ·ta。

6."A 地 A 地"式

此类重叠式中的"地"，可读作 ti / li / le 等音，句中多用作状语成分，表示动作连贯、反复、不断地进行着，是荆州话里的一种比较独特的生动形式，在《江陵故事集》中多有出现。例如：

①头上灰流，一定要冲地冲地洗_{头上都是灰，一定要边冲边洗。}

tʰaɹ ·san xueiɹ lieuɹ，iɹ tinɹ tʰuei ·ti tsʰuŋɹ ·ti tsʰuŋɹ ·ti tɕiɹ。

②她才半岁，就会咯地咯地笑_{不断地咯咯笑。}

tʰaɹ tsʰaiɹ panɹ sueiɹ，tɕieuɹ xueiɹ kɤɹ ·ti kɤɹ ·ti ɕiauɹ。

③女娲在前头飞地飞地跑。(《江陵故事集》)

lyɹ uaɹ tsaiɹ tɕʰienɹ ·tʰeu feiɹ ·ti feiɹ ·ti pʰauɹ。

④伏羲在后面飞地飞地赶。(《江陵故事集》)

fuɹ ɕiɹ tsaiɹ xəuɹ mienɹ feiɹ ·ti feiɹ ·ti kanɹ。

其他如：

汪地汪地（哭）	uanɹ ·ti uanɹ ·ti(kʰuɹ)	连续不断地（哭叫）
喊地喊地（叫）	xanɹ ·ti xanɹ ·ti(tɕiauɹ)	连续不断地（喊）
转地转地（跑）	tsuanɹ ·ti tsuanɹ ·ti(pʰauɹ)	不断地转着圈（跑）
滚地滚地（喊）	kuənɹ ·ti kuənɹ ·ti(xanɹ)	在地上滚动着（喊）
追地追地（赶）	tsueiɹ ·ti / ·li tsueiɹ ·ti / ·li(kanɹ)	一直不停地追赶着
旋地旋地（飞）	ɕyɛnɹ ·ti ɕyɛnɹ ·ti(feiɹ)	一圈又一圈地（飞）

7."A 不 AB"式

普通话双音节动词的重叠是"AB 不 AB"式，如，"讨论—讨论不讨论"，荆州话则是"A 不 AB"（讨论—讨不讨论）格式，这种重叠式，常用来表疑问、询问或选择等。例如：

①今日下午你们学不学习_{学习不学习}？

tɕinɹ ·ɿ ɕiaɹ uɹ liɹ mən ɕyoɹ pu ɕyoɹ ɕiɹ？

②你参不参加运动会？

liɹ tsʰanɹ ·pu tsʰanɹ tɕiaɹ ynɹ tuŋɹ xueiɹ？

③不知道这孩子搞不搞得好_{搞得好还是搞不好}？(《江陵故事集》)

puɹ tsʅɹ tauɹ tsɤɹ xaiɹ tsʅ kauɹ ·pu kauɹ tɤ xauɹ。

④您郎_您带不带徒弟_{带徒弟还是不带徒弟}？（《江陵故事集》）

n˥ ·laŋ tai˥ ·pu tai˥ tʰu˩ ·ti?

其他如：

看不看书 kʻan˥ ·pu kʻan˥ su˩

讨不讨论 tʻau˩ ·pu tʻau˩ lun˥

做不做得 tsəu˥ ·pu tsəu˥ tɤ˩

吃不吃得 tɕʻi˩ ·pu tɕʻi˩ tɤ˩

晓不晓得 ɕiau˩ ·pu ɕiau˩ tɤ

会不会去 xuei˥ ·pu xuei˥ kʻɯ˥

（三）形容词类

荆州话、普通话形容词常用的重叠形式大体相同，如，单音节形容词是 A—AA 式（高—高高），双音节形容词是 AB—AABB 式（漂亮—漂漂亮亮），一般可以作定语、状语、谓语、补语等。这里主要阐述荆州话形容词的多样重叠形式。

1. AA 式

(1) 重叠表示某种粗略的形状。例如：

①他长着一个方方脸。

tʻa˥ tsan˩ ·tsuo i˩ kuo˥ fan˥ fan˥ lien˩。

②黄头发，篾篾眼_{细小的眼睛}，丑死哒。

xuan˩ tʻəu˩ ·fa, miɛ˩ miɛ˩ iɛn˩, tsʻəu˩ sɿ˩ ·ta。

其他如：

长长脸 tsʻan˩ tsʻan˩ lien | 圆圆脸 yen˩ ·yen lien˩

短短腿 tuan˩ tuan˩ tʻei˩ | 麻麻脸 ma˩ ·ma lien˩ _{脸上有点稀疏的小麻子}

以上单音节形容词的重叠作定语成分，是表示粗略的印象，并非准确的形象，如果不用重叠式，则表示确切的形状。

(2) 重叠表示某种浅淡的味道。例如：

①上海菜带滴尕甜甜味_{带一点儿甜味}。

san˥ xai˩ tsʻai˩ tai˥ ti˩ ·ka tʻien˩ tʻien˩ uei˥。

②荆州菜带滴尕辣辣味_{带一点辣味}。

tɕin˥ tsəu˥ tsʻai˩ tai˥ ti˩ ·ka la˩ la˩ uei˥。

其他如：

酸酸味 suan˧ suan˧ uei˧ 带一点酸味 ｜ 咸咸味 ɕiɛn˩ ɕiɛn˩ uei˧

淡淡味 tan˩ tan˧ uei˧ 味很淡或是没什么味

(3) 重叠表示浅、淡的颜色。例如：

①她穿哒一件红红色淡红、浅红的套裙。

tʰa˩ tsʰuan˧ ·ta i˩ tɕiɛn˧ xuŋ˩ ·xuŋ ·sɣ ·ti tʰau˩ tɕʰyn˩。

②穿一条灰灰色带一点儿灰色的裤子。

tsʰuan˧ i˩ tʰiau˩ xuei˧ xuei˧ ·sɣ ·ti kʰu˩ ·tsɿ。

其他如：

淡淡色 tan˧ tan˧ sɣ˩ 浅色的，也可以表示脸色冷淡、不热情样

黄黄色 xuan˩ ·xuan ·sɣ 带一点儿黄色 ｜ 蓝蓝色 lan˩ ·lan ·sɣ

2. ABB 式

(1) 此类叠缀形容词是荆州话常用形式，多作谓语，可以充当定语、补语，不作状语，具有形象感，有的带有贬义色彩。例如：

①屋里黑黢黢的指黑、黑暗，有形象感（作谓语）。

u˩ ·li xɣ˩ tɕʰy˧ tɕʰy˧ ·ti。

②衣服大掫掫的衣服宽大不合身的样子（作谓语）。

i˧ ·fu ta˩ kʰua˩ kʰua˩ ·ti。

③白卡卡的脸色，好可怕病态，苍白状（作定语）。

pɣ˩ kʰa˩ kʰa˩ ·ti liɛn˩ sɣ˩, xau˩ kʰuo˩ pʰa˩。

④地上搞得湿灈灈的指地上水浸状（作补语）。

ti˧ san˧ kau˧ ·tɣ ʂɿ˩ tɕʰyɣ˩ tɕʰyɣ˩ ·ti。

其他如：

脏兮兮 tan˧ ɕi˧ ɕi˧ 肮脏的样子或情状

烂稀稀 lan˧ ɕi˧ ɕi˧

矮䠙䠙 ai˩ pʰa˧ pʰa˧ 房屋低矮状

以上 ABB 形容词，从结构形式和语义的贬义色彩来看，似与《楚辞·离骚》中出现的丰富的叠音词有一定的历史渊源。例如：

冷清清 ｜ 般纷纷乱糟糟 ｜ 惨郁郁 ｜ 烂昭昭

杳幂幂 ｜ 清冷冷 ｜ 潆洋洋广阔无际 ｜ 芳菲菲芳香浓烈

（2）此类叠缀式，有的表中性或表示美好事物。例如：

圆纠纠 yenˇ tɕiəuˉ tɕiəuˉ 小而圆，圆球状

肥嘟嘟 feiˇ tuˉ tuˉ 一般指孩子胖得可爱

胖嘟嘟 pʻanˉ tuˉ tuˉ 一般指孩子胖得可爱

稳跾跾 uənˇ tʻouˇ tʻouˇ 很稳，有把握

叠缀的形容词，本身带有程度意义，因而不能再受程度副词修饰。

其他如：

温温热 uənˉ uənˉ lɤˇ 略带一点热量

犟犟声 tɕianˉ ·tɕian ·sən 很执拗的状态

3. A 不 AB 式

该类"A 不 AB"重叠式形容词荆州话常见，而与普通话形容词常用的"AB 不 AB"（如漂亮不漂亮）重叠格式不同，语义相当。例如：

①你说他黄不黄昏 糊涂不糊涂？

liˇ suoˇ tʻaˉ ɤˉ ·pu xuanˇ ·xuən?

②你说他恶不恶心 是不是让人感到讨厌？

liˇ suoˇ tʻaˉ uoˇ ·pu uoˇ ·ɕin?

③你说她漂不漂亮 漂亮不漂亮？

liˇ suoˇ tʻaˉ pʻiauˉ ·pu pʻiauˉ ·lian?

④你说他标不标致 长得漂亮不漂亮？

liˇ suoˇ tʻaˉ pʻiauˉ ·pu piau tsʅˉ?

以上四例中，①②是表确定含义的，即"他黄昏"、"他恶心"，③④既可表确定的含义，也可表不确定的含义。

4. "A 里 AB"式

（1）比较典型的 A 里 AB 式词语。

以下 A 里 AB 式词语是由比较确切、稳定的双音节词重叠扩展形成的。例如：

①她这个人，有滴尔神里神经的 思维、行为不太正常。（神经）

taˉ lieˉ ˉkɤ ·nəl, iəuˉ ·ti ·ka sənˇ li sənˉ tɕinˉ ·ti。

②他这个人，很有滴尔黄里黄昏的 糊里糊涂的。（黄昏）

taˉ lieˉ ˉkɤ ·nəl, xənˇ iəuˇ ·ti ·ka xuanˇ li xuanˇ xuənˉ ·ti。

其他如：

（痞气）痞里痞气 pʻiˇ ·li piˇ tɕʻiˉ 耍赖；说话不算话

（宝气）宝里宝气 pau˨ ·li pau˧ tɕʻi˧ 不明事理；有点二气

（冱气）冱里冱气 xu˧ ·li xu˧ tɕʻi˧ 有点糊里糊涂

（暮气）暮里暮气 mo˧ ·li mo˧ tɕʻi˧ 缺乏生气；反应迟钝、动作缓慢样

（2）不够典型的 A 里 AB 式词语。例如：

二里二气 ɯ˧ ·li ɯ˧ tɕʻi˧ 二百五；糊里糊涂

哈里哈气 xa˧ / xa˨ ·li xa˧ tɕʻi˧ / xa˨ ·li xa˨ tɕʻi˧ 傻里傻气

泡里泡气 pʻau˧ ·li pʻau˧ tɕʻi˧ 说话、办事没有分寸

苕里苕气 sau˨ ·li sau˨ tɕʻi˧ 偶有"苕气"说法

嗲声嗲气 lia˨ sən˧ lia˨ tɕʻi˧ 撒娇的语言行为，娇声娇气

以上词语中的双音节词"二气、哈气、泡气、苕气"也有出现，但重叠形式"A 里 AB"用得更普遍、更常见一些。例如，"二里二气"与"二黄、黄里黄昏、二黄八调、二里八气、二里八黄"等在荆州话中属同义词语，出现得很早，使用频度也很高。而"二气"只是近年来才有所闻，"二里二气"的产生，应是直接受"二黄、二黄八调"的影响所致。

(3) 嵌"打"的 A 打式。例如：

①他是规打规矩实实在在，规规矩矩的"文革"前大学生。（规矩）

tʻa˧ sʅ˧ kuei˧ ·ta kuei˧ tɕy˙ti "uən˧ kɤ˨" tɕʻien˧ ta˧ ɕyo˨ sən˧。

②今日休息，明日从打从容地办事从容容地办事情。（从容）

tɕin˧ ·ɯ ɕiəu˧ ·ɕi, mɤ˨ ·ɯ tsʻuŋ˧ ·ta tsʻuŋ˧ yŋ˨ ·ti pan˧ sʅ˧。

5. ABCD 式

ABCD 式词语的词源是"二黄糊涂"一词的重叠扩展[①]。例如：

二黄八调 ɯ˧ xuan˨ pa˨ tiau˧ 糊涂；说话、办事不着调（下同）

二里八气 ɯ˧ ·li pa˨ tɕʻi˧

二里八黄 ɯ˧ ·li pa˨ xuan˨

二不伦吞 ɯ˧ ·pu luən˨ tʻuən˧

黄里稀糊 xuan˨ ·li ɕi˧ xu˨ 糊里糊涂

6. AABB 式

该类双音节形容词的扩展式与普通话重叠形式、用法相当，不过，有

---

① "二黄八调"虽然和"二黄"有词源上的关系，但"二黄八调"与"二黄"词义有较大差别，"二黄八调"使用频度比"二黄"还要高。

些词语普通话中未见出现。

（1）与普通话重叠形式、语义相同的。例如：

（白净）白白净净 pɤ˧ pɤ˧ tɕin˥ tɕin˥

（清白）清清白白 tɕʻin˥ tɕʻin˥ pɤ˧ pɤ˧

（紧巴）紧紧巴巴 tɕin˨ tɕin˨ pa˥ pa˥

（消停）消消停停 ɕiau˥ ɕiau˥ tʻin·tʻin

（清爽）清清爽爽 tɕʻin˥ tɕʻin˥ suan˨ suan˨

（2）普通话一般不出现的，或是普通话与荆州话语义有差异的。例如：

（标致）标标致致 piau˥ piau˥ tsʅ˥ tsʅ˥ 指男子或女子长得漂亮

（抻嬾）抻抻嬾嬾 tsʻən˥ tsʻən˥ tʻou˥ tʻou˥ ①指女子长得匀称、漂亮。②也指收拾得干净、利落等

（滑溜）滑滑溜溜 xua˧ xua˧ liəu˥ liəu˥ ①地面上打滑。②指人比较滑头

（哈乎）哈哈乎乎 xa˧ xa˧ / ɤ˧ xa˧ xu˧ xu˥ 不精明、不认真，还有点傻里傻气

以上词语，一般是先有双音节词（可以受程度副词"蛮"等修饰），然后再出现重叠式词语，可以增强其生动性和语音的节奏感。

（3）语流中直接产生的词语重叠格式。例如：

自自暮暮 tsʅ˥·tsʅ mo˥ mo˥ 痴呆样，没朝气

怏怏疲疲 ian˥ ian˥ pʻi˨ pʻi˨ 浑身无力、没精打采状

病病痾痾 pin˥ pin˥ kɤ˥ kɤ˥ 经常生病、病病歪歪的样子

病病怏怏 pin˥ pin˥ ian˥ ian˥ 经常生病，总是有气无力的病态样子

稳稳黜黜 uen˨ uen˨ tuo˧ tuo˧ 站得稳，多指因胜券在手而沉稳

磕磕巴巴 kʻɤ˨ kʻɤ˨ pa˥ pa˥ 经济上拮据，日子过得紧紧巴巴

以上词语，可以看作话语中直接生成的重叠式形容词，因为今天的荆州话中只有这种重叠的词语形式，一般不会出现同义的双音节词。

7. ABAB 式

卡白卡白 kʻa˥·pɤ kʻa˥·pɤ 病态的脸色；失血的白色

乌青乌青 u˥ tɕʻin˥ u˥ tɕʻin˥ 眼被打得青紫样

沮湿沮湿 tɕʻyɛ˧ tsʅ˥ tɕʻyɛ˧ tsʅ˥ 主要指地面湿，或指雨水把衣服淋得湿漉漉的

黢黑黢黑 tɕʻy˥ xɤ˧ tɕʻy˥ xɤ˧ 手、脸黑或屋顶、墙上很黑的样子

8. ABAC 式

怪头怪脑 kuai˥·təu kuai˥ lau˨ ①不合群。②处事或办事不合常理

大头大脑 taɿ ·tʰəu taɿ lauˇ 自傲、旁若无人的样子

邪头邪脑 ɕiɜɿ ·tʰəu ɕiɜɿ lauˇ 有邪念、不正经的样子

狗头狗脑 kəuˇ ·tʰəu kəuˇ lauˇ 夸孩子长得结实、可爱

霉头霉脑 meiɿ ·tʰəu meiɿ lauˇ 因倒霉的事而抬不起头，不振作、很倒霉的样子

犟头犟脑 tɕianɿ ·tʰəu tɕianɿ lauˇ 不顺从；顶顶撞撞的

二、语缀

荆州话有比较丰富的语缀，有些与普通话通用，如"子、头、儿"，但使用范围和意义等不尽相同。有些是普通话中没有的，如"人、巴煞、流、哒"等。

（一）前缀

1. 第

"第"用作整数的序数，如"第一，第二，第三"等，与普通话通用。略有不同的是，荆州话的"第二天"，有时用作"二天"。

2. 初

"初"用在农历的"一"至"十"日之前表序数。"初"也常表"开始"或"第一次"，用法与普通话相同，如"初春、初冬；初伏；初稿"等。在表示职称等级中，只表示最低等次，如"初级、中级、高级"。在表述"中学"年级时只有"初一、初二、初三"等次。荆州话中，年轻人读作 tsʻuɿ；老派荆州话多读作 tsʻouɿ，u 韵头很弱。

3. 老

"老"作前缀与普通话大体相同。如：

老师 lauˇ sɿɿ｜老张 lauˇ tsanɿ｜老虎 lauˇ xuˇ｜老鼠子 lauˇ ·su ·tsɿ

有些词语是普通话没有的，或少用的。如：

老幺 lauˇ iauɿ 排行在最后的，如家中最小的孩子

老爹 lauˇ tieɿ 有背称父亲的，也有呼曾祖父的

老巴子 lauˇ paɿ/paɿ ·tsɿ 通常指"老年女人"，但也常用来指称"别人的年轻妻子"，是诙谐的说法

（二）中缀

里

（1）出现在双音节词语的重叠式里

黄里黄昏 xuanɹ ·li xuanɹ ɕueux

二里八黄 ɯㄱ ·li paɹ xuanɹ

暮里暮气 moㄱ ·li moㄱ tɕʻiㄱ

啰里巴嗦 louㄱ ·li paㄱ suoㄱ 啰嗦

以上词语"黄昏、二黄、暮气、啰嗦"等是荆州话中稳定的双音节词，加"里"扩展后构成四音节词语，其最后一个音节"黄、昏、气、嗦"一般读作带声调音节；四音节词语的语义、程度和情感比原有的双音节词有加深的变化。单纯词"啰嗦"扩展成"啰里巴嗦"后，同样发生了一定的变化。

（2）直接出现在比较稳定的短语中

二里八气 ɯㄱ ·li paɹ tɕʻiㄱ ｜ 苕里苕气 sauɹ ·li sauɹ tɕʻiㄱ

泡里泡气 pʻauㄱ ·li pʻauɹ tɕʻiㄱ ｜ 疯里疯气 fəŋㄱ ·li fəŋㄱ tɕʻiㄱ

（三）后缀

1. 子

荆州话的子缀非常丰富，其范围远远大于普通话。以下是普通话一般不常用（词义的或词形的原因）而荆州话常用的子缀词语。

（1）指人名词

老头子 lauɹ tʻəuɹ ·tsɿ ｜ 老巴子 lauɹ paㄱ ·tsɿ

姨妹子 iɹ meiㄱ ·tsɿ ｜ 月母子 yɛɹ muɹ ·tsɿ 在坐月子的产妇

半伢子 panㄱ tsʻaɹ ·tsɿ 半大的男孩子 ｜ 毛伢子 mauɹ tsʻaɹ ·tsɿ ①半大男孩子。②做事不仔细、很冒失的人 ｜ 小区拉子 ɕiauɹ tɕyɹ laɹ ·tsɿ 小孩子

邪子 ɕyɛɹ ·tsɿ 神经病；疯子 ｜ 闷子 mənㄱ ·tsɿ 不爱说话，也不太聪明的人

痴子 tsʻɿㄱ ·tsɿ 傻瓜；痴痴呆呆、神经有问题的人 ｜ 憨子 xanㄱ ·tsɿ 笨拙、憨头憨脑的人

瞎子 pienㄱ ·tsɿ 一目失明 ｜ 欻子 tsʻuaɹ ·tsɿ 手有残疾的人

跛子 poɹ ·tsɿ 瘸子 ｜ 瘫子 tʻanㄱ ·tsɿ 瘫痪的人，也指下肢不能动的人

驼子 tʻouɹ ·tsɿ 罗锅 ｜ 叫花子 kauㄱ xuaㄱ ·tsɿ ｜ 妈虎子 maㄱ ·xu ·tsɿ 用以恐吓小孩子的魔怪

(2) 人体

身个子 sən˧ kɤ˧ / kuo˧ ·tsɿ | 条子 tʰiau˨ ·tsɿ 身材

妈子 ma˧ ·tsɿ 乳房 | 妈子头 ma˧ ·tsɿ tʰəu˨ 乳头

腿子 tʰuei˨ ·tsɿ | 胯子 kʰua˨ ·tsɿ 一般指大腿

(3) 生活

A. 食品、菜蔬

糒子 man˧ ·tsɿ 粥等上面的凝固层 | 饼子 pin˨ ·tsɿ

块子 kʰuai˧ ·tsɿ 面片儿

米子 mi˨ ·tsɿ | 元子 yɛn˨ ·tsɿ 丸子

米元子 mi˨ yɛn˨ ·tsɿ | 鱼元子 y˨ yɛn˨ ·tsɿ

疙瘩子 kɤ˨ ·ta ·tsɿ 类似北方的面疙瘩汤

汤圆粉子 tʰan˧ yɛn˨ fən˨ ·tsɿ

锅牙子 kuo˧ ia˨ ·tsɿ 类似烧饼，满族食品 | 麻花子 ma˨ xua˧ ·tsɿ

麻叶子 ma˨ iɛ˨ ·tsɿ | 苕皮子 sau˨ pʰi˨ ·tsɿ

蔌子 u˧ / ɤ˨ ·tsɿ 藤蔓 等 | 瓜蔌子 kua˧ u˧ / ɤ˨ ·tsɿ 瓜的藤蔓

草蔌子 tsʰau˨ u˨ ·tsɿ | 藕肠子 ou˨ tsʰaŋ˨ ·tsɿ 藕之嫩茎

鸡头包梗子 tɕi˧ tʰəu˨ pau˧ ən˨ ·tsɿ 芡实的茎

杏子 ɕin˨ / xən˨ ·tsɿ | 桃子 tʰau˨ ·tsɿ | 梨子 li˨ ·tsɿ | 麦李子 mɤ˨ li ·tsɿ 李子

苕梗子 sau˨ kən˨ ·tsɿ 红薯叶的叶柄 | 苕巅子 sau˨ tiɛn˨ ·tsɿ | 苕尖子 sau˨ tɕiɛn˨ ·tsɿ 指嫩的红薯叶

B. 衣物

幔褂子 man˧ kua˧ ·tsɿ | 手袱子 səu˨ fu˨ ·tsɿ

鞋子 xai˨ ·tsɿ | 鞋带子 xai˨ tai˧ ·tsɿ

鞋底子 xai˨ ti˨ ·tsɿ | 鞋帮子 xai˨ pan˧ ·tsɿ

鞋拔子 xai˨ pa˨ ·tsɿ | 尿片子 liau˨ pʰiɛn˨ ·tsɿ

C. 用品

盏子 tsan˨ ·tsɿ | 把缸子 pa˧ / pa˧ kan˧ ·tsɿ

锅子 kuo˧ ·tsɿ | 钴子 ku˨ ·tsɿ | 铫子 tiau˨ ·tsɿ 悬吊的罐锅

桶子 tʰuŋ˨ / tʰuŋ˨ ·tsɿ | 箸笼子 tsʰu˨ luŋ˨ ·tsɿ 筷笼

碗杜子 uan˨ tu˨ ·tsɿ 碗底

奏子 tsəu˧ ·tsɿ 瓶塞 | 顶箍子 tin˨ ku ·tsɿ 顶针

耳环子 ɯˇ xuanˇ ˙tsʅ

罩子 tsauˋ ˙tsʅ 网罩子；蚊帐 | 帐钩子 tsanˋ kəuˈ ˙tsʅ | 枕头芯子 tsənˇ ˙tʰəuˇ ɕinˈ ˙tsʅ

把子 paˇ ˙tsʅ 柴草束 | 油烟子 iəuˇ iɛnˈ ˙tsʅ

捞箕子 lauˇ tɕiˈ ˙tsʅ 漏勺类，捞汤水里东西的用具 | 灶台袱子 tsauˋ tʰaiˇ fuˇ ˙tsʅ 抹布类

(4) 农业

手扶子 səuˇ fuˇ ˙tsʅ 手扶拖拉机 | 起子 tɕʰiˇ ˙tsʅ 螺丝刀

鸭划子 iaˈ xuaˇ ˙tsʅ | 稗子 paiˈ ˙tsʅ 草之似稻子者

糙子 tsʰauˈ ˙tsʅ 未舂兑好的谷粒 | 秧马子 ianˈ maˇ ˙tsʅ 扯稻秧时的坐具

秧把子 ianˈ paˇ ˙tsʅ 秧束 | 田埂子 tʰiɛnˇ kənˇ ˙tsʅ 田间垄道

(5) 动物、昆虫

狗子 kəuˇ ˙tsʅ | 猫子 mauˇ ˙tsʅ | 羊子 ianˇ ˙tsʅ

猪子 tsuˈ ˙tsʅ | 土聋子 tʰuˇ luŋˈ ˙tsʅ 蛇名

八哥子 paˈ kuoˈ ˙tsʅ | 章鸡子 tsanˈ ˙tɕiˈ ˙tsʅ 胆子小，喜欢在稻田里活动的一种禽类

雀子 tɕʰyoˇ ˙tsʅ 泛指较小的鸟 | 鸦雀子 iaˈ tɕʰyoˇ ˙tsʅ 指乌鸦、喜鹊类体型较大的鸟

刁子 tiauˈ ˙tsʅ 鱼名 | 鳡子 kanˇ ˙tsʅ 体型圆滚滚的，凶猛的一种鱼

鲤拐子 liˇ kuaiˈ ˙tsʅ 鲤鱼 | 鲫卡子 tɕiˇ ˙kʰaˇ ˙tsʅ 小鲫鱼

蠓子 muŋˇ ˙tsʅ 泛指小飞虫类 | 灶鸡子 tsauˈ ˙tɕiˈ ˙tsʅ 一指蟑螂

以上子缀词都是名词，普通话中一般不用，读音则与普通话子缀词相同，读作轻声的 ˙tsʅ，而且在荆州方言的"乡里话"中，上述子缀词一般都可以读作颤音（弹舌音）词。

(6) 结构比较特别的子缀

此外，荆州话中还有一些结构关系比较特别的"子"缀词语：

A，形似叠音的词根加"子"构成的"子"缀词

巷巷子 xanˈ ˙xan ˙tsʅ 小胡同儿 | 婆婆子 poˇ ˙po ˙tsʅ 老太婆，或作"老婆"的背称

角角子 tɕyoˇ ˙tɕyo ˙tsʅ 一角一角的钱 | 分分子 fənˈ ˙fən ˙tsʅ 一分一分的钱

爬爬子 pʰaˇ ˙pʰa ˙tsʅ 泛指小虫子 | 脚脚子 tɕyoˇ ˙tɕyo ˙tsʅ 液体的少量沉淀、垃圾的残余等

颗颗子 kʰouˇ ·kʰuo ·tsʅ ｜ 坨坨子 tʰouˇ ·tʰou ·tsʅ

块块子 kuaiˉ ·kuai ·tsʅ ｜ 须须子 ɕyˉ ·ɕy ·tsʅ 根须

丝丝子 sʅˉ ·sʅ ·tsʅ ｜ 边边子 pienˉ ·pien ·tsʅ

卷卷子 tɕyɛnˇ ·tɕyɛn ·tsʅ ｜ 格格子 kɤˇ ·kɤ ·tsʅ 一格一格的

板板子 panˇ ·pan ·tsʅ ｜ 棍棍子 kuənˉ ·kuən ·tsʅ

B. 形似词缀的子"缀"

瓜子 kuaˉ tsʅˇ "瓜子"是偏正式合成词，"子"有轻化的趋势

么子 moˇ tsʅˉ 疑问代词，本不是子缀词，乡里话可读作颤音词

C. 形似叠缀的子缀词

雪子子 ɕyɛˇ tsʅˇ ·tsʅ 细冰粒 ｜ 沙子子 saˉ tsʅˇ ·tsʅ 小沙粒 ｜ 枪子子 tɕʰianˉ tsʅˇ ·tsʅ 枪子

以上例B中的"瓜子"在普通话里属非子缀词，是偏正式名词，"子"有轻化的趋势，荆州话里可以算一个"子"缀词。"么子"是疑问代词，"子"有轻化的倾向，构成了子缀词。这两个子缀词后一个"子"，在荆州乡里话中一般都可以读作颤音词。

"雪子子、沙子子、枪子子"是偏正结构的非子缀词，"雪子、沙子、枪子"后加上轻声的"子"，构成了结构特殊的子缀词，而且不能读作颤音词。

2. 儿

荆州话的"儿"，读作独立的 ɯ，不能构成儿化韵母，因而使用范围有限，常见的有：

（1）表人的

伢儿 aˬ ·ɯ ｜ 小伢儿 ɕiauˇ ·aˬ ·ɯ 小孩子

男伢儿 lanˬ ·aˬ ·ɯ ｜ 女伢儿 lyˇ ·aˬ ·ɯ

姑儿家 kuˉ ·ɯ ·ka 姑娘 ｜ 姐儿 tɕiɛˇ ·ɯ 大姐，泛称

（2）表数量的

滴尕儿 tiˉ kaˇ ·ɯ 一点儿 ｜ 一滴尕儿 iˬ tiˉ kaˇ ·ɯ 一点点

等下儿 tenˉ xaˇ / xaˇ ·ɯ 等一下；等一下儿

3. 头

荆州话中有不少以"头"作词缀的词汇与普通话用法是一样的，构成名词。例如，名词性语素作词根的"砖头、斧头、木头、石头"，动词性语素作词根的"想头、盼头、来头"，形容词性语素作词根的"甜头、苦头"

等。但荆州话中还有一些普通话中没有或很少用的"头"缀词汇，富有浓郁的地方色彩。

(1) 常用的"头"缀

A. 例词

搞头 kau˥ ·təu｜抛头 pʰau˧ ·təu｜旺头 uan˧ ·təu

魑头 tɕʰi˩ ·təu｜说头 suo˧ ·təu｜由头 iəu˧ ·təu

B. 例句

①每天要上报，滴尕小事有么报头哟？不值得上报

mei˥ tʰien˧ iau˥ san˧ pau˧，ti˧ ka˧ ɕiau˥ tsʅ˧ iəu˧ mo˧ pau˧ təu˧ sa˧？

②这样的事，有么告头？不值得去告

lie˧ ian˧ ti sʅ˧，iəu˧ mo˧ kau˧ ·təu?

③谈不出个结果，还有么谈头？

tʰan˧ pu tsʰu˧ kuo˧ tɕie˧ kuo˧，xai˧ iəu˧ mo˧ tʰan˧ ·təu?

④这东西有么摆头？不值得摆出来

lie˧ tuŋ˧ ɕi iəu˧ mo˧ pai˧ ·təu?

⑤这事根本办不成，有么子等头？/有么子坐头？不必坐着等了

lie˧ sʅ˧ kən˧ pən˥ pan˧ ·pu ·tsʰən，iəu˧ mo˧ tsʅ˧ tən˧ ·təu?/iəu˧ mo˧ tsʅ˧ tsuo˧ ·təu?

⑥这好事有么做头哟！(《江陵故事集》)

lie˧ xau˧ sʅ˧ iəu˧ mo˧ tsuo˧ ·təu sa˧!

(2) 荆州话"头"缀词的特点

A. 与普通话（如"甜头、苦头"等）相比，荆州话的"头"缀，一般都是单音节动词语素作词根。偶有双音节动词构成的；少数形容词也可以构成"头"缀。例如：

①提个副科级，有么子贺头！不值得庆贺

tʰi˧ ·kɤ fu˧ kʰo˧ tɕi˧，iəu˧ mo˧ tsʅ˧ xuo˧ ·təu!

以下是形容词后带"头"缀的例子：

②这有么子高兴头！

lie˧ iəu˧ mo˧ tsʅ˧ kau˧ ɕin˧ ·təu!

荆州话的"头"缀词具有很大的随意性。只要有一定的语境，就可以构成"头"缀。例如：

③这有么子去头？

liɛ˧ iəu˅ mo˅ tsʅ˧ kʻɯ˧ ·tʻəu?

④这有么子睪头？

liɛ˧ iəu˅ mo˅ tsʅ˧ tɕian˧ ·tʻəu?

⑤这有么子笑头_{有什么值得笑的？}

liɛ˧ iəu˅ mo˅ tsʅ˧ ɕiau˧ ·tʻəu?

B. 多数带"头"缀的词语具有"价值"意义。

荆州话"头"缀一般是指所做事情的价值。有价值，就是有"搞头、写头、干头"等；反之，则是没有"搞头、写头、干头"等。例如：

①这事蛮有搞头_{值得搞}。

liɛ˧ sʅ˧ man˩ iəu˅ kau˅ ·tʻəu。

②这事没得搞头得_{不值得搞}。

liɛ˧ sʅ˧ mei˧ tʌ˩ kau˅ ·tʻəu tʌ。

③这篇文章有写头_{值得写}。

liɛ˧ pʻiɛn˧ uən˩ ·tsan iəu˅ ɕiɛ˅ ·tʻəu。

④这篇文章没得写头得_{不值得写}。

liɛ˧ pʻiɛn˧ uən˩ ·tsan mei˧ tʌ˩ ɕiɛ˅ ·tʻəu tʌ。

(3) 荆州话中比较特别的"头"缀

这里说的"特别"主要指与普通话相比，语义比较特别。

A. 买东西时，卖方让出尺寸，或在称斤两时，秤给买方打高一点等，荆州话称作"抛头 pʻau˧ ·tʻəu、旺头 uan˧ ·tʻəu"。例如：

①买你的东西，总要打滴尕抛头唦。_{让出一点儿利}

mai˅ li˅ ·ti tuŋ˧ ·ɕi, tsuŋ˧ iau˧ ta˅ ·ti ·ka pʻau˧ ·tʻəu sa˧ / la˧。

②买你的菜，你总要把滴尕旺头唦。_{让出一点儿利}

mai˅ li˅ ·ti tsʻai˧, li˅ tsuŋ˧ iau˧ pa˅ ·ti ·ka uan˧ ·tʻəu sa˧ / la˧。

B. 荆州话把蔬菜、水果等必须丢弃的部分，如菜的老叶子，嚼不烂的根、茎等，称作"丢头 tiəu˧ ·tʻəu"。例如：

①马齿苋先择了的，没得好多丢头得。

ma˅ tsʻʅ˅ xan˧ ɕiən˧ tsʌ˅ ·la ·ti, mei˧ tʌ˩ xau˅ uɤ˩ tuo˧ tiəu˧ ·tʻəu tʌ。

②超市里的红菜薹丢头蛮大。

tsʻau˧ sʅ˧ ·li ·ti xuŋ˩ tsʻai˧ tʻai˩ tiəu˧ ·tʻəu man˩ ta˧。

C. 蔬菜、水果等堆成堆估价或买卖，称作"堆头 tuei˧ ·t'əu"。例如：
①卖菜时，只论堆头大小。一堆一堆地按堆的大小卖

mai˨ ts'ai˧ ·sʅ, tsʅ˨ luən˧ tuei˧ ·t'əu ta˧ ɕiau˨。

D. 魆头 tɕ'i˨ ·t'əu

"魆头"本是汉朝时用面、米做的驱疫用的"鬼头"，驱疫仪式过后，捡来吃是占了个便宜。现在"魆头"在荆州话中不单用，只出现在"占魆头（占便宜）"一词中，而且用的人也很少，同义的占香赢用得较多，新派荆州话只用"占便宜"。

E. 由头 iəu˨ ·t'əu、扯头 tsʅ˅ ·t'əu

"由头"是硬找的理由；"扯头"是指为纠缠硬找出的一些理由。例如：
①白胡子老头总是扯些由头不让他去。(《江陵故事集》)

pɤ˨ xu˧ tsʅ˨ lau˨ ·t'əu tsuŋ˨ sʅ˧ tsʅ˅ ɕie iəu˨ ·t'əu pu˨ lan˧ t'a˧ k'ɯ˧。

②问题已经弄清白哒，还有么子扯头？

uən˨ ·t'i i˨ tɕin˧ luŋ˨ tɕ'in˧ pɤ˨ ta, xai˨ iəu˨ ɤo˨ tsʅ˧ ts'ɤ˅ ·t'əu?

4. 场

荆州话的"场"作词缀的情况与"头"缀相似，一般由动词词根＋"场"构成"×场"名词，使用范围比普通话要广，有些可以换作"×头"。不同的是，用"场"作词缀的名词，一般是表达"不好"意义的事物。例如：

①几个婆婆子吵架有么看场 几个老太婆吵架有什么看头？不值得看

tɕi˨ kuo˧ p'o˨ ·p'o ·tsʅ ts'au˨ tɕia˧ iəu˨ ɤo˨ k'an˧ ·ts'an?

②这事有么子说场？不值得说

lie˧ sʅ˧ iəu˨ ɤo˨ tsʅ˧ suo˨ ·ts'an?

③几盘剩菜，还有么子吃场？不值得吃，也没什么吃头

tɕi˨ p'an˨ sən˧ ts'ai˧, xai˨ iəu˨ ɤo˨ tsʅ˧ tɕ'i˧ ·ts'an?

④剩下一些脚脚子 一点儿，还有么子用场？

sən˧ ɕia˧ i˨ ɕie˧ tɕyo˧ ·tɕyo ·tsʅ, xai˨ iəu˨ ɤo˨ tsʅ˧ yŋ˧ ·ts'an?

5. 包

荆州话中"包"作词缀的词语范围大于普通话。例如：

响包 xəu˧ pau˧ 哮喘病人 ｜ 淘气包 t'au˨ tɕ'i˧ pau˧

受气包 səu˨ tɕ'i˧ pau˧ ｜ 撒尿包 sa˨ liau˧ pau˧

6. 佬、鬼

(1) 佬

"佬"的使用，除"姨佬、舅佬"外，一般都略带有蔑视义和贬义色彩。例如：

A. 例词

好吃佬 xau˧ tɕʻi˩ lau˩｜好哭佬 xau˧ kʻu˩ lau˩

调皮佬 tʻiau˩ pʻi˩ lau˩｜讨米佬 tʻau˩ mi˩ lau˩

赶马佬 kan˩ ma˩ lau˩｜赶酒佬 kan˩ tɕiəu˩ lau˩

剃头佬 tʻi˧ tʻəu˩ lau˩ 剃头师傅｜赌博佬 tu˩ po˩ lau˩

见鬼佬 tɕien˧ kuei˩ lau˩ 说大话、说话不算话的人｜扒灰佬 pa˧ xuei˧ lau˩

山巴佬 san˧ pa˧ lau˩｜湖巴佬 xu˩ pa˧ lau˩ 这两个词的语义相当于乡巴佬

姨佬 i˩ lau˩ 连襟｜舅佬倌 tɕiəu˧ lau˧ kuan˧ 一般指妻弟

B. 例句

①他活整就是个见鬼佬货真价实的见鬼佬。

tʻa˧ xuo˩ kən˧ tɕiəu˧ sɿ˧ kuo˧ tɕien˧ kuei˩ lau˩。

②赵佬一个私心重的人送灯台，一去永不来。（《荆州故事集》）

tsau˧ lau˩ suŋ˧ tən˧ tʻai˩, i˩ kʻy˩ yŋ˩ ·pu lai˩。

(2) 鬼

吹牛鬼 tsʻuei˧ iəu˩ / liəu˩ kuei˩ 说大话的人｜日白鬼 ɯ˩ pɤ˩ kuei˩ 喜欢吹牛、说谎的人

脏死鬼 tsaŋ˧ ·sɿ kuei˩ 不讲卫生、很脏的人｜醉酒鬼 tsuei˧ tɕiəu˩ kuei˩ 酒鬼

讨债鬼 tʻau˩ tsai˧ kuei˩ 用作詈辞，赔本货｜流打鬼 liəu˩ ·ta kuei˩ 二流子

冲担鬼 tsʻuŋ˧ tan˧ kuei˩ 詈辞｜大鬼 ta˧ kuei˩｜小鬼 ɕiau˩ kuei˩｜老鬼 lau˩ kuei˩ 背称。如当面称呼"丁老师"，背后称"丁老鬼"

以上"包、佬、鬼"作语缀的范围远远大于普通话，而且这些词缀在构成名词时有很大的随意性，凡人做某类事带有经常性，即可成词，词义都略带轻蔑、贬义色彩。不过，这些词语现在用得已经不多了。

7. 们、伙里

这两个语缀在荆州话、沙市话中用得已经不多了，但乡里话常用，一般表示人的复数。例如：

(1) 们

①客们客人们心里蛮明亮。(《江陵歌谣集》)

kʻɤ˧ ·mən ɕin˧ li˧ man˧ min˧ lian˧。

②一步蹽下田，客们帮工的人们听我言……(《江陵歌谣集》)

i˧ pu˧ liau˧ ɕia˧ tʻien˧，kʻɤ˧ mən tʻin˧ uo˧ iɛn˧……

偶尔也有用于动物的。例如：

③给鸡们把滴尓食给鸡子喂点食。

kɤ˥ tɕi˧ ·mən pa˥ ·ti ·ka ʂɿ˥。

"们"有时也可以是单个的人。例如：

④各们招呼自己脚每个人注意自己的脚。(《荆州歌谣集》)

kuo˧ ·mən tsau˧ ·xu tsɿ˧ ·tɕi tɕyo˧。

(2) 伙里

兄弟伙里 ɕyŋ˧ ti˧ xuo˥ ·li

姐妹伙里 tɕiɛ˥ mei˧ xuo˥ ·li

姊妹伙里 tsɿ˥ mei˧ xuo˥ ·li

妯娌伙里 tsu˧ ·li xuo˥ ·li

"伙里"表示人数多，多用于表示相互间的某种关系。

8. 人

荆州话中的一些动词、形容词常用"人"作词缀，构成一种格式化结构形式，具有形容词特征，是荆州话的一种特色词语。

(1) 动词词根＋人

①早上七点上班蛮赶人时间早，让人感到来不及。

tsau˥ ·san tɕʻi˧ tien˥ san˧ pan˧ man˧ kan˥ ·lən。

②羽绒垫子蛮挺人扎人；刺人。

y˥ yŋ˧ tien˧ ·tsɿ man˧ tʻin˧ ·nei。

③冷水洗衣服蛮咯人冰冷的水、被子等使人难受。

lən˥ suei˥ ɕi˥ i˧ ·fu man˧ kɤ˥ ·lən。

④坐班制蛮捆人指行动、时间等很受限制。

tsuo˧ pan˧ tsɿ˧ man˧ kʻuən˥ ·lən。

其他如：

[腾] 人 tʻən˧ ·lən 颠簸使人难受 ｜ 伤人 san˧ ·lən 说的话让人伤心

嫌人 ɕiɛn˧ ·lən 让人讨厌

捣人 tau˧˥ ·lən 草木扎人、顶人 ｜ 搭人 kʻɤ˧ ·lən 箍得难受

拥人 yɛ˧˥ ·lən 身体无法舒展而难受 ｜ 照人 tsau˧ ·lən 强光线使人难受

潾人 lan˧ ·lən 盐、碘酒刺激伤口的痛感 ｜ 吓人 xɤ˧˥ ·lən 因恐惧等而感到害怕

烤人 kʻau˧˥ ·lən 因明火炙热而难受 ｜ 袭人 ɕi˧˥ ·lən 热量通过热空气烫人

吵人 tsʻau˧˥ ·lən 吵闹得让人难受

（2）形容词词根＋人

潲人 tʻa˧˥ ·lən 高温的水、布巾使人难受 ｜ 烫人 tʻan˧ ·lən

煳人 xu˧˥ ·lən 烫、热 ｜ 胀人 tsan˧ ·lən 吃多了胃撑得难受

饫人 ian˧ ·lən 油腻、甜食等吃了胃难受 ｜ 累人 lei˧ ·lən 让人很疲劳

闷人 mən˧ ·lən 让人感到沉闷、烦闷 ｜ 噪人 tsau˧ ·lən 让人感到烦躁

冰人 pin˧ ·lən 直接接触冰水、冰冷的东西等使人难受 ｜ 膪人 tsʻau˧˥ ·lən 如吃了生萝卜胃里难受等

（3）荆州话中"人"作词缀构成"×人"词语的特点

荆州话中的"赶人、潲人"一类词语是结构关系、词义都比较特别的一个词群。

A."赶人、潲人"等是一种"框架结构"，"人"进入这个结构后，语义已经虚化，"人"读作轻声音节，成为词缀，构成形似动宾关系的词语，但又并非真正的动宾关系，因为这个"人"不是其前面动词、更不会是形容词的实施对象，如"捆人、赶人、煳人、烤人、潲人、冰人"等。在这些词语中，"捆、潲"等已经成了"人"对这种动作、行为的一种难受的感觉，或说是一种被动的自我感知。

B."赶人、潲人"这类词语，一般都可以带"不过"补语，表示程度的变化。

①时间赶人不过很紧迫。

sɿ˧˥ tɕien˧ kan˧˥ ·lən pu˧˥ kuo˧。

②这工作捆人不过工作很受拘束，很不自由。

liɛ˧ kuŋ˧ ·tsuo kʻuən˧˥ ·lən pu˧˥ kuo˧。

③柏油路袭人不过烤热的柏油路，通过空气烫人。

pɤ˧˥ iəu˧ lu˧ ɕi˧˥ ·lən pu˧˥ kuo˧。

④床垫子捣人不过扎得很难受。

tsʻuaŋ˧ tiɛn˧ tsɿ˧˥ tau˧˥ ·lən pu˧˥ kuo˧。

⑤面包煳人不过很烫人。

mien˧ pau˧ xu˩ ·lən pu˩ kuo˧。

⑥热水渚人不过很烫人。

ly˩ suei˅ t'a˩ ·lən pu˩ kuo˧。

9. 人子

荆州方言的乡里话中有"人子"作语缀、形如"×人子"一类的词语。"人子"的"子"是借形词，词源待查。这类词语形式，荆州话用得较少，周边乡里话常用。

(1) 动词词根＋人子

①搞得吓人子 动静让人害怕。

kau˅ tɤ˧ xɤ˩ ·lən ·tsɿ。

②烟子呛人子 呛得让人很难受。

iɛn˧ ·tsɿ tɕ'ian˧ ·lən ·tsɿ。

③这事真恨人子 让人感到很可恨。

liɛ˧ sɿ˧ tsən˧ xən˩ lən˩ ·tsɿ。

④教室里蛮吵人子。

tɕiau˧ sɿ˧ ·li man˩ ts'au˅ lən˩ ·tsɿ。

⑤那件事真是气人子 让人生气。

luo˧ tɕiɛn˧ sɿ˧ tsən˧ ·ʂɿ tɕ'i˧ lən˩ ·tsɿ。

(2) 少数形容词词根＋人子

①热水蛮渚人子 热水很烫。

ly˩ suei˅ man˩ t'a˩ lən˩ ·tsɿ。

②当老师蛮累人子 感到很累。

tan˧ lau˅ sɿ˧ man˩ lei˧ lən˩ ·tsɿ。

③糍粑吃得蛮餩人子 吃得腻，胃里难受。

tsʿɿ˩ pa tɕ'i˧ ·tɤ man˩ ian˧ lən˩ ·tsɿ。

(3) "×人子"词语的特点

A. 在带"人子"的词语中，动词、形容词词根为重读音节，口语中还伴有一定的情感色彩，"人子"有明显的读音轻化倾向，有时"子"为短平调轻读音节。

B. 该类词语中"人子"紧附在单音节动词、形容词词根后，构成近乎格式化的"×人子"词语，用以表达人们对其前动作、行为由视觉、听觉、味觉等方面引发的不良感受。"×人子"一类词语虽有格式化的特点，但带"人子"的动词和形容词词根却有较大的随意性，只要这种动作、行为能让人产生较强的不良感受，"×人子"词语即可成立。

C. 从组合功能看，"×人子"都可以受副词"蛮"的修饰，主要用作谓语（如"烟子呛人子"）和"得"后补语（如"搞得急人子"），因而可确认为形容词短语。

D. 语句中，"子"都可以省略，如"搞得吓人子——搞得吓人"，"哭得烦人子——哭得烦人"，"子"在其中似可以表示肯定的语气，无"子"则没有那么肯定。这样看来，"子"应是个语气助词，但"子"作语气助词似无别例。联想到《楚辞》"之、只"有作语气助词表示肯定的用法（如"多海伤只、白日昭只，所以证之……晋申生之……"），不下百次之多，也许"人子"写作"人之"或"人只"可能更合适吧！

10. 气

普通话有"勇气、风气、底气、邪气"这些"气"作词缀的名词，可与荆州话通用。但荆州话"气"作词缀的范围比普通话要宽泛得多，而且有不少"气"作词缀的用法与普通话的同类词语有明显差异。

(1) 常见词例

狠气 xən˅ tɕʰi˧ / ·tɕʰi 敢作敢为的气魄

痞气 pʰi˅ tɕʰi˧ / ·tɕʰi 赖皮；耍赖；不守信用

瓦气 xu˧ tɕʰi˧ / ·tɕʰi 头脑不清醒；糊涂

暮气 mo˧ tɕʰi˧ / ·tɕʰi 缺乏朝气；孤僻、沉默寡言

硬气 in˧ tɕʰi˧ / ·tɕʰi 有底气；说话做事很强硬

以上几个词语中，前几个都是荆州话的传统词语。"硬气"比较特别，一般不读 ən˧（荆州话传统读法），而读作 in˧，这可能跟"硬气"属于新生的时代性词语有关

(2) 结构构成及语音特点

A. 形容词词根＋气。例如：

狠厉害；凶狠气 xən˅ ·tɕʰi｜硬坚硬；强硬气 in˧ tɕʰi

苕傻；糊涂气 sauɹ tɕʻi˧ | 痞无赖；不守信用气 pʻi˥ tɕʻi˧

冱凝固状；糊里糊涂气 xu˧ tɕʻi˧

B. "气"的声调可以根据不同的语境，有"tɕʻi˧ / ·tɕʻi"两种读法。例如：

一身正气，说话就有狠气。

i˧ sən tsən˧ tɕʻi˧, suo˧ xuaɹ tɕiəu˧ iəu˧ xən˧ tɕʻi。

在有意强调"狠气"的时候，"气"可以读作"˧"调值，如果重音落在"狠"上，"狠气"的"气"则读作轻声音节。

C. 该类词语的多数有重叠形式。例如：

苕气 sauɹ tɕʻi˧ ——苕里苕气 sauɹ ·li sauɹ tɕʻi˧

冱气 xu˧ tɕʻi˧ ——冱里冱气 xu˧ ·li xu˧ tɕʻi˧

痞气 pʻi˥ tɕʻi˧ ——痞里痞气 pʻi˥ ·li pʻi˥ tɕʻi˧

暮气 mo˧ tɕʻi˧ ——暮里暮气 mo˧ ·li mo˧ tɕʻi˧

(3) 这类词语是名词，仍具有形容词的某些特征，可以作主语，也可以充当宾语；少数词或是有些词的重叠形式可以充当谓语。例如：

①他的狠气是有来头的。

tʻa˧ ·ti xən˧ tɕʻi˧ sɿ˧ iəu˧ lai˧ ·ɾəu ·ti。

②他也只有这滴尕狠气。

tʻa˧ ie˥ tsɿ˧ iəu˧ tsɤ˧ ·ti ·ka xən˧ tɕʻi˧。

③这个人很有滴尕冱气。

lie˧ ·kuo lən˧ xən˧ iəu˧ ·ti ·ka xu˧ tɕʻi˧。

④她一天到黑冱里冱气的糊里糊涂状。

tʻa˧ i˧ tʻien˧ tau˧ xɤ˧ xu˧ ·li xu˧ tɕʻi˧ ·ti。

(4) 有些词语是北方方言词汇流入的，不一定是荆州话方言词汇。例如：

A. 二气 ɯ˧ tɕʻi˧

"二气"的语义、用法与荆州方言的"二黄、黄昏"相当，似是引入的方言词汇，口语中用得不多，倒是"二里二气"用得还多一些。"二里二气"的同义词还有"二黄八调、二里八气、二里八黄、二里稀糊"等，这几个词语的源头可能是"二百五、黄昏"，而不是"二气"。

B. 湤气 sɿ˧ tɕʻi˧

"湤气"的语义、用法等同于荆州方言的"傻"，疑为外地来的词语，并非荆州本地词语。中原官话中就有"溮臭、溮气"的说法，是个生活常用词，米饭、面条、馒头变质了，发出酸臭气味叫"溮气"，或说有"溮臭"味。

11. 巴煞

"巴煞"构成的词语，有加重性状程度的作用，可用作补语、定语等成分。例如：

①日子过得造孽巴煞非常艰苦、很可怜状。

ɯ˧/ʐʅ˧ tsʅ˧ kuo˧ ·tv tsau˥ ɿɛɹ ʅʐ˥ pa ·sa。

②看她那可怜巴煞的样子……

kʰan˧ taɥ ·la kʰou˅ liɛn˧ pa ·sa ·ti ian˧ ·tsʅ……

12. 流

"流"的构词能力不强，口语中多与其他词语合成作"得"后补语，表示动作结果的情状，有时充当谓语成分，表示动作进行的某种状态，也是荆州方言的一种生动形式。

(1) 充当补语，主要是用作"得"后补语成分。例如：

①轻滴尕扫，搞得灰流轻一点儿扫，弄得到处都是灰扑扑的。

tɕʰin˧ ·ti ·ka sau˅, kau˅ ·tv xuei˧ liəɯ。

②搞得带劲流哒干事情很带劲儿的样子。

kau˅ ·tv tai˧ tɕin˧ liəɯ ·ta。

③搞得带劲流了的。

kau˅ ·tv tai˧ tɕin˧ liəɯ ·la ·ti。

④挖了一节黄骨头，屁股上叮得泥巴流。(《江陵歌谣集》)

ua˧ ·la iɹ tɕiɛɹ xuan˅ kuɹ ·uəɹ, pʰi˧ kuɹ ·san tin˧ ·tv li˧ pa˧ liəɯ。

⑤三五床被子捂得汗流。(《江陵歌谣集》)

san˧ uɹ tsʰuan˧ pei˧ ·tsʅ uɹ ·tv xan˧ liəɯ。

(2) "流"作谓语成分。例如：

①快洗澡去，浑身汗流浑身汗水直流、直冒的样子。

kʰuai˧ ɕi˅ tsau˅ kʰɯ, xuən˧ ɹuən˧ san˧ liəɯ。

②土地菩萨放屁，神气流哒非常神气、自鸣得意的样子。(荆州歇后语)

tʰu˅ ti˧ pʰu˧ ·sa fan˧ pʰi˧, sən˧ tɕʰi˧ liəɯ ·ta。

例①、例②中的"流"虽然用作谓语，但与普通话的"流水"的纯动作的"流"不尽相同，具有荆州方言特色，带有一定的夸张性和形象性。

如，"神气流哒"是双关，字面是"神气（名词）＋流"，实际上表示"神气（形容）＋流"。

三、方所

荆州话的方位词与普通话大同小异，这里先列出常见的方位词语，并作粗略解释。

（一）常见的方位词语

1. 单音节方位词

A. 上 san˧、下 ɕia˧、左 tsuo˅、右 iəu˧、前 tɕʰien˧、后 xəu˧

B. 东 tuŋ˥、南 lan˧、西 ɕi˥、北 pɤ˨、中 tsuŋ˥

C. 里 li˅、外 uai˧、旁 pʰan˧、内 lei˧、间 kan˥/tɕien˥

2. 双音节方位词

双音节方位词是由单音节词与"以、之"或"边、头、高"组合而成的，或是对举成词等。

A. 以上 i˅ san˧、以下 i˅ ɕia˧、之前 tsʅ˥ tɕʰien˧、之后 tsʅ˥ xəu˧、之外 tsʅ˥ uai˧、之内 tsʅ˥ lei˧

B. 东边 tuŋ˥ pien˥、西边 ɕi˥ pien˥、南面 lan˧ mien˧、北面 pɤ˨ mien˧、里头 li˅ ·təu、外头 uai˧ ·təu

C. 上下 san˧ ɕia˧、前后 tɕʰien˧ xəu˧、左右 tsuo˅ iəu˧、里外 li˅ uai˧

D. 中间 tsuŋ˥ kan˥/tɕien˥、底下 ti˅ ·xa、高头 kau˥ ·təu/高边 kau˥ pien˥、旁边 pʰan˧ pien˥、边上 pien˥ san˧

（二）常用的方位词语

1. 里 ·li

（1）表方位的"里"。例如：

①吃倒盆里，看倒锅里。

tɕʰi˅ tau˅ pʰən˧ ·li，kʰan˅ tau˧ kuo˥ ·li。

②娘娘被关在黑屋里。（《江陵故事集》）

lian˧ ·lian pei˧ kuan˥ tau˧ xɤ˨ u˅ ·li。

其他如：

河里 xuo˧ ·li | 江里 tɕian˧ ·li | 湖里 xu˧ ·li

屋里 u˧ ·li | 家里 tɕia˧ ·li | 乡里 ɕian˧ ·li | 城里 tsʰən˧ ·li

(2) 表示时间概念的"里"。例如：

①白里_{白天}上班，黑里_晚上打牌。

pɤ˧ ·li san˧ pan˧，xɤ˧ ·li ta˧ pʰai˧。

白里黑里 pɤ˧ ·li xɤ˧ ·li 没日没夜，一天到晚

②当个副科长，白里黑里忙。

tan˧ kuo˧ fu˧ kʰuo˧ tsan，pɤ˧ ·li xɤ˧ ·li man˧。

这里的"日里白里、白里黑里"都带点厌烦的情绪。

其他如：

日里 ɯ˧ ·li | 夜里 iɛ˧ ·li

日里白里 ɯ˧ ·li pɤ˧ ·li 一天到晚 | 日里夜里 ɯ˧ ·li iɛ˧ ·li 白天黑夜，一天到晚

2. 边 piɛn˧ / ·piɛn | 头 tʰəu

A. "边"的用法。例如：

①枣红马又回到了主人身边。(《江陵故事集》)

tsau˧ xuŋ˧ ma˧ iəu˧ xuei˧ tau˧ ta tsu˧ ləŋ˧ sən˧ piɛn˧。

②那本书放在床高边。

la˧ pən˧ su˧ fan˧ tsai˧ tsʰuan˧ kau˧ piɛn˧。

以上两例，例①用法与普通话相同。例②中的"高边"是荆州话说法，"高边"就是"上边"。其他如：

上边 san˧ piɛn˧ | 高边 kau˧ piɛn˧ | 下边 ɕia˧ piɛn˧ | 左边 tsuo˧ piɛn˧

右边 iəu˧ piɛn˧ | 里边 li˧ piɛn˧ | 外边 uai˧ piɛn˧ | 旁边 pʰan˧ piɛn˧

江边 tɕian˧ piɛn˧ | 河边 xuo˧ piɛn˧ | 湖边 xu˧ piɛn˧ | 水边 suei˧ piɛn˧

B. "头"的情况与"边"相同。例如：

上头 san˧ ·tʰəu | 高头 kau˧ ·tʰəu | 下头 ɕia˧ ·tʰəu | 里头 li˧ ·tʰəu

屋里头 u˧ li˧ ·tʰəu | 厂子里头 tsʰan˧ ·tsɿ li˧ ·tʰəu | 学里头 ɕyo˧ li˧ ·tʰəu 学校里头

以上"上头、高头、高边"所指的位置不如"上边"类具体。乡里话用"高边、高头"较多。从词语组合上看，"上头、高头、高边"都可以表示方位，用法上还有区别。如"高边"一般不构成介词短语。另外"上头、上边"也可指领导，"高边"则只能表示方位。例如：

①上头哪么说，我就哪么搞领导怎么说，我就怎么做。

san˧ ˙tou la˧˩ ˙mo suo˧˩, uo˧˩ tɕi˧˩ue˧ la˧˩ ˙mo kau˧˩。

②上边哪么要求，我们就哪么办领导怎么要求的，我们就怎么做。

san˧ pien˧ la˧˩ ˙mo iau˧ tɕ'iəu˧˩, uo˧˩ ˙mən tɕiəu˧ la˧˩ ˙mo pan˧。

四、数量

（一）序数

荆州话常见的序数词有"初、第、老"等。

1. 初 tsʻu˧ / tsʻuo˧

(1) "初"的读音

荆州话"初"，中老年人纯正的荆州话读为 tsʻuo˧，年轻人、文化人或语音受普通话影响的人读作 tsʻu˧。

(2) "初"作为序数词，主要表示阴历每月前十天尤其是阴历正月前十天，顺序依次是"初一、初二、初三……初九、初十"。超出十则不再用序数词"初"，可直接说"十一、十五"，或"正月十一、正月十五"等。

2. 第 ti˧

"第"的用法与普通话基本相同，可按照"第一、第二"顺序一直排下去。但在口语中，也常省略"第"。如住宅的"一楼、二楼"，"我住在八楼"等。

"第"在表示"第二天"时，荆州话中有时不出现"第"。

荆州文献资料中也多有记载。例如：

①二天老早，桂英的父母和兄弟闻讯赶来……（《江陵故事集》）

ɯ˧ tʻien˧ lau˧˩ tsau˧˩, kuei˧ in˧ ˙tə fu˧ mu˧˩ xuo˧˩ ɕyŋ˧ ti˧ uən˧ xyn˧ kan˧˩ lai˧˩……

②二天早朝，张大夫只好……（《江陵故事集》）

ɯ˧ tʻien˧ tsau˧˩ tsʻau˧, tsaŋ˧ ta˧ fu˧ tsʅ˧ xau˧˩……

③二天，如来派天兵天将去……（《江陵故事集》）

ɯ˧ tʻien˧, lu˧˩ lai˧˩ pʻai˧ tʻien˧ pin˧ tʻien˧ tɕian˧ kʻɯ˧……

④二天，狼妈妈不见了。（《江陵故事集》）

ɯ˧ tʻien˧, lan˧˩ ma˧ ma˧ pu˧˩ tɕien˧ ˙ta。

⑤哪晓得，二天下大雨，街上……（《江陵故事集》）

laˇ ɕiauˇ ˙tɤ, ɯ˧ tʰien˧ ɕiaˋ taˊ yˇ, kaiˊ sanˊ……

上述例句中的"二天"都是"第二天"的省略。不过，这种省略也只限于"第二天"。

（二）概数

荆州话中"把"用作量词，常表示"估量"，或是"概数"。

1. 表人量少，或表示概数的"把"

①再加个把人没得问题。

tsaiˊ tɕiaˊ kuoˊ ˙pa lənˊ meiˊ / mɯ˧ tɤˇ uənˊ ˙tʰi.

②今年系里只招到百把个人。

tɕinˊ lienˊ ɕiˋ ˙li tsˋ tsauˊ tauˊ pɤˇ ˙pa ˙kuo ˙lən.

③会场里有千把人，场外还有千把个人。

xueiˋ tsʰanˇ ˙li iəuˋ tɕʰienˊ ˙pa lənˊ, tsʰanˇ uaiˋ xaiˋ iəuˋ tɕʰienˊ ˙pa ˙kuo ˙lən.

④这个运动场装得万把人。

liɛˊ ˙kuo ynˋ tuŋˋ tsʰanˇ tsuanˊ ˙tɤ uanˊ ˙pa lənˊ.

2. 表物量少，或表示概数的"把"

A. 例词

两把重 lianˇ ˙pa tsuŋˊ—两左右｜斤把重 tɕinˊ ˙pa tsuŋˊ｜尺把长 tsʰˋˇ ˙pa tsʰanˇ

块把钱 kʰuaiˇ ˙pa tɕʰienˊ｜件把东西 tɕienˋ ˙pa tuŋˊ ˙ɕi

百把块（钱）pɤˇ ˙pa kʰuaiˇ｜千把块钱 tɕʰienˊ ˙pa kʰuaiˇ tɕʰienˊ

B. 例句

①斤把子东西不值得。

tɕinˊ ˙pa ˙tsˋ tuŋˊ ˙ɕi puˋ tsˋ ˙tɤ.

②千把块钱对他来说算不得么子。

tɕʰienˊ ˙pa kʰuaiˇ tɕʰienˊ tueiˋ tʰaˊ laiˊ suoˊ suanˊ ˙pu tɤˇ moˇ tsˋ.

③小小石碨打夯的石块百把斤，轻轻举起过头顶。（《江陵歌谣集》）

ɕiauˇ ɕiauˇ sˋˊ uoˊ pɤˇ ˙pa tɕinˊ, tɕʰinˊ tɕʰinˊ tɕyˇ tɕʰiˇ kuoˊ tʰəuˊ tinˇ.

3. 表时间概数

①写这篇稿子只用哒个把月。

ɕieˇ tsˋˊ pʰienˊ kauˇ ˙tsˋ tsˋˊ yŋˋ ˙ta kuoˊ ˙pa yɛˇ.

②这个工程拖了年把，也没有搞下地也没有完工。

liɛɹ ·kuo kuŋɿ ·tsʰən tʰuoɹ ta liɛniɹ ·pa, iɛv meiɹ iəuv kauv ɕiaɹ tiɹ.

（三）表示"少"和"多"的数量词

1. 滴尕 tiɹ ·ka / ·kʰa

"滴尕"是并列关系的合成词，在荆州话中使用频度很高。"滴"本身可以表示少、小，如"汗滴、水滴、滴水穿石"；"尕"也是"小"的意思，《重修镇原县志》："俗谓物之小者曰尕。"因而，"滴、尕"并列意思是"很少、很小"。

荆州话里有"滴尕、一滴尕、滴尕儿、一滴尕儿"等多种说法，意思大体相当于普通话的"一点儿"，使用"滴尕儿、一滴尕儿"时，多伴有强调性和较强的情感色彩。读音上，"滴尕"类词语根据不同的语境，其中的"尕"有"·ka / ·kʰa"，及"轻读 ·ti ·ka、重读 tiɹ kaɹ"的区别。"滴尕"类词语的语法意义是多样的，可表物量，有时也表动量，语法功能上也很活跃。

（1）常见词语形式

A. 构成名词性词语①

一滴尕 iɹ tiɹ ·ka｜滴尕儿 ·ti kaɹ ɯ

一滴尕儿 iɹ ·ti ·ka ɯ / iɹ ·ti kaɹ ɯ

B. 构成形容性词语

厚滴尕 xəuɹ ·ti ·ka｜高滴尕 kauɹ ·ti ·ka

宽滴尕 kʰuanɹ ·ti ·ka｜矮滴尕 aiv ·ti ·ka

快滴尕儿 kʰuaiɹ ·ti ·ka ɯ｜慢滴尕儿 manɹ ·ti ·ka / kaɹ ɯ

（2）"滴尕"可单独或与数词结合充当多种句子成分

A. 作定语

①只剩哒滴尕酒。

tsʅɹ sənɹ ·ta tiɹ ·ka tɕieuv ·ʅ.

②滴尕粮食也不能浪费。

·ti kaɹ liaɹ ·ʂʅ ʋɛv ·pu ·lən lanɹ feiɹ.

---

① 孤立地看，"一滴尕"有名词性兼谓词性特征：剩哒一滴尕（名词性）/我的女婿一滴尕（形容词性）。

③他这个人，吃不得滴尕苦。

tʰa˥ liɛ˥ ·kuo ·lən, tɕʰi˩ ·pu ·tɤ ti˥ ka˥ kʰu˩。

B. 作宾语

①只剩哒一滴尕儿。

tsɿ˩ sən˥ ·ta i˩ ·ti ka˥ ɹ˩。

C. 作谓语

①人家的女婿多么大，我的女婿一滴尕。（《荆州歌谣集》）

lən˩ ka ·ti ly˩ ɕy˥ tuo˥ ·mo ta˥, uo˩ ·ti ly˩ ɕy˥ i˩ ·ti ·ka。

D. 作状语

①他的儿子才滴尕大。

tʰa˥ ·ti ɯ˩ ·tsɿ tsʰai˩ ·ti ka˥ ta˥。

E. 作补语

"滴尕"用在比较句中，经常跟在形容词后作补语成分，比较有特色。

①你给老子招呼滴尕 你给我小心一点。

li˩ ·kɤ lau˩ ·tsɿ tsau˥ ·xu ·ti ·ka。

②这块板子厚滴尕。

liɛ˥ kʰuai˩ pan˥ ·tsɿ xɤu˩ ·ti ·ka。

③他比你高一滴尕。

tʰa˥ pi˩ li˩ kau˥ ·i ·ti ·ka。

2. 下 xa˩ / xa˥ / xa˥ / xa˩ / ·xa

"下"作量词，表量次少，一般都读作"xa˩"，表示强调时可读作"xa˥ / xa˥ / xa˩"，俗写作"哈"，不读"下ɕia˥"。例如：下 xa˥、下子 xa˥ ·tsɿ、一下 i˩ xa˥、一下儿 i˩ xa˥ ɹ˩、一下下 i˩ xa˥ xa˥。语义大体相当于"一下"。作方位词时，一般也读作"xa"（"哈"的副词用法另行阐述）。

（1）"下"在荆州话中作动量词用，表时间短，或表量次少。例如：

①您家等下子，他过下就过来。

lən˩ ·ka tən˩ ·xa ·tsɿ, tʰa˥ kuo˥ xa˥ tɕiəu˥ kuo˥ lai˩。

②我等下再来 / 等一下（下下）再过来。

uo˩ tən˩ ·xa tsai˥ lai˩ / tən˩ ·i ·xa (xa˥ xa˥) tsai˥ kuo˥ lai˩。

③小伢儿跶下子 摔一下 没得么子得。

ɕiau˩ ya˩ ɯ˩ ta˩ ·xa ·tsɿ mei˥ ·tɤ mo˩ tsɿ˥ ·tɤ。

④您家还是跟领导说下子。

lənˇ ·ka xaiˇ ·ʂ̩ kənˤ linˇ tauˇ suoˇ ·xa ·tʂ̩。

⑤不要把伢儿太逼狠哒，尽他玩下子玩一会儿；放松一下。

puˇ iauˤ paˇ γaˇ ɯ t'aiˤ piˇ xənˇ ·ta, tɕinˤ t'aˤ uanˇ ·xa ·tʂ̩。

(2)"下"在作方位名词时，一般都读作"·xa"。例如：

①猫子在床底下。

mauˤ ·tʂ̩ tsaiˤ ts'uanˇ tiˇ ·xa。

②珠子滚到桌子底下哒。

tsuˤ ·tʂ̩ kuənˤ ·tau tsuoˇ ·tʂ̩ tiˇ ·xa ·ta。

(3)"下"作动词，或表序次，或构成合成词时，不能换成"哈"。例如：

①下雨哒，你快滴尕下去吧。

ɕiaˤ yˇ ·ta, liˇ k'uaiˤ ·ti ·ka ɕiaˤ k'ɯˤ ·pa。

②这一次算哒，下一次就不行哒。

liɛˤ iˇ ts'ˤ̩ suanˤ ·ta, ɕiaˤ i ts'ˤ̩ tɕieuˤ puˇ ɕinˇ ·ta。

③下午 ɕiaˤ uˇ | 下流 ɕiaˤ lieuˇ | 下三烂 ɕiaˤ sanˤ lanˤ

3. 重叠表少、小的量词

(1) 篾 miɛˇ

"篾"是小竹片，《方言·卷二》："木细枝谓之杪，江淮陈楚之内谓之篾……""篾"重叠后变读作阴平调，"一篾篾 iˇ miɛˤ miɛˤ"表示量很少。同类同性质的词还有：一阙阙、一挈挈、几颗颗、几根根、几滴滴、几丢丢、一坨坨等。例如：

①长哒一双篾篾眼①眼睛细小。

tsanˇ ·ta iˇ suanˤ miɛˤ miɛˤ iɛnˇ。

②碗里只剩了几颗颗（米）。

uanˇ ·li tʂ̩ˇ sənˤ ·ta tɕiˇ k'ouˤ k'ouˤ (miˇ)。

③篓子里只有几根根菜。

ləuˇ ·tʂ̩ ·li tʂ̩ˇ ieuˇ tɕiˇ kənˤ kənˤ ts'aiˤ。

④杯子里只剩哒几滴滴酒。

peiˤ ·tʂ̩ ·li tʂ̩ˇ sənˤ ·ta tɕiˇ tiˤ tiˤ tɕieuˇ。

---

① 在"篾篾眼"意义上，"篾"本字或作"冒"，《类篇》："弥耶切。目小也。"

⑤碗里只剩哒几坨坨饭。

uan˩ ·li tsʅ˧ sən˩ ta tɕi˧ tʻou˧ tʻou˧ fan˧。

（2）借用作量词的名词，词根重叠后也有小、少的意思。例如：

角角子 tɕyo˧ ·tɕyo ·tsʅ 一角一角的钱｜分分子 fən˧ fən ·tsʅ 一分一分的钱

4. 些许

"些许"在荆州话中是表示量少的口语词，但也具有文言色彩。例如：

①些许小事—点儿小事，我办就行哒。

ɕiɛ˧ ɕy˩ ɕiau˩ sʅ˩, uo˩ pan˩ tɕiəu˩ ɕin˩ ·ta。

②这篇文章些许改下稍微改一下还是可以的。

liɛ˧ pʻiɛn˧ uən˩ tsan ɕiɛ˧ ɕy˩ kai˩ xa xai˩ sʅ˧ kʻou˩ ·i ·ti。

"些"本就是表示小、少的量，"许"在"少许"中也表少的量，"些许"自然也表示小、少。

5. 表示"多"的数量词

"一些子、一大哈、一大哈子"在荆州话中表示多的量。例如：

①从老屋来哒一些子人从老家来了很多人。

tsʻuŋ˧ lau˩ uʅ lai˩ ·ta i˧ ɕiɛ˧ ·tsʅ łən˧。

"些"本身是表少的量，但"一些子"是表多的量。

②外面站哒一大哈的人。

uai˧ miɛn˧ tsan ·ta i˩ ta˧ xa˩ ti łən˧。

③屋里坐哒一大哈子人。

uʅ ·li tsuo˧ ·ta i˩ ta˧ xa ·tsʅ łən˧。

（四）特色数量词

1. 一皮条 i˩ pʻi˩ tʻiau˩

"一皮条"表示多的量，有顺着成条的意思。例如：

①后面跟哒一皮条小伢儿。

xəu˩ miɛn˧ kən˩ ·ta i˩ pʻi˩ tʻiau˩ ɕiau˩ ɣa˩ ɯ。

②超市门口站哒一皮条的人。

tsʻau˧ sʅ˧ mən˧ kʻəu˩ tsan ·ta i˩ pʻi˩ tʻiau˩ ·ti łən˧。

2. 一篓篓 i˩ łu˩ ·ləu

①不论好坏，一篓篓收。

pu˩ luən˧ xau˩ xuai˩, i˩ łu˩ / pu˩ ·ləu səu˧。

"一箍篓"有成把、成堆或全部的意思。

3. 一窝坨 iɿ˨ uo˥ ·tʻuo

①衣服一窝坨堆在床上。

i˥ ·fu iɿ˨ ɣou˥ ·tʻuo tuei˥ tsai˥ tsʻuan˨ ·san。

"坨"是小圆球的意思，"一窝坨"有成团、成堆的意思。

4. 餐 tsʻan˥

"餐"在北方方言区带有文言色彩，在"饭"这个意义上，荆州话与普通话通用，如"进餐、早餐、晚餐"等。但"餐"在荆州人的口语中常用作量词，相当于普通话的"顿"，有物量、动量的区别。例如：

①一餐饭吃哒三个小时。

iɿ˨ tsʻan˥ fan˥ tɕʻiɿ˨ ·ta san˨ kuo˥ ɕiau˨ ·sɿ。

②三餐饭还是合计一下，要好多钱。

san˥ tsʻan˥ fan˥ xai˨ sɿ˥ xo˥ ·tɕi iɿ˨ ·xa, iau˨ xau˨ tuo˥ tɕʻien˨。

③我把她狠狠骂了一餐。

uo˨ pa˨ tʻa˥ xən˨ xən˨ ma˨ ·la / ·ta iɿ˨ tsʻan˥。

④我们就一起吃一餐饭吧！（《江陵故事集》）

uo˨ ·mən tɕiəu˥ iɿ˨ tɕʻiɿ˨ tɕʻiɿ˨ iɿ˨ tsʻan˥ fan˥ ·pa!

5. 一炮 iɿ˨ pʻau˥

"一炮"就是十个。荆州人现在用"炮"的已经不多了。例如：

①买哒一炮个十个。

mai˨ ·ta iɿ˨ pʻau˥ ·kuo。

②买了炮把个十几个，才用哒二十几块钱。

mai˨ ·la pʻau˥ ·pa kuo, tsʻai˨ yŋ˥ ·ta ɯ˨ sɿ˥ tɕi˨ kʻuai˨ tɕʻien。

6. 一奅 iɿ˨ pʻa˥

"奅"相当于北方方言里的"泡 pʻau˥"，多用于描述屎、尿的量，有"奅、泡"两种写法、两个读音。例如：

①哪么又拉哒一奅尿怎么又拉了一泡尿。

la˨ ·m / ·mo iəu˨ la˥ ·ta iɿ˨ pʻa˥ liau˥。

②睡到鸡子叫，扯起一泡奅尿。（《江陵歌谣集》）

suei˨ ·tau tɕi˥ ·sɿ tɕiau˥, tsʻɤ˨ tɕʻiɿ˨ iɿ˨ pʻa˥ liau˥。

7. 一转 iɿ˨ tsuan˥

"一转"的意思就是一圈或是一趟。例如：

①找哒几转，还是没有找到。

tsau˅ ·ta tɕi˅ tsuanˀ, xai˅ sˀˀ mei˅ / mei˥ iəu˅ tsau˅ tau˥。

②来客不吃八宝饭，枉到荆州跑一转。(《江陵故事集》)

lai˅ kʰɤ˅ pu˅ tɕʰiˀ pa˅ pau˥ fanˀ, uan˅ tau˥ tɕinˀ tsəu˥ pʰau˅ i˅ tsuanˀ。

五、指代

(一) 人称代词

1. 我、我们

荆州话中的"我、我们"词形、用法与普通话相当。例如：

①今日我何不趁此机会去打襄阳……(《江陵故事集》)

tɕiˀ ɯˀ uo˅ xuo˅ ·pu tsʰənˀ tsˀ˅ tɕiˀ xuei˅ kʰɯˀ ta˅ ɕianˀ ian˅……

②有本事，我们两个比剑……(《江陵故事集》)

iəu˅ pən˅ sˀ, uo˅ ·mən lian˅ kuo˥ pi˅ tɕiɛnˀ……

2. 你、你们，他、他们

(1) 你 li˅

荆州话"你"的用法与普通话大体相同。平辈的人使用第二人称用"你"，对晚辈或无需尊称时也用"你"。例如：

①小王，你过来下子。

ɕiau˅ uan˅, li˅ kuo˥ ·lai xa ·tsˀ。

②你哪么还睡起在，要迟到哒。

li˅ laˀ ·m / mo xai˅ suei˥ tɕʰi˅ ·tsai, iau˥ tsʰ˅ tau˥ ·ta。

③你要哪么搞，我奉陪到底你要怎么搞，我奉陪到底。

i˅ iau˥ laˀ m̩ kau˅, uo˅ fəŋ˥ pʰei˅ tau˥ ti˅。

(2) 你们 li˅ ·mən、他 tʰaˀ、他们 tʰaˀ ·mən

对平辈、下辈或非特定的人群（如长辈、领导等），或是表示不满，直接用"你们、他、他们"。

3. 表示谦恭的人称代词

(1) 您家 lən˅ ·ka / 您家们 lən˅ ·ka ·mən / 您郎 lənˀ ·laŋ①

---

① "您郎"的读音接近"n̩ ·laŋ"。

一般对长辈、师长、领导，不会用"你"，而是用表谦恭的词语——您家 lən˅ ·ka / lan˅ ·ka｜您郎 lən˅ ·lan 等。例如：

①二爹，天蛮黑哒，您家慢滴尕走。

ɯ˧ tiɛ˥, tʰiɛn˧ man˩ xɤ˩ ta, lən˅ ·ka man˧ ·ti ·ka tsəu˅。

②您郎的芝麻黄了，怎么还不去割呀？（《江陵故事集》）

lən˅ ·laŋ ·ti tsʅ˧ ·ma xuan˩ ·ta, la˧ m̩ / mo xai˩ ·pu kʰɯ˧ kuo˩ ·a / ·ia?

③老人家，您郎要算命么？（《江陵故事集》）

lau˅ lən˩ ·ka, lən˅ ·laŋ iau˧ suan˧ min˧ mo˧?

荆州话中的"你们"在表谦恭时可以用"您家们 lən˅ ·ka ·mən"，不过用得较少。

（2）特定表谦恭的人称代词

荆州话中，如果是面对年长的人、人群等表示谦恭，还有专门的说法，可以用"我您家、你您家、他您家"一类词语。

A. 我您家 uo˧ n̩ ·ka / uo˅ ·lən ·ka

面对辈分高的人，说到自己——用"我"的时候，要先添加"您家"以恭维一下对方，表示自己的尊敬、谦恭之意。例如：

①您家一百个放心，我您家一定把这个事办好。

lən˅ ·ka i˩ pɤ˩ ·kuo fan˧ ɕin˧, uo˅ ·lən ·ka i˩ tin˧ pa˧ liɛ˧ ·kuo sʅ˧ pan˧ xau˅。

例①也可用下述句子表述：

②您家一百个放心，我一定把这个事给您家办好。

lən˅ ·ka i˩ pɤ˩ ·kuo fan˧ ɕin˧, uo˅ i˩ tin˧ pa˧ liɛ˧ kuo˧ sʅ˧ kɤ˩ lən˅ ·ka pan˧ xau˅。

B. 你您家 li˅ n̩ / ·lən ·ka

面对辈分更高的人，谈到这位长辈时，要在"你"后加"您家"表示尊敬。例如：

①这件事，你您家就一百个放心。

liɛ˧ tɕiɛn˧ sʅ˧, li˅ ·lən ·ka tɕiəu˧ i˩ pɤ˩ kuo˧ fan˧ ɕin˧。

C. 他您家 tʰa˧ lən˧ ·ka

面对着一位长辈，在谈到第三者时，则用"他您家"——也不忘对这位长者表示尊敬。例如：

①这件事，他您家也晓得这件事，他也知道。

lie˧ tɕiɛn˧ sʅ˥, tʻa˧ lən˧·ka iɛ˧ ɕiau˧·tɤ。

"他您家"的中心是第三者"他"，但是说话人面对长者"你"，在说到第三者时，是先恭维面对的长者的一种用法。比如：

②他您家伢子家不懂事，您家不放心上他这个孩子不懂事，您不要放在心上。

ta˧·lən·ka ya˧·tsʅ·ka pu˧ tuŋ˧ sʅ˥, lən˧·ka pu˧ faŋ˧ ɕin˧ san˥。

4. 别个 piɛ˧·kɤ / ·kuo、**别人** piɛ˧·lən、**人家** lən˧·ka、**旁人** pʻan˧ lən˧

荆州话中的"别个"可视为荆州方言词汇，与普通话的"别人"是异形、异音同义词，两个词可以互换，但"别个"带有方言色彩。荆州话中"别个、别人、人家"并存，"旁人"用得不多。"人家"虽然是和普通话通用的代词，但读音已经荆州化了，读作"人家 lən˧·ka"，使用频度与"别个"不相上下，用法上还有一些差异。

(1) 句法功能的共性特征

①别个哪么搞，我也哪么搞。

piɛ˧·kuo la˧·mo / m̩ kau˧, uo˧ iɛ˧ la˧·mo / m̩ kau˧。

②人家哪么搞，我也哪么搞。

lən˧·ka la˧·mo / m̩ kau˧, uo˧ iɛ˧ la˧·mo / m̩ kau˧。

③你也不要怪别个，要怪就怪自己！

li˧ iɛ˧·pu iau˧ kuai˧ piɛ˧·kuo, iau˧ kuai˧ tɕiəu˧ kuai˧ tsʅ˧·tɕi！

④你也不要怪人家，要怪就怪自己！

li˧ iɛ˧·pu iau˧ kuai˧ lən˧·ka, iau˧ kuai˧ tɕiəu˧ kuai˧ tsʅ˧·tɕi！

⑤又没有旁人看到，怕么子吵……（《江陵故事集》）

iəu˧ mei˧ iəu˧ pʻan˧ lən˧ kʻan˧ tau˧, pʻa˧ mo˧ tsʅ˧ la˧ / sa˧……

以上例句从语法功能角度看，"别个、人家、旁人"语义、用法基本相同，都可以作主语、宾语、定语等。

(2) 语用方面的细微差异

①你姑妈回来哒，你去看下子人家。

li˧ ku˧ ma˧ xuei˧·lai ta, li˧ kʻu˧ kʻan˧·xa tsʅ lən˧·ka。

②怕么子吵，是你姑妈，又不是别个。（"别个"更口语化，有地方特色）

pʻa˧ mo˧ tsʅ˧ sa˧ / la˧, sʅ˧ li˧ ku˧ ma˧, iəu˧ pu˧ sʅ˧ piɛ˧·kɤ。

③是你姑妈，又不是旁人，怕么子吵！

sʅ˧ li˧ ku˧ ma˧, iəu˧ pu˧ sʅ˧ pʻan˧ lən˧, pʻa˧ mo˧ tsʅ˧ sa˧ / la˧！

从以上例子来看,"别个"在指称人时比较具体,所指关系也比较亲近一些;"人家"则比较空泛,所指的范围也比较宽泛;"旁人"的距离就更大了。再看:

④别个的女婿多么大,我的女婿一滴尕。

piɛ˩ ·kuo ·ti ly˥ ɕy˥ tuoㄱ ·mo taㄱ,uo˥ ·ti ly˥ ɕy˥ i˩ ·ti kaㄱ。

⑤人家的女婿多么大,我的女婿一滴尕。(《荆州歌谣集》)

lən˩ ·ka ·ti ly˥ ɕy˥ tuoㄱ ·mo taㄱ,uo˥ ·ti ly˥ ɕy˥ i˩ ·ti ·ka。

例④中的"别个"指认比较具体,在这里不宜作区别性词语。例⑤中的"人家"所指范围大,比较适合作区别性词语,用"旁人"就说不通了。

5. 自己 tsʅㄱ ·tɕi、**自家** tsʅㄱ kaㄱ、**各们** kuo˩ ·mən

(1) 自己

①这件事你自己考虑一下。

liɛㄱ tɕienㄱ sʅㄱ li˩ tsʅㄱ ·tɕi kʼau˥ ·ly ɨ˩ ·xa。

②你自己没来性没本事,怪哪个?

li˩ tsʅㄱ ·tɕi mei˩ lai˩ ·ɕin,kuai˩ la˩ kuoㄱ?

③我的事,我自己处理。

uo˥ ·ti sʅㄱ,uo˥ tsʅㄱ ·tɕi tsʻu˥ li˩。

"自己"在句中用作复指,用法与普通话相同,也常省去被复指的对象。例如:

④自己的事情自己做。

tsʅㄱ ·tɕi ·ti sʅㄱ ·tɕʼin tsʅㄱ ·tɕi tsəuㄱ。

⑤自己遭罪自己受。

tsʅㄱ ·tɕi tsauㄱ tsueiㄱ tsʅㄱ ·tɕi səuㄱ。

⑥自己说话不算数,哪个还信你?

tsʅㄱ ·tɕi suo˩ xua˩ ·pu suanㄱ su˩,la˩ kuoㄱ xai˩ ɕinㄱ li˩?

(2) 各们、自家

荆州话中,"各们"即各人,与"各人"通用,"自家"就是自己,但"各们、自家"只用作口语,荆州乡里话多用。

(二) 指示代词

1. 这、那

荆州话的"这"有 liɛㄱ/tsɤㄱ 两个读音。地道的荆州话,"这"读作"liɛㄱ",但受普通话影响或是外地迁入的"荆州人",多把"这"读作

"tsʅ↑"。"那"也有两个读音：luo↑/la↑。"这"用来表示近指，"那"表示远指。这种意义和作用主要是通过语音的变化体现的。一些外地人由于语言的隔阂，往往弄不清楚"这"表近指，"那"表远指的关系和意义。

2. "这"和"那"的词族

"这"和"那"是构成荆州方言指示代词词族系列的基础。

(1) 这

这个 liɛ↑/tsʅ↑ kuo↑｜这里 liɛ↑·li

这些 liɛ↑ ɕiɛ↑｜这些子 liɛ↑ ɕiɛ↑/ɕi↑·tsʅ

这些个 liɛ↑ ɕiɛ↑·kuo｜这么 liɛ↑·mo｜这下 liɛ↑ xa↑

这下子 liɛ↑·xa·tsʅ｜这回 liɛ↑ xuei↓

(2) 那

那个 luo↑/la↑ kuo↑｜那里 luo↑·li｜那些 luo↑ ɕiɛ

那些个 luo↑ ɕiɛ↑/ɕi↑·kuo｜那些子 luo↑ ɕiɛ↑·tsʅ

3. "这、那"系列的运用

荆州方言的"这、那"类词语比普通话丰富，但用法大体相同。

(1) 一般用法

①这哪么玩嘞这怎么玩儿呢？

liɛ↑ la↓·mo uan↓·lɛ /lɛ↑?

②这哪么办嘞这怎么办呢？

liɛ↑/tsʅ↑ la↓·mo pan↑·ɜ?

③这些人是搞么子的这些人是干什么的？

liɛ↑/tsʅ↑·ɕiɛ lən↓ tsʅ kau↓ mo↓ tsʅ↑·tə?

④这下子拐哒这一下糟糕了！

liɛ↑·xa·tsʅ kuai↑·ta!

⑤这个东西留倒留着；留下来，那些个东西一定要带走。

liɛ↑ kuo↑ tuŋ↑·ɕi liɛu↓ tau, luo↑·ɕiɛ·kuo tuŋ↑·ɕi i↓ tin↑ iau↑ tai↑ tsəu↓.

⑥这是些么子东西，那些个东西哈全弄起走！

liɛ↑ tsʅ↑·ɕiɛ mo↓ tsʅ↑ tuŋ↑·ɕi, luo↑·ɕiɛ·kuo tuŋ↑·ɕi xa↓/xa↑ luŋ↑·tɕ'i tsəu↓!

⑦伏羲说："这下该说话算数了吧！"（《江陵故事集》）

fu↓ ɕi↑ suo↓: "liɛ↑ xa↑ kai↑ suo↑ xua↑ suan↑ su↑·la·pa!"

⑧这人仪表不凡，为何卖身为奴？（《江陵故事集》）

lieㄧ lənˇ iˇ piauˇ puˇ fanˇ, ueiㄧ xouˇ maiㄧ sənˇ ueiㄧ luˇ?

（2）"这"的特色用法

荆州话中的"这"可以直接用在形容词等词语前，这也是荆州话的一个特色。例如：

①这好的手机他会把得你这么好的手机他会给你？

lieㄧ xauˇ ·tə səuˇ tɕiㄧ t'aㄧ xueiˇ paˇ ·tʏ liˇ?

②他怎么当得了这大的官这么大的官？（《江陵故事集》）

t'aㄧ tsənˇ ·mo tanㄧ ·tʏ ·liau lieㄧ taㄧ ·tə kuanㄧ?

③她们……用不了这多财产。（《江陵故事集》）

t'aㄧ ·mən …… yŋㄧ puˇ ·liau lieㄧ tuoㄧ ts'aiˇ ts'anˇ.

（三）疑问代词

1. 谁 sueiˇ、**哪个** laˇ kuoㄧ

荆州话中表疑问时"谁、哪个"通用，但"哪个"更口语化，使用频度更高。例如：

①你找哪个谁？

liˇ tsauˇ laˇ / laˇ kuoㄧ?

②哪个谁找我？

laˇ kuoㄧ tsauˇ uoˇ?

③你是哪个，怎么进得屋来？（《江陵故事集》）

liˇ sㄊㄧ laˇ kuoㄧ, tsənˇ ·mo tɕinㄧ ·tʏ uˇ laiˇ?

④这法子你想不出，是哪个告诉你的？（《江陵故事集》）

lieㄧ faˇ ·tsɿ liˇ ɕianˇ ·pu ts'uˇ, sㄊㄧ laˇ kuoㄧ kauㄧ ·su liˇ ·ti?

以上句子中的"谁、哪个"可以互换，不过荆州方言中一般都会选择用"哪个"，而有些属于荆州话口语格式的句子，则只能用"哪个"。例如：

⑤随哪个来说，也不行不管谁来说情都不行。

sueiˇ laˇ kuoㄧ laiˇ suoˇ, ieˇ ·pu ɕinˇ.

但是"随谁来说（情），也不行"在荆州话中一般不会出现。

2. 么子 moˇ tsɿㄧ、**么事** moˇ sɿㄧ

"么子、么事"词义都是"什么"，荆州城区"么子、么事"通用，沙市话一般用"么子"，但总的看来，"么子"用得更普遍一些。荆州方言中

"么子、么事"的同义词还有"耸子 suŋ˅ tsʅ˦、耸个 suŋ˅ kuo˦、么候 mo˅ xəu˦、什么候 sən˦ ·mo ·xəu˦"等。

(1) "么子"类疑问代词的运用

荆州话上述六个疑问代词加上"什么",在荆州话里通用,还有粗略的分工。

普通话中的疑问代词"什么"已经进入荆州方言,机关、学校里有一定文化的人多使用"什么",其使用范围在逐步扩大。"么子、么事"主要在荆州城、沙市区使用,乡里话中使用也比较普遍。"耸个、耸子"只出现在荆州的乡里话中,"么候、什么候"主要在靠近荆门的乡里话中出现,而且,现在即便是乡里话,"耸子、耸个、么候、什么候"四个词也几乎没人用了。

以下是 20 世纪 80 年代荆州、江陵民间文学作品中"么子、么事"的地域分布情况:

①又没有旁人看到,怕么子吵?(荆州区纪南《江陵故事集》)

iəu˦ mei˦ iəu˅ pˊan˦ ˅uei˅ kan˦ tau˦, pˊa˦ ˅o˅ tsʅ˦ sa˦ / la˦?

②男的为么子不能生伢?(荆州区马山《江陵故事集》)

lan˦ ·ti uei˦ mo˅ tsʅ˦ pu˦ lən˦ ˦səŋ a˦?

③您家问这话搞么候?(荆州区纪南《江陵故事集》)

lən˅ ·ka uən˦ tsʅ˦ xua˦ kau˦ mo˅ xəu˦?

④这算个么事?你叫他来找我。(荆州区川店《江陵故事集》)

lie˦ suan˦ ·kuo mo˅ sʅ˦? li˅ tɕiau˦ tˊa˦ lai˦ tsau˅ uo˅。

⑤这木灯台还挂在身上做么事?(江陵县普济《江陵故事集》)

lie˦ mu˦ tən˦ tˊai˦ xai˦ kua˦ tsai˦ sən˦ san˦ tsəu˅ mo˅ sʅ˦?

以上例子大体可以反映 20 世纪 80 年代荆州市周边农村口语中疑问代词的使用情况:

A. 纪南在荆州城北,马山在荆州城西北,均属远郊,多使用"么子"。

B. 普济、郝穴在据荆州城更远一些的南部地域,川店在荆州城北部远郊,这些地方出现"么事"。

C. 纪南与荆门市接界,使用"么候、什么候"可能与荆门方言中的"甚么子 sən˦ ·mo ·tsʅ / sʅ˦ ·ma ·tsʅ"有关。荆州城西南方李埠镇出现的"耸个、耸子",可能与松滋方言的疑问代词系统有关。

（2）疑问代词"么子"的重心"偏移"现象

早在周秦时代，荆州城一带已经有表疑问的代词"訾 tsʅ˧"出现。"訾"，《广韵》："即移切。"《方言·卷十》，"訾，何也……荆之南鄙谓何为曾或谓之訾荆州南边的偏远地域称'什么'为'曾'或'訾'"。就此看来，今天荆州话中的"么子"理应为"么訾"。

"么子、么事"在荆州市区是主要的疑问代词，一般都读作"么子 mo˅ tsʅ˧、么事 mo˅ sʅ˧"，但荆州区和江陵县"么子 mo˅ tsʅ˧、么事 mo˅ sʅ˧"不定。"么子、么事"是"訾"的沿用，"么候、什么候"则是"么子、么事"的扩展。"耸个、耸子"可能是受周边方言（如松滋方言有"耸个、耸子"说法）影响所致。

两千多年前，荆州地域已经出现了疑问词"訾"，普通话和许多方言中多用"什么、甚么"等。荆州话的"么子"似是"么、（訾）子"结合的产物，但今天荆州话中的"訾（子）"已经逐渐失去了表疑问义的中心地位，重心已经转移到"么"上了。

"么子、么事"这些疑问代词的出现，已经脱离了"訾"；"么候、什么候"与"訾"的距离更远一些。此外，荆州话中也常用"么"直接表疑问。例如：

①您家是么意思您是什么意思？

lən˅ ·ka sʅ˧ mo˅ i˧ ·sʅ?

②无论么东西，到他手里都要变样。

u˅ luən˧ mo˅ tuŋ˧ ·ɕi, tau˧ t'a˧ səu˅ ·li təu˧ iau˧ pien˧ ian˧。

③张飞出来说："称么肉称什么样的肉？"（《江陵故事集》）

tsaŋ˧ fei˧ ts'u˅ lai˅ suo˅: "ts'ən˧ mo˅ ȵu˧?"

④将军，你有么心事你有什么心事？（《江陵故事集》）

tɕian˧ tɕyn˧, li˅ iəu˅ mo˅ ɕin˧ sʅ˧?

⑤张飞想看看是么窍什么问题、原因。（《江陵故事集》）

tsaŋ˧ fei˧ ɕian˅ k'an˧ ·k'an sʅ˧ mo˅ tɕ'iau˧。

⑥人们不知道郑板桥搞的么名堂什么名堂？（《江陵故事集》）

lən˅ ·mən pu˅ tsʅ˧ tau˧ tsən˧ pan˅ tɕ'iau˅ kau˅ ·ti mo˅ min˅ t'an?

由此看来，"么訾"的"子（訾）"表疑问的历史已经结束，当然，终将到来的也不会是"么"时代，"什么"成为荆州方言中的主要疑问代词，将是历史发展的必然。

3. 哪么 la˅ ·mo / la˅ ·mən / laŋ˅ ·mo

在荆州话中,"哪么"是个疑问代词,词义与普通话中的"怎么"相同(有时相当于"怎样"),一般出现在动词或少数形容词前,多用于询问状态、性质、方式,主要作状语。"哪么"在荆州话中用得非常普遍,即便是讲普通话的人,口语中凡遇"怎么"时也常会选择用"哪么"。"哪么"的读音,说普通话的人一般读 la˅ ·mo,荆州本地人则读 la˅ ·mən / m̩ 或 laŋ˅ ·mo。例如:

①你要哪么搞你要怎么做、怎么办?

li˅ iau˧ la˅ ·mo / m̩ kau˅?

②你是哪么在做呀你是怎么在做的呀?

li˅ sʅ˧ la˅ ·mo tsai˧ tsəu˧ ·ia?

③你哪么就是不听劝呀你怎么就是不听劝呀?

li˅ la˅ ·mo tɕiəu˧ sʅ˧ pu t'in˧ tɕ'yɛn˧ ·ia?

④……跑了几圈,郎么也赶不上怎么也赶不上。(《江陵故事集》)

…… p'au˅ ta tɕi˅ tɕ'yɛn˧, la˅ ·mo / m̩ iɛ˅ kan˅ pu˅ san˧。

4. 随哪么 suei˅ ·la ·mo、随么子 suei˅ ·mo ·tsʅ、随哪个 suei˅ ·la ·kuo

(1) 随哪么

"随哪么"表示任怎么样,可以看作一个较为固定的短语,主要用于限制、修饰动词或形容词,构成状谓结构短语,成为一个任意的条件,引出该条件下发生的动作行为。例如:

①随哪么搞无论怎么搞 | 随哪么变无论怎么变 | 随哪么掰无论怎么整 / 搞

suei˅ ·la ·mo kau˧ | suei˅ ·la ·mo piɛn˧ | suei˅ ·la ·mo pai˧

②随哪么说无论怎么说,他还是个伢子家。

suei˅ ·la ·mo suo˧, t'a˧ xai˅ sʅ˧ kuo ya˅ ·tsʅ ka。

"随哪么搞"在口语中常发生"减音"现象,如变作"随哪搞 suei˅ ·la kau˧",更简便的可读作"suei˅ ŋ̍ kau˅","哪"成了长鼻音。

"随哪么"还有变式。例如:

③随他哪么搞。

suei˅ t'a˧ la˅ ·mo / m̩ kau˅。

④随哪么说。

suei˅ ·li la˅ ·mo suo˧。

(2) 随么子、随哪个

"随么子、随哪个"也可以表示任意的、任何的，但不构成某种条件，而是在认定某种事实，使用频度比较低，范围也比较小。例如：

①随么子都不摘手任何的事都不伸手、动手去做。

sueiㄥ ·mo ·tsʅ ·təu ·pu tsʻʅㄧ səuㄥ。

②随么子都不会做。

sueiㄥ ·mo ·tsʅ ·təu ·pu xueiㄧ tsəuㄥ。

③随哪个的话他都不听。

sueiㄥ ·la ·kuo ·ti xuaㄧ tʻaㄧ təuㄧ ·pu tʻinㄧ。

④随哪个都比他强。

sueiㄥ ·la ·kuo ·təu piㄨ tʻaㄧ tɕʻianㄥ。

⑤随哪个说情都不行。

sueiㄥ ·la ·kuo suoㄥ tɕʻinㄧ təuㄧ ·pu ɕinㄥ。

5. 几 tɕiㄨ

(1) 询问数量，或表示不确定的数量

①几个人｜几百人｜几千人

tɕiㄨ kuoㄧ lənㄥ｜tɕiㄨ pɤㄨ lənㄥ｜tɕiㄨ tɕʻienㄧ lənㄥ

②十好几斤｜二十几斤｜大几百人

sʅㄨ xauㄨ tɕiㄨ tɕinㄧ｜ɯㄧ sʅㄨ tɕiㄨ tɕinㄧ｜taㄧ tɕiㄨ pɤㄨ lənㄥ

(2) "几"在形容词前作状语，语义跟"多么、真是"相近

①这个小伢几丑呀好丑呀，多么丑呀！

lieㄧ ·kuo ɕiauㄨ ɣaㄥ tɕiㄨ tsʻəuㄨ ·ia！

②这个人几坏呀！

lieㄧ ·kuo ·lən tɕiㄨ xuaiㄧ ·ia！

③这个人几拐坏呀！

lieㄧ ·kuo ·lən tɕiㄨ kuaiㄨ ·ia！

④人家老张儿乖乖巧；会见风便舵呀！

lənㄥ ·ka lauㄨ tsanㄧ tɕiㄨ kuaiㄧ ·ia！

⑤这个小伢几贼精明；识相呀！

lieㄧ ·kuo ɕiauㄨ ɣaㄥ tɕiㄨ tseiㄨ / tsueiㄨ / tsɤㄨ ·ia！

⑥这个人几狠哪—般指略带贬义的"行；有板眼"！

liɛ˧ ·kuo ·lən tɕi˧ xən˧ ·ia！

(3) 表示疑问，但具有荆州话特色

①还不晓得几时才能回来。(《江陵故事集》)

xai˧ pu˧ ɕiau˧ ·tɤ tɕi˧ tsʅ˧ lən˧ xuei˧ ·lai。

②我的芝麻才开花，几时黄的？(《江陵故事集》)

uo˧ ·ti tsʅ˥ ·ma tsʰai˧ kʰai˧ xuaɤ, tɕi˧ tsʅ˧ xuaŋ˧ ·ti？

③你数数我的马蹄有几多。(《江陵故事集》)

li˧ su˧ ·su uo˧ ·ti / ·tə ma˧ tʰi˧ iəu˧ tɕi˧ tuoɤ。

荆州话中的"几"，尤其是表示疑问的"几"，如几时、几多等，也同荆州话中的"莫"一样，一般认为是由荆州的农民工从武汉带进荆州市区的。但这种认识是很难站得住脚的。其实，两千多年前屈原的《天问》中已经出现了"几"（意为多少），例如："自明及晦，所行几里"，"增城九重，其高几里"，"南北顺椭，其衍几何"等。关于屈原的出生地究竟是湖北秭归还是荆州（今荆州市区）、江陵还有分歧，但是秭归和荆州、江陵也只相距百十公里，且屈原的社会、政治活动主要是在江陵（今荆州市荆州区的郢都）一带，屈原的《天问》中的"几"是古代荆州地域的楚方言词应该不存在争议。传至今天的荆州话中，《江陵故事集》里的"几拐、几时、几多"当然是荆州话词汇，也不应存在任何争议。至于"几"今后的发展，则另当别论。

六、程度

这里主要介绍具有荆州方言特色的程度副词，及表达程度意义的其他方式。

(一) 程度副词

1. 蛮 man˧

"蛮"的使用频度极高，是具有代表性的荆州方言词。"蛮"的本字是"曼"。《说文》："曼，引也。"《广韵·愿韵》："曼，长也。"就是说"曼"是引长、拉长的意思，源出《楚辞·离骚》"路曼曼其修远兮"句。章太炎《新方言》引《毛诗·鲁颂传》曰:"曼,长也,淮西吴越谓甚曰曼,音如蛮……"章氏之说与荆州话说"甚(很)"为"曼"也是吻合的。荆州话说"很"为"曼(蛮)",用的是"曼"的引申义,至今依然。这样看来,从屈原的《离骚》始,"曼(蛮)"在荆州已有两千多年的历史了。

荆州话中"蛮"的语义与普通话的"很"相近,主要用法是作状语、表示程度,且基本上取代了"很"的状语地位,但不能作补语。

(1)"蛮"在形容词前作状语

A. 例词

蛮大 manㄥ taㄱ│蛮悭 manㄥ tɕienㄱ 吝啬、怪吝│蛮亲热 manㄥ tɕʻinㄱ lɤㄥ│蛮好 manㄥ xauㄥ

蛮聪明 manㄥ tsʻuŋㄱ ·min│蛮贼 manㄥ tseiㄥ/tsueiㄥ│蛮高兴 manㄥ kauㄱ xinㄧ│蛮夹生 manㄥ tɕiaㄥ sənㄱ

蛮漂亮 manㄥ pʻiauㄱ lianㄧ│蛮乖巧 manㄥ kuaiㄱ tɕʻiauㄥ│蛮孝顺 manㄥ ɕiauㄱ suənㄱ

蛮恼火 manㄥ lauㄥ xuoㄥ│蛮早以前 manㄥ tsauㄥ iㄥ tɕienㄱ│过得蛮苦 kuoㄱ ·ti manㄥ kʻuㄥ

B. 例句

①他蛮拐嘞很坏或鬼点子多!

tʻaㄱ manㄥ kuaiㄥ ·lɛ!

②他心里蛮恼火。(《江陵故事集》)

tʻaㄱ ɕinㄱ ·li manㄥ lauㄥ xuoㄥ。

③这牛娃子待娘蛮拐。(《江陵故事集》)

lieㄱ iəuㄥ uaㄥ ·tsɿ taiㄧ lianㄥ manㄥ kuaiㄥ。

④白鸽子的伤蛮快就好了。(《江陵故事集》)

pɤㄥ kuoㄥ ·tsɿ ·ti sanㄱ manㄥ kʻuaiㄥ tɕiəuㄱ xauㄥ ·ta。

(2)"蛮"在表心理活动动词或动词性短语前作状语

①蛮喜欢│蛮不识相│蛮不好搞

manㄥ ɕiㄥ ·xuan│manㄥ puㄥ sɿㄥ ɕianㄱ│manㄥ puㄥ xauㄥ kauㄥ

②她这个人蛮仗势依仗别人的权势行事。

tʻaㄱ lieㄱ ·kɤ lənㄥ manㄥ tsanㄱ sɿ̩ㄧ。

③刘寡妇的儿子蛮醒世懂事。(《江陵故事集》)

liəu˧ kua˥ ·fu ti ɯ ·tsʅ man˥ ɕin˥ sʅ˧。

④张居正一看杨知县满(蛮)有学问……(《江陵故事集》)

tsan˧ tɕy˧ tsən˧ ɿ kʽan˧ iaŋ˧ tsʅ ɕiɛn˥ man˥ iəu˥ ɕyo˧ ·uən……

⑤顺治皇上蛮感谢他。(《江陵故事集》)

suən˧ tsʅ˧ xuaŋ san˧ man˥ kan˥ ɕiɛ˧ ·tʽa。

2. 很 xən˥

"很"在荆州话中也作程度副词,可以作状语,但出现频度很低,还可以作补语。例如:

(1)"很"作状语

①张居正……很多事情只得去找皇后商量。(《江陵故事集》)

tsan˧ tɕy˧ tsən˧ …… xən˥ tuo sʅ ·tɕʽin tsʅ tʌ kʽɯ tsau˥ xuaŋ˧ xəu˧ san˧ ·lian。

②那家主人很有钱。(《江陵故事集》)

la˧ tɕia˧ tsu˥ ·lən nex xən˥ iəu˥ tɕʽien˧。

(2)"很"作补语

①人们划着彩船……热闹得很。(《江陵故事集》)

lən˧ ·mən xua˧ ·tsuo tsʽai˥ tsʽuan˧……lʌ lau˧ tʌ xən˥。

②算么子命,我的命大得很。(《江陵故事集》)

suan˧ mo˥ tsʅ˧ min˧, uo˥ ·ti min˧ ta˧ ·ti / tʌ xən˥。

(3)"蛮、很"的比较

A. "蛮"与"很"虽然都可以作状语、表程度,但"蛮"具有荆州地方特色,方言中用得非常普遍。使用程度副词时,一般都会选择"蛮","很"则用得非常少。

B. "蛮"在荆州话中只能作状语,"很"可以作状语(用得少),但可以作补语。

C. 从语用角度看,"蛮"作为荆州话中的常用词,比较温和,程度意义不强,但带有荆州地方色彩,在荆州话中适用性很强。"很"是荆州话、普通话通用词,程度意义比较强,但在荆州话中适用性较弱。

3. 太 tʽai˧

荆州话的"太"与普通话的"太"都表示程度,用法有同有异,总的来看，差异较大。

(1)"太"的通常用法

"太"的通常用法，是指荆州话与普通话大体通用的用法。例如：

①你干得太漂亮哒。

liˇ kanˉ tγ tʼaiˉ pʼiauˉ ·lian ·ta。

②这篇文章写得太好了。

liɛˉ pʼienˉ uənˇ ·tsan ɕieˇ tγ tʼaiˉ xauˇ ·la / ·ta。

③时间拖得太久了。

sɿˇ ·tɕien tʼouˉ tγ tʼaiˉ tɕiəuˇ ·ta。

④他高兴得太早了倒霉的在后头呢。

tʼaˉ kauˉ ɕinˉ tγ tʼaiˉ tsauˇ ·ta。

这种用法的"太"，一般出现在补语成分中，表示程度深，句子可以表示赞美，如例①、例②，也可以表示贬义或不满情绪，如例③、例④。

(2)"太"的荆州特色用法

荆州话特色用法的"太"，用于直接修饰动词、形容词或动词性、形容词性短语，一般与其他表示程度意义的词语相配合（最常见的是"很"），句末一般有"哒"相呼应，可体现出荆州话特色，形如"太＋动词/形容词/动词性短语/形容词性短语 ＋ 很 ＋ 哒"，大都表示不满、反感的情绪。例如：

①伢儿太饿很哒饿得太很了。

aˇ ·ɯ tʼaiˉ uoˉ xənˇ ·ta。

②伢儿太管很哒小孩儿管得太严了。

aˇ ·ɯ tʼaiˉ kuanˉ xənˇ ·ta。

③他太吃多哒。

tʼaˉ tʼaiˉ tɕʼiˇ tuoˉ ·ta。

④车子太开快哒。

tsʼɤˉ ·tsɿ tʼaiˉ kʼaiˉ kʼuaiˉ ·ta。

⑤话太说多哒。

xuaˉ tʼaiˉ suoˉ tuoˉ ·ta。

⑥学习太擂督促紧哒。

ɕyoˇ ɕiˇ tʼaiˉ leiˇ tɕinˇ ·ta。

(3)"太"的两种用法的比较

上述两种句子都表示较强的程度意义和感情色彩。

从"太"在句中的位置看,特色用法中的"太"一般都会直接出现在动词、形容词前面作状语,但它修饰的并非单个的动词或形容词(因为"太饿、太吃、太开、太说、太擂"后面如果不带辅助性词语,是无法成立的),而是修饰整个动词性短语或形容词性短语(太——饿很哒,太——吃多哒),而通常用法中的"太"一般是用在动词、形容词的后面——出现在补语成分之中(但也是"状谓结构")。试比较:

①他的病太拖久哒!

tʻaㄱ ·tə pinㄱ tʻaiㄱ tʻuoㄱ tɕiəuˇ ·ta!

②你太高兴早哒!

liˇ tʻaiㄱ kauㄱ ɕinㄱ tsauˇ ·ta!

以上是特色用法。以下为通常用法。

③你的病拖得太久了!

liˇ ·tə pinㄱ tʻaiㄱ tʻuoㄱ tɕiəuˇ ·ta!

④你高兴得太早哒!

liˇ kauㄱ ɕinㄱ tγ tʻaiㄱ tsauˇ ·ta!

荆州话"太"的特色用法一般只用于表达不满、反感的情绪,不会用于表示赞叹的语句中。但"太"的通常用法既可以表达不满、反感的情绪,也可用于表示赞美的句子中。例如:

⑤她太坏哒!

tʻaㄱ tʻaiㄱ xuaiㄱ ·ta!

⑥我太感谢哒!

uoˇ tʻaiㄱ kanˇ ɕiɛㄱ ·ta!

(4)"太"的通常用法的扩展

荆州话"太"的通常用法+"很"构成了荆州话的另一种特色常用句子。例如:

①人长得太胖了!

lənˇ tsanˇ ·tγ tʻaiㄱ pʻanㄱ ·ta!

→人长得太胖很哒!

→ lənˇ tsanˇ ·tγ tʻaiㄱ pʻanㄱ xənˇ ·ta!

②话说得太多了！

xuaㄱ suoꜚ ˑtγ tʼaiㄱ tuoㄱ ˑta！

→话说得太多很哒！

xuaㄱ suoꜚ ˑtγ tʼaiㄱ tuoㄱ xənꜚ ˑta！

③伢儿管得太严哒！

yaꜚ ɯ kuanꜚ ˑtγ tʼaiㄱ iɛnꜚ ˑta！

→伢儿管得太严很哒！

yaꜚ ɯ kuanꜚ ˑtγ tʼaiㄱ iɛnꜚ xənꜚ ˑta！

④事情做得太出格哒！

sɿㄱ ˑtɕʼin tsəuㄱ ˑtγ tʼaiㄱ tsʼuꜚ kuoꜚ ˑta！

→事情做得太出格很哒！

sɿㄱ ˑtɕʼin tsəuㄱ ˑtγ tʼaiㄱ tsʼuꜚ kuoꜚ xənꜚ ˑta！

"太"的通常用法扩展的特点是：

A. "太胖很哒、太多很哒、太严很哒、太出格很哒"是一种出现在"得"后的状谓结构，充当补语。

B. "太"修饰的是其后的形容词性短语，格式为"太＋形容词性短语(形容词＋很＋哒)"。"太＋形容词性短语"是个关系密切、格式较为固定的状谓结构。

C. 副词"很"在"太"形成的状谓结构中具有重要作用，实际上是对"太"的程度意义的一种补充。有了"很"，句子的程度意义大为增强；"很"字重读，成了全句语调的中心。

D. 这种扩展用法，一般只能表示不满的情绪。

4. 好 xauꜚ / xauㄱ、**好生** xauꜚ sənㄱ

(1) 好

荆州话中"好"作副词时，常用于修饰双音节表心理活动的动词、形容词，表示程度，语义与"蛮"大体相当。

A. 口语中"好"的使用频度比普通话的"好"要高，程度意义要深，读音略长，富于较强的感情色彩[①]。例如：

①神农好喜欢。(《江陵故事集》)

sənꜚ luŋꜚ xauꜚ ɕiꜚ ˑxuan。

---

① A类单音节的"好"，一般要读作高平调。

②县太爷好恼火，就去提犯人。(《江陵故事集》)

ɕiɛn˧ t'ai˧ iɛ˩ xau˅ lau˅ xuo˅, tɕiəu˧ k'ɯ˧ t'i˩ fan˧ ·lən。

③她婆婆子好遭孽。(《江陵故事集》)

t'a˧ p'o˩ ·p'o tsɿ xau˧ tsau˧ iɛ˩。

④燕子好喜欢，忙衔泥给大雁垒窝。(《江陵故事集》)

iɛn˧ ·tsɿ xau˅ ɕi˅ ·xuan, man˩ xan˩ li˩ kɤ˅ ta˧ iɛn˧ lei˅ uo˧。

以上例子中的"好"可以与"蛮"互换，但"好"的感情色彩和语气比"蛮"要强烈得多。

B."好"出现在形容词前，用法、语义与普通话不尽相同。例如：

①他长得好高呀！

t'a˧ tsaŋ˅ ·tɤ xau˅ kau˧ ·ia／·a！

②外面来哒好多警察。

uai˧ miɛn˧ lai˩ ·ta xau˅ ·tuo tɕin˅ tsa˅。

③这个人好坏呀！

liɛ˧ ·kuo ·lən xau˅ xuai˧ ·ia！

这三例"好"的语义接近"多、多么"，但荆州话不会用"多、多么"，也不宜改用荆州话的"蛮"。再看几例：

④说她有好坏，她就有好坏。

suo˅ t'a˧ iəu˅ xau˅ xuai˧, t'a˧ tɕiəu˧ iəu˅ xau˅ xuai˧。

⑤水长好高，他就长好高。(《江陵故事集》)

suei˅ tsaŋ˅ xau˅ kau˧, t'a˧ tɕiəu˧ tsaŋ˅ xau˅ kau˧。

⑥天有好高，地有好大。(《江陵故事集》)

t'iɛn˧ iəu˅ xau˅ kau˧, ti˧ iəu˅ xau˅ ta˧。

以上三例的特点是"好"成对出现，前后两个分句的"好"相呼应，前句的"好"多是一种条件，不表示询问。

(2) 好生

"好生"多用在动词、动词性短语前充当状语，有时也可以修饰形容词。

A. 荆州话中，"好生"方言色彩浓厚，词义类似普通话中的"好好儿"。例如：

①你好生滴尕给他说。

liˇ xauˇ sənˉ tiˉ ·ka keiˇ tʼaˉ suoˊ。

②妈，是不是我没有好生读书？（《江陵故事集》）

maˉ, sˊㄧˉ puˋ sˊㄧˉ uoˇ meiˊ / meiˊ iəuˇ xauˇ sənˉ tuˊ suˉ?

③你不好生修炼，倒来害人。（《江陵故事集》）

liˇ puˋ xauˇ sənˉ ɕiəuˉ lienˉ, tauˋ laiˊ xaiˉ lənˊ。

④它救了你的命，你不好生养它，反而将它赶出门外……（《江陵故事集》）

tʼaˉ tɕiəuˋ ·ta liˇ ·ti minˉ, liˇ puˋ xauˇ sənˉ ianˇ tʼaˉ, fanˇ ɯˊ tɕianˉ tʼaˉ kanˋ tsʼuˉ mənˊ uaiˉ……

B. 有时"好生"语义相当于普通话中的程度副词"很"，多出现在形容词、表心理活动的动词前，不过，这里的"好生"的感情色彩比"很"和荆州话的"蛮"要强烈一些。例如：

①卞和好生喜欢，才将……（《江陵故事集》）

pʼienˉ xuoˊ xauˇ sənˉ ɕiˇ ·xuan, tsʼaiˊ tɕianˉ……

②诸葛亮好生奇怪。（《江陵故事集》）

tsuˉ kuoˊ lianˉ xauˇ sənˉ tɕʼiˊ kuaiˋ。

C. "好、好生"都可以重叠。例如：

①你好好跟他说。

liˇ xauˇ xauˇ kənˉ tʼaˉ suoˊ。

②你好好生生跟他说。

liˇ xauˇ xauˇ sənˉ sənˉ kənˉ tʼaˉ suoˊ。

例①中的"好好"语义、用法与普通话相同。例②中的"好好生生"一般用在表示实际意义的动词前，不宜用在形容词前。

5. 胖 pʼanˉ

"胖"是个比较特殊的具有荆州地方特色的词语，也是个有历史渊源的古语词。"胖"，《广韵·绛韵》："匹降切。胀臭貌。""胖"多用在形容词类词语前，带有一定的夸张性。

（1）"胖"用在形容词前

①厨屋里弄得胖湿满地水淋淋的样子。

tsʼuˊ uˊ ·li luŋˉ ·tɤ pʼanˉ sˊㄧ。

②卫生间里胖臭／胖胖臭臭气熏人。

uei˧ sən˧ tɕien˧ ·li pʻan˧ tsʻəu˧／pʻan˧ pʻan˧ tsʻəu˧。

(2)"胖"用在"骚气"一类词语前

"骚气"一类词语是荆州方言中一种比较特殊的固定格式词语，使用频度很高。例如：

①碗里一转结锅巴，锅里四外胖臭气。(《荆州歌谣集》)

uan˯ ·li i˯ tsuan˧ tɕie˯ kuo˧ pa˧，kuo˧ ·li sɿ˧ uai˧ pʻan˧ tsʻəu˧ tɕʻi˧。

②厨房里胖腥气弥漫着腥臭气。

tsʻu˧ fan˯ ·li pʻan˧ ɕin˧ tɕʻi˧。

③厕所里胖骚气。

tsʻɤ˧ suo˯ ·li pʻan˧ sau˧ tɕʻi˧。

④还不快去抹澡洗澡，身上胖气色散发着难闻的气味。

xai˯ ·pu kʻuai˧ kʻɯ˧ ma˧ tsau˯，sən˧ san˧ pʻan˧ tɕʻi˧ sɤ˯。

以上例句中，就"胖"的语法功能看，与荆州话的"蛮"类似；从语义上看，换成"蛮"也说得过去，只是荆州话中没有这种说法。

"臭气、腥气、骚气、气色"这些词语貌似名词，其实它们具有形容词特征，同样可以受"蛮"的修饰等。"胖"用在"骚气"类的形容词性的词语前，具有强烈的夸张性色彩，但不能再受程度副词修饰。这样看来，荆州话的"胖"归入程度副词，应当是可以成立的。

我们说"胖"是个比较特殊的程度副词，是因为"胖"可以直接修饰名词，具有形容词特征。比如，荆州话里把鳙鱼叫作"胖头大头、胖头鱼大头鱼"，是说这种鱼的头像"胀"得很大、很突出。外地人不太理解这个"胖"，便把"胖头鱼"叫作"胖头鱼"。不过"胖"的本义就有"涨、大"义，所以把鳙鱼叫"大头鱼"也说得过去，因为胖头的体貌特征就是大脑壳。

由以上分析来看，虽然"胖"可以显示形容词的特征（如"胖头鱼"），用得也比较频繁，但除了这个"胖头、胖头鱼"，好像再无别的名词作为这种搭配对象。"胖"主要还是出现在具有形容词特征的"骚气"类词语前，它本身也不能受副词修饰，把它归入程度副词，应该是可以成立的。

6. 卯 mau˯／mau˧、卯起 mau˯ tɕʻi˯

(1) 卯

荆州话中的"卯"是个口语常用词，有一定的程度意义。

A. "卯"有"持续地、一个劲地"等意义。例如：

①你卯搞嘞多指一个劲儿地继续纠缠！

liˇ mauˇ kauˇ ·lɤ！

②你卯啯个么子啦你老在啰嗦什么呀！

liˇ mauˇ kuoˇ ·kɤ moˇ tsʅ˥ la˥！

以上例①、例②各句，"卯"表示持续、不断，一般都带有不满的情绪。

③你卯搞个么子吵，大家都等到你在。

liˇ mauˇ kauˇ ·kɤ moˇ tsʅ˥ sa˥ / la˥, ta˥ tɕia˥ təu˥ tən˥ tau˥ liˇ ·tsai。

例③中的"卯"，也有不断磨蹭、拖延的意思。

B. "卯"有时表示拼命、无节制。例如：

①每逢下雨，就把水卯往龙洲泼往龙洲这个地方灌水。(《江陵故事集》)

meiˇ fəŋˇ ɕia˥ yˇ, tɕiəu˥ paˇ sueiˇ mauˇ uanˇ luŋˇ tsəu˥ pʻoˇ。

例①的"卯"比较典型，有"拼命、一个劲儿地"的意思。

C. "卯"有时也可以作介词，构成介词短语，作状语，有任凭、随你等词义。例如：

①这东西我多得是，卯你吃，卯你选，卯你带走。

lie˥ tuŋ˥ ɕi uoˇ tuo˥ ·tɤ sʅ˥, mauˇ liˇ tɕʻiˇ, mauˇ liˇ ɕyenˇ, mauˇ liˇ tai˥。

②反正我的田地广得很，卯你的席子铺任凭你用席子去铺排。(《江陵故事集》)

fanˇ tsən˥ uoˇ ·ti tʻienˇ ti˥ kuanˇ ·tɤ xenˇ, mauˇ liˇ ·ti ɕiˇ tsʅ˥ pʻu˥。

(2) 卯起

"卯起"是个多义词，用法也呈多样性。

A. 荆州人在轻松、平和的气氛中使用"卯起"，语义是任凭、随意等。例如：

①今日大家辛苦哒，饭菜卯起吃任你吃，敞开吃。

tɕi˥ ɯ ta˥ tɕia˥ ɕin˥ ·kʻu ·ta, fa˥ tsʻai˥ mauˇ tɕiˇ tɕʻiˇ。

②今日大家卯起吃，卯起喝，我请客！

tɕi˥ ɯ ta˥ tɕia˥ mauˇ ·tɕʻi tɕʻiˇ, mauˇ ·tɕʻi xouˇ, uoˇ tɕʻin˥ kʻɤˇ！

B. "卯起"还有一种常见用法，即可以用在选择句中，表示一种果断的抉择，语气肯定，情绪也比较强烈，类似普通话的选择句的"宁可、宁愿",并有"也不"等配合（荆州话中几乎不用"宁可"一类词语）。例如：

①你卯起多等几分钟，也不要去闯红灯。

li˅ mau˅ tɕʻi˅ tuoˉ tən˅ tɕi˅ fənˉ tsuŋˉ, ie˅ puˉ iau˅ kʻɯˉ tsʻuanˉ xuŋ˅ tənˉ.

②公司卯起_{宁愿}亏本，也不能做坑害客户的缺德事。

kuŋˉ sɿˉ mau˅ tɕʻi˅ kʻuei˥ pən˅, ie˅ puˉ lən˅ tsouˉ kʻən˅ xaiˉ kuˉ kʻɤ˅ ·ti tɕʻye˅ tɤ˅ sɿˉ.

③我卯起最后一个上岸，偏不送他银子。(《江陵故事集》)

uo˅ mau˅ tɕʻi˅ tsueiˉ xəu˅ i˅ kuoˉ sanˉ anˉ, pʻienˉ ·pu suŋˉ ·tʻa in˅ ·tsɿ.

C. 荆州人生气、发火时，动作、行为情绪化，常使用"卯起"一词。"卯起"有"拼上、拼命、豁出去"的意思，一般是先有前因、后发制人。不过，这时的"卯起"虽然也有程度意义，但明显的是作动词用。例如：

①你再搞_{动手、纠缠}，我卯起哒_{我也豁出去、拼上啦}。

li˅ tsaiˉ kau˅, uo˅ mau˅ tɕʻi˅ ·ta.

7. 左已 tsuo˅ i˅、**左不过** tsuo˅ ·pu kuoˉ

(1) 左已

"左已"的意思是：反正已经是这样的程度、状态了，就按这种状况处理问题吧。多指事情已经发生，程度达到高点，前句或后句则是在"左已"条件下的（无奈）选择。例如：

①左已是超假了_{反正是已经超假哒}，干脆晚几日再回去吧。

tsuo˅ i˅ sɿˉ tsʻauˉ tɕiaˉ ·ta, kanˉ tsʻuei˅ uan˅ tɕi˅ ɯˉ tsaiˉ xueiˉ kʻɯ˅ ·pa.

②要就狠狠擂他一餐_{揍他一顿}，左已是担哒一个打人的恶名。

iauˉ tɕiəuˉ xən˅ xən˅ leiˉ ·tʻa i˅ tsʻanˉ, tsuo˅ i˅ sɿˉ tanˉ ·ta i˅ kuoˉ ta˅ lən˅ ·ti uo˅ min˅.

③左已是错过哒，后悔也没得用。

tsuo˅ i˅ sɿˉ tsʻuoˉ kuoˉ ·ta, xəuˉ xuei˅ ie˅ mei˅ tɤ˅ yŋˉ.

(2) 左不过

"左不过"是"充其量、大不了"的意思，使用"左不过"，句子的前句或后句，是在"充其量、大不了"最高程度、最坏情况下做出的选择。例如：

①骂了他，左不过挨一顿批评。

maˉ ·ta tʻaˉ, tsuo˅ ·pu kuoˉ ai˅ i˅ tuənˉ pʻiˉ ·pin.

②左不过一个月的奖金没得哒，怕么子啦！

tsuo˅ ·pu kuo˧ i˩ kuo˧ yɤ˩ ti tɕian˅ tɕin˧ mei˧ tɤ˩ ·ta, pʻa˧ mo˅ tsʅ˧ ·la !

(3)"左已、左不过"的来源

荆州话中的"左已、左不过"的语义成因，应和古代楚国的"上左（崇尚左位、以左为尊）"的习俗有关。

一般认为，周秦时代，周人尚右（崇尚右位、以右为尊），而楚国人则相反，是崇尚左位，以左为上、以左为尊的。《左传》（桓公八年）记载："楚人上左，君必左……"《丰镐考信别录》也认为："余考之《春秋传》，皆上右者，惟楚人上左耳……"①

"左已、左不过"正是把左位视为最高限度、最高程度，"左已、左不过"的"充其量、大不了"语义，应当是楚地楚人上（尚）左思维、上左习俗的继承和体现。

8. 横直 xuən˩ tsʅ˩

"横直"在荆州话中作语气副词用，相当于普通话中的"反正"，是"无论怎样……也要如何"的意思，一般带有消极情绪，有一定程度意义的变化。

(1) 出现在句首。例如：

①横直我是不干了，随你哪么搞吧。

xuən˩ tsʅ˩ uo˅ sʅ˧ pu˩ kan˧ ·la / ·ta, suei˩ yi˩ la˩ m̩ / ·mo kau˅ ·pa。

(2) 主要出现在动词谓语句中，也可以用在形容词谓语句中。例如：

①横直都是个走辞职，倒不如早滴尕走……

xuən˩ tsʅ˩ təu˧ sʅ˧ kuo˧ tsəu˅, tau˧ pu˩ lu˩ tsau˅ ·ti ·ka tsəu˅……

②横直都是个牙疼，拔了算哒！

xuən˩ tsʅ˩ təu˧ sʅ˧ kuo˧ ia˩ ·tʻəŋ, pa˩ ·ta suan˅ ·ta !

(3) "横直"另有"不管怎么说"义，这似是"横直"的一种以退为进的用法。例如：

①横直你也是个男人，连这滴尕气量都没有……

xuən˩ tsʅ˩ li˩ iɛ˅ sʅ˧ kuo˧ lan˩ ·nən, liɛn˩ tsʅ˅ ·ti ·ka tɕʻi˧ lian˧ təu mei˩ iəu˅……

---

① 李水海：《老子〈道德经〉楚语考论》，陕西人民教育出版社，1990 年版，第 225 页。

②横直你也算个处级，连这滴尔小事也做不了主。

xuən˧ tsʅ˧ li˨ ni˨ iɛ˨ suan˧ kou˨ tsʻu˧ tɕi˨, liɛn˨ tsɤ˧ ·ti ·ka ɕiau˨ sʅ˧ iɛ˨ tsuo˧ / tsəu˧ ·pu liau˨ tsu˨。

9. 硬 ən˧

"硬"在荆州话中有两种用法，可作形容词，也可以作副词用。

(1) "硬"作形容词。例如：

①饭做得蛮硬不软和。

fan˧ tsəu˧ ·tɤ man˨ ən˧。

②他的科研蛮硬论文多，质量高。

tʻa˧ ·ti kʻou˨ iɛn˨ man˨ ən˧。

③他的关系才硬关系户有分量。

tʻa˧ ·ti kuan˧ ·ɕi tsʻai˨ ən˧。

例①是"硬"的基本义，与普通话通用，表示"坚硬"义。例②、例③是引申义，指过硬。

(2) "硬"用作副词，作状语，是荆州话特色用法，有一定的程度意义和情感色彩，有时还读作长音，可视作有程度意义的语气副词。例如：

①我要他去谈下子，他硬不肯去。

uo˨ iau˧ tʻa˧ kʻɯ˧ tʻan˨ ·xa ·tsʅ, tʻa˧ ən˧ pu˨ kʻən˨ kʻɯ˧。

②我要他到家里吃餐饭，他硬不来。

uo˨ iau˧ tʻa˧ tau˧ tɕia˧ ·li tɕʻi˨ tsʻan˧ fan˧, tʻa˧ ən˧ pu˨ lai˨。

③孔子仗着自己有学问，硬要住上等房。(《江陵故事集》)

kʻuŋ˨ tsʅ˨ tsan˧ tsuo˧ tsʅ˧ tɕi˨ iəu˨ ɕyo˨ uən˧, ən˧ iau˧ tsu˧ san˧ tən˨ fan˨。

④伍子胥不听，硬要娘娘在三天之内交出玉印。(《江陵故事集》)

u˨ tsʅ˨ ɕy˧ pu˨ tʻin˧, ən˧ iau˧ lian˨ ·lian tsai˧ san˧ tʻiɛn˧ tsʅ˧ lei˧ tɕiau˧ tsʻu˨ y˧ in˧。

10. 硬是 ən˧ sʅ˧

"硬是"也是一个语气副词，有一定的程度意义。"硬"有"是"的介入，在语气上往往拖出长腔，更富于感情色彩。例如：

①街上车挤车，人挤人，硬是走不动。(《江陵故事集》)

kai˧ san˧ tsʻɤ˧ tɕi˨ tsʻɤ˧, lən˨ tɕi˨ lən˨, ən˧ sʅ˧ tsəu˨ ·pu tuŋ˧。

②今天怎么硬是搞不到一餐饭吃。(《江陵故事集》)

tɕin˧ tʼien˧ tsən˧ ·mo ən˧ sʅ˧ kau˨ ·pu tau˨ i˨ tsʼan˧ fan˧ tɕʼi˨。

③丞相把个荆州我守，硬是不放心。(《江陵故事集》)

tsʼən˨ ɕian˨ pa˨ ·kuo tɕin˧ tsəu˨ uo˨ səu˨, ən˧ sʅ˧ ·pu fan˧ ɕin˧。

④连县官老爷都搞不赢他，硬是不服气。(《江陵故事集》)

lien˨ ɕien˨ kuan˧ lau˨ iɛ· təu kau˨ ·pu in˨ tʼa˧, ən˧ sʅ˧ pu˨ fu˨ tɕʼi˨。

11. 恶奢 uo˨ ·suo ／·sʅ˨、**血肺** ɕiɜ˨ fei˧

这两个词都是借音词，本字待考。这两个词荆州人口语常用，略带有贬义色彩。

(1) 恶奢

"恶奢"是拼命、使劲的意思，用在动词前作状语，使用的条件是先有前因、后发制人。例如：

①你要再骂，我就恶奢搞嘞_{我就使劲搞嘞}！

li˨ iau˧ tsai˧ ma˧, uo˨ tɕʼiəu˧ uo˨ ·sʅ˨ kau˨ ·lɜ！

②你再搞，我也恶奢搞嘞！

li˨ tsai˧ kau˨, uo˨ iɛ˨ uo˨ ·sʅ˨ kau˨ ·lɜ！

③我恶奢把他搞了一餐_{一顿}。

uo˨ uo˨ ·sʅ˨ pa˨ tʼa˧ kau˨ ·ta i˨ tsʼan˧。

(2) 血肺

有"特别、非常讨厌"义，一般直接作动词，带宾语用。例如：

①我蛮血肺他_{我非常讨厌他}。

uo˨ man˨ ɕiɛ˨ fei˧ ·tʼa。

②大家都蛮血肺她。

ta˧ tɕia˧ təu˧ man˨ ɕiɜ˨ fei˧ ·tʼa。

有时"血肺"也可以作状语，表示程度意义，但这种用法用得较少。例如：

③研卜同学都血肺烦他_{都非常讨厌他}。

pan˧ ·san tʼuŋ˨ ɕyou˨ təu˧ ɕiɜ˨ fei˧ fan˨ ·tʼa。

12. 活整 xuo˨ kən˨

"活整"在荆州话中是个很活跃的副词，大致的意思是"活脱脱地、完全是"，多用于贬义，带有较强的感情色彩。此外，"整"在荆州话中虽有

kən˥˩ / tsən˥˩ 两个读音，但"整"作为"活整"的构词成分，只能读作"kən˥˩"，不能读作"tsən˥˩"。例如：

①他这个人活整就是个流打鬼他这个人完全是个游手好闲、不务正业的人。

tʼa˥ lie˩ ·kuo lən˩ xou˩ kən˥˩ tɕiəu˩ sʅ˩ ·kuo liəu ta˩ kuei˥˩。

②他这个人，一而再、再而三地出生活作风问题，活整就是个流氓。

tʼa˥ lie˩ ·kuo lən˩, i˩ ɻʅ tsai˥˩, tsai˥˩ ɻʅ san˥ ti tsʼu˩ sən˩ xou˩ tsou˩ fəŋ uən˥ tʼi˩, xou˩ kən˥˩ tɕiəu˩ sʅ˩ ·kuo liəu man˩。

13. 瞎 ɕia˩

"瞎"的语义和用法与普通话中的"瞎"大体相当，但荆州话中的"瞎"，适用范围较宽泛，语义不尽相同。

(1) 意为说话、做事胡乱来或无根据。例如：

①你不（要）听他瞎说乱说。

li˩ ·pu(iau˥) tʼin˥ tʼa˩ ɕia˩ suo˩。

②他还是"麦口政策"自己说的就是体制、政策那一套，完全是瞎搞乱搞一通。

tʼa˥ xai˩ sʅ˩ " i˥ tsa˩ kʼəu˥ tsən˥ tsʼɤ˩ " la˥ i˩ tʼau˥, uan˩ tɕʼyɛn˩ sʅ˩ ɕia˩ kau˩。

③这种事也能搞举手表决，不是瞎掰嗫！

lie˥ tsuŋ˩ sʅ˩ iɛ˩ lən˩ kau˩ tɕy˩ səu˩ piau˩ tɕyɛ˩, pu˩ sʅ˩ ɕia˩ pai˥ ·mo!

④你莫在这里瞎说八道。

li˩ mo˩ tsai˥ tsʅ˥ ·li ɕia˩ suo˩ pa˩ tau˥。

以上用法都带有贬义色彩。

(2) 意为无收益、白干了一通。例如：

①瞎跑哒一趟，人家今日根本不开门！

ɕia˩ pʼau˩ ta i˩ tʼan˥, lən˩ ka tɕi˥ ɯ˩ kən˥ pən˩ pu kʼai˥ mən˩!

②我这还不是跑来跑去瞎忙。

uo˩ tsʅ˥ xai˩ pu sʅ˩ pʼau˩ lai˩ pʼau˩ kʼɯ˩ ɕia˩ man˩。

"瞎"在句中主要用在动词谓语前作状语，使用频度很高，归入副词类是可以的。

14. 鬼 kuei˩

除了作名词用的"鬼"（"大鬼、小鬼、讨债鬼"等）以外，"鬼"在荆州话中常见的用法还有两个：

(1) 作形容词，充当定语、谓语成分。例如：
①鬼东西｜鬼家伙｜鬼点子｜鬼板眼｜鬼名堂｜（这个人）鬼得很
kuei˅ tuŋ˧ ·ɕi｜kuei˅ tɕia˧ ·oux｜kuei˅ tiɛn˅ ·tsʅ｜kuei˅ pan˅ iɛn˅｜
kuei˅ min˅ ·tʻan / (liɛ˧ ·kuo ·nəl) kuei˅ ·tʅ xən˅

以上用法与普通话相同，但使用范围比普通话要宽泛得多。
(2) "鬼" 在谓词性词语（主要是动词）前作状语。例如：
①鬼说 kuei˅ suo˅｜鬼嚼 kuei˅ tɕiau˅ 争辩、扯皮
鬼搞 kuei˅ kau˅｜鬼做 kuei˅ tsəu˧
鬼扯 kuei˅ tsʻɤ˅｜鬼汪鬼叫 kuei˅ uaŋ˧ kuei˅ tɕiau˧
鬼汪 kuei˅ uaŋ˧｜尖汪鬼叫 tɕiɛn˧ uaŋ˧ kuei˅ tɕiau˧ 尖声乱喊乱叫
②你不听他鬼说。
li˅ ·pu tʻin˧ tʻa˧ kuei˅ suo˅。
③你不听他鬼嚼 无理争辩。
li˅ ·pu tʻin˧ tʻa˧ kuei˅ tɕiau˅。
④你不听他鬼扯 说得没谱。
li˅ ·pu tʻin˧ tʻa˧ kuei˅ tsʻɤ˅。
⑤你不在这里鬼搞。
li˅ ·pu tsai˧ tsʅ˧ ·li kuei˅ kau˅。
⑥你不看他鬼做。
li˅ ·pu kʻan˧ tʻa˧ kuei˅ tsəu˧。

在动词谓语前作状语是荆州话里"鬼"的主要用法，使用频度很高，语义比较丰富，但又比较抽象，与"瞎"的情况非常相似，不宜把它看作形容词作状语，把它划归与"瞎"同类的表示性状的副词可能更合适一些。

15. 骚 sau˅ / sau˧、苕 sau˅

这两个词荆州话中用得不多，用法也比较简单，一般带有贬义色彩。例如：
①她在那里骚骂 失控一样地破口骂丑话、骂脏话，哪个都劝不好。（作状语）
tʻa˧ tsai˧ la˧ ·li sau˧ ma˧, la˅ kuo˧ ·tɤu tɕʻyɛn˧ ·pu xau˅。
②你再骂，我也苕搞 瞎搞乱来唦！（作状语）
li˅ tsai˧ ma˧, uo˅ iɛ˅ sau˅ kau˅ ·lɛ!

③挖哒一堆骚泥巴烂泥巴、脏泥巴。（作定语）
uaㄧ ·ta iˇ tueiㄧ sauˇ liˇ ·pa。

16. 直 tsʅˇ

普通话中"直"作形容词居多，荆州话中则多作副词用，有一定的程度意义和带夸张性的形象色彩。例如：

①他鬼火直冒，是哪个大胆刁民……（《江陵故事集》）
tʰaㄧ kueiˇ xuoˇ tsʅˇ mauㄧ, sʅㄧ laˇ kuoㄧ taㄧ tanˇ tiauㄧ minㄥ……

②李知府……冷汗直冒……（《江陵故事集》）
liˇ tsʅㄧ fuˇ ……lənˇ xanㄧ tsʅˇ mauㄧ……

③鲁肃也吓得直流冷汗。（《江陵故事集》）
luˇ suˇ iɛˇ xɤˇ tɤˇ tsʅˇ lieuˇ lənˇ xanㄧ。

④员外喜得口水直流。（《江陵故事集》）
yenˇ uaiㄧ ɕiˇ tɤˇ kʰəuˇ sueiˇ tsʅˇ liuˇ。

（二）非程度副词表示程度

1. 叠缀形容词

叠缀形容词具有一定的程度意义，也正是如此，它们不能再受程度副词修饰。例如：

肥嘟嘟 feiˇ tuㄧ tuㄧ
胖嘟嘟 pʰanㄧ tuㄧ tuㄧ
白卡卡 pɤˇ kʰaˇ kʰaˇ
湿濯濯 sʅㄧ tɕʰyㄧ tɕʰyㄧ

2. 形容词重叠

形容词重叠形式一般都具有程度意义，但相比较而言，荆州话中双音节形容词重叠形式更常见一些。

A. 例词

小小 ɕiauˇ ɕiauˇ 很小 ｜ 长长 tsaˇ tsʰaˇ 很长
黄里黄昏 xuanˇ ·li xuanˇ xuənㄧ 很糊涂
泡里泡气 pauㄧ ·li pauㄧ tɕʰiㄧ 很有些泡
白白净净 pɤˇ pɤˇ tɕinㄧ tɕinㄧ 很漂亮
清清白白 tɕʰinㄧ tɕʰin pɤˇ pɤˇ 很清白
紧紧巴巴 tɕinˇ tɕinˇ paㄧ paㄧ 经济比较拮据

消消停停 ɕiau˦ ɕiau˦ ·t'in ·t'in 很宽松；很舒适

B. 例句

①你小小犬儿嫌门窄。(《江陵故事集》)

li˦ ɕiau˦ ɕiau˦ tɕyen˦ ɯ˦ ɕien˦ mən˦ tsɹ˦。

②王家张灯结彩，热热闹闹……(《江陵故事集》)

uan˦ ·ka tsan˧ tən˦ tɕi˧ ts'ai˦, lɤ˦ lɤ˦ lau˦ lau˧……

3. 动词重叠

摁都不摁 sai˦ ·təu ·pu sai˦ 理都不理；根本就不买账

呲都不呲 tsɹ˧ ·təu ·pu tsɹ˧ 说都不说一声；根本就不理会

摸都不摸 mo˧ ·təu ·pu mo˧ 根本就不摸一下

瞄都不瞄 miau˧ ·təu ·pu miau˧ 根本看都不看一下

4."香喷哒"类

"哒"跟在形容词或少数动词后，构成三字格词语形式，本身都带有程度意义，也是荆州话词语的一种生动形式。该类词语也算是一种框式结构形式，第一音节略显轻短，第二音节读作略长的˧调值，"哒"读作轻声。

(1) 常见词语

干净哒 kan˧ tɕin˧ ·ta 很干净 ｜ 干崩哒 kan˧ pən˧ ·ta 干得很

香喷哒 ɕian˧ p'ən˧ ·ta 香得很 ｜ 光溜哒 kuan˧ liəu˧ ·ta 非常光溜

绿莹哒 lu˦ in˧ ·ta ｜ 白晶哒 pɤ˦ tɕin˧ ·ta

冷冰哒 lən˦ pin˧ ·ta ｜ 圆纠哒 yen˦ tɕiəu˧ ·ta

(2) 语法功能

A. 作"得"后补语

①伢儿长得肥嘟哒胖乎乎的样子。

ya˦ ·ɯ tsaŋ˦ ·tɤ fei˦ tu˧ ·ta。

②手冻得红通哒。

səu˦ tuŋ˧ ·tɤ xuŋ˦ t'uŋ˧ ·ta。

③地上搞得湿灈哒很湿，湿漉漉的样子。

ti˧ ·san kau˦ ·tɤ sɹ˦ tɕ'y˧ ·ta。

④伢儿掉到床底下，睡得着眯哒睡得很香。

ya˦ ·ɯ tiau˧ tau˧ ts'uan˦ ti˦ xa, suei˧ ·tɤ tsuo˦ mi˧ ·ta。

B. 直接作谓语成分

①垫絮泡乎哒很蓬松的样子。

tiɛn˧ ɕy˧ pʰau˧ xɯ˧ ·ta。

②屋子里黑黢哒。

u˧ ·tsʅ ·li xɤ˧ tɕʰy˧ ·ta。

③伢儿身上光溜哒。

ya˧ ·ɯ sən˧ san˧ kuan˧ liəu˧ ·ta。

④张相爷看见是家乡来的船，心里热乎哒。（《江陵故事集》）

tsan˧ ɕian˧ iɛ˧ kʰan˧ tɕiɛn˧ sʅ˧ tɕia˧ ɕian˧ lai˧ ·ti tsʰuan˧，ɕin˧ ·li lɤ˧ xu˧ ·ta。

上述带"哒"的词语，一般都有"很、非常"的程度意义，并带有夸张性情感色彩和被渲染的情状氛围，而且"哒"前的词语一般都会重读，可以有效地增强词语的表现力；此外带"哒"的词语结构关系比较紧密，自身已经有程度意义，也不能再受程度副词修饰了。

5. "AA 声"类

荆州话中的"AA 声"类词语都有一定的程度意义。

①老头子气得恨恨声。

lau˧ tʰəu˧ ·tsʅ tɕʰi˧ ·tɤ xən˧ xən ·sən。

②老巴子疼得汪汪声。

lau˧ pa˧ ·tsʅ tʰən˧ ·tɤ uan˧ uan ·sən。

6. 不过

①张老师烦不过非常烦，侧身走哒。

tsan˧ lau˧ sʅ˧ fan˧ ·pu kuo˧，tsʰɤ˧ sən˧ tsəu˧ ·ta。

②李老师急不过很着急，连忙追哒出去。

li˧ lau˧ sʅ˧ tɕi˧ ·pu kuo˧，liɛn˧ man˧ tsuei˧ ·ta tsʰu˧ kʰɯ˧。

7. 固定短语表示程度

荆州话中有大量的三字格、四字格固定短语，类似普通话的惯用语、成语，其中的谓词性短语一般都具有一定的程度意义。例如：

（1）三字格短语

搞得拐 kau˧ ·tɤ kuai˧ 搞得很糟糕，出了大问题

没得整 mei˧ ·tɤ tsən˧ 完全没有一点办法

搞杵哒 kau˨ tsʻu˨ ·ta 搞僵了
搞恶哒 kau˨ uo˨ ·ta 搞得要翻脸了
搞翻哒 kau˨ fan˧ ·ta 到了翻脸的地步
搞冒哒 kau˨ mau˧ ·ta 到了无可忍耐的地步
黑哒天 xɤ˧ ·ta tʻiɛn˧ 天都要塌下来了
邪完哒 ɕie˨ uan˨ ·ta 邪到底了
㧱起哒 xu˧ tɕʻi˨ ·ta 忙得团团转

以上词语相当于动词或形容词性短语，它们不能再受程度副词修饰，因为其本身就表示很深的程度。

(2) 四字格短语

巴流水湿 pa˧ liəu˨ suei˨ sʅ˧ 湿漉漉的样子
侧头侧脑 tsʻɤ˧ ʻɤ˨ tsʻɤ˧ lau˨ 很肉麻地显示自己
大头大脑 ta˧ tʻɤ˨ ta˧ lau˨ 很傲慢、爱理不理的样子
等米下锅 tən˨ mi˨ ɕia˧ kuo˧ 急等着要用
鬼火直冒 kuei˨ xuo˨ tsʅ˨ mau˧ 十分恼火
黑汗水流 xɤ˧ xan˨ suei˨ liəu˨ 脏的汗水直往下滴
两眼滴血 lian˨ iɛn˨ ti˧ ɕie˨ 一般指"着急，极度思念，或心疼得眼睛都要滴血了"
胖臭祸天 pʻan˧ tsʻɤ˧ ɤ˧ xuo˧ tʻiɛn˧ 臭气熏天
死无烂用 sʅ˨ u˨ lan˧ yŋ˧ 没一点儿能耐
疏懒好吃 su˧ lan˨ xau˨ tɕʻi˧ 好吃懒做
讨死人嫌 tʻau˨ sʅ˨ lən˨ ɕiɛn˨ 让人非常讨厌

(以上详见第三章"荆州方言词汇"的"分类词表"中的"固定短语"部分)

七、介引

荆州话的介词可分为两类，一类是与普通话大体通用的介词，一类是具有荆州话特色的介词（指荆州话特有，或语义、用法上与普通话有一定差异的介词）。

（一）常用介词

荆州话中的多数介词与普通话大体可以通用，常与名词、代词等构成介词短语，表示处所、时间、对象、方式、目的等意义。常见的有：在、打、从、自、自从、往、朝、向、到、于、当、沿着、顺着、将、把、对、对于、给、和、跟、同、连、比、除了、由、以、按照、依照、为、为了、叫、让、轧、尽（儘）等。这里就荆州话中常见常用的介词作粗略介绍，对有荆州话特色的介词则重点加以阐述。

1. 在

(1) 构成介词短语作状语、补语

①张大夫……在家里转了转，也想不出。(《江陵故事集》)

tsaŋ˧ ta˧ ·fu……tsai˧ tɕia˧ ·li tsuan˧ ·ta tsuan˧, iɛˇ ɕian˅ ·pu tsʻuˇ。

②药王跟在送葬的后头。(《江陵故事集》)

yoˇ uaŋ˧ kən˧ tsai˧ suŋ˧ tsaŋ˧ ·tə xəu˅ ·təu。

③他一直住在里面。(《江陵故事集》)

tʻa˧ i˩ tʂŋ˅ tsu˅ tsai˧ ʅi˅ ·mien。

④蚂蟥精躲在一条大牸牛的大胯里。(《江陵故事集》)

maˇ xuan˧ tɕiŋ˧ tuoˇ tsai˧ i˩ tʻiau˧ ta˩ kuˇ iəu˩ ·ti ta˩ kʻuaˇ ·li。

荆州话中的"在"构成介词短语充当表处所的状语成分时，一般不会出现在句首。如一般不会有"在家里，张大夫转了转"等说法。

(2) 表示动作启动点

①他在床底下拖出一个木箱子。

tʻa˧ tsai˧ tsʻuan˧ ti˅ ·xa tʻoˇ tsʻuˇ ʅi˩ kuo˧ muˇ ɕian˧ ·tsʅ。

②他在药袋中拿出几粒丸子。(《江陵故事集》)

tʻa˧ tsai˧ yoˇ tai˧ tsuŋ˧ laˇ tsʻuˇ tɕi˅ li˩ yen˩ ·tsʅ。

例①、例②中的"在"有"从"的意义，由其所构成的介词短语表示动作的起始点和方向。这种例子不多，但不宜把这种用法看成语误，可以看作一种习惯的用法，而且古已有之。例如《红楼梦》第54回中就有类似的用法：

③我常见他在螺甸下柜子里取钱从螺甸柜子里取出钱来。

uoˇ tsʻaŋ˩ tɕien˧ tʻa˧ tsai˧ luoˇ tien˧ ɕia˩ kuei˅ ·tsʅ ·li tɕʻyˇ tɕien˩。

2. 朝

荆州话中的"朝"与普通话语义和用法相当，都是引导动作、行为的方向。例如：

①关公……抽出宝剑，朝她头上砍去。(《江陵故事集》)

kuan˧ kuŋ˧ ……tsʰəu˧ tsʰu˧ pau˥ tɕien˧, tsʰau˥ tʰa˧ tʰəu˧ ·san kʰan˥ kʰɯ˧。

②诸葛亮连忙朝他鞠了个躬。(《江陵故事集》)

tsu˧ kuo˥ lian˧ lien˧ man˧ tsʰau˥ tʰa˧ tɕy˧ ·ta kuo˥ kuŋ˧。

③他朝天上吹了口气。(《江陵故事集》)

tʰa˧ tsʰau˥ tʰien˧ san˧ tsʰuei˧ ·la / ·ta kʰəu˥ tɕʰi˧。

④灵王……就跟着她朝章华台走去。(《江陵故事集》)

lin˧ uan˧ ……tɕiəu˥ kən˧ tsuo tʰa˧ tsʰau˥ tsaŋ˧ xua˧ tʰai˧ tsəu˥ kʰɯ˧。

⑤老板……捡起一坨泥巴，朝自己鼻尖上一抹……(《江陵故事集 2》)

lau˥ pan˥ ……tɕien˥ tɕʰi˥ i˧ tʰou˧ li˧ ·pa, tsʰau˥ tsʱ˥ tɕi pi˧ tɕien˧ san˧ i˧ mo˥ / ma˧ ……

3. 向

①诸葛亮……就向他请教。

tsu˧ kuo˥ lian˧ …… tɕiəu˥ ɕian˧ tʰa˧ tɕʰin˥ tɕiau˧。

②刘员外忙向彭大人磕头……(《江陵故事集》)

liəu˧ yən˧ uai˧ man˧ ɕian˧ pʰuŋ˧ ta˧ lən˧ kʰou˧ tʰəu˧……

③蚂蟥精举起火龙滚向关公打来。(《江陵故事集》)

ma˥ xuan˧ tɕin˧ tɕy˥ tɕʰi˥ xou˥ luŋ˧ kuən˥ ɕian˧ kuan˧ kuŋ˧ ta˥ lai˧。

④那棍上的火……向蚂蟥精扑去。(《江陵故事集》)

la˧ kuan˧ san˧ ·ti xuo˥ …… ɕian˧ ma˥ xuan˧ tɕin˧ pʰu˧ / pʰu˧ kʰɯ˧。

4. 往、照

①彭大人往地上一倒……(《江陵故事集》)

pʰuŋ˧ ta˧ ·lən uan˥ ti˧ san˧ i˧ tau˥……

②盘古照着大肉球就是一斧头。(《江陵故事集》)

pʰan˧ ku˥ tsau˥ ·tsuo ta˧ lu˧ tɕʰiəu˧ tɕiəu˥ sʱ˧ i˧ fu˥ ·təu。

③伏羲怕是怪物，照着肉球就是一刀。(《江陵故事集》)

fu˧ ɕi˧ pʰa˥ sʱ˧ kuai˧ ·u, tsau˥ ·tsuo lu˧ tɕʰiəu˧ tɕiəu˥ sʱ˧ i˧ tau˧。

5. 沿着、顺倒

①女娲沿着太阳山边跑边说……（《江陵故事集》）

ly˅ uaㄧ iɛnㄧ ·tsuo tʻaiㄧ ·ian sanㄧ pienㄧ pʻau˅ pienㄧ suoˊ……

②枣红马又顺倒墙走转来。（《江陵故事集》）

tsau˅ xuŋˊ ma˅ iəuˊ suenㄧ ·tau tɕʻianˊ tsəˊ tsuan˅ lai˅。

以上例句中，"顺倒"更具有荆州话口语特色，将"顺着"说成"顺倒"更符合荆州话的特点。

6. 到

①冒到上面的就成了天。（《江陵故事集》）

mauㄧ ·tau sanㄧ ·mien ·ti tɕiəuㄧ tsʻənˊ ·ta tʻienㄧ。

②你是哪里凶神，到这里讲狠？（《江陵故事集》）

li˅ sㄱㄧ la˅ ·li ɕyŋㄧ sənˊ, tauㄧ tsɤ˅ ·li tɕianˊ xən˅？

③"扑通"一声跪到地上就磕头。（《江陵故事集》）

"pʻuㄧ tʻuŋㄧ" i˅ sənˊ kueiㄧ tauㄧ tiㄧ sanㄧ ɕiəi˅ kʻouˊ tʻouˊ。

"到"的用法与普通话相同，但读音常与荆州话中的特色词"倒 tau / təu"混用。

7. 从

"从"加名词性词语构成介词短语表示动作行为的起始点。

①从地上捡起一坨泥巴。（《江陵故事集》）

tsʻuŋˊ tiㄧ sanㄧ tɕienˊ tɕʻi˅ i˅ tʻouˊ li˅ ·pa。

②这场大火是从哪里来的呢？（《江陵故事集》）

liɛˊ tsʻanˊ taㄧ xuoˊ sㄱㄧ tsʻuŋˊ la˅ ·li lai˅ ·ti lə?

③火龙滚就从蚂蟥精手上掉下来。（《江陵故事集》）

xuoˊ luŋˊ kuənˊ tɕiəu˅ tsʻuŋˊ ma˅ xuanˊ tɕinㄧ səu˅ sanㄧ tiauㄧ ·ɕia ·lai。

④他从东海来到扬子江。（《江陵故事集》）

tʻaㄧ tsʻuŋˊ tuŋㄧ xai˅ lai˅ tauㄧ ianˊ ·tsㄱ tɕianㄧ。

⑤从早上到晚上，药王就是不给他看病。（《江陵故事集》）

tsʻuŋˊ tsau˅ sanㄧ tauㄧ uan˅ sanㄧ, yoˊ uanˊ tɕiəu˅ sㄱㄧ pu˅ kɤ˅ tʻa kʻanㄧ pinㄧ。

8. 将

荆州话的"将"用得较多，用法与普通话略有区别。例如：

①……忙将卞和请进宫。(《江陵故事集》)
…… man˩ tɕian˥ piɛn˥ xou˩ tɕʰin˩ tɕin˥ kuŋ˥。

②神农就叫人将两头石狮子抬到宫殿门口。(《江陵故事集》)
sən˩ luŋ˩ tɕiəu˥ tɕiau˥ ɻən˩ tɕian˥ lian˩ tʰəu˩ sʐ˩ sʐ·tsɿ tʰai˩ tau˥ kuŋ˥ tiɛn˥ mən˩ kʰəu˩。

③刘和尚……将一杯水端到桂英面前。(《江陵故事集》)
liəu˩ xou˩ san˥ …… tɕian˥ i˩ pei˥ suei˩ tuan˥ tau˥ kuei˥ in˥ miɛn˥ tɕʰiɛn˩。

④就将这庙取名飞佛寺。(《江陵故事集》)
tɕiəu˩ tɕian˥ liɛ˩ miau˩ tɕʰy˩ min˩ fei˥ fo˩ sʐ˥。

⑤……王母娘娘就将她的马留下来……(《江陵故事集》)
uan˩ mu˩ lian˩·lian tɕiəu˩ tɕian˥ tʰa˥ ·ti ma˩ liəu˩ ɕia˩ lai˩ ……

以上各例中的"将"有处置意义，具有书面语词汇特征，普通话中多用作"把、拿"。荆州话句中用"将"不用"把"，跟荆州话的"把"主要作动词"给"用有一定关系。用"将"，体现了荆州方言特色。实际上，上述各例中的"将"兼有荆州话"把、拿"的介词作用和动作意义，北方方言区的人听着不太习惯。

9. 和、跟、同、对

荆州话中的"和、跟、同、对"语义和用法与普通话大体相当：出现主导的甲方，"和、跟、同、对"（引出乙方）构成介词短语作状语。例如：

①平王的尸首……和好人一般。(《江陵故事集》)
pʰin˩ uan˩·ti sʐ˥ səu˩ …… xou˩ ɻuei˩ i˩ pan˥。

②长老和尚……和他下起棋来。(《江陵故事集》)
tsaŋ˩ lau˩ xou˩ san˥ …… xou˩ tʰa˥ ɕia˩ tɕʰi˩ tɕʰi˩·lai。

③哪个敢和他打呢？(《江陵故事集》)
la˩ kuo˥ kan˩ xuo˩ tʰa˥ ta˩ lə˥/lɛ˥?

④我们不如和他结为兄弟……(《江陵故事集 2》)
uo˩·mən pu˩ ɻu˩ xou˩ tʰa˥ tɕiɛ˩ uei˩ ɕyŋ˥ ti˥ ……

荆州话中的"跟"尽管语义、用法与普通话大体相同，但使用频度较高，在使用上还有一些特色。例如：

⑤别看周仓是跟关羽背刀的。(《江陵故事集》)

pieˍ kanˉ tsəuˉ ts'anˉ sʅˍ kənˉ kuanˉ yˍ peiˉ tauˉ ·ti。

⑥你跟我用铜钱大小的纸……(《江陵故事集》)

liˍ kənˉ uoˍ yŋˍ t'uŋˍ tɕienˍ taˉ xiauˍ ·ti tsʅˍ……

⑦周仓二话没说，跟关羽背上刀……(《江陵故事集》)

tsəuˉ ts'anˉ ɯˍ xuaˍ meiˍ souˉ, kənˉ kuanˉ yˍ peiˉ sanˉ tauˉ……

⑧周仓一直跟关羽背刀牵马。(《江陵故事集》)

tsəuˉ ts'anˉ iˉ tsʅˍ kənˉ kuanˉ yˍ peiˉ tauˉ tɕienˉ maˍ。

以上各例中的"跟关羽、跟我"等都是介词短语，普通话中多用"给"，荆州话中一般都用"跟"，具有荆州方言特色。荆州话中"给"出现得比较晚，可能是造成"跟"多"给"少的主要原因之一。(参看本章"'把'字句"一节)

⑨小小的日本岛，怎能同天朝相比呢？(《江陵故事集》)

ɕiauˍ ɕiauˍ ·ti ɯˍ pənˍ tauˍ, tsənˍ lənˍ t'uŋˉ t'iɛnˉ ts'auˉ ɕianˉ piˍ leˉ / lyˉ?

⑩伏羲就对女娲说……(《江陵故事集》)

fuˍ ɕiˉ tɕiəuˉ tueiˉ lyˍ uaˉ souˉ……

例⑨、例⑩中的"同、对"在普通话中是常用词，但在荆州话中使用频度都不高。

10. 与

荆州话中的"与"，用法和语义跟普通话中的"跟、给"相近。例如：

①吩咐摆酒设宴，与孙大人接风洗尘。(《江陵故事集》)

fənˉ fuˍ paiˍ tɕiəuˍ sɤˉ iɛnˉ, yˍ suənˉ taˉ lənˍ tɕiɛˍ fəŋˉ ɕiˍ ts'ənˍ。

②小和尚……还与他递了个眼色。(《江陵故事集》)

ɕiauˍ xouˍ san……xaiˍ yˍ t'aˉ tiˉ ·la ·kuo iɛnˍ sɤˍ。

③优孟走路说话学得与孙叔敖一般无二。(《江陵故事集》)

iəuˉ mɯŋˉ tsəuˍ luˉ souˉ xuaˉ ɕyoˍ ·tɤ yˍ suənˉ suˉ auˍ iˉ panˉ ɯˍ ɯˉ。

④太晖观与别的庙宇道观不同……(《江陵故事集》)

t'aiˉ xueiˉ kuanˉ yˍ pieˍ ·tə miauˉ yˍ tauˉ kuanˉ puˍ t'uŋˍ……

"与"一般被视作书面语词，语义、用法相当于"和、跟、同"，主导的甲方在前，用"与"介绍、引出行为的另一个对象——乙方。荆州话中

"与"出现较多，可能与古代楚方言的影响有关，因为《楚辞》中作为介词使用的"与"，竟有数十次之多。如"吾与天地比寿兮"(《九章·涉江》)，"惜君与我成言兮"(《九章·抽思》)，"将与鸡鹜争食兮"(《卜居》)，"宁与黄鹄比翼乎"(《卜居》)。前两句主导的甲方和介绍的乙方都出现，但"吾"与"天地"、"君"与"我"是有主有次的。后两句只出现介绍的乙方，"与"的介词身份更加明确。

11. 连

荆州话中作介词用的"连"出现频度比较高，多用在否定句中（偶有用在非否定句中的），引进的对象指的多是不太好、不能令人满意的人或事，后边一般有"也、不"一类词语配合，表示一定的强调意义。例如：

①我关公……连你也不如啊！(《江陵故事集》)

uo˅ kuan˥ kuŋ˥……liɛn˩ li˩ iɛ˅ pu˩ lu˩ ·a!

②你……怎么连你自己的一条腿也治不好？(《江陵故事集》)

li˩……tsən˅ mo liɛn˩ li˩ tsʅ˥ tɕi˩ ·ti i˩ tʻiau˩ tʻuei˅ iɛ˅ tsʅ˥ ·pu xau˅?

③连个影子也没找到。(《江陵故事集》)

liɛn˩ ·kuo in˩ ·tsʅ iɛ˅ mei˩ tsau˅ tau˥。

④你这懒神，连匹马也照看不住。(《江陵故事集》)

li˩ tsɤ˥ lan˅ sən˩, liɛn˩ pʻi˩ ma˩ iɛ˅ tsau˥ kʻan˩ pu˩ tsu˥。

⑤两人连衣服也没得一件。(《江陵故事集》)

lian˅ lən˩ liɛn˩ i˥ ·fu iɛ˅ mei˩ ·tɤ i˩ tɕiɛn˥。

⑥你们家连米也不够吃……(《江陵故事集》)

li˩ ·mən tɕia˥ liɛn˩ mi˩ iɛ˅ pu˩ kəu˥ tɕʻi˩……

以上例子强调的都是不被肯定的事物或现象。以下句子较少出现，引出的是被肯定的事物：

⑦再一尝，连眼睛也亮些了。(《江陵故事集》)

tsai˥ i˩ tsʻan˩, liɛn˩ iɛn˅ ·tɕin iɛ˅ lian˥ ·ɕiɛ ·ta。

12. 由、靠

①这件小事，由我做主。(《江陵故事集》)

liɛ˥ tɕiɛn˥ ɕiau˅ sʅ˥, iəu˩ uo˅ tsuo˥ tsu˅。

②由家人伴送到学校。(《江陵故事集》)

iəu˩ tɕia˥ lən˩ pan˥ suŋ˥ tau˥ ɕyo˩ ɕiau˥。

③全靠他这十几岁的伢子打柴糊口。(《江陵故事集》)

tɕʻyen˧ kʻau˧ tʻa˧ tʂʅ˥ ʂʅ˧ tɕi˥ sueiˑ iγˑ a˥ tsʅ˥ ta˥ tsʻai˧ xu˥ kʻəu˧。

13. 凭

①凭么子他比我的多滴尕?

pʻin˧ mo˥ tsʅ˥ tʻa˧ pi˥ uo˥ ˑti tuo˧ ˑti ˑka?

②凭什么说我讲了大话?(《江陵故事集》)

pʻin˧ mo˥ tsʅ˥ suo˧ uo˥ tɕian˥ ˑta ta˧ xua˧?

③凭手艺吃饭, 为么子不要工钱?(《江陵故事集》)

pin˧ sou˥ i˧ tɕi˧ fan˧, uei˧ ˑmo tsʅ˥ pu˧ iau˧ kuŋ˧ tɕʻiɛn˧?

④凭你这身手艺, 还敢找我要工钱?(《江陵故事集》)

pin˧ li˥ liɛ˧ sən˧ sou˥ i˧, xai˧ kan˥ tsau˥ uo˥ iau˧ kuŋ˧ tɕʻiɛn˧?

荆州话中"凭"用得比较多,具有例外性,因为一般来说,"凭"属于北方方言词汇,而荆州地域属于我国南北方言的过渡地带,更多地带有南方方言特征。

14. 为、为了

①这大的事为么子不告诉我?

liɛ˧ ta˧ ˑti sʅ˧ uei˧ mo˥ tsʅ˥ pu˧ kau˧ ˑsu uo˥?

②为滴尕小事打架, 像个么话?

uei˧ ti˧ ˑka ɕiau˥ sʅ˧ ta˥ tɕia˧, ɕian˧ ˑkuo mo˥ xua˧?

③为了调查真相, 我才装病来到你家。(《江陵故事集》)

uei˧ ˑla tiau˧ tsʻa˧ tsən˧ ɕian˧, uo˥ tsʻai˧ tsuan˧ pin˧ lai˧ tau˧ li˥ tɕia˧。

(二)"把"作介词

荆州话里作介词用的"把"大体有两种类型,一种是语义和用法与普通话中的"把"大体相当的,另一种是属于荆州话的特色用法。

1. 与普通话相当的用法

①你快去把门关上。

li˥ kʻuai˧ kʻu˧ pa˥ mən˧ kuan˧ san˧。

②关公只好把飞毛还给了周仓。(《江陵故事集》)

kuan˧ kuŋ˧ tsʅ˥ xau˥ pa˥ fei˧ mau˧ xuan˧ kγ˥ ˑla / ˑta tsou˧ tsʻan˧。

③关公拦腰一刀, 把它砍成两截。(《江陵故事集》)

kuan˧ kuŋ˧ lan˧ iau˧ i˧ tau˧, pa˥ tʻa˧ kʻan˥ tsʻən˧ lian˥ tɕiɛ˥。

④你……把我的羽毛拔下来。(《江陵故事集》)

liˇ ……paˇ uoˇ ·ti yˇ mauˊ paˇ ɕiaˊ laiˊ。

⑤蚌壳精根本不把关公放在眼里。(《江陵故事集》)

panˊ kʻuoˇ tɕinˊ kənˇ pənˇ puˇ paˇ kuanˊ kuŋˊ fanˊ tsaiˊ iɛnˊ ·li。

如果要说荆州话作介词的"把"与普通话的"把"在用法和语义方面的差异，那就是普通话的"把"比较强调处置意义，但荆州话中"把"的处置意义不强，这也许和荆州话中的"把"使用的重心并不是在介词构成短语上，而是主要用作动词——作"给"用有关。

2. 荆州话中的特色用法

①该是多少钱，就是多少钱，不把别个吃亏。

kaiˊ sʅˊ tuoˊ sauˇ tɕianˊ，tɕiəuˊ sʅˊ tuoˊ sauˇ tɕianˊ，puˇ paˇ pieˊ ·kuo tɕʻiˇ kʻueiˊ。

②这事就这么搞算哒，我不把您家为难。

liɛˊ sʅˊ tɕiəuˊ tsʅˊ ·mo kauˇ suanˊ ·ta，uoˇ puˇ paˇ lənˊ ·ka ueiˊ lanˊ。

③我不要你帮我，你不把我受气就行哒！

uoˇ puˇ iauˊ liˇ panˊ uoˇ，liˇ puˇ paˇ uoˇ səuˊ tɕʻiˇ tɕiəuˊ ɕinˊ ·ta！

④你不要出面哒，不把事情搞夹生哒。

liˇ puˇ iauˊ tsʻuˊ mienˊ ·ta，puˇ paˇ sʅˊ tɕʻinˊ kauˇ tɕiaˊ sənˊ ·ta。

⑤合不来就分手，不把人家姑娘受委屈哒。

xouˊ puˇ laiˊ tɕiəuˊ fənˊ səuˇ，puˇ paˇ lənˊ ·ka kuˊ ·lian səuˊ ueiˇ tɕʻyˇ ·ta。

以上例①至例⑤是"把"在荆州话中的一种比较特别的用法。其特点是：

(1) 构成"不把"形式，出现在否定句中。

(2) 句中的"不"，是荆州话用于未然（没有发生的）事物的否定词，词义相当于普通话中的"不要"，而不是普通话通常的否定义"不是、没有、不肯"等。

(3) "把"作为介词，词义大体相当于普通话中的"让"，但从构成的介宾短语——"不把别个、不把您家、不把我"来看，上述例子中的"把"，仍具有荆州话特有的动词意义。

(4) 从语义表达来看，如下文例①中"不把别个别人吃亏"，意思相当于普通话中的"不要让人家吃亏",例②"不把您家为难",意思是"不让您为难"。普通话语句必须有"要、让"出现,荆州话一般只出现"把"。

(5) 荆州话中使用的"把",并未完全脱离其固有的动作意义,"把"与其后的词语总是构成类似兼语式的关系。例如:

①不把别个_{别人}吃亏——不把_{让、给}别个——别个吃亏

puꜜ paˇ pieʳ ·kɤ tɕʻiꜜ kʻueiꜜ —— puꜜ paˇ pieʳ ·kɤ —— pieʳ ·kɤ tɕʻiꜜ kʻueiꜜ

②不把您家为难——不把_{让、给}您家——您家为难

puꜜ paˇ lənʳ ·ka ueiˇ lanꜜ —— puꜜ paˇ lənʳ ·ka —— lənʳ ·ka ueiˇ lanꜜ

③不把我受气就行哒——不把_{让、给}我——我受气

puꜜ paˇ uoˇ səuꜜ tɕʻiʳ tɕiuʳ ɕinꜜ ·ta —— puꜜ paˇ uoˇ —— uoˇ səuꜜ tɕʻiʳ

不过,就"把"与其后词语构成的兼语关系来看,也不完全限于否定句。例如:

④你朗有么事不顺畅,说把我听。(《江陵故事集》)

ņ̍ ·laŋ iəuˇ moˇ sʳꜜ puꜜ suanꜜ tsʻanʳ, suoˇ paˇ uoˇ tʻinꜜ。

例④中的"说把我听"也是一种兼语格式。由于荆州话中的"把"本身具有半动半介的特征,所以"说把我听"的结构关系是:

⑤说把我听——说给我——我听

suoˇ paˇ uoˇ tʻinꜜ —— suoˇ kɤˇ uoˇ —— uoˇ tʻinꜜ

(三) 几个比较特别的介词

1. [轧] kaˇ

荆州话中的"轧",用以表示凭借的工具,语义接近"用",本字待考,疑为吴语的借形词。例如:

①这个人蛮恶躁,伢儿轧脚挃_{用脚踹小孩子}。

lieʳ kuoˇ lənʳ manˇ uoˇ tsuaꜜ, ɣaˇ m̩·rˇaˇ kaˇ tɕyoˇ tsuaꜜ。

②报纸轧绳子捆_{用绳子捆}。

pauꜜ tsʳˇ kaˇ sənˇ ·tsʳ kʻuənˇ。

③钉子轧锤子钉_{用锤子钉}。

tinꜜ ·tsʳ kaˇ tsʻueiˇ ·tsʳ tinꜜ。

④大骨头轧刀砍_{大骨头用刀砍}。

taꜜ kuˇ nɛʳ kaˇ tauꜜ kʻanˇ。

以上例句中的"轧",大体相当于普通话中的"用",但动作性不强,可以看作荆州话中的一个介词。

2. 尽(儘) tɕin˅

"尽",有"任凭、容许"义。《类篇·皿部》:"盡,任也。"又《正字通·皿部》:"盡,唐人诗:'盡君花下醉青春。'注:盡君,犹言任君也,俗作儘。"这样看来,"尽"有一定的动作义。荆州话中"尽"与古义相近,语义接近于"让",有"任、随、任凭"义。虚化的"尽"也可以作介词,但现今用得不多了。例如:

(1) 介词短语作状语

①你要放开手,尽他去搞任他搞去。

li˅ iau˧ fan˧ kʻai˧ səu˅, tɕin˅ ·tʻa kʻɯ˧ kau˅。

②尽他搞去,看他能搞出个么子。

tɕin˅ ·tʻa kau˅ kʻɯ, kʻan˧ ·tʻa˧ lən˅ kau˅ tsʻu˅ kuo˧ mo˅ tsʅ˧。

③你尽他看哈子,怕么子吵!

li˅ tɕin˅ tʻa˧ kʻan˅ ·xa ·tsʅ, pʻa˧ mo˅ tsʅ˧ sa˧ / la˧!

④他要看电视,就尽他看哈子。

tʻa˧ iau˧ kʻan˧ tiɛn˧ sʅ˧, tɕiəu˧ tɕin˅ tʻa˧ kʻan˧ ·xa ·tsʅ。

(2) 省略谓语中心语

①怕么子吵,尽他。

pʻa˧ mo˅ tsʅ˧ sa˧, tɕin˅ ·tʻa。

②他不肯穿羽绒服,算哒,尽他。

tʻa˧ pu˅ kʻən˅ tsʻuan˧ y˅ yŋ˧ fu˅, suan˧ ·ta, tɕin˅ ·tʻa。

③不想去就不去吧,尽他。

pu˅ ɕian˅ kʻɯ˧ tɕiəu˧ pu˅ kʻɯ˧ ·pa, tɕin˅ ·tʻa。

(1) 例①至例④是"尽"构成介词短语作状语。(2) 例①至例③可看作"尽"构成介词短语后,省去了谓语中心语。

3. 等 tən˅

"等"作介词的语义和用法与"尽"近似,有"让、任、听任"等义。例如:

①都一岁多哒,不要抱她,等她自己走。

·tɤu ɿˋ sueiˉ tuoˉ ·ta, puˋ iauˋ pauˉ ·t'a, tənˋ t'aˉ tsʅˉ tɕiˋ tsəuˋ。

②甲：小王才毕业就当班主任，不行吧！

ɕiauˋ uanˋ ts'aiˋ piˋ iɛˋ tɕiəuˋ tanˉ panˉ tsuˋ lənˉ, puˋ ɕinˋ ·pa!

乙：她愿意搞，等她搞去。

t'aˉ yenˉ iˋ kauˋ, tənˋ t'aˉ kauˋ k'ɯˉ。

③甲：才喝哒饮料，又要喝椰子汁？

ts'aiˋ xuoˉ ·ta inˋ liauˉ, iəuˋ iauˋ xuoˉ iɛˉ tsʅˉ tsʅ?

乙：没得么子得，等他。

meiˉ tɤˋ ·mo ·tsʅ ·tɤ, tənˋ ·t'a。

④甲：天都煞黑哒，他非要走。

t'iɛnˉ ·təu saˋ xɤˋ ·ta, t'aˉ feiˉ iauˉ tsəuˋ。

乙：等他。

tənˋ ·t'a。

以上例①、例②中的"等"都是介词，构成介词短语。例③、例④中的"等他"可以看作承前的省略式，省去了介词短语后的谓语中心语。

八、关联

荆州话中常见的连词有"和、跟、还是、要就、要是、只要、只有、不拘、不管、虽说"等。这里主要就常见常用，或有荆州话特色的连词作粗略阐释。

1. 和

"和"作连词，常用作表示名词性词语的并列关系。例如：

①桂英的父母和兄弟闻讯赶来……（《江陵故事集》）

kueiˉ inˉ ·ti fuˋ muˋ xouˋ ɕyŋˉ tiˋ uənˋ ɕynˋ kanˋ laiˋ……

②白鸽子……还引来个老汉子和姑娘。（《江陵故事集》）

pɤˋ kuoˉ ·tsʅ …… xaiˋ inˋ laiˋ ·kuo lauˋ xanˉ ·tsʅ xuoˋ kuˉ lianˉ。

③这样，荆玉和湘珠的婚事就订下来了。（《江陵故事集》）

lieˉ ianˉ, tɕinˉ yˋ xouˋ ɕianˉ tsuˉ ·ti xuənˉ sʅˉ tɕiəuˋ tinˉ ɕiaˋ laiˋ ·ta。

2. 只有、只说

①只有天下最有学问的人才能进出……（《江陵故事集》）

tsʅ↘ ɿou↗ tʻien↗ ɕia↘ tsuei↗ iəu↘ ɕyo↗ uən↗ ti˧ lən↗ tsʻai↗ lən↗ tɕin↗ tsʻu↗ ɿʅ↘

……

②他只说不搞事，搞事就搞坏事 他不做事还没事，一做事就搞出问题、麻烦。

tʻaˈ↗ tsʅ↘ suo↗ pu↗ kau↗ sʅ↘, kau↗ sʅ↘ tɕiəu↗ kau↗ xuai↗ sʅ↘。

例①中的"只有……才"表示唯一的条件，用法与普通话相同。例②是荆州话中常用的条件句，与例①不同的是，"只有"并不表示唯一的条件，只是表示必要的条件，因而不能构成"只有……才"的格式。

3. 虽说

荆州话中的"虽说"相当于普通话中的"虽然"，常用在转折复句中，但"虽说"更符合荆州话的口语习惯。例如：

①虽说没过刀……还是被皇上挖了尸。（《江陵故事集》）

suei˧ suo↗ mei↗ kuo↗ tau↗…… xai↘ sʅ↘ pei↗ xuaŋ↗ saŋ↗ ua↗ / ua↗ ·ta sʅ↘。

②虽说城里土地肥，草也嫩，可……（《江陵故事集》）

suei˧ suo↗ tsʻən↗ ·li tʻu↗ ti˧ fei↗, tsʻau↗ iɛ↘ lən↗, kʻo↘……

③虽说辛苦一点，只要……（《江陵故事集》）

suei˧ suo↗ ɕin˧ kʻu↘ i↗ tien↘, tsʅ↘ iau↗……

4. 要、要是

"要、要是"表示假设的条件。例如：

①要成亲，也得找个媒人。（《江陵故事集》）

iau↗ tsʻən↗ tɕʻin˧, iɛ↘ tɤ↗ tsau↗ kuo↗ mei↗ ·nən。

②要是问不倒，孔圣人和我一起住上等房。（《江陵故事集》）

iau↗ sʅ↘ uən↗ pu↗ tau↗, kʻuŋ↘ sən↗ lən↗ xuo↗ uo↗ i˧ tɕʻi↘ tsu↗ saŋ↗ tən↘ fan↗。

5. 只要

"只要"用来表示必要的条件。例如：

①没有绫罗绸缎，只要说一声。（《江陵故事集》）

mei↗ iəu↘ lin↗ luo↗ tsʻu↗ tuan↘, tsʅ↘ iau↗ suo↗ i˧ ·sən。

②蛇只要脑壳不搬家，壁虎就能救活它。（《江陵故事集》）

sɤ↗ tsʅ↘ iau↗ lau↘ kʻo↗ pu↗ pan˧ tɕia˧, pi↗ xu↘ tɕiəu↗ lən↗ tɕiəu↗ xuo↗ ·tʻa。

6. 两个

（1）"两个"通常用来表示数量

①两个人够哒！

lian↘ kuo↗ lən↘ kəu↗ ·ta！

②你们两个好好谈下子_{谈一下}。

li↘ ·mən lian↘ kuo↗ xau↘ xau↘ tʻan↗ ·xa ·tsʅ。

"两个"的以上用法，在荆州话、普通话中是一致的。

（2）"两个"作连词

荆州话里的"两个"也经常用作连词，语义、作用相当于普通话中的"和"。作连词的"两个"，插在前后两个名性词语中间，表示联合关系。例如，"我两个你"这个联合关系的短语，充当主语成分。这是"两个"的一种比较特殊的用法。例如：

①我两个你一起去吧_{我和你两人一起去}。

uo↘ lian↘ kuo↗ li↘ iɿ tɕʻi↘ kʻɯ↗ ·pa。

②两个你一起去吧！

lian↘ kuo↗ li↘ iɿ tɕʻi↘ kʻɯ↗ ·pa！

以上，例①是荆州话中比较标准的"两个"表并列关系的句子。例②省略了联合短语的前项，但由于"两个"的使用，其表并列的关系比用"和"更明确。

③爸爸两个妈妈，你要哪个陪你去_{爸爸和妈妈两个人，你要哪个人陪你去}？

pa↗ ·pa lian↘ kuo↗ ma↗ ·ma，li↘ iau↗ la↘ kuo↗ pʻei↘ li↘ kʻɯ↗？

例③联合短语"爸爸两个妈妈"，与后面的"哪个"相呼应，成了被选择的对象。

（3）"两个"充当其他句子成分

①我不想两个她一起去旅游_{我不想和她一起去旅游}。

uo↘ pu↘ ɕian↘ lian↘ kuo↗ tʻa↗ iɿ tɕʻi↘ kʻɯ ly↘ iəu↗。

②我参不参加培训，两个她有么子关系？

uo↘ tsʻan↗ ·pu tsʻan↗ tɕia↗ pʻei↘ ɕyn↗，lian↘ kuo↗ tʻa↗ iəu↘ mo↘ tsʅ↗ kuan↗ ·ɕi？

例①、例②中的"我"作主语，具有主导性，"两个"作介词，语义相当于介词"和、跟"，与"她"构成介词短语充当状语。

③妈妈两个你好好谈下子妈妈和你两个人好好谈一谈。

ma˧ ma˧ lian˩ kuo˧ li˩ xau˩ xau˩ tʻan˩ ·xa ·tsʅ。

④妈妈好好两个你谈下子。

ma˧ ma˧ xau˩ xau˩ lian˧ kuo˩ li˩ tʻan˩ ·xa ·tsʅ。

例④是例③的变式句，状语"好好"提到"两个"之前，具有强调作用，这也是荆州方言的常见语句。

荆州方言"两个"的上述用法比较特别，使用范围也不限于荆州一地，就现有的文献来看，湖北的荆州、宜都、仙桃、天门、汉川、武汉的江夏，湖南的慈利、汉寿、安乡，都有"两个"作连词的用法。不过，上述地域都属于古代楚国的辖地，这倒是一个值得我们关注的问题。

九、体貌

这里结合常见的、具有荆州地方特色的助词"哒、倒、起、过、在、着、了、得、把"等词语，重点阐述一下荆州话的体貌特征问题。

（一）哒

"哒"在荆州话和荆州市周边地域，曾经是个十分活跃的词语，也很有地方特色。

1. 表示完成体

（1）位于句中的"哒"，跟在动词后，后多带有宾语成分，语义相当于普通话中的"了"。例如：

①我卖哒一辆奥迪车。

uo˩ mai˧ ·ta i˩ liaŋ˧ ɤu˧ ti˩ tsʻɤ˧。

②晚上喝哒一瓶白酒。

uan˩ ·san xuo˧ ·ta i˩ pʻin˧ pɤ˩ tɕieu˩。

③嫁出去的姑娘泼出去的水，养个姑娘见哒鬼。（《荆州歌谣集》）

tɕia˧ tsʻu˩ kʻɯ˧ ·ti kɯ˧ ·lian pʻo˩ tsʻu˩ kʻɯ˧ ·ti suei˩, iaŋ˩ kuo˧ kɯ˧ ·lian tɕien˧ ·ta kuei˩。

（2）位于句末的"哒"，其前面多有补语成分，此类"哒"也有表示肯定语气的作用。例如：

①伏羲说：看啰，满世界人都死光哒……（《江陵故事集》）

fuˇ ɕiˊ suoː: kʰanˊ ·lou, manˇ sʅˇ kaiˊ ·ti lənˊ təuˊ sʅˇ kuanˊ ·ta……

②一下就把乌龟扳死哒。（《江陵故事集》）

iˊ xaˊ tɕiəuˊ paˇ uˊ kueiˊ panˇ ·sʅ ·ta。

③儿子考上人民大学，一家人高兴死哒！

ɯˇ ·tsʅ kʰauˇ sanˊ lənˊ minˊ taˊ ɕyoˊ, iˊ tɕiaˊ lənˊ kauˊ ɕinˊ ·sʅ ·ta!

④楚惠王隔近一看，脸都气白哒。（《江陵故事集》）

tsʰuˇ xueiˊ uanˊ kʅˊ tɕinˊ iˊ kʰaˊ, lienˊ ·təu tɕʰiˊ pɣˊ ·ta。

2. 表示进行体

一般出现在存现句中，表示行为还在进行中，语义相当于普通话中的"着"。例如：

①头上戴哒一顶花帽子丑死哒!

tʰəuˊ sanˊ taiˊ ·ta iˊ tinˊ xuaˊ mauˊ ·tsʅ。

例句中的"戴哒"即戴着。

②屋里坐哒一大哈的人。

uˊ ·li tsuoˊ ·ta iˊ taˊ xaˊ ·ti lənˊ。

③书柜上堆哒十几捆书。

suˊ kueiˊ ·san tueiˊ ·ta sʅˇ tɕiˇ kʰuənˇ suˊ。

④鱼缸里养哒两条金龙鱼。

yˊ kanˊ ·li ianˇ ·ta lianˇ tʰiauˊ tɕinˊ luŋˊ yˊ。

3. 表示经历体

（1）语义相当于普通话中的"过"，表示动作的某种经历

①昨日他们去看哒房子的。

tsʰuoˊ ·ɯ / tsuoˊ tʰienˊ tʰaˊ·mən kʰɯˊ kʰanˊ ·ta fanˊ·tsʅ ·ti。

②他中午洗哒一个热水澡。

tʰaˊ tsuŋˊ uˇ ɕiˇ ·ta iˊ kouˊ lɣˊ sueiˇ tsauˇ。

③我才将去哒一趟超市。

uoˇ tsʰaiˊ tɕianˊ kʰɯˊ ·ta iˊ tʰanˊ tsʰauˊ sʅˊ。

④他确实是吃哒饭来的。

tʰaˊ tɕʰyoˊ sʅˊ sʅˊ tɕʰiˊ ·ta fanˊ laiˊ ·ti。

⑤你把我吓哒一下好的。

li˅ pa˅ uo˅ xy˅ ·ta ɿ˅ ·xa xau˅ ·ti。

（2）尚未实现的经历

事情可能会实现，也可能不会实现，语义相当于普通话中的"了"。例如：

①你把我赶上哒就成亲。（《江陵故事集》）

li˅ pa˅ uo˅ kan˅ san˧ ·ta tɕiəu˅ tsʼən˅ tɕʼin˧。

②再来把给你下碗面，看他吃哒欠不欠。（《江陵歌谣集》）

tsai˧ lai˅ pa˅ li˅ ɕia˅ uan˧ miɛn˧, kʼan˧ tʼa˧ tɕʼɿ˅ ·ta tɕʼiɛn˧ pu tɕʼiɛn˧。

③女娲娘娘本想把烂泥人丢哒。（《江陵故事集》）

ly˅ ua˧ lian˅ ·lian pən˅ ɕian˅ pa˅ lan˧ li˅ lən˅ tiəu˧ ·ta。

（二）倒[1]

"倒"·tau / ·təu（或称"倒[1]"）表示进行体，是荆州话中重要的特色词，在荆州话中使用频度很高，主要是跟在单音节动词后或少数形容词后作动态助词，语义与普通话中的"着"大体相当。

1. "倒[1]"的读音

"倒"在荆州话中有 ·təu / ·tau 两个读音，均为短平的轻声音节。"倒[1]"在荆州话口语中是读 ·tau 还是读 ·təu，跟使用者的年龄、文化、地域的差异有一定的关系（但并没有严格的界限）。一般说来，荆州本地人、荆州城内五十岁以上的人，江陵县及荆州区、沙市区的乡镇地域，"倒"多读作"·təu"，而有一定文化程度的人则多会读"·tau"。

2. 组合搭配

（1）"倒[1]"用在单音节自动词后

躺倒 tʼan˅ ·təu ｜ 坐倒 tsuo˧ ·təu

睡倒 suei˧ ·təu ｜ 匐倒 pʼu˅ ·təu ｜ 站倒 tsan˧ ·təu

（2）"倒[1]"用在单音节他动词后

搂倒 ləu˅ ·təu ｜ 扶倒 fu˅ ·təu

箍倒 ku˧ ·təu ｜ 捞倒 lau˧ ·təu ｜ 攉倒 xuo˧ ·təu

（3）"倒[1]"用在少数单音节形容词后

歪倒 uai˧ ·təu ｜ 低倒 ti˧ ·təu ｜ 阴倒 in˧ ·təu ｜ 犟倒 tɕian˧ ·təu

3. "倒¹"的用法

(1) 出现在句中的"倒¹"

①坐倒看书_{坐着看书}蛮不舒服,还是躺倒好。

tsuo↑ ·təu k'an↑ su↓ man↓ pu↓ su↓ ·fu, xai↓ sʅ↑ t'an↓ ·təu xau↓。

"坐倒看书"是一种表方式、目的的连动格式。

②屋里站倒一大哈的人。

u↓ ·li tsan↑ ·təu i↓ ta↑ xa↓ ·ti lən↓。

例②中的"倒"出现在自动词后,用在存现句中。

③你踒倒_{蹲着}搞么子,快站起来。

li↓ tsuai↑ ·təu kau↓ mo↓ tsʅ↑, k'uai↓ tsan↑ tɕ'i↓ lai↓。

④他蛮喜欢匍趴倒睡,不喜欢侧倒睡。

t'a↑ man↓ ɕi↓ ·xuan p'u↓ ·təu suei↑, pu↓ ɕi↓ ·xuan tsˀʅ↓ ·təu suei↑。

⑤你覷_{眯缝}倒个眼睛看么子?

li↓ tɕ'y↑ ·təu ·kuo ien↓ tɕin k'an↑ ·mo tsʅ↑?

以上例句中,"倒"与其前面的单音节动词、形容词关系密切,都出现在句子中间。

⑥宝剑砍偏哒,又连倒砍了几次。(《江陵故事集》)

pau↓ tɕien↑ k'an↓ p'ien↑ ·ta, iəu↑ lien↓ ·təu k'an↓ ·la tɕi↓ tsˀʅ↑。

副词后用"倒"的例子比较少见。

(2) 用于句末的"倒¹"

①他硬要这么搞,你也只好望倒。

t'a↑ ən↑ iau↑ tsɤ↑ ·mo kau↓, li↓ ie↓ tsʅ↑ xau↓ uan↑ ·təu。

②你们都给我听倒。

li↓ ·mən təu↑ kɤ↓ uo↓ t'in↑ ·təu。

有时"倒"还与"在"相配合,更能体现行为的持续状态:

③大家都还等倒在。

ta↑ tɕia↑ təu↑ xai↓ tən↑ ·təu ·tsai。

④他哪么还睡倒在。

t'a↑ la↑ ·mo xai↓ suei↑ ·təu ·tsai。

(3) 重叠格式的"倒¹"

①说倒说倒_{说着说着},雨就下起来哒。

suo↑ ·təu suo↑ ·təu, y↓ tɕiəu↑ ɕia↑ tɕ'i↓ lai↓ ·ta。

②笑倒笑倒，一下又哭起来哒。

ɕiau˧ ·təu ɕiau˧ ·təu, i˩ xa˧ iəu˧ kʻu˩ ·tɕʻi lai˩ ·ta.

③看倒看倒，人就不行哒_{要死了}。

kʻan˧ ·təu kʻan˧ ·təu, lən˩ tɕʻiəu˧ pu˩ ɕin˩ ·ta.

以上类似连动的例子，表明在动作的持续进行时，预示着新情况的发生，是荆州话中常用的句子格式。

（4）形容词带"倒¹"，表持续的状态

①有滴尕好东西，他就阴倒好一点儿的东西，他就私下收起来。

iəu˅ ·ti ·ka xau˅ tuŋ˧ ·ɕi, tʻa˧ tɕiəu˧ in˧ ·təu。

②他这个人，蛮喜欢阴倒搞。

tʻa˧ lie˧ ·kuo lən˩, man˩ ɕi˅ ·xuan in˧ ·təu kau˅.

这里的"阴"本身是形容词，有不光明正大、私心重、暗暗地等意思，加"倒"后关系密切，成了合成动词。"阴倒"有不动声色、暗暗地、持续占有义。

③低倒脑壳搞么事呦！

ti˧ ·təu lau˅ ·kʻuo kau˅ mo˅ ʂɿ˧ sa˧!

④写作业不歪倒脑壳。

ɕiɛ˅ tsuo˅ iɛ˩ pu˩ uai˧ ·təu lau˅ ·kʻou。

以上两例中的"低、歪"有动作意义，带"倒"可以表示持续状态。

（5）"倒¹"相当于普通话中的趋向动词"下、上"等，多用在祈使句中

①快把东西轧倒_{放下}！

kʻuai˧ pa˅ tuŋ˧ ·ɕi ka˅ ·təu!

②快把门窗关倒！

kʻuai˧ pa˅ mən˩ tsʻuan˧ kuan˧ ·təu!

③快把门撑_顶倒！

kʻuai˧ pa˅ mən˩ tei˧ ·təu!

④起风哒，把衣服穿倒。

tɕʻi˅ fəŋ˧ ·ta, pa˅ i˧ ·fu tsʻuan˧ ·təu.

（6）类似于结果补语的"倒¹"，语义相当于普通话中的"住"，也表持续意义

①铁拐李被问倒住,只好到下等房里去了。(《江陵故事集》)

t'iɛ˧ kuai˨ li˨ pei˨ uən˧ ·təu,tsʅ˨ xau˨ tau˧ ɕia˨ tən˨ fan˩ ·li k'ɯ˩ ·ta。

②钦差大人被问倒被问住了……(《江陵故事集》)

tɕ'in˧ ts'ai˧ ta˧ lən˧ pei˨ uən˧ ·təu……

4. "倒¹"与易混词语的区分

(1) 荆州特色词"倒¹"与动词"倒²"的区别

"倒²"指的是与普通话动词通用的"倒塌"的"倒",荆州话中读"tau˨",不能读作轻声音节,句中常作谓语中心语或作补语。例如:

①一伙人硬是把院墙推倒哒。

i˨ xou˨ lən˨ ən˧ sʅ˧ pa˨ yɛn˨ tɕ'ian˩ t'uei˧ tau˨ ·ta。

②大风把枯树刮倒哒。

ta˧ fəŋ˧ pa˨ k'u˧ su˧ kua˨ tau˨ ·ta。

以上两例"倒"作补语。

③……倒在地上呜呼哀哉了。(《江陵故事集》)

…… tau˨ tsai˧ ti˧ san˧ u˧ xu˩ ai˧ tsai˧ ·la / ·ta。

例③中的"倒"单独作谓语动词。

由于荆州话特色词"倒¹"与"倒²"读音明显不同,两者在句中的用法相去甚远,不易混淆。

(2) 荆州特色词"倒¹"与"倒³"的区别

"倒³"指的是与普通话通用的"倒车、倒过来"的"倒",荆州话读作"tau˧",作动词用,不能读作轻声音节。例如:

①快把车子倒出去!

k'uai˧ pa˨ ts'ɤ˧ ·tsʅ tau˧ ts'u˨ k'ɯ˧!

②把渣子垃圾倒掉!

pa˧ tsa˧ ·tsʅ tau˧ tiau˧!

③知府就一个倒栽葱……(《江陵故事集》)

tsʅ˧ fu˨ tɕiəu˧ i˨ kuo˧ tau˧ tsai˧ ts'uŋ˧……

"倒¹"是典型的荆州方言词,语义丰富,用法多样,而且,无论是读作"·tau"还是"·təu",一般都要读作轻声音节(但也不是绝对的,有时候为了体现强调等意义,也可以读作有轻化倾向的"tau˨"或"təu˧"),因而,"倒¹"与"倒³"也不会混淆。

5. "到"与荆州特色词"倒¹"的区别

"到"是荆州话和普通话的通用词,功能、用法完全相同,字音一般都读作"tau˧"。

(1) "到"作动词

①春天到哒。

tsʻuən˧ tʻiɛn˧ tau˧ ·ta。

②客们还没有到 客人们还没有到。

kʻʌ˩ ·mən xai˩ mei˧ iəu˩ tau˧。

③他乌早八早就摸起去,早就到哒。

tʻa˧ u˩ tsau˩ pa˩ tsau˧ tɕʻiəu˧ rom ·tɕʻi kʻɯ˩, tsau˩ tɕʻiəu˧ tau˧ ·ta。

(2) 作动词的补语成分,也可看作构词成分

①您家还没有收到信?

lən˩ ·ka xai˩ mei˧ iəu˩ səu˧ tau˧ ɕin˧?

②他得到班主任的表扬,笑眯哒。

tʻa˧ tʌ˧ tau˧ pan˧ tsu˩ lən˧ ·ti piau˩ ian˩, ɕiau˩ mi˧ ·ta。

以下例子可视为单一的构词成分:

③小区里到处是大树。

ɕiau˩ tɕʻy˧ ·li tau˧ tsʻu˧ sɿ˧ ta˧ su˧。

"收到、得到"的"到",可以看作动词的补语成分,也可以看作动词的构词成分。"到处"则是一个合成词。

(3) "到"构成介词短语作状语、补语,或表示起止点等

①他到晚上[哨]得蛮很 咳嗽得很厉害。

tʻa˧ tau˧ uan˩ ·san kən˩ ·ti man˩ xən˩。

②他扮成个老百姓,摸到京城……(《江陵故事集》)

tʻa˧ pan˧ tsʻən˩ ·kuo lau˩ pʌ˩ ɕin˧, rom tau˧ tɕin˧ tsʻən˩……

③……就叫皇上把文官员安置到荆州。(《江陵故事集》)

…… tɕʻiəu˧ tɕiau˩ xuan˩ ·san pa˩ uən˩ kuan˩ yen˩ an˧ ·tsɿ tau˧ tɕin˧ tsəu˧。

④荆州城到沙市三岔路约七公里。

tɕin˧ tsəu˧ tsʻən˩ tau˧ sa˧ sɿ˧ san˧ tsʻa˧ lu˧ yo˩ tɕʻi˩ kuŋ˧ li˩。

以上例句中的"到",荆州话常用,一般都要读作"tau˧",与"倒¹"混淆的可能性不大。

(三）起

"起"在荆州话中是个比较活跃的特色动态助词,语义丰富,用法多样,与普通话的"起"相比较,同少异多。

1. 表示动作进行、持续的状态

荆州话的"起"读作轻声音节,语义大体相当于普通话中的动态助词"着",这种用法是最能够体现荆州话特色的常见用法。例如:

①这种事,他要那么搞,你也只好望起干看着,无可奈何。

lieㄣ ·tsuŋ sղㄣ, tʻaˊ iauㄣ laˊ ·mo kauˋ, liˋ iɛˋ tsղˋ xauˋ uanㄣ ·tɕʻi。

②我把鞋子倒穿起,只见去了不见来。(《荆州歌谣集》)

uoˋ paˋ xaiˋ ·tsղ tauㄣ tsʻuanㄣ ·tɕʻi, tsղˋ tɕiɛnˋ kʻɯˋ ·ta puˋ tɕiɛnˋ laiˋ。

③不求婆佬家富豪,只图人才两相当,跟起长工跑他娘。(《荆州歌谣集》)

puˋ tɕʻiɛuˋ pʻoˋ lauˋ tɕiaㄣ fuㄣ xauˋ, tsղˋ tʻuˊ ɭənˋ tsʻaiˋ lianˋ ɕianㄣ tanㄣ, kənㄣ ·tɕʻi tsʻanˋ kuŋㄣ pʻauˋ tʻa lianˋ。

④我把它压在床底下,用锅盖起的。(《江陵故事集》)

uoˋ paˋ tʻa ia˩ tsaiㄣ tsʻuanˋ tiˋ xa, yŋㄣ kuoㄣ kaiㄣ ·tɕʻi ti。

"起"的这种语义和用法,还经常与"在"配合使用,可以更好地体现动作的持续状态。例如:

⑤你哪么还睡起在?

liˋ laˋ ·mo xaiˋ sueiㄣ ·tɕʻi ·tsai?

⑥纱窗哪么还开起在?

saㄣ tsʻuanㄣ laˋ ·mo xaiˋ kʻaiㄣ ·tɕʻi ·tsai?

⑦电灯哪么还亮起在?

tiɛnㄣ tənㄣ laˋ ·mo xaiˋ lianㄣ ·tɕʻi ·tsai?

⑧那个事到底哪么搞起在?

luoˋ ·kuo sղㄣ tauㄣ tiˋ laˋ ·mo kauˋ ·tɕʻi tsaiㄣ?

⑨我也不晓得哪么搞起在。

uoˋ iɛˋ puˋ ɕiauˋ tγˋ laˋ ·mo kauˋ ·tɕʻi tsaiㄣ。

以上例句中的"起",用法比较接近荆州话中的"倒[1]",语义相当于普通话中的"着",但荆州话口语中不宜换作"倒"。

2. 不表实际趋向的"起"

"起"跟在动词后，有"起来"的意思，但又不等同于"起来"，作补语表示动作的趋向，但又不是动作、行为的实际去向。例如：

①起风哒，把衣服穿起。

tɕʻi˧˥ fəŋ˥ ·ta, pa˧˥ i˥ ·fu tsʻuan˥ ·tɕʻi。

②她爹扯起几桨，把他打死了。（《荆州故事集》）

tʻa˥ tie˥ tsʻɤ˧˥ tɕʻi˧˥ tɕi˧˥ tɕian˧˥, pa˧˥ tʻa˥ ta˧˥ sɿ˧˥ ·ta。

③跑到灶门口一把灰，他扯起就把我往火里推。（《荆州故事集》）

pʻau˧˥ tau˥ tsau˥ mən˧˥ kʻəu˧˥ i˧ pa˧˥ xuei˥, tʻa˥ tsʻɤ˧˥ tɕʻi˧˥ tɕiəu˥ pa˧˥ uo˧˥ uan˧˥ xuo˧˥ ·li tʻuei˥。

④都进来搞么子，哈给我赶起走_{全都给我赶出去}。

təu˥ tɕin˥ lai˧˥ kau˧˥ mo˧˥ tsɿ˥, xa˥ kɤ˧˥ uo˧˥ kan˧˥ tɕʻi˧˥ tsəu˧˥。

⑤衣服哈尽强盗偷起走哒_{衣服全被小偷偷走了}。

i˥ ·fu xa˥ tɕin˧˥ tɕʻian˧˥ ·tau tʻəu˥ tɕʻi ·tsəu˧˥ ·ta。

例④、例⑤中的"起"嵌在"赶走、偷走"中间，"起"似是强调和补充"赶"的"启动"意义，兼有动作意义，但在荆州话中都不宜换作"起来"。

3. 有起始意义的"起"

附在动词后的"起"是虚化的，似可以省略，但有"起"可以表示动作的起始意义，或是表示动作、行为已经启动。例如：

①他哪有儿子，媳妇子都还没有说起。

tʻa˥ la˧˥ iəu˧˥ ɯ˧˥ ·tsɿ, ɕi˧˥ ·fu ·tsɿ təu xai˧˥ mei˧˥ iəu˧˥ suo˧˥ ·tɕʻi。

②秀英听了，把头发一散起，衣服一披起，裤子一提起，鞋子一拖起，伢儿一抱起……（《江陵故事集》）

ɕiəu˥ in˥ tʻin˥ ·ta, pa˧˥ tʻəu˧˥ ·fa i˧ san˧˥ tɕʻi˧˥, i˥ ·fu i˧ pʻei˥ tɕʻi˧˥, kʻu˥ ·tsɿ i˧ tʻi˧˥ tɕʻi˧˥, xai˧˥ ·tsɿ i˧ tʻuo˥ tɕʻi˧˥, ya˧˥ ·ɯ i˧ pau˥ tɕʻi˧˥……

例①表示起始意义，例②表示动作已经启动。

4. "起"在动词后，表示动作的完成

①你来看哈子，柜子做起哒_{完工了}。

li˧˥ lai˧˥ kʻan˥ ·xa ·tsɿ, kuei˥ ·tsɿ tsuo˥ ·tɕʻi ·ta。

②作业给你做起哒_{完成了}，还要哪么搞？

tsuo˥ iɛ˥ kɤ˧˥ li˧˥ tsuo˥ ·tɕʻi ·ta, xai˧˥ iau˥ la˧˥ m̩ kau˧˥？

（四）在

荆州话的"在"，主要是跟在动词后，常有"倒、起"一类词语配合，表示动作持续存在的状态，一般也兼有表示肯定语气的作用。

1．带"倒"的"在"

①您家快滴尕，大家都等倒在（大家都等着呢）。

lənˇ ·ka kʻuaiˉ ·ti ·ka, taˉ tɕiaˉ ·təu təɴˇ ·təu ·tsai。

②门还关倒在。

mənˇ xaiˇ kuanˉ ·təu ·tsai。

③尽汪个么子吵，我听倒在（使劲喊什么呀，我听着呢）。

tɕʻinˇ uanˉ ·kɤ ·mo tsˉ saˉ, uoˇ tʻinˉ ·təu ·tsai。

④懒婆娘……大吼：眼睛瞎了，那不是尿片子捂倒在。（《荆州故事集》）

lanˇ pʻoˇ ·lian…… taˉ xəuˇ: iɛnˇ tɕin ɕiaˇ ·ta, luoˉ ·pu sˉ liauˉ pʻiɛnˉ ·tsˉ uˉ ·təu ·tsai。

2．有"起"的"在"

①空调哪么还开起在空调怎么还开着呢。

kʻuŋˉ tʻiauˇ laˉ m̩ xaiˇ kʻaiˉ ·tɕʻi ·tsai。

②都八点哒，哪么还躺起在。①

təuˉ paˇ tiɛnˇ ·ta, laˉ m̩ xaiˇ tʻanˇ ·tɕʻi ·tsai。

③那个事是哪么搞起在是怎么搞着呢。

luoˉ kuoˉ sˉ ·sˉ laˉ m̩ kauˇ ·tɕʻi ·tsai。

④车子在车库里停起在（呢）。

tsʻɤˉ ·tsˉ tsaiˉ tsʻɤˉ kʻuˉ ·li tʻinˇ ·tɕʻi ·tsai。

3．"在"也可以用在少数形容词后，表示事物或行为状态的延续

①教室里灯还亮倒在。

tɕiauˉ sˉ ·li tənˉ xaiˇ lianˉ ·tau ·tsai。

②那间房子还空倒在。

luoˉ kanˉ fanˇ ·tsˉ xaiˇ kʻuŋˉ ·təu ·tsai。

③他正忙倒在，您家等哈子再过来。

tʻaˉ tsənˉ manˇ ·təu ·tsai, lənˇ ·ka tənˇ ·xa / xaˉ ·tsˉ tsaiˉ kuoˉ laiˇ。

―――――――――

① "哪么"的"么"，可读 ·mo，也可以读 m̩。

"在"用在句末表示动作、行为的客观存在,这在古代汉语中已经存在。例如:

④此处空在,但宿何妨?(《警世通言·拗相公饮恨半山堂》)
⑤阿兄在家里新生儿,见在蓐里卧在。(《启颜录·昏忘》)
⑥向后有多口阿师与你点破在。(《祖堂集》卷二〇)
⑦舌头未曾点着在。(《景德传灯录》卷一四)

上述诗文句末的"在",不能肯定已经是虚化的"在",但这至少是"在"表示动作、行为存在意义逐步虚化的开端,或者可以认为它已经是表示动作行为状态延续的助词了,"在"在上述诗文中绝不能省略。同理,我们所举的三组例子中,"在"同样不能省略,因为虚化不等于消失;消失了,即便有"倒、起"存在,表示动作行为状态延续的作用也会减弱。又由于"在"总是处于句末,它表示肯定性语气的作用也是不容忽视的,如上面几组例句中的"在",绝大多数可以直接置换成"着呢"或是"呢"。甚至于我们列出的古代汉语中的例句,如果把"在"换作语气词"着呢、呢",似也是可行的,因为"在"处在句末表示肯定的语气,也是不容置疑的事实。例如:

"此处空在。"——这地方闲着呢。
"见在蓐里卧在。"——现在在褥里躺着呢!

十、语气

荆州话常用的语气词有:哒、吵、得、的、嚜、在、着、了、啦、哪、啊、呀、吧、呢、嘞、吗、哩、啰。

(一) 哒

荆州话中的语气助词"哒",使用频度较高。"哒"不强调行为的完成等,重在肯定语气的表达,多出现在动词的补语、宾语之后,也可以直接出现在动词、形容词或数量词之后。

1. "哒"出现在名词性词语后

①我忘记带钱哒。

uoˠ uanㄱ tɕiㄱ taiㄱ tɕʰiɛnㄱ ta。

②兄妹成亲，那不丑死人哒？（《江陵故事集》）

ɕyŋ˧ mei˧ tsʰən˧ tɕʰin˧，luo˧ pu tsʰəu˧ sŋ˧ lən˧ ta?

③都九月底哒，天气还是蛮热。

təu˧ tɕiəu˧ yɛʔ˧ ti˧ ·ta, tʰien˧ tɕʰi˧ xai˧ sŋ˧ man˧ lʏʔ˧。

2. "哒"用在谓语性词语后

①你的气也出哒。（《江陵故事集》）

li˧ ·ti tɕʰi˧ iɛ˧ tsʰu˧ ·ta。

②人都死光哒。（《江陵故事集》）

lən˧ ·təu sŋ˧ kuan˧ ·ta。

③乌龟一下就活哒。（《江陵故事集》）

u˧ kuei˧ i˧ xa˧ / xa˧ tɕiəu˧ xuo˧ ·ta。

④一个老乌龟看到哒。（《江陵故事集》）

i˧ kuo˧ lau˧ u˧ kuei˧ kʰan˧ ·tau / ·təu ·ta。

⑤楚惠王隔近一看，脸都气白哒。（《江陵故事集》）

tsʰu˧ xuei˧ uan˧ kʏʔ˧ tɕin˧ i˧ kʰan˧，liɛn˧ ·təu tɕʰi˧ pʏʔ˧ ta。

⑥你们都搞错哒，我不是日白鬼。（《江陵故事集》）

li˧ ·mən təu˧ kau˧ tsʰuo˧ ·ta，uo˧ pu˧ sŋ˧ ɿʔ˧ pʏʔ˧ kuei˧。

⑦抱起一块石头，一下把乌龟拌死哒。（《江陵故事集》）

pau˧ tɕʰi˧ i˧ kʰuai˧ sŋ˧ ·təu，i˧ xa˧ pa˧ u˧ kuei˧ pan˧ sŋ˧ ·ta。

处于句末的"哒"，可以表示动作、行为的完成，也兼有表示语气的作用。

（二）唦

"唦"是荆州话中一个重要的语气词。20 世纪 70 年代，荆州话中"唦"还在使用。不过，今天"唦"的使用频度已经大不如前，一般来说，老派荆州话偶尔还在使用，年轻荆州人用得已经不多了，很多荆州人甚至都认为"唦"是改革开放后从武汉传过来的，是外来词。

1. "唦"作语气词

至少在 20 世纪 70 年代，"唦"在荆州话中的使用还比较频繁。例如：

①尽唦个么子唦？

tɕin˧ tsʰau˧ kuo˧ mo˧ tsŋ˧ sa˧?

②伏羲说："丑不丑，又没得旁人看到，怕么子唦？"（《江陵故事集》）

fuɹ tɕiˀ suoɹ: "tsəuɹ ·pu tsəuɹ, iəuɹ meiˀ ·tʏ pʻanɹ lənɹ kʻanˀ tau, pʻaˀ ·mo tsʅˀ ·saˀ / laˀ?"

③苕啊，反转过来赶唦！（《江陵故事集》）

sauɹ ·a, fanⱽ tsuanⱽ kuoˀ laiɹ kanⱽ saˀ!

④一些人就说："这好事有么做头唦！"（《江陵故事集》）

iˀ ɕieˀ ·rənˀ tɕieuˀ suoɹ: "tsʅˀ xauⱽ sʅˀ iəuⱽ moɯ tsuoˀ tʻəɹ saˀ!"

⑤老天爷呀老天爷，你哪么要落雪的唦。（《江陵故事集》）

lauⱽ tʻienɹ iɛɹ ·ia lauⱽ tʻienɹ iɛɹ, liɹ laⱽ m̩ iauⱽ luoɹ ɕyeɹ ·ti saˀ。

2. 关于"唦"的读音

"唦"在荆州方言中一般读作"sa"，但在不同的语句中略有区别。

(1) 可以读作"sa"，也可以读作"la"。如例①、例②、例③就属于这种情况。"唦"读作"la"，应当是"唦"的读音发展、演变的一种趋势。

(2) 有些句子中，"唦"一般读作"sa"，不会读作"la"，如例④、例⑤。原因还需作进一步探讨。

3. "唦"是荆州本土的语气词

一部分荆州本地人认为荆州方言的"唦"，是改革开放后荆州的打工者从武汉带回来的，甚至于有些学者也认为荆州话的"唦"是从武汉方言传进来的。这种认识其实是一种误解，因为 20 世纪 80 年代的《江陵故事集》、《江陵歌谣集》中都有关于荆州方言中存有语气词"唦"的记载，其出现频度比较高，湖北江汉平原各地方言中也多有使用。而 20 世纪七八十年代，就荆州话（尤其是荆州城周边的乡镇方言）而言，还谈不上会受到武汉方言的影响。倒是近些年来，武汉方言的"唦"风头依旧，荆州方言的"唦"却正在走下坡路。有几位六十多岁的荆州城老人回忆后认为，青少年时代说过"唦"，也听到过"唦"，但现在几乎不用了。

（三）得、的

1. 得

①这个事你不消说得。

lieˀ kuoˀ sʅˀ liɹ ·pu ɕiauɹ suoɹ ·tʏ。

②这个事您家不消搞得。

lieˀ kuoˀ sʅˀ lənɹ ·ka ·pu ɕiauɹ kauⱽ ·tʏ。

③他这个人，蛮没得用得。

tʼaɹ liɛꜛ ·kuo lənɹ, manꜛ meiꜛ tʌɹ yŋꜛ ·tʌ.

④汪个么事吵，搞得吓死人得。

uanꜛ kʌꜜ moꜜ sꜛ ·sa, kauꜜ tʌ xʌꜜ sꜛ lənꜛ ·tʌ.

⑤你也不敲门，把我吓下好得。

liꜜ iɛꜜ puꜜ kʼauꜛ mənꜛ, paꜜ uoꜜ xʌꜜ xa xauꜜ ·tʌ.

2. 的

①这个是黑的，那个是白的，有一些是红的。

liɛꜛ kuoꜛ sꜛ xʌꜜ ·ti, luoꜛ kuoꜛ sꜛ pʌꜜ ·ti, iəuꜜ ɿ ɕie sꜛ xuŋꜛ ·ti.

②这伢儿是坐羽毛船来的。（《江陵故事集》）

liɛꜛ yaꜜ ɯ sꜛ tsuoꜜ yꜜ ·mau tsʼuanꜛ laiꜛ ·ti.

③那是泥巴留下来的。（《江陵故事集》）

luoꜛ sꜛ liꜜ ·pa liəuꜜ ɕiaꜜ laiꜛ ·ti.

④给他称了两斤不肥不瘦的。（《江陵故事集》）

kʌꜜ tʼaꜜ tsʼənꜜ ·ta lianꜜ tɕinꜜ puꜜ feiꜜ puꜜ səuꜜ ·ti.

⑤师傅，请息怒，不是我搬的，是他们自己走出来的。（《江陵故事集》）

sꜛ ·fu, tɕʼinꜜ ɕi luꜜ, puꜜ sꜛ uoꜜ panꜜ ·ti, sꜛ tʼaꜜ mən tsꜛ ·tɕi tsəuꜜ ·tsʼu laiꜜ ·ti.

⑥这种亏心事做不得的，做了要遭雷打的。（《江陵故事集》）

liɛꜛ tsuŋꜜ kʼueiꜜ ɕinꜜ sꜛ tsəuꜜ ·pu tʌꜜ ·ti, tsəuꜜ ·ta iauꜜ tsauꜛ leiꜜ taꜜ ·ti.

3. "得、的"作语气词的区别

荆州话中"得、的"都常用作表示肯定的语气词。两者的主要区别是：

（1）"得"作语气词，兼有补语成分的意义，在否定句中使用较多。"得"虽处在否定句末，但表示的是更加肯定的语气，而"得"对其前边动作、行为程度、状态的加深，也有一定的增强作用。此外，我们说"得"是个表示肯定的语气助词，是因为省去"得"，句子的肯定语气不再那么肯定，语义也不如有"得"那么完整。

（2）相比较而言，"的"在荆州话中是个纯粹表示肯定语气的语气词，一般读作"ti"，特别是"黑的、白的、黄的、红的"一类词语中，"ti"的读音比较明确。"得"作语气词的5个例子，"得"不能读作"ti"，除非是有意要表示某些特别的语义。

(3) 前面所举的关于"的"6个例子，其中的"的"都不宜换作"得"。

（四）嘸

荆州话中的"嘸"是个典型的口语词，书面上也有写作"么"的，读音轻化，有时读音略可拖长一些。例如：

①他没有调皮嘸。

tʼa˥ mei˩ iəu˩ tʼiau˩ pʼi˩ ·om。

②我确实是没有说过嘸。

uo˩ tɕʼyo˩ sʅ˩ sʅ˩ mei˩ iəu˩ suo˩ kuo˥ ·om。

③你这是搞的么事嘸。

li˩ liɛ˥ sʅ˩ kau˩ ·ti ·om sʅ˥ ·mo。

④我骗你搞么事嘸。

uo˩ pʼiɛn˥ li˩ kau˩ mo˩ sʅ˥ ·mo。

"嘸"一般用在表示争辩的语句中，表示肯定或反驳的语气。

（五）在

"在"是荆州话中最常见的语气词之一，即便是说普通话的年轻人，也常常使用"在"。"在"具有动态助词兼语气词的作用和意义，例如：

①灯还亮倒在。

tən˥ xai˩ lian˥ ·təu ·tsai。

②门还关倒在。

mən˩ xai˩ kuan˥ ·təu ·tsai。

③快滴尔，大家都等倒在。

kʼuai˥ ·ti ·ka, ta˥ tɕia˥ təu˥ tən˩ ·təu ·tsai。

④都八点多哒，你哪么还睡起在还在睡？

təu˥ pa˩ tiɛn˩ tuo˥ ·ta, li˩ la˩ ·mo / m̩ xai˩ suei˥ ·tɕʼi ·tsai?

⑤事情到底是哪么搞起在？

sʅ˥ ·tɕʼin tau˥ ·ti sʅ˥ la˩ ·mo / m̩ kau˩ ·tɕʼi˩ ·tsai?

⑥懒婆娘大吼："眼睛瞎了，那不是尿片子捂到在。"（《江陵故事集》）

lan˩ pʼo˩ ·lian ta˥ xəu˩: "iɛn˥ ·tɕin ɕia˩ ·ta, la˥ pu˩ sʅ˥ liau˩ pʼiɛn˩ ·tsʅ u˩ ·təu ·tsai。"

"在"作句末语气词时，表示肯定的语气，其前面常有辅助性词语相伴，如"倒、起、着"等。同时，"在"对其前面的动作也兼有动态和静态相结合的语法意义。如"灯还亮倒在"、"灯在亮",以及"人在等"、"人在睡"等,既是静态的事实,同时也表示动作还在持续进行着。至于"在"的词类特征,早期的"在"应是动词性质,表示客观的存在。"在"虚化的结果,用作动态助词,兼有语气词的作用。现今荆州话中的"在",则更侧重于语气词的作用,语义大体相当于普通话中的"呢、着呢、的呢"等。

(六) 着

"在"是荆州话中常用的语气词,相比较而言,"着"作语气词在荆州话中出现较少。例如:

①你不慌着。

li˨ puɯ xuan˥ ·tsuo。

②你让他先等哈着。

li˨ lan˥ t'a˥ ɕien˥ tən˨ ·xa ·tsuo。

③让我先跟他打个招呼着。

lan˥ uo˨ ɕien˥ kən˥ t'a˥ ta˨ kuo˥ tsau˥ ·xu ·tsuo。

④四更月亮卧,劝哥歇下着。(《荆州歌谣集》)

sɿ˥ kən˥ yɛ˨ ·lian uo˨, tɕ'yen˥ kuo˥ ɕiɛ˨ ·xa ·tsuo。

"着"主要用在祈使句中,一般是紧附在动词或形容词后,有一定的预设作用,有前句或后句相随。例如:

⑤你先让他等哈着,我马上就过去。

li˨ ɕien˥ lan˥ t'a˥ tən˨ ·xa ·tsuo, uo˨ ma˨ ·san tɕiəu˥ kuo˥ k'ɯ˥。

⑥我马上就过去,你先让他等哈着。

uo˨ ma˨ ·san tɕiəu˥ kuo˥ k'ɯ˥, li˨ ɕien˥ lan˥ t'a˥ tən˨ ·xa ·tsuo。

(七) 了

"了"在荆州话中是常用语气词,可读作"·la"或"·lə",还可以变读作"·ta"。

①从此一年中不再下露水了。(《江陵故事集》)

ts'uŋ˨ ts'ɿ˨ i˨ lien˨ tsuŋ˥ pu˨ tsai˥ ɕia˥ lu˨ suei˨ ·la。

②将军的宝剑一挨我的影子,我就没命了。(《江陵故事集》)

tɕian˥ tɕyn˥ ·ti pau˥ tɕien˥ i˨ ai˥ uo˨ ·ti in˨ ·tsɿ, uo˨ tɕiəu˥ mei˨ min˥ ·la。

以上例子中的"了"出现在名词性词语后,是单纯的语气词。下面五例的"了",紧跟在句末的谓语性词语后,既表肯定的语气,也兼表动作的完成。

③这样一来,赤兔马就饿瘦了。(《江陵故事集》)

tsɤ˧ ian˧ i˩ lai˩, tsʰɿ˩ tʰu˧ ma˩ tɕiəu˧ uo˩ səu˩ ·la。

④两个石匠也累死了。(《江陵故事集》)

lian˩ kuo˧ ʂɿ˩ tɕian˧ iɛ˩ lei˧ ·ɿ ·la。

⑤玉工一看,眼睛都亮了。(《江陵故事集》)

y˧ kuŋ˧ i˩ kʰan˧, iɛn˩ ·tɕin ·təu lian˧ ·ta。

⑥铁拐李来了。(《江陵故事集》)

tʰiɛ˩ kuai˩ li˩ lai˩ ·la。

⑦石头都染红了。(《江陵故事集》)

ʂɿ˩ ·təu ·təu lan˩ xuŋ˩ ·la。

荆州话中"了"作语气词用得最多,这些用"了"的句子,一般都可以换作语气词"哒",但近四十年来,"了"用得越来越普遍,"哒"用得越来越少了。

(八) 呢 (嘞)

荆州话中的"呢"读作"·lɤ"(也有读作"·lɛ"的),用法与普通话相同。例如:

①你是有名的大师傅,还找我学么子呢?(《江陵故事集》)

li˩ ʂɿ˧ iəu˩ min˩ ·ti ta˧ ʂɿ˧ ·fu, xai˩ tsau˩ uo˩ ɕyo˩ ·tsɿ˧ ·lɤ?

②宝贝到哪里去了呢?(《江陵故事集》)

pau˩ pei˧ tau˧ la˩ ·li kʰɯ˧ ·la ·lɛ?

③这些人哪个敢和他打呢?(《江陵故事集》)

liɛ˧ ·ɕiɛ lən˩ la˩ kuo˧ kan˩ xuo˩ tʰa˧ ta˩ ·lɛ?

④今口怎么这样闷闷不乐呢?(《江陵故事集》)

tɕi˧ ·ɯ tsən˩ ·mo liɛ˧ ian˧ mən˧ mən˧ pu˩ luo˩ ·lɛ?

⑤你怎么围着我跑呢?(《江陵故事集》)

li˩ la˩ m̩ uei˩ ·tsuo uo˩ pʰau˩ ·lɛ?

⑥说不定关羽跟周仓背刀呢?(《江陵故事集》)

suo˩ pu˩ tin˧ kuan˧ y˩ kən˧ tsəu˩ tsʰan˧ pei˧ tau˧ ·lɛ?

跟"呢"同类的是"嘞",或可说"呢、嘞"是异形词,因为"呢、嘞"用法相同,读音也相同,是一个词。例如:

⑦大学生跟中专生隔蛮大味嘞有很大距离!

taɹ ɕyoʋ sənɹ kənɹ tsuŋɹ tsuanɹ sənɹ kɤʋ manɹ taɹ ueiɹ·lɛ/·lɤ!

(九)哩

20世纪80年代以前,荆州方言"哩"的使用频度比较高,《江陵故事集》中多有出现。例如:

①日白佬说:"我在育驼子哩!"(《江陵故事集》)

ɯɹ pɤʋ lauʋ suoʋ: "uoʋ tsaiʋ yɹ tʻouʋ tsʅ·lɛ/·li!"

②真是条宝牛哩,我要搞到手。(《江陵故事集》)

tsənɹ sʅʋ tʻiauʋ pauʋ ɲeuɹ, uoʋ iauɹ kauʋ tauɹ səuʋ。

③女娲说:"哥哥,莫做二黄事哩!"(《江陵故事集》)

lyʋ uaɹ suoʋ: "kuoɹ kuoɹ, moʋ tsouɹ ɯɹ xuanɹ sʅ·lɛ/·li!"

④他……手头蛮有钱哩!(《江陵故事集》)

tʻaɹ…… səuʋ tʻuaiɹ manɹ ɲeuɹ tɕʻienɹ·lɛ/·li!

⑤我这桥稳如泰山……天下第一哩!(《江陵故事集》)

uoʋ liɛɹ tɕʻuaiɹ uənʋ ʋuɹ tʻaiɹ sanɹ…… tʻienɹ ɕiaʋ tiɹ·lɛ/·li!

⑥可真有点冤枉哩!(《江陵故事集》)

kʻɤʋ tsənɹ ɲeuɹ ʋuei tien yenʋ·uan·lɛ/·li!

⑦百姓都在这里求雨哩!(《江陵故事集》)

pɤʋ ɕiŋɹ təuɹ tsaiɹ tʂʅʋ li tɕʻiouʋ yʋ·lɛ!

语言学界一般认为,"哩"是"呢"的一种变体,地方方言中常见,这在荆州话中得到验证。20世纪80年代的荆州民间文学作品《江陵故事集》中出现了较多的语气词"哩"和"呢",但今天荆州话"哩"的读音与"呢"相同,都读作"·lɛ",或是"·lɤ",并不读作"·li"。对此,我们只能说,"呢"是源头,后来由于表达的需要,分化出了个"哩",而后,由于"呢、哩"的语义并无明显的区分,"哩"在读音上又重新归入了"呢"。未来的发展趋势是:"哩"是荆州话中另一个即将消失的语气词。

(十)吧

荆州话中的语气词"吧",与普通话语义和用法一致。例如:

①这下该算数吧？

liɛ˧ xa˧ kai˧ suan˧ su˧ ·pa?

②我们就一起吃餐饭吧。(《江陵故事集》)

uo˧ ·mən tɕieu˧ i˨ tɕʰi˨ tsʰan˧ fan˧ ·pa。

③莫不是凤凰要驮我回去吧？(《江陵故事集》)

mo˧ ·pu sʅ˧ fəŋ˧ xuan˧ iau˧ tʰuo˧ ŋou˨ xuei˨ kʰɯ˨ ·pa?

(十一) 啊

荆州话中的语气词"啊"一般有"·a / ·ia"两种读音，可以写作"呀、哪"。例如：

①人要绝种啊！(《江陵故事集》)

lən˨ iau˧ tɕyɛ˨ tsuŋ˨ ·a!

②我的姊妹啊！(《江陵故事集》)

uo˧ ·ti tsʅ˨ mei˨ ·a!

③大王……我是优孟啊！(《江陵故事集》)

ta˧ uan˨ …… uo˧ sʅ˧ muŋ˧ ·a!

④不晓得修得牢不牢啊。(《江陵故事集》)

pu˨ ɕiau˨ tɤ ɕieu˨ tɤ lau˨ pu lau˨ ·a。

⑤我的妈呀，这是和氏璧。(《江陵故事集》)

uo˧ ·ti ma˧ ·ia, liɛ˧ sʅ˧ xou˧ sʅ˧ pi˧。

⑥嗨呀，老爷怎么做得出来呀！(《江陵故事集》)

xai˧ ·ia, lau˧ ·iɛ tsən˧ ·mo tsu˧ tɤ tsʰu˨ lai˨ ·ia!

⑦我的家人哪！(《江陵故事集》

uo˧ ·ti tɕia˧ lən˨ ·a / ·ia!

十一、"把"字句

"把"是荆州话中重要的特色词之一。"把"有多个读音 (pa˧ / pa˧ / pa˧)，主要是通过变音形式，体现多音多义性，极具表现力。例如：

A. 作动词语素：把守 pa˧ sou˧ | 把持 pa˧ tsʰʅ˨ | 把门 pa˧ mən˨。

B. 作名词的构词成分，多读阴平调：刀把子 tau˧ pa˧ ·tsʅ | 枪把子

tɕianɿ paㄱ·tsʅ / 草把子 ts'auㄚ paㄱ·tsʅ | 柴把子 ts'aiㄚ paㄱ·tsʅ | 秧把子 ianㄱ paㄱ·tsʅ | 把缸子 paㄱ·tsʅ / paㄱ kanㄱ·tsʅ | 拜把子 paiㄱ paㄚ·tsʅ | 把兄弟 paㄚ ɕyŋㄱ tiㄥ | 靠把椅 k'auㄱ paㄚ iㄚ。

C. 可以作量词：一把刀 iㄚ paㄚ tauㄱ | 捞一把 lauㄱ iㄚ paㄚ | 百把块钱 pɤㄚ·pa k'uaiㄱ tɕ'iɛnㄚ | 个把人 kɤㄚ / kuoㄱ·pa lənㄚ | 百把人 pɤㄚ·pa lənㄚ | 百把本书 pɤㄚ·pa pənㄚ suㄱ。

D. "把"作介词表被动：可参看本章"介引"部分和"被动句"等部分。

本节重点探讨"把"作动词用的相关问题。

(一) 用作动词的"把"

普通话中的"把"主要用作介词；"把"在荆州话中则主要是用作动词，词义相当于普通话动词"给"。例如：

①多把滴尕糖，少把滴尕汤……

tuoㄱ paㄚ·ti·ka t'aŋㄚ，sauㄚ paㄚ·ti·ka t'anㄱ……

例①中"多把滴尕糖，少把滴尕汤"中的"把"，动词的性质非常明确，相当于普通话中的"给"（也有"放"的意思）。

②这几本书，你直接把他直接给他。

liɛㄱ tɕiㄚ pənㄚ suㄱ，liㄚ tsʅㄚ tɕiɛㄚ paㄚ t'aㄱ。

③现在看来，我还得把钱他给他钱。

ɕiɛnㄱ tsaiㄱ k'anㄱ laiㄚ，uoㄚ xaiㄚ tɤㄚ paㄚ tɕ'iɛnㄚ t'aㄱ。

④这封信，你就把我，那几本书，你一定把她。

liɛㄱ fəŋㄱ ɕinㄱ，liㄚ tɕ'ieuㄱ paㄚ uoㄚ，luoㄱ tɕiㄚ pənㄚ suㄱ，liㄚ iㄚ tinㄱ paㄚ t'aㄱ。

⑤……显得好，我就把工钱我就给工钱。（《江陵故事集》）

……ɕiɛnㄚ·tɤ xauㄚ，uoㄚ tɕiəuㄱ paㄚ kuŋㄱ tɕ'iɛnㄚ。

⑥好吧，你身上有好多钱，都把我。（《江陵故事集》）

xauㄚ·pa，liㄚ sənㄱ sanㄱ iəuㄚ xauㄚ tuoㄱ tɕ'iɛnㄚ，təuㄱ paㄚ uoㄚ。

⑦张寡妇端出一碗米把他……（《江陵故事集》）

tsaŋㄱ kuaㄚ·fu tuanㄱ ts'uㄚ iㄚ uanㄚ miㄚ paㄚ t'aㄱ……

以上都是荆州话中作动词用的"把"的例句。

(二) "把"和"八"

依古代文献来看，"把"字本无"给"义（"八"才有"给"义）。就荆州话中"把、给"的使用情况来看,"把"字借用了"八"的原始义,成为有"给"义的动词,而最终,动词的"给"或许会完全取代动词的"把"。

1. "把"本无"给"的词义

"把",《广韵》:"博下切,上马帮。"《说文解字》:"把,握也,从手,巴声。"也就是说,"把"的词义是"握",有"把握、把持、把守"等词义,又借用作"把子、一把、百把、把兄弟"等词义,但确实没有动词"给"的义项。我们可以参考一些古汉语例句:

①……因左手把把持秦王之袖,而右手……(《战国策·燕策三》)

②这也是……看得穿,把把持得定。(《儿女英雄传》)

③将引本部军马,把把守住平峪县口。(《水浒全传》第四十八回)

2. "把"的"给"义借自近音词"八"

"八",《说文解字》:"八,别也。"段玉裁注:"今江浙俗语以物与人谓之八,与人则分别也。"也就是说,江浙一带将把东西给别人叫"八"。后来"把"字借了"八"的"给"义,与"八"音近的"把"才有了"给"的义项。

(三)由"把"到"给"

1.《汉语大字典》①中"把"的"给"义条目

A. "……却要把四个人的夫脚力钱顾他。"给四个人的钱

B. "虞家小厮……把他四个钱。"给他四个钱

就以上《汉语大字典》"把"字条目看,早期"把"字的"给"义记载始于明清的白话小说。也就是说,"把"产生"给"义的年代大约在元代以后。

2. 从"把给"到"给"的过渡

四十年前湖北江陵县文化馆编印的《江陵故事集》中,可以找到许多"把"与"给"相结合的"把给"作动词"给"用的例子。例如:

①和尚……取出十两银子,把给货郎给货郎。(《江陵故事集》)

xuoɤ san…… tɕʰy˧ tsʰɿ˧ ʂɿ˧ lian˧ in˧ ·tsɿ, pa˧ kɤ˧ xuo˧ lan˧。

②仙人……讲过用法,把给荆玉后给荆玉后,就走了。(《江陵故事集》)

ɕien˧ ləŋ˧……tɕian˧ kuo˧ yŋ˧ fa˧, pa˧ kɤ˧ tɕin˧ y˧ ɣəu˧, tɕʰəu˧ tsəu˧ ·ta。

---

① 汉语大字典编辑委员会:《汉语大字典》,四川辞书出版社、湖北辞书出版社,1989年版,第1845—1846页。

③我不信，你郎您把给我看给我看。(《江陵故事集》)

uo˅ pu˄ ɕin˧, lən˥ lan pa˅ kɤ˅ uo˅ kʻan˧。

④夺么事，把给我给我，我还懒得要呢！(《江陵故事集》)

tuo˅ mo˅ sʅ˥, pa˅ kɤ˅ uo˅, uo˅ xai˄ lan˅ tɤ iau˧ iɛ˥！

⑤背褡子把给你穿起，包头把给你捆起……免得早风吹哒你。(《江陵歌谣集》)

pei˧ kua˧ ·tsʅ pa˅ kɤ˅ li˅ tsʻuan˧ ·tɕʻi, pau˧ ·təu pa˅ kɤ˅ li˅ kʻuən˧ ·tɕʻi …… miɛn˅ ·tɤ tsau˅ fəŋ˥ tsʻuei˧ ·ta li˅。

3. "把，给"的分离

①这些钱把你这些钱给你。

liɛ˧ ·ɕie tɕʻiɛn˅ pa˅ li˅。

②……输了反正母亲把钱母亲给钱。(《江陵故事集》)

…… su˧ ·ta fan˅ ·tsən mu˅ ·tɕʻin pa˅ tɕʻiɛn˧。

③母亲把迟了，把少了给少了，他都不依。(《江陵故事集》)

mu˅ ·tɕʻin pa˅ tsʻʅ˅ ·ta, pa˅ sau˅ ·ta, tʻa˧ təu˥ pu˄ i˧。

④那不要紧，我把你我给你九口绣花针……(《江陵故事集》)

la˅ pu˄ iau˧ tɕin˅, uo˅ pa˅ li˅ tɕiəu˅ kʻəu˄ ɕiəu˧ xua˧ tsən˧……

⑤八哥飞回来把了信给了信，全家人都会哭死。(《江陵故事集》)

pa˧ ·kuo fei˧ xuei˄ lai˄ pa˅ ·ta ɕin˧, tɕʻyɛn˄ tɕia˧ lən˄ təu˥ xuei˄ kʻəu˧ sʅ˥。

⑥今天把点给点颜色你看。(《江陵故事集》)

tɕin˧ tʻiɛn˧ pa˅ tiɛn˅ iɛn˄ ·sɤ li˅ kʻan˧。

4. "给"作为动词出现

"把"逐渐失去"给"义，也逐步成为不再具有"给"义的动词，是荆州话的客观现实，这个进程和普通话的推广有一定的关系。从今天新派荆州话、老派荆州话的差异来看，老派荆州话仍有以"把"作"给"用的，但一部分人已经放弃了"把"的"给"义用法，新派荆州话基本上抛弃了"给"义的"把"。例如：

①你把厂子里发的奖金给他吧。

li˅ pa˅ tsʻan˅ ·tsʅ ·li fa˄ ·ti tɕian˅ tɕin˧ kɤ˅ ·tʻa ·pa。

②给他不给他，我说了算。

kɤ˅ ·tʻa pu˄ kɤ˅ ·tʻa, uo˅ suo˧ ·ta suan˧。

③你说给哪个就给哪个，你说不给就不给，这不是夵口政策吗随意开口当政策？

i˩ suoɹ kʏ˩ la˧ kuo˧ tɕiəu˧ kʏ˩ la˩ kuo˧, li˩ suoɹ pu˩ kʏ˩ tɕiəu˧ pu˩ kʏ˩, tsʏ˧ pu˩ sɿ˧ tsa˧ kʰue˩ tsən˧ ts'ʏ˧ʳɑm˧ɹ?

其实四十年前的《江陵故事集》中已经出现了少量的"给"。例如：

④钱是要给的，但你得……（《江陵故事集》）

tɕʰiæɹ sɿ˧ iau˧ kʏ˩ ·ti, tan˧ li˩ tʏɹ……

⑤我算灵哒，那是你们给我的钱。（《江陵故事集》）

uoɹ suan˧ lin˩ ·ta, la˩ sɿ˧ li˩ ·mən kʏ˩ uoɹ ·ti tɕʰiɛn˩。

从以上分析来看，荆州方言中的"把"演变为"给"的脉络还是非常清晰的。

十二、被动句

荆州话的被动句，依表示被动的助词划分，有和普通话相同的，也有具有荆州话特色的。常用的表示被动的助词有：被、给、把、让、尽、遭。还有些被动句不使用表被动的助词。

（一）与普通话用法相同的被动句

①有个彭大人，被林则徐派到湖广……（《江陵故事集》）

iəu˩ kuo˧ pʰuŋ˧ ta˧ lən˩, pei˧ lin˩ tsʏ˩ ɕy˩ pʰai˧ tau˧ xu˩ kuan˩……

②这件事又被奸臣告发……（《江陵故事集》）

liɛ˧ tɕiɛn˧ sɿ˧ iəu˧ pei˧ tɕiɛn˧ tsʰən˩ kau˩ fa˩……

③我们的鞋袜，也是给挤烂的。（《江陵故事集》）

uoɹ ·mən ·ti xai˩ ua˩, iɛ˩ sɿ˧ kʏ˩ tɕi˩ lan˧ ·ti。

（二）具有荆州话特色的被动句

1. 把

荆州话中的"把"，主要是作表示"给"义的动词，或是作介词用，但有时也可以用来作表示被动的助词，读作"pa˩"例如：

①他昨天把人打了被人打了。

tʰa˧ tsuoɹ tʰiɛn˧ pa˩ lən˩ tʌ˩ ·ta。

②南北两港人又多，好汉不把人识破_{不被人识破}。(《江陵故事集》)

lan˧ pɤ˩ lian˥ kan˥ lən˩ nei˧ iəu˩ tuo˩, xau˥ xan˩ pu˩ pa˧ lən˩ sʅ˩ pʻo˩。

不过，"把"的上述用法现在已经很少见了。

2. 尽（儘）

荆州话中"尽"常构成兼语句，或是单独作谓语，而虚化的"尽"也可以作表被动的助词，但现今已经用得不多了。以下是"尽"作表被动的助词：

①莫尽他跑掉哒_{不要被他跑掉}。

mo˧ tɕin˥ tʻa˩ pʻau˥ tiau˩ ·ta。

②那棵古树尽人偷起走哒。

la˩ kʻuo˩ ku˥ su˩ tɕin˥ lən˩ tʻəu˧ tɕʻi˧ tsəu˥ ·ta。

③强盗尽派出所捞起走哒_{小偷被派出所捉走了}。

tɕʻian˧ ·tau tɕin˥ pʻai˩ tsʻu˧ suo˧ lau˩ ·tɕʻi tsəu˥ ·ta。

3. 遭

①莫遭日后为他出拐_{日后莫被他算计}。(《江陵故事集》)

mo˧ tsau˩ ɯ˩ xəu˩ uei˧ tʻa˩ tsʻu˩ kuai˧。

②你们把屋看好，莫遭他跑哒_{莫让他跑掉}！(《江陵故事集》)

li˥ ·mən pa˩ u˧ kʻan˩ xau˥, mo˧ tsau˩ tʻa˩ pʻau˥ ·ta！

"遭"作表被动助词的境况与"尽"类似，在荆州话中现在已很少出现。

（三）意合被动句

荆州话中不使用表被动助词的被动句比较常见。例如：

①他一汪_喊，我吓下好的_{我被吓了一大跳}。

tʻa˩ i˧ uan˩, uo˧ xa˥ ·xa xau˩ ·ti。

②你一吼，他会吓死_{被吓死}。

li˥ i˧ xəu˥, tʻa˩ xuei˩ xɤ˥ ·sʅ。

③经济困难时期我饿怕哒_{我被饿怕了}，现在不能亏待自己。

tɕin˩ tɕi˩ kʻuən˩ lan˧ sʅ˧ tɕʻi˧ uo˧ uo˩ pʻa˩ ·ta, ɕiɛn˩ tsai˩ pu˩ lən˧ kʻuei˩ tai˩ tsʅ˩ tɕi˥。

④外面的衣服，哈打湿哒_{全被打湿了}。

uai˩ ·miɛn ·ti i˩ ·fu, xa˩ ta˥ sʅ˩ ·ta。

⑤枣红马没了主人，腿子也弄破了。(《江陵故事集》)

tsau˨˩ xuŋ˧ ma˨˩ mei˧ ·ta tsu˨˩ lən˨˩, tʰuei˨˩ tsʮ˨˩ iɛ˨˩ luŋ˧ pʰo˥ ·ta。

⑥剩下的泥巴人……背也弄弯了背弄弯了。(《江陵故事集》)

sən˥ ɕia˥ ·ti li˨˩ ·pa lən˨˩…… pei˥ iɛ˨˩ luŋ˧ uan˧ ·ta。

上面几例意合被动句，都可以添加与普通话通用的表被动的助词"被"或"给"等词语。

(四) 使用"被、给"的被动句

相比较而言，荆州话中使用有"被、给"的被动句不多。究其原因，主要是由于荆州话的"给"出现较晚，"给"字被动句的产生自然也会晚一些，《江陵故事集》中的例子只是偶有出现。例如：

①灵王被拖上台顶，只有出气没有进气了……(《江陵故事集》)

lin˧ uan˧ pei˥ tʰo˧ san˥ tʰai˧ tin˨˩, tsʮ˨˩ iəu˨˩ tsʰu˧ tɕʰi˥ mei˧ iəu˨˩ tɕin˥ tɕʰi˥ ·ta……

②我的鞋袜也是给挤掉的。(《江陵故事集》)

uo˨˩ ·ti xai˨˩ ua˨˩ iɛ˨˩ sʮ˥ kʮ˨˩ tɕi˨˩ tiau˥ ·ti。

十三、双宾句

荆州话构成双宾句的常用动词大体可以分作六类。这里就其中具有荆州话特色的一些动词及相应的双宾句作一些粗略分析。

(一) "给、把"类双宾句

1. 与普通话通用的"给"类双宾句

此类双宾句，一般是近宾语指人、远宾语指物，格式如：动词＋人(近宾语)＋物(远宾语)。例如：

①鲁班又给他一个木灯台……(《江陵故事集》)

lu˨˩ pan˧ iəu˥ kʮ˨˩ tʰa˧ i˨˩ kuo˥ mu˨˩ tən˧ tʰai˧……

②你总要给别个一个说法。

li˨˩ tsuŋ˨˩ iau˥ kʮ˨˩ piɛ˨˩ kuo˥ i˨˩ kuo˥ suo˧ ·fa。

③本官……想给你一条活路……(《江陵故事集》)

pən˨˩ kuan˧……ɕian˨˩ kʮ˨˩ li˨˩ i˨˩ tʰiau˧ xuo˨˩ lu˥……

④我送哒她一个指甲剪。

uoˇ suŋˉ ·ta tʼaˊ iˇ kuoˉ tsˊ ·ka tɕienˇ。

⑤我赔哒他三百多块钱。

uoˇ pʼeiˇ ·ta tʼaˊ sanˉ pɤˇ tuoˉ kʼuaiˊ tɕʼienˇ。

⑥我卯起最后一个上岸，偏不送他银子。(《江陵故事集》)

uoˇ mauˇ tɕʼiˇ tsueiˊ xauˇ iˇ kuoˉ sanˉ anˉ, pʼienˉ puˇ suŋˉ ·tʼa inˇ ·tsˊ。

⑦你不给我磨刀雨间断小雨，我不让你晒龙衣。(《江陵故事集》)

liˇ puˇ kɤˇ uoˇ moˇ tauˉ yˇ, uoˇ puˇ lanˇ liˇ saiˉ luŋˇ iˉ。

2. 具有荆州话特色的双宾句

不受条件限制，"近宾语表物、远宾语表人"，是具有荆州话特色的双宾语句，使用频度比"近宾语表人、远宾语表物"的"给"类双宾语句更高，也更加口语化。

(1) 结构特征

近宾语表物，远宾语表人。例如：

①你给一杯水他。

liˇ kɤˇ iˇ peiˉ sueiˇ tʼaˉ。

②我送了一个指甲剪她。

uoˇ suŋˉ ·ta iˇ kuoˉ tsˊ ·ka tɕienˇ tʼaˉ。

③我赔哒三百多块钱他。

uoˇ pʼeiˇ ·ta sanˉ pɤˇ tuoˉ kʼuaiˊ tɕʼienˇ tʼaˉ。

④我偏不送东西他，看他哪么搞。

uoˇ pʼienˉ ·pu suŋˉ tuŋˉ ·ɕi tʼaˉ, kʼanˉ tʼaˉ laˇ ·mo / m̩ kauˇ。

⑤你把几件好衣服我。

liˇ paˇ tɕiˇ tɕienˉ xauˇ iˉ ·fu uoˇ。

(2) 荆州话特色双宾语句的常用动词

构成此类双宾语句的动词很宽泛，如前边使用的"给、退、送、陪、送、把"等都可以构成此类句子。例如：

①主人不给饭他吃……(《江陵故事集》)

tsuˇ lənˇ puˇ kɤˇ fanˉ tʼaˉ tɕʼiˇ……

②妻子说，我给一根绣花针你。(《江陵故事集》)

tɕʼiˉ ·tsˊ suoˉ, uoˇ kɤˇ iˇ kənˉ ɕieuˉ xuaˉ tsənˉ liˇ。

③走的时候,他要送金银你,千万不能要。(《江陵故事集》)

tsəu˩ ·ti ʂʅ˧ ·xəu, tʰa˧ iau˧ suŋ˧ tɕin˧ in˧ li˧, tɕʰiɛn˧ uan˧ pu˧ lən˧ iau˧。

④东家,把那残汤剩饭送碗我……(《江陵故事集》)

tuŋ˧ tɕia˧, pa˧ la˧ tsʰan˧ tʰaŋ˧ sən˧ fan˧ suŋ˧ uan˧ uo˧……

3. 荆州话特色"把"类双宾句

荆州话中作为动词的"把"与"给"并存。"把"作动词时,词义等同于普通话中的"给",但"把"作动词构成双宾语句用得更多一些,也更能体现荆州话特色。例如:

(1) 近宾语表人,远宾语表物

①你把他一本书给他一本书。

li˧ pa˧ tʰa˧ i˧ pən˧ su˧。

②把他一杯王老吉饮料。

pa˧ tʰa˧ i˧ pei˧ uan˧ lau˧ tɕi˧。

③那不要紧,我把你九口绣花针。(《江陵故事集》)

la˧ pu˧ iau˧ tɕin˧, uo˧ pa˧ li˧ tɕiəu˧ kʰəu˧ ɕiəu˧ xua˧ tsən˧。

④你为么子把她一双皮鞋,只把我一双袜子?

li˧ uei˧ mo˧ tsʅ˧ pa˧ tʰa˧ i˧ suan˧ pʰi˧ xai˧, tsʅ˧ pa˧ uo˧ i˧ suan˧ ua˧ ·tsʅ?

⑤现在看来,我还得去把钱他。(《江陵故事集》)

ɕiɛn˧ tsai˧ kʰan˧ lai˧, uo˧ xai˧ tɤ˧ kʰu˧ pa˧ tɕʰiɛn˧ tʰa˧。

以上例子中,"把"的词义和用法相当于"给",有时也可以用"把给",都是近宾语表示人。例如:

⑥把给他一千多块钱,还不行?

pa˧ kɤ˧ tʰa˧ i˧ tɕʰiɛn˧ tuo˧ kʰuai˧ tɕʰiɛn˧, xai˧ pu˧ ɕin˧?

⑦把给他一套衣服。

pa˧ kɤ˧ tʰa˧ i˧ tʰau˧ i˧ ·fu。

(2) 近宾语表物,远宾语表人

①你把本书他。

li˧ pa˧ pən˧ su˧ ·ta。

②你把杯王老吉我。

li˧ pa˧ pei˧ uan˧ lau˧ tɕi˧ uo˧。

③你把滴尕钱我 你给一点钱我。

li↙ pa↘ ·ti ·ka tɕʰienɹ uo↘。

这一组例子，近宾语表物、远宾语表人，也是荆州话中的常用句式，但其谓语限于动词"把"，"把给"则不能构成近宾语表物的双宾语句。例如：

④我把他一双新皮鞋。√

uo↘ pa↘ tʰa↙ i↙ suanɹ ɕinɹ pʰi↙ xai↙。

⑤我把一双新皮鞋他。√

uo↘ pa↘ i↙ suanɹ ɕin↙ pʰi↙ xai↙ tʰa↙。

⑥我把给他一套衣服。√

uo↘ pa↘ ky↘ tʰa↙ i↙ tʰauɹ i↙ ·fu。

⑦我把给一套衣服他。✗

uo↘ pa↘ ky↘ i↙ tʰauɹ i↙ ·fu ·tʰa。

荆州话中没有例⑦这种说法。

4. 双宾句的扩展式

荆州话的双宾语句的扩展形式也是荆州话双宾句的特色句式之一。例如：

①你把杯果汁我喝。

li↙ pa↘ peiɹ kuo↘ tʂɿɹ uo↘ xuo↘。

②我把份文件你看哈子。

uo↘ pa↘ fən↙ uənɹ tɕianɹ li↙ kʰanɹ ·xa ·tsɿ。

③我把双鞋子你穿。

uo↘ pa↘ suanɹ xai↙ ·tsɿ li↙ tsʰuanɹ。

④今天不把点厉害你看，你也是不记心的。(《江陵故事集》)

tɕinɹ tʰienɹ pu↙ pa↘ tienɹ li↙ xai↙ li↙ kʰanɹ, li↙ iɛ↙ sɿɹ pu↙ tɕiɹ ɕinɹ ·ti。

⑤丞相把个荆州我守，硬是不放心。(《江陵故事集》)

tsʰənɹ ɕianɹ pa↘ kuo↘ tɕinɹ tsəu↘ uo↘ souɹ, əneɹ sɿɹ pu↙ fanɹ ɕinɹ。

⑥看样子不搞餐肉他吃，只怕他这辈子不得走了。(《江陵故事集》)

kʰanɹ ianɹ ·tsɿ pu↙ kau↘ tsʰanɹ lu↙ tʰa↙ tɕʰi↘, tsɿɹ pʰa↙ tʰa↙ liɛ↙ pei↙ ·tsɿ pu↙ tɤ↙ tsəu↘ ·ta。

以上例子可以看作荆州话双宾语句的扩展式，特点是表人的远宾语后另有动词出现，近宾语则是这个动词的受施对象，全句像是一种特殊的兼语句，这种双宾语句在荆州方言中也经常使用。

双宾语句的扩展式常见的是"把"字构成的句子，"把"字构成的具有荆州话特色的"近宾语表物、远宾语表人"的句子，并非偶然，这和荆州话中以"把"作"给"的历史渊源有关，具体可参看本章"'把'字句"一节。

（二）"欠"类双宾句

1. 该、欠、差

荆州话中"该、欠、差"并存，都是"差"别人什么的意思。"该"在口语中用得多一些，但习惯用法上"欠、差"无法被取代。

(1)"该、欠、差"可以互换。例如：

①你到底该别个好多钱？

liᴗ tauꜛ tiᴗ kaiꜛ pieᴗ kuoꜛ ɣauᴗ touꜛ tɕʻienᴗ?

②你到底欠人家多少钱？

liᴗ tauꜛ tiᴗ tɕʻiaiꜛ lənᴗ ·ka touꜛ ·sau tɕʻienᴗ?

③你到底差人家好多钱？

liᴗ tauꜛ tiᴗ tsʻaꜛ lənᴗ ·ka ɣauᴗ touꜛ tɕʻienᴗ?

以上三例，"该、欠、差"在"欠别人物"的义项上是同义词，因而可以互换。

(2)"该、欠、差"不能互换。例如：

①我欠你一个人情。√

uoᴗ tɕʻienꜛ liᴗ iᴗ kuoꜛ lənᴗ tɕʻinᴗ。

②我该你一个人情。×

③我差你一个人情。×

"该、欠、差"在人情等的"差、欠"方面还有是否能匹配的问题，因而不能互换。

2. 还、借、打

①你必须还我一个清白。

liᴗ piᴗ ɕyꜛ ɣuanᴗ uoᴗ iᴗ kuoꜛ tɕʻinꜛ pʌᴗ。

②我先还你一千元。

uoᴗ ɕienꜛ ɣuanᴗ liᴗ iᴗ tɕʻienᴗ ɣenᴗ。

③你借我三本书，我看完就还。

li˧ tɕiɛ˧ uo˥ san˧ pən˥ su˧, uo˥ kʻan˧ uan˧ tɕiɛu˧ xuan˧。

"打写"也可以构成双宾语句。例如：

④我拿你的《辞海》，打条子你。

uo˥ la˧ li˧ ·ti《tsʻɿ˧ xai˥》, ta˧ tʻiau˧ ·tsɿ li˧。

（三）"称呼"类双宾句

①伢子们都喊她二爹。

ɣa˥ ·tsɿ ·mən təu˧ xan˥ tʻa˧ ɯ˧ tiɛ˧。

②也有人叫她二舅妈。

iɛ˥ iəu˥ lən˧ tɕiau˧ tʻa˧ ɯ˧ tɕiəu˧ ma˧。

荆州话中称呼类的双宾语句，最常用的动词是"叫"。例如：

③有一块田，人们叫它"落靴田"。（《江陵故事集》）

iəu˥ i˧ kʻuai˧ tʻiɛn˧, lən˧ ·mən tɕiau˧ tʻa˧ "luo˥ ɕyɛ˧ tʻiɛn˧"。

④凤凰死后，化作一片宝田，人们叫它"凤凰田"。（《江陵故事集》）

fəŋ˧ xuan˧ sɿ˥ xəu˥, xua˧ tsuo˧ i˧ pʻiɛn˧ pau˩ tʻiɛn˧, lən˧ ·mən tɕiau˧ tʻa˧ "fəŋ˧ xuan˧ tʻiɛn˧"。

⑤……人们才叫它骚乌龟。（《江陵故事集》）

…… lən˧ ·mən tsʻai˧ tɕiau˧ tʻa˧ sau˧ u˧ kuei˧。

十四、"得"字句

荆州话中的"得"，无论是从词音，还是从词义、用法上看，都很有特色。这里从与普通话比较的角度出发，作一些粗略的探讨。

（一）形容词"得"

"得"作形容词用，属于荆州话的特色词语（或可写成普通话中的"嘚"）。词义是指女子或小孩在人前故意卖弄、显示自己，洋洋得意的样子，与荆州话中的"侧"（卖弄、显摆）词义相近，多用在评议性的话语中，并且常带有不满、不屑的情绪化色彩，有"得˥, 得˧"两个读音。例如：

①得，得，得个么子吵，也不怕别人笑话。

tɤ˧˩, tɤ˧˩, tɤ˧˩ kuo˧ mo˧˩ tsʅ˧ / ʂʅ˧ ·sa / ·la, ie˧˩ pu˧ pʰaʔ˧ pie˧˩ lən˧ ɕiau˧·xua。

②走路得得声，不就考了个第二名嘆！

tsou˧˩ lu˧˩ tɤ˧˩ ·tɤ ·sən, pu˧ tɕiue˧˩ kʰau˧˩ ·la kuo˧ ti˧ ɯ˧ min˧ mo˧˩!

以上两例的"得"，语义相近，读音不同，规律待探讨。

(二) 动词"得"

1. "得到"义的"得"

以下例子中的"得"是"得到"的意思，与普通话语义、用法相当。

①这才是得不偿失。

lie˧ tsʰai˧˩ sʅ˧ tɤ˧˩ pu˧ tsʰan˧ ʂʅ˧。

②得了便宜还卖乖。（荆州俗语，意思是"得了好处，还说些不三不四、不满意的话"。）

tɤ˧˩ ·la / ·ta pʰiɛn˧ ·i xai˧ mai˧˩ kuai˧。

③他得100分，你只得了80分，是哪么怎么回事？

tʰa˧ tɤ˧˩ i˧˩ pɤ˧˩ fən˧, li˧˩ tsʅ˧ tɤ˧˩ ·la pa˧ sʅ˧ fən˧, sʅ˧ la˧˩ m̩ xuei˧ sʅ˧?

④得理不饶人占了理，就对对方不依不饶。

tɤ˧˩ li˧˩ pu˧ lau˧ lən˧。

2. "需要"义的"得"

①买一套房子得一百多万。

mai˧˩ i˧ tʰau˧ fan˧ ·tsʅ tɤ˧˩ i˧ pɤ˧˩ tuo˧ uan˧。

②买一辆汽车得二十多万，你们哪有这多钱？

mai˧˩ i˧ lian˧ tɕʰi˧˩ tsʰɤ˧˩ ɯ˧ ʂʅ˧ tuo˧ uan˧, li˧˩ ·mən la˧˩ iou˧˩ liei˧ tuo˧ tɕʰian˧?

③现在才7点，开会还得下子—会儿。

ɕiɛn˧ tsai˧ tsʰai˧˩ tɕʰi˧ tiɛn˧, kʰai˧ xuei˧ xai˧ tɤ˧˩ ·xa ·tsʅ。

④要我从你，得依我一件事。（《江陵故事集》）

iau˧ uo˧˩ tsʰuŋ˧ li˧˩, tɤ˧˩ i˧ uo˧˩ i˧ tɕiɛn˧ sʅ˧。

以上例子中的"得"，可以换作"要、需要"，而用"要、需要"更常见一些。

有些"得"相当于普通话的助动词"能、会"，荆州话用得较少。

例如：

⑤这篇文章三个月才得出来。

lie˧ pʰien˧ uən˩ tsan˧ san˩ kuo˧ yɤ˩ tsʰai˧ tɤ˩ tsʰu˩ ·lai。

⑥这好的东西他算不得把你_{他才不会给你}。

lie˧ xau˩ ·ti tuŋ˧ ·ɕi tʰa˧ suan˩ pu˩ tɤ˩ pa˩ li˩。

（三）构词成分"得"

1. 得人、得亏、得希

普通话中同类的有"得到、得意"等。荆州话由"得"构成的词，有的与普通话不同，如"得人、得亏、得希"等。例如：

①没得脸得，像蛮得人_{没有脸皮，让人讨厌}！

mei˧ ·tɤ lien˩ ·tɤ, ɕian˩ man˩ tɤ˩ lən˩！

②侧个么子吵，你蛮得人_{显摆个什么，真让人讨厌}！

tsʰɤ˩ ·kɤ mo˩ tsɿ˧ sa˧ / la˧, li˩ man˩ tɤ˩ lən˩！

"得人"是荆州方言词，词义是"有意显摆、卖弄自己，反而招人厌烦"。"得人"的"得"是动词语素，"得人"可视作形容词。

"得亏、得希"与普通话中的"多亏"同义，但荆州话一般只用"得亏、得希"。例如：

③得希是他，是别个就拐哒_{多亏是他，是别人就糟糕了}！

"得亏、得希"在例③中通用，但"得亏、得希"用法不尽相同。例如：

④这件事得亏了他。

例④中一般不会用"得希"。

2. 好不得

（好）＋（不＋得）构成的"好不得"，意思是"好得很"。其用法简单，可以作补语，也可以作谓语。例如：

①几个伢儿在一起玩得好不得_{相处得非常好}。

tɕi˩ kuo˧ ɣa˩ ·ɯ tsai˧ i˩ tɕʰi˩ uan˩ ·tɤ xau˩ ·pu tɤ˩。

②小两口玩得好不得_{感情非常好}。

ɕiau˩ lian˩ kʰəu˩ uan˩ ·tɤ xau˩ ·pu tɤ˩。

③过去，两口子老吵架，现在两个好不得的。

kuo˧ tɕʰy˩, lian˩ kʰəu˩ ·tsɿ lau˩ tsʰau˩ tɕia˩, ɕien˧ tsai˧ lian˩ kuo˧ xau˩ ·pu tɤ˩ ·ti。

以上例①、例②的"好不得"有"好得不得了"的意思。例③虽然也是该义，但可以加"的"，表示肯定，这与例①、例②似又有所不同。"好不得"后紧跟语气词"的"，常用于转折复句的前句。如：两个伢儿才将还玩的好不得的，哪么一下儿就打起来哒。

3. 晓得

"晓得"的词义相当于普通话中的"知道"。"晓得"和"知道"在荆州话中用得都很多，但"晓得"更能体现荆州话特色。例如：

①这件事我晓得这件事我知道。

liɛ˧ tɕiɛn˧ sɿ˧ uo˥ ɕiau˥ ·tɤ。

②你晓得为么子不告诉我？

li˥ ɕiau˥ ·tɤ uei˧ ·mo tsɿ˧ pu˥ kau˧ ·su uo˥？

③哪晓得哪知道他一上桌，专拣肉鱼鸡鸭吃……（《江陵故事集》）

la˧ ɕiau˥ ·tɤ t'a˧ i˧ saŋ˧ tsuo˧, tsuan˧ tɕiɛn˥ lu˥ y˥ tɕi˧ ia˧ tɕ'i˧……

④问了几天，也没人晓得楚平王埋在哪里。（《江陵故事集》）

uən˧ ta tɕi˥ t'iɛn˧, iɛ˥ mei˧ lən˧ ɕiau˥ ·tɤ ts'u˥ p'in˧ uan˧ mai˧ tsai˧ la˥ li˥。

4. 没得、把得、记得、有得

这四个词语都是有荆州话特色的词汇。例如：

①你有小车汽车，我就没得。

li˥ iəu˥ ɕiau˥ ts'ɤ˧, uo˥ tɕiəu˧ mei˧ ·tɤ。

这里的"没得"相当于普通话中的"没有"。

②这好的东西，他会把得你他会给你。

liɛ˧ xau˥ ·ti tuŋ˧ ·ɕi, t'a˧ xuei˧ pa˧ ·tɤ li˥。

这里的"把得"相当于普通话中的"给"。

③小学时有些事我还记得，蛮多事都不记得哒都忘记了。

ɕiau˥ ɕyo˥ sɿ˧ ·iəu˥ ɕiɛ sɿ˧ ·uei˥ xai˥ tɕi˧ ·tɤ, man˧ tuo˧ sɿ˧ təu˧ pu˥ tɕi˧ ·tɤ ta。

例③中的"记得"与普通话词义、用法相同。

④这是你舅妈，你还记不记得认不认识？

tsɤ˧ sɿ˧ li˥ tɕiəu˧ ma˧, li˥ xai˥ tɕi˧ ·pu tɕi˧ ·tɤ？

例④中的"记得"相当于普通话中的"认识、认得"。

⑤这次评职称，他们两个有得一争。

tsɤ˧ ts'ɿ˧ p'in˧ tsɿ˧ ts'əŋ˧, t'a˧ ·mən lian˧ kuo˧ iəu˥ ·tɤ i˧ tsəŋ˧。

⑥四百米赛，他们两个有得一拼。

sɿ˧ pɤ˧ mi˧ sai˧, t'a˧ ·mən lian˧ kuo˧ iəu˧ ·tɤ i˧ p'in˧。

例⑤、例⑥的"有得"就是"有"，但是"有得"体现了荆州话特色，而且是个比较稳定的荆州方言词，也没有相应的反义词，只能说"有得一争、有得一拼"，不能说"没得一争、没得一拼"。

5．认得、值得、免得、觉得

这四个词荆州话、普通话通用。例如：

①她才两岁，认得蛮多字。

t'a˧ ts'ai˧ lian˧ suei˧, lən˧ ·tɤ ·mən man˧ tuo˧ tsɿ˧。

②你这么做，不值得。

li˧ tsɿ˧ ·mo tsəu˧, pu˧ tsɿ˧ ·tɤ。

③不要搞哒，免得别个提意见。

pu˧ iau˧ kau˧ ·ta, miɛn˧ ·tɤ piɛ˧ kuo˧ t'i˧ i˧ tɕiɛn˧。

④我觉得考试还是要搞的。

uo˧ tɕyo˧ ·tɤ k'au˧ sɿ˧ xai˧ sɿ˧ iau˧ kau˧ ·ti。

这几个词是与普通话通用的动词，但就"得"的读音来看，荆州话可以读作轻声音节，也可以不读作轻声音节。

6．作动词的辅助性成分

①人多不好喊得你，桌子底下把脚勾。(《江陵歌谣集》)

lən˧ tuo˧ pu˧ xau˧ xan˧ ·tɤ li˧, tsuo˧ tsɿ˧ ti˧ ·xa pa˧ tɕyo˧ kəu˧。

②你是哪个，怎么进得屋来？(《江陵歌谣集》)

li˧ sɿ˧ la˧ ·kuo, tsən˧ ·mo tɕin˧ ·tɤ u˧ lai˧？

③包拯进得屋来。(《江陵故事集》)

pau˧ ts'ən˧ tɕin˧ ·tɤ u˧ lai˧。

这里的"得"，用在动词后，与动词的关系松散，有一定的随意性，也不宜看作构词成分。例①中的"得"是个衬字，不表示具体的意义。例②中的"得"从语义上表达的是用什么办法得以进来的，形似可能补语，又不是可能补语，倒有结果补语的意思。例③中的"得"似表示结果，但也可以看作一个衬字。

7．"得"直接作补语

"得"跟在动词后直接作补语，是荆州话的一个特色。这些"得"一般都兼有表示肯定语气的作用。例如：

（1）可能补语

①他这个人吃得很能吃，吃得多。/他这个人吃不得饭量很小。

tʼaㄱ lieㄱ ·kuo lənㄟ tɕʼiㄟ ·tɤ。/ tʼaㄱ lieㄱ ·kuo lənㄟ tɕʼiㄟ ·pu ·tɤ。

②他这个人喝得能喝酒。/他这个人喝不得不能喝酒。

tʼaㄱ lieㄱ ·kuo lənㄟ xouㄟ ·tɤ。/ tʼaㄱ lieㄱ ·kuo lənㄟ xouㄟ ·pu ·tɤ。

③他这个人睡得很能睡。/他这个人睡不得不能睡，睡了就死睡，或睡了就得病。

tʼaㄱ lieㄱ ·kuo lənㄟ sueiㄱ ·tɤ。/ tʼaㄱ lieㄱ ·kuo lənㄟ sueiㄱ ·pu ·tɤ。

④他这个人碰得。/他这个人碰不得招惹不得。

tʼaㄱ lieㄱ ·kuo lənㄟ pʼənㄱ ·tɤ。/ tʼaㄱ lieㄱ ·kuo lənㄟ pʼənㄱ ·pu ·tɤ。

以上各例"得"作肯定式可能补语，前边一般可加"蛮"。例如：

⑤他这个人蛮吃得很能吃。

tʼaㄱ lieㄱ ·kuo lənㄟ manㄟ tɕʼiㄟ ·tɤ。

⑥他蛮喝得很能喝酒，蛮睡得很能睡。

tʼaㄱ manㄟ xouㄟ ·tɤ，manㄟ sueiㄱ ·tɤ。

⑦她蛮玩得，但也蛮干得很能干活。

tʼaㄱ manㄟ uanㄟ ·tɤ，tanㄱ ieㄟ manㄟ kanㄱ ·tɤ。

但例④中的"碰得"不能加"蛮"，可能跟"碰"的动作、状态不具延续性、持久性有关。

（2）作语气词

①搞得吓死人得指很过分，或是动静很大。

kauㄟ ·tɤ xɤㄟ sㄟ lənㄟ ·tɤ。

②我跟她没得么子得没有矛盾，或是没有特别关系。

uoㄟ kənㄟ tʼaㄱ meiㄱ ·tɤ moㄟ ·tsㄱㄟ ·tɤ。

③他做事没得滴尕哈数得心里没有谱、没有分寸。

tʼaㄱ tsəuㄱ sㄱ meiㄱ ·tɤ tiㄟ kaㄱ xaㄟ suㄟ ·tɤ。

④大家都不消说得。

taㄱ tɕiaㄱ təuㄱ puㄟ ɕiauㄱ souㄟ ·tɤ。

⑤你们都不消搞得。

liㄟ mən təuㄱ puㄟ ɕiauㄱ kauㄟ ·tɤ。

⑥你们也不消争得。

li˅ ·mən iɛ˅ pu˦ ɕiau˧ tsən˧ ·tɤ。

以上几个例子都有表示肯定语气的作用,至于"得"与"的"作语气词的区别,可参看本章"语气"一节。

十五、比较句

荆州话中的比较句,可以从两个角度来认识:一个是指通常所说的比较句,即在同一句子中,出现"比、跟"一类比较词,比较甲方、乙方对象,以及它们在程度、性质、数量等方面是否存在差异等。"比"字类比较句用于差比,分出甲、乙两方程度、性质、数量等方面存在的差异;"跟"字类比较句用作平比,仅限于比较甲、乙两方的异同。另一个是从比较级角度出发,比较一组句式相似、使用不同表程度类词语的句子,得出它们在程度、性质、状态等方面的差异。

(一) 差比比较句

荆州话差比比较句从类型上分,有肯定式、否定式的区别,常用的比较词有:比、跟、与、不得(不会)、没得、赢等。

1. 肯定式差比句

(1) 程度、性质方面的比较

①他的工资比你高多哒。

tʰa˧ ·ti kuŋ˧ tsʅ˧ pi˅ li˅ kau˧ tuo˧ ·ta。

②评委投票,你肯定比他有竞争力。

pʰin˦ uei˅ tʰou˦ pʰiau˧, li˅ kʰən˅ tin˧ pi˅ tʰa˧ iəu˅ tɕin˧ tsən˧ li˦。

③你一个女子家,哪比得过我。(《江陵故事集》)

li˅ i˦ kuo˧ ly˅ tsʅ ·ka, la˅ pi˅ ·tɤ kuo˧ uo˅。

④没想到媳妇比自己还要聪明。(《江陵故事集》)

mei˦ ɕian˅ tau˧ ɕi˦ ·fu pi˅ tsʅ˧ ·tɕi xai˦ iau˧ tsʰuŋ˧ ·min。

⑤儿媳妇待公婆比自己的爹妈还好。(《江陵故事集》)

ɯ˦ ɕi˦ ·fu tai˧ kuŋ˧ pʰo˦ pi˅ tsʅ˧ ·tɕi ·ti tie˧ ma˧ xai˦ xau˅。

（2）数量方面的比较

A. 使用比较词

①他比你矮滴尕低一点儿。

tʰa˥ pʼi˨ li˨ ai˨ ti˥ ka˥ / ·ti ·ka。

②你比她高一滴尕。

li˨ pi˨ tʰa˥ kau˥ i˨ ·ti ·ka。

以上在数量上作比较的两个句子，都用了比较词。

B. 不出现比较词

下面三个句子都没有使用比较词，这是荆州话中常见的量比表达方式。

①他重你十大几斤他比你重十多斤。

tʰa˥ tsuŋ˥ li˨ sŋ˩ ta˥ tɕi˨ tɕin˥。

②你高他十公分你比他高十公分。

li˨ kau˥ tʰa˥ sŋ˩ kuŋ˥ fən˥。

③你大她七八岁你比她大七八岁。

li˨ ta˥ tʰa˥ tɕʼi˨ pa˨ suei˥。

2. 否定式差比句

（1）同主语变式句

①他没得你个子高。/ 他个子没得你高。

tʰa˥ mei˥ ·tɤ li˨ kuo˥ ·tsŋ kau˥。/ tʰa˥ kuo˥ ·tsŋ mei˥ ·tɤ li˨ kau˥。

②他没得你论文多。/ 他论文没得你多。

tʰa˥ mei˥ ·tɤ li˨ luən˥ uən˥ tuo˥。/ tʰa˥ luən˥ uən˥ mei˥ ·tɤ li˨ tuo˥。

③他没得你资格老。/ 他资格没得你老。

tʰa˥ mei˥ ·tɤ li˨ tsɤ˥ ·kɤ lau˨。/ tʰa˥ tsɤ˥ ·kɤ mei˥ ·tɤ li˨ lau˨。

④他没得你群众基础好。/ 他群众基础没得你好。

tʰa˥ mei˥ ·tɤ li˨ tɕʼyn˥ tsuŋ˥ tɕi˥ ·tsʼu xau˨。/ tʰa˥ tɕʼyn˥ tsuŋ˥ tɕi˥ ·tsʼu mei˥ ·tɤ li˨ xau˨。

（2）其他变式句

①姑娘伢没得儿子伢家泼辣。

ku˥ ·lian a˨ mei˥ ·tɤ ɯ˨ ·tsŋ ɣa˨ ·ka pʼo˨ la˥。

②写论文，他没得你狠。

ɕiɛ˨ luən˥ uən˨, tʰa˥ mei˥ ·tɤ li˨ xən˨。

③综合条件看，你不得比他差_{不会比他差}。

tsuŋˀ xouʅ t'iauˀ ɿouʅ tɕiɛnˀ k'anˀ, liˀ puʅ tɤʅ piʅ t'aˀ ts'aˀ。

④她跟你没得比，你们两个根本就不是同一个档次的。

t'aˀ kənˀ liˀ meiʅ ɤ piˀ, liˀ ·mən lianˀ ·kuo kənˀ pənˀ tɕiəuˀ puʅ sʅˀ t'uŋʅ iʅ kuoˀ tanˀ tsʅˀ ·ti。

⑤关公这边……还是比不赢九仙女。（《江陵故事集》）

kuanˀ kuŋˀ liɛʅ piɛnˀ……xaiʅ sʅˀ piʅ pu inʅ tɕiəuˀ ɕiɛnˀ lyʅ。

荆州话中常使用否定式比较句，但否定式比较句一般只在程度、性质上作比较。再看几例：

⑥钦差大人搞不赢这个女的……（《江陵故事集》）

tɕ'inˀ ts'aiˀ taˀ lənʅ kauʅ ·pu inʅ tsɤˀ kuoˀ lyʅ ·ti……

以上一例用"赢"作补语构成否定式差比句。以下句子用"斗"、"如"构成否定式差比句：

⑦钦差大人斗不过这个女的……（《江陵故事集》）

tɕ'inˀ ts'aiˀ taˀ lənʅ təuˀ ·pu kuoˀ tsʅˀ kuoˀ lyʅ ·ti……

⑧我关羽打了半辈子仗，连你也不如啊！（《江陵故事集》）

uoʅ kuanˀ yʅ taʅ ·ta panˀ peiˀ tsʅ tsanˀ, liɛnʅ liʅ iɛʅ puʅ luʅ ·a！

（二）平比比较句

1. 一般平比比较句

甲、乙两方只进行比较，并无比较的差别。例如：

①她的长相跟她姆妈一个样。

t'aˀ ·ti tsanʅ ɕianʅ kənˀ t'aˀ m̩ ·ma ɿʅ kuoˀ ianˀ。

②他跟他爸爸长得蛮像。

t'aˀ kənˀ t'aˀ paˀ ·pa tsanʅ ·ti manʅ ɕianʅ / tɕ'ianˀ。

③她跟她姆妈一个德行。

t'aˀ kənˀ t'aˀ m̩ ·ma ɿʅ kuoˀ tɤʅ ·ɕin。

④不到一年，优孟走路说话学得与孙叔敖一般无二。（《江陵故事集》）

puʅ tauʅ iʅ liɛnʅ, iəuˀ muŋˀ ɿuɛʅ ɿuˀ suoˀ xuaʅ ɕyoʅ ɤˀ yʅ suənˀ suʅ auʅ iʅ panˀ uʅ m̩ʅ。

2. 使用"有、有得"的平比比较句

①今年职称评定，小王和小刘有得一比。

tɕinˀ liɛnʅ tsʅˀ ts'ənˀ p'inʅ tinˀ, ɕiauʅ uanˀ xouʅ ɕiauʅ lʅuɛiʅ iəuʅ iʅ piˀ。

②今年职称评定，老刘跟老张有得一争。

tɕinˉ lienˇ tsʅˇ tsʰə̍nˉ pʰinˇ tinˇ, lauˇ lieuˇ kənˇ lauˇ tsanˉ iəuˇ ·tɤ iˇ tsənˉ.

这种使用"有得"的比较句，说话人的心目中可能已经有自己的结论，但至少在表面上并未说出明确的比较结果。

（三）"比较级"句

荆州话中有一些常用的"比较级"句。这些句子在语言交际中，多作甲、乙方评价丙方用，可根据丙方的实际情况自由选择不同等级的"比较级"句子。

1. "比较级"句举例

第一组

①他这个人没得意思得_{不地道}。

tʰaˉ tsʅˉ ·kuo lənˇ meiˉ ·tɤ iˇ ·sʅ ·tɤ。

②他这个人蛮没得意思_{很不地道}。

tʰaˉ tsʅˉ ·kuo lənˇ manˇ meiˉ ·tɤ iˇ ·sʅ ·tɤ。

③他这个人没得滴尕意思得_{非常不地道}。

tʰaˉ tsʅˉ ·kuo lənˇ meiˉ ·tɤ tiˉ kaˇ iˇ ·sʅ ·tɤ。

第二组

①她这个人没得脸得_{脸皮厚}。

tʰaˉ tsʅˉ ·kuo lənˇ meiˉ ·tɤ liɛnˇ ·tɤ。

②她这个人蛮没得脸得。

tʰaˉ tsʅˉ ·kuo lənˇ manˇ meiˉ ·tɤ liɛnˇ ·tɤ。

③她这个人没得滴尕脸得_{厚颜无耻}。

tʰaˉ tsʅˉ ·kuo lənˇ meiˉ ·tɤ tiˉ kaˇ liɛnˇ ·tɤ。

第三组

①他这个人没得用得_{没本事、没水平}。

tʰaˉ tsʅˉ ·kuo lənˇ meiˉ ·tɤ yŋˇ ·tɤ。

②他这个人蛮没得用。

tʰaˉ tsʅˉ ·kuo lənˇ manˇ meiˉ ·tɤ yŋˇ ·tɤ。

③他这个人没得滴尕用得。

tʰaˉ tsʅˉ ·kuo lənˇ meiˉ ·tɤ tiˉ kaˇ yŋˇ ·tɤ。

第四组

①她这个人没得良心得。

tʼaㄱ tsʅㄱ ·kuo lənˇ meiㄱ ·tʏ lianˇ ɕinˇ ·tʏ。

②她这个人蛮没得良心得。

tʼaㄱ tsʅㄱ ·kuo lənˇ manˇ meiㄱ ·tʏ lianˇ ɕinˇ ·tʏ。

③他这个人没得滴尕良心得。

tʼaㄱ tsʅㄱ ·kuo lənˇ meiㄱ ·tʏ tiㄧ kaㄱ lianˇ ɕinˇ ·tʏ。

2."比较级"句的特点

(1) 有比较稳定的层级性。例如:

第一组. 没得意思→蛮没得意思→没得滴尕意思。

第二组. 没得脸→蛮没得脸→没得滴尕脸。

第三组. 没得用→蛮没得用→没得滴尕用。

第四组. 没得良心→蛮没得良心→没得滴尕良心。

(2) 荆州话中比较常用的"比较级"句,多是否定句。

(3) 具有格式化结构特征。例①不使用表程度类词语。例②使用了程度副词"蛮"。例③使用了可以表示高程度意义的词语。

(4) "比较级"句从①到③,句子的程度逐步加深。

荆州话的这种"比较级"句子,是长期的语言实践的概括,非常口语化,能客观地反映荆州人评议他人时在语言表达方面的一些特点。

十六、祈使句

有荆州方言特色的祈使句,常用"吵、着、算哒、把"等词语,表示"请求、命令、劝"等意义。

(一) 吵

①你坐下子吵坐一下。

liˇ tsuoㄱ ·xa ·tsʅ ·sa。

②你慌个么子吵你不要慌。

liˇ xuanㄱ ·kʏ moˇ tsʅ ·sa。

③你汪个么子吵你不要喊。

li˧ uan˥ ·kɤ mo˧ tsɿ˥ ·sa。

④你过下子再来吵。

li˧ kuo˥ xa˥ ·tsɿ tsai˥ lai˧ ·sa。

⑤你不慌吵。

li˧ pu˧ xuan˥ ·sa。

以上使用"吵"的祈使句，话语比较爽直。前文谈到"吵"作语气词一般可以变读作"la"，但在祈使句中变读作"la"则比较勉强。

（二）着

在荆州讲普通话的人经常使用"着"表示祈使意义。

1. "着"用在肯定句末

①你等下着你等一下（动作有持续性）。

li˧ tən˧ ·xa ·tsuo。

②你先看下着。

li˧ ɕiɛn˥ kʼan˥ ·xa ·tsuo。

③你尽伢儿玩下着。

li˧ tɕin˧ ɣa˧ ·m uan˧ ·xa ·tsuo。

④尽他歇哈着。

tɕin˧ tʼa˥ ɕiɛ˧ ·xa ·tsuo。

2. "着"用在否定句末

①你先不写着。

li˧ ɕiɛn˥ ·pu ɕiɛ˧ ·tsuo。

②你先不告诉她着。

li˧ ɕiɛn˥ ·pu kau˥ ·su ·tʼa ·tsuo。

③东西你先不交着。

tuŋ˥ ·ɕi li˧ ɕiɛn˥ ·pu tɕiau˥ ·tsuo。

④你不慌着。

li˧ pu˧ xuan˥ ·tsuo。

使用"着"的祈使句，语气稍委婉一些，可以是肯定句，也可以是否定句。

(三) 算哒

①剩下的几题做完算哒！

sən˧ ɕia˧ ·ti tɕi˧˥ tʰi˩ tsəu˧ uan˩ suan˧ ·ta！

②他不肯做，算哒，不要死擂逼着搞！

tʰa˩ pu˩ kʰən˩ tsəu˧, suan˧ ·ta, pu˩ iau˧ s̩˧˥ lei˩！

③这个事，到这里为止，算哒！

lie˧ kuo˧ s̩˥, tau˧ tsɤ˥ li uei˩ tsɿ˥, suan˧ ·ta！

④他不愿说，算哒，没得么子得。

tʰa˩ pu˩ yen˩ suo˥, suan˧ ·ta, mei˧ tɤ mo˥ ·tsɿ ·tɤ。

此类句子表示"不要强迫、追究"，语气平和，也是荆州话常用的祈使句。

(四) "把"构成的祈使句

1. 有处置意义的"把"字祈使句

①把旧报纸丢它！

pa˥ tɕiəu˩ pau˧ tsɿ˥ tiəu˧ ·tʰa！

②把衣服清它！

pa˥ i˧ ·fu tɕʰin˧ ·tʰa！

③把牛奶趁热喝它！

pa˥ liəu˩ / nei˩ lai˥ tsʰən˧ lɤ˩ xuo˥ ·tʰa！

④把垃圾倒它！

pa˥ la˧ tɕi˧ tau˧ ·tʰa！

句子里使用"把"的祈使句，有处置意义和命令色彩，但处置意义不强，是荆州话中常用的祈使句，特点是介词"把"的处置对象与句末的"它"有复指关系，"它"多为虚指，可轻读，但如果要强调"它"的存在，为了加重语气，可读作拖成长音的中平调或高平调。

2. "把"字祈使句加语气词"吧"

"把"字祈使句末、句中使用语气词"吧"，处置意义和命令语气会变得比较缓和，有"商量、请求"的意思。例如：

①把旧报纸丢它吧！

pa˥ tɕiəu˩ pau˧ tsɿ˥ tiəu˧ ·tʰa ·pa！

②把衣服清它吧！

pa˅ i˧ ·fu tɕʰin˧ ·tʰa ·pa！

③把牛奶趁热喝它吧！

pa˅ liəu˅ lai˅ tsʰən˧ ɾʯ˅ xou˅ ·tʰa ·pa！

④把垃圾倒它吧！

pa˅ la˧ tɕi˧ tau˧ ·tʰa ·pa！

有时"把"字祈使句也使用语气词"哒"，语气比带"吧"的略强硬，不容商量，但也不是命令。例如：

⑤把该人家的钱还哒，老拖起也不是个事。

pa˅ kai˧ lən˅ ·ka ·ti tɕʰiɛn˅ xuan˅ ·ta, lau tʰuo˧ ·tɕʰi iɛ˅ pu˅ sʯ˧ ·kuo sʯ˧。

⑥把作业写完哒再玩。

pa˅ tsou˅ ie˅ ɕiɛ˅ uan˅ ·ta tsai˧ uan˅。

（五）其他类

①你看世上没得人烟哒，我们俩成亲吧！（《江陵故事集》）

li˅ kʰan˅ sʯ˧ ·san mei˧ tɣ lən˅ iɛn˧ ·ta, uo˅ mən lia˅ tsʰən˧ tɕʰin˧ ·pa！

②你还是去找高门大户的千金小姐吧！（《江陵故事集》）

li˅ xai˅ sʯ˧ kʰɯ˅ tsau˧ kau˧ mən˅ ta˅ xu˅ ·ti tɕʰiɛn˧ tɕin˧ ɕiau˅ tɕiɛ˅ ·pa！

以上两例使用语气词"吧"，有"请求、协商、规劝"的意思。一般来说，带"吧"的祈使句语气比较平和，不带"吧"的祈使句语气更强烈一些。

十七、疑问句

比照普通话，荆州话的疑问句大体可以分作"特指句、是非句、选择句、正反句"这几个类型。

（一）特指句

荆州话的特指句是指句中使用"谁、哪个、么子（么事、么候）、么、哪么、几、多少"等疑问词的句子，可以使用"吵、的、呢"等语气词配合，但不使用语气词的也很常见。例如：

1. 问人、问事、原因

(1) 不使用语气词

①你找哪个？（《江陵故事集》）

li˅ tsau˅ la˅ kuoꜛ?

②这法子你想不出，是哪个告诉你的？（《江陵故事集》）

liɛꜛ faꜜ ·tsɿ li˅ ɕian˅ ·pu tsʻuꜜ, sɿꜛ la˅ kuoꜛ kauꜛ ·su li˅ ·ti?

③这"手指四方肉"是么意思？（《江陵故事集》）

liɛꜛ "səu˅ tsʅ˅ sɿꜛ fanꜛ lu˅ / ləu˅" sɿꜛ moꜛ iꜛ ·sɿ?

④这葫芦装的什么东西？（《江陵故事集》）

liɛꜛ xu˅ ·lu tsuanꜛ ·ti sənꜛ ·mo tuŋꜛ ·ɕi?

⑤他们做了山头之王，我的日子怎么过？（《江陵故事集》）

tʻaꜛ ·mən tsuo˅ ·ta sanꜛ ·tʻəu tsʅꜛ uanꜛ, uo˅ ·ti ɯ˅ / zʅ˅ ·tsʅ tsən˅ ·mo kuoꜛ?

⑥先生，你问这话搞么候？（《江陵故事集》）

ɕienꜛ ·sən, li˅ uənꜛ tsʅꜛ xau˅ kau˅ mo˅ ·xəu?

(2) 使用语气词

①无中生有，是哪个说的吵？

u˅ tsuŋꜛ sən˅ iəu˅, sɿꜛ la˅ kuoꜛ suo˅ ·ti ·sa / ·la?

②你是有名的大师傅，还找我学么子呢？（《江陵故事集》）

li˅ sɿꜛ iəu˅ min˅ ·ti taꜛ sʅ˅ fu, xai˅ tsau˅ uo˅ ɕyoꜛ mo˅ ·tsʅ ·ɿ / ·lɿ?

2. 问状态、方式、性质

①你要哪么搞怎么搞？

li˅ iau˅ la˅ m̩ kau˅?

②扯了半天皮，你要我哪么办啊？

tsʻɤ˅ ·la panꜛ tʻienꜛ pi˅, li˅ iau˅ uo˅ la˅ m̩ panꜛ ·a?

③世上哪有兄妹成亲的？（《江陵故事集》）

sɿꜛ sanꜛ la˅ iəu˅ ɕyŋꜛ meiꜛ tsʻən˅ tɕʻinꜛ ·ti?

④凭手艺换饭吃，为么子不要工钱？（《江陵故事集》）

pʻin˅ səu˅ ·i xuanꜛ fanꜛ tɕʻi˅, uei˅ mo˅ tsʅ pu˅ iau˅ kuŋꜛ tɕʻian˅?

3. 问处所、数量、时间

①他几时说过这话？

tʻaꜛ tɕi˅ ·sʅ suo˅ kuoꜛ liɛꜛ xuaꜛ?

②满世的人都死光哒，到哪里去找媒人呢？（《江陵故事集》）

manˇ sʅˊ·ti lənˋ·nɛi sʅˇ kuanˊ·ta, tauˇ laˇ liˋ kʰɯˊ tsauˇ meiˇ lənˋ lɛˊ?

③店老板问："你今向何方？"（《江陵故事集》）

tiɛnˊ lauˇ panˇ uənˋ: "liˇ tɕinˊ ɕianˊ xouˇ fanˊ?"

（二）是非句

是非问句可以直接回答"嗯、是的"等。

1. 用语气词"啊"

①学院组织的秋游，你不带儿子去啊？

ɕyoˊ yɛnˊ tsuˇ tsʅˊ·ti tɕʰiəuˊ iəuˇ, liˇ puˇ taiˊ ɯ·ʅ kʰɯˊ·a?

②都十点半哒，你还在忙啊？

təuˊ sʅˊ tiɛnˇ panˊ·ta, liˇ xaiˇ tsaiˊ manˋ·a?

2. 用语气词"吧"

①你昨日没有看到他吧？

liˇ tsuoˋ·ɯ meiˊ iəuˇ kʰanˊ·tau tʰaˊ·pa?

②你女朋友昨天来了吧？

liˇ lyˇ pʰuŋˊ·iəu tsuoˋ tʰiɛnˊ laiˋ·la·pa?

③他楼下的邻居还没有搬走吧？

tʰaˊ ləuˋ ɕiaˊ·ti linˋ tɕyˊ xaiˇ meiˊ iəuˇ panˊ tsəuˇ·pa?

④你的气也出哒，这下该算数了吧？（《江陵故事集》）

liˇ·ti tɕʰiˊ iɛˇ tsʰɤˊ·ta, tsʅˊ xaˊ kaiˊ suanˊ suˋ·la·pa?

3. 用语气词"哒"

①他今日真的不来哒。

tʰaˊ tɕinˊ / tɕinˊ·ɯ tsənˊ·ti puˇ laiˋ·ta。

②兄妹成亲，那不丑死人哒？（《江陵故事集》）

ɕyŋˊ meiˊ tsʰənˋ tɕʰinˊ, laˊ·pu tsʰəuˇ·sʅ lənˋ·ta?

（三）选择句

荆州话的选择句一般要使用"是……还是"格式。例如：

①你是真糊涂啊，还是装糊涂？

liˇ sʅˊ tsənˊ xuˋ·tu·a, xaiˇ sʅˊ tsuanˊ xuˋ·tu?

②是你回松滋啊，还是他回松滋？你们两个商量下。

sŋ˦ li˪ xuei˪ suŋ˦ tsŋ˦ ·a, xai˪ sŋ˦ ta'˦ xuei˪ suŋ˦ tsŋ˦? li˪ mən lian˪ ·kuo san˦ ·lian ·xa。

③你是说的现在，还是说得过去，我都记不得哒。

li˪ sŋ˦ suo˪ ·ti ɕien˪ tsai˪, xai˪ sŋ˦ suo˪ ·ti kuo˦ tɕ'y˪, uo˪ təu˦ pu˪ tɕi˦ ·tɤ ·ta。

④你是吃宽粉，还是吃细粉？我来买。

li˪ sŋ˦ tɕ'i˪ k'uan˦ fən˪, xai˪ sŋ˦ tɕ'i˦ ɕi˪ fən˦? uo˪ lai˪ mai˪。

⑤我们是打了再称（肉），还是称了（肉）再打呢？（《江陵故事集》）

uo˪ ·mən sŋ˦ ta˪ ·la tsai˪ ts'ɤ˦, xai˪ sŋ˦ ts'ɤ˦ ·la tsai˪ ta˪ ·lɤ?

⑥我们是以武力，还是以年龄来分大小？（《江陵故事集》）

uo˪ ·mən sŋ˦ i˪ u˪ li˪, xai˪ sŋ˦ i˪ lien˪ ·lin lai˪ fən˦ ta˦ ɕiau˪?

（四）正反句

荆州话的正反句大体有如下几种形式：

1. 使用"没得、是不是、有没有"构成正反句

①你的毕业论文写完哒没得？

li˪ ·ti pi˪ iɤ˪ luən˦ uən˪ ɕiɛ˪ uan˪ ·ta mei˦ ·tɤ?

②你有没得她的电话？

li˪ iəu˪ mei˦ ·tɤ ta'˦ ·ti tien˦ xua˦?

③你有没得硕士学位？

li˪ iəu˪ mei˦ ·tɤ suo˦ sŋ˦ ɕyo˪ uei˦?

以上"没得"可处于句末构成正反句。处于句中的"没得"，需要"是、有"的呼应。

④你们是不是真的分手哒？

li˪ ·mən sŋ˦ pu˪ sŋ˦ tsən˦ ·ti fən˦ sɤu˪ ·ta?

⑤你说这话有没得证据？

li˪ suo˪ tsŋ˦ xua˪ iəu˪ mei˦ ·tɤ tsən˦ tɕy˦?

⑥你们这样卖力气，餐餐有没有肉吃？（《江陵故事集》）

li˪ ·mən tsŋ˦ ian˪ mai˪ li˪ tɕ'i, ts'an˦ ts'an˦ iəu˪ mei˦ iəu˪ lu˪ tɕ'ɯ˦?

2. 动词或形容词的反复格式

①你去不去啊？

li˪ k'ɯ˦ ·pu k'ɯ˦ ·a?

②他来不来啊？

tʻa˧ lai˩ ·pu lai˩ ·a?

③你走不走啊？

li˩ tsəu˩ ·pu tsəu˩ ·a?

④外面有没得风啊_{有没有}?

uai˩ miɛn˧ iəu˩ mei˩ ·tγ fəŋ˧ ·a?

以上为动词加"不"的格式。以下为形容词加"不"的格式。

⑤他一个人行不行啊？

tʻa˧ i˩ kuo˧ lən˩ ɕin˩ ·pu ɕin˩ ·a?

⑥他高不高兴啊？

tʻa˧ kau˧ ·pu kau˧ ɕin˧ ·a?

⑦屋里热不热啊？

u˩ li˩γ˩ ·pu lγ˩ ·a?

⑧大师傅修洛阳桥……不晓得修的牢不牢啊？（《江陵故事集》）

ta˩ sʅ˧ fu ɕiəu˧ luo˩ ian˩ tɕʻiau˩ …… pu˩ ɕiau˩ ·tγ ɕiəu˧ ·tγ lau˩ ·pu lau˩ ·a?

以下这个例子，比较特别：

⑨这种无根据的话不能说，你晓不得？

tsʅ˥ tsuŋ u˩ kən˧ tɕy˩ ·ti xau˩ pu˩ lən˩ suo, li˩ ɕiau˩ ·pu ·tγ?

例⑨中的"晓不得"，是"知道不知道、懂不懂"的意思，可以算是正反疑问句中的个例（详见本章"否定句"一节）。

十八、否定句

荆州话常用的否定词语有"别、没、没有、没得、不、莫"等，与普通话的否定词相比，有同有异。这里以荆州话的否定词和常用否定短语为线索，阐述一下荆州话的否定句问题。

（一）"没、没有、没得"构成否定句

荆州话中的"没、没有"，语义、用法与普通话差不多，"没得"语义与"没、没有"大体相同，用法上有较大区别，是荆州话最重要并具有荆

州地方特色的否定词("莫、不"也是荆州话中重要的否定词,有关"莫、不"的阐述详见第三章"概述"中的"词汇探源")。

1. "没、没有、没得"作否定动词

荆州话中,理论上否定动词"没、没有、没得"都可以否定名词性词语(带名词性宾语),但从荆州话语言交际现实来看,"没"用得最少,"没有"用得较少,"没得"用得最多。例如:

(1) 没 mei˧ / mei˨

①……也没人晓得楚平王埋在哪里。(《江陵故事集》)

……iɛ˨ mei˧ lən˨ ɕiau˨ ˙tɤ tsʰu˨ pʰin˨ uan˨ mai˨ tsai˧ la˨ ˙li。

②有他也行,没他也行。

iəu˨ tʰa˧ iɛ˨ ɕin˨, mei˧ tʰa˨ iɛ˨ ɕin˨。

"没"作否定动词用得很少,例中的"没",或可以看成"没有"的简缩。

(2) 没有 mei˧ / mei˨ iəu˨

①我有娃娃书,你没有。

uo˨ iəu˨ ua˨ ˙ua su˧, li˨ mei˨ iəu˨。

②你没有花裙子,我有。

li˨ mei˨ iəu˨ xua˧ tɕʰyn˨ ˙tsʅ, uo˨ iəu˨。

③蛮早以前,世界上没有月亮和太阳。(《江陵故事集》)

man˨ tsau˨ i˨ tɕʰien˨, sʅ˧ kai˧ ˙san mei˧ iəu˨ yɛ˨ lian˨ xou˨ tʰai˧ ˙ian。

(3) 没得 mei˧ / mei˨ tɤ˨ / mu˨ tɤ˨

"没得"是荆州话常用的否定动词,使用频度(无论是口语还是书面语)远高于"没"和"没有"。例如:

①你看,世上没得人烟哒……

li˨ kʰan˧, sʅ˧ san˨ mei˨ ˙tɤ lən˨ iɛn˧ ˙ta……

②我倒没得么子什么,看他是么子意见。

uo˨ tau˧ mei˧ ˙tɤ mo˨ tsʅ˧, kʰan˧ tʰa˧ sʅ˧ mo˨ tsʅ˧ i˧ tɕien˧。

③没得媒人也行。(《江陵故事集》)

mei˧ ˙tɤ mei˨ lən˨ iɛ˨ ɕin˨。

④两口子打架,我们也没得法。

lian˨ kʰəu˨ ˙tsʅ ta˨ tɕia˧, uo˨ ˙mən iɛ˨ mei˧ ˙tɤ fa˨。

⑤他们母子……衣食没得着落。(《江陵故事集》)

tʰa˥ ·mən mu˩ tsɿ˩ …… i˥ sɿ˩ mei˩ tɤ tsou˩ ·luo。

⑥过四岁生日那年，没得腊月三十。(《江陵故事集》)

kuo˥ sɿ˩ suei˩ sən˥ ɯ la˩ lien˩, mei˩ tɤ la˩ ye˩ san˥ sɿ˩。

⑦两人靠打柴为生……衣服也没得一件。(《江陵故事集》)

lian˩ lən˩ kʰau˩ ta˩ tsai˩ uei˩ sən˥ …… i˥ fu˩ i˩ mei˩ tɤ i˩ tɕien˩。

⑧声音小了就没得力。(《江陵故事集》)

sən˥ in˥ ɕiau˩ ·ta tɕiəu˩ mei˩ tɤ li˩。

2. "没、没有、没得"作否定副词①

荆州话中"没、没有、没得"都可以用在谓语性词语前作否定性状语，构成否定句。例如：

(1) 没 mei˥/mei˩

①一盘棋还没下完。

i˩ pʰan˩ tɕʰi˩ xai˩ mei˥ ɕia˥ uan˩。

②看了一转，还是没看到。(《江陵故事集》)

kʰan˥ ·ta i˩ tsuan˥, xai˩ ·sɿ mei˥ kʰan˥ tau˥。

③他没说么子呦。(《江陵故事集》)

tʰa˥ mei˥ suo˩ mo˩ tsɿ˩ ·sa。

④铁拐李来了，还没开口……(《江陵故事集》)

tʰie˩ kuai˩ li˩ lai˩ ·la, xai˩ mei˥ kʰai˥ kʰəu˩ ……

⑤……只有他没抓到。(《江陵故事集》)

…… tsɿ˩ iəu˩ tʰa˥ mei˥ tsua˥ tau˥。

⑥到处找，连个影子也没找到。(《江陵故事集》)

tau˥ tsʰu˥ tsau˩, lien˩ kuo˥ in˩ ·tsɿ ie˩ mei˥ tsau˩ tau˥。

(2) 没有 mei˥/mei˩ iəu˩

①卞和回到郢都后，这次没有求见楚王。(《江陵故事集》)

pien˥ xuo˩ xuei˩ tau˥ in˩ tu˥ xəɤ˥, lie˩ tsʰɿ˥ mei˥ iəu˩ tɕʰiəu˩ tɕien˥

---

① "没"是个入声字，有三个读音，归入阴平调的 mei˥ 的读音用得最多。另有 mu˩、mei˩ 两个读音，mu˩ 一般只有老派荆州话中，出现在"没得"中。mei˩（阳平调）用得较少，一般的出现条件是，当"没有"一词出现在句末时，如：你有小汽车，我没 mei˩ 有。或接此话说：你没 mei˩ 有，我也没 mei˩ 有。

tsʻuˇ uanˋ。

②关公……没有让周仓去找。(《江陵故事集》)

kuanˉ kuŋˉ…… meiˉ iəuˋ lanˉ tsəuˉ tsʻanˉ kʻɯˋ tsauˋ。

③学校也没有派哪个谁出面去解决问题。

ɕyoˋ ɕiauˋ ɨ˙ meiˉ iəu p'ai laˇ kuoˉ tsʻuˇ miɛnˉ kʻɯˋ kaiˇ tɕyɛ ɹuenˋ t'i。

(3) 没得 meiˉ / muˉ tɤˋ (用在主谓短语前)

①又没得旁人看到……(《江陵故事集》)

iəuˉ meiˉ ˙tɤ p'anˋ lənˋ kʻanˋ tauˋ……

②怕么子哟? 学校里没得哪个晓得知道。

p'aˉ mo˙ tsʻɨˇ laˉ? ɕyoˋ ɕiauˋ ·li meiˉ tɤ laˇ kuoˉ ɕiauˇ tɤ。

荆州话中"没得"作否定动词较多,作否定副词少见。例①、例②不算典型的例句,可以看作"没得"带一种比较特殊的兼语成分,类似普通话中"没有树高,没有花香"的说法,可视作兼语句看待。

3."没、没有、没得"作否定动词、否定副词的量化分析

以下是根据口语文献资料《江陵故事集》中的"神话·传说"部分,对"没、没有、没得"在句中作动词、副词所做的统计①。

	没		没有		没得	
	量次	百分比	量次	百分比	量次	百分比
作动词	0		8	60%	11	100%
作副词	37	100%	7	40%		
出现量合计	37		15		11	

根据文献资料中统计的结果,及"没、没有、没得"在荆州话口语中实际运用的总印象,我们可以做出以下概括:

(1) "没、没有、没得"作否定动词、否定副词的局限性和适用性

A. 统计数据显示,"没"出现37次,均未用作否定动词。也就是说,"没"一般不会直接否定名词性词语。而"没得"主要用作否定动词,基本上不作否定副词用。

B. 作否定动词时,"没"不直接回答问题;"没有、没得"可以回答问

---

① 《江陵故事集》(即《江陵民间故事集》) 24万字,1989年 (内印)。"没、没有、没得"三词,只统计"神话·传说"部分,计8万余字。

题。例如：甲："你有名片吗?"乙在回答时，不会说"没"，而会说"没有"，更多的人会选择说"没得"，因为"没得"是荆州方言词汇，说"没"就是普通话说法了，在荆州话中使用会显得比较生硬、比较拗口。

(2) 荆州话中的"没有"也可以作否定动词带名词性宾语，但有一定的语境要求

A. 对举的条件下，即已经出现了肯定式"有"，或正反式"有没有"时。例如：

①你有新教材，我没有。

li˨ iəu˨ ɕin˧ tɕiau˨ tsʻai˨, uo˨ mei˨ ·iəu。

②你有汽车，我没有。

li˨ iəu˨ tɕʻi˧ tsʻɤ˨, uo˨ mei˨ ·iəu。

③你有《汉语大字典》，我没有。

i˨ iəu˨《xan˧ y˨ ta˨ tsɿ˧ tiɛn˨》, uo˨ mei˨ ·iəu。

B. 作动词时，如果强调"没有、没得"的否定意义，或是为了加强句子的语气，可以选择"没有"。例如：

①你有三处房产，我就没有。

li˨ iəu˨ san˧ tsʻu˧ fan˨ tsʻan˨, uo˨ tɕiəu˧ mei˨ iəu˨。

②你有进口汽车，我就没有。

li˨ iəu˨ tɕin˧ kʻəu˨ tɕʻi˧ tsʻɤ˨, uo˨ tɕiəu˧ mei˨ iəu˨。

③我确实没有。

uo˨ tɕʻyo˨ ·sɿ mei˨ ·iəu。

(3) 文献统计与荆州话实际运用的差距

"没得"是荆州话词语，"没、没有"是荆州话、普通话通用的词语。在荆州话中，使用否定动词"没得"的要比"没、没有"多，"没得"最能体现荆州话的地方特色。有些格式化的词语，体现荆州话词汇形、音、义特色，还必须使用"没得"，否则就不是荆州话了，或是成了蹩脚的荆州话了。例如：

①随哪个都拿他没得整_{完全拿他没办法}。

suei˨ la˨ kuo˧ ·təu la˨ tʻa˧ mei˨ ɤ˨ tsən˨。

②我也拿他没得法没得办法。

uo˩ ie˩ la˩ tʻaˀ˩ mei˧ ˑtɤ fa˩。

③你跟他说没得用得不能解决问题。

li˩ kən˧ tʻa˩ suo˩ mei˧ ˑtɤ yŋ˧ ˑtɤ。

④这事我看没得戏哒没有搞头，不会有结果。

liɛ˩ ʂɿ˧ uo˩ kʻan˧ mei˧ ˑtɤ ɕi˧ ˑta。

⑤我看这事没得聽哒没有端倪，不会有结果。

uo˩ kʻan˧ tsɤ˩ ʂɿ˧ mei˧ ˑtɤ tʻin˧ ˑta。

⑥这个人蛮没得脸得指人不地道、不识相、脸皮厚。

liɛ˧ kuo˧ lən˧ man˩ mei˧ ˑtɤ liɛn˩ ˑtɤ。

⑦这个人蛮没得来行得不被人看好，没有出息。

liɛ˧ kuo˧ lən˧ man˩ mei˧ ˑtɤ lai˩ xin˧ ˑtɤ。

当然，文献资料的量化统计也许预示着"没、没有、没得"未来发展的趋势，其中"没"的势头似乎更强劲一些。

（二）用"别"的否定句

荆州话中，作为专用的否定副词（指"不、莫、别"），"不"的使用频度最高，"莫"作为有荆州方言特色的否定词，使用频度日渐衰弱，"别"作否定副词则用得极少。如湖北《江陵歌谣集》、《江陵故事集》约50万字，根据粗略统计，"别"作为否定副词使用只是偶有出现。例如：

"别说吃野物，只怕稀饭也没得喝呢！"（《江陵故事集》）

"piɛ˧ suo˩ tɕʻi˩ ie˩ ʋu˧, tʂɿ˩ pʻaˀ˩ ɕi˧ fan˩ iɛ˩ mei˧ ˑtɤ xuo˩ ˑlɛ!"

荆州话口语中常用的"别"，似乎仅限于"别个（别的人）、别的"少数几个词，其语义均限于"区分、区别"义。荆州话中也会使用普通话中的"别开生面、别有用心"等成语，但这些成语中的"别"也都不是否定副词。

1. 荆州话中的"别"

普通话可以用否定副词"别"的句子，荆州话中一般都会由"不"或"莫"取代，而不会使用"别"。例如：

A. 普通话语句

①这个事你别乱说。

②这个事你别乱来。

③你站着别动。

B. 荆州话语句

①这个事，你不瞎说。

tsɤ˧ ·kuo s˧, li˨ pu˨ ɕia˨ suo˨。

②这个事，你不乱搞。

tsɤ˧ ·kuo s˧, li˨ pu˨ luan˧ kau˨。

③你站倒不动。

li˨ tsan˧ ·tau pu˨ tuŋ˧。

④这个事，你莫瞎说。

tsɤ˧ ·kuo s˧, li˨ mo˨ ɕia˨ suo˨。

⑤这个事，你莫瞎搞。

tsɤ˧ ·kuo s˧, li˨ mo˨ ɕia˨ kau˨。

⑥你站倒，莫动!

li˨ tsan˧ ·tau, mo˨ tuŋ˧!

C. 《楚辞》中的"别"

《楚辞》中"别"字只出现了四次：

（表"区分、辨别"义）	书申旦而别之。（《九章·惜往日》）
（显示殊异）	鱼葺鳞以自别兮。（《九章·悲回风》）
（表"离别"义）	愿赐不肖之躯而别离兮。（《九辩》）
（表"离别"义）	余既不难夫离别兮。（《离骚》）

以上四个句子中的"别"，语义分别是"区别、差异、别离、离别"，都不是用作否定副词的。

2. 荆州话"别"的来源

根据对荆州话中否定副词"不、莫、别"的粗略考察，我们大体可以确定，从词源上看，"别"作否定副词不是来自古代楚国方言和现代荆州方言，因为至今，荆州话中"别"用得很少，也很少作否定副词使用。荆州方言中作否定副词使用的"别"，或者说"别"的否定意义，应当是由外地方言或是由说普通话的人带进来的。

（三）用"未必、不消、只不、不得"的否定句

这四个词是荆州方言词语，能体现荆州话的特色。例如：

①他未必会来他不见得会来；他不一定会来。

t'a˧ uei˧ pi˩ xuei˧ lai˩。

②未必他晓得他不一定知道。

uei˧ pi˩ t'a˧ ɕiau˩ ·tɤ。

③他未必不知道他知道（双否定句）。

t'a˧ uei˧ pi˩ pu˩ tsղ˧ tau˧。

④这事你不消再说得不必说。

lie˧ sղ˧ li˩ pu˩ ɕiau˧ tsai˧ suo˩ ·tɤ。

⑤你不消争得不必争。

li˩ pu˩ ɕiau˩ tsən˧ ·tɤ。

⑥你只不只要不跟老张说就行哒。

li˩ tsղ˧ pu˩ kən˧ lau˩ tsan˧ suo˩ tɕieu˧ ɕin˩ ·ta。

⑦你只不只要不跟我姆妈说，随哪搞都行任你怎么做都可以。

li˩ tsղ˧ pu˩ kən˧ uo˩ m̩ ma suo˩, suei˩ la˩ kau˩ təu˧ ɕin˩。

⑧他不得比你差他不会比你差。

t'a˧ pu˩ ·tɤ pi˩ li˩ ts'a˧。

⑨他不得把得你他不会给你。

t'a˧ pu˩ ·tɤ pa˩ ·tɤ li˩。

（四）用"无奈何、奈不何"的否定句

1. 无奈何

"无奈何、奈不何"属同源词语，都是"奈何"一词的延续和发展。"无奈何"语义相当于普通话中的"无可奈何"，意思是"没有办法、无计可施"。荆州话中一般不用"无可奈何"一词，通常会选择使用"无奈何"，或是其变体"无计奈何、无焦奈何、无焦过"等。"无计奈何"的语义是没办法、无可奈何。"无焦奈何"是焦虑又没有办法的意思。"无焦过"多指孩子焦躁、无奈又没有办法的样子。这几个词语中，"奈不何"用得最多，其次是"无奈何"。例如：

①芝麻点儿也拿错，心里急得无奈何。（《江陵故事集》）

tsղ˧ ma tien˩ ṃ ie˩ la˩ ts'uo˩, ɕin˧ li˩ tɕi˩ ·tɤ u˩ lai˧ xuo˩。

②晚上，土地菩萨疼得无奈何……（《江陵故事集》）

uan˩ ·san, t'u˩ ti˧ p'u˩ sa tʻən˧ ·tɤ u˩ lai˧ xuo˩……

③为奴的看了不好说，心里急得无奈何。(《江陵歌谣集》)

uei˧ lu˨ ·ti kʼan˧ ·ta pu˨ xau˨ suo˨, ɕin˧ ·li tɕi˨ ·tɤ u˨ lai˧ xuo˨。

④让他再读几遍课文，他在那里无焦过。

lan˧ tʼa˥ tsai˧ tu˨ tɕi˨ pien˧ kʼou˨ uən˧, tʼa˥ tsai˧ la˧ ·li u˨ tɕiau˧ kuo˨。

2. 格式化的"奈他不何"类

"奈他不何"同样源自"奈不何"，意思是拿他没办法，或是打他不过（打不过他）。荆州话中，"奈他不何"与"奈不何他"并存，形成了格式化的系列词语。例如：

①我奈他不何。

uo˨ lai˧ tʼa˥ pu˨ xou˨。

我奈不活他。

uo˨ lai˧ pu˨ xou˨ tʼa˥。

②我说他不动。

uo˨ suo˨ tʼa˥ pu˨ tuŋ˧。

我说不动他。

uo˨ suo˨ pu˨ tuŋ˧ tʼa˥。

③大家都瞧他不起。

ta˧ tɕia˧ təu˧ tɕʼiau˨ tʼa˥ pu˨ tɕʼi˨。

大家都瞧不起他。

ta˧ tɕia˧ təu˧ tɕʼiau˨ pu˨ tɕʼi˨ tʼa˥。

④你搞他不赢。

li˨ kau˨ tʼa˥ pu˨ in˨。

你搞不赢他。

li˨ kau˨ ·pu in˨ tʼa˥。

⑤我缠他不赢。

uo˨ tsʼan˨ tʼa˥ pu˨ in˨。

我缠不赢他。

uo˨ tsʼan˨ ·pu in˨ tʼa˥。

⑥我打他不赢。

uo˨ ta˨ tʼa˥ pu˨ in˨。

我打不赢他。

uo˨ ta˨ ·pu in˨ tʼa˥。

⑦我告他不赢。

uoˇ kau˧ tʻa˧ ·pu in˩。

我告不赢他。

uoˇ kau˧ ·pu in˩ tʻa˧。

⑧我说他不过。

uoˇ suo˩ tʻa˧ ·pu kuo˧。

我说不过他。

uoˇ suo˩ ·pu kuo˧ tʻa˧。

荆州话中"奈他不何"和"奈不何他"两种并存的句式，前者属古代汉语中宾语前置的句子格式，可以强调前置宾语（的意义），也能较好地体现荆州方言特色，后者属于现代汉语一般句式，语句更觉顺畅，用得也更普遍一些。

（五）用"不听见、不看见、见不得"的否定句

荆州话中的"不听见、不看见"这两个否定式短语在语义上比较特别，它们多带有责备意味，表示"应该听见，却故作没有听见，或是应当看见，却故作没有看见"。

1. 不听见

"不听见"这种说法普通话中似乎没有。就其语义而言，"不听见"有两个意思，一个是没有听见，一个是不肯、不愿听见。例如：

①甲：我喊哒半天，你也不听见，耳朵聋哒？

uoˇ xanˇ ·ta pan˧ tʻien˧, li˩ iɛˇ ·pu tʻin˧ tɕien˧, ɯ˩ ·tuo luŋ˧ ·ta?

乙：我在睡瞌睡睡觉在，哪么听得到嘞！

uoˇ tsai˩ suei˧ kʻuo˩ suei˧ tsai˩, la˩ m tʻin˧ tɤ tau˧ lɛ˧!

②我要你去认个错，你也不听见不肯听，你要哪么搞？

uoˇ iau˧ li˩ kʻɯ˩ lən˧ ·kuo tsʻuo˩, li˩ iɛˇ ·pu tʻin˧ tɕien˧, li˩ iau˧ laˇ ·mo kauˇ?

以上例①中的"不听见"是没有听见的意思，例②中的"不听见"是已经听到了，但不肯听从。这种形式独特的一语两用的否定句具有荆州方言特色。

2. 不看见

"不看见"与"不听见"情况类似。"不看见"有"没有看见"和"看见了但不予理睬，或是根本就不肯去看"两个意思。例如：

①雨伞就在边柜上，你也不看见没有看见。

y↘ san↘ tɕiəu˧ tsai˧ pien˧ kuei˧ ·san, li↘ iɛ↘ ·pu kʼan˧ tɕien˧。

例①中的"不看见"是"没有看见"的意思。例②是"不肯看或不愿看"的意思。例如：

②学校的通知昨天就把你了，你也不看见不肯看。

ɕyo↘ ɕiau↘ ·tə tʼuŋ˧ tsʅ˧ tsuo↗ tʼien˧ tɕiəu˧ pa↘ li↘ ·la, li↘ iɛ↘ ·pu kʼan˧ tɕien˧。

3. 见不得

荆州话中的"见不得"语义丰富，是荆州人的常用词语。

(1) 指不愿见，见了就不舒服。例如：

①我蛮见不得她。

uo↘ man↘ tɕien˧ ·pu ·tɤ tʼa˧。

②他这个人，我蛮见不得。

tʼa˧ liɛ˧ ·kuo ·lən, uo↘ man↘ tɕien˧ ·pu ·tɤ。

(2) "对方"见不得"我"。例如：

①伢儿见不得我孩子缠着要抱、哭闹等，见哒，我就脱不开身。

ya↗ m̩ tɕien˧ ·pu ·tɤ uo↘, tɕien˧ ta, uo↘ tɕiəu˧ tʼuo↘ pu↘ kʼai˧ sən˧。

（六）用"找不到、不晓得"的否定句

"找不到、不晓得"，在荆州话中都存在，而且这两个短语（加上"不知道"共三个同义词）在"不知道"这个语义上是通用的。"不知道"在荆州话的口语交际中用得比较少（说普通话的人除外），这几个词语之间的关系比较复杂，语义和用法也不尽相同。

1. 找不到 tsau˧ ·pu tau˧

荆州人总是喜欢把"不知道"说成"找不到"，使用频度比"不晓得、晓不得"还要高。例如：

①甲：是哪个把你的脸划破哒？

sʅ˧ la↘ kuo˧ pa˧ li↘ ·ti lien↘ xua˧ pʼo˧ ·ta?

乙：找不到我不知道。

sʅ˧ / tsau˧ ·pu tau˧。

②脸划破哒，是哪个划的你都找不到你都不知道?

lien↘ xua↘ pʼo˧ ta, sʅ˧ la↘ kuo˧ xua˧ ·ti li↘ ·təu tsau˧ ·pu tau˧?

就以上例子看,"找不到"就是"不知道"。那么,荆州人为什么把"不知道"说成"找不到"?粗略的解释是,"找不到 tsau˧ ·pu tau˧"是"知不道 tsʅ˧ pu˧ tau˧"的误读。

2. 不晓得

"不晓得"就是"不知道",在荆州话中用得非常普遍。就"不知道"而言,荆州话一般用"不晓得",外来人或讲普通话的人才会用"不知道"。例如:

①不晓得为么子得罪了老天爷。(《江陵故事集》)

pu˧ ɕiau˅ ·tɤ uei˧ mo˅ tsʅ˧ tɤ˧ tsuei˧ ·ta lau˅ tʻiɛn˧ ȵiɛ˧。

②不晓得桥修得牢不牢啊!(《江陵故事集》)

pu˧ ɕiau˅ ·tɤ tɕʻiau˧ ɕiou˧ ·tɤ lau˧ ·pu lau˧ ·a!

③她们还不晓得能不能活下去呢!(《江陵故事集》)

tʻa˧ mən xai˧ pu˧ ɕiau˅ ·tɤ lən˧ ·pu ·lən xuo˧ ɕia˧ kʻɯ˧ ·lɤ / ·lɤ!

④"狗儿饿"鸟也不晓得飞到么子地方去了。(《江陵故事集》)

"kəu˅ ɯ uo˧" liau˅ iɛ˅ pu˧ ɕiau˅ ·tɤ fei˧ tau˧ mo˅ tsʅ˧ ti˧ fan˧ kʻɯ˧ ·ta。

3. 晓不得

"晓不得"也是荆州话常用词语,一般用在老派荆州话中。"晓不得"构成的不是否定句,而是用在正反疑问句中,与普通话中的"知道不知道"是同义句,也是西南官话的特色句式。

(1)"晓不得"的两个语义

"晓不得"在荆州话中有两个语义,一个是"知道不知道",另一个是"懂还是不懂"。例如:

①甲:下星期要去旅游,你晓不得_{知不知道}?

ɕia˧ ɕin˧ tɕʻi˧ iau˧ kʻɯ˧ ly˅ iəu˧, li˅ ɕiau˅ ·pu ·tɤ?

乙:我找不到_{不知道}啊!

uo˅ tsau˅ ·pu tau˧ a˧!

②甲:听说又要涨工资了,你晓不得_{知不知道}?

tʻin˧ suo˅ iəu˧ iau˧ tsan˅ kuŋ˧ tsʅ˧ ·la, li˅ ɕiau˅ ·pu ·tɤ?

乙:我不晓得_{我不知道}。

uo˅ ·pu ɕiau˅ ·tɤ。

③甲:这个事没你想的那么简单,你晓不得_{你懂不懂}?

tsɤ˧ kuo˧ sʅ˧ mei˧ li˅ ɕian˅ ·ti la˧ ·mo tɕiɛn˧ tan˧, li˅ ɕiau˅ ·pu ·tɤ?

乙：这我晓得这我懂。

lie˧ uo˥ ɕiau˥ ·tγ。

就以上例子来看，回答"晓不得"类提问不那么简单。用惯了普通话的"知道、不知道、懂不懂"等词语的外地人，在"晓不得"面前往往比较纳闷，听懂了的还会有点儿不舒服，有的可能根本就听得糊里糊涂：究竟是问的"知不知道啊"，还是问"听懂了没有"？

(2)"晓"是古代楚方言词汇的遗留

追根求源，"晓不得"确实有"知不知道"和"懂不懂"两个意思。

扬雄《方言·卷一》："党、晓、哲，知也。楚谓之党，或曰晓。"也就是说，古楚国的"党、晓"都是"知（道）、知晓"的意思。"党"，郭璞注："党，朗也，解寤貌。""党"与"燢"有同源关系。《广雅·释诂三》："党、闻、晓、哲，智也。"王念孙疏证："《广韵》：'燢，朗，火光宽明也。''燢'与'党'义相近。""党"在楚方言中有"知晓、领悟"的意思。《荀子·非相》："法先王，顺礼义，党学者。"郝懿行《补注》："法先王，顺礼义，出言可以晓悟学者。"俞樾《平议》："党学者，犹言晓学者。"[①]"党"后来写成"懂"。钱绎《方言笺疏》："今人谓知为懂，其党声之转软？"章炳麟《新方言·释言》："《方言》：'党，知也。'今谓了解为党。音如懂。"楚方言中的"党（懂）、晓"后来扩大其适用范围，进入了民族共同语词汇系统，但主要在我国南方地区使用[②]。

荆州城区是古代楚国都城（楚郢都）所在地，"晓"沿用"知道、懂"两个意思，应是古义顺势之沿用。荆州话中的"晓不得"同时具有"知不知道、懂不懂"两个比较接近的词义，是荆州话对古楚语词汇"晓"自然传承的结果。

十九、述补结构

荆州话的补语结构、意义类型与普通话有许多相似之处，就意义类型

---

① 李恕豪：《扬雄〈方言〉中仅见于楚地的方言词语研究》（未刊稿）。

② 李水海：《老子〈道德经〉楚语考论》，陕西人民教育出版社，1990年版，第225页。

来看，有"结果补语、可能补语、程度补语、趋向补语、情态补语、数量补语"等。这里以荆州话中常用的补语（类型、形式、词语）为线索做一些阐述。

(一) 可能补语

1. 赢

(1) "赢"后无宾语

①我喝得赢／我喝不赢。

uoˇ xuoˊ tɤˊ inˊ / uoˇ xuoˊ ·pu inˊ。

②我打得赢／我打不赢。

uoˇ taˇ tɤˊ inˊ / uoˇ taˇ ·pu inˊ。

③一时间，闹得杀猪的杀不赢。（《江陵故事集》）

iˊ sˊ tɕienˊ, lauˋ tɤˊ saˋ tsuˉ ·ti saˋ ·pu inˊ。

④三月里来是清明，打青下种忙不赢。（《江陵歌谣集》）

sanˉ yeˋ liˇ laiˋ sˊ tɕʻinˊ minˋ, taˇ tɕʻinˉ ɕiaˋ tsunˋ manˋ ·pu inˊ。

⑤周仓腿上没有了毛，赶不赢……（《江陵故事集》）

tsəuˉ tsʻanˉ tʻueiˇ sanˋ meiˋ iəuˇ ·ta mauˋ, kanˇ ·pu inˊ……

⑥……关公骑着马也走不赢。（《江陵故事集》）

……kuanˉ kuŋˉ tɕʻiˋ tsuo maˇ yɜˇ tsəuˇ ·pu inˊ。

⑦有个妇女抱个奶呀……怎么也跑不赢。（《江陵故事集》）

iəuˇ kuoˋ fuˋ lyˇ pauˋ kuoˋ laiˇ aˊ…… laˇ ·mo iɛˇ pʻauˇ ·pu inˊ。

就以上例子来看，荆州话中可能补语的否定式更常见一些。

(2) "赢"后带宾语

①我打得赢他／我打不赢他。

uoˇ taˇ tɤˊ inˊ tʻaˉ / uoˇ taˇ ·pu inˊ tʻaˉ。

②钦差大人搞不赢这个女的……（《江陵故事集》）

tɕʻinˉ tsʻaiˉ taˋ lənˇ kauˇ ·pu inˊ liɛˋ kuoˋ lyˇ ·ti /·tə……

"赢"作可能补语，表示可能怎么样、不可能怎么样。带"赢"的动词，可以是他动词，如"喝、打"，也可以是自动词，如"走"。可以不带宾语，如 (1) 例①、例②，也可以带宾语，如 (2) 例①、例②。

2. 过

"过"充当可能补语的情况与"赢"相近。

(1)"过"后无宾语

①打得过 / 打不过。

taˇ ·tʏ kuoˉ / taˇ ·pu kuoˉ。

②说得过 / 说不过。

suoˊ ·tʏ kuoˉ / suoˊ ·pu kuoˉ。

③躲得过 / 躲不过。

tuoˇ ·tʏ ·kuoˉ / tuoˇ ·pu kuoˉ。

④和尚瞒不过_{瞒不过去}，才说是张居正对的。(《江陵故事集》)

xuoˊ sanˉ manˊ ·pu kuoˉ, tsʻaiˇ ˊsuo ˊ sʅˉ tsanˉ tɕyˉ tsənˉ tueiˉ ·ti。

(2)"过"后带宾语

①你搞得过他？搞不过他哟。

liˇ kauˇ ·tʏ ˊruo tʻaˉ? kauˇ ·pu kuoˉ tʻaˉ saˉ。

②你打得过他？打不过他哟。

liˇ taˉ ·tʏ kuoˉ tʻaˉ? taˉ ·pu kuoˉ tʻaˉ saˉ。

3. 到

"到"的用法与普通话大体相同，经常充当可能补语。例如：

①弄得到 / 弄不到。

luŋˉ ·tʏ ·tau / luŋˉ ·pu ·tau。

②搞得到 / 搞不到。

kauˇ ·tʏ ·tau / kauˇ ·pu ·tau。

③做得到 / 做不到。

tsəuˉ ·tʏ ·tau / tsəuˉ ·pu ·tau。

④看得到 / 看不到。

kʻanˉ ·tʏ ·tau / kʻan ·pu ·tau。

4. 其他

①推得脱 / 推不脱。

tʻueiˉ ·tʏ tʻoˊ / tʻueiˉ ·pu tʻoˉ。

②想得穿 / 想不穿。

ɕianˇ ·tʏ tsʻuanˊ / ɕianˇ ·pu tsʻuanˉ。

③丢得开 / 丢不开。

tiəuˉ ·tʏ kʻaiˉ / tiəuˉ ·pu kʻaiˉ。

④放得下／放不下。

fan˧ ·tʏ ɕia˧／fan˧ ·pu ɕia˧。

⑤奈得何／奈不何。

lai˧ ·tʏ xou˩／lai˧ ·pu xou˩。

⑥脱得了鞡／脱不了鞡脱不了干系。

tʰou˧ ·tʏ liau˩ ·ʟu˩／tʰou˧ ·pu liau˩ ·ʟu˩。

⑦搞得下地／搞不下地。

kau˩ ·tʏ ɕia˧ ti˧／kau˩ ·pu ɕia˧ ti˧。

⑧日子一长，皇帝再也吃不消了。(《江陵故事集》)

zʅ˧ ·tsʅ ɪ˩ tsaŋ˧, xuaŋ˩ ti˧ tsai˧ iɛ˩ tɕʰi˧ ·pu ɕiau˧ ·ta。

⑨打开一看，是刘备，这下怎么也躲不脱了。(《江陵故事集》)

ta˩ kʰai˧ ɪ˩ kʰan˩, sʅ˧ liəu˩ pei˧, tsʅ˩ xa˩ la˩ ·mo iɛ˩ tuo˩ ·pu tʰou ·ta。

例⑨中的"躲不脱"，在其他语境中也可能是结果补语。

（二）结果补语

荆州话中充当结果补语的词语比较丰富，常见的词语有"死、要死、死哒、赢、不赢、不彻、不脱、不起、得、不得、穿、破"等。

1. 死

荆州话中"死"作结果补语用得极普遍，并形成了"会＋（动/形）＋死、要＋死（为'得'后补语）"两种常见格式，这两种格式都带有一定的感情色彩。

（1）单一的"死"

①他被尿胀死了撑死了。(《江陵故事集》)

tʰa˧ pei˧ liau˧ tsaŋ˧ ·sʅ ·ta。

②赵佬喝了几口海水，就淹死了。(《江陵故事集》)

tsau˩ lau˩ xou˩ ·ta tɕi˩ kʰəu˩ xai˩ suei˩, tɕiəu˧ iɛn˧／an˧ ·sʅ ·ta。

以上是"死"直接出现在动词、形容词后。

（2）会＋（动/形）＋死

①她一辈子会悔死。

tʰa˧ i˩ pei˧ ·tsʅ xuei˧ xuei˩ sʅ˩。

②干了一天活，把我会累死。

kan˧ ·ta i˩ tʰiɛn˧ xou˩, pa˩ uo˩ xuei˧ lei˧ sʅ˩。

③师傅……一看，会急死。(《江陵故事集》)

sŋ˦ ·fu …… i˨ kʰan˦, xuei tɕʰi˨ ·sŋ。

以上为形容词＋死；以下为动词＋死：

④老人会哭死。(《江陵故事集》)

lau˨ ·lən xuei˦ kʰu˨ ·sŋ。

⑤把人会笑死。(《江陵故事集》)

pa˨ lən˨ xuei˦ ɕiau˦ ·sŋ。

⑥木匠会气死。(《江陵故事集》)

mu˨ tɕian˦ xuei˦ tɕʰi˦ ·sŋ。

⑦周仓……会喜欢死。(《江陵故事集》)

tsəu˦ tsʰan˦ …… xuei˦ ɕi˨ ·xuan ·sŋ。

⑧刘员外父子听了会吓死。(《江陵故事集》)

liəu˦ yɛn˨ uai˦ fu˦ tsŋ˨ tʰin˦ ·ta xuei˦ xɤ˨ ·sŋ。

(3) 要＋死

①气得要死｜恨得要死。

tɕʰi˦ ·tɤ iau˦ sŋ˨｜xən˦ ·tɤ iau˦ sŋ˨。

②忙得要死｜累得要死。

man˨ ·tɤ iau˦ sŋ˨｜lei˦ ·tɤ iau˦ sŋ˨。

③这几天，菜贵得要死。

tsɤ˦ tɕi˨ tʰien˦, tsʰai˦ kuei˦ ·tɤ iau˦ sŋ˨。

2. 赢、输、恶、冒、高、脱、穿

①我们学校搞赢哒。

uo˨ ·mən ɕyo˨ ɕiau˦ kau˨ in˨ ·ta。

②你们学校搞输哒。

li˨ ·mən ɕyo˨ ɕiau˦ kau˨ su˦ ·ta。

以下例句中的结果补语，普通话中一般不会出现，具有鲜明的荆州方言特色：

③两个人搞恶哒恶言恶语闹翻了。

lian˨ ·kuo ·lən kau˨ uo˨ ·ta。

④把他搞冒哒搞得发起火来，对你有么了益处呢？

pa˨ tʰa˦ kau˨ mau˦ ·ta, tuei˦ li˨ iəu˨ yo˨ tsŋ˦ i˦ tsʰu˦ lɛ˦／lɤ˨？

⑤满屋子都找高了找遍了、找完了。

man˨ u˨ tsŋ təu˦ tsau˨ kau˦ ·ta。

⑥整个新疆我都玩高哒玩遍了。

kən˩ kuo˧ ɕin˩ tɕian˩ uo˧ ʋuei˩ uan˩ kau˧ ·ta。

⑦……这下怎么也躲不脱了躲不掉。(《江陵故事集》)

……liɛ˩ xa˧ ʋal˩ mo˧ iɜ˩ ʋou˩ pu tʰou˩ ·ta。

⑧都说张居正……今日我算把他看穿哒！(《江陵故事集》)

təu˧ suo˧ tsan˧ tɕy˧ tsən˧……tɕi˧ ɯ uo˧ suan˧ pa˧ tʰa˧ kʰan˧ tsʰuan˧ ·ta！

3. 破

"破"（本字待考）充当结果补语，主要出现在江陵县乡里话中，还有荆州市的石首、监利以及湖南的安乡一带。

(1) 带"破"字补语的词类特征

轻读的"破"，主要出现在单音节动词或少数单音节形容词后。

A. 动词后带"破"

①他吃破哒吃完了。

tʰa˧ tɕʰiɹ ·pʰo ·ta。

②你吃破哒吃完了没得？

li˩ tɕʰiɹ ·pʰo ·ta mei˧ ·tɤ？

③麦子割破哒割完了。

mɤ˩ ·tsɿ kuo˧ ·pʰo ·ta。

④头发剃破哒剃掉了。

tʰəu˩ ·fa tʰi˧ ·pʰo ·ta。

B. 形容词后带"破"

①番茄烂破哒烂掉了。

fan˧ tɕʰiɛ˩ lan˧ ·pʰo ·ta。

②丝瓜老破哒。

sɿ˧ kua˧ lau˩ ·pʰo ·ta。

(2) 带"破"字补语的语义类型

"破"字补语所表达的语义跟词类有一定关联。

A. 动词后的"破"主要表示动作的完成。例如：

①衣服脱破哒脱掉了。

i˧ ·fu tʰou˧ ·pʰo ·ta。

②渣货可回收的垃圾卖破哒倒掉了。

tsa˧ xuo˧ mai˩ ·pʰo ·ta。

以上为陈述句；以下为祈使句：

③把衣服脱破脱掉。

pa˧ i˧ ·fu tʰou˧ ·pʼo。

④把渣货卖破卖掉。

pa˧ tsa˧ xou˧ mai˧ ·pʼo。

例①、例②是及物动词带"破"，用在陈述句句中，表示已然的结果；在把字句例③、例④中，"破"用在祈使句句末，则表示未然的结果。

⑤鸦雀子飞破哒飞走、飞掉。

ia˧ ·tɕʰyo ·tsŋ fei˧ ·pʼo ·ta。

⑥牯牛死破哒死掉。

ku˧ iəu˧ sŋ˧ ·pʼo ·ta。

例⑤、例⑥是非及物动词带"破"，只能用在陈述句中。

B. 形容词带"破"，表示状态变化的某种结果。例如：

①阴米粥糊破哒糊完了。

in˧ mi˧ tsu˧ xu˧ ·pʼo ·ta。

②几斤鱼臭破哒臭完了、臭掉了。

tɕi˧ tɕin˧ y˧ tsʼəu˧ ·pʼo ·ta。

（三）程度补语

1. 很

程度副词"很"在"得"后作程度补语，与普通话通用。例如：

①味道好得很。

uei˧ tau˧ xau˧ ·tɤ xən˧。

②妯娌伙的关系好得很。

tsu˧ ·li xou˧ ·ti kuan˧ ·ɕi xau˧ ·tɤ xən˧。

2. 彻

荆州话里的"彻"在句中作程度补语，本字待考。例如：

①一个科室两个人，确实搞不彻忙不过来。

i˧ kuo˧ kʰo˧ sŋ˧ lian˧ kuo˧ ·lən, tɕʰyo˧ sŋ˧ kau˧ ·pu tsʼɤ。

②孙伢儿会走路哒，我在后面赶不彻赶不及、追不上。

suən˧ ya˧ xuei˧ tsəu˧ lu˧ ·ta, uo˧ tsai˧ xəu˧ mien kan˧ ·pu tsʼɤ。

③割谷时一家人忙不彻忙不过来。

kuo˧ ku˧ ·sʅ i˧ tɕia˧ ·lən man˧ ·pu tsʻɤ˩ kouŋ。

④棉花炸的（得）白如雪，摘都摘不彻。（《荆州歌谣集》）

miɛn˧ xuɤ˧ tsa˧ ·tɤ pɤ˩ lu˧ ɕyɛ˩, tsʻɤ˩ nɐi˧ tsʻɤ˩ ·pu tsʻɤ˩。

在荆州话中，"赢"和"彻"都可以作补语，如：忙不赢、忙不彻，语义也相近，但在语用上两者有很大区别。

（1）"赢"通常作可能补语，有肯定式，也有否定式，如：忙得赢、忙不赢，也可以充当结果补语，如：我们班打赢哒。"彻"只作程度补语，一般也只用在否定句中，几乎未见"忙得彻、搞得彻、赶得彻、摘得彻"的说法。

（2）就"彻"的语义看，大体相当于普通话的"及"，如：忙不及、赶不及、摘不及。"忙不彻"里的"彻"是程度补语，它不是一种可能，也不是一种结果。"忙不彻"语义相当于普通话的"忙得很"，而普通话的"忙得很"少有否定式说法。

（3）"赢"作补语可以带宾语，如：打得赢他、打不赢他。"搞不彻"之类不能带宾语。

3. 完

荆州话中的"完"可以作程度补语，不过用得比较少。例如：

①没得滴尓名堂得，邪完哒没有一点儿名堂，实在是邪到极限了。

mei˧ tɤ˩ ti˧ kaɳ˩ min˧ ·tʻan˧ ·tɤ, ɕie˧ uan˧ ·ta。

例①中的"完"，不是普通话中"完成"的"完"，而是"完全"的"完"，表示"太邪了、邪到顶"的意思，用于表示极限程度。

（四）情状补语

荆州话中有丰富的情状补语，主要有两种形式。

1. 短语作情状补语

荆州话中短语作程度补语，常见的是"得"后补语，通常由谓语性短语或主谓短语充当，这类补语一般还伴有程度意义的变化，是荆州话常用的生动词语形式。例如：

①那腰细得像杨柳一般。（《江陵故事集》）

la˧ iau˧ ɕi˧ ·tɤ ɕian˧ ian˧ lieu˧ ·i pan˧。

②他吓得连连后退怕得很。(《江陵故事集》)

tʻa˧ xɤ˨ ˙tɤ liɛn˨ liɛn˨ ɣəu˧ ˙tʻuei˧。

③灵王疼得嗷嗷叫，大喊救命。(《江陵故事集》)

lin˨ uan˨ tʻən˧ ˙tɤ au˧ au˧ tɕiau˧, ta˧ xan˨ tɕiəu˧ min˧。

④憨头……两手冻得像红萝卜。(《江陵故事集》)

xan˧ ˙tʻəu …… lian˨ səu˨ tuŋ˧ ˙tɤ ɕian˧ xuŋ˨ luo˨ ˙pu。

⑤……把伍子胥搞懵了头。(《江陵故事集》)

…… pa˨ u˨ ˙tsɿ ɕy˨ kau˨ muŋ˧ ˙ta tʻəu˨。

⑥财主被搞得摸不着头脑。(《江陵故事集》)

tsʻai˨ tsu˨ pei˧ kau˨ ˙tɤ ɣom ˙pu ˙tsuo tʻəu˨ lau˨。

以上情状补语由谓语性短语充当。主谓短语也可以作情状补语，用得较少。例如：

⑦他的儿子……累得黑汗水流汗水直流。(《江陵故事集》)

tʻa˧ ˙ti ɯ˨ ˙tsɿ …… lei˧ ˙tɤ xɤ˨ xan˨ suei˨ liəu˨。

⑧一天到黑，搞得一家人不得安逸。

i˨ tʻien˧ tau˧ xɤ˨, kau˨ ˙tɤ i˨ tɕia˧ ˙lən pu˨ tɤ˨ an˧ i˨。

用短语充当情状补语，有程度变化意义，也可以视为一种带有形象性、直观性的结果补语。

2. "AA 声"词语作情状补语

"AA 声"词语是荆州话里的一种非定性状态形容词，充当补语时具有一定的程度意义，是荆州方言词语的一种生动表现形式。例如：

①他太累很哒，睡得鼾鼾声。

tʻa˧ tʻai˧ lei˧ xən˨ ˙ta, suei˧ ˙tɤ xan˨ xan ˙sən。

②财主气得火冒冒声（生）。(《江陵故事集》)

tsʻai˨ tsu˨ tɕʻi˧ ˙tɤ xuo˨ mau˧ ˙mau ˙sən。

（五）数量补语

常见的量词有"次、餐、遍"等。例如：

①孟姜女哭得死了几次。(《江陵故事集》)

muŋ˧ tɕian˧ ly˨ kʻu˨ ˙tɤ sɿ˨ ˙ta tɕi˨ tsʻɿ˧。

②张……就把圆梦的事说了一遍。(《江陵故事集》)

tsan˧ …… tɕiəu˧ pa˨ yɛn˨ muŋ˧ ˙ti sɿ˧ suo˨ ˙ta i˨ pien˧。

（六）趋向补语

①这个风俗，是宋玉过生传下来的。(《江陵故事集》)

tsɤ˧ kuo˧ fəŋ˨ su˨, sɿ˧ suŋ˧ yʔ kuo˧ sən˧ tsʻuan˨ ɕia˧ lai˨ ·ti。

②只见一条丈把多长的大鱼，从水里跳起来。(《江陵故事集》)

tsɿ˧ tɕien˧ iʔ tʻiau˨ tsan˧ ·pa tuo˧ tsʻan˨ ·ti ta˧ yʔ, tsʻuŋ˧ suei˨ ·li tʻiau˧ tɕʻi˨ ·lai。

③卞和捡起来一看，心都要跳出来了！(《江陵故事集》)

pien˧ xuo˨ tɕien˧ tɕʻi˨ ·lai iʔ kan˧, ɕin˧ ·təu iau˧ tʻiau˧ tsʻu˨ lai˨ ·ta！

（七）"得"字直接作补语

普通话中"得"偶尔也直接作补语。例如：你看他高兴得。但荆州话里"得"直接作补语很常见，这也是荆州话的特色补语之一。

"得"在句子中充当可能补语主要有两种形式：

1. "得"作可能补语兼表程度意义

①老张吃得_{很能吃}｜老李喝得_{很能喝酒}｜睡得｜做得。

lau˨ tsan˧ tɕʻi˨ ·tɤ｜lau˨ li˨ xuo˨ ·tɤ｜suei˨ ·tɤ｜tsou˨ ·tɤ。

以下是动词、形容词前带状语"蛮"的常用句子：

②这个人蛮吃得｜蛮喝得｜蛮睡得_{倒床就能睡着，睡得还很香}｜蛮做得_{很能干，也能吃苦}。

liɛ˧ ·kuo lən˨ man˨ tɕʻi˨ ·tɤ｜man˨ xuo˨ ·tɤ｜man˨ suei˨ ·tɤ｜man˨ tsou˨ ·tɤ。

例①、②的特点是：a. 句子的主语是施事的。b. "得"有明显的表程度意义。

③他这个人蛮坤得_{不露声色}。

tʻa˧ liɛ˧ kuo ·lən man˨ kʻuən˧ ·tɤ。

④他这个人蛮阴得把东西瞒着或不露声色。

tʻa˧ liɛ˧ kuo ·lən man˨ in˧ ·tɤ。

"得"作（非及物）动词的补语成分，表程度意义。例①中的"老张吃得、老李喝得"是说"很能吃、很能喝"。"得"作补语一般没有否定式。例②是例①的扩展形式。例③、例④可视为形容词带"得"。

2. "得"作单纯的可能补语

①这个梨子吃得_{可以吃}｜这个梨子吃不得_{不能吃}。

liɛ˧ kuo˧ li˨ ·tsɿ tɕʻi˨ ·tɤ｜liɛ˧ kuo˧ li˨ ·tsɿ tɕʻi˨ ·pu ·tɤ。

②这种酒喝得｜这种酒喝不得。

liɛ˧ ·tsuŋ tɕiəu˧ xou˧ ·tγ｜liɛ˧ ·tsuŋ tɕiəu˧ xou˧ ·pu ·tγ。

③这张床睡得｜这张床睡不得。

liɛ˧ ·tsan˧ tsʻuan˧ sueiㄱ ·tγ｜liɛ˧ ·tsan˧ tsʻuan˧ sueiㄱ ·pu ·tγ。

④这种事做得｜这种事做不得。

liɛ˧ ·tsuŋ sʅ˧ tsou˧ ·tγ｜liɛ˧ ·tsuŋ sʅ˧ tsou˧ ·pu ·tγ。

以上"得"表示可以、可能怎么样，或不可以、不可能怎么样，主语是受事的，句子的肯定式、否定式都是常态，也不表示程度意义。

（八）"不过"补语句

荆州话中"不过"最普遍、最具特色的用法，是跟在动词或形容词后面作表示程度意义的补语，构成具有荆州地方特色的"不过"补语句，其使用频度非常高。

1. "不过"补语表一般程度

（1）形容词带"不过"补语。例如：

①伏羲急不过很着急，朝它身上屙了一泡尿……（《江陵故事集》）

fu˧ ɕi˧ tɕi˧ ·pu kuo˧, tsʻau˧ tʻa˧ sən˧ san˧ ou˧ ·ta i˧ pʻau˧ liau˧……

②放牛娃冷不过很冷，就拼命地推空磨子……（《江陵故事集》）

fan˧ iəu˧ ua˧ ləŋ˧ ·pu kuo˧, tɕiəu˧ pʻin˧ min˧ ti tʻuei˧ kʻuŋ˧ mo˧ tsʅ……

③推的粉子白不过很白。（《江陵歌谣集》）

tʻuei˧ ·tə fən˧ tsʅ pγ˧ ·pu kuo˧。

④揸的粑粑甜不过很甜。（《江陵歌谣集》）

tʻa˧ ·ti pa˧ pa˧ tʻiɛn˧ ·pu kuo˧。

⑤吃哒口里干不过很渴。（《江陵歌谣集》）

tɕʻi˧ ·ta kʻou˧ ·li kan˧ ·pu kuo˧。

⑥师父问我你学哪角？学生角面子窄不过很窄，学旦角面子酸不过很不体面……（《荆州歌谣集》）

sʅ˧ ·fu uən˧ ŋo˧ li˧ ɕyo˧ la˧ kuo˧? ɕyo˧ sən˧ kuo˧ miɛn˧ tsʅ tsγ˧ ·pu kuo˧, ɕyo˧ tan˧ kuo˧ miɛn˧ tsʅ suan˧ ·pu kuo˧……

⑦哥哥乘船要舱里坐，船头浪大颠不过颠簸得很厉害。（《荆州歌谣集》）

kuo˧ kuo˧ tsʻən˧ tsʻuan˧ iau˧ ·tsʻan˧ ·li tsou˧, tsʻuan˧ tʻəu˧ lan˧ ta˧ tiɛn˧ ·pu kuo˧。

由于形容词一般都会有程度意义的变化（可以受程度副词修饰），所以形容词，特别是单音节形容词构成"不过"补语句最为常见。少数双音节形容词后也可以带"不过"补语，但相对于单音节形容词而言比较少。例如：

⑧婆婆子说话啰嗦不过很啰嗦。

pʼo˩ .pʼo .tsŋ suo˩ xua˩ɾou˩ɾous tsʅ .pʼo .ɾo˩。

⑨皇帝欢喜不过高兴得很，就摆下酒席……（《江陵故事集》）

xuan˩ ti˩ xuan˩ ɕi˩ .pu kuo˩, tɕiə˩ pai˩ ɕia˩ tɕiəu˩ ɕi˩……

⑩他气愤不过很气愤，骂了小姐一顿……（《江陵故事集》）

tʼa˩ tɕʼi˩ fən˩ .pu kuo˩, ma˩ ta ɕiau˩ tɕie˩ i˩ tuən˩……

荆州话形容词用"不过"作补语，语义相当于普通话中的程度副词"很"，如"急不过"即急得很或非常着急，"他气愤不过"指很气愤或气愤得很，但荆州话口语中一般只说"急不过、气愤不过"。

(2) 表心理活动动词后带"不过"表程度。例如：

①你不说哒，我蛮吓不过你不要说了，我很害怕。

li˩ pu˩ suo˩ .ta, uo˩ man˩ xʌ˩ .pu kuo˩。

②看到儿子坐在角落里，心里疼不过很心疼……（《江陵故事集》）

kan˩ tau˩ .tsŋ tsuo˩ tsai˩ kuo˩ luo˩ .li, ɕin˩ .li tʼuə˩ .pu kuo˩……

③心里烦不过很烦，他就跑到馆子里喝闷酒。（《江陵故事集》）

ɕin˩ .li fan˩ .pu kuo˩, tʼa˩ tɕiəu˩ pau˩ tau˩ kuan˩ tsʅ .li xou˩ mən˩ tɕiəu˩。

④周道平喜不过很喜欢，好像在做梦。（《荆州故事集》）

tsəu˩ tau˩ pʼin˩ ɕi˩ .pu kuo˩, xau˩ ɕian˩ tsai˩ tsuə˩ muŋ˩。

⑤张居正气不过很生气，说了句："姓张的永不发秀……"（《江陵故事集》）

tsan˩ tɕy˩ tsən˩ tɕʼi˩ .pu kuo˩, suo˩ .ta tɕy˩："ɕin˩ tsan˩ .ti yŋ˩ .pu fa˩ ɕiəu˩……"

以上是单音节心理活动动词后带"不过"。少数双音节词后也可以带"不过"。例如：

⑥她总是担心不过。

tʼa˩ tsuŋ˩ sʅ˩ tan˩ ɕin˩ .pu kuo˩。

⑦老婆婆喜欢不过，就留秀姑多住些日子。(《江陵故事集》)

lau˩ pʰoˌ pʰoˌ ɕi˩ ·xuan ·pu kuo˥, tɕiəu˩ liəu˩ ɕiəu˩ ku˩ tuo˥ tsu˩ ·ɕie zɿ˩ ·tsɿ。

表心理活动的动词可以有程度意义的变化（如受程度副词的修饰），它们用"不过"作补语时，有以下几个特点：

A. 作用和语义相当于程度副词"很"或"非常"，如"疼不过"意为很心疼（他）或心疼（他）得很，但荆州话中一般只说"疼不过"。

B. 表心理活动动词之后隐含着受事宾语"他"。这个"他"，可隐可现。如"欠不过、怕不过"等，均可变为以下形式：

①欠他不过｜气他不过｜想他不过。

tɕʰiɛn˩ ·tʰa ·pu kuo˥｜tɕʰi˩ ·tʰa ·pu kuo˥｜ɕian˩ ·tʰa ·pu kuo˥。

②吓他不过对他很有恐惧心理｜恨他不过｜怄他不过对他怄气。

xʌ˩ ·tʰa ·pu kuo˥｜xən˩ ·tʰa ·pu kuo˥｜əu˩ ·tʰa ·pu kuo˥。

上述例子中，"欠不过"和"欠他不过"在荆州话中通用，但通常不说"很欠、欠得很、很欠他、欠他得很"。

这类带"不过"的句子有预设性，即一般有下句相接，上、下两句之间可有"因果"等关系。如"心里疼不过"，下句是"回到屋里就哭起来"。又如"老婆婆喜欢不过"，后边就有"就留秀姑多住些日子"。

2. 动词带"不过"表极限程度

(1) "要+动词"带"不过"。例如：

①大麦要割不过哒。

ta˥ mʌ˩ iau˥ kuo˧ ·pu kuo˥ ·ta。

②垃圾要倒不过哒。

la˥ tɕi˥ iau˥ tau˥ ·pu kuo˥ ·ta。

③衣服要洗不过哒。

i˥ ·fu iau˥ ɕi˩ ·pu kuo˥ ·ta。

④猪圈要冲不过哒。

tsu˥ tɕyen˥ iau˥ tsʰuŋ˥ ·pu kuo˥ ·ta。

⑤园子菜地要浇不过哒。

yen˩ ·tsɿ iau˥ tɕiau˥ ·pu kuo˥ ·ta。

⑥被子要晒不过哒。

pei˥ ·tsɿ iau˥ sai˥ ·pu kuo˥ ·ta。

⑦鸡窝要掏不过哒。

tɕi˦ uo˦ iau˦ tʻau˦ ·pu kuo˦ ·ta。

⑧伢儿要吃不过哒。

ya˧ ɯ iau˦ tɕʻɿ˩ ·pu kuo˦ ·ta。

这类"要+动词"带"不过"的句子，有以下几个特点：

A. 句中的"不过"不能换成程度副词"很"，但客观上可以表示事物发展、变化状况的极限。如"麦子要割不过了"是指麦子已完全成熟，已经成熟到不能不赶快收割的地步了，也可以算是一种隐含的程度意义。

B. 这种"不过"句，结构上有一定的特点，即动词一般为及物动词，全句主语为受事主语，多数情况下，全句主语亦可移至动词后，而语义不变。如例①至例④可变为：

⑨要割大麦不过哒。

iau˦ kuo˧ ta˦ mʏ˦ ·pu kuo˦ ·ta。

⑩要倒垃圾不过哒。

iau˦ tau˦ la˦ tɕi˦ ·pu kuo˦ ·ta。

⑪要洗衣服不过哒。

iau˦ ɕi˧ i˦ ·fu ·pu kuo˦ ·ta。

⑫要冲猪圈不过哒。

iau˦ tsʻuŋ˦ tsu˦ tɕyɛn˦ ·pu kuo˦ ·ta。

但是，例⑧"伢儿要吃不过哒"不能有上述转移的变化。

C. 这类"不过"句也有预设性，即有隐含相接的后续句子，这些后续句一般是祈使句或是疑问句。例如：

麦子要割不过哒——快割吧！（或用"怎么还不割呀！"）

垃圾要倒不过哒——快倒吧！（或用"怎么还不倒呀！"）

头要剃不过哒——快剃剃吧！（或用"怎么还不剃呀！"）

衣服要洗不过哒——快洗洗吧！（或用"怎么还不洗呀！"）

D. 从结构构成看，"要+不过"一类句子，句末都有辅助性的词语"了、哒"等。

(2) 非及物动词带"不过"表极限程度。例如：

①伢儿要睡不过哒_{早就想睡了}。

ya˧ ɯ iau˦ suei˦ ·pu kuo˦ ·ta。

②他早就要走不过哒早就想走了。

tʻaɻ tsauˇ tɕiəuɹ iauɹ tsəuˇ ·pu kuoɿ ·ta。

③她早就要来不过哒早就要来了。

tʻaɻ tsauˇ tɕiəuɹ iauɹ laiɹ ·pu kuoɿ ·ta。

④那只鸡要死不过哒早就（快）要死了。

laɿ tsɿɿ tɕiɿ iauɹ sɿˇ ·pu kuoɿ ·ta。

这类句子中的"不过"也用来表示极限，组合的形式和语义与表极限程度的句子很相近，与（1）类句子的主要区别是：

A．（1）类句子中带"不过"补语，一般都是及物动词；而（2）类句子中，要么是不及物动词，要么是只能带施事宾语的动词。如"睡"是不及物动词，而"走和死"只能带施事宾语。

B．由于组合关系的缘故，（2）类句子只有一种句式，而（1）类句子可以有两种句子形式。试比较：

要割大麦不过哒——大麦要割不过哒。（前后两个句子都可以成立）

伢儿要睡不过哒——要睡伢儿不过哒。（前一句可以成立，后一句不能成立）

3. 表示强调意义的"不过"

和尚和，没老婆，

xuoɹ ·san xuoɹ, meiɿ / meiɹ lauɹ ·pʻo,

本想下山找一个，又怕师傅说不过，

pənˇ ɕianˇ ɕiaɿ sanɹ tsauˇ iɹ kuoɿ, iəuɿ pʻaɿ sɿɹ fu suoɹ ·pu kuoɿ,

本想用泥捏一个，又怕放在脚上散不过，

pənˇ ɕianˇ yŋɿ liɹ lieɿ iɹ kuoɿ, iəuɿ pʻaɿ fanɿ tsaiɿ tɕyoɿ ·san sanˇ ·pu kuoɿ,

本想用木头雕一个，又怕虫子蛀不过，

pənˇ ɕianˇ yŋɿ mu ·ɪəu tiauɿ iɹ kuoɿ, iəuɿ pʻaɿ tsʻuŋɿ ·tsɿ tsuɿ ·pu kuoɿ,

本想用面做一个，又怕老鼠偷不过。

pənˇ ɕianˇ yŋɿ mienɹ ·tsuɿ iɹ kuoɿ, iəuɿ pʻaɿ lauˇ·ɿ su tʻouɿ ·pu kuoɿ。

（《荆州歌谣集》）

这类"不过"补语句与以上（1）、（2）类"不过"有较大区别：

A．"不过"在句中不表示极限，有程度意义，但主要表示强调意义，因而是虚指性的。如"又怕师傅说不过",是担心师傅说个没完。

B. "不过"一词与其前的动词或形容词的组合,多是临时选用的,其间关系远不如前边的几类"不过"补语句那么紧密,而是有比较明显的随意性。

4. "×人"带"不过"补语

①屋子里吵人不过_{屋子里吵闹得很厉害。}
uɿ ˑtsʅ ˑli tsʻauˋ lənˋ ˑpu kuoˊ。

②草垫子捣人不过_{草垫子很刺人。}
tsʻauˋ tiɛnˑtsʅ tauˋ lənˋ ˑpu kuoˊ。

③洗脚水渣人不过_{热水很烫人。}
ɕiˋ tɕyoˊ sueiˋ tʻaˋ lənˋ ˑpu kuoˊ。

④汤圆子吃多哒馀人不过_{油腻东西吃多了,胃里很难受。}
tʻanˉ yɛnˊ ˑtsʅ tɕʻiˋ tou ˑta ianˋ lənˋ ˑpu kuoˊ。

⑤忙得累人不过_{忙得让人感到很累。}
manˋ ˑtʏ leiˋ lənˋ ˑpu kuoˊ。

⑥汪得吓人不过_{喊叫得吓死人。}
uanˉ ˑtʏ xyˋ lənˋ ˑpu kuoˊ。

这类"不过"补语也有程度增强的意义。特点是:

A. "吓人、捣人、烤人、恨人、袭人、溻人、馀人、怄人、煳人、累人"等是荆州话中格式化的特色词语。

B. 无论是动词(如吓、捣),还是形容词(如渣、馀),在这里已经具备了及物动词特征,"人"是其不可分割的施事对象。但"吓人、捣人、烤人、恨人、袭人、煳人、馀人、溻人、怄人、累人"具有形容词特征,都可以受"蛮"的修饰,如"蛮吓人、蛮捣人、蛮煳人、蛮馀人"等。

C. "吓人不过、烤人不过、累人不过、馀人不过、煳人不过"同样是荆州话中格式化的四字格短语。

二十、语法例句

这里列出的语法例句,主要依据的是张振兴先生提供的《汉语方言语法调查例句》248 个句子，个别句子略有变通；另又补充了荆州话常用特色语句 17 个。

这 265 个例句的读音，以张和雄（城里话）的读音为主要依据，有些句子也参考了马文英（城里话）、成芬（沙市话）的读音，有些语句注意到了荆州城里话、沙市话的普遍说法和特殊说法。少数有不同读音的字，用"/"分列显示，同义句用"｜"分列表示。荆州话有些例句的声调调值按实际口语读音标出。例句标音格式是，"汉语方言语法调查例句（包括补充的 16 个例句）"用括号"（）"括起来，其下面是荆州话相应的说法，再下面是标记的国际音标。

001（这句话用荆州话怎么说？）

这句话用荆州话哪么说？

lie↑ / tsʅ↑ tɕy↑ xua↓ yŋ↑ tɕin↑ tsəu↑ xua↓ la↑ m̩ /·mo suo↓?

002（你还会说别的地方的话吗？）

你还会说别的方言吗？

li↓ xai↓ xuei↑ suo↓ pie↓ ·ti fan↑ iɛn↓ ma↑?

003（不会了，我从小就没出过门，只会说荆州话。）

不会哒，我从小很少出过远门，只会说荆州话。

pu↓ xuei↑ ta, uo↓ ts'uŋ↑ ɕiau↓ xən↓ ɕau↓ ts'u↑ kuo↑ yɛn↑ mən↓, tsʅ↑ xuei↑ suo↓ tɕin↑ tsəu↑ xua↑。

004（会，我还会说乡里话，不过说得不怎么好。）

会，我还会说滴尕乡里话，不过说得不蛮好。

xuei↑, uo↓ xai↓ xuei↑ suo↓ ·ti ka ɕian↑ li xua↓, pu↓ kuo↑ suo↓ tʅ↓ pu↓ man↓ xau↓。

005（会说普通话吗？）

会讲普通话吗？

xuei↑ tɕian↓ p'u↓ t'uŋ↑ xua↓ ma↑?

006（会说，说的不怎么好。）

会说，说得不蛮好。

xuei↑ suo↓, suo↓ ·ti / tʅ↓ pu↓ man↓ xau↓。

007（会说一点，不太标准就是了。）

会说滴尕，说得不蛮标准。

xuei˧ suo˨ ·ti ·ka, suo˨ ·ti pu˨ man˨ piau˧ tsuən˨。

008（在什么地方学的普通话？）

在么子地方学的普通话？

tsai˧ mo˨ tsʅ˧ ti˧ fan˧ ɕyo˨ ti p'u˨ t'uŋ˧ xua˧?

009（小学、中学都学过普通话。）

小学、中学都学过普通话。

ɕiau˨ ɕyo˨、tsuŋ˧ ɕyo˨ təu˧ ɕyo˨ kuo˨ p'u˨ t'uŋ˧ xua˧。

010（谁呀？我是老王。）

哪个？我是老王。

la˨ kuo˧? uo˨ sʅ˧ lau˨ uan˨。

011（您贵姓？我姓王，您呢？）

您家贵姓？我姓王，您家贵姓？

lən˨ ·ka kuei˧ ɕin˧? uo˨ ɕin˧ uan˨, lən˨ ·ka kuei˧ ɕin˧?

012（我也姓王，咱俩都姓王。）

我也姓王，我们都一样的姓。

uo˨ iɛ˨ ɕin˧ uan˨, uo˨ ·mən təu˧ i˨ ian˧ ·ti ɕin˧。

013（巧了，他也姓王，本来是一家嘛。）

蛮巧嘞，他也姓王，我们都是一个姓。

man˨ tɕ'iau˨ ·lɛ, t'a˧ iɛ˨ ɕin˧ uan˨, uo˨ ·mən təu˧ sʅ˧ i˨ kuo˧ ɕin˧。

014（老张来了吗？说好他也来的。）

老张来了吗？讲好他也来的。

lau˨ tsan˧ lai˨ ·la ma˧? tɕian˨ xau˨ t'a˧ iɛ˨ lai˨ ·ti。

015（他还没来，过一会儿会到吧。）

他还没来，过一哈儿会来。

t'a˧ xai˨ mei˧ lai˨, kuo˧ i˨ xa˧ ɯ xuei˧ lai˨。

016（他上哪儿了？在家吃饭呢。）

他去哪里去了？在屋里吃饭嘞。

t'a˧ k'ɯ˧ la˨ li˧ k'ɯ˧ ·la? tsai˧ u˨ ·li tɕ'i˧ fan˧ ·lɛ。

017（在家做什么？在家吃饭呢。）

在屋里搞么子？在屋里吃饭嘞。

tsai˧ u˨ ·li kau˨ mo˨ tsʅ˧? tsai˧ u˨ ·li tɕ'i˧ fan˧ ·lɛ。

018（都几点了，还拖个什么？怎么还没吃完？）

都几点了，还呆个么子吵，哪么还没吃完？

·təu˩ tɕi˩ tien˧ ·la, xai˩ ai˩ kɤ˥ mo˩ tsʅ˧ sa˧ / la˧, la˩ m̩ / mo xai˩ mei˩ tɕ'i˩ uan˩?

019（还没有呢，再有一会儿就吃完了。）

还有没得，过下儿就吃完哒。

xai˩ iəu˩ mei˩ ·tɤ, kuo˧ xa˩ m˩ tɕ'i˩ tɕ'i˩ uan˩ ·ta。

020（他在哪儿吃的饭？）

他在哪里吃的饭？

t'a˧ tsai˧ la˩ li˩ tɕ'i˩ ·ti fan˧?

021（他是在我家吃的饭。）

他在我屋里吃的饭。

t'a˧ tsai˧ uo˩ u˩ ·li tɕ'i˩ ·ti fan˧。

022（真的吗？真的，他是在我家吃的饭。）

真的呀？是真的，他是在我屋里吃的饭。

tsən˧ ·ti ·ia? sʅ˧ tsən˧ ·ti, t'a˧ sʅ˧ tsai˧ uo˩ u˩ ·li tɕ'i˩ ·ti fan˧。

023（先喝一杯茶再说吧！）

先喝杯茶再说吧！

ɕien˧ xou˩ / xou˩ pei˧ ts'a˩ tsai˧ suo˧ ·pa!

024（说好了就走的，怎么半天了还不走？）

说好哒就走的，哪么半天哒还不走？

suo˧ xau˩ ·ta tɕiəu˩ tsuei˩ ·ti, la˩ mo pan˧ t'ien˧ ·ta xai˩ pu˩ tsəu˩?

025（他磨磨蹭蹭的，做什么呢？）

尽呆，尽拖，搞么子啦 / 吵？

tɕin˩ ai˩, tɕin˩ t'uo˧, kau˩ mo˩ tsʅ˧ lia˧ / sa˧?

026（他正在那儿跟一个朋友说话呢。）

他正在那里跟一个朋友讲话嘞。

t'a˧ tsən˧ tsai˧ luo˩ li˩ kən˧ i˩ kuo˩ p'ən˩ ieu˩ tɕian˩ xau˩ ·lɛ。

027（还没有说完啊，催她快点儿。）

尽讲个么子啦 / 还没有说完啊，要她快滴尕儿。

tɕin˩ tɕian˩ kuo˩ mo˩ tsʅ˧ la˧ / xai˩ mei˩ iəu˩ suo˧ uan˩ ·a, iau˩ t'a˧ k'uai˧ ·ti a˩。

kʻuai˧ ·ti ·ka ·ɯ。

028（好，好，他就来了。）

好，他马上就来 / 过一下儿就来。

xau˩, tʻa˧ ma˩ ·san tɕiəu˧ ·lai / kuo˧ i˩ xa˧ ɯ tɕiəu˧ ·lai。

029（你上哪儿去？我到街上去。）

你去哪里去嘞？我上街上去。

li˩ kʻɯ˧ la˩ li˧ kʻɯ˧ ·lɛ？ uo˩ san˧ kai˧ ·san kʻɯ˧。

030（你多会去？我马上就去。）

你么子时候去？我车身就去①。

li˩ mo˩ tsʅ˧ sʅ˩ ·xəu kʻɯ˧？ uo˩ tsʻɤ˩ ·sən˧ tɕiəu˧ kʻɯ˧。

031（做什么去呀？家里来客人了，买点儿菜去。）

搞么子去嘞？屋里来客哒，买滴尕菜去。

kau˩ mo˩ tsʅ˧ kʻɯ˧ ·lɛ？ u˩ ·li lai˩ kʻɤ˩ ·ta, mai˩ ·ti ·ka tsʻai˧ kʻɯ˧。

032（你先去吧，我们过一会儿再去。）

你先去吧，我们过下儿再去。

li˩ ɕiɛn˧ kʻɯ˧ ·pa, uo˩ ·mən kuo˧ ·xa ɯ tsai˧ kʻɯ˧。

033（好好儿走，别跑，小心摔跤了。）

过细滴尕走，不 / 莫跑，招呼趷倒哒。

kuo˧ ɕi˧ ·ti ·ka tsəu˩, pu˩ / mo˩ pʻau˩, tsau˧ ·xu ta˩ ·tau ·ta。

034（小心点儿，不然的话，摔倒了，爬都爬不起来。）

过细 / 招呼滴尕，不然趷倒哒，爬都爬不起来。

kuo˧ ɕi˧ / tsau˧ ·xu ·ti ·ka, pu˩ lan˩ ta˩ ·uɛi / ·tau ·ta, pʻa˩ təu˧ pʻa˩ ·pu tɕʻi˩ lai˩。

035（不早了，快去吧！）

不早哒，快滴尕去吧！

pu˩ tsau˩ ·ta, kʻuai˧ ·ti ·ka kʻɯ˧ ·pa！

036（这会儿还早呢，过一会儿再去吧。）

还早，过下子再去。

xai˩ tsau˩, kuo˧ ·xa ·tsʅ tsai˧ kʻɯ˧。

_____

① "车身"有"急速转身"和"立马、立即"两个意思。

037 (吃了饭再去好不好？)

　　吃哒饭再去行不行 / 好不好？

　　tɕ'i˩ ·ta fan˧ tsai˧ k'ɯ˧ ɕin˩ ·pu ɕin˩ / xau˥ ·pu xau˥?

038 (不行，那可就来不及了。)

　　不行，那就搞不彻哒。

　　pu˩ ɕin˩, luo˧ tɕiəu˧ kau˥ ·pu ts'ɤ˩ ·ta。

039 (不管你去不去，反正我是要去的。)

　　不管你去不去，总归（年轻人用"反正"）我是要去的。

　　pu˩ kuan˥ li˩ k'ɯ˧ ·pu k'ɯ˧, tsuŋ˥ kuei˧ (fan˥ tsən˧) uo˥ sʅ˧ iau˧ k'ɯ˧ ·ti。

040 (你爱去不去。你爱去就去，不爱去就不去。)

　　你爱去不去。你想去就去，不想去就算哒。

　　li˩ ai˥ k'ɯ˧ ·pu k'ɯ˧。li˩ ɕian˥ k'ɯ˧ tɕiəu˧ k'ɯ˧, pu˩ ɕian˥ k'ɯ˧ tɕiəu˧ suan˧ ·ta。

041 (那我非去不可！)

　　那我非去不行！

　　luo˧ uo˥ fei˧ k'ɯ˧ pu˩ ɕin˩!

042 (那个东西不在那儿，也不在这儿。)

　　那个东西不在那里，也不在这里。

　　luo˧ ·kuo / ·kɤ tuŋ˧ ·ɕi pu˩ tsai˧ luo˧ ·li, iɛ˥ pu˩ tsai˧ liɛi˧ / tsʅ˧ ·li。

043 (到底在哪儿？)

　　到底在哪里嘞？

　　tau˧ ti˥ tsai˥ la˥ li˧ lɛ˧?

044 (我也说不清楚，你问他去！)

　　我也说不清白，你去问他去！

　　uo˥ iɛ˥ suon ·pu tɕ'in˧ pɤ˩, li˩ k'ɯ˧ uən˧ t'a˧ k'ɯ˧!

045 (怎么办呢？不是那么办，要这么办才对。)

　　哪么搞嘞？不是那么搞，要这么搞才好。

　　la˥ m̩ / ·mo kau˥ lɛ˧ / lɤ˧? pu˩ sʅ˧ la˧ m̩ kau˥, iau˧ liɛ˧ m̩ kau˥ ts'ai˧ xau˥。

046（要多少才够呢？）

要好多才够嘞？

iau˧ xau˨ tuo˧ tsʻai˨ kəu˧ lɛ˧?

047（太多了，要不了那么多，只要这么多就够了。）

太多哒，不消要那么多，只要这滴尕就行哒。

tʻai˧ tuo˧ ·ta, pu˨ ɕiau˧ iau˧ la˧ ·m o tuo˧, tsɿ˨ iau˧ tsɿ˧ ·ti ka˧ / kʻa˧ tɕiəu˧ ɕin˨ ·ta。

048（不管怎么忙，也得好好儿学习。）

随哪么忙，也要好生尕学习。

suei˧ la˧ m̩ man˨, iɛ˨ iau˧ xau˨ sən˧ ka ɕyo˨ ɕi˧。

049（你闻闻这朵花香不香？）

你闻下这花香不香？

li˨ uən˨ ·xa liɛ˧ xua˧ ɕian˧ ·pu ɕian˧?

050（好香啊，是不是？）

香喷哒，是不是的？

ɕian˧ pʻən˧ ·ta, sɿ˧ ·pu sɿ˧ ·ti?

051（你是抽烟呢，还是喝茶？）

你是抽烟嘞，还是喝茶？

li˨ sɿ˧ tsʻəu˧ iɛn˧ ·lɛ, xai˨ sɿ˧ xuo˧ tsʻa˧?

052（烟也好，茶也好，我都不会。）

烟也好，茶也好，我都奈不何。

iɛn˧ iɛ˨ xau˨, tsʻa˧ iɛ˨ xau˨, uo˨ təu˧ lai˧ ·pu xuo˨。

053（医生叫你多睡一睡，抽烟喝茶都不行。）

医生让你多睡下子，呼烟喝茶都不要搞。

i˧ sən˧ lan˧ li˨ tuo˧ suei˧ ·xa tsɿ, xu˧ iɛn˧ xuo˧ tsʻa˧ təu˧ pu˨ iau˧ kau˨。

054（咱们一边走一边说。）

我们一边走，一边讲。

uo˨ mən i˨ piɛn˧ tsəu˨, i˨ piɛn˧ tɕian˨。

055（这个东西好是好，就是太贵了。）

这个东西好是蛮好，就是太贵哒。

liɛ˧ kuo˧ tuŋ˧ ·ɕi sɿ˧ man˨ xau˨, tɕiəu˧ sɿ˧ tʻai˧ kuei˧ ·ta。

056（这个东西虽说贵了点儿，不过挺结实的。）

这个东西虽说贵了滴尔，不过蛮结实／蛮着货。

lieㄱ kuoㄨ tuŋㄨ ɕiㄱ sueiㄱ suoㄨ kueiㄱ ·ta ·ti ·ka，puㄨ kuoㄱ manㄨ tɕiɛㄨ ·sŋ／manㄨ tsuoㄨ xuoㄱ。

057（他今年多大了？）

他今年好大了／有好大？

t'aㄱ tɕinㄱ lienㄨ xauㄨ taㄱ ·la／iəuㄨ xauㄨ taㄱ？

058（也就是三十来岁吧。）

也就是三十几岁吧。

iɛiㄨ tɕiəuㄨ sŋㄱ sanㄱ ·sŋ tɕiㄨ sueiㄱ ·pa。

059（看上去不过三十多岁的样子。）

看上去三十多滴尔样子。

k'anㄱ sanㄨ k'ɯㄱ sanㄱ ·sŋ tuoㄱ ·ti kaㄱ ianㄱ ·tsŋ。

060（这个东西有多重呢？）

这个东西有好重勒？

lieㄱ ·kuo tuŋㄱ ɕiㄱ iəuㄨ xauㄨ tsuŋㄱ lγㄱ／lɛㄱ？

061（怕有五十多斤吧。）

只怕有五十多斤嘞。

tsŋㄨ p'aㄱ iəuㄨ uㄨ sŋㄱ tuoㄱ tɕinㄱ ·lɛ。

062（我五点半就起来了，你怎么七点了还不起来？）

我五点半就起来了，你哪么七点还不起来？

uoㄨ uㄨ tienㄨ panㄱ tɕiəuㄨ tɕ'iㄨ laiㄨ ·la／·ta，liㄨ laㄨ ·mo tɕ'iㄨ tienㄨ xaiㄨ ·pu tɕ'iㄨ laiㄨ？

063（三四个人盖一床被。一床被盖三四个人。）

三四个人盖一床被子。一床被子盖三四个人。

sanㄱ sŋㄱ kuoㄱ lənㄨ kaiㄱ iㄨ ts'uanㄨ peiㄱ ·tsŋ。iㄨ ts'uanㄨ peiㄱ ·tsŋ kaiㄱ sanㄱ sŋㄱ kuoㄱ lənㄨ。

064（一个大饼夹一根油条。一根油条外加一个大饼。）

一个大饼子夹一根油条／油果子。一根油条外加一个大饼子。

iㄨ kuoㄱ taㄱ pinㄨ ·tsŋ tɕiaㄨ iㄨ kənㄱ iəu·t'uai／·kuei ㄨ kuoㄨ ·tsŋ。iㄨ kənㄱ iəuㄨ t'iauㄨ uaiㄱ tɕiaㄨ iㄨ kuoㄱ taㄱ pinㄨ ·tsŋ。

065（两个人坐一张凳子。一张凳子坐了两个人。）

两个人坐一个凳子。一个凳子坐了两个人。

lian˧ kuo˧ lən˧ tsuo˧ i˧ kɤ˧ / kuo˧ tən˧ ·tsʅ。i˧ kuo˧ tən˧ ·tsʅ tsuo˧ ·ta· lian˧ kuo˧ lən˧。

066（一辆车装三千斤麦子。三千斤麦子刚好够装一辆车。）

一辆车装了三千斤麦子。三千斤麦子刚好装完一个车。

i˧ lian˧ tsʻɤ˧ tsuan ·ta san˧ tɕʻiɛn˧ tɕin˧ mɤ˧ ·tsʅ。san˧ tɕʻiɛn˧ tɕin˧ mɤ˧ ·tsʅ kan˧ xau˧ tsuan uan˧ i˧ kuo˧ tsʻɤ˧。

067（十个人吃一锅饭。一锅饭够吃十个人。）

十个人吃一锅饭。一锅饭够十个人吃。

sʅ˧ kuo˧ lən˧ tɕʻi˧ i˧ kuo˧ fan˧。i˧ kuo˧ fan˧ kəu˧ sʅ˧ kuo˧ lən˧ tɕʻi˧。

068（十个人吃不了这锅饭。这锅饭够吃十个人。）

十个人吃不完这锅饭。这锅饭十个人够吃哒。

sʅ˧ kuo˧ lən˧ tɕʻi˧ ·pu uan˧ lei˧ kuo˧ fan˧。lie˧ kuo˧ fan˧ sʅ˧ kuo˧ lən˧ kəu˧ tɕʻi˧ ·ta。

069（这个屋子住不下十个人。）

这间屋住不了十个人。

liɛ˧ / tsʅ˧ kan˧ u˧ tsu˧ pu˧ liau˧ sʅ˧ kuo˧ lən˧。

070（小屋堆东西，大屋住人。）

小屋堆东西，大屋住人。

ɕiau˧ u˧ tuei˧ tuŋ˧ ɕi，ta˧ u˧ tsu˧ lən˧。

071（他们几个人正说着话呢。）

他们几个人正说话在。

tʻa˧ ·mən tɕi˧ kuo˧ lən˧ tsən˧ suo˧ xua˧ ·tsai。

072（桌子上放着一碗水，小心别碰倒了。）

桌子高头放哒一碗水，招呼滴尕，不把它搞倒 / 泼哒。

tsuo˧ ·tsʅ kau˧ ·tɤu fan˧ ·ta i˧ uan˧ suei˧，tsau˧ ·xu ·ti ka，pu˧ pa˧ tʻa kau˧ tau˧ / pʻo˧ ·ta。

073（门口站着一帮人，在说着什么。）

门口站哒 / 倒一群 / 伙人，不晓得在说么子。

mən˧ kʻəu˧ tsan˧ ·ta / ·tɤu i˧ tɕʻyn˧ / xuo˧ lən˧，pu˧ ɕiau˧ ·tɤ tsai˧ suo˧ mo˧ ·tsʅ。

074（坐着吃好，还是站着吃好？）

是坐倒吃好，还是站倒吃好？

sʅ˧ tsuo˧ ·tau / ·təu tɕʰi˨ ˈxau˨, xai˨ sʅ˧ tsan˧ ·təu tɕʰi˨ xau˨?

075（想着说，不要抢着说。）

想倒说／想好哒说，不要抢倒说。

ɕian˨ ·təu suo˧ / ɕian˨ ˈxau˨ ·ta suo˧, pu˨ iau˧ tɕʰian˧ ·təu suo˧。

076（说着说着就笑起来了。）

说倒说倒就笑起来哒。

suo˧ ·təu suo˧ ·təu tɕiəu˧ ˈɕiau˧ tɕʰi lai˨ ·ta。

077（别怕！你大着胆子说吧。）

不怕！你只管大胆说。

pu˨ pʰa˧! li˨ˈtsʅ˨ / tsʅ˧ kuan˨ ta˧ tan˧ suo˧。

078（这个东西重着呢，足有一百来斤。）

这个东西蛮重嘞，足有百把斤重。

tsɤ˧ / lie˧ kɤ˧ / kuo˧ tuŋ˧ ·ɕi man˨ tsuŋ˧ ˈlɛ, tsu˨ ˈiəu˨ pɤ˨ ·pa tɕin˧ tsuŋ˧。

079（他对人可好着呢。）

他待人蛮好嘞。

tʰa˧ tai˧ lən˨ man˨ xau˨ ˈlɛ。

080（这小伙子可有劲着呢。）

这个年轻伢蛮有劲嘞。

lie˧ kuo˧ lien˨ tɕʰin˧ ɤɤ˨ man˨ iəu˨ tɕin˧ ˈlɛ。

081（别跑，你给我站着！）

不跑，你给我站倒！

pu˨ pʰau˨, li˨ kɤ˨ uo˨ tsan˧ ·tau / ·təu!

082（下雨了，路上小心一点儿！）

下雨哒，路上过细／招呼滴尕！

ɕia˧ y˨ ·ta, lu˧ ·san kuo˧ xi˧ / tsau˧ ·xu ·ti ·ka!

083（点着火了。着凉了。）

火点燃哒。凉倒哒／受凉哒。

xuo˨ tien˨ lan˨ ·ta / ·la。lian˨ tau˨ ·ta / səu˧ lian˨ ·ta / ·la。

084 (甭着急，慢慢儿来。)

　　不急／不消急的，慢滴尕来。

　　pu˧ tɕi˧ ／ pu˧ ɕiau˧ tɕi˧ tə, man˧ ti ka lai˧。

085 (我正在这儿找着呢，还没找着。)

　　我正在这里找，还没有找到。

　　uo˧ tsən˧ tsai˧ tsɿ˧ li tsau˧, xai˧ mei˧ iəu˧ tsau˧ tau˧。

086 (她呀，可厉害着呢！)

　　她呀，蛮厉害嘞／蛮狠嘞／蛮恶躁嘞／蛮利巴嘞！

　　tʰa˧ ·ia, man˧ li˧ xai˧ ɜ˧ ／ man˧ xən˧ ɜ˧ ／ man˧ uo˧ tsau˧ ɜ˧ ／ man˧ li˧ ·pa ·lɛ！

087 (这本书好看着呢。)

　　这本书蛮好看嘞。

　　tsɿ˧ ／ lie˧ pən˧ su˧ man˧ xau˧ kʰan˧ ·ɜ˧。

088 (饭好了，快来吃吧。)

　　饭弄／做好哒，快滴尕来吃。

　　fan˧ luŋ˧ ／ tsou˧ xau˧ ta, kʰuai˧ ti ka lai˧ tɕʰi˧。

089 (锅里还有饭没有？你去看一看。)

　　锅里还有没得饭，你去看下子。

　　kuo˧ ·li xai˧ iəu˧ mei˧ ·tɤ fan˧, li˧ kʰɯ˧ kʰan˧ ·xa ·tsɿ。

090 (我去看了，没有饭了。)

　　我去看哒，没得饭哒。

　　uo˧ kʰɯ˧ kʰan˧ ·ta, mei˧ ·tɤ fan˧ ·ta。

091 (就剩一点儿了，吃了得了。)

　　只剩一滴尕哒，把吃哒算哒。

　　tsɿ˧ sən˧ i˧ ti ka˧ ·ta, pa˧ tɕʰi ·ta suan˧ ·ta。

092 (吃了饭要慢慢儿地走，别跑，小心肚子疼。)

　　吃哒饭慢滴尕走，不要跑，招呼肚子疼。

　　tɕʰi ·ta fan˧ man˧ ·ti ka tsəu˧, pu˧ iau˧ pʰau˧, tsau˧ xu tu˧ ／ tu˧ tsɿ˧ tʰən˧。

093 (他吃了饭了，你吃了饭没有呢？)

　　他都吃哒，你吃哒饭没得？

　　tʰa˧ təu˧ tɕʰi ·ta, li˧ tɕʰi ·ta fan˧ mei˧ ／ mu˧ ·tɤ？

094（我喝了茶还是渴。）
　　我喝哒茶，口还是干。
　　uo˧ xuo˩ ·ta tsʰa˩, kʰəu˧ xai˩ sɿ˧ kan˩。

095（我吃了晚饭，出去溜达了一会儿，回来就睡下了，还做了个梦。）
　　我吃哒晚饭，出去走哒一下儿，回来就睡哒，还做了个梦。
　　uo˧ tɕʰi˧ ·ta uan˧ fan˩, tsʰu˩ kʰɯ˩ tsəu˧ ·ta ·i xa ·ɯ, xuei˧ lai˩ tɕiəu˩
　　suei˩ ·ta, xai˩ ɹ̩ɿei˩ ·ta ·kuo muŋ˩。

096（吃了这碗饭再说。）
　　把这碗饭吃哒再说。
　　pa˧ tsɿ˩ / lie˩ uan˧ fan˩ tɕʰi˧ ·ta tsai˩ suo˧。

097（我昨天照了相了。）
　　我昨儿照哒相的。
　　uo˧ tsuo˩ ·ɯ tsau˩ ·ta ɕian˩ ·ti。

098（有了人，什么都好办。）
　　有哒人，么子事都好做。
　　iəu˧ ·ta lən˩, mo˧ tsɿ˧ sɿ˧ təu˧ xau˧ tsəu˩。

099（不要把茶杯打碎了。）
　　不把杯子打破哒。
　　pu˩ pa˧ pei˧ ·tsɿ ta˧ pʰo˧ ·ta。

100（你快把这碗饭吃了，饭都凉了。）
　　你快滴尕把这碗饭吃哒／它，饭都冷哒。
　　li˧ kʰuai˩ ·ti ka pa˧ lie˩ uan˧ fan˩ tɕʰi˧ ·ta / ·tʰa, fan˩ təu˧ lən˧ ·ta。

101（天气不好，下雨了。雨不下了，天晴开了。）
　　天道不好嘞，下雨了。雨下不来，天晴好哒。
　　tʰien˧ tau˩ pu˧ xau˧ ·ɭe, ɕia˩ y˧ ·la。y˧ ɕia˩ pu lai˩, tʰien˧ tɕʰin˧ xau˧ ·ta。

102（打了一下。去了一趟。）
　　打了一下。去了一趟。
　　ta˧ ·ta i ·xa。kʰɯ˩ ·ta i˧ tʰan˩。

103（晚了就不好了，咱们快点走吧！）
　　迟哒就不好哒，我们快滴尕去吧／走吧！
　　tsʰɿ˩ ·ta tɕiəu˩ pu˧ xau˧ ·ta, uo˧ mən kʰuai˩ ·ti ka kʰɯ˩ ·pa / tsəu˧ ·pa！

104 (给你三天时间，做得了做不了？)

把你三天时间，你做不做得了／搞不搞得完？

pa↘ li↘ san↗ tʻien↗ sɿ↗ tɕien↗, li↘ tsəu↗ ·pu tsəu↗ ·tɤ liau↘／kau↘ ·pu kau↘ ·tɤ uan↗?

105 (你做得了，我做不了。)

你做得了，我做不了。

li↘ tsəu↗ ·tɤ liau↘, uo↘ tsəu↗ ·pu liau↘。

106 (你骗谁？你骗不了我。)

你諤哪个？你諤不倒我／你諤得了我。

li↘ xu↗ la↘ kuo↗? li↘ xu↗ ·pu ·tau uo↘／li↘ xu↗ ·tɤ liau↘ uo↘。

107 (了了这桩事情再说。)

做完哒这件事再说。

tsuo↗／tsəu↗ uan↗ ·ta liɛ↗ tɕien↗ sɿ↗ tsai↗ suo↘。

108 (这间房没住过人。)

这间屋没有住过人。

liɛ↗ kan↗ u↘ mei↘ uei↘ tsu↗ kuo↗ lən↘。

109 (这牛拉过车，没骑过人。)

这牛拉过车，人没骑过。

liɛ↗ iəu↘ la↗ kuo↗ tsʻɤ↗, lən↘ mei↘ tɕʻi↘ kuo↗。

110 (这小马还没骑过人，你小心点。)

这小马还没骑过人，你招呼滴尕。

liɛ↗ ɕiau↘ ma↘ xai↘ mei↘ tɕʻi↘ kuo↗ lən↘, li↘ tsau↗ ·xu ·ti ·ka。

111 (以前我坐过船，可从来没骑过马。)

原先我坐过船，可从来没骑过马。

yen↘ ɕien↗ uo↘ tsuo↗ ·kuo tsʻuan↗, kʻuo↘ tsʻuŋ↗ lai↗ mei↘ tɕʻi↘ ·kuo ma↘。

112 (丢在街上了。搁在桌上了。巴在墙上了。)

甩在街上哒。搁在地上了。巴在墙上哒。

suai↘ tsai↗ kai↗ ·san ·ta。 kuo↘ tsai↗ ti↗ ·san ·ta。 pa↗ tsai↗ tɕʻian↘ ·san ·ta。

113 (掉到地上了，怎么都没有找着。)

掉哒地上哒，哪么都没找到。

tiau˧ ˙ta ti˧ ˙san ˙ta, la˧˩ m̩ ˙təu mei˧ tsau˧˩ tau˧.

114（今晚别走了，就在我家住下吧！）

今儿晚上不走哒，就在我屋里睡。

tɕi˧ ˙m uan˧˩ ˙san ˙pu tsəu˧˩ ˙ta, tɕiəu˧ tsai˧ uo˧˩ u˧ ˙li suei˧.

115（这些果子吃得吃不得？）

这些果子吃不吃得？

lie˧ ɕie˧ kuo˧˩ ˙tsɿ tɕʰi˧ ˙pu tɕʰi˧ ˙tɤ?

116（这是熟的，吃得。那是生的，吃不得。）

这是熟的，吃得。那是生的，吃不得。

lie˧ sɿ˧ su˧˩ ˙ti, tɕʰi˧ ˙tɤ. luo˧ sɿ˧ sən˧ ˙ti, tɕʰi˧ ˙pu ˙tɤ.

117（你们来得了来不了？来得成来不成？）

你们来不来得了？来不来得成？

li˧˩ ˙mən lai˧˩ ˙pu lai˧˩ ˙tɤ liau˧˩? lai˧˩ ˙pu lai˧˩ ˙tɤ tsʰən˧˩?

118（我没事，来得了，他太忙，来不了。）

我没得事，来得成，他蛮多事/蛮忙，来不成。

uo˧˩ mei˧ ˙tɤ sɿ˧, lai˧˩ ˙tɤ tsʰən˧˩, tʰa˧ man˧˩ tuo˧ sɿ˧ / man˧˩ man˧, lai˧˩ ˙pu tsʰən˧˩.

119（这个东西很重，拿得动拿不动？）

这个东西蛮重，拿不拿得起？

lie˧ ˙kuo tuŋ˧ ɕi˧ man˧˩ tsuŋ˧, la˧˩ ˙pu la˧˩ ˙tɤ tɕʰi˧?

这个东西蛮重，搭不搭得起？

lie˧ kɤ tuŋ˧ ɕi man˧˩ tsuŋ˧, kɤ˧˩ ˙pu kɤ˧˩ ˙tɤ tɕʰi˧?

120（我拿得动，他拿不动。）

我拿得起，他拿不起。

uo˧˩ la˧˩ ˙tɤ tɕʰi˧, tʰa˧ la˧˩ ˙pu tɕʰi˧.

121（真不轻，重得连我都拿不动了。）

确实蛮重，连我都拿不起哒。

tɕʰyo˧˩ sɿ˧ man˧˩ tsuŋ˧, lien˧ uo˧˩ ˙təu la˧˩ ˙pu tɕʰi˧ ˙ta.

122（他手巧，画得很好看。）

他手蛮巧，画得蛮好看。

tʻaɹ səuˇ manɹ tɕʻiauˇ, xuaɹ tˠ manɹ xauˇ kʻanɿ。

123（他忙得很，忙得连吃过饭没有都忘了。）

他会忙死，忙得连吃哒饭没得都忘记哒／都不记得哒。

tʻaɹ xueiɿ manɹ sʅ, manɹ tˠ lienɿ tɕʻiɹ ·ta fanɿ meiɹ tˠ ·təu uanɿ tɕiɿ ·ta／·təu ·pu tɕiɿ tˠ ·ta。

124（你看他急得，急什么呀，急得脸都红了。）

你看他急得，急个么子啦，急得满脸红通哒。

liɹ kʻanɿ tʻaɹ tɕiɹ tˠ, tɕiɹ kuoɿ moˇ tsʅɿ laɹ, tɕiɹ tˠ manɹ lienɿ xuŋɹ tʻuŋɿ ·ta。

125（你说得很好，你还会说些什么呢？）

你讲得蛮好，你还会讲些么子呢？

liɹ tɕianɹ tˠ manɹ xauˇ, liɹ xaiɹ xueiɿ tɕianɹ ·ɕie moˇ tsʅɿ ·lˠ?

126（说得好，做得了，真棒！）

说得好，做得到，真得蛮好！

suoɹ tˠ xauˇ, tsuoɿ tˠ ·tsuoɿ tˠ tauɿ, tsənɿ tˠ manɹ xauˇ!

127（这个事情说得说不得呀？）

这个事说不说得？

lieɿ ·kuo sʅɿ suoɹ ·pu suoɹ tˠ?

128（他说得快不快？听清楚了吗？）

他说得快不快？听清白没得？

tʻaɹ suoɹ tˠ kʻuaiɿ ·pu kʻuaiɿ? tʻinɿ tɕʻinɿ pˠɹ meiɹ tˠ?

129（他说得快不快？只有五分钟时间了，说那么多干什么？）

他讲得快不快？只有五分钟了，尽讲个么子啦／唦？

tʻaɹ tɕianɹ tˠ kʻuaiɿ ·pu kʻuaiɿ? tsʅɹ iəuɹ uˇ fənɿ tsuŋɿ ·ta, tɕinɹ tɕianɹ ·kuo moˇ tsʅɿ ·la／·sa?

130（这是他的书。）

这是他的书。

lieɿ sʅɿ tʻaɹ ·ti suɿ。

131（那本书是他哥哥的。）

那本书是他哥哥的。

luoˉ pənˇ suˉ sˌˉ tʻaˉ kuoˉ ·kuo ·ti。

132（桌子上的书是谁的？是老王的。）

桌子上的书是哪个的？是老王的。

tsuoˉ ·tsˌ ·san ·ti suˉ sˌˉ laˇ kuoˉ ·ti？ sˌˉ lauˇ uanˇ ·ti。

133（屋子里坐着很多人，看书的看书，看报的看报，写字的写字。）

屋里坐哒蛮多人，看书的看书，看报的看报，写字的写字。

uˌ ·li tsuoˉ ·ta manˇ tuoˉ lənˇ, kʻanˉ suˉ ·ti kʻanˉ suˉ, kʻanˉ pauˉ ·ti kʻanˉ pauˉ, ɕieˇ tsˌˉ ·ti ɕieˇ tsˌˉ。

134（要说他的好话，不要说他的坏话。）

要说他的好话，不／莫说他的拐话／坏话。

iauˉ suoˉ tʻa ·ti xauˇ xuaˉ, puˇ／moˇ suoˉ tʻaˉ ·ti kuaiˇ xuaˉ／xuaiˉ xuaˉ。

135（上次是谁请的客？是我请的。）

上次是哪个请的客？是我请的客。

sanˉ tsʻˌˉ sˌˉ laˇ kuoˉ tɕʻinˇ ·ti kʻɤˇ？ sˌˉ uoˇ tɕʻinˇ ·ti kɤˇ。

136（你是哪年来的？）

你是哪年来的啊？

liˇ sˌˉ laˇ lienˇ laiˇ ·ti ·a？

137（我是前年到的北京。）

我是前年来的北京。

uoˇ sˌˉ tɕʻienˇ lienˇ laiˇ ·ti pɤˇ tɕinˉ。

138（你说的是谁？）

你说的是哪个？

liˇ suoˉ ·ti sˌˉ laˇ kuoˉ？

139（我反正不是说的你。）

我反正不是说的你。

uoˇ fanˇ tsənˉ puˇ sˌˉ suoˉ ·ti liˇ。

140（他那天是见的老张，不是见的老王。）

他那天是见的老张，不是见的老王。

tʻaˉ luoˉ tʻienˉ sˌˉ tɕienˉ ·ti lauˇ tsanˉ, puˇ sˌˉ tɕienˉ ·ti lauˇ uanˇ。

141（只要他肯来，我就没啥说了。）

只要他肯来，我没得么子说的。

tsʅ˧ iau˧ tʰa˧ kʰən˩ lai˩, uo˩ mei˧ tʏ mo˩ tsʅ˧ suo˩ ·ti。

142（以前是有得做，没得吃。）

以前是有得事做，没得吃的。

i˩ tɕien˩ sʅ˧ iəu˩ tʏ sʅ˧ tsəu˧, mei˧ tʏ tɕʰi˩ ·ti。

143（现在是有得做，也有得吃。）

现在是有得做的，也有得吃的。

ɕiəŋ˧ tsai˧ sʅ˧ iəu˩ tʏ tsəu˧ ·et ·ti, iɛ˩ iəu˩ tʏ tɕʰi˩ ·et ·ti。

144（上街买个蒜啊葱的，也方便。）

上街买个蒜啊葱的，也蛮方便。

san˧ kai˧ mai˩ ·kuo suan˧ ·a tsʰuŋ˧ ·ti, iɛ˩ man˩ faŋ˧ pien˧。

145（柴米油盐什么的，都有的是。）

柴米油盐啊，么子东西都有。

tsʰai˩ mi˩ iəu˩ iɛn˩ ·a, mo˩ tsʅ˧ tuŋ˧ ɕi˧ təu˧ iəu˩。

146（写字算账什么的，他都能行。）

写字算账啊，他都蛮行。

ɕiɛ˩ tsʅ˧ suan˧ tsan˧ ·a, tʰa˧ təu˧ man˩ ɕin˩。

147（把那个东西递给我。）

把那个东西把给我。

pa˩ luo˧ ·kuo tuŋ˧ ·ɕi pa˩ kei˩ / kʏ˩ uo˩。

148（是他把那个杯子打碎了。）

是他把那个杯子打破哒。

sʅ˧ tʰa˧ pa˩ luo˧ ·kuo pei˧ ·tsʅ ta˩ pʰo˧ ·ta。

149（把人家脑袋都打出血了，你还笑！）

把别个脑壳都打出血哒，你还笑得出来 / 你还在笑！

pa˩ pie˩ ·kʏ lau˩ kʰuo˩ təu˧ ta˩ tsʰu˩ ɕiɛ˧ ·ta, li˩ xai˩ ɕiau˧ ·tʏ tsʰu˩ lai˩ / li˩ xai˩ tsai˧ ɕiau˧！

150（快去把书还给他。）

快去把书还把他 / 还给他。

kʰuai˧ kʰɯ˧ pa˩ su˧ xuan˩ pa˩ tʰa˧ / xuan˩ kʏ˩ tʰa˧。

151（我真后悔当时没把他留住。）

　　我真失悔当时没有把他留倒。

　　uo˯ tsən˥ sʅ˩ xuei˩ tan˥ sʅ˩ mei˧ ˑnei pa˯ t'a˩ lieu˩ ˑtau / ˑtəu。

152（你怎么能不把人当人呢？）

　　你哪么能把人不当人嘞？

　　li˯ la˯ m̩ / ˑmo lən˯ pa˯ ɿnen ˑpu tan˥ lən˯ ˑɜɿ？

153（有的地方管太阳叫日头。）

　　有的地方把太阳叫日头。

　　iəu˯ ˑti ti˩ fan˥ pa˯ t'ai˧ ian˯ tɕiau˥ m̩ ˑnei ˑtəu。

154（什么？她管你叫爸爸。）

　　么子 / 是哪么搞起在？ 她把你喊爸爸。

　　mo˯ tsʅ˥ / sʅ˩ la˯ ˑmo kau˯ tɕ'i˯ ˑtsai？ t'a˥ pa˯ li˯ xan˯ pa˩ ˑpa。

155（你拿什么都当真的，我看没必要。）

　　你拿么子都当真的，我看没得必要。

　　li˯ la˯ mo˯ tsʅ˥ ˑtəu tan˥ ɿnen ˑti, uo˯ k'an˥ mei˧ ˑtγ pi˩ iau˥。

156（真拿他没办法，烦死我了。）

　　真拿他没得法，烦死人的。

　　tsən˥ la˯ t'a˩ mei˧ ˑtγ fa˯, fan˯ sʅ˯ lən˯ ˑti。

157（看你现在拿什么还人家。）

　　看你现在拿么子还得别个 / 人家。

　　k'an˥ li˯ ɕiɛn˥ tsai˥ la˯ mo˯ tsʅ˥ xuan˯ ˑtγ pie˩ ˑkγ / lən˯ ˑka。

158（他被妈妈说哭了。任你怎么劝，都劝不住。）

　　他被姆妈说哭哒。随你哪么劝，都劝不好。

　　t'a˥ pei˧ m̩ ˑma suo˯ k'u˥ ˑta。suei˧ li˯ la˯ m̩ tɕ'yan˥, təu˥ tɕ'yan˥ ˑpu xau˯。

159（所有的书信都被火烧了，一点剩的都没有。）

　　全部的书信哈被火烧光哒，一滴尔都没得剩的。

　　tɕ'yan˯ pu˥ ˑti su˥ ɕin˥ xa˯ pei˧ xuo˯ sau˥ kuan˥ ˑta, i˧ ti˧ ka˥ təu˥ mei˧ ˑtγ sən˥ ˑti。

160（被他缠了一下午，什么都没做成。）

　　被他缠哒一下午，么子事都没有做成。

　　pei˧ t'a˩ ts'an˯ ˑta i˧ ɕia˯ u˯, mo˯ tsʅ˥ sʅ˩ ˑtəu mei˧ iəu˯ tsou˥ ts'ən˯。

161（让人给打懵了，一下没明白过来。）

让人给打黄昏哒，一下没有明白过来。

lan˧ lən˩ kɤ˩ ta˩ xuan˩ ɹuəɹ ·ta, i˩ xa˩ mei˧ iəu˩ min˩ pɤ˩ kuo˧ lai˩。

162（给雨淋了个浑身湿透，冷得浑身发抖。）

把雨［蹧］得浑身灈湿哒，冷得抖抖声／冷得浑身发条 发抖、打战。

pa˩ y˩ tsʻau˩ tɤ˩ xuan˩ sən˧ tɕʻyɛ˧ sʅ˩ ·ta, lən˩ tɤ˩ təu˩ təu ·sən／lən˩ tɤ˩ xuən˩ sən˧ fa˩ tʻiau˩。

163（给我一本书。给他三本书。）

把我一本书／把一本书我。把他三本书／把三本书他。

pa˩ uo˩ i˩ pən˩ sʅ˧｜pa˩ i˩ pən˩ sʅ˧ uo˩。pa˩ tʻa˧ san˧ pən˩ sʅ˧｜pa˩ san˧ pən˩ sʅ˧ tʻa˧。

164（这里没有书，书在那里。）

这里没得书，书在那里。

liɛ˧ ·li mei˧／mu˩ tɤ˩ sʅ˧, sʅ˧ tsai˧ luo˧ ·li。

165（叫他快来找我。）

要他快滴尕来找我。

iau˧ tʻa˧ kʻuai˧ ·ti ·ka lai˩ tsau˩ uo˩。

166（赶快把他请来。）

快滴尕把他请来。

kʻuai˧ ·ti ·ka pa˩ tʻa˧ tɕʻin˩ lai˩。

167（我写了条子请病假。）

我写哒条子请病假。

uo˩ ɕie˩ ·ta tʻiau˩ tsʅ tɕʻin˩ pin˧ tɕia˩。

168（我上街买了份报纸看。）

我去街上买哒份报纸看下儿。

uo˩ kʻɯ˧ kai˧ san˧ mai˩ ·ta ·fən pau˧ tsʅ˩ kʻan˧ ·xa ·ɯ。

169（我笑着躲开了他。）

我笑倒躲开了他。

uo˩ ɕiau˩ ·tau／·təu tuo˩ kʻai˧ ·la ·tʻa。

170（我抬起头笑了一下。）

我汪／抬起头笑了下儿。

uo˩ uan˧／tʻai˩ tɕʻi˩ ɹuəi˩ ɕiau˩ ·la ·xa ·ɯ。

171 (我就是坐着不动，看你能把我怎么着。)

我就是坐倒不动，看你能把我哪么搞。

uo˧ tɕiəu˧ sɿ˥ tsuo˥ ·tau / təu ·pu tuŋ˥, kʻan˥ li˧ lən˧ pa˧ uo˧ la˧ m̩ kau˧。

172 (她照顾病人很细心。)

她招呼病人蛮过细。

tʻa˥ tsau˥ ·xu pin˥ lən˧ man˧ kuo˥ ɕi˥。

173 (他接过苹果就咬了一口。)

他接过苹果就咬哒一口。

tʻa˥ tɕie˥ kuo˥ pʻin˧ kuo˧ tɕiəu˥ ŋau˧ ·ta i˧ kʻəu˧。

174 (他的一番话，使在场的所有人都流了眼泪。)

他这些话，让在场的人哈都流哒眼泪。

tʻa˥ lie˥ ɕie˥ xua˥, lan˧ tsai˥ tsʻan˥ ti lən˧ xa˧ təu liəu˧ ·ta iɛn˧ lei˥。

175 (我们请他唱了一首歌。)

我们请他唱哒一首歌。

uo˧ ·mən tɕʻin˧ tʻa˥ tsʻan˥ ta i˧ səu˧ kuo˥。

176 (我有几个亲戚在外地做工。)

我有几个亲戚在外地做事 / 打工。

uo˧ iəu˧ tɕi˧ kuo˥ tɕʻin˥ ·tɕʻi tsai˥ uai˧ ti˥ tsuo˥ sɿ˥ / ta˧ kuŋ˥。

177 (他整天都陪着我说话。)

他整日里陪倒我说话。

tʻa˥ kən˧ ɯ˧ ·li pʻei˧ tau uo˧ suo˧ xua˥。

178 (我骂他是个大笨蛋，他居然不恼火。)

我骂他是个大笨蛋，他也不冒火。

uo˧ ma˥ tʻa˥ sɿ˥ kuo˥ ta˥ pən˥ tan˥, tʻa˥ iɛ˧ pu˧ mau˥ xuo˧。

179 (他把钱一扔，二话不说，转身就走。)

他把钱往桌子上一拌，么子都不说，车身就走哒。

tʻa˥ pa˧ tɕʻiɛn˧ uaŋ˧ tsuo˥ ·tsɿ ·san i˧ pan˥, mo˧ tsɿ˥ təu pu˧ suo˧, tsʻɤ˥ sən˥ tɕiəu˥ tsəu˧ ·ta。

180 (我该不该来呢?)

我该不该来嘞？

uo˅ kai˧ ·pu kai˧ lai˩ ·lɛ?

181（你来也行，不来也行。）

你来也可以，不来也可以。

li˅ lai˩ iɛ˅ kuo˅ ·i, pu˩ lai˩ iɛ˅ kuo˅ ·i。

182（要我说，你就不应该来。）

要我说，你就不该来的。

iau˩ uo˅ suo˩, li˅ tɕiəu˧ ·pu kai˧ lai˩ ·tə。

183（你能不能来？）

你能不能来呀？

li˅ lən˩ ·pu ·lən lai˩ ·ia?

184（看看吧，现在说不准。）

看下子再说吧，现在还不好说。

k'an˧ xa˧ ·tsʅ tsai˧ suo˩ ·pa, ɕiɛn˧ tsai˧ xai˩ ·pu xau˅ suo˩。

185（能来就来，不能来就不来。）

能来就来下子，不能来就算哒。

lən˩ lai˩ tɕiəu˧ lai˩ ·xa ·tsʅ, pu˩ lən˩ lai˩ tɕiəu˧ suan˧ ·ta。

186（你打算不打算去？）

你打不打算去？

li˅ ta˅ ·pu ta˅ ·suan k'ɯ˧?

187（去呀！谁说我不打算去？）

去呀！哪个说我不想去？

k'ɯ˧ ·ia！la˅ kuo˧ suo˩ uo˅ pu˩ ɕian˅ k'ɯ˧?

188（他一个人敢去吗？）

他一个人敢去吗？

t'a˧ i˩ kuo˧ lən˩ kan˅ k'ɯ˧ ma˩?

189（敢，那有什么不敢的？）

敢，那有么子不敢的？

kan˅, la˧ iəu˅ mo˅ tsʅ˥ pu˩ kan˅ ·ti?

190（他到底愿意不愿意说？）

他到底愿不愿意说？

t'a˧ tau˧ ti˅ yɛn˩ ·pu yɛn˩ i˧ suo˩?

191（谁知道他愿意不愿意说？）

哪个晓得他愿不愿意说？

laˇ kuoˉ ɕiauˇ ·tɤ tʻaˉ yɛnˉ ·pu yɛnˉ iˉ suoˇ?

192（愿意说得说，不愿意说也得说。）

愿意说要说，不愿意说也要说。

yɛnˉ iˉ suoˇ iauˇ suoˇ, puˇ yɛnˉ iˉ suoˇ iɛˇ iauˇ suoˇ。

193（反正我得让他说，不说不行。）

反正／总归我得让他说，不说不行。

fanˇ tsənˉ／tsuŋˇ kueiˉ uoˇ tɤˇ lanˉ tʻaˉ suoˇ, puˇ suoˇ puˇ ɕinˉ。

194（还有没有饭吃？）

还有没得饭喫？

xaiˇ iəuˇ meiˉ／muˉ ·tɤ fanˉ tɕʻiˇ?

195（有，刚吃呢。）

有，才吃。

iəuˇ, tsʻaiˇ tɕʻiˇ。

196（没有了，谁叫你不早来！）

没得了／哒，哪个要你不早滴尒来！

meiˉ tɤˇ ·la／·ta, laˇ kuoˉ iauˇ liˇ ·pu tsauˇ ·ti ·ka laiˇ!

197（你去过北京吗？我没去过。）

你去过北京没有啊？我没有去过。

liˇ kʻɯˉ kuoˉ pɤˇ tɕinˉ meiˉ iəuˇ ·a? uoˇ meiˉ iəuˇ kʻɯˉ kuoˉ。

198（我十几年前去过，可没怎么玩，都没印象了。）

我十几年前去过，没有哪么玩，都忘记哒／都不记得哒／都没得印象哒／都记不清白哒。

uoˇ sʅˉ tɕiˉ liɛnˉ tɕʻiɛnˊ kʻɯˉ kuoˉ, meiˉ iəuˇ laˇ m̩ uanˉ, ·təu uanˉ tɕiˉ ·ta／·təu ·pu tɕiˉ tɤˇ ·ta／·təu meiˉ ·tɤ inˉ xianˇ ·ta／·təu tɕiˉ ·pu tɕʻinˉ pɤˇ ·ta／·la。

199（这件事他知道不知道？）

这件事他晓不晓得？

liɛˉ tɕiɛnˉ sʅˉ tʻaˉ ɕiauˇ ·pu ɕiauˇ ·tɤ?

200 (这件事他肯定知道。)

这件事他肯定晓得。

lie˧ tɕien˧ sɿ˧ tʼa˧ kʼən˥ tin˧ ɕiau˥ ·tɤ。

201 (据我了解，他好像不知道。)

据我了解，他好像找不到 / 不晓得。

tɕy˧ uo˥ liau˥ kai˥, tʼa˧ xau˥ ɕian˧ tsau˥ ·pu tau˥ / pu ɕiau˥ ·tɤ。

202 (这些字你认得不认得?)

这些字你认不认得?

lie˧ ɕie˧ tsɿ˧ li˥ ˞ən˧ ·pu ˞ən˧ ·tɤ?

203 (我一个大字也不认得。)

我一个大字也认不到。

uo˥ i˩ kuo˧ ta˧ tsɿ˧ iɛ˩ ˞ən˧ ·pu tau˥。

204 (只有这个字我不认得，其他字都认得。)

只有这个字我认不到，其他字都认得 / 认得到。

tsɿ˧ iəu˩ tsɿ˧ kuo˧ tsɿ˧ uo˥ ˞ən˧ ·pu tau˥, tɕʼi˩ tʼa˧ tsɿ˧ təu˧ ˞ən˧ ·tɤ / ˞ən˧ ·tɤ tau˥。

205 (你还记得不记得我了?)

你还记不记得我了?

li˥ xai˩ tɕi˧ ·pu tɕi˧ ·tɤ uo˥ ·la?

206 (记得，怎么能不记得?)

记得，哪么会不记得嘞?

tɕi˧ ·tɤ, la˥ m̩ xuei˧ ·pu tɕi˧ ·tɤ ·lɛ?

207 (我忘了，一点都不记得了。)

我忘记哒，一滴尕都不记得哒。

uo˥ uan˧ tɕi˧ ·ta, i˩ ·ti ·ka təu pu˩ tɕi˧ ·tɤ ·ta。

208 (你在前边走，我在后边走。)

你在前头走，我在后头走 / 跟倒。

li˥ tsai˧ tɕien˩ ˞əu˩ tsəu˥, uo˥ tsai˧ xəu˩ ˞əu˩ tsəu˥ / kən˧ ·tau。

209 (我告诉他了，你不用再说了。)

我跟他说哒 / 我告信他哒，你不消再说哒。

uo˥ kən˧ tʼa˧ suo˥ ·ta / uo˥ kau˧ ɕin˧ tʼa˧ ·ta, li˥ pu˩ ɕiau˧ tsai˧ suo˥ ·ta。

210 (这个大，那个小，你看哪个好？)

这个大，那个小，您家看哪个好？

lie˧ kuo˧ ta˧, luo˧ kuo˧ xiau˅, lən˅ ·ka kʼan˧ la˅ kuo˧ xau˅?

211 (这个比那个好。)

这个比那个好。

lie˧ kuo˧ pi˅ luo˧ kuo˧ xau˅。

212 (那个没有这个好，差多了。)

那个没得这个好，差蛮多。

luo˧ kuo˧ mei˧ tɤ˅ lie˧ kuo˧ xau˅, tsa˧ man˧ tuo˧。

213 (要我说，这两个都好。)

要我说，这两个都蛮好。

iau˧ uo˅ suo˧, tsɤ˧ lian˅ kuo˧ təu˧ man˧ xau˅。

214 (其实，这个比那个好多了。)

其实，这个比那个好蛮多 / 好多哒。

tɕʰi˩ sɿ˩, lie˧ kuo˧ pi˅ luo˧ kuo˧ xau˅ man˧ tuo˧ / xau˅ tuo˧ ·ta。

215 (今天的天气没有昨天好。)

今日天道没得昨日好。

tɕi˧ ·ɯ tʰien˧ tau˧ mei˧ tɤ˅ tsou˧ / tsʰou˧ ·ɯ xau˅。

216 (昨天的天气比今天好多了。)

昨日的天道比今日好多了。

tsuo˧ ·ɯ ·ti tʰien˧ tau˧ pi˅ tɕi˧ ·ɯ xau˅ tuo˧ ·ta。

217 (明天的天气肯定比今天好，后天、大后天的天气会更好。)

明日的天道肯定比今日好，后日、外后日的天道会更好。

my˧ ·ɯ ·ti tʰien˧ tau˧ kʰən˅ tin˧ pi˅ tɕi˧ ·ɯ xau˅, xəu˧ ·ɯ, uai˧ xəu˧ ·ɯ ·ti tʰien˧ tau˧ xuei˅ kən˧ xau˅。

218 (那个房子没有这个房子好。)

那间屋没得这间屋好。

luo˧ kan˧ u˩ mei˧ tɤ˅ lie˧ kan˧ u˩ xau˅。

219 (这些房子不如那些房子好。)

这些屋不如那些屋好。

lie˧ ɕie˧ u˩ pu˅ lu˧ luo˧ ɕie˧ u˩ xau˅。

220 (这个有那个大没有?)

这个有没得那个大?

lie˧ kuo˧ iəu˩ mei˧ ·tɤ luo˧ kuo˧ ta˧?

221 (这个跟那个一般大。)

这个跟那个一样大。

lie˧ kuo˧ kən˧ luo˧ kuo˧ i˩ ian˧ ta˧。

222 (这个比那个小了一点点儿，不怎么看得出来。)

这个比那个小一滴尕儿，不那么看得出来。

lie˧ kuo˧ pi˩ luo˧ kuo˧ ɕiau˩ i˩ ti ka˧ ɯ, pu˩ la˩ mo kʰan˧ ·tɤ tsʰu˩ lai˩。

223 (这个大，那个小，两个不一般大。)

这个大，那个小，两个不一样大。

lie˧ kuo˧ ta˧, luo˧ kuo˧ ɕiau˩, lian˩ kuo˧ pu˩ i˩ ian˧ ta˧。

224 (这个跟那个大小一样，分不出来。)

这个跟那个大小一样，分不出来。

lie˧ kuo˧ kən˧ luo˧ kuo˧ ta˧ ɕiau˩ i˩ ian˧, fən˧ pu˩ tsʰu˩ lai˩。

225 (这个人比那个人高。这个人没有那个人高。)

这个人比那个人高。这个人没得那个人高。

lie˧ ·kuo lən˩ pi˩ luo˧ ·kuo lən˩ kau˧。lie˧ ·kuo lən˩ mei˧ tɤ˩ luo˧ ·kuo lən˩ kau˧。

226 (是高一点儿，可是没有那个人胖。)

是高滴尕儿，不过没得那个人胖。

sɿ˧ kau˧ ·ti ·ka ·ɯ, pu˩ kuo˧ mei˧ tɤ˩ luo˧ kuo˧ lən˩ pʰan˧。

227 (他们一般高，我看不出谁高谁矮。)

他们一样高，我看不出哪个高，哪个矮。

tʰa˧ ·mən i˩ ian˧ kau˧, uo˩ kʰan˧ pu˩ tsʰu˩ la˩ ·kuo kau˧, la˩ ·kuo ai˩。

228 (胖的好，还是瘦的好?)

胖的好些，还是瘦的好些?

pʰan˧ ·ti xau˩ ·ɕie, xai˩ sɿ˧ sɤu˧ ·ti xau˩ ·ɕie?

229 (瘦的比胖的好。)

瘦的比胖的好些。

sɤu˧ ·ti pi˩ pʰan˧ ·ti xau˩ ·ɕie。

230 (瘦的胖的都不好，不瘦不胖最好。)

　　瘦的胖的都不蛮好，不瘦不胖最好。

　　səu˧ ·ti pʻan˧ ·ti təu˧ ·pu man˩ xau˩, pu˩ pʻan˩ pu˩ səu˩ tsuei˧ xau˩。

231 (这个东西没有那个东西好用。)

　　这个东西没得那个东西好用。

　　liɛ˧ kuo˧ tuŋ˧ ·ɕi mei˩ tʌ˩ luo˧ kuo˧ tuŋ˧ ·ɕi xau˩ yŋ˧。

232 (这两种颜色一个样吗?)

　　这两种颜色是不是一个样啊？

　　liɛ˧ lian˩ tsuŋ˩ iɛn˩ ·sʅ ʂʅ˧ ·pu ʂʅ˧ i˩ kuo˧ ian˧ ·a?

233 (不一样，一种色淡，一种色浓。)

　　不一样，一种颜色浅，一种颜色深。

　　pu˩ i˩ ian˧, i˩ tsuŋ˩ iɛn˩ ·sʅ tɕʻiɛn˩, i˩ tsuŋ˩ iɛn˩ ·sʅ sən˩。

234 (这种颜色比那种颜色淡多了，你都看不出来?)

　　这种颜色比那种颜色浅多哒，你看不出来啊？

　　tsʅ˧ tsuŋ˩ iɛn˩ ·sʅ pi˩ luo˧ tsuŋ˩ iɛn˩ ·sʅ tɕʻiɛn˩ tuo˧ ·ta, li˩ kʻan˧ ·pu tsʻu˩ lai˩ ·a?

235 (你看看现在，现在的日子比过去强多了。)

　　你看下子这下 / 现在，这下 / 现在的日子比原先 / 过去强多哒。

　　li˩ kʻan˧ ·xa tsʅ liɛ˧ ·xa / ɕiɛn˧ tsai˩, liɛ˧ ·xa / ɕiɛn˧ tsai˩ ·ti ɯ˩ tsʅ pi˩ yen˩ ɕiɛn˧ / kuo˧ tɕʻy˧ tɕʻian˩ tuo˧ ·ta。

236 (以后的日子比现在更好。)

　　往后的日子比这下会更好。

　　uan˩ xəu˧ ·ti ɯ˩ tsʅ pi˩ liɛ˧ ·xa xuei˧ kən˧ xau˩。

237 (好好干吧，这日子一天比一天好。)

　　好好搞吧，这日子一天比一天好。

　　xau˩ xau˩ kau˩ ·pa, liɛ˧ ɯ˩ tsʅ i˩ tʻien˧ pi˩ i˩ tʻien˧ xau˩。

238 (这些年的生活一年比一年好，越过越好。)

　　这些年的生活一年比一年好，越过越好。

　　liɛ˧ ɕiɛ˧ lien˩ ·ti sən˧ xou˩ i˩ lien˩ pi˩ i˩ lien˩ xau˩, ye˩ kuo˧ ye˩ xau˩。

239 (咱兄弟俩比一下谁跑得快。兄弟两个都很厉害，有得一争。)

　　我们两兄弟比下子，看哪个跑得快。兄弟两个都蛮狠，有得一比。

uo↘ ·mən lian↘ ɕyŋ↗ ti↗ pi↘ xa↗ ·tsɿ, kʻan↗ la↘ ɾkuo↗ pʻau↘ ·tɤ kʻuai↗。ɕyŋ↗ ti↗ lian↘ kuo↗ təu↗ man↘ xən↘, iəu↘ ɭi ·tɤ pi↘。

240（我比不上你，你跑得比我快。）

我比不赢你／我比你不赢，你跑得比我快。

uo↘ pi↘ pu↘ in↘ li↘／uo↘ pi↘ li↘ pu↘ in↘, li↘ pʻau↘ ·tɤ pi↘ uo↘ kʻuai↗。

241（他跑得比我还快，一个比一个跑得快。不过，他们没有我跑得快。）

他跑得比我还快，一个比一个跑得快。不过，他们没得我跑得快。

tʻa↗ pʻau↘ ·tɤ pi↘ uo↘ xai↘ kʻuai↗, i↘ kuo↗ pi↘ i↘ kuo↗ pʻau↘ ·tɤ kʻuai↗。pu↘ kuo↗, tʻa↗ ·mən mei↗ tɤ↘ uo↘ pʻau↘ ·tɤ kʻuai↗。

242（他比我吃得多，干得也多。）

他比我吃得多，做得也多。

tʻa↗ pi↘ uo↘ tɕʻi↘ ·tɤ tuo↗, tsəu↗ ·tɤ iɛ↘ tuo↗。

243（他干起活来，比谁都快。）

他干起活来／搞起事来，比哪个都快。

tʻa↗ kan↗ tɕʻi↘ xuo↘ lai↗／kau↘ tɕʻi↘ sɿ↗ lai↗, pi↘ la↘ kuo↗ təu↗ kʻuai↗。

244（说了一遍，又说一遍，不知道说了好多遍。）

说哒一遍，又说一遍，不晓得说了好多遍。

suo↘ ·ta i↘ pien↗, iəu↘ suo↘ i↘ pien↗, pu↘ ɕiau↘ ·tɤ suo↘ ·ta xau↘ tuo↗ pien↗。

245（我嘴笨，怎么也说不过他。）

我嘴巴子柴，哪么也说不赢他。

uo↘ tsuei↘ ·pa ·tsɿ tsʻai↗, la↘ m̩ iɛ↘ suo↘ pu↘ in↘ ·tʻa。

246（他走得越来越快，我都跟不上了。）

他走得越来越快，我都赶不上哒。

tʻa↗ tsəu↘ ·tɤ yɛ↘ lai↗ yɛ↘ kʻuai↗, uo↘ təu kan↘ ·pu san↗ ·ta。

247（越走越快，越说越快。）

越走越快，越说越快。

yɛ↘ tsəu↘ yɛ↘ kʻuai↗, yɛ↘ suo↘ yɛ↘ kʻuai↗。

248（慢慢说，一句一句地说，慌什么呢?）

慢滴尔说，一句句地说，慌个么子哟？

man↗ ·ti ·ka suo↘, i↘ tɕy↗ tɕy↗ ti↗ suo↘, xuan↗ kɤ↗ ·mo tsɿ↗ ·sa／·la？

249（他这个报告，还要拖下去，说那么多干什么？）

他这个报告，还够讲，尽讲个么子啦？｜讲那多搞么子吵？

tʻaˀ tsɤˀ kuoˀ pauˀ kauˀ, xaiˬ kəuˀ tɕianˬ, tɕinˬ tɕianˬ kɤ moˬ tsɿˀ ·la？
｜tɕianˬ laˬ tuoˀ kauˬ moˬ tsɿˀ saˀ／laˀ？

250（说那么多有什么好处呢？）

说那么多有么益处嘞？

suoˀ luoˀ ·mo tuoˀ iəuˬ iˬ tsʻuˀ ˬlɛ？

251（他不同意，你也只好干看着。）

他不同意，你也只好望起。

tʻaˀ ·pu tʻuŋˬ iˬ, liˬ iɛˬ tsɿˀ ˬxau uanˬ tɕʻiˬ。

252（大家都等着你呢。）

大家都等到你在。

taˀ tɕiaˀ təuˀ tənˬ tau liˬ ·tsai。

253（不要着急，我过一会儿就来。）

不慌着，我过哈儿就来。

puˬ xuanˀ ·tsuo, uoˬ kuoˀ xaˬ ɯ tɕiəuˀ laiˬ。

254（这事我真的不知道。）

这事我真的不晓得｜这事我真的找不到。

tsɤˀ／liɛˀ sɿˀ uoˬ tsənˀ ·ti puˬ ɕiauˬ ·tɤ｜tsɤˀ／liɛˀ sɿˀ uoˬ tsənˀ ·ti tsauˬ ·pu tauˬ。

255（危险，低下头。）

危险，快把头低倒。

ueiˬ ɕiɛnˬ, kʻuaiˀ paˬ tʻəuˬ tiˀ ·tau。

256（时间还这么早，你上哪里去？）

乌早八早，你去哪里去嘞？

uˬ tsauˬ paˬ tsauˬ, liˬ kʻɯˀ laˬ liˀ kʻɯˀ ·lɛ？

257（快点儿吧，不要拖时间了。）

快滴尓，紧待个么子吵。

kʻuaiˀ ·ti ka, tɕinˀ aiˬ ·kɤ moˬ tsɿˀ saˀ／laˀ。

258（起风了，快把衣服穿上。）

起风了，快把衣服穿倒｜起风哒，快把衣服穿起。

tɕʻi˩ fəŋ˧ ·ta, kʻuai˧ pa˧ i˧ ·fu tsʻuan˧ tau / ·uət | tɕʻi˩ fəŋ˧ ·ta, kʻuai˧ pa˧ i˧ ·fu tsʻuan˧ tɕʻi˩。

259（太累了，我受不了。）

太累哒，我奈不何哒 / 我背不起哒。

tʻai˧ lei˧ ·ta, uo˩ lai˧ ·pu xou˩ ·ta / uo˩ pei˧ ·pu tɕʻi˩ ·ta。

260（这件事究竟是怎么办的呀？）

这件事到底是哪么搞起在？

tsɣ˧ / lie˧ tɕien˧ sɿ˧ tau˧ ti˩ sɿ˧ la˩ m̩ kau˩ ·tɕʻi tsai˧?

261（这么好的西服，他会给你？）

这好的西服，他会把得你？

tsɣ˧ / lie˧ xau˩ ·ti ɕi˧ fu˩, tʻa˧ xuei˧ pa˩ ·tɤ li˩?

262（你还有钱没有钱，有钱就给我一点儿，没有钱就算了。）

你还有没得钱，有钱就把滴尕我，没得钱就算哒。

li˩ xai˩ iəu˩ mei˧ / ·mu ·tɤ tɕʻien˧, iəu˩ tɕʻien˧ tɕieu˧ pa˩ ·ti ·ka uo˩, mei˧ tɤ˩ tɕʻien˧ tɕieu˩ suan˧ ·ta。

263（都进来干什么？都给我赶出去！）

都进来搞么子，哈给我赶起走！| 都进来搞么子，哈给我弄起走！

təu˧ tɕin˧ lai˩ kau˩ mo˩ tsɿ˧, xa˧ kei˩ / kɣ˩ uo˩ kan˩ ·tɕʻi tsəu˩ | təu˧ tɕin˧ lai˩ kau˩ mo˩ tsɿ˧, xa˧ kɤ˩ uo˩ luŋ˧ ·tɕʻi tsəu˩!

264（他刚才还好好的，怎么一下就病了！）

他才将还好不得的，哪么一下儿就病哒！

tʻa˧ tsʻai˩ tɕian˧ xai˩ xau˩ ·pu˩ tɤ˩ ·ti, la˩ ·mo i˩ xa˩ ɯ tɕieu˧ pin˧ ·ta!

265（他不会比你差，差的话，他就不会来。）

他不得比你差，要差的话，他就不得来。

tʻa˧ pu˩ ·tɤ pi˩ li˩ tsʻa˧, iau˩ tsʻa˧ ·ti xua˧, tʻa˧ tɕieu˧ ·pu ·tɤ lai˩。

第五章　荆州方言的现代发展

一、语音的发展

（一）上声调的变化

近四十年来，特别是近八年来，荆州话四个声调中的阴平˧˥、阳平˧˩、去声˦˩一直很稳定，只有上声调发生了非常明显的变化。

1.《湖北荆沙方言》的声调调查

20世纪80年代，荆州话的上声调一直是不稳定的，单字上声调可以读作˧˩，也可以读作˧˥。《湖北荆沙方言》中的江陵荆州城的上声调调值，也是记的"˧˥/˧˩"。《湖北荆沙方言》所记录的荆州话词汇，明确指出：记音为"江陵荆州城音"。例如：

① 赛马霓虹 sai˧˥ ma˧˩ in˧˩ ｜ 场 ts'an˧˩

② 滚子车轮 kuən˧˩ ·tsɿ ｜ 扯草拔草 ts'ɤ˧˩ ts'au˧˩

以上词例的上声调读˧˩调值。以下词例的上声调也可以读˧˥调值：

③ 蚂蟥 ma˧˥ xuan˧˩ ｜ 洗口刷牙 ɕi˧˥ k'əu˧˥

④ 老头子 lau˧˥ t'əu˧˩ ·tsɿ ｜ 五句子荆州歌谣的一种形式 u˧˩ tɕy˧˥ ·tsɿ

2. 2008年荆州话上声调的调查

2008年3月，我们重新调查荆州话语音系统时，为弄清楚荆州话上声调调值的准确读音，我们专门制定了一个100字的《上声调调查字表》，张和雄先生的关于上声调字的读法，仍然是˧˩/˧˥不定，大体是各占一半。

3. 2016年的"国家语言保护工程"调查

2016年湖北省组织了"国家语言保护工程"荆州城方言的调查，其中的《中国语言资源调查手册》单字表共收入上声字143个，张和雄全部读作˧˩调值。从2008年到2016年，八年时间竟有这么大的变化，值得进一步研究。

（二）异读词读音的变化

荆州话的异读词比较丰富，就其中的文、白读音来看，文读音是群众口语的首选，特别是那些直接受普通话影响形成的文读音。

1.（站）倒 tsan˧ ·tau / ·təu

"站倒"的"倒"，有 ·tau / ·təu 两个读音，读"·tau"还是读"·təu"，不仅存在着城里话、沙市话与乡里话的差异，也存在着不同社会层面的差别。一般来说，年青一代的荆州人都选择读"·tau"，文化层次较高的人也会选择读"·tau"，而老派荆州人或文化层次较低的人会延续选择读"·təu"。无疑，新派荆州话选择"·tau"的读音，代表着荆州方言发展的方向。

2. 荣

20 世纪 70 年代，荆州城里话和沙市话的"荣"有两个读音："yn˨"和"yŋ˨"，但就我们近年来的田野调查看，年青一代荆州人口语中出现了第三个读音"luŋ˨"。如："你蛮光荣 luŋ˨"，似是受到普通话读音"荣 ʐuŋ˨"的直接影响。由于荆州话日母字多读作"l"，故成此荆州话与普通话结合的读音。

3. 吃

荆州话"吃"从来就是读作"tɕʰi˨"的，现在年轻人也有读"tsʰʅ˨"的，显然是受到了普通话的影响。同类型的还有"这"字，荆州话一般读作"lie˧"，但新派荆州话也有选择读"tsɤ˧"的。

4. 过日子

荆州话"过日子"可两读："kuo˧ ɯ˨ ·tsʅ"和"kuo˧ ʐʅ˨ ·tsʅ"。"日 ɯ"的读法，属于传统读法：有一年荆州沙隆达广场"十一歌咏比赛"，老年合唱团"今日是你的生日——我的中国"一句，合唱团把"日"读作"ɯ"的读音十分突出。但新派荆州话一般读"日子"作"ʐʅ˨ ·tsʅ"，这在时下已经非常流行，因为"日"作"ʐʅ˨"的读音，更接近于普通话中的"ʐʅ"。

（三）入声字的发展趋势

为弄清荆州话古入声字的发展情况，我们依据《方言调查字表》收录的入声字，删除本地不用和极少用的生僻字，共整理了 530 个古入声字发音并进行了归类。以下是 530 个古入声字在老派、新派荆州人口语中的分派情况：

	归入阴平	归入阳平	归入上声	归入去声
530字老派荆州话	拉憋鳖喝屑蝎挖削只（9字）	（497字）	蜀（1字）	倔曝射涉获剧度玉育续欲溺（12字）
530字新派荆州话	拉憋鳖喝开摸捏夕淑发掐撒剥惜抹（15字）	（474字）	蜀（1字）	倔曝射涉获剧度玉育历逆译岳列烈灭越这立粒浴页逆域律蜜密剧迹莫暮幕币错鹤度易字述（39字）

上述统计可以反映出老派荆州话和30岁以下的新派荆州话入声字的分派差异，大体可以让我们观察到荆州话入声字现实的表现和今后发展的趋势。

（1）中古入声字在新派、老派荆州话中，分派到各类声调的数量有差异。例如，新派荆州话中，归入阴平调的是15个字，归入去声调的有40个字。老派荆州话中，归入阴平调的是9个字，归入去声调的是12个字。

（2）中古入声字在新派、老派荆州话中的分派，具体是哪些入声字，也有很大的不同。例如，归入新派、老派荆州话阴平调的，只有"拉、憋、鳖、喝"4个字是相同的；归入去声调类的字，绝大部分是不同的。就新派荆州话去声调中出现的这些入声字而言，规律性非常明显：这些入声字都是普通话的去声调字，新派荆州人把这些字读作荆州话的去声调˧值，显然是受到了普通话的直接影响。归入新派荆州话阴平调、上声调中的入声字，也属于这种情况。这一规律告诉我们，中古入声字在新派荆州话中发展的方向是先从荆州话阳平调中分离出来，分派到普通话相应的调类，读的是荆州话相应的调值。即归入荆州话阴平调的，读荆州话阴平的˧调值；归入荆州话上声调的，就读作荆州话上声的˩调值；归入荆州话去声调的，则读作荆州话去声的˧调值。这实际上已经确定了荆州方言声调演变的未来：荆州话入声调归入阳平调的格局已经被打破，发展步骤是先派入与普通话相应的各个调类，读作荆州话的相应的调值，最终导致荆州话入声字归入阳平的格局不复存在。但是，由于荆州话阳平调中有大量的入声字，虽然荆州话入派阳平的格局最终会完全消失，但发展过程中也可能还有一定的变数，关键是看普通话推进的方式和速度。

(3) 新派荆州话入声字的分派，跟同属于荆州方言的松滋市南部有入声调地域（如杨林市、街河市等一带）的年轻人受普通话的影响，其高八度入声字直接派进方言与普通话相应调类的情况还有所不同。前者是入声字派进方言阳平调，再转派进与普通话相应的方言声调；后者则是由现存的入声调直接派进与普通话相应的松滋方言声调调类，这是荆州方言声调演变的另一种途径①。

（四）声母变化的统计

普通话中的"n、l、ʐ"三个声母在荆州话中混淆的情况最为严重。我们以《方言调查字表》为基础，收进普通话中的"n、l、ʐ"三个声母常用字计 200 个，其中"n"声母字 51 个，"l"声母字 119 个，"ʐ"声母字 37 个，然后观察、分析老派、新派荆州人认读这 200 个易混字的情况。

1. 老派、新派荆州话"n、l、ʐ"声母读音的变化

老派、新派荆州话"n、l、ʐ"读音的差异，可以反映荆州话韵母的一些变化（详见下表）。

		51 个"n"声母字	119 个"l"声母字	35 个"ʐ"声母字
老派	声母读作 n	9　囔弄能拈碾年撵念捻	1　浪	
	声母读作 l	40　娘那拿纳挪罗南男难脑闹糯乃耐奈奶农内嫩泥尼你腻溺匿娘酿鸟尿捏聂扭钮宁奴努怒暖诺女	110　拉腊辣来癞垒类泪劳牢老兰懒览浪龙隆肋勒雷累楞冷梨黎例离礼李理厉丽吏荔利立力栗历廉殓敛练（略）	25　染然冉壤让惹热仁人忍任扔仍柔肉如儒汝乳入软若弱润闰
	读作 yo	1　虐		
	读作 iəu	1　牛		
	读作 ɯ			6　儿二贰尔而耳
	读作 au		1　饶	
	读作 zɿ		1　日	
	读作 yŋ		4　茸冗绒戎	

---

①　王彩豫：《湖北松滋方言的假声》，《语言研究》2013 年第 3 期。

续表

		51个"n"声母字	119个"l"声母字	35个"ʐ"声母字
新派	声母读作n	36 那南男难脑糯耐奈囊农弄内能泥尼你腻溺拈匿念碾年娘酿鸟尿捏聂纽宁努奴怒暖女	7 腊老类龙懒梁兰	10 染然人仁忍任绒热软润
	声母读作l	11 拿纳挪闹嫩诺匿捻撵奶乃	111 拉辣来癞垒泪劳牢览浪隆肋勒雷累冷犁黎例梨离礼李理厉丽吏荔利立栗力历廉怜敛练连联恋良凉两亮量辆聊辽撩疗料廖列猎劣流刘留柳六林临玲令陵灵零领另令卢鲁鹿庐路鹿陆卵乱论罗骡裸落洛乐搂楼陋漏驴屡旅吕虑绿律率（略）	15 饶壤让惹热蕊柔肉如儒乳入若弱闰
	读作 yo	1 虐		
	读作 ɯ			6 儿二贰尔而耳
	读作 yŋ			4 冗茸戎
	读作 zɹ			1 日（zɹ/ɯ）

2. 调查结果分析

（1）老派荆州人51个"泥"声母字只有9个读音比较接近"n"的读音，倒有35个比较明确的读作"l"，119个"来"声母字基本上都读作"l"，35个"日"声母字中的25个读作"l"。这样看来，我们把荆州话的"泥、来"两声母读音归作"l"是合适的。

（2）在"n、l、ʐ"三声母问题上，新派荆州人与老派荆州人最显著的区别在于，新派荆州人"n"声母字的分化，51个"泥"声母字有35个读作"n"，11个读作"l"。此外，35个"日"声母字，老派荆州人有25个读作"l"，而新派荆州人只有11个读作"l"。

（3）新派荆州人"n、l"两声母字的动态变化

我们在调查中还发现，老派荆州人"n、l"两声母字的读音比较稳

定——读作"n"就是"n",读作"l"就是"l";而新派荆州人有不少字的读音是处于动态变化中,读什么音,还有一定的语境。比如:

A. 口语中,"奶奶"的前字读"n",后字读"l"。"论文的论",前一个"论"读"n",后一个"论"读"l"。"奈何"中的"奈"读作"n","无可奈何"中则读作"l"。"想来就来"中,前一个"来"读"n",后一个则读"l"。

B. 单念和连读不同。"诺"单念为"l",在"承诺"中读"n"。"尿"单念为"n","屙尿"中为"l"。"猎"单念为"n","打猎"中为"l"。"柳"单念为"n","柳树"中为"l"。

C. "n、l"不定,可读"n"也可读"l"的:女、奴、冷、犁、吏、荔、两、亮、辆、量、六、林、烈、卵、乱、人。又如,"前脑壳、后脑壳"中,前一个"脑"读作"n",后一个"脑"读作"l"。"漏",沙市话读作"n",城里话读作"l";"兰",沙市话多读作"l",城里话读作"n"。

以上例子中"n、l"的选择是有条件的,但"n、l"的读音也明显是有区别的,不然的话,"n、l"就无法进行区分,但这也正好表明,在荆州话中,"n"和"l"虽然是无条件自由变体,但读音确实是有一定区别的。

二、词汇的发展

在语言的三要素中,词汇是最活跃的,也是变化最快的,新词汇融入,旧词语被新词语取代,逐步转为历史词语……四十年来荆州方言词汇的变化,记忆了荆州社会变迁的方方面面。

(一) 词义、词形的变化

1. 蚊子

荆州话过去基本没有"苍蝇"一说,蚊子、苍蝇统称"蚊子",现在"苍蝇"的概念基本确立,餐厅里偶尔出现的"苍蝇",一般都不会使用"饭蚊子"的说法了。

2. "压血窝子"类

有些词语已经用得很少,甚至不用了,但事情还在做,即使还用这些词语,其内涵也已经发生了很大变化。"压血窝子"指妇女一生下孩子,马上要吃鸡蛋、喝红糖水和米酒来补充营养，现在仍要"压血窝子"，但可能要补充的是鸡汤、参汤甚至更高级的营养品了。

3. 交杯酒

过去，婚宴上新婚的男女羞涩中会交臂喝交杯酒，但现在的酒宴聚会上，喝交杯酒成了男女戏谑的一种常见方式。

4. 称谓词的变化

(1) "爹"类称谓词的变化

荆州话"爹"类称谓词的格局也在悄然发生变化。以下是孩子对长辈的称呼变化表：

荆州话"爹"类称谓词的变化

	过去			现在
	结婚前	结婚后（两可）		结婚后
父亲的哥哥	×爹	×爹	×伯	×伯
父亲的弟弟	×爹	×爹	叔叔	叔叔
父亲的姐姐	×爹	×爹	姑妈	姑妈
父亲的妹妹	×爹	×爹	姑妈	姑妈
母亲的哥哥	×爹	×爹	舅舅	舅舅
母亲的弟弟	×爹	×爹	舅舅	舅舅
母亲的姐姐	×爹	×爹	姨妈	×姨
母亲的妹妹	×爹	×爹	姨妈	×姨

过去，父亲的哥哥、姐姐、弟弟、妹妹在未成婚前，孩子们对这些长辈一律依序称作"大爹、二爹、三爹"等，对母亲的兄弟姐妹也都是以"爹"相称（对未婚女性的"爹"类称呼，可能是为避讳"妈"字）。这些长辈成婚后，可以沿用"×爹"的称呼，也可以被称作"大伯、叔叔、姑妈、姨妈"等。但现在从小就喊"大伯、叔叔、大舅、小舅、大姨、小姨"也开始流行。

(2) 家家、家公

荆州话的"家家 ka꜀ ka꜀、家公 ka꜀ kuŋ꜀"就是姥姥、姥爷。荆州话的"家家、家公"称呼依然存在，但也有一些变化。有些家庭，外孙、外孙女直呼"家家、家公"为"奶奶、爷爷"，甚至称作"外婆、外公"。

(3) 爹、姆妈

过去，荆州城内老派荆州话一般把父亲称作"爹、大爹"，偶有称作"伯伯"的。但现在除了固守的老派荆州人，一般都把父亲称作"爸爸、爸"。荆州城里话、沙市话，过去称母亲为"姆妈ṃ·ma"，现今一般都直呼"妈"，只有老派荆州话偶有使用拖作长音的"ṃ·ma"的。

(二) 常用词使用频度的变化

1. "AA声"非定性状态形容词

"呼呼声、喊喊声、歪歪声"一类词语，是荆州话中一种十分活跃的非定性状态形容词，这类词语的现状比荆州话的颤音要好一些，但它的前景并不乐观。有的学者认为"AA声"这类群众喜闻乐见的词语还会长期存在下去只怕是一厢情愿罢了①。

2. 板车 pan˩ tsʻɤ˥

"板车"即北方的架子车，曾是荆州城的主要运输工具，现在几乎很少见到了。

(三) 词汇发展的趋势

1. 本地出现的新词汇

(1) 燃面 lan˩ miɛn˥/早堂面 tsau˩ tʻan˥ miɛn˥

四十年前，荆州城餐馆极少，面食常见的是包面清汤馄饨，卖素面、荤面的也不多，仅见江陵中学前面的"五四餐厅"，老南门内约50米处一小饭馆，以及今屈原路原汽车站旁一家餐馆出售素面、荤面；沙市有卖酸辣面的。后来出现的燃面，是有臊子的面条，早堂（汤）面疑应为"早汤面 tsau˩ tʻan˥ miɛn˥"约在20世纪80年代末才出现。

(2) 麻木 ma˩·mu/电麻木 tiɛn˥ ma˩·mu

"麻木"是加篷的人力三轮车，后来发展成"电麻木"，均是载客的交通工具，因其形状似"麻木虫"而得名（又说因车主总是喝酒喝得"麻木状"而得名）。"麻木"和"电麻木"于20世纪80年代一度盛行，后来由于交通问题等被禁止。

(3) 玩乔子 uan˩ tɕʻiau˩·tsɿ

20世纪70年代，"男女作风问题、打皮妹、偷人（女子偷情）、打豆

----
① 戴军平：《湖北京山方言的"AA"声》，《语文知识》2011年第4期。

腐、暗娼"在荆州话中既是些很敏感的话题，又是比较流行的词语，这些词语比较粗俗，也比较露骨，但在现在的荆州话中，上述词语已经淡化了。"嫖娼"平常化的同时，同类词语还有发展，先是产生了"乔子情人、玩乔子玩女人"，后来又出现了"舞乔子、玩舞乔子玩弄年轻女舞伴"的说法，另有引进的"包养、二奶、小三、小蜜"等。

2. 外来的新词汇

通过网络、电视、报刊、商业流通、人员交往等方式，普通话词汇直接换成荆州话声、韵、调进入荆州话词汇，这种"荆州音、普通话词"的新词汇是荆州话新词汇的重要来源：

（1）上网｜网购｜刷卡｜银行卡｜工资卡｜手机｜计算机｜笔记本（电脑）。

（2）纯棉｜羊绒衫｜尿不湿｜餐巾纸｜卷筒纸｜湿巾｜包包纸｜电磁炉｜燃气灶｜电饭煲｜煤气罐子｜打火灶｜套刀｜高压锅｜电饭煲｜电压力锅｜微波炉｜三室二厅二卫｜假复式｜复式楼｜别墅｜小高层｜落地窗｜飘窗｜壁式空调｜立式空调｜卫生间｜坐便器｜浴缸｜组合柜｜布艺沙发｜皮沙发｜功能沙发｜羽绒被｜鸭绒被｜鹅绒被。

（3）下岗｜炒股｜股民｜碰瓷｜撞猴子｜做笼子｜旅游｜导游。

3. 旧词语的变化

（1）新词语取代旧词语，或是新旧词语并存

有一些词语，是同一事物的继承或延续，但旧词语已经被新词语所取代，或处于并存状态。以下"／"前后为新、旧词语比较的例子。

A. 钢笔／靛笔、墨水／靛水、毛笔／墨笔、橡皮擦／兹胶、罩衣／幔褂。

B. 比较雅致的普通话词汇与荆州话词汇并存：谈对象、谈朋友／玩朋友，吃奶／吃妈子。

C. 比较科学的概念词取代荆州话说法：腮腺炎／爆耳疯，血吸虫病／大肚子病、笛箕鼓。

（2）旧词语退居为历史词语

由于社会政治经济的发展，相应的词汇只能退居历史词语行列，数量很大，速度也很快。比如在生活起居方面：

A. 窝棚｜瓦屋｜鼓皮房间的木制隔板｜偏厦子｜火盆烧炭取暖用｜马桶｜夜壶｜脚盆木制洗脚用｜浴罩｜罩子灯玻璃罩煤油灯｜煤油灯｜焐壶灌热水取暖用｜

绷子木框中为网状棕绳的床板｜尿片子。

B. 柴灶｜烀炭引火用｜煤粑粑｜蜂窝煤｜蜂窝炉子｜拔火筒。

C. "香香擦脸的香脂类、雪花膏"这些陈旧、低档品早已销声匿迹。

D. "三转一响手表、自行车、缝纫机、收音机"曾是结婚的必备条件。

有些事物已经不存在了。例如：

A. 粮票｜油票｜肉票｜糖票｜自行车票｜煤油炉。

B. 打牙祭偶尔加餐，改善一下生活。现在生活水平大为提高，谁也不会再去打牙祭了。

C. 殡葬改革的结果是土葬基本消失了，相关的词语也就逐步退出了历史舞台。例如：棺材｜抬重｜压棺｜背纤｜撒禄（六）米。

上述词语在荆州话中已经成为历史词语，或说基本上消失了。

（四）历史词语的"回潮"现象

经济生活的繁荣，使一些早已被扫进历史垃圾堆的灰暗词语，或是死灰复燃，或是又冒了出来。例如：妓女｜暗娼｜嫖娼｜做法事｜做道场｜风水先生。

三、语法的发展

相比较而言，近四十年来，荆州话语法的变化不大，或者说不太明显，这里略举几例。

（一）常用语气词的变化

1. 哒

在荆州话中，"哒"是常用语气词。四十年前，"哒"在荆州市区用得还比较频繁，学生演节目，还有用"哒"入韵写快板书的。现今"哒"的势头已经大减，中老年人还有在用的，但也是每况愈下；年轻人用得更少，甚至根本就不用了。过去可用"哒"的，现在一般都改成了"了"。比如，过去说"拐哒，拐哒"，现在一般都说"拐了，拐了"。

2. 吵

本书第六章"荆州方言语料记音"选用了《江陵故事集》里的《女娲

配伏羲》。为了突出荆州话特色,我们将原文稿中"怕么子吵"的语气词仍读作"sa˥"。录音、记音时,发音人指出,原书稿中的几个地方现在不用"吵",也不读作"sa˥"了,要读作"啦 la˥"。

此外,在调查中,不少人荆州人,尤其是新派荆州人,一般都认为"吵"是近年来打工者从武汉带到荆州来的。其实,20世纪80年代的《江陵故事集》、《江陵歌谣集》中用"吵"的句子很常见,倒是近年来口语中用得越来越少了。

3. 着

"不慌着、等哈着"似是从钟祥、荆门等地方言流入的,20世纪在荆州话中比较流行,但今天的荆州话中,"着"的使用比较少。

(二) 否定副词"莫"的消失

20世纪70年代末、80年代初《江陵歌谣集》、《江陵故事集》收集的江陵的民间歌谣、故事,是荆州城区和荆州郊区文化历史的沉淀,这些歌谣、故事的酝酿、形成、传播需要一定的时间和相当广泛的群众基础。而歌谣、故事中出现的丰富的"莫"使我们相信,至少在20世纪80年代初期,荆州城和荆州城郊还有比较活跃的否定副词"莫"出现[①]。

《江陵歌谣集》、《江陵故事集》的歌谣的演唱者、故事的讲述者文化水平不高,且都是土生土长的荆州本地人。由于20世纪70年代末、80年代初,荆州城、沙市一带并未出现打工潮,这些演唱者、讲述者(尤其是那些三十多岁的人)还固守在家乡,也说明打工尚未开始,这些人演唱的歌谣、讲述的故事都是用的地地道道的荆州话,至于那些当时已经五十多岁,甚至七十岁以上的人,他们说的方言只怕是想变也很难变了。因而我们可以说,这些歌谣、故事中出现的大量的"莫",无疑是荆州方言词语的自然流露。

前文曾论及古代鲁国人左丘明与楚国人老子几乎是同时代的人,左丘明的宏文巨著《左传》中竟然没有出现一个"莫"字,而楚国人老子的《道德经》则使用了否定副词"莫",这体现了中原雅言与楚方言的差异。约两百年后的《楚辞》和《孟子》都使用了否定副词"莫",两者的根本区别在于,《楚辞》的"莫"有楚方言(口语)的根基(屈原是今湖北秭归

---

① 参看本书"附录四、荆州话'莫'字例句"。

人，一说为湖北江陵人；宋玉是今荆州区纪南乡人），而《孟子》中的"莫"属书面语词汇，并无方言（口语）基础。今天"莫"的分布地域仍集中在原楚国范围的"湖北、安徽、湖南"一带就是佐证之一。可以说，春秋战国时期在楚方言基础上产生的"莫"，在中原文化与楚文化的交流中，逐步进入了雅言——书面语中，而现代北方方言口语中至今仍然未接受否定副词"莫"则是另一个佐证。

根据前面的阐述，我们大体可以对荆州话的"莫"做出如下结论：

第一，荆州城区是否定副词"莫"的主要发源地和主要流行地之一。

第二，荆州城区一带自古就是我国南方重镇，也是"洛阳→襄阳→江陵"南北官道及入川的重要关口，更是兵家必争之地，故而人口流动性很大，语言的发展比较快。有许多语言现象，在荆州城区难以存在，但在周边或较远的农村却保留下来了，"莫"就是案例之一。我们还可以把荆州方言语言演变的同类案例做一些比较：

有些学者曾把"ʮ"的存在作为划分楚语区的主要依据，这使得我们注意到湖北江汉平原的京山、监利及仙桃、天门、洪湖都有同类的"ʮ"的存在，我们相信荆州城区历史上肯定也有"ʮ"类韵母，只不过早已退出了政治、经济、文化发展较快的荆州市区一带。

湖北江汉平原的监利、沙洋（毛李、李市）、松滋三地呈三角形，荆州城、江陵县地域是这个三角的中心，监利、沙洋、松滋现在仍有高八度的假声现象，荆州城区却没有此现象。结论很简单：怪异的高八度假声现象早已退居经济相对比较滞后、方位比较偏僻的地域。而荆州话的否定副词"莫"、语气词"吵"等，将是荆州方言短时期内即将消失的另外几种语言现象。

第三，"莫"逐步退出荆州话，跟势力更为强大的汉语通用词"不"的语义、用法在荆州话中的发展也有直接关系。当方便、简明、更具有表现力的否定词"不"完全取代了"莫"的位置时，否定副词"莫"也就失去了其存在的价值。荆州话中"莫"的消失，是历史的必然现象。

第六章　荆州方言语料记音

一、传说　故事

（传说）女娲配伏羲

ku˧ ʂʅ˧ ·xəu, tʰi˧ saŋ˧ tau˧ tsʰu˧ ɻʅ˧ xuŋ˧ suei˧, tʰi˧ liɛn˧ suei˧, suei˧ liɛn˧
古时候，地上到处是洪水，天连水，水连

tʰiɛn˧, ləŋ˧ pei˧ an˧ ʂʅ˧, tsʅ˧ sən˧ ɕia˧ fu˧ ɕi˧ xou˧ ly˧ ua˧ lian˧ ɕyŋ˧ mei˧。
天，人被淹死，只剩下伏羲和女娲两兄妹。

fu˧ ɕi˧ tɕiuei˧ tuei˧ ly˧ ua˧ suo˧: "mei˧ ia˧, li˧ kan˧ ʂʅ˧ saŋ˧ mu˧ tɤ˧ lən˧
伏羲就对女娲说："妹呀，你看世上没得人

iɛn˧ ·ta, tɕiəu˧ uo˧ ·mən lia˧ tsʰən˧ tɕʰin˧ ·pa。"
烟哒，就我们俩成亲吧。"

ly˧ ua˧ suo˧: "kuo˧ kuo˧, mo˧ tsuei˧ ɯ˧ xuan˧ ɻʅ˧ ·li! ʂʅ˧ saŋ˧ la˧ iəu˧
女娲说："哥哥，莫做二黄事[1]哩！世上哪有

ɕyŋ˧ mei˧ tsʰən˧ tɕʰin˧ ·ti?"
兄妹成亲的？"

fu˧ ɕi˧ suo˧: "uo˧ iɛ˧ ɕiau˧ ·tɤ, ɕyŋ˧ mei˧ pu˧ lən˧ tsʰən˧ tɕʰin˧。 uo˧ ʂʅ˧ pʰa˧
伏羲说："我也晓得，兄妹不能成亲。我是怕

ɯ˧ xou˧ uo˧ ·mən lia˧ i˧ ʂʅ˧, lən˧ tɕiəu˧ iau˧ tɕye˧ tsuŋ˧ ·tɤ ·la。"
日后我们俩一死，人就要绝种的啦。"

ly˧ ua˧ suo˧: "ɕyŋ˧ mei˧ tsʰən˧ tɕʰin˧, la˧ pu˧ tsʰou˧ ʂʅ˧ lən˧ ·ta?"
女娲说："兄妹成亲，那不丑死人哒？"

fu˧ ɕi˧ suo˧: "tsʰəu˧ ·pu tsʰəu˧, iəu˧ mu˧ tɤ˧ pʰaŋ˧ lən˧ kʰan˧ tau˧, pʰa˧ mo˧
伏羲说："丑不丑，又没得旁人看到，怕么

tsʅ˧ ·la?"
子啦？"

ly˧ ua˧ suo˧: "tʰiɛn˧ saŋ˧ u˧ yŋ˧ pu˧ ɕia˧ y˧, ti˧ saŋ˧ u˧ mei˧ pu˧ tsʰən˧
女娲说："天上无云不下雨，地上无媒不成

suan˦, iau˧ tsʰən˦ tɕʰin˦ iɛ˦ tɤ˦ tsau˦ ‧kuo mei˦ ‧lən."
双，要 成 亲 也 得 找 个 媒 人。"

fu˦ ɕi˧ suo: "kʰan˦ ‧luo, man˦ sŋ˦ kai˦ lən˦ tou˦ sŋ˦ kuaŋ˦ ‧ta, tau˦ la˦ li˦
伏羲说："看啰，满世界人都死光哒，到哪里

kʰɯ˦ tsau˦ mei˦ lən˦ ‧ɛ?"
去 找 媒 人 呢?"

ly˦ ua˦ pei˦ uan˦ tsu˦, tsŋ˦ xau˦ suo: "mei˦ tɤ˦ mei˦ lən˦ iɛ˦ ɕin˦, lie˦ li
女娲被问住，只好说："没得媒人也行，这里

iəu˦ lian˦ kən˦ tʰan˦ ɕian˦, li˦ tsai˦ tʰai˦ ian˦ san˦ tuŋ˦ tʰou˦ tien˦ i˦ kən˦, uo˦
有 两 根 檀 香，你 在 太 阳 山 东 头 点 一 根，我

tsai˦ tʰai˦ ian˦ san˦ ɕi˦ tʰou˦ tien˦ i˦ kən˦, lian˦ ku˦ ien˦ tsŋ səŋ˦ san˦ tʰien˦, ien˦
在 太 阳 山 西 头 点 一 根，两 股 烟 子 升 上 天，烟

tsŋ xou˦ luŋ˦ ‧ta, tɕiəu˦ suan˦ tʰien˦ tsəu˦ mei˦." lian˦ lən˦ tien˦ lan˦ tʰan˦ ɕian˦,
子 合 拢 哒，就 算 天 做 媒。" 两 人 点 燃 檀 香，

ien˦ tsŋ səŋ˦ tau˦ pan˦ tʰien˦ kʰuŋ˦, iɛ˦ mei˦ xou˦ luŋ˦. pʰan˦ pien˦ tuŋ˦ li˦ iəu˦
烟 子 升 到 半 天 空，也 没 合 拢。旁 边 洞 里 有

kuo˦ lau˦ u˦ kuei˦, kʰan˦ tou˦ ‧ta / ‧la, tʰa˦ tsʰau˦ tʰien˦ san˦ tsʰuei˦ ‧ta kʰou˦ tɕʰi˦,
个 老 乌 龟，看 到 哒，它 朝 天 上 吹 了 口 气，

ien˦ tsŋ tɕiəu˦ xou˦ luŋ˦ ‧ta / ‧la.
烟 子 就 合 拢 哒。

fu˦ ɕi˧ iau tsʰən˦ tɕʰin˦, ly˦ ua˦ xai˦ sŋ˦ pu˦ kən˦, suo: "lie˦ pʰan˦ pu˦ suan˦,
伏羲要 成 亲，女 娲 还 是 不 肯，说："这 盘 不 算，

tsai˦ lai˦ i˦ pan˦." fu˦ ɕi˧ suo: "lai˦ tɕiəu˦ lai˦."
再 来 一 盘。" 伏羲说："来 就 来。"

ly˦ ua˦ suo: "lie˦ san˦ san˦ iəu˦ fu˦ mo˦ tsŋ, uo˦ mən lia˦ pa˦ mo˦ tsŋ
女娲说："这 山 上 有 副 磨 子，我 们 俩 把 磨 子

tʰuei˦ tau˦ san˦ ɕia˦, san˦ pan˦ kʰuai˦ xau˦ pi˦ sŋ˦ li˦, ɕia˦ pan˦ kʰuai˦ xau˦ pi˦ sŋ˦
推 到 山 下，上 半 块 好 比 是 你，下 半 块 好 比 是

uo˦, lian˦ kʰuai˦ xou˦ luŋ˦ ‧ta, tɕiəu˦ tsʰən˦ tɕʰin˦."
我，两 块 合 拢 哒 就 成 亲。"

lian˦ lən˦ tɕiəu˦ tʰuei˦ mo˦ tsŋ, u˦ kuei˦ i˦ tsʰuei˦ tɕʰi˦, lian˦ kʰuai˦ mo˦ tsŋ
两 人 就 推 磨 子，乌 龟 一 吹 气，两 块 磨 子

i˦ tɕʰi˦ kuan˦ tau˦ san˦ tɕyo˦ xa˦, kaŋ˦ kaŋ˦ mo˦ ɕin˦ tuei˦ mo˦ ɕin˦.
一 起 滚 到 山 脚 下，刚 刚 磨 心 对 磨 心。

fu˦ ɕi˧ suo: "lie˦ xa˦ kai˦ tsʰən˦ tɕʰin˦ ‧pa!" tɕiəu˦ kʰɯ˦ la˦ ly˦ ua˦. ly˦ ua˦
伏羲说："这 下 该 成 亲 吧！" 就 去 拉 女 娲。女 娲

pʰa˦ tsʰəu˦, i˦ suai˦ səu˦, iɛn˦ tsuo tʰai˦ ian˦ san˦ pien˦ pʰau˦ pien˦ suo: "li˦ pa˦
怕 丑，一 甩 手，沿 着 太 阳 山 边 跑 边 说："你 把

uo˨ kan˥ san˥ ·ta tɕiəu˨ tsʰɤ˨ tɕʰin˥。"
我 赶 上 哒 就 成 亲。"

ly˨ ua˥ tsai˥ tɕʰuei˥ t'ou˨ fei˥ ·ti fei˥ ·li / ·ti p'au˨, fu˨ ɕi˥ tsai˨ xəu˨ mien˥
女娲 在 前 头 飞 地 飞 地 跑,伏羲 在 后 面

fei˥ ·ti fei˥ ·ti kan˨, p'au˨ ·ta tɕi˥ tɕʰyen˨, la˥ mo˨ ie˨ kan˨ ·pu tau˨. u˥ kuei˥ tuei˥
飞 地 飞 地 赶,跑 了 几 圈,哪 么 也 赶 不 到。乌 龟 对

fu˨ ɕi˥ suo˨:"sau˨ ·ɛ, fan˨ tsuan˨ kuo˨ lai˨ kan˨ sa˥!" fu˨ ɕi˥ tɕiəu˨ tsuan˨ kuo˥
伏羲 说:"苕[2] 吔,反 转 过 来 赶 吵!"伏羲 就 转 过

sən˨, in˨ tʰəu˥ i˥ kan˨, pa˥ ly˨ ua˥ pau˥ təu˥ ·ta。
身,迎 头 一 赶,把 女娲 抱 倒 哒。

ly˨ ua˥ tɕian˥ ·pu tʰuo˨, tɕiəu˨ suo˨:"kuo˥ kuo˥, liɛ˥ fa˨ tsɿ˥ li˨ ɕian˥ ·pu
女娲 掸 不 脱,就 说:"哥 哥,这 法 子 你 想 不

tsʰu˨, sɿ˥ la˨ kuo˥ kau˥ su˨ li˨ ·ti, suo˨ ·ta, tɕiəu˨ tsʰɤ˨ tɕʰin˥, uo˨ ·pu tsai˨ uei˨
出,是 哪 个 告 诉 你 的,说 哒,就 成 亲,我 不 再 为

lan˨ li˨."fu˨ ɕi˥ tɕiəu˨ tsau˨ ʂɿ˨ suo˨ ·ta。ly˨ ua˥ xau˨ lau˨ xuo˨, pau˨ tɕʰi˥ i˥
难 你。"伏羲 就 照 实 说 哒。女娲 好 恼 火,抱 起 一

k'uai˥ ʂɿ˨ tʰəu˥ tɕiəu˨ tsʰau˨ u˥ kuei˥ pan˨ k'ɯ˨, i˥ xa˨ tɕiəu˨ pa˨ u˥ kuei˥ pan˨
块 石 头 就 朝 乌 龟 拌[3] 去,一 下 就 把 乌 龟 拌

sɿ˥ ·ta。
死 哒。

fu˨ ɕi˥ suo˨:"mei˥ ·ia, u˥ kuei˥ iɛ˨ sɿ˥ ·ta, li˨ ·ti tɕʰi˥ iɛ˨ tsʰu˨ ·ta, liɛ˥
伏羲 说:"妹 呀,乌 龟 也 死 哒,你 的 气 也 出 哒,这

xa˨ kai˥ suo˨ xua˨ suan˥ su˨ ·la ·pa?"
下 该 说 话 算 数 了 吧?"

ly˨ ua˥ suo˨:"kuo˥ kuo˥, u˥ kuei˥ sɿ˨ mei˨ lən˨, uo˨ lia˨ tsʰɤ˨ tɕʰin˥ tɕʰien˨,
女娲 说:"哥 哥,乌 龟 是 媒 人,我 俩 成 亲 前,

li˨ iau˥ pa˨ tʰa˥ luŋ˥ xuo˨ ·ta, iɛ˨ xau˨ ɕiɛ˥ tʰa˥。"
你 要 把 它 弄 活 哒,也 好 谢 它。"

fu˨ ɕi˥ tɕiəu˨ tɕian˥ tɕʰi˥ u˥ kuei˥ kʰuo˨, i˥ k'uai˥ i˥ k'uai˥ təu˥ tɕʰi˥ lai˨,
伏羲 就 捡 起 乌 龟 壳,一 块 一 块 抰[4] 起 来,

təu˥ tɤ˨ fu˨ kʰəu˨ pu˨ tsʰa˥。pan˨ tʰien˥, u˥ kuei˥ xai˨ ʂɿ˨ pu˨ xuo˨, fu˨ ɕi˥ tɕi˥
抰 得 斧 口 不 差。半 天,乌 龟 还 是 不 活,伏羲 急

pu˨ kuo˨, tsʰau˨ tʰa˥ sən˥ san˥ uo˨ ·ta i˨ p'au˨ liau˨, u˥ kuei˥ i˥ xa˨ tɕiəu˨ xuo˨
不 过,朝 它 身 上 屙 哒 一 泡 尿,乌 龟 一 下 就 活

·ta。xəu˨ lai˨, u˥ kuei˥ sən˥ san˥ lau˨ sɿ˥ p'an˨ sau˥ tɕʰi˥, lən˨ mən˨ tsʰai˨ tɕiau˨
哒。后 来,乌 龟 身 上 老 是 胖[5] 骚 气,人 们 才 叫

tʰa˥ "sau˥ u˥ kuei˥"。u˥ kuei˥ pei˨ san˥ ·ti kʰuo˨, tsən˨ xau˨ təu˨ tsʰɤ˨ kuo˥ pa˥
它 "骚 乌 龟"。乌 龟 背 上 的 壳,正 好 抰 成 个 八

kua˧ ɕin˩, tsʻuŋ˩ fu˩ ɕi˩ kʻai˧ ʂʅ˩ tsʻai˩ ɕin˩ san˧ "pa˩ kua˧".
卦 形，从 伏 羲 开 始 才 兴 算 "八 卦"。

ly˩ ua˧ xou˩ fu˩ ɕi˩ tsʻən˩ tɕʻin˩ɦəu˥, xuai˩ ta san˧ liɛn˩ ɦən yn˧, i˧ tʻai˧
女 娲 和 伏 羲 成 亲 后， 怀 了 三 年 身 孕，一 胎

sən˧ ɕia˧ kuo lu˩ tɕʻiəu˩. fu˩ ɕi˩ pʻa˩ ʂʅ˩ kuai˩ u˧, tsʻau˩ tsuo lu˩ tɕʻiəu˩ tɕiəu˩ ʂʅ˧
生 下 个 肉 球。 伏 羲 怕 是 怪 物， 照 着 肉 球 就 是

i˧ tsʻai˧ tau˧. la˩ ɕiau˩ tɤ˧, li˩ mien˧ i˧ ɦa˩ tsa˩ tsʻu˧ i˧ pɤ˩ kuo˧ ɕiau˩ a˧ ɯ˧,
一 菜 刀。哪 晓 得，里 面 一 下 炸 出 一 百 个 小 伢 子，

i˧ pan˧ lan˩ i˧ pan˧ ly˧, xou˩ pən˩ luan˧ tʻiau˧. fu˩ ɕi˩ xou˩ ky˩ ua˧ xau˧ ɕi˧
一 半 男，一 半 女， 活 蹦 乱 跳。伏 羲 和 女 娲 好 喜

xuan, pʻa˩ ʐʅ˥ xəu˩ ˙pu tɕʻin˧ pɤ˩, tɕiəu kɤ˥ tʻa˧ mən˧ i˧ ɦən˧ tɕʻy˧ ta˧ i˧
欢， 怕 日 后 分 不 清 白[6]，就 给 他 们 一 人 取 了 一

kuo˧ ɕin. a˧ ˙mən tsaŋ˩ ta˧, tsʻən˩ suaŋ˧ pei˧ tuei˩, kuo li˩ mən˧ xu˧, iaŋ˧
个 姓。伢 子 们 长 大，成 双 配 对，各 立 门 户，养

˙tɤ xəu˩ tai˧, kuo tɕʻy˩ kuo ˙tɤ ɕin˩, tɕiəu tsʻuan˩ ɕia˩ ta "pɤ˩ ɕia ɕin˧". tsai˧
的 后 代，各 取 各 的 姓，就 传 下 了 "百 家 姓"。再

uan xəu˩, fu˧ tɕʻi˩ ʂʅ˩ ta la˩ i˧ kou˩, i˧ kuo tɕiəu˧ kʻu˧: "uo˩ tɕia˧ ti˧ tɕʻin˧
往 后，夫 妻 死 了 哪 一 个，一 个 就 哭："我 家 的 亲

lən˩ ˙a, uo˩ ˙ti tsʅ˧ mei˧ ˙ɛ!" ʐʅ˧ tɕiəu˧ tɕiau˧ "kʻu˧ tsʅ˩ mei˧". lən˩ mən ɕi˧
人 哪，我 的 姊 妹 吔！" 这 就 叫 "哭 姊 妹"。人 们 喜

xuan la˩ u˧ kuei˧ faŋ˧ sən˩, kʻuei˧ tɤ˧ tʻa˩, ʂʅ˩ san˧ tsʻai˩ tsʻuan˧ ɕia˩ lən˩.
欢 拿 乌 龟 放 生， 亏 得 它， 世 上 才 传 下 人。

【注释】

[1] 二黄事 ɯ˧ xuan˩ ʂʅ˩：糊涂事；傻事。

[2] 苕 sau˩：傻。

[3] 拌 pan˩：摔。

[4] 逗 təu˧：拼合；接起来。

[5] 胖 pʻan˩：很；非常。

[6] 分不清白 fən˧ ˙pu tɕʻin˧ pɤ˩：分不清楚。

（故事）张居正收贡米

ɕien˧ pei˩ lən˩ tsʻuan˩ ɕia˩ lai˩ suo˥, tsaŋ˧ tɕy˧ tsən˩ tan˧ tsai˩ ɕiaŋ˩ ʂʅ˩, iɛ˩
先 辈 人 传 下 来 说， 张 居 正 当 宰 相 时， 也

˙pu la˩ ˙mo tɕʻin˧ tsən˩. luo˩ ʂʅ˩, tɕiaŋ˧ ɕi˩ iəu˩ kuo ɕin˩ uən˩ ˙ti, tsai˩ tsʻau˩ tʻin˩
不 那 么 清 正。 那 时， 江 西 有 个 姓 文 的， 在 朝 廷

xu˧ pu˦ tsou˦ kuan˥。 iəu˩ ɭi˧ xuei˩, tsʅ˦ uei˩ uən˦ kuan˥ yen˩ tau˦ tɕian˥ ɕi˥
户 部 做 官。 有 一 回, 这 位 文 官 员 到 江 西 押

yn˦ kuŋ˦ mi˩, xuei˩ tau˦ tɕi˥ ts'ɤn˦ ma˧ t'əu˩, i˧ k'an˦ xou˧ li˧, kuo˦ faŋ˦ yn˦
运 贡 米, 回 到 京 城 码 头, 一 看 河 里, 各 方 运

kuŋ˦ mi˩ ·ti ts'uan˦ pai˧ ·ta tɕi˧ li˧ ts'aŋ˧。 lou˦ xuei˩ sʅ˦ tsaŋ˦ tɕy˦ tsən˦ sou˥ kuŋ˦
贡 米 的 船 排 了 几 里 长。 那 回 是 张 居 正 收 贡

mi˩, t'a˥ tsai˦ ma˧ t'əu˩ la˧ kuo˦, tɕiəu˦ kai˦ la˧ kuo˦ k'au˦ an˦。 uən˦ kuan˥
米, 他 在 码 头 点 哪 个, 就 该 哪 个 靠 岸。 文 官

yen˩ təŋ˧ ·ta tɕi˧ t'ian˥, xou˩ lai˩ ·ti ts'uan˩ tou˥ k'au˦ ·ta an˦, xai˩ sʅ˦ pu˦ tɕian˦
员 等 了 几 天, 后 来 的 船 都 靠 了 岸, 还 是 不 见

tien˧ t'a˥。 uən˦ kuan˥ yen˩ tɕiəu˦ p'ai˦ tɕia˥ ɭən˩ tau˦ pie˩ ·ti ts'uan˩ saŋ˦ k'u˦ ta˧
点 他。 文 官 员 就 派 家 人 到 别 的 船 上 去 打

t'in˦ i˧ ·xa, k'an˦ sʅ˦ la˧ ·mo i˧ xuei˩ sʅ˧, i˧ uən˦ ts'ai˩ ɕiau˧ tɤ˧, la˦ ɕie˥ ɕien˥
听 一 下, 看 是 哪 么 一 回 事, 一 问 才 晓 得, 那 些 先

saŋ˦ an˦ ·ti, təu˥ sʅ˧ kɤ˧ tsaŋ˦ tɕy˥ tsən˦ suŋ˦ ·ta in˩ ·tsʅ ·ti。 uən˦ kuan˥ yen˩
上 岸 的, 都 是 给 张 居 正 送 了 银 子 的。 文 官 员

man˩ lau˧ xou˧, suo˧:"təu˦ suo˧ tsaŋ˦ tɕy˥ tsən˦ uei˩ kuan˥ tɕ'in˦ tsən˦, tɕi˥ ɻ̩˦
蛮 恼 火, 说:"都 说 张 居 正 为 官 清 正, 今 日

uo˧ suan˦ pa˧ t'a˥ k'an˦ ts'uan˦ ·ta! uo˧ mau˩ tɕ'i˧ tsuei˦ xou˦ i˧ kuo˦ saŋ˦ an˦,
我 算 把 他 看 穿 哒! 我 卯 起[1] 最 后 一 个 上 岸,

p'ien˥ pu˦ suŋ˦ t'a˥ in˩ ·tsʅ, k'an˦ t'a˥ la˧ ·mo kau˧。"
偏 不 送 他 银 子, 看 他 哪 么 搞。"

la˧ ɕiau˧ ·tɤ tɕie˦ xua˦ iəu˦ pei˦ kɤ˧ pi˦ ts'uan˦ san˦ ·ti ɭən˩ t'in˥ tau˦ ·ta, kau˦
哪 晓 得 这 话 又 被 隔 壁 船 上 的 人 听 到 哒, 告

su˦ ·ta tsaŋ˦ tɕy˥ tsən˦。 tsʅ˦ xa˦ uən˦ kuan˥ yen˩ ·ti ts'uan˦ kən˦ sʅ˦ pu˦ lən˩ k'au˦
诉 了 张 居 正。 这 下 文 官 员 的 船 更 是 不 能 靠

an˦ ·ta。 la˧ ·mo kau˧ ɭɛ˧, t'a˥ tɕiəu˦ t'ian˥ t'ian˥ tsai˦ ts'uan˦ saŋ˦ xou˧ muən˦
岸 哒。 哪 么 搞 嘞, 他 就 天 天 在 船 上 喝 闷

tɕiəu˧, ts'uan˦ saŋ˦ ·ti ts'ai˦ tɕ'i˧ uan˩ ·ta, tɕiəu˦ xou˧ k'u˥ uan˦ ɭəu˦ tɕiəu˧, tsʅ˩
酒, 船 上 的 菜 喫 完 哒, 就 喝 枯 豌 豆[2] 酒, 直

xou˧ ·ta pa˦ t'an˩ tɕiəu˧, xou˩ li˧ ·ti ts'uan˦ təu˥ tɕ'i˧ ·ta p'o˩, ts'ai˩ luən˩ tau˦ t'a˥
喝 哒 八 坛 酒, 河 里 的 船 都 起 了 坡, 才 轮 到 他

·ti ts'uan˦ k'au˦ an˦。 la˧ ɕiau˧ ·tɤ, saŋ˦ an˦ ·i k'an˦, ts'u˧ ·ta ta˦ kuai˧, i˧ ts'uan˦
的 船 靠 岸。 哪 晓 得, 上 岸 一 看, 出 哒 大 拐[3], 一 船

mi˩ xa˩ sən˥ ·ta mei˩/mei˩。 xuaŋ˩ saŋ˦ pu˦ ·i, uən˦ kuan˥ yen˩ tsʅ˧ xau˧ mai˦
米 哈 生 了 霉。 皇 上 不 依, 文 官 员 只 好 卖

tiau˦ t'ien˩ ti˦ fan˩ ts'an˧, p'ei˩ ·ta i˧ ts'uan˦ mi˩, lie˦ ts'ai˩ ɕia˦ ti˦。 uən˦ kuan˥
掉 田 地 房 产, 赔 了 一 船 米, 这 才 下 地[4]。 文 官

员怕日后张居正又拌阴砖[5]，就奏明皇
上，想告老还乡。张居正怕文官员回到
江西，背后会说他的拐话[6]，就让皇上把文
官员安置到荆州，因为荆州是张居正的老
家，外姓人不敢说张居正半个不字。皇上
就把文官员安置到荆州城城北的鄢城，
把他一千亩"军田"养老。后来，姓文的人一提
到张居正，都说吃哒张居正的亏。

【注释】

[1] 卯起 mauˇ tɕiˇ：宁可；宁愿（选择）。

[2] 枯豌豆 kʻuˉ uanˉ təuˉ：炒熟的蚕豆。

[3] 大拐 taˉ kuaiˇ：大问题。

[4] 才下地 tsʻaiˇ ɕiaˉ tiˉ：才算完事。

[5] 拌阴转 panˇ inˉ tsuanˉ：暗中使坏，整人。

[6] 拐话 kuaiˇ xuaˉ：坏话。

二、歌谣　情歌

荆州谣[1]

三山不见山，三桥不流水，

三观不煨茶，三笔不写字。

【注释】

[1] "三山"指卸甲山、掷甲山、松甲山，传说是关羽卸甲、掷甲、松甲的地方（并没有山）。"三桥"指荆州城文庙前的三座青石拱桥（不会流

水)。"三观"指的是三元观、玄妙观、太晖观这三座道观。"三笔"是纪念公安三袁（袁宗道、袁宏道、袁中道）的笔状建筑物，原址在今荆州市实验幼儿园大门左前方的古城墙上（已毁）。

养的儿子不成材

ai˧˩ pan˧˩ tən˧, ti˧ ti˧ ai˧˩,
矮　板　凳，滴　滴　矮，

ian˧˩ ·ti ɯɹ tsʅ puɹ tsʰən˧ tsʰai˧˩,
养　的　儿　子　不　成　材，

xau˧ xou˧ tɕiəu˧˩, xau˧ ta˧ pʰai˧˩,
好　喝　酒，好　打　牌，

u˧˩ kən˧ pan˧ iɛ˧ pu˧ xuei˧ lai˧˩。
五　更　半　夜　不　回　来。

tɕi˧ tsʅ tɕiau˧, kəu˧˩ tsʅ au˧˩,
鸡　子　叫，　狗　子　咬，

pu˧ tsuŋ˧ yŋ˧ ·ti tuŋ˧ ɕi xuei˧ lai˧˩ ·liau。
不　中　用　的　东　西　回　来　了。

困龙也有上天时

tʰien˧ san˧ ɕin˧, kʰou˧ kʰou˧ ɕi˧,
天　上　星，颗　颗　稀，

mo˧˩ ɕiau˧ tɕʰyŋ˧ lən˧ tsʰuan˧ pʰo˧,
莫　笑　穷　人　穿　破　衣；

sʅ˧ kuo˧ tsʅ˧ ka˧˩ iəu˧ tsʰaŋ˧ tuan˧˩,
十　个　指　甲　有　长　短，

san˧ suei˧˩ iəu˧˩ kau˧ ti˧;
山　水　有　高　低；

kan˧ luo˧˩ tsau˧˩, tʰai˧ kuŋ˧ tsʰʅ˧˩,
甘　罗　早，太　公　迟，

kʰuən˧ luŋ˧ iɛ˧˩ iəu˧˩ san˧ tʰien˧ sʅ˧。
困　龙　也　有　上　天　时。

年来了

lien˧ lai˧˩ ·ta, sʅ˧ yɛn˧ tɕia˧;
年　来　了，是　冤　家；

ɚ˧ iau˧ mau˧, ly˧˩ iau˧ xua˧,
儿　要　帽，女　要　花，

ɕi˧ fu˧ iau˧ lʅ˧˩ tsə˧˩ tsəu˧˩ lən˧ ka˧,
媳　妇　要　勒　子　走　人　家，

p'oɤ ·p'o iauɤ luoɤ miɤ tsəuɤ tsʅɤ ȵɤ ·pa,
婆　婆　要　糯　米　做　糍　粑，

tieɤ tieɤ iauɤ luɤ tɕinɤ p'uɤ ·sa,
爹　爹　要　肉　敬　菩　萨，

iɤ uɤ taɤ ɕiauɤ təuɤ tɕ'iɤ t'aɤ。
一　屋　大　小　都　喫　他。

      ＊

laɤ yeɤ liɤ laiɤ laɤ yeɤ paɤ,
腊　月　里　来　腊　月　八，

tɕiaɤ tɕiaɤ xuɤ xuɤ paɤ tsuɤ saɤ。
家　家　户　户　把　猪　杀。

ts'auɤ miɤ p'auɤ, ts'aɤ tɕieɤ t'əuɤ p'iɤ,
炒　米　泡，　溚　煎　豆　皮，

tsəuɤ pinɤ ·tsʅ faɤ maɤ xuaɤ, auɤ maɤ t'aŋɤ, taɤ tsʅɤ ·pa,
做　饼　子，发　麻　花，熬　麻　糖，打　糍　粑，

sanɤ ɕinɤ xaiɤ, moɤ təuɤ ·fu,
上　新　鞋，磨　豆　腐，

maiɤ xueiɤ tueiɤ lienɤ xuoɤ lienɤ xuaɤ,
买　回　对　联　和　年　画，

ɕianɤ tsiɤ laɤ tsuɤ tɕinɤ p'uɤ ·sa。
香　纸　蜡　烛　敬　菩　萨。

（情歌）

lanɤ tsaiɤ t'ienɤ liɤ paɤ ts'auɤ xauɤ,
郎　在　田　里　把　草　薅，

tɕieɤ tsaiɤ tɕiaɤ tsuŋɤ paɤ xuoɤ sauɤ,
姐　在　家　中　把　火　烧，

moɤ ·tsʅ t'ueiɤ, luoɤ sʅɤ iauiɤ,
磨　子　推，　箩　筛　摇，

lənɤ sueiɤ t'iauɤ, tsuɤ iəuɤ pauɤ,
冷　水　调，猪　油　包，

kuoɤ liɤ luoɤ, tsauɤ liɤ sauɤ。
锅　里　烙，灶　里　烧。

ts'aŋɤ kuənɤ taɤ, tuanɤ kuənɤ lauɤ,
长　棍　打，短　棍　捞，

tɕyoɤ t'aɤ mənɤ k'anɤ sueɤ ts'aɤ iauɤ,
脚　踏　门　坎　手　叉　腰，

k'anɤ uoɤ ·ti xuoɤ sauɤ p'auɤ ·pu p'auɤ。
看　我　的　火　烧　泡[1]不　泡。

【注释】

[1] 泡 pʰau꜁：即"抛"，膨胀起来、很松软的意思。

（民谣）

i꜀ tɕieu꜀ m̩꜀ tɕieu꜀, xuai꜂ tsuŋ꜁ tsʰɑ꜃ səu꜄。
一　九　二　九，怀　中　插　手。

san꜀ tɕieu꜂ sꜭ tɕieu꜂, tuŋ꜀ sꜭ tsu꜀ kəu꜄。
三　九　四　九，冻　死　猪　狗。

u꜂ tɕieu꜂ lu꜂ tɕieu꜂, iən꜀ xou꜂ kʰan꜀ lieu꜂。
五　九　六　九，沿　河　看　柳。

tɕʰi꜂ tɕieu꜂ lu꜂ sꜭ san꜀, ɕin꜀ lən꜂ pa꜂ i꜀ kʰuan꜀。
七　九　六　十　三，行　人　把　衣　宽。

tɕieu꜂ tɕieu꜂ pa꜂ sꜭ i꜀, xuan꜂ ku꜂ ɕie꜀ i꜀ lian꜂。
九　九　八　十　一，黄　牯　歇　阴　凉。

三、谚语　歇后语

（谚语）

m̩꜂ luou꜂ ɕi꜀ fan꜀ min꜂, min꜂ tʰien꜀ tin꜂ tʰien꜀ tɕʰin꜂。
日　落　西　方　明，明　天　定　天　晴。

ma꜂ in꜂ lan꜂ tuŋ꜀, iəu꜂ y꜂ pu꜂ ɕyŋ꜀;
马　霓[1]　拦　东，有　雨　不　凶；

ma꜂ in꜂ lan꜂ ɕi꜀ tsuən꜂ pei꜂ suo꜄。
马　霓　拦　西，准　备　蓑　衣。

lan꜂ fəŋ꜀ tɕʰi꜂, pɤ꜂ fəŋ꜀ ti꜂,
南　风　起，北　风　抵，

ti꜂ pu꜂ in꜂ ·ta tɕiəu꜂ ɕia꜂ y꜂。
抵　不　赢　了　就　下　雨。

ye꜂ ·lian꜂ tsan꜂ mau꜂, ta꜂ suei꜂ an꜀ tɕʰiau꜂。
月　亮　长　毛[2]，大　水　淹　桥。

lei꜂ ta꜂ lian꜂ pien꜀ kou꜂, iəu꜂ y꜂ pʰau꜂ pu꜂ tʰuo꜄。
雷　打　两　边　角，有　雨　跑　不　脱。

tʰien꜀ san꜂ kəu꜀ kəu꜀ yn꜂, ti꜂ san꜂ y꜂ lin꜂ lin꜂。
天　上　勾　勾　云，地　上　雨　淋　淋。

xou꜂ ·ta tuan꜀ u꜂ tɕieu꜂, san꜂ tsꜭ pu꜂ li꜀ səu꜂。
喝　了　端　午　酒，扇　子　不　离　手。

ₚaɪ yeɪ lenɣ, tɕiɤueɪ yeɪ ʂʅ, ʂʅ yeɪ xaɪ ʂʅ ɕiauɣ iani tsˈuəŋ.
　　八　月　冷，　九　月　湿，十　月　还　是　小　阳　春。

　　tsauɣ tɕˈɤueɪ lianɣ səues səues, uani tɕˈɤueɪ ʐʅʌ ioʅʌ.
　　早　秋　凉　飕　飕， 晚　秋　热　死　牛。

　　tɕiəuɣ ɕyeɪ tɕieni ɕini kuaniˈ, mini tsauɣ ɕyeɪ kəni kˈuaniˈ.
　　久　雪　见　星　光， 明　朝　雪　更　狂。

【注释】

[1] 马霓 maɣ inɪ: 虹。

[2] 月亮长毛 yeɪ lianɣ tsanɣ mauɪ: "月亮长毛, 大雨滔滔。"

（歇后语）

　　tsˈauɣ ʂʅi ·ti luŋi təni —— yeɪ uanɣ yeɪ tsuanɣ kˈuɪ ·ta.
　　草　市　的　龙　灯——越　玩　越　转　去　了。[1]

　　uɪ kueii tɕˈii taɪ mɣ —— tsauɪ ·tˈa lianɪ ·ʂʅ.
　　乌　龟　吃　大　麦—— 糟　蹋　粮　食。

　　kəuɣ tsʅ tsuoɪ tɕiaɪ ·i —— puɪ səuɪ tˈaiɪ tɕyɪ.
　　狗　子　坐　枷　椅—— 不　受　抬　举。

　　yɪ xuanɪ taɪ ·ti suŋi tsuɪ miɪ —— tˈieni taɪ ·ti ʐəni tɕˈini.
　　玉　皇　大　帝　送　祝　米—— 天　大　的　人　情。

　　maɣ xuanɪ auɣ tsuɪ luɪ ·ʂʅ ·ti tɕyoɪ —— iauɪ tˈouɣ puɪ tˈouɣ.
　　蚂　蝗　咬　住　鹭　鸶　的　脚—— 要　脱　不　得　脱。

　　uoɪ luanɣ kuɣ ·tsʅ　 tiauɪ tauɪ fəni kˈəni liɪ —— iəuɣ tsˈəuɪ ·ʐuei.
　　鹅　卵　鼓　子[2] 掉　到　粪　坑　里—— 又　臭　又　硬。

　　tˈuɣ tiɣ pˈuɣ ·sa fani pˈiɣ —— səni tɕˈiɣ liəuɣ ·ta.
　　土　地　菩　萨　放　屁—— 神　气　流　哒。

　　yeɪ muɣ ·tsʅ fani pˈiɣ —— yni tɕˈiɣ.
　　月　母　子　放　屁—— 运　气。

　　kuani tsˈai pani ·tsʅ ·san tsˈai ·iani, laiɪ ʂʅ puɪ　 xouɣ.
　　棺　材　板　子　上　擦　痒，奈　死　尸　不　何（活）[3]。

【注释】

[1] 草市在荆州城东北约一公里处。龙灯会结束后，草市玩龙灯的打道回去，渐行渐远。今比喻人或事情越搞越差了，越搞越不行了。

[2] 鹅卵鼓子 uoɪ luanɣ kuɣ ·tsʅ: 鹅卵石。

[3] 荆州话中"何、活"同音。

附　　录

一、荆州市在湖北省的地理位置

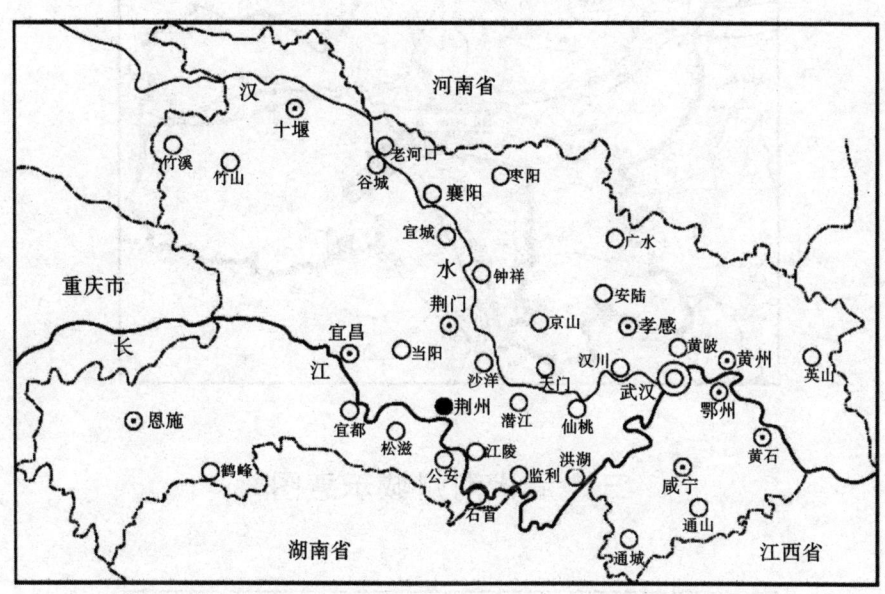

二、荆州市行政区划图

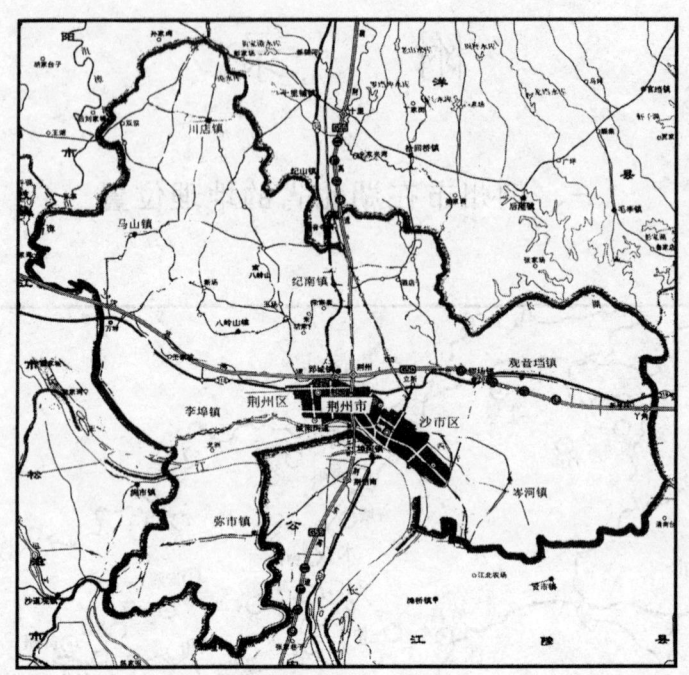

三、清代荆州城示意图

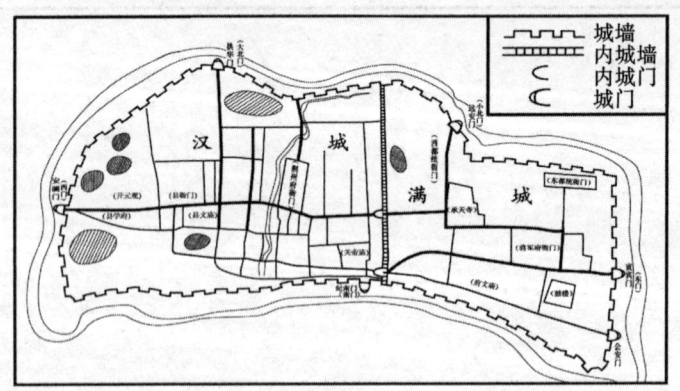

四、荆州话"莫"字例句

出处	例句	流行地域	讲述人				
			姓名	性别	年龄	文化程度	职业
歌谣集	兄弟年小你莫嫌。2	江陵县	陈子东	男	61	半年私塾	农民
歌谣集	莫把香花插早了。2	川店	邓继兰	女	70		农民
歌谣集	慢来的哥哥你莫怪。	江陵县	王克生	男			农民
歌谣集	甜苦哥莫听人讲。	马山	李世珍	女	38		农民
歌谣集	妹也莫听人挑拨。	马山	李世珍	女	38		
歌谣集	羊肉莫吃酒少尝。	白马、普济	周万秀	女	53		农民
歌谣集	花间牡丹切莫要去采。	白马、普济	周万秀	女	53		
歌谣集	年轻人切莫要坏了良心。	白马、普济	周万秀	女	53		
歌谣集	到以后切莫要把心来变。	白马、普济	周万秀	女	53		
歌谣集	书房莫贪玩。	江陵县	李则秀	女	65		农民
歌谣集	无事酒莫吃。	江陵县	李则秀	女	65		
歌谣集	莫学贪花汉。	江陵县	李则秀	女	65		
歌谣集	莫要吃洋烟。	江陵县	李则秀	女	65		
歌谣集	切莫做生意。	江陵县	李则秀	女	65		
歌谣集	切莫学赌博。	江陵县	李则秀	女	65		
歌谣集	莫非嫌我容貌丑。	江陵县	吴国海	男			
歌谣集	言语莫高声。	江陵县	范德晋	男	53		
歌谣集	切莫把家分。	江陵县	范德晋	男	53		
歌谣集	五要莫毛糙。	江陵县	范德晋	男	53		
歌谣集	我劝孝子莫要哭。	川店、马山	由立才	男	56		农民
歌谣集	莫把花椒当胡椒。	江陵县	蔡传秀	女	55		
歌谣集	莫把檀香当柴烧。	江陵县	蔡传秀	女	55		
歌谣集	莫把神仙当真了。	江陵县	蔡传秀	女	55		
歌谣集	穷人莫嫌自己穷。1	江陵县	张宜新	男	60		农民
故事集	哥哥,莫做二黄事哩。	江陵县	杨士景	男	68	读过私塾	农民

续表

出处	例句	流行地域	讲述人				
			姓名	性别	年龄	文化程度	职业
故事集	你郎莫哭哟！	王场一带	张明培	男	81		农民
故事集	送上门来的切莫放过了。	普济一带	赵义勇	男	40	初中	农民
故事集	莫说一件事。2	江陵县	汤先玉	男	73	读过私塾	医生
故事集	莫哄老子们。	郝穴一带	苟同华	女	36	初中	职工
故事集	莫慌，三天后……	普济一带	黄光荣	男	58	读过私塾	职工
故事集	都莫争，这羊是我杀的！	纪南一带	付和轩	男	55		农民
故事集	你莫飞……2	江汉平原	刘寿生	男	80	文盲	手艺人

注：表中的"歌谣集、故事集"分别指《江陵歌谣集》、《江陵故事集》。例句后的数字指同一个句子出现的次数。流传地域中的"江陵县"涵盖荆州城和现在的荆州区、沙市区、江陵县地域。"讲述人年龄"指20世纪80年代初的年龄。由于有些故事、歌谣已经明确了流行的具体乡镇，因而注明"江陵县、江汉平原"的，应当包括今荆州城区。

五、中古荆州方言高城假声示意图

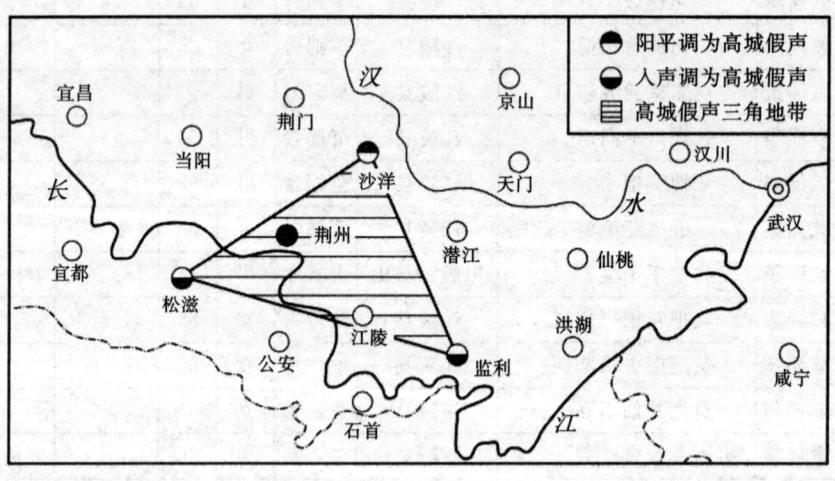

六、古城文化

荆州城　　　　　　城　楼

瓮　城　　　　　　护城河

城　道　　　　　　古城墙

城门洞　　　　　　大北门

关羽像　　　　　　关帝庙

岁月沧桑　　　　　古城新颜

七、民俗文化

（一）年节

1. 小年

农历腊月二十四，俗谓"小年"，又称为"小过年、小除夕"，是荆州民间很看重的一个年节。民谚云："腊月二十四，家家小团圆。"是日，"吃坏吃好，一人不少；有吃无吃，团圆一席。"一家人必须在一起吃团圆饭。

2. 除夕

农历腊月三十为除夕。旧时除夕这天尤其是下午，店铺基本关门，街上几无行人。这天，家里要布置一新，贴上对联，晚间阖家团聚，吃团年饭（20世纪70年代后，中午吃团年饭也很常见）是这一天最隆重、最期待的事。其间后辈会收到压岁钱，然后全家在一起拉拉家常、打牌、看中央台"春节晚会"，新年钟声传来，打电话与亲朋好友互致祝福话语。午夜零时，燃放鞭炮，迎接新年（现在已禁止燃放鞭炮）。

3. 春节

荆州民间是最看重过年的，其习俗也多。民谚云："过年为大"，"有三十过年，无三十也过年"，"叫花子也有三天年"。到年初一，各地男女老少穿戴一新，喜笑颜开，参加丰富多彩的春节拜贺活动，出现了以迎春纳福为主题的各种风俗习尚。俗话说："百里不同风，千里不同俗。"与全国其他地区相比，荆州民间过年的习俗，既有"大同"，亦有"小异"，小异之处则存在不同形式的楚文化内涵。如"开门礼俗"的内容就有开门炮、出行、拜年、拜年酒、贴春联、贴年画等。如"玩春景"的活动形式就包括玩龙灯、舞狮子、采莲船等。荆州民间在元宵节张灯观灯，可谓源远流长。早在汉代就有了灯事活动，隋、唐、五代到汉代，出现了各种制作精巧、独具匠心的花灯，其中镂刻金箔的"鱼形灯"最引人注目。

4. 端午

荆州民间多称"端午"为"端阳"。端午节尽管名称颇多，含义各异，但楚人驾舟拯救、纪念屈原为端午节的主要内涵，是世人皆知的。由此可见，先秦时代的楚人及楚国的文化民俗氛围，对端午节的形成起到了至关重要的作用，端午节乃是荆州的传统节日。千百年来，以祭奉屈原而形成的仪俗，在荆州民间主要有划龙舟、吃粽子、悬挂蒲艾、喝雄黄酒、系香袋等。

吊浆

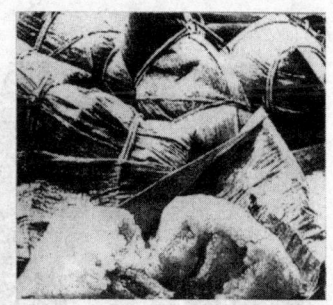

粽子

5. 中秋

八月中秋在荆州民间曾经流行过一种较为奇特的习俗，即"到中秋，赛摸秋"。"摸秋"就是中秋之夜偷摘他人田园的瓜果不视为偷，失瓜果的主人家也不视为被盗。据说这天月娘会下凡，未生育的已婚妇女若摸秋不被人发现，可早得子。荆州就有这样的俗谚："中秋中秋，送子摸秋。"摸秋的妇女一般是结伴而行，所摸来的瓜果放置在床内侧，并与之陪睡，第二天将瓜果煮熟食之，据说可以怀上儿子。新中国成立后，摸秋之俗已消失。

（二）婚丧礼俗

1. 婚俗

荆州民间婚俗礼仪程序有：提亲、请八字、订婚、下彩礼、定日子、娶亲准备、娶亲。以娶亲准备为例，娶亲是婚礼大典，不是一天能完成的，还有些准备工作。按照荆州民间的婚嫁风俗，男家一般要在三四个月前定下娶亲的日子，以便女家在这个时期准备嫁妆。俗话说："粗接媳妇细嫁女"，女儿出嫁，做父母的置办嫁妆，要想得周到、细微，尽力办得体面；男家同女家一样，也要抓紧备办婚事，如盖房、置做新家具，包括床榻、衣柜、桌椅之类。临近娶亲之日，男家和女家还要送请柬，把儿女成婚的消息通告亲朋好友。旧俗结婚日宴请宾客，男方选九个好伙伴陪席，谓之"陪十兄弟"；女方要邀请九个姑娘陪席，称"陪十姊妹"。然后还有女方发亲、送亲，男方到女家迎亲、接亲，然后还有楚俗的拦车马①等。旧时，请柬一般为双柬帖，即将一张红纸折两等份，对折后成长方形。上面行文一般使用文言语句，显得古朴典雅。请柬既表示对宾客的尊重，又表示邀请人对此事持慎重态度，故客人近在咫尺，也须送请柬。

古时楚人信鬼巫、重淫祀，其巫风巫俗也渗透到丧葬的礼仪中，后世沿袭并发展。

迎　亲

送　葬

---

① "拦车马"也作"拦车轿"，指新娘轿子到了男方家门口，男方的傧相将车马、轿子拦下来，边撒米、边说些吉利话，拖延一些时间，然后新娘才能进男方家。据说此习俗源于古代楚国：楚平王和太子同时娶亲，费无极拦下两顶轿子，偷换轿顶，终使好色的楚平王娶到太子的新娘。

2. 丧俗

荆州民间办理葬前丧事，主要包括围坐送终、抹尸装束、告丧亲友、丧鼓伴灵、做道场超度亡灵，现在仍很常见；孝子披麻戴孝，孝孙白孝加黑色标记，重孙加红色标记。吊唁期间，前来吊唁的亲朋好友焚香、烧纸等，孝子应跪谢，亲友所送祭幛等分挂在两侧，所送钱物造册登记，这些祭幛、钱物只能在送葬前送（葬后则不能补送）。送葬时，须由道士开道，孝子"背牵"，20世纪70年代仍可见到。过去，荆州城内还有一些特别的习俗，如：出荆州城门时，孝子要下跪迎门叩拜（现在多数家庭开车即过）方可出城。途中，路过至亲好友门前，或是工作单位门前，亲友们会放鞭炮致意，送葬方即放鞭炮回应，孝子叩拜（现在多在车上表示谢意）。过去把死者送到墓地还有多种程序，如"撒禄米"等。死者安葬后，要请亲朋好友、街坊邻居及帮过忙的人吃"豆腐席"（现在一般在饭店开席）。按过去的习俗，还要定期举行一些祭祀活动，如"做五七"等（现在人死后第三天即下葬），不过，一般的祭扫、家祭的习俗还在延续。

（三）饮食

荆州饮食文化有着悠久的历史，具有鲜明的地域特点。荆州的饮食习俗兼容南北饮食共同的一些特点，而以南方饮食习俗为主流，反映出我国所特有的饮食文明。

荆州处于江汉平原的滨江介湖之地，物品丰富多彩，向称"鱼米之乡"，素有"饭稻羹鱼"的传统。大米和淡水鱼鲜是平原河湖地区人们日常饮食中最重要的原料，其饮食结构以稻米为主、水产禽为副、蔬菜为辅。荆州主食以大米为主，小麦、杂粮（大麦、荞麦、高粱、玉米、黍子、豌豆、饭豆、绿豆、红豆、红苕等）为辅，副食包括菜肴、糕点等。其中，干咸菜为荆州民间所必备之菜肴。荆州自古饮酒成习，除了坊间酿酒外，民间家酿也十分普遍。米酒被视为"软饮料"，并未纳入"酒"的范畴。荆州酒文化，唐代即有名酒"烧春"。宋代陆游有关沙市的诗中有"倚楼女儿笑迎客，清歌未尽千觞空"。沙市人有"借酒待客"之风，且豪饮者不多，虽一日之中饮酒有一餐、两餐、三餐不等的情况，但大醉者却不多。荆州民间的节令饮食也相当有讲究。春季吃春卷，元宵吃汤圆，端午节吃粽子，七月半吃蒸菜，中秋节吃月饼，入冬家家要做腊鱼腊肉，今天依然，只是数量不如以前那么多了。

(四）民居

自古以来，荆州民众视建房为人生最重要的活动。在农村，只要有人盖房，其亲友和乡邻均自带粮食无偿帮工，予以鼎力相助。到了房屋上梁或落成之日，村里人还要前去祝贺助兴，增添欢庆的气氛。旧时，民间建造房舍首先选择地基，除方便生活外，更多的是看风水好坏，怕会带来家庭衰败、子嗣无继的后果。其次，人们建房选址多考虑依山傍水之地。再次，荆州城乡民众选址建房均习尚坐北朝南。最后，看重地理环境，讲究美感。与此同时，荆州民间还有一些庭院种植方面的禁忌。如有一种说法是"前不栽桑，后不栽柳，门前不栽'鬼拍手'"。这是因为"桑"谐"丧"，唯恐不吉。"后不栽柳"，说法不一。一说是"柳"谐"扭"，怕家运不顺；另一说是柳不结籽，恐无子嗣后代。"鬼拍手"指杨树，风吹树声如"鬼拍手"，恐招来鬼魅。

(五）民间文化艺术

1. 民歌

荆州民歌传承楚风，风格独特，主要有田歌、号子、情歌、风俗歌、儿歌、灯歌、小调等。

(1) 田歌

荆州民间自古就有"无歌不插禾"、"无歌不响硪"、"响水就有歌"之说，意思是说插秧必唱"插秧歌"、修堤打夯必唱"打硪歌"、抗旱车水必唱"车水歌"。荆州的田歌，主要分作"扯秧歌、栽秧号子、踏车歌"三种。早上出工唱《喊五句》，中午唱《赶五句》，晚上收工唱《急鼓令》、《答五句》。表演形式有独唱、领唱、齐唱、对唱、合唱、轮唱等。常见的曲调有《喇叭调》、《伙计调》、《嘚嘚调》等。

(2) 号子

号子包括打硪号子（俗称"硪歌"）、搬运号子、船工号子、榨油号子。

(3) 情歌

情歌即表达青年男女之间爱情的民歌，在荆州民歌中要占有当的比例。

以上几种演唱的歌词，一般是以"五句子"为基础的。"五句子"格式独具一格，一般是七言五句，一、二、四、五句押韵，或是句句押韵，或是第三句转韵。例如："要我唱歌就唱歌，人小面子推不脱，石板栽花根不稳，黑板写字白字多，唱不周全不怪我。"

(4) 婚丧风俗歌

传统的荆州民俗中，婚丧风俗歌也有占有重要地位，婚事、丧事中可以说是步步有歌。如结婚仪式歌一般有订盟、过礼、报期、娶亲、陪十姊妹、哭嫁、辞堂、发亲、拦车马、迎嫁妆、拜堂、传茶、喝交杯酒、入洞房、铺床、坐床、陪十兄弟、陪媒、谢媒、开箱、回门等。

2. 歌舞

荆州是举世闻名的楚文化的发祥地，作为楚文化重要组成部分的楚舞，不仅在先秦时期独树一帜，播扬风骚夸耀于东周列国，而且对后世舞蹈艺术的发展有着极其深远的影响。楚人有信鬼好祀的习俗，"其祀必使巫觋作乐，歌舞以娱神"。由于楚人崇巫，导致楚地巫风盛行。"巫"在甲骨文里与"舞"相通。《说文解字》解释为："巫，祝也。女能事无形，以舞降神者也。像①人两袖舞形。"在巫术仪式中，歌舞是最主要的内容。楚舞的基本形态可以从新中国成立以来发掘出土的大量楚国文物资料看出其神韵。楚国灭亡之后，楚舞仍然是西汉舞坛的主旋律，汉代大多数宫廷舞蹈均属于楚舞体系。时至今日，有些荆州民间舞蹈还可以明显看出楚国舞风的痕迹。如今荆州民间歌舞大致可分为舞蹈、歌舞两大类，常见的有狮子舞、玩龙灯、蚌壳精舞、五虾闹鲇（荆州城内独有）、板凳舞、踩高跷、采莲船等。

龙舟赛

采莲舞

---

① 原文如此。——作者注。

主要参考文献

[1] 中国社会科学院语言研究所. 方言调查字表 [M]. 北京：商务印书馆，1999.

[2] 丁度. 集韵：上册 [M]. 上海：上海古籍出版社，1985.

[3] 陈彭年. 钜宋广韵 [M]. 上海：上海古籍出版社，1982.

[4] 周祖谟. 方言校笺 [M]. 北京：中华书局，1993.

[5] 丁声树. 古今字音对照手册 [M]. 北京：中华书局，1981.

[6] 赵元任，等. 湖北方言调查报告 [M]. 北京：商务印书馆，1948.

[7] 汉语大字典编辑委员会. 汉语大字典 [M]. 成都：四川辞书出版社，1989.

[8] 许宝华，等. 汉语方言大词典 [M]. 北京：中华书局，1992.

[9] 唐作藩. 上古音手册 [M]. 南京：江苏人民出版社，1982.

[10] 吕叔湘. 现代汉语八百词 [M]. 北京：商务印书馆，1981.

[11] 贾采珠. 北京话儿化词典 [M]. 北京：语文出版社，1990.

[12] 陈刚，等. 现代北京口语词典 [M]. 北京：语文出版社，1997.

[13] 董树人. 新编北京方言词典 [M]. 北京：商务印书馆，2010.

[14] 齐如山. 北京土话 [M]. 沈阳：辽宁教育出版社，2008.

[15] 王群生. 现代汉语 [M]. 武汉：华中师范大学出版社，1988.

[16] 唐朝阔，王群生. 现代汉语 [M]. 北京：高等教育出版社，2012.

[17] 王群生. 湖北荆沙方言 [M]. 武汉：武汉大学出版社，1994.

[18] 王群生. 普通话声调中心测试法 [M]. 呼和浩特：内蒙古人民出版社，1996.

[19] 王群生. 普通话培训与测试 [M]. 武汉：中国地质大学出版社，1999.

[20] 王群生. 普通话测试必读 [M]. 北京：语文出版社，2002.

[21] 邢福义. 普通话培训测试教程 [M]. 武汉：华中师范大学出版社，2008.

[22] 邢福义. 普通话培训测试指要 [M]. 武汉：华中师范大学出版社，2013.

[23] 芜菘. 湖北江陵方言 [M]. 长春：东北师范大学出版社，2008.

[24] 芜菘. 荆楚方言语法研究 [M]. 武汉：武汉大学出版社，2014.

[25] 朱建颂. 武汉方言研究 [M]. 武汉：武汉出版社，1992.

[26] 吴峤. 武汉郊区方言研究 [M]. 武汉：武汉出版社，2002.

[27] 刘海章. 荆楚方言研究 [M]. 武汉：华中师范大学出版社，1992.

[28] 刘兴策. 宜昌方言研究 [M]. 武汉：华中师范大学出版社，1994.

[29] 汪国胜. 大冶方言语法研究 [M]. 武汉：湖北教育出版社，1994.

[30] 陈淑梅. 英山方言志 [M]. 武汉：华中师范大学出版社，1989.

[31] 汪化云. 鄂东方言研究 [M]. 成都：巴蜀书社，2004.

[32] 李崇兴. 宜都方言研究 [M]. 武汉：华中师范大学出版社，2014.

[33] 王求实. 孝感方言研究 [M]. 武汉：华中师范大学出版社，2014.

[34] 应雨田. 湖南安乡方言 [M]. 北京：中国社会科学出版社，1994.

[35] 湖北省江陵县县志编纂委员会. 江陵县志 [M]. 武汉：湖北人民出版社，1990.

[36] 荆州府志：清光绪六年刊本 [M]. 武汉：湖北人民出版社，2006.

[37] 沙市市地方志编纂委员会办公室. 沙市 [Z]. 沙市：沙市市地方志编纂委员会办公室（内印），1984.

[38] 沙市市地方志编纂委员会. 沙市市志 [M]. 北京：中国经济出版社，1992.

[39] 刘兴林. 沙市志略校注 [Z]. 沙市：沙市市地方志编纂委员会办公室（内印），1986.

[40] 松滋县志民国版 [Z]. 松滋：松滋县志编纂委员会（翻印），1982.

[41] 杨明森. 荆门市志 [M]. 武汉：湖北科学技术出版社，1994.

[42] 湖北省石首县地方志编纂委员会. 石首县志 [M]. 北京：红旗出版社，1990.

[43] 公安县志编纂委员会. 公安县志 [M]. 上海：汉语大词典出版社, 1990.

[44] 湖北省监利县县志编纂委员会. 监利县志 [M]. 武汉：湖北人民出版社, 1994.

[45] 洪湖市地方志编纂委员会. 洪湖县志 [M]. 武汉：武汉大学出版社, 1992.

[46] 湖北省钟祥县县志编纂委员会. 钟祥县志 [M]. 武汉：湖北人民出版社, 1990.

[47] 湖北省京山县县志编纂委员会. 京山县志 [M]. 武汉：湖北人民出版社, 1990.

[48] 潜江市地方志编纂委员会. 潜江县志 [M]. 北京：中国文史出版社, 1990.

[49] 湖北省汉川县地方志编纂委员会. 汉川县志 [M]. 北京：中国城市出版社, 1992.

[50] 湖北省天门市地方志编纂委员会. 天门县志 [M]. 武汉：湖北人民出版社, 1989.

[51] 仙桃市地方志编纂委员会. 沔阳县志 [M]. 武汉：华中师范大学出版社, 1989.

[52] 湖北省枝江县地方志编纂委员会. 枝江县志 [M]. 北京：中国城市经济社会出版社, 1990.

[53] 湖北省当阳市地方志编纂委员会. 当阳县志 [M]. 北京：中国城市出版社, 1992.

[54] 湖北省秭归县地方志编纂委员会. 秭归县志 [M]. 北京：中国大百科全书出版社, 1991.

[55] 张炳钟. 宜城县志 [M]. 台北：成文出版社, 1975.

[56] 王勋安. 荆州民俗文化 [M]. 武汉：长江文艺出版社, 2005.

[57] 韩晏清. 荆州古城文化 [M]. 武汉：长江文艺出版社, 2005.

[58] 荆州地区民间文学集成领导小组, 荆州地区群众艺术馆. 荆州地区歌谣集 [M]. 北京：中国民间文艺出版社, 1990.

[59] 荆州地区民间文学集成领导小组, 荆州地区群众艺术馆. 荆州地区谚语集 [M]. 北京：中国民间文艺出版社, 1990.

[60] 荆州地区民间文学集成领导小组,荆州地区群众艺术馆. 荆州民间故事集 [M]. 北京:中国民间文艺出版社, 1990.

[61] 舒齐全. 江陵故事集 [M] //中国民间故事集成湖北卷:江陵县民间故事集. 江陵:江陵县民间文学集成领导小组,江陵县文化馆(内印), 1989.

[62] 刘光林. 江陵歌谣集 [M] //中国歌谣集成湖北卷:江陵县歌谣分册. 江陵:江陵县民间文学集成领导小组,江陵县文化馆(内印), 1989.

[63] 王群生. 湖北有颤音r[J]. 南昌师专学报, 1985 (1).

[64] 王群生. 谈荆州话里的"AA声"[J]. 荆州师专学报, 1985 (3).

[65] 王群生. 湖北方言的颤音 [J]. 语言研究, 1987 (2).

[66] 王群生. 荆沙方言与普通话声调的对应关系 [J]. 普通话, 1988 (1/2).

[67] 王群生. 湖北中部地区方言分区的商榷 [J]. 荆州师专学报, 1988 (1).

[68] 王群生. 潜江方言述略 [J]. 荆州师专学报, 1989 (4).

[69] 王群生,芜崧. 江陵方言的"破"字句 [J]. 荆州师专学报, 1991 (3).

[70] 王群生. 谈声调及其在语音教学中的地位 [J]. 语文建设, 1991 (4).

[71] 王群生. 荆沙方言的语法特点 [J]. 荆州师专学报, 1992 (1).

[72] 王群生. 荆州城的东边腔 [J]. 语言研究, 1992 (2).

[73] 王群生. 荆州东边腔语音的历史变迁 [M] //双语双方言(二). 香港:彩虹出版社, 1992.

[74] 王群生. 江陵方言的本字 [M]. 荆州:荆州古今(内印), 1992.

[75] 王群生. 谈《楚辞》中的"浪浪"[J]. 荆州师专学报, 1992 (1).

[76] 王群生. 释"乌兔"[J]. 黄冈师专学报, 1993 (1).

[77] 王群生. 江陵方言古语词举隅 [J]. 荆州师专学报, 1993 (1).

[78] 王群生. 荆沙方言的"不过"补语句 [J]. 中国语文, 1993 (2).

[79] 王群生.《楚辞》中的荆沙方言词 [J]. 荆州师专学报, 1993 (3).

[80] 王群生. 荆沙方言的"褒贬义"同词现象 [J]. 语言学通讯,

1993 (3).

[81] 王群生.《楚辞》中的荆沙方言例略 [J]. 武汉大学学报, 1993 (4).

[82] 王群生. 荆沙方言中的两种特殊语音现象 [J]. 荆州师专学报, 1994 (1).

[83] 王群生. 汉语腔调探析 [J]. 荆州师专学报, 1996 (3).

[84] 王群生. 荆州方言述略 [M] //荆州地区志. 北京: 红旗出版社, 1996.

[85] 王群生. 普通话测试不应忽视方言语法的影响 [J]. 荆州师专学报, 1997 (3).

[86] 王群生. 毛泽东著作中的双否定句 [M] //毛泽东著作语言论析. 武汉: 湖北教育出版社, 1993.

[87] 王群生. 异读词的整理也要体现改革精神 [J]. 语文建设, 1999 (2).

[88] 邓蕙. 湖北公安话的"倒"和"起" [J]. 中山大学研究生学刊, 2000 (2).

[89] 王群生. 湖北双方言临界带入声消失的轨迹 [J]. 湖北大学学报, 1999 (4).

[90] 王群生, 曹艳丽. 略论声调在普通话水平测试中的地位 [J]. 中州学刊, 2002 (4).

[91] 王彩豫. 普通话水平测试评分信度的调查研究 [J]. 汉语学报, 2005 (3).

[92] 芜崧. 古籍中的荆楚方言单音节词 [J]. 沙洋师专学报, 2005 (1).

[93] 王群生. 五彩斑斓的荆州方言 [M] //荆州民俗文化. 武汉: 长江文艺出版社, 2005.

[94] 朱冠明. 湖北公安方言的几个语法现象 [J]. 方言, 2005 (3).

[95] 王彩豫. 论普通话双音节词语的轻化现象 [J]. 汉语学报, 2007 (3).

[96] 芜崧. 湖北老江陵话的语音特点 [J]. 长江大学学报, 2007 (3).

[97] 芜崧. 荆楚方言古语词选释 [J]. 沙洋师专学报, 2008 (1).

[98] 黄晓南. 浅议荆州方言的演变 [J]. 安徽文学, 2008 (11).

[99] 芜崧. 第三批荆楚方言词语选释 [J]. 荆门职业技术学院学报,

2009 (1).

[100] 芜崧. 荆楚民歌中常见的句法格式 [J]. 长江大学学报, 2009 (5).

[101] 芜崧. 扬雄《方言》中的荆楚方言词汇释 [J]. 荆楚理工学院学报, 2009 (10).

[102] 芜崧. 《楚辞》中的江陵方言词选释 [J]. 文艺新观察, 2009 (特刊).

[103] 周雪琳. 松滋方言中动态助词"到"[J]. 青年文学家, 2010 (1).

[104] 王彩豫. 湖北方言 AAB 式词语探索 [J]. 华中人文论丛, 2010 (1).

[105] 芜崧. 荆楚方言中的词缀 [J]. 荆楚理工学院学报, 2010 (3).

[106] 马丽. 沙市方言音韵研究 [D]. 武汉: 湖北大学, 2011.

[107] 王丹. 荆门方言体标记浅析 [J]. 大众文艺, 2010 (8).

[108] 芜崧. 荆楚方言词汇的特点 [J]. 荆楚理工学院学报, 2011 (1).

[109] 芜崧. 荆楚方言中动词和形容词的三种复用格式 [J]. 长江大学学报, 2011 (7).

[110] 王宏佳. 江汉平原方言的几个特点 [J]. 方言, 2011 (3).

[111] 芜崧. 荆楚方言中的拷贝式格式 [J]. 荆楚理工学院学报, 2011 (10).

[112] 周莹萍. 潜江方言熟语的韵律特点 [J]. 赤峰学院学报, 2011 (10).

[113] 王彩豫. 湖北松滋方言音系及入声演变的途径 [M] //语言研究集刊. 上海: 上海辞书出版社, 2011.

[114] 芜崧. 荆楚方言的疑问系统 [J]. 荆楚理工学院学报, 2011 (12).

[115] 周莹萍. 潜江方言熟语的修辞特点 [J]. 语文学刊, 2011 (19).

[116] 王彩豫. Likelihood Ratio-based Forensic Voice Comparison with Cantonese /i/ F-pattern and tonal F0 [G]. 悉尼: 第14届澳洲语音科学及技术国际会议论文集, 2012.

[117] 王彩豫. The falsetto tones of the dialects in Hubei Province [G]. 上海: 第六届国际韵律大会论文集, 2012.

[118] 王彩豫. 湖北考生"上声调失分"的探索与对策 [J]. 湖北社会

科学，2012（9）.

[119] 马敏. 湖北荆州方言声韵调特点 [J]. 长江大学学报，2013（5）.

[120] 马敏. 荆州方言动态助词"哒""倒""起"的相关研究 [D]. 武汉：华中师范大学，2014.

[121] 王彩豫. 湖北松滋方言的假声 [J]. 语言研究，2013（4）.

[122] 萧红. 湖北荆沙方言中的否定句与反复问句 [J]. 长江学术，2014（2）.

[123] 王彩豫，朱晓农. 监利张先村赣语的三域十声系统 [J]. 方言，2015（2）.

后　记

　　我在湖北荆州城生活了将近四十年，二十年前写过一本《湖北荆沙方言》，我始终认为，湖北地处中原官话和湘方言、赣方言的过渡地段，是个非常特殊的地方，有些问题尚未发现，更多的问题需要深入发掘。比如，松滋、监利、(荆门市)沙洋这个三角地带，松滋南部方言及监利方言有高域入声调，沙洋的后港、毛李一带则有高域阳平调（都属于"假声现象"），而荆州城、江陵县一带则是这个三角地带的中心地域，这样推演，中古时期的荆州城区、江陵县也应存有高域声调的可能[1]。又比如，一般认为卷舌圆唇的"ʮ"类韵母是古楚音的遗留，也是划定湖北"楚语区"的重要标志，但江汉平原的京山、仙桃、天门等地至今还存有平舌圆唇的"ʮ"类韵母。推断一下，"ʮ"的出现比"ʮ"的存在至少要早一千五百年左右，这样"楚语区"的划定就值得怀疑了，凡此种种。无疑，汪国胜教授所选的"湖北方言研究"这个课题，不仅是个有胆有识的课题，更是个名副其实的重大课题。因而，当汪教授邀请我参加"湖北方言研究丛书"课题组，负责《荆州方言研究》一书的写作时，我便欣然答应了。

　　《荆州方言研究》的调查始于 2008 年 3 月。由于我们现居武汉市，为确保荆州方言研究的客观性和准确性，依据过去掌握的素材，我们采取点面结合的方法，多次到荆州市及周边县市开展田野调查。荆州城是我们的点，重点调查我们选定的几位发音人，为此，我们曾五次往返荆州与武汉之间。荆州城周边县市的调查，目的是要弄清楚荆州方言的范围到底有多大、具体是什么位置、相互之间有什么关系，作为荆州方言研究的参照。为此，我们也投入了大量时间，计荆门（沙洋）6 个点，潜江 3 个点，监利、石首、公安各 10 个点；调查过程中，王彩豫已经在《语言研究》、《方

---

[1] 参看本书"附录五、中古荆州方言高域假声示意图"。

言》等核心刊物上发表了有较高价值的研究论文。我一直认为湖北松滋方言也属于荆州方言的范畴，所以松滋方言的调查我们设了16个点，调查了一百多人次。我们曾自驾穿行于松滋西部——号称"荆州青藏高原"的崇山峻岭之中，确实有一种"痛并快乐着"的感觉。

我写方言研究的文章有个特点，那就是"普通话与方言的比较"，这和我多年来参加湖北省的推广普通话工作不无关系。

1978年，我参加了湖北省文改办在黄石师院举办的普通话培训班，历时三天，黄石师院的娄老师用四节课的时间，专门讲述了湖北方言的分布与特点，激发了我对湖北方言研究的极大兴趣，从此，我投入湖北省推广普通话工作的同时，荆州方言的研究也由此而始。

1980年，我在中国社会科学院语言所（当时在北京地质学院内）进修四个月，适逢周殿福先生讲国际音标课，班上只有十几个年轻人，周先生洪钟似的发音，给我留下了深刻印象。1982年，我参加华中工学院的语言学进修班，中央民族学院周耀文先生主讲国际音标，约四十节课，使我比较系统地接受了听音、发音、记音训练，为我后来的普通话、方言研究奠定了良好基础。

1983年，湖北省的推广普通话工作热火朝天，我依据"民族共同语的推广，主要是通过学校教育实现"的认识，提出了"普通话进课堂"观点，1984年，省文改办李仲英主任在荆州师专召开了一次现场会；1987年，省语委办郭主任和国家语委陈章太副主任还先后到我校进行过调研。1995年以后，我连续受聘为湖北省普通话测试员培训班主讲教师，其间，湖北省普通话测试中心曹艳丽副主任力邀我主持撰写《湖北省普通话水平测试评分细则》，接着，又让我主持编写了四部普通话培训测试教材。《评分细则》和这四部教材，都要求有鲜明的方言针对性，这就促使我更加重视对湖北各地方言的研究。

我参加湖北省的推普工作，随领导们到各地考察、开会等，使我有较多机会接触到湖北各地方言，加上方言调查及后来的普通话测试，我到过湖北省近四十个县市，大大开阔了我的研究视野，也激发了我的工作热情，同时，我也获得了很多机遇和荣誉。1999年，正是省语委办张杰主任代表政府机构对我的推普工作表现及我的《普通话声调中心教学法》的高度评价，使我顺利获得了"国务院政府特殊津贴"殊荣。同年11月，邴俊英副主任到我校检查工作,我提出了一个建议:普通话测试站应当设在高等院校,这样或许可以开创普通话测试的新格局。她说:"你这个建议有创意,我回去向张主任汇报一下,如果可行,你们学校可以先做个试点。"2000年2月,荆州师专(今长江大学)建立了湖北省首个设在高校的普通话测试站。2006年我在武科大中南分校(今武昌理工学院)工作时,经省语委办熊传真主任亲临考察,中南分校建立了全省(也是全国)独立学院中唯一的一个普通话测试站。

说到《荆州方言研究》的写作,我的切身体会是,工程之浩大,一点也不亚于我写的《湖北荆沙方言》。我写《荆州方言研究》的优势是写过《湖北荆沙方言》,但荆州话毕竟不是我的母语。我祖籍河南安阳西梁贡村,父亲是铁路工人,我在陕西省西安市出生,五岁后在河南开封市生活了五年,十岁时又随父母迁至郑州市,十九岁进入武汉大学中文系,然后是四十年的荆州城生活经历。因而,《荆州方言研究》对我来说,就像是一篇严峻的命题大作文,有些内容非常熟悉,有的方面还必须重新调查、研究。《荆州方言研究》的调查从2008年3月开始,其时恰逢我在武科大中南分校工作,坐拥一座藏书百万的图书馆,兼管一个普通话测试站,花费八个月完成"中南分校十年校史展",加上学校严格的管理制度,致使书稿的写作断断续续,花费了将近五年时间;2014年进入改稿阶段,及至定稿,我每天至少坚持五个小时的写作。

《荆州方言研究》的写作还倾注了家人、亲友的汗水。

王彩豫承担了大部分田野调查及语音、词汇部分资料的整理和初稿的写作工作。郑伟是兼职司机,间或做一些调查的辅助工作。我的老伴姜翠兰在荆州城生活四十多年,也算我们写作的半个顾问,还帮我查找资料,作数据统计等,尤其是多年来对我生活起居细致入微的照料,没有她全力以赴的支持,我的科研著述,特别是拖了九年之久的《荆州方言研究》的写作,不可想象。

《荆州方言研究》写作中还有一些让人忍俊不禁的小故事,常常能化解我们在写作中的疲劳。

2012年暑假,我和王彩豫讨论"二百五"、"黄昏"的来源时,我依据"北京方言资料",认为"二百五"出自北京典故:一个老掌柜花二百五十吊钱买了一个调皮捣蛋的学徒,起名"二百五"。我的孙女王珞琦正上小学四年级，她插话说："爷爷，你可以看看《钱文忠解读百家姓》，那上面说，战国时期，苏秦被杀，齐王拿出千金，声称要重奖刺杀苏秦的凶手，结果有四个人都说是自己杀了苏秦，每人要分二百五十金……这可能才是'二百五'的来源。"我在网上一查，果然如其所言。我说："你提供了一个重要信息，我要把你的名字写进我们的书中。"等王珞琦转身离开后，我五岁的外孙女郑喻琦晃着大脑袋走过来说："不公平，不公平。"我说："怎么不公平呀？"她说："你只把姐姐的名字写进你们的书里，不写我的名字，这就不公平哟！"一个小插曲弄得全家人笑得前俯后仰。

《荆州方言研究》写作过程中，主编汪国胜教授有足够的耐心，从始至终都给予悉心指导；张振兴教授在审稿时非常仔细，语音部分，结构、内容方面的问题，都做出具体评点；朱楚宏教授审读了语法部分，提出了中肯的意见和建议；责任编辑汤莉娜、向力，及审稿常年、刘兴策先生也为本书的出版付出了辛劳的汗水。

此外，武昌理工学院的王燕、曾慧、况涛、严格红、胡建明、孙庭艳、龚倩也帮我们做了资料查找与搜集、方言地图制作、校内调查组织等繁杂的工作；在荆州市及周边各地做方言调查时，还得到诸多学生、同事的热诚接待和倾力帮助，在此，我们也一并表示诚挚的谢意！

王群生
2017 年 3 月于武汉江夏汤逊湖畔

新出图证（鄂）字10号
图书在版编目（CIP）数据

荆州方言研究/王群生，王彩豫著. —武汉：华中师范大学出版社，2018.6
（湖北方言研究丛书）
ISBN 978-7-5622-7944-0

Ⅰ.①荆… Ⅱ.①王… ②王… Ⅲ.①西南官话—方言研究—荆州 Ⅳ.①H172.3

中国版本图书馆 CIP 数据核字（2017）第 220605 号

荆州方言研究

作　　者	王群生　王彩豫
责任编辑	汤莉娜　向　力
责任校对	刘　峥
封面设计	罗明波
编辑室	学术出版中心
电　　话	027－67863220
出版发行	华中师范大学出版社
社　　址	湖北省武汉市洪山区珞喻路 152 号
电　　话	027－67863426/67863280（发行部）
	027－67861321（邮购）
传　　真	027－67863291
网　　址	http://press.ccnu.edu.cn
电子邮箱	press@mail.ccnu.edu.cn
印　　刷	湖北新华印务有限公司
督　　印	王兴平
字　　数	529 千字
开　　本	710mm×1000mm　1/16
印　　张	32.25
版　　次	2018 年 6 月第 1 版
印　　次	2018 年 6 月第 1 次印刷

ISBN 978-7-5622-7944-0

定价：97.00 元